Applied Spatial Econometrics

应用空间计量经济学

姜　磊　编著

中国人民大学出版社
·北京·

内容简介

本书主要介绍了空间数据分析和空间计量经济学模型的理论与实践操作。本书主要分为三大部分。首先，作为空间数据分析和空间计量经济学的基础，本书介绍了两个空间效应的概念，以及与地理信息系统有关的基础知识。其次，以 GeoDa 软件为基础，本书介绍了空间数据分析的实践操作，包括分析全域空间自相关、局域空间自相关；也包括利用 GeoDa 软件绘制各种统计地图以及统计图。最后，本书介绍了空间计量经济学的理论与操作，包括截面数据的空间计量模型与面板数据的空间计量模型。本书不仅注重理论基础，更为重要的是详细地给出了操作步骤以及 MATLAB 程序代码，读者可以通过简单地修改书中给出的 MATLAB 程序代码实现在科学研究中遇到的各类空间计量模型的回归估计。

本书内容由浅入深，表述严谨，知识体系完整，内容丰富，理论与实践充分结合，便于教学以及自学。本书可作为经济学高年级本科生以及经济学与地理学研究生空间数据分析和空间计量经济学课程教材或者参考书，也可以作为科研人员研究空间数据分析及空间计量经济学的参考书目。

前　言

就目前来说，国内仍然没有一本适合初学者学习空间数据分析和空间计量经济学的入门教材。由于空间计量经济学涉及多种学科，尤其是地理学和计量经济学，因此存在一定的学习门槛。本书的定位是具有一定计量经济学背景的读者，同时本书也适用于具有地理学背景需要进行计量建模的读者。本书的特点是不仅注重空间计量经济学的理论知识，而且更为注重在软件中实现探索性空间数据的分析与空间计量模型的回归估计。

本书的基本框架是我在荷兰格罗宁根大学求学期间构想出来的，重要的参考资料绝大部分也是我在荷兰求学期间收集完成的。我从 2013 年 3 月开始构思本书，拖拖拉拉地写作，一直到 2018 年才写成，竟然历时 5 年之久。起初我以为写书可以如行云流水一般，个把月即可完成，无奈天资愚钝，某些问题自己都没有搞明白时，也不敢草草地模仿别人的表述。在写作期间，又经历了数次系统和软件版本的巨大变动。在撰写初期，空间数据分析是在 Windows XP 系统下进行的，采用 GeoDa 0.9.5-i Beta 版本进行操作演示。然而，2014 年微软公司停止了对 Windows XP 系统的维护和升级，本书进而又不得不转向 Windows 7 系统和 OpenGeoDa。书中的插图不得不在新的操作系统下采用新版本的 OpenGeoDa 软件重新制作一遍，可谓“一把辛酸泪”。随后，微软公司又推出了 Windows 10 系统，而此时 GeoDa 也稳定在了 1.6.7 版本。MATLAB 软件版本也从 2013a 更新到了 2018b。值得高兴的是，最新版本的 GeoDa 和 MATLAB 都已经有了简体中文版本。由于我写作速度缓慢，书中的演示程序版本无法跟上软件的更新速度。若要更新全部插图，对我而言无疑是精神和肉体的双重摧残。尽管软件版本有所升级，但是好在知识点都是沉淀的，操作习惯和操作步骤也基本类似，并且，最重要的是空间数据分析和空间计量模型的回归估计在任何版本的 MATLAB 软件中运行的结果都是一致的。思考再三，本书仍然保留了在 Windows 7 系统下进行演示的结果。

本书面向的对象为空间计量经济学零基础的读者。因此，为了尽量不出差错地让读者能够实现空间数据分析和估计空间计量模型，本书详细地列出了重要的操作步骤、软件截图和估计空间计量模型的 MATLAB 程序代码，本书所使用的演示数据和 MATLAB 程序代码可以在中国人民大学出版社官网下载。本书的语言风格偏向絮絮叨叨，尽管我非常不喜欢这种状态，但是考虑到读者的知识储备各不相同，有的可能是第一次接触空间计量经济学，尤其地理空间知识比较匮乏，并且可能有些读者对各种计算机语言有恐惧心理，因此本书尽量详尽地介绍了细节内容。同时，为了保持正文内容的简洁，本书用大量的脚注来阐述可能存在理解困难的知识点。

我本以为编写此书并非一件难事，因为所有的材料都是现成的，理论也是相对成熟的，但是真到开始写作的时候才发现远非想象的那么容易。问题有时候来自统计术语的翻译，有时候来自 LaTeX 的排版，有时候来自矢量图的制作。当遇到棘手的问题时，我难免会有放弃的想法。但是，每当看到各个领域的热心朋友在网上贡献自己的知识时，我就觉得自己也有义务为学术做点贡献，希望本书能为空间计量经济学在国内的进一步推广和应用做一点微薄的贡献。感谢有那么多好心人的帮助，正是这些帮助，才使得我有毅力将这本书完成。

本书的完成得到了很多人的帮助，我需要一一感谢。第一，我要感谢的是华东理工大学的吴玉鸣教授，是吴老师带我进入空间计量经济学领域，我得到了吴老师的很多帮助。第二，我要感谢的是荷兰格罗宁根大学的 Elhorst 教授，无论我有什么问题请教他，他都会在邮件里第一时间回复。本书的空间面板数据模型的 MATLAB 程序代码也是由 Elhorst 教授编写的。第三，我还要感谢亦师亦友的季民河教授，他在学业上对我有莫大的鼓励和支持。第四，我也要真诚地感谢国家留学基金管理委员会提供奖学金，使我能够在四年的荷兰求学期间完全不用考虑经济问题，只需要安心读书。第五，我还要感谢教育部人文社会科学研究青年基金项目（17YJC790061）的支持。第六，我还要特别感谢浙江财经大学的李井奎教授和中国人民大学出版社的王晗霞女士，在他们的帮助下，本书才得以付梓。

最后，这本书我要献给我的姥姥。我的童年是在这位淳朴的老太太的陪伴下度过的，由于她的善良、乐观和宽爱，我的童年时代幸福又快乐。在她患有阿尔茨海默病的时候，尽管有时候对很多人包括自己的儿女们都很暴躁，但是她见到我时依然像儿时那样对我很温和，从未改变。

姜　磊

荷兰格罗宁根；中国杭州

2018 年 10 月

目　录

第一章
空间计量经济学引论

1.1 空间计量经济学概述

1.1.1 引言

1988年，Luc Anselin出版了里程碑式的学术著作《空间计量经济学：方法与模型》（*Spatial Econometrics*：*Methods and Models*）。自此之后，空间计量经济学的理论发展和实证应用如雨后春笋一般涌现出来。近年来，空间计量经济学在国内学术界的应用也日益广泛，在很多学术领域都可以见到空间计量模型的应用，该模型已成为这些学术领域研究和定量分析空间数据的一把利器。

空间计量经济学涉及统计学、计量经济学、经济学、地理学、地理信息系统（GIS）① 甚至计算机编程等多种学科。因此，空间计量经济学成为交叉学科中的典型范例。然而，正是由于涉及的学科门类较多，学习门槛较高，这或多或少地阻碍了空间计量经济学在国内学术界的进一步普及和推广应用。

鉴于这个原因，本书从最基本的空间效应开始介绍，再引入空间数据分析的基础理论，然后进行具体的空间数据案例分析，而后逐渐过渡到截面数据的空间计量经济学模

---

① geographic information system（or science）的缩写。最初GIS中的“S”指的是“system”，后来由于GIS理论和应用的迅猛发展，它已经上升到了一门科学的高度，因此很多学者认为这个“S”应该改为“science”。

型和面板数据的空间计量经济学模型的理论和应用，最后介绍一些理论前沿的面板数据空间计量模型。

1.1.2 空间计量经济学的基本特征

空间计量经济学（spatial econometrics）[①] 是 Paelinck 于 1974 年在蒂尔堡荷兰统计学协会年会上首次公开提出的术语。[②] 5 年之后，Paelinck and Klaassen（1979）出版了一本很薄的小册子，书名即为《空间计量经济学》（*Spatial Econometrics*）。由于这是第一本公开出版的有关空间计量经济学的学术著作，所以 Anselin（2010）将 1979 年定为空间计量经济学发展的元年。在《空间计量经济学》这本著作中，Paelinck and Klaassen（1979）列举了空间计量经济学的五个原则或者法则（principles or rules）：

（1）空间模型中空间相互依赖性的作用；

（2）空间关系的对称性；

（3）在其他空间单元解释因素性的重要性；

（4）空间交互作用发生后和发生前的差异；

（5）模型中明确地能够体现出空间特征。

这五个原则可谓是空间计量经济学的核心问题，已经得到了空间计量经济学学术界的广泛认可。尽管本书尚未谈及什么是空间计量经济学，但是由于这五个特质是空间计量经济学最核心的问题，因此，有必要在这里简要地解释上述五个原则的基本含义。

（1）第一个原则讨论的是空间相互依赖性的问题。由于地理空间单元（spatial units）之间不是孤立的、割裂的，而是存在相互联系的，比如，不同地区之间的经济贸易、社会活动、文化交流等方面相互影响，因此这种空间相互依赖性体现出地理空间单元与其他空间单元之间的交互性和依赖性。在空间计量经济学中更多的是经济贸易的交流，比如说地区 A 和地区 B 是相邻的两个地区，地区 A 和地区 B 之间有贸易往来，通过长期的空间交互影响，进而两个地区倾向于互相受到对方的影响，并且表现出相同或者类似的属性特征，即表现出空间相互依赖的特点。

（2）第二个原则讨论的是对称性的问题。这个原则指的是如果地区 A 对地区 B 有影响，那么反过来，地区 B 对地区 A 也有影响。[③]

（3）第三个原则讨论的是影响因素跨区域影响的问题。比如，如果要研究地区 A 经济发展的影响因素，除了传统的资本和劳动力因素之外，还可能存在科学技术进步的因素。很多文献表明，知识和技术进步会发生扩散和溢出。换言之，技术会从地区 A 扩散到地区 B，这可能是地区 B 技术进步的重要来源之一，这种技术的改进对地区 B 的

---

① "econometrics" 是 Ragnar Frisch（1895—1973）根据 "biometrics"（生物计量学）的学术术语创造出来的，意味着定量地研究具有随机性特性的经济变量之间的关系。国内大多数将 "econometrics" 翻译为 "计量经济学"，也有少数学术著作采用 "经济计量学" 的译法。由于在计量经济学领域做出的杰出贡献，Ragnar Frisch 与荷兰人 Jan Tinbergen（1903—1994）共同分享了首届诺贝尔经济学奖。

② 会议英文名为：The Annual Meeting of the Dutch Statistical Association in Tilburg in May 1974。

③ 可能会有读者思考：空间单元之间的相互影响可能在程度方面是不对称的。事实上，也的确存在这种情况。比如说，地区 A 的经济比地区 B 更为发达（比如北京的经济相对于河北的经济来说更为发达），地区 A 对地区 B 的作用要大于地区 B 对地区 A 的作用。但是这里讨论的是空间联系性的对称关系，表明的是一种相互反馈、相互联系的特点，这种联系和影响是相互的。但这种对称性并非影响程度的对称。

经济发展起到了促进作用。所以地区 A 的解释因素（技术进步）对地区 B 来说也是非常重要的。①

（4）第四个原则讨论的是考虑空间交互作用的重要性。空间计量经济学模型和传统的计量经济学模型的区别在于空间交互作用。空间计量经济学模型中添加了空间交互效应，但是在考虑了空间交互效应之后，如果发现空间交互效应在统计上不是很显著，这个空间计量经济学模型与不包含这种空间交互效应的模型基本无差异，那么就可以考虑传统的计量经济学模型。反之，如果发现空间交互效应在统计上非常显著，并且两个模型之间的差异很大，说明应该考虑空间计量经济学模型。

（5）第五个原则讨论的是空间计量经济学模型中如何体现出空间结构特征。具体来说，用什么表达方式能够在模型设定中准确地描述出空间结构特征。比如空间单元之间的距离，空间单元是否毗邻②，都可以描述空间单元在空间中的组织形式。

1.1.3 空间计量经济学与区域科学以及空间统计学的区别

从学术术语上来看，空间计量经济学可能会与区域科学（regional science）以及空间统计学（spatial statistics）相混淆，实际上这三者是各不相同的学科。

区域科学讨论的是城市和区域层面的问题，这种问题反映的是人与空间之间的行为关系。通常的做法是把抽象的问题转化为一个模型③，采用统计学或者传统的计量经济学来进行建模和估计。区域科学并没有讨论空间以及空间结构的问题，具体来说，也就是没有讨论上述五个空间原则问题。研究区域科学的主要两个学科是区域经济学（regional economics）和经济地理学（economic geography）。

空间统计学是研究生态学和地质学中的自然现象的学科。比如，空间统计学中著名的点模式分析（point pattern analysis），克里金（Kriging）插值法④等，这些方法很难应用在研究人与空间行为关系的区域科学中。空间统计学与空间计量经济学的主要区别是：空间计量经济学研究的是有人类活动的经济社会现象，定量地描述这种经济活动的关系；空间统计学研究的是纯自然现象。⑤

空间计量经济学是处理区域科学统计分析模型中由空间引起的特殊问题的技术的总集（Anselin，1988）。⑥ 换言之，空间计量经济学研究的模型中包含明确的空间因素或者空间结构特征。这些空间结构特征用来表达空间单元之间的交互作用和交互效应。

---

① 一个很好的例子就是长三角地区。长期以来，上海的科技水平的领先优势非常明显，通过技术扩散和知识溢出等效应，上海的科技明显地可以溢出到江苏和浙江两省，因此江苏和浙江的科技水平得到了进一步的提高。

② 如何描述空间结构特征实际上讨论的就是空间计量模型中的空间权重矩阵设定问题，这个问题将在后面的章节中详细介绍。

③ 通常模型中不包含空间结构因素。

④ 点模式分析研究的是所有观测点在地图上的分布问题，主要关心的是集聚性和分散性问题。克里金插值法是南非科学家 Krige 提出的一种最优的插值方法，最早用于估计黄金的分布。所谓的插值就是利用现有的空间样本点的观察值去估计或预测没有取样的空间位置的值。这个方法实际上是地统计学（geostatistics）中的一个非常常用的方法。

⑤ 空间统计学是地理类专业的核心课程。部分空间统计方法虽然研究的是自然地理问题，但是，实际上也可以用于社会经济地理问题研究。这两者之间并非绝对对立。

⑥ 原文为："the collection of techniques that deal with the peculiarities caused by space in the statistical analysis of regional science models"。

Anselin（2006）扩大了空间计量经济学研究的范畴，不再局限于区域科学和城市区域模拟的范围，而是把空间计量经济学归入了计量经济学的范畴。因此，Anselin（2006）重新定义了空间计量经济学。他认为空间计量经济学是研究截面数据和“时间—空间”数据中空间问题的计量经济学方法的子集。① 与空间、距离或者空间结构有关的变量都明确地被包含在模型设定中，并且这个模型可以进行估计、检验和预测。

1.1.4 空间计量经济学与传统计量经济学的区别

空间计量经济学与传统计量经济学的最大区别为：传统计量经济学没有考虑空间效应。空间效应主要表现在两个方面：空间依赖性（spatial dependence）和空间异质性（spatial heterogeneity）。

1.1.4.1 什么是空间依赖性？

空间依赖性在 Cliff and Ord（1973）的开拓性著作《空间自相关》（*Spatial Autocorrelation*）的影响下得到了学术界的广泛关注和认可。空间依赖性普遍存在于空间数据中。

具体来说，空间依赖性指的是：地理空间单元上的某种属性与其相近空间单元的某种属性相互影响，倾向于表现出相同或相近的属性值大小。这种空间相互依赖的特征可以看做是区域科学和地理学的核心问题，即拓普勒地理学第一定律（Tobler's first law of geography）（Tobler，1970）。其具体定义为：任何事物都相关，只是相近的事物关联更紧密。②

在现实生活中，空间依赖性的例子随处可见。例如，房地产价格就是一个非常典型的例子，两处毗邻的房产会影响彼此。举例来说，一处高档的房子会拉动周边房价提高；同样，如果在贫民窟旁边建设高档小区，那么高档小区的房价也会受到贫民窟的影响，降低预期房价。这表明的是空间依赖性中相互影响的一面。另一方面，邻近地区的房地产通常来说是相同档次或者具有相同特征的。例如，在繁华的城市中央大多集中的是高档的写字楼或者商业中心，而较为偏远的普通住宅区内很难出现高档小区，更难出现高档写字楼，这表明的是空间依赖性中空间单元属性具有相同（或相似）特征的一面。

1.1.4.2 什么是空间异质性？

空间异质性描述的是空间单元之间的差异（difference）或者不平衡性（unbalance）。比如说，不同地区之间经济水平的差异、经济发展模式的差异、基础设施方面的差异、教育水平的差异、科技水平的差异等等。这种空间异质性是随着空间的变化而

---

① 原文为：“a subset of econometric methods that is concerned with spatial aspects present in cross-sectional and space-time observations”。

② 原文为：“Everything is related to everything else，but near things are more related than distant things”。实际上，这种地理空间的概念可以进行拓展。比如，政策空间、人际关系之间的疏远和社会网络等，都可以看做是空间依赖性意义的延伸或扩展。由此可见，空间依赖性的特点也普遍存在于社会学中。常见的一句俗语“远亲不如近邻”说的就是这种地理邻近性带来的人际关系的亲疏。

变化的。这在幅员辽阔的中国是非常常见的现象。

这里用一个简单的模型来举例说明空间异质性。假设存在一组带有地理空间位置信息的截面数据，比如说选取的中国 31 个省级地区的截面数据，如果要估计出一个模型，由于地区之间是有差异的，每个地区的同一变量的估计系数应该是有差异性的，这反映了每个地区的解释变量对被解释变量的影响是不同的。这种变系数模型（随机系数模型）可以用传统的计量经济学来进行估计。然而，由于空间结构和空间单元之间的流动（flow）会引起复杂的空间交互效应，这不仅可能会导致空间异质性，还可能导致空间依赖性。如何将空间依赖性和空间异质性剥离开来是极为困难的。[①] 因此，在这种情况下，传统的计量经济学显得无能为力，进而必须转向空间计量经济学。[②]

1.1.5　空间计量经济学的发展脉络

Anselin（2010）在他的论文《空间计量经济学的三十年》（*Thirty Years of Spatial Econometrics*）中回顾了空间计量经济学在 1979—2009 年这三十年的发展脉络。他把空间计量经济学划分为以下三个发展阶段。[③]

1.1.5.1　预备阶段

20 世纪 70—80 年代是空间计量经济学的预备阶段，主要有两类不同学科背景的学者在进行研究。第一类学者是地理学者，这很容易被联想到，这是因为对地理空间的理解和把握是地理学者天然的优势。空间计量经济学，或者在这里应该称为空间分析[④]，主要得益于数量方法在地理学中的应用和发展。在这种数量方法的协助下，很多学者开展了对空间分析的研究。例如，Berry et al.（1968），Curry（1970），Gould（1970）

---

① 尽管传统的变系数模型可以反映出异质性问题，但是由于空间单元之间存在相互依赖和相互影响，变系数模型考虑到的空间差异性不是纯粹的本地区自身的差异，实际上还囊括了邻近地区对本地区的影响所造成的差异。如果对这个概念不能完全理解，读者可以阅读完本书后再回顾这个问题。

② 实际上，空间依赖性和空间异质性是相辅相成的，不能割裂这两个空间效应之间的关系。依赖性强调的是空间单元之间的交互性和相似性，异质性强调的是空间单元之间的差异性。如果没有差异性，则很难形成空间依赖性；如果没有空间依赖性，空间差异性可能也会大打折扣。通俗一点解释，如果地区 A 和地区 B 在经济上有互补关系，比如中国和俄罗斯，俄罗斯需要中国的轻工业，如服装和日化，而中国则需要俄罗斯的机械装备，两个国家之间存在明显的差异，这种差异性由于地理邻近性使得空间依赖性得到加强。反之，如果这种依赖性得到加强，俄罗斯则更没有动力发展本国的服装制造业，而中国的装备制造业也可能过分依赖俄罗斯。空间差异性导致空间之间的流动，流动则又会加强空间依赖性。通过这种空间流动，中国在某些方面比如经济水平（人均 GDP）上就逐渐表现出和俄罗斯相同的特征。从某种意义上说，用这个例子解释空间依赖性和空间差异性并非完全贴切，但是有助于理解这种空间依赖性和空间异质性的问题。另外，还有一个教育学中的例子有助于理解这个概念。在中小学的学校里，班主任通常喜欢安排学习成绩差的学生与学习成绩好的学生坐在一起，期望通过知识溢出来达到提高成绩的目的。

③ Anselin 在这篇论文中强调说，他主要是根据自己在空间计量经济学方面所做的工作，回顾和梳理了空间计量经济学在 1979—2009 年的时间段里的发展脉络。Anselin 作为空间计量经济学最主要的推动者，对空间计量经济学的发展和推广普及起到了至关重要的作用。当然，在这个领域里，还有很多学者在理论发展、模型估计推断、统计检验以及模型估计的软件实现上做出了巨大的贡献，例如，Badi Baltagi，Roger Bivand，Emilio Casetti，Andrew David Cliff，Timothy Guy Conley，Noel Cressie，Paul Elhorst，Bernard Fingleton，Manfred Fischer，Raymond Florax，Henk Folmer，A. Stewart Fotheringham，Arthur Getis，Daniel Griffith，Robert Haining，Mudit Kapoor，Harry Kelejian，Lungfei Lee，James LeSage，Charles Manski，Peter Nijkamp，Keith Ord，Kelley Pace，Jean Paelinck，Hashem Pesaran，Sergio Rey，Oleg Smirnov，Jihai Yu 等。

④ 这一时代可以看做是空间分析时期。

等。在20世纪70年代中叶，这些数量地理学者研究的问题也开始逐渐转向了空间模型的设定和估计等方面。

第二类学者是研究区域科学和区域与城市经济学的学者。由于学科的研究视角是基于区域或者空间的，因此，在这种学科背景下，区域科学的学者开始考虑将空间效应纳入空间模型中。然而，在该时期内仍然没有明确的回归模型可以清晰地描述空间交互效应。直到 Paelinck and Nijkamp（1975）明确地提出了区域科学需要具有可操作性的空间计量模型，由此，学者们开始进行纳入空间交互效应模型的研究。

在此期间，有关空间效应的讨论主要集中在空间自相关关系方面。从 Cliff and Ord（1973）的开拓性著作《空间自相关》到 Arora and Brown（1977），他们的著作中广泛地讨论了空间自相关的问题。接下来，直到20世纪80年代初期，出版了很多有关空间分析的著作，这大大促进了空间计量经济学方法的发展。尽管大多数学者的工作仍然是从一般的角度来分析空间数据，而不是从计量经济学的角度。

空间计量经济学发展过程中最值得强调的是 Cliff and Ord（1972）发表在《地理分析》（*Geographical Analysis*）上的论文《回归残差的空间自相关检验》（*Testing for Spatial Autocorrelation among Regression Residuals*）。在这篇论文中，他们讨论了 Moran's I 统计量可以用于检验普通最小二乘（ordinary least squares，OLS）回归模型的残差是否存在空间自相关的问题。[①] 这篇论文可以看做是空间计量经济学发展的奠基性文章。[②] 随后，Ord（1975）在论文中提出了空间滞后模型和空间误差模型，这可以看做是空间计量经济学模型设定的奠基之作。

1981年，Cliff and Ord（1981）出版的《空间过程：模型与应用》（*Spatial Processes：Models and Applications*）一书使得空间计量经济学受到了更多学者的关注。在20世纪80年代期间，大批学者对空间计量经济学展开研究，大大扩展了空间计量模型的设定。比如，Haining（1978）提出了空间移动平均模型（spatial moving average model）；Brandsma and Ketellapper（1979）提出了双参数模型（biparametric model）；Folmer and van der Knaap（1981）将空间相关性引入了线性的结构方程模型（structural equation model）；Casetti（1972）和 Casetti（1986）将空间异质性引入了计量模型，提出了空间扩展模型（spatial expansion model）；Foster and Gorr（1986）提出了适应性空间过滤模型（adaptive filtering model）。[③]

20世纪80年代期间，空间计量经济学模型的估计方法也有了长足的发展。Ord（1975）在论文《空间交互模型的估计方法》（Estimation Methods for Models of Spatial Interaction）中首次采用了极大似然估计方法对空间计量模型进行估计。但是，同时代也有其他学者提出了不同的回归估计方法，比如 Martin（1974）提出了空间差分（spatial differencing）的方法；Hepple（1979）提出了贝叶斯方法（Bayesian method）；Anselin（1980）提出了工具变量法（instrumental variable）。虽然有众多回归估计方法

---

① Moran's I 是 Moran（1950）提出检验空间数据是否存在空间自相关的一个统计量，后面的章节会有详细介绍。

② 这篇论文的重要性不言而喻，对 OLS 回归残差进行空间自相关检验是空间计量经济学最核心的问题之一。可以说对残差的研究是整个计量经济学研究的一个非常重要的课题。空间计量经济学也是从传统的计量经济学模型中发现残差存在空间自相关的问题，从而衍生出空间计量经济学模型。

③ 这些模型无疑扩展了空间计量经济学模型设定的种类，但是也要注意的是，有些模型在近些年的实证研究中很少得到应用，有些模型逐渐被其他模型所取代。

被提出，但是极大似然估计方法目前仍然是空间计量经济学模型回归估计中最为常用的方法。[①]

1.1.5.2 起飞阶段

20 世纪 90 年代进入了空间计量经济学发展的第二个阶段。[②] 在这一时期，学者们的兴趣已经开始转到具体的空间计量经济学模型设定的研究上，如 Getis（1990）和 Tiefelsdorf and Griffith（2007）等，并且空间计量经济学模型已经被广泛地应用在实证分析领域。另外，值得一提的是，1996 年芝加哥大学著名的理论计量经济学中心为两位博士颁发了空间计量经济学的博士学位。这两位博士是：Conley（1996）和 Topa（1996）[③]。

相比上一个发展阶段，这一时期空间计量经济学模型估计量的渐进性和相应的检验更加规范。例如，Anselin et al.（1996）提出了稳健性的拉格朗日乘子检验（Lagrange multiplier test），用于在实证分析中选择空间计量经济学模型。[④]

在模型设定方面，有限因变量模型（limited dependent variable model）也逐渐被纳入空间效应，如空间 Probit 模型（Case，1991；McMillen，1992；Pinkse and Slade，1998）。空间异质性在这个时期也被纳入了空间模型中。其中最著名的就是地理加权回归模型（geographically weighted regression，GWR）的建立（Fotheringham，1997；Fotheringham et al.，1998；Fotheringham and Brunsdon，1999）。Stewart Fotheringham 是地理加权回归模型最主要的贡献者。此外，在这个时期内，贝叶斯方法（Bayesian）、马尔可夫链蒙特卡洛方法（Markov chain Monte Carlo，MCMC）和吉布斯抽样（Gibbs sampler）方法也得到了长足的发展。[⑤]

空间计量经济学模型的实证分析离不开软件的实现。在这一时期内，能够估计空间计量经济学模型的软件也逐渐涌现了出来，这其中最著名的首推 Anselin（1992）发布的免费软件 DynESDA[⑥]。随后，商业软件 S-Plus 推出了 SpatialStats 模块[⑦]，以及 LeSage 和 Pace 基于 MATLAB 语言编写了功能较为完整的空间计量经济学工具箱[⑧]。

另外，值得注意的是，在这个时期内，美国国家科学基金（National Science Foundation）资助建立了一个非常有影响力的空间计量经济学研究中心：整合空间因素的社

---

① 该时期有一个小知识点，读者可以稍作了解。这一阶段主要是荷兰学者最开始对空间计量经济学产生了兴趣，比如比利时人 Paelinck 提出了空间计量经济学的术语，其他荷兰学者如 Klaassen、Hordijk、Brandsma、Bartels、Blommestein、Florax、Folmer、Rey、Nijkamp 和 Ketellapper 也对空间计量的发展做出了贡献。Anselin 本人也为比利时人。

② 该时期对空间计量经济学发展做出贡献的一股重要力量就是第一代学者们的学生，Anselin 称之为荷兰学派（Dutch school）。

③ 个人认为，这标志着空间计量经济学真正被主流计量经济学界所认可。

④ 这个检验是空间计量经济学模型中非常重要的检验，在后面的章节中会有详细介绍。

⑤ 这些方法的实证应用在现阶段很少见。

⑥ DynESDA 和 DynESDA2 是 GeoDa 软件的前身，在 GeoDa 推出之后逐渐被废弃使用。

⑦ S-Plus 是一款非常优秀的商业统计软件，推出的 SpatialStats 模块也非常易于使用。S-Plus 是基于 S 语言的软件，现在风生水起的 R 语言与 S 语言非常类似，因此 R 语言的兴起也似乎可以预示 S-Plus 的衰落。另外，需要说明的是，R 语言下的空间计量经济学软件包也已经非常成熟，有兴趣的读者可以参阅由 Roger Bivand 等学者开发的 spdep 程序包或者其他相应的程序包。

⑧ 本书对空间计量模型的估计和检验基于 LeSage 和 Pace 开发的空间计量经济学工具箱。该工具箱既包括了最基本的命令，又包括了当时最成熟的空间计量经济学模型回归估计方法。后来的学者在此工具箱基础之上进行了扩展，如 Paul Elhorst 编写了空间面板数据模型估计方法和检验的代码，大大扩充了空间计量经济学的实证应用范围。

会科学研究中心（CSISS）①。这个研究中心的网站致力于将地理空间概念和思想推广到社会学科的分析和研究中去，该网站对空间计量经济学的推广和普及起到了巨大的作用。

1.1.5.3 成熟阶段

进入 2000 年之后，空间计量经济学的发展进入了第三个阶段。其中，一个历史节点是 2006 年，在这一年，空间计量经济学领域内的著名学者们促成了空间计量经济学协会（Spatial Econometrics Association）的正式建立。② 另外，在这个时期内，空间计量经济学模型已经成为主流实证研究中的重要方法之一。加之空间计量经济学模型回归估计软件的成熟，以及空间计量经济学教科书的出版，涌现出了大量的实证研究论文。这一时期最有影响力的空间计量经济学教科书有：

- Haining（2003）编写的《空间数据分析：理论与实践》（*Spatial Data Analysis: Theory and Practice*）。③
- Banerjee et al.（2014）编写的《分层模型与空间数据分析》（*Hierarchical Modeling and Analysis for Spatial Data*）。
- Getis et al.（2004）编写的《空间计量经济学与空间统计学》（*Spatial Econometrics and Spatial Statistics*）。
- Arbia（2006）编写的《空间计量经济学：区域收敛研究中的统计基础及应用》（*Spatial Econometrics: Statistical Foundations and Applications to Regional Convergence*）。
- LeSage and Pace（2009）编写的《空间计量经济学导论》（*Introduction to Spatial Econometrics*）。④
- Arbia and Baltagi（2009）编写的《空间计量经济学：方法与应用》（*Spatial Econometrics: Methods and Applications*）。

在这一时期内，空间计量经济学一个最显著的发展就是空间面板数据模型（spatial panel data model）理论的发展和大量的实证应用的出现。由于面板数据相对截面数据更为复杂，因此，空间面板数据模型面临着更多的问题，这既是挑战，又是机遇。并且，可以看得到的是，越来越多的实证分析文章采用的是空间面板数据模型。目前，在空间面板数据模型领域内，越来越多的模型设定、估计方法和检验受到了很多优秀学者的关注，如 Badi Baltagi、Paul Elhorst、Bernard Fingleton、Lungfei Lee、Jihai Yu 等。

1.2 空间效应的正式定义

空间效应不仅是空间计量经济学的理论基础，也是空间数据分析的基本概念。空间

① Center for Spatially Intergrated Social Science，网址为 http://www.csiss.org/。
② 网址为 http://www.spatialeconometricsassociation.org/。
③ 此书中文版已经在武汉大学出版社出版。
④ 这本书已经由北京大学出版社出版中文版。

效应研究的对象是空间过程。空间过程（spatial process），或者叫做空间随机过程（spatial stochastic process），是一组与地理空间单元有关的随机变量。描述这一空间随机过程的主要有空间依赖性（spatial dependence）和空间异质性（spatial heterogeneity）。这两个性质分别描述了空间随机变量的相似性和差异性两个特点。

空间计量经济学研究的核心就是如何处理空间依赖性和空间异质性问题（Anselin，1988）。下面就分别正式地介绍这两种空间效应。

1.2.1 空间依赖性的定义

空间依赖性描述的是某一个空间单元的属性值依赖于其邻近空间单元属性值的程度（Fotheringham et al.，2003）①。

很多区域科学中的实证分析数据都是以空间单元或者空间和时间来进行记录的。这些数据的特征通常跟它们的绝对空间位置或者相对空间位置有关。绝对空间位置为比如说在地理坐标系下的空间位置②，相对空间位置为比如说某种距离测量单位。③ 换言之，这些数据必须含有地理空间单元信息。这些空间数据在实证分析文章中非常常见，比如行政区域省、市、县的统计数据，如 GDP、劳动力、就业、人口、资源禀赋、进出口贸易等，这些数据与这些行政区域密切相关，如果这些数据脱离了行政区域，那么就与普通的截面数据并没有什么区别。④ 还有一类例子比较抽象。比如，在人为划定的坐标系下，空间单元格内的观察值也是空间数据。⑤ 从广泛的意义上来说，在任何情况下，只要跟空间位置有关的数据都可以归属为空间数据（geo-referenced data）。

1.2.1.1 第一种含义

这一类空间数据通常包含空间依赖性的问题。空间依赖性主要包含两方面的含义。第一种含义指的是空间依赖性是由邻近的空间单元（contiguous spatial units）中的测量误差（measurement errors）所导致的。换言之，空间数据根据空间单元范围进行数据收集，数据在收集的过程中会有测量误差，从而不能真实地反映样本数据的生成过程。下面就简要地介绍测量误差如何导致空间依赖性。

例如，在某个地区，例如县、市或者省的行政区域来收集数据，空间现象和空间单元的划分界定出现不一致性的时候，测量误差就很有可能发生。⑥ 因为数据在收集过程中会有测量误差，所以不能真实地反映样本数据的生成过程。

---

① 英文为：Spatial dependency is the extent to which the value of an attribute in one location depends on the values of the attribute in nearby locations.

② 比如在 WGS84 坐标系下，北京标准中心点的坐标点为北纬 39°54′27″，东经 116°23′17″。

③ 比如，上海相对于北京的直线距离为 1 084 公里。类似的还有铁路距离和公路距离。

④ 这个空间数据在地理信息系统中也被称为属性数据（attribute data）。具体来说，空间单元一般具有多种属性数据。例如，北京可以被视为一个空间单元，北京的 GDP、北京的人口都属于北京这个空间单元的属性数据。

⑤ 这类问题在地理信息系统（geographic information system，GIS）中十分常见，熟悉 GIS 的读者可能非常容易理解，通常使用该软件处理自然空间问题。不熟悉的读者，尤其是经济学专业的读者可以跳过这一例子。

⑥ 举一个不是太恰当的例子，例如在北京和河北的交界处，当一个人站在河北省界上手持手机通话时，接收到的是来自北京的通信信号。这就出现了空间单元的划分是确定的，但是空间现象跟空间单元不一致的问题。这种溢出现象可以跨越空间单元而发生。

下面看一个展示测量误差的示意图①，如图 1-1 所示。

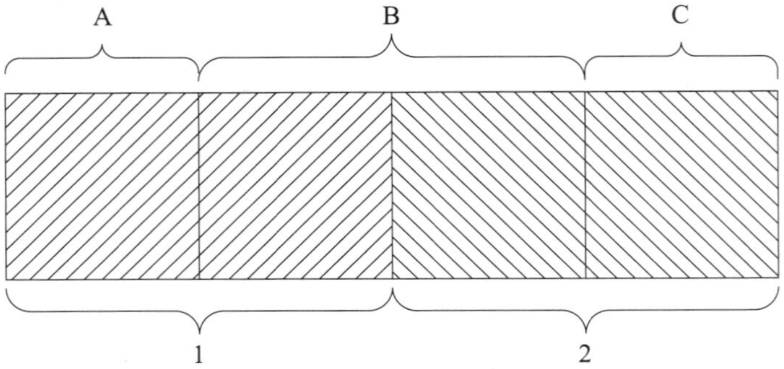

图 1-1 空间依赖性示例：测量误差

图 1-1 中有三个地区：A、B 和 C。但是，从观察的角度来看，只看到了两个总体的观察值 Y_1 和 Y_2，Y_1 的观察值等于 A 地区的观察值 Y_A 和 B 地区的观察值 Y_B 的一部分，Y_2 的观察值等于 C 地区的观察值 Y_C 和 B 地区的观察值 Y_B 剩余的另一部分，因此，Y_1 的观察值和 Y_2 的观察值可以表示如下。

$$Y_1 = Y_A + \lambda \times Y_B \tag{1.1}$$

$$Y_2 = Y_C + (1-\lambda) \times Y_B \tag{1.2}$$

在数据汇总的时候会有发生这种测量误差的可能性，这种测量误差跟权重系数 λ 有关。由于观察值 Y_1 和 Y_2 都包含地区 B 的信息，因此，这成为空间依赖性的来源之一。

1.2.1.2 第二种含义

空间依赖性的第二种含义是由空间交互现象所导致的。这一类空间依赖性也是空间计量经济学最为关注的。正如前面阐述的，空间交互效应和空间溢出过程都是造成这种空间依赖性的原因。

这种空间依赖性描述的是：在一个研究区域中，一组样本数据里面的空间单元 A 的观察值受到整个总体空间区域中其他空间单元的影响。②

这种空间交互过程可以用一个简单的函数来描述，如公式 1.3 所示。

$$y_i = f(y_1, y_2, \cdots, y_N) \tag{1.3}$$

公式 1.3 中空间单元 i 的观察值 y_i 通过函数 f 与整个空间中的其他空间单元相互联系。这个函数只是用来简单地描述这种空间联系，然而并非可以应用到实证分析中。这是因为，这样的函数会产生过多的参数，具体来说是 N^2-N 个参数，而并非 N 个

---

① 例子来源于 Anselin（1988）一书的第 12 页。

② 这种影响既可以是单独个体空间单元对空间单元 A 的影响，也可以是多个空间单元联合起来对空间单元 A 的影响，这取决于地理邻近性的原因，或者地理距离的原因。单独的影响指的是空间单元 A 只有一个能够影响 A 的邻居。举一个不是很恰当的例子，比如当今的朝鲜，虽然地理空间上与韩国和俄罗斯接壤，但是经济活动上基本依赖于同是邻居的中国，韩国和俄罗斯对朝鲜经济的影响基本可以忽略。联合影响的实例非常多，例如江苏、浙江和上海互为邻居，江苏的经济既受到上海的影响，也受到浙江的影响，还可能受到其他邻居的影响，比如山东和安徽。

参数。[①]

解决上述问题的办法就是在这个函数中插入一个可以用来描述空间过程的特殊结构，这样做的好处是可以得到能够描述空间依赖性的少数若干个参数，而并非上述的 N^2-N 个参数。这个描述空间过程的特殊结构是构成空间计量经济学模型设定和估计的最基础的元素。[②]

空间依赖性所指的第二个含义是着重需要考虑的因素，也就是说在经济社会活动中必须考虑到地理空间的因素和空间交互的影响。在区域科学的研究或者建立模型的过程中，必须考虑到地理位置或者距离因素。虽然交通技术已经较为发达，但是人类的活动和市场交易行为依然受到地理因素的极大影响。比如说，江浙地区与上海的经济交流活动，例如贸易、劳动力迁移、产业互动等极为频繁，然而新疆与上海的经济活动显然受到了地理空间中距离因素的影响。[③] 因此，江浙地区在经济上的空间交互作用十分明显，而这种空间交互作用须在建立模型的过程中予以考虑。

1.2.2　空间异质性的定义

空间异质性指的是由于地理空间上的隔离，空间单元上的属性值随着空间单元的变化而变得不同。[④] 空间异质性表现在很多方面，如经济发达地区和经济欠发达地区，科技水平高的地区和科技水平低的地区，自然资源富集地区和自然资源贫瘠地区，降水量丰沛地区和降水量稀缺地区，这些都是空间异质性的具体体现。除此之外，空间单元也并不是一致的。比如说，空间单元的面积大小、形状、地貌、气候等自然地理条件也是空间异质性的具体表现。

这种空间异质性可以由一个面板数据来简单地进行描述，如公式 1.4 所示。

$$y_{it}=f_{it}(x_{it},\beta_{it},\varepsilon_{it}) \tag{1.4}$$

公式 1.4 中下标 i 表示空间单元，t 表示时间。f_{it} 则描述了一个时间-空间特殊的解释变量 x 与被解释变量 y 的函数关系。由此可以看出，如果每一个空间单元 i 在每一个时刻 t 都有一个对 y 的作用，那么要估计的参数应该有 $N\times T$ 个，很显然这超出了实证分析可操作的范畴。[⑤] 这个公式只是用来向读者展示何为空间异质性。

有关空间异质性，一个非常典型的具体例子就是不同地段的房价之间的差异。一般

---

① 从排列的角度很容易理解为什么是 N^2-N 个参数。这是因为，从 N 个空间单元中找出 2 个空间单元 i 和 j，然后建立起一个空间关系，这样的排列是 P_N^2，之所以用组合而非排列是因为空间影响具有对称性，即空间单元 i 对空间单元 j 有影响，反之，空间单元 j 对空间单元 i 也有影响。但是，空间单元 i 对自己在空间上则没有影响。换一个思路，把 N 个空间单元之间的影响变成一个 $N\times N$ 的矩阵 M 来表述这种空间结构，矩阵中的每一个元素 m_{ij} 表示空间单元 i 对空间单元 j 的影响，可以看出，这种矩阵是对角线对称的矩阵，其中，对角线元素皆为 0。因此，参数的个数为 N^2-N。

② 实际上这里讨论的就是后面章节提到的空间权重矩阵（spatial weights matrix）问题。

③ 可能有读者会提到互联网经济，但是不得不承认现实世界依然是以实体和实物经济为主。即便是网上交易的实物，也要通过运输业来完成，这其中仍然受到了距离因素的极大影响。

④ 它由美国国家科学院院士、加利福尼亚大学圣巴巴拉分校的 Michael Frank Goodchild 教授提出，也被称为地理学第二定律，不过学术界的普遍认可度不高。相关资料可见 http：//www. csiss. org/aboutus/presentations/files/goodchild _ ucgis _ jun03. pdf。

⑤ 后面的章节会介绍如何处理上述空间效应问题。

来说，由于城市中心是商业区，土地资源稀缺，土地价格和房价极高，而随着与城市中心距离的增加，房价呈现下降趋势。这里就以上海房价为例，展示房价随着与城市中心距离的增加而呈现出的逐渐下降的现象。①

图 1-2 中的圆圈大小表示房价的高低。可以明显地看出，城市中央的房价最高，随着远离城市中心，房价呈现下降的趋势，尤其以城市中心向西北地区方向最为明显，可以明显地辨识出房价在趋向西北方向时下降的剧烈程度。②

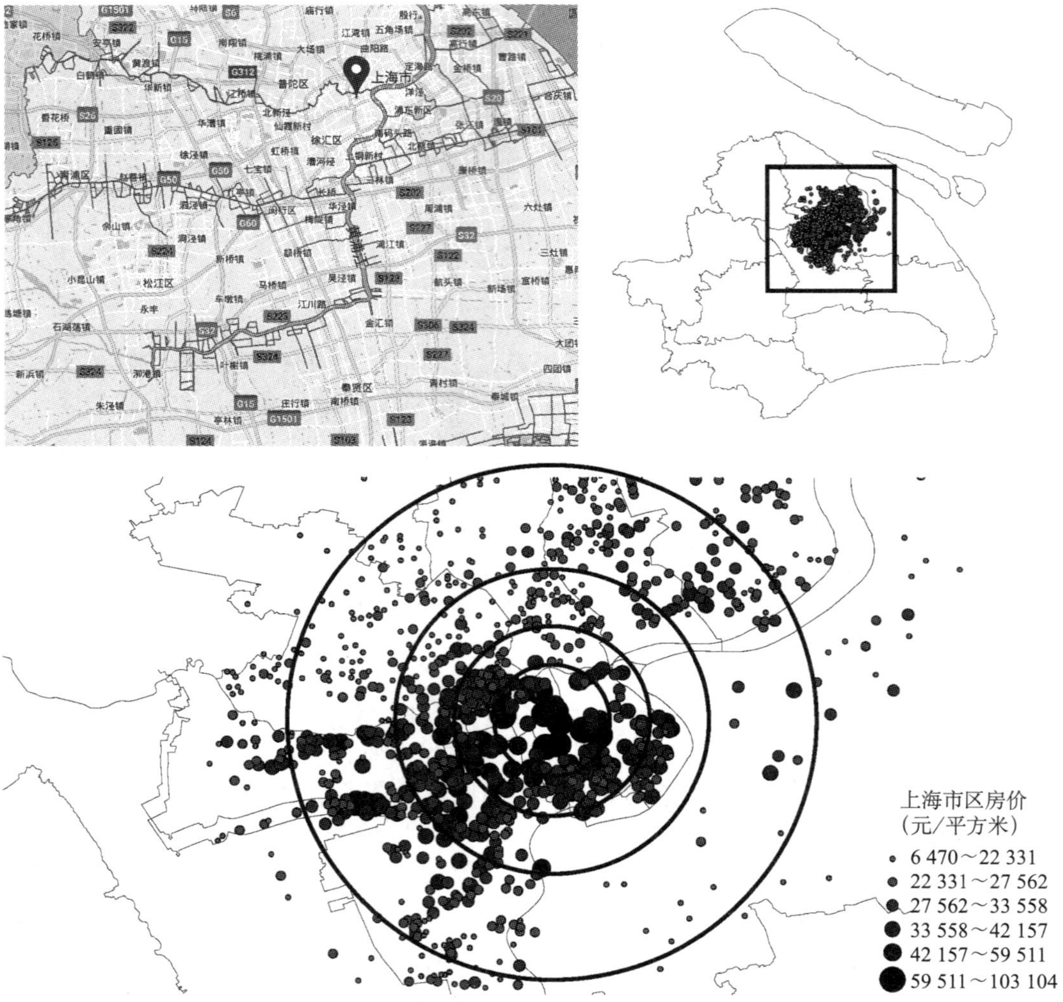

图 1-2　空间异质性示例：上海市 2010 年房价

另外，必须着重指出的是：图 1-2 不仅展现了空间异质性，同样还展现了空间依赖

① 数据由西南交通大学教师汤庆园博士整理提供，数据来源于 2010 年房产交易网站安居客。

② 熟悉上海的读者可以知道西北方向的嘉定区毗邻苏州的花桥。由于区域规划的原因，这里的空间不充足。而更多的规划则被放在了西南方向的松江区。在同样的距离范围内，西南方向的松江区同嘉定区相比，房价明显要高很多。

性。相邻地区的房价具有很高的相似性，换言之，价格相近的房子往往集聚在一起。[①] 并且，空间交互效应也使得相邻地区的房产价格趋于相近（在保持其他因素不变的情况下）。例如，在城市繁华区已有一个高档小区 A，若旁边建设一个更为高档的小区 B，那么小区 A 的房价可能会进一步提高，从而缩小两者之间的差异。[②] 这表现出了相邻空间单元属性值有趋于相同或者相似的特征，这也就是上面所阐述的空间依赖性。同样，也存在反面的例子。例如，在城市边缘的城中村附近建设一个较为高档的小区 C，由于受到城中村的影响，小区 C 的房价可能很难提高，并且很可能出现房价下降的现象，从而无法进一步拉开城中村与小区 C 的房价的差距。这也同样表现出了空间依赖性。

总结来看，空间计量经济学的目的就是利用区域科学中的理论来洞察空间结构和空间交互效应的问题。

1.3　空间结构与空间位置的量化：空间权重矩阵

空间权重矩阵（spatial weights matrix）是空间数据分析和空间计量经济学模型的核心要素，是本书后续分析的重中之重。正是由于空间权重矩阵的引入，空间数据分析才有别于传统的数据分析[③]，空间计量经济学模型才有别于传统的计量模型。

空间权重矩阵实际上是量化空间单元位置、空间结构特征和空间单元相互关系的一种数量方法。具体来说，就是在地理空间中量化空间单元 i 对空间单元 j 的相对空间位置和空间交互影响的一种方法。

这种影响可以按照不同的设定方式产生不同的效果。从设定方式来分，空间权重矩阵主要可以分为三大类，如下所示：

（1）基于地理邻近性的空间权重矩阵；

（2）基于空间距离的空间权重矩阵；

（3）基于社会经济结构的空间权重矩阵。[④]

在接下来的章节中，本书将分别介绍上述这三种空间权重矩阵。

1.3.1　基于地理邻近性的空间权重矩阵

在详细介绍空间权重矩阵之前，首先需要说明的一点是：对于一个地理空间单元来说，自己与自己不能相邻。因此，自己与自己的距离为 0，以及自己对自己的影响在空间上是不存在的。换言之，空间权重矩阵对角线上所有的元素皆为 0。

---

① 实际上，往往地理位置（地段）决定了地价，从而也决定了房产价格和房产的类型。在城市中心不可能建设低价房产，而在城市边缘建设高档房产的可能性也极低。

② 这在经济学理论中可以理解为外部性。但是，经典的经济学中并没有详细地阐述这种外部性如何受到地理空间的影响。或者说，在经济学模型中很难定量地描述这种外部性所产生的影响。

③ 对于一般的截面数据来说，各种统计分析结果与数据排序无关。但是空间数据分析由于包含空间信息，在分析时需要考虑空间因素，因此，空间数据的分布由其空间位置决定，各种统计分析结果也依赖于空间地理信息。

④ 注意：前两种空间权重矩阵是外生的，而基于社会经济结构的空间权重矩阵往往带有强烈的内生性，这使得空间计量模型变得更为复杂。

为了方便解释空间权重矩阵的设定，本书给出了一个简单的模拟空间，用于演示和理解空间权重矩阵，如图 1-3 所示。

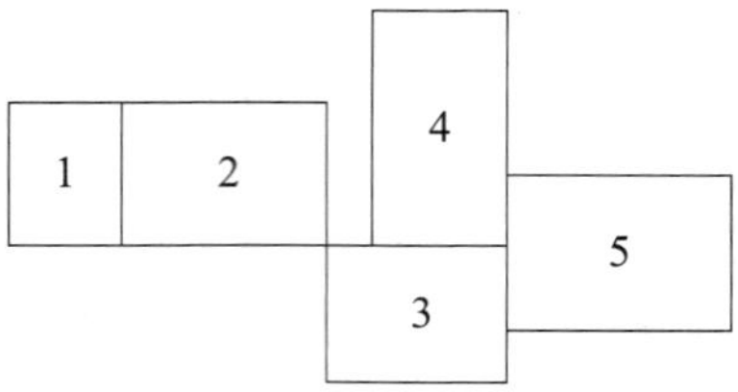

图 1-3　空间单元模拟

图 1-3 中的区域一共有 5 个空间单元。从左到右分别用 1、2、3、4、5 来表示。其中，空间单元 1 与空间单元 2 相邻，有共同的边界；空间单元 2 与空间单元 3 只有一个点相邻；空间单元 3 与空间单元 4 以及空间单元 5 均有共同的边界；空间单元 4 与空间单元 3 以及空间单元 5 均有共同的边界；空间单元 5 与空间单元 3 以及空间单元 4 均有共同的边界。

在明确了各个空间单元的邻居之后，可以建立基于地理邻近性（contiguity）的空间权重矩阵。基于地理邻近性的空间权重矩阵是按照国际象棋的规则进行设定的，主要有两种：一种是基于 Rook 规则，另一种是基于 Queen 规则。[①]

1.3.1.1　基于 Rook 邻近性的空间权重矩阵

Rook 规则实际上就是国际象棋里车的行走规则，车的行走规则是横向走或垂直走，反映在空间结构上可检验两个相邻的空间单元 i 和空间单元 j 是否存在共同的边界。如图 1-4 所示，在国际象棋中，车的行走规则为灰色圆圈所在的行列。

假设用 l_{ij} 来表示边界的长度，那么基于 Rook 邻近性的空间权重矩阵的定义如公式 1.5 所示。

$$w_{ij}=\begin{cases}1,\ l_{ij}>0\\0,\ l_{ij}=0\end{cases}\tag{1.5}$$

由公式 1.5 可知，当边界长度大于 0 时，则认为空间单元 i 和空间单元 j 存在共同的边界，并且空间权重矩阵中第 i 行第 j 列的元素记为 1，否则记为 0。

对于图 1-3 中的 5 个空间单元来说，基于 Rook 邻近性的空间权重矩阵可以定义为矩阵 1.6 的形式。[②]

$$\boldsymbol{W}=\begin{pmatrix}0&1&0&0&0\\1&0&0&0&0\\0&0&0&1&1\\0&0&1&0&1\\0&0&1&1&0\end{pmatrix}\tag{1.6}$$

① 熟悉国际象棋规则的读者会非常容易理解 Rook 规则和 Queen 规则。Rook 在国际象棋中是车，Queen 是皇后。不熟悉的读者请参考本书提供的图例来理解基于地理邻近性的空间权重矩阵如何设定。

② 这个空间权重矩阵的全称为一阶 Rook 邻近性空间权重矩阵（first-order Rook contiguity spatial weights matrix）。有关阶（order）的概念，后面的小节会有介绍。

1.3.1.2 基于 Queen 邻近性的空间权重矩阵

Queen 规则实际上就是国际象棋中皇后的行走规则，皇后的行走规则是可以横向走，垂直走，也可以斜线走，行走方式非常灵活，在空间结构上用来检验两个相连的空间单元 i 和空间单元 j 是否有共同的边界，或者是否有共同的交点（point）。① 如果存在共同的边界或者交点，那么认为这两个空间单元是彼此相邻的。② 如图 1－5 所示，在国际象棋中，皇后的行走规则为灰色圆圈所在的地方。

假设用 b_i 来表示空间单元 i 的边界点，那么，基于 Queen 邻近性的空间权重矩阵的定义如公式 1.7 所示。

$$w_{ij}=\begin{cases}1,\ b_i\cap b_j\neq 0\\0,\ b_i\cap b_j=0\end{cases}\tag{1.7}$$

由公式 1.7 可知，当空间单元 i 和空间单元 j 相交的边界长度不为 0 时，那么认为空间单元 i 和空间单元 j 相邻，并且，空间权重矩阵中第 i 行第 j 列的元素记为 1，否则，记为 0。

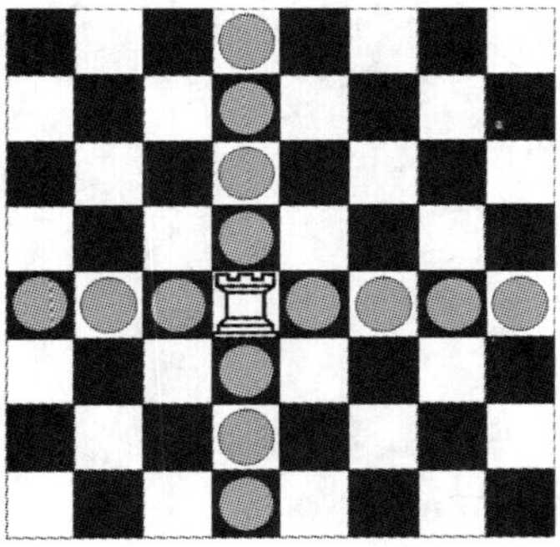

图 1－4　Rook 规则

图 1－5　Queen 规则

对于图 1－3 中的 5 个空间单元来说，基于 Queen 邻近性的空间权重矩阵可以定义为矩阵 1.8 的形式。③

$$\boldsymbol{W}=\begin{pmatrix}0&1&0&0&0\\1&0&1&0&0\\0&1&0&1&1\\0&0&1&0&1\\0&0&1&1&0\end{pmatrix}\tag{1.8}$$

矩阵 1.8 与矩阵 1.6 的区别在于矩阵 1.8 中第 2 行第 3 列的元素和第 3 行第 2 列的元素为 1。这是因为空间单元 2 与空间单元 3 有共同的交点，按照 Queen 规则认为空间单元 2 与空间单元 3 相邻；矩阵 1.6 的第 2 行第 3 列的元素和第 3 行第 2 列的元素等于

① 这种情况在中国极为罕见。

② 由此可见 Queen 规则比 Rook 规则要更为宽泛。

③ 这个空间权重矩阵的全称应该为一阶 Queen 邻近性空间权重矩阵（first-order Queen contiguity spatial weights matrix）。

0，按照 Rook 规则认为空间单元 2 与空间单元 3 不互为邻居，因为它们共同的边界长度为 0。

实际上，如果研究的是中国问题的话，那么在 Rook 规则和 Queen 规则下的空间权重矩阵是一样的。中国的行政区划在历史上变动较多，但是基本上根据自然地理条件进行划分（如根据山脉、河流等自然地理特征进行划分）①，或根据历史政治等原因进行划分②，这样划分的结果是边界较不规则。③ 但是对于历史较短的国家，例如美国和加拿大，以及非洲大陆的一些国家，行政区划带有强烈的人为色彩，所以可能会出现多个地区边界只有一个点（point）的情况。例如美国西南地区的四个州就共有一个边界点，如图 1－6 所示。④

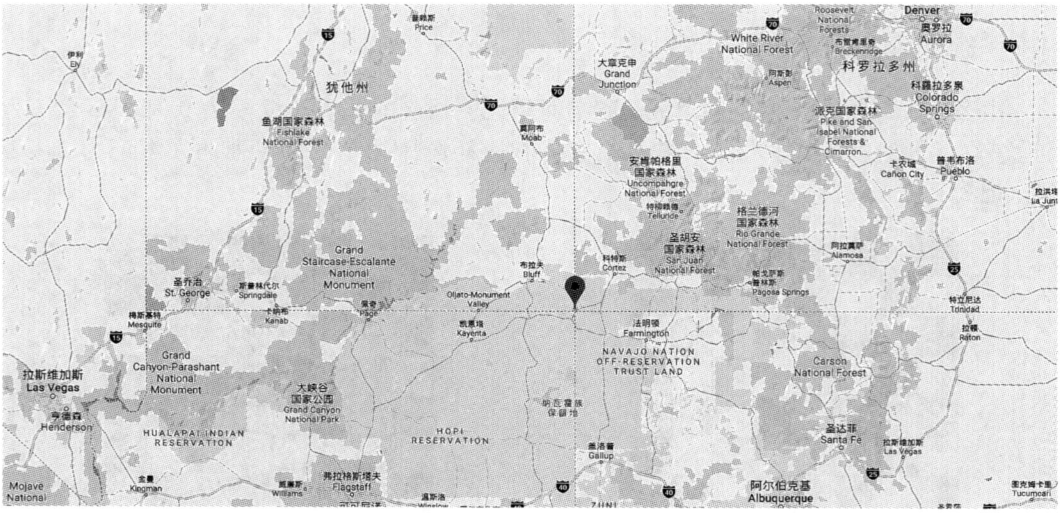

图 1－6　Queen 规则范例：美国西南地区的四个州

由图 1－6 可知，西北方向的犹他州和东南方向的新墨西哥州只有一个共同的交点，而东北方向的科罗拉多州和西南方向的亚利桑那州也只有一个共同的交点，而四个州交汇于一点。⑤

由于按照 Rook 规则和 Queen 规则所构造出的空间权重矩阵元素由 0 和 1 组成，所以这两种矩阵又称二元（binary）空间权重矩阵。⑥

注意：除了基于 Rook 和 Queen 邻近性的空间权重矩阵外，还存在另一个基于地理邻近性的空间权重矩阵：基于 Bishop 邻近性的空间权重矩阵。Bishop 规则实际上就是国际象棋中象的行走规则，象的行走规则是只可以斜线走。因此，基于 Bishop 邻近性

① 这也被称为山川形便。这是中国划分行政区域的重要原则之一。典型的例子如山西省，它东临太行山脉，西靠吕梁山脉，南面黄河，北依长城。

② 这被称为犬牙相入原则。由于历史上山川形便容易促成地方割据，因此，中央政府有意识地将其割裂开来，重新组成行政区域。典型的例子如陕西省的汉中地区。

③ 当然影响历史上行政区划变动的也有人为因素，有兴趣的读者可以参阅行政区划类的书籍。

④ 该图源自 Google 地图。此外，有兴趣的读者可以阅读加拿大的行政区划历史资料。

⑤ 有意思的是，在这四个州的交界处，有一个四角纪念碑（four corners monument）。感兴趣的读者可以用 Google 地图搜索一下。坐标点为：36°59′56.315 32″N，109°02′42.620 19″W。

⑥ 在其他空间数据分析和空间计量经济学著作或者论文中可能会遇到此类称呼。

的空间权重矩阵在空间结构上用于检验两个空间单元 i 和空间单元 j 是否只有共同的交点，而没有共同的边界。由于基于 Bishop 邻近性的空间权重矩阵极少用在实证分析中，故不做详细介绍。

1.3.1.3 基于地理邻近性的空间权重矩阵的阶数

上一小节介绍了基于 Rook 和 Queen 邻近性的空间权重矩阵，描述了空间单元 i 与空间单元 j 在空间中的相对位置关系。具体来说，就是采用矩阵的方式描述空间单元 i 与空间单元 j 是否在地理空间上相邻。如果空间单元 j 与空间单元 i 有共同的边界（或边界点），那么，用通俗的语言可以称空间单元 j 为空间单元 i 的邻居（neighbor），由于空间交互作用是对称的，因此，空间单元 i 也是空间单元 j 的邻居，两者之间相互产生影响。

如果依照这种思路继续延伸，空间单元 i 的邻居空间单元 j 同样也可能受到它的邻居空间单元 k 的影响，从而空间单元 k 通过空间单元 j 间接地影响空间单元 i。这种稍显复杂的思想可以通过简单的示意图来加深理解，如图 1－7 和图 1－8 所示。

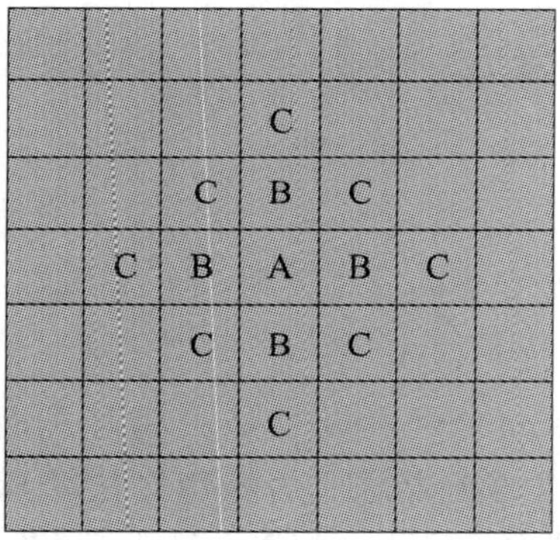

图 1－7 二阶 Rook 邻近性空间权重矩阵

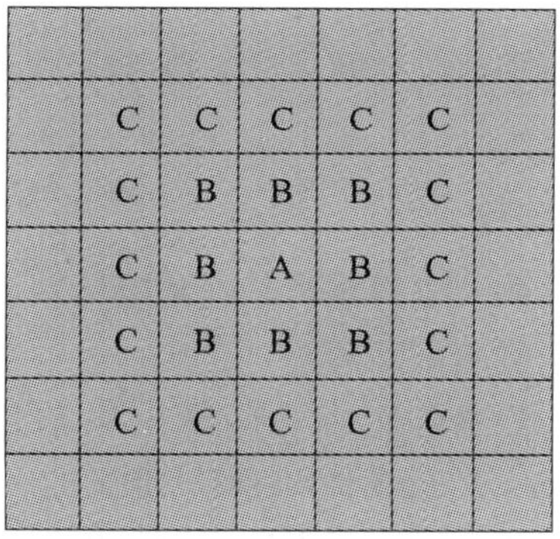

图 1－8 二阶 Queen 邻近性空间权重矩阵

图 1－7 展示了二阶 Rook 邻近性空间权重矩阵。图中最核心的空间单元是空间单元 A，如果按照 Rook 规则，那么空间单元 A 有 4 个邻居——空间单元 B。这是因为空间单元 A 和空间单元 B 有共同的边界。同样的道理，空间单元 B 也与空间单元 C 有共同的边界，根据 Rook 规则，可以得到 8 个邻居——空间单元 C。空间单元 C 可以通过空间单元 B 对空间单元 A 产生影响。那么，空间单元 B 是空间单元 A 的一阶邻居，而空间单元 C 是空间单元 A 的二阶邻居。通俗地来说，空间单元 C 是空间单元 A 邻居的邻居。

图 1－8 展示了二阶 Queen 邻近性空间权重矩阵。图 1－8 最核心的空间单元是空间单元 A，空间单元 A 和空间单元 B 有共同的边界或者边界交点。按照 Queen 规则，空间单元 A 有 8 个邻居——空间单元 B。同样的道理，空间单元 B 也与空间单元 C 有共同的边界或者边界交点，根据 Queen 规则，可以得到 16 个邻居——空间单元 C。空间单元 C 通过空间单元 B 可以对空间单元 A 产生影响。同 Rook 下的空间权重矩阵含义相同，空间单元 B 是空间单元 A 的一阶邻居，而空间单元 C 是空间单元 A 的二阶邻居。通俗地来说，空间单元 C 是空间单元 A 邻居的邻居。

按照这个思想继续延伸可以生成三阶、四阶甚至更高阶的基于地理邻近性的空间权重矩阵。[①]

1.3.2 基于空间距离的空间权重矩阵

在介绍基于距离的空间权重矩阵之前，有必要先介绍距离的概念。理解空间距离对于构造灵活多变的基于空间距离的空间权重矩阵有很大的帮助。

1.3.2.1 空间距离

不妨用 d_{ij} 来表示空间单元 i 和空间单元 j 之间的空间距离。空间单元之间的距离 d_{ij} 可以是欧几里得距离（Euclidean distance），也可以是曼哈顿距离（Manhattan distance），也可以是切比雪夫距离（Chebyshev distance），或者是更广义上的闵可夫斯基距离（Minkowski distance）。下面逐一介绍这四种距离的定义。

欧几里得距离

欧几里得距离是最常见的两点之间的距离。在欧几里得空间的定义中，假设有两点 i 和 j，其坐标点分别为 $i=(x_i, y_i)$ 和 $j=(x_j, y_j)$，其中，x 表示横坐标，y 表示纵坐标，那么，空间单元 i 和空间单元 j 之间的欧几里得距离为：

$$d(i, j)=\sqrt{\sum_{i=1}^{n}(x_i-x_j)^2+(y_i-y_j)^2} \tag{1.9}$$

欧几里得距离是直角坐标系下任意两点之间的距离。

曼哈顿距离

曼哈顿距离也叫做出租车几何距离（taxicab geometry），最早是由闵可夫斯基（Hermann Minkowski）定义的一种距离。曼哈顿距离的正式意义为城市区块距离[②]，也就是在欧几里得空间直角坐标系上两点所形成的线段对轴产生的投影距离的总和。假设空间中有两点 i 和 j，其坐标点为 $i=(x_i, y_i)$ 和 $j=(x_j, y_j)$，那么，i 和 j 两点的曼哈顿距离为：

$$d(i, j)=|x_i-x_j|+|y_i-y_j| \tag{1.10}$$

下面用一幅图来举例说明曼哈顿距离，可能更有助于理解这种距离，如图 1-9 所示。图 1-9 中白色区域为区块，灰色为道路。图中有 4 条不同的线，其中对角线衡量的就是欧几里得距离，而其他三条线衡量的则是曼哈顿距离。假设一个区块边长为 1，可以看出，这三条线都有一样的长度，即 12。

---

① 当然，不可能生成无限阶的空间权重矩阵。生成最大阶 k_{th} 阶的条件是：当且仅当空间权重矩阵的空间单元 i 按照 Rook 规则或者 Queen 规则与 $(k-1)_{th}$ 阶矩阵的空间单元相邻。通俗地来说，空间权重矩阵的最大阶数是保证每一个空间单元 i 在 Rook 规则或者 Queen 规则下至少有一个邻居空间单元 j。在实证分析中，较多使用一阶邻近性空间权重矩阵。多阶空间权重矩阵也可以使用，但是当实证分析中的空间单元个数较少时，会出现问题。另外，需要说明的是，高阶空间权重矩阵只是对于邻近性空间权重矩阵而言的，对于后面介绍的基于距离的空间权重矩阵则不适用。

② 熟悉曼哈顿的读者可能非常容易理解这种距离，曼哈顿被东西走向的街（street）和南北走向的大道（avenue）切割成多个街区（block）。对于任意两点例如 A 点到 B 点之间的非直线距离，如果选择乘坐出租车的方式，则从 A 点穿过这些街区到达 B 点的距离就是曼哈顿距离。

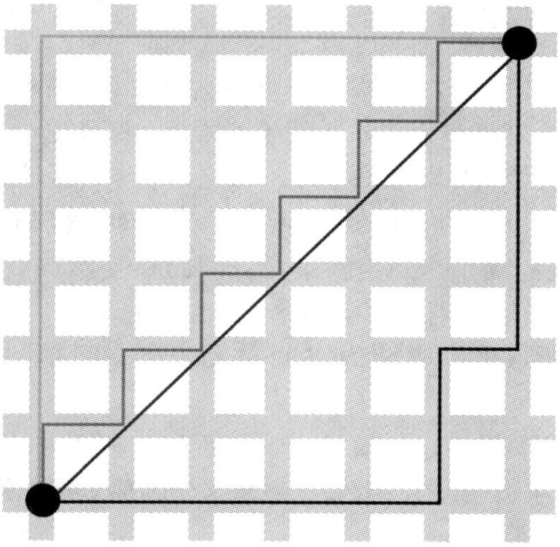

图 1-9　曼哈顿距离示例

资料来源：维基百科词条“taxicab geometry”。

切比雪夫距离

切比雪夫距离指的是空间中两个点 i 和 j 的距离被定义为其各坐标数值差的最大值，切比雪夫距离的定义如公式 1.11 所示。

$$d(i, j) = \max(|x_i - x_j|, |y_i - y_j|) \tag{1.11}$$

闵可夫斯基距离

闵可夫斯基距离不是一种距离的定义，而是一组距离的定义。闵可夫斯基距离基于不同的参数设置可以得到曼哈顿距离、欧几里得距离和切比雪夫距离。这里给出一个广义上的定义，假设有两个 n 维向量 $\boldsymbol{i}=(x_1, \cdots, x_n)$ 和 $\boldsymbol{j}=(y_1, \cdots, y_n)$，这两个向量之间的闵可夫斯基距离定义如公式 1.12 所示。

$$d_{ij} = \sqrt[p]{\sum_{k=1}^{n} |x_k - y_k|^p} \tag{1.12}$$

在公式 1.12 中，p 为一个参数，当 $p=1$ 时，闵可夫斯基距离变为曼哈顿距离；当 $p=2$ 时，闵可夫斯基距离变为欧几里得距离；当 $p\to\infty$时，闵可夫斯基距离变为切比雪夫距离。

有了上述空间距离的概念①，下面将介绍空间计量经济学模型中常见的基于空间距离的空间权重矩阵的设定方法。

---

① 实际上，空间距离的概念要远超过上述介绍的种类，衡量空间单元之间的距离有多种方式。例如，空间单元的地理几何重心之间的距离、空间单元之间的行政中心距离、空间单元之间的最短公路距离、空间单元之间的最短铁路距离、空间单元之间的平均通勤时间。平均通勤时间指的是从空间单元 i 到空间单元 j 的经济有效的交通时间。这个经济有效指的是一种最经济和最方便综合起来的情况。例如，排除乘坐飞机的方式，从上海到北京的地理距离要远超过从上海到安徽某村庄 Y 的地理距离。由于上海到北京有经济高效的交通方式——高铁，而上海到安徽村庄 Y 的交通移动方式可能需要数次转车，从而交通时间大大超过从上海到北京的交通时间。总之，距离的概念是多样的，读者可根据研究的需要来选择合适的距离空间权重矩阵。

1.3.2.2 半径距离空间权重矩阵

如果用距离来衡量空间单元对其邻居空间单元的影响，那么根据地理学第一定律，两个空间单元距离越远，地理单元的联系就越不紧密。基于这个概念，距离特别远的空间单元 j 对空间单元 i 的影响可以忽略不计。因此，基于半径距离的空间权重矩阵需要设置一个临界断点值（critical cut-off point），或者叫做门槛距离（threshold distance）①，根据这个门槛距离来判断空间单元之间的相互影响以及描述空间结构特征。若距离小于这个临界断点值，则认为空间单元 i 和空间单元 j 之间存在空间交互效应，若距离大于这个临界断点值，则认为空间单元 i 和空间单元 j 之间没有空间交互效应。②

不妨定义这个门槛距离为 d。如果 d 在这个距离范围之内，那么，空间单元 i 和空间单元 j 之间的距离记为 1。反之，如果 d 超出这个距离范围，那么记为 0。③ 之所以称之为半径距离空间权重矩阵（radial distance spatial weights matrix），是因为以空间单元 i 的重心为圆心、以 d_{ij} 距离为半径画圆，包含在距离范围之内的空间单元被认为两个空间单元存在空间交互效应，否则，被认为没有影响。因此，半径距离空间权重矩阵可以定义如下：

$$w_{ij} = \begin{cases} 1, & 0 < d_{ij} \leqslant d \\ 0, & d_{ij} > d \end{cases} \tag{1.13}$$

半径距离空间权重矩阵的示意图参见图 1-10。

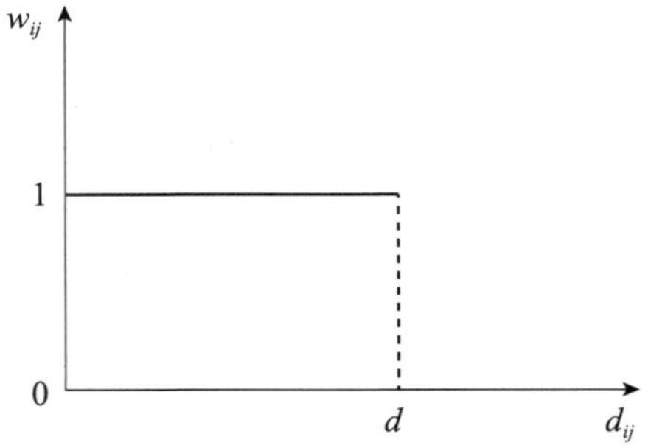

图 1-10　半径距离空间权重矩阵示意图

从图 1-10 可以看出，若 $d_{ij} \leqslant d$，则 w_{ij} 的取值为 1，反之，若 $d_{ij} > d$，则 w_{ij} 的取值为 0。当然，也可以这样设定：如果 $d_{ij} \leqslant d$，则 w_{ij} 取距离值 d_{ij}，如果 $d_{ij} > d$，则 w_{ij} 的取值为 0，公式如下所示：

$$w_{ij} = \begin{cases} d_{ij}, & 0 < d_{ij} \leqslant d \\ 0, & d_{ij} > d \end{cases} \tag{1.14}$$

---

① 在 Anselin 主导开发的 GeoDa 中创建基于距离的空间权重矩阵采用的术语即为门槛距离。

② 实际上，学者可按照自己的研究经验或者某种规则选择一个距离作为一个临界断点值或者门槛距离。由此可见，临界断点值的选取非常主观，原本强外生的基于空间距离的空间权重矩阵带有了主观因素。

③ 之所以空间权重矩阵的元素被记为 0，是因为距离太远，空间单元之间的影响可以忽略不计；记为 1 说明两个空间单元能够互相影响。这种 0-1 二值法用来表示是否有空间交互作用。

需要特别注意的是：由地理学第一定律可知，距离越远的空间单元之间的空间交互效应越弱。因此，如果选择通过距离来表达空间单元之间的空间交互效应的强弱，通常取空间单元之间距离的倒数。这样表达的含义是，距离越远的空间单元 j 对空间单元 i 的影响越小。因此，基于距离的空间权重矩阵可以定义如下：

$$w_{ij}=\begin{cases}\dfrac{1}{d_{ij}}, & 0<d_{ij}\leqslant d\\ 0, & d_{ij}>d\end{cases}\tag{1.15}$$

在实证分析中，除了对空间距离取倒数之外，还可以对空间距离的平方取倒数，用来表示衰减效应（diminishing effect）。因此，基于距离的空间权重矩阵还可以如公式 1.16 这样定义。

$$w_{ij}=\begin{cases}\dfrac{1}{d_{ij}^{k}}, & 0<d_{ij}\leqslant d\\ 0, & d_{ij}>d\end{cases}\tag{1.16}$$

在公式 1.16 中，参数 k 可以取值 2 或者 3。

如果不考虑门槛距离，换言之，无论彼此距离多远的两个空间单元之间都有距离 d_{ij}，那么，一般形式的基于距离的空间权重矩阵如公式 1.17 所示。

$$w_{ij}=\frac{1}{d_{ij}^{k}}\tag{1.17}$$

在公式 1.17 中，根据研究的需要，参数 k 一般可以取值 1 或者 2。

在上述介绍中提到了衰减效应。所谓的衰减效应指的是两个空间单元之间的空间效应随着距离的增加而加速地减少。因此，上述空间权重矩阵为幂函数距离空间权重矩阵（power distance spatial weights matrix）。正式定义如公式 1.18 所示。

$$w_{ij}=d_{ij}^{-\alpha}\tag{1.18}$$

在公式 1.18 中，α 是一个重要的参数，与上述参数 k 是一样的。α 的大小决定了空间衰减效应的程度。比较常用的方法是设定 $\alpha=1$ 或 $\alpha=2$。这里给出 $\alpha=1$ 和 $\alpha=2$ 的示例，以便让读者更容易理解空间衰减效应，如图 1-11 所示。可以发现，随着空间距离的增加（横坐标向右），空间效应迅速衰减（纵坐标值迅速减小）。

1.3.2.3　K 个最近邻居空间权重矩阵

K 个最近邻居空间权重矩阵（K-nearest neighbors spatial weights matrix）是指在研究区域范围内，可以指定空间单元包含最近的几个邻居。具体来说，在一个有 n 个空间单元的研究区域中，计算出每一个空间单元 i 与所有其他空间单元 j（$j\neq i$）之间的距离，然后对所有空间单元 i 与所有空间单元 j 之间的距离长度进行排序，如公式 1.19 所示。

$$d_{ij(1)}\leqslant d_{ij(2)}\leqslant\cdots\leqslant d_{ij(n-1)}\tag{1.19}$$

如果设定空间单元 i 有 4 个邻居（$k=4$），那么选择 4 个距离最近的空间单元记录

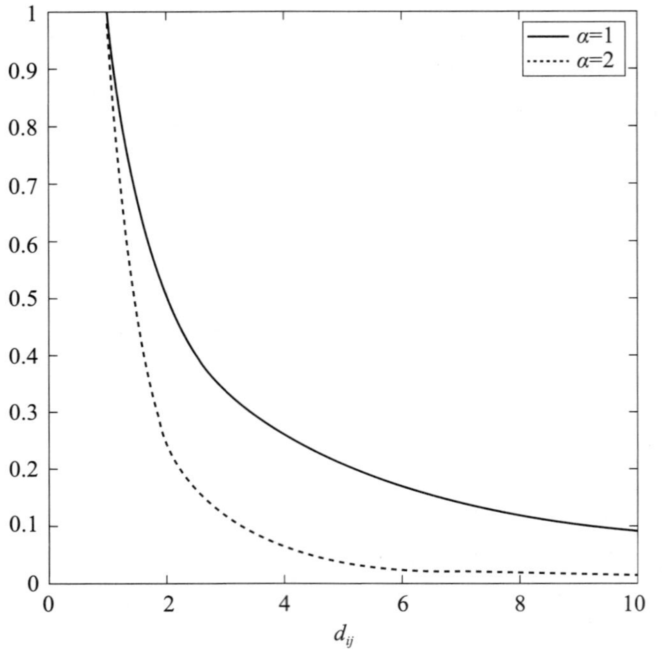

图 1-11　幂函数距离权重示意图

下来，组成空间权重矩阵。① 研究者可以根据研究的区域的大小、形状以及样本空间单元的大小来选择合适的最近邻居数量。

1.3.3　基于社会经济结构的空间权重矩阵

除了基于地理空间的空间权重矩阵之外，还有学者构建了经济距离矩阵，如林光平、龙志和与吴梅（2005）。基于地理邻近性的矩阵假设周围邻居的影响是一样的，然而在实际情况中，不同地区之间的经济密切程度有时候与地理位置关联并不密切。例如，上海与安徽的距离远远小于上海与北京的距离，但是京沪之间的经济往来很显然非常密切。② 基于这个思想，林光平、龙志和与吴梅（2005）采用地区之间人均 GDP 的差值来作为经济空间权重。具体设置方法如公式 1.20 所示。

---

① 在 K 个最近邻居空间权重矩阵中，元素可以为两个空间单元之间的距离 d_{ij}，也可以记录为与基于地理邻近性的空间权重矩阵类似的二值，即 0 和 1，这样就变成了类似于基于地理邻近性的空间权重矩阵。但是，与基于 Rook 和 Queen 邻近性的空间权重矩阵不同的是，K 个最近邻居空间权重矩阵保证了每个空间单元都有 4 个空间单元为邻。换言之，用距离空间单元 i 最近的 4 个邻居空间单元来对空间单元 i 产生空间交互效应。然而，需要注意的是：这个最近距离的概念对于不同空间单元是不同的。例如，空间单元 B 是空间单元 A 最近的邻居之一，反之不一定成立。举例说明，离黑龙江最近的 4 个邻居省份分别为内蒙古、吉林、辽宁和北京；然而，离北京最近的 4 个邻居省份分别为河北、山西、天津和山东。北京是离黑龙江最近的 4 个邻居省份之一，然而，离北京最近的 4 个邻居省份中没有黑龙江。打比方来说，A 是 B 的好朋友，B 不一定是 A 的好朋友。另外，特别需要注意的是：基于 Rook 和 Queen 邻近性的空间权重矩阵为对称矩阵，而 K 个最近邻居空间权重矩阵一般情况下为非对称矩阵。

② 由高铁的班次就可以看出。

$$w_{ij}=\begin{cases}\dfrac{1}{|\overline{Y_i}-\overline{Y_j}|}\\0\end{cases}\tag{1.20}$$

其中，$\overline{Y_t}=\dfrac{1}{t_1-t_0+1}\sum_{t=t_0}^{t_1}Y_{it}$。$Y_{it}$表示第 i 个空间单元第 t 年的人均 GDP。

1.3.4　理解空间权重矩阵：中国省域的例子

对于空间权重矩阵，如果举出一个中国的例子，那么会更加容易理解这个概念。以选取的中国 31 个省级行政区①基于 Rook 邻近性的空间权重矩阵为例来说明这个概念。注：31 个地区的空间顺序按照统计年鉴的规定排列。空间权重矩阵如图 1-12 所示。

	A	B	C	D	E	F	G	H	I	J	K	L	M	N	O	P	Q	R	S	T	U	V	W	X	Y	Z	AA	AB	AC	AD	AE	AF
1	地区	北京	天津	河北	山西	内蒙古	辽宁	吉林	黑龙江	上海	江苏	浙江	安徽	福建	江西	山东	河南	湖北	湖南	广东	广西	海南	重庆	四川	贵州	云南	西藏	陕西	甘肃	青海	宁夏	新疆
2	北京	0	1	1	0	0	0	0	0	0	0	0	0	0	0	0	0	0	0	0	0	0	0	0	0	0	0	0	0	0	0	0
3	天津	1	0	1	0	0	0	0	0	0	0	0	0	0	0	0	0	0	0	0	0	0	0	0	0	0	0	0	0	0	0	0
4	河北	1	1	0	1	1	1	0	0	0	0	0	0	0	0	1	1	0	0	0	0	0	0	0	0	0	0	0	0	0	0	0
5	山西	0	0	1	0	1	0	0	0	0	0	0	0	0	0	0	1	0	0	0	0	0	0	0	0	0	0	1	0	0	0	0
6	内蒙古	0	0	1	1	0	1	1	1	0	0	0	0	0	0	0	0	0	0	0	0	0	0	0	0	0	0	1	1	0	1	0
7	辽宁	0	0	1	0	1	0	1	0	0	0	0	0	0	0	0	0	0	0	0	0	0	0	0	0	0	0	0	0	0	0	0
8	吉林	0	0	0	0	1	1	0	1	0	0	0	0	0	0	0	0	0	0	0	0	0	0	0	0	0	0	0	0	0	0	0
9	黑龙江	0	0	0	0	1	0	1	0	0	0	0	0	0	0	0	0	0	0	0	0	0	0	0	0	0	0	0	0	0	0	0
10	上海	0	0	0	0	0	0	0	0	0	1	1	0	0	0	0	0	0	0	0	0	0	0	0	0	0	0	0	0	0	0	0
11	江苏	0	0	0	0	0	0	0	0	1	0	1	1	0	0	1	0	0	0	0	0	0	0	0	0	0	0	0	0	0	0	0
12	浙江	0	0	0	0	0	0	0	0	1	1	0	1	1	1	0	0	0	0	0	0	0	0	0	0	0	0	0	0	0	0	0
13	安徽	0	0	0	0	0	0	0	0	0	1	1	0	0	1	1	1	1	0	0	0	0	0	0	0	0	0	0	0	0	0	0
14	福建	0	0	0	0	0	0	0	0	0	0	1	0	0	1	0	0	0	0	1	0	0	0	0	0	0	0	0	0	0	0	0
15	江西	0	0	0	0	0	0	0	0	0	0	1	1	1	0	0	0	1	1	1	0	0	0	0	0	0	0	0	0	0	0	0
16	山东	0	0	1	0	0	0	0	0	0	1	0	1	0	0	0	1	0	0	0	0	0	0	0	0	0	0	0	0	0	0	0
17	河南	0	0	1	1	0	0	0	0	0	0	0	1	0	0	1	0	1	0	0	0	0	0	0	0	0	0	1	0	0	0	0
18	湖北	0	0	0	0	0	0	0	0	0	0	0	1	0	1	0	1	0	1	0	0	0	1	0	0	0	0	1	0	0	0	0
19	湖南	0	0	0	0	0	0	0	0	0	0	0	0	0	1	0	0	1	0	1	1	0	1	0	1	0	0	0	0	0	0	0
20	广东	0	0	0	0	0	0	0	0	0	0	0	0	1	1	0	0	0	1	0	1	0	0	0	0	0	0	0	0	0	0	0
21	广西	0	0	0	0	0	0	0	0	0	0	0	0	0	0	0	0	0	1	1	0	0	0	1	1	0	0	0	0	0	0	0
22	海南	0	0	0	0	0	0	0	0	0	0	0	0	0	0	0	0	0	0	0	0	0	0	0	0	0	0	0	0	0	0	0
23	重庆	0	0	0	0	0	0	0	0	0	0	0	0	0	0	0	0	1	1	0	0	0	0	1	1	0	0	1	0	0	0	0
24	四川	0	0	0	0	0	0	0	0	0	0	0	0	0	0	0	0	0	0	0	0	0	1	0	1	1	1	1	1	1	0	0
25	贵州	0	0	0	0	0	0	0	0	0	0	0	0	0	0	0	0	0	1	0	1	0	1	1	0	1	0	0	0	0	0	0
26	云南	0	0	0	0	0	0	0	0	0	0	0	0	0	0	0	0	0	0	0	1	0	0	1	1	0	1	0	0	0	0	0
27	西藏	0	0	0	0	0	0	0	0	0	0	0	0	0	0	0	0	0	0	0	0	0	0	1	0	1	0	0	0	1	0	1
28	陕西	0	0	0	1	1	0	0	0	0	0	0	0	0	0	0	1	1	0	0	0	0	1	1	0	0	0	0	1	0	1	0
29	甘肃	0	0	0	0	1	0	0	0	0	0	0	0	0	0	0	0	0	0	0	0	0	0	1	0	0	0	1	0	1	1	1
30	青海	0	0	0	0	0	0	0	0	0	0	0	0	0	0	0	0	0	0	0	0	0	0	1	0	0	1	0	1	0	0	1
31	宁夏	0	0	0	0	1	0	0	0	0	0	0	0	0	0	0	0	0	0	0	0	0	0	0	0	0	0	1	1	0	0	0
32	新疆	0	0	0	0	0	0	0	0	0	0	0	0	0	0	0	0	0	0	0	0	0	0	0	0	0	1	0	1	1	0	0

图 1-12　中国 31 个地区基于 Rook 邻近性的空间权重矩阵的示例

从图 1-12 可以看出该矩阵是一个 32×32 阶矩阵。其中，第 1 行和第 1 列为空间单元的名称，如果剔除第 1 行和第 1 列，就可以得到 31×31 阶基于 Rook 邻近性的空间权重矩阵。

先从第 2 行看起。第 2 行第 B 列的数值为 0，对应矩阵中第 A 列和第 1 行的元素地区来看，可知行列表示的是北京。由于空间权重矩阵规定空间单元自己不能作为自己的邻居，因此矩阵元素记录为 0。

再来看第 2 行第 C 列，其元素为 1，对应的行列分别是北京和天津。元素为 1 在这里表示的是北京与天津相邻，因此记录为 1。继续向右看，第 2 行第 D 列，其元素也为 1，对应的行列分别是北京和河北，表明北京与河北相邻。由于基于 Rook 邻近性的空间权重矩阵是对称矩阵，所以第 3 行第 B 列元素和第 4 行第 B 列的元素也均为 1。继续向

① 为了分析的方便，本书用以分析的中国省域的例子选取了中国 31 个省级行政区。全书同。

右看，可以发现矩阵中其他元素皆为0，说明北京与其他28个省份均不相邻。由此可以看出，空间权重矩阵中的每个元素数值1和0都分别表示每个地区与其他地区是否相邻。

值得注意的是：第22行为海南，这一行所有的元素都为0，说明在Rook规则下海南不与任何省份相邻。结合中国地图来看，海南是一座海岛，与其他任何省份都不存在边界接壤。然而，在实证分析中，有研究者会强制将海南与广东相邻。[①] 因此，在空间权重矩阵中需要进行修改。具体做法是：将表格中第22行第T列的单元格数值改为1，由于基于Rook邻近性的空间权重矩阵是对称矩阵，因此，也须将第20行第V列的单元格数值修改为1。修改完之后，即可得到海南与广东相邻的空间权重矩阵。

1.3.5 空间权重矩阵的行标准化

在大多数情况下，得到基于地理邻近性的空间权重矩阵之后，需要对其进行标准化处理，用以消除某些空间单元影响程度过大的问题。[②] 在实证分析中，标准化方法采用的是行标准化（row-standardization）。

在得到一个 $N\times N$ 阶基于地理邻近性的空间权重矩阵 $\boldsymbol{W}$ 后，第 i 行不仅记录了所有空间单元相对于第 i 个空间单元的空间位置（是否毗邻），而且可以用来表示对空间单元 i 的空间交互效应的影响程度。将空间权重矩阵 $\boldsymbol{W}$ 第 i 行的所有元素加总后，用第 i 行的每一个元素除以刚才得到的行总和，这样的标准化方法就叫做行标准化。行标准化后的空间权重矩阵称为行标准化的空间权重矩阵（row-standardized spatial weights matrix）。行标准化的公式如下所示：

$$w_{ij}^{s}=\frac{w_{ij}}{\sum_{j}w_{ij}} \tag{1.21}$$

行标准化的好处是：可以将空间单元 i 所有的邻居空间单元对空间单元 i 的影响平均化，使得对每一个邻居空间单元分配相同的影响力，或者说，使得对每一个邻居空间单元分配相同的权重。

举例来说，空间单元 i 有5个邻居空间单元，行标准化之后，每个邻居空间单元对空间单元 i 的影响权重为0.2（=1/5）。

在实证分析中，对空间权重矩阵进行行标准化非常简单。下面以前面的基于Rook邻近性的空间权重矩阵1.6和基于Queen邻近性的空间权重矩阵1.8为例来说明如何进行行标准化。

基于Rook邻近性的空间权重矩阵1.6行标准化后的矩阵如矩阵1.22所示。

$$\boldsymbol{C}_{rook}=\begin{pmatrix}0&1&0&0&0\\1&0&0&0&0\\0&0&0&1/2&1/2\\0&0&1/2&0&1/2\\0&0&1/2&1/2&0\end{pmatrix} \tag{1.22}$$

① 1988年4月13日，第七届全国人民代表大会第一次会议通过了《关于设立海南省的决定》和《关于建立海南经济特区的决议》，标志着海南正式从广东省划分出去，成为海南省。

② 在后面的案例分析中会介绍某个空间单元中属性值过大而导致空间效应变化较大的现象。

行标准化后的基于 Rook 邻近性的空间权重矩阵 $\boldsymbol{C}_{rook}$（矩阵 1.22）的第 1 行和第 2 行没有发生任何变化，这是因为空间单元 1 只有 1 个邻居，即空间单元 2；同样，对于空间单元 2 来说也只有空间单元 1 一个邻居；空间单元 3 有 2 个邻居，分别是空间单元 4 和空间单元 5，这两个邻居空间单元对空间单元 3 的空间交互作用权重都为 0.5（=1/2）。类似的做法同样适用于第 4 行和第 5 行。

基于 Queen 邻近性的空间权重矩阵 1.8 行标准化后的矩阵如矩阵 1.23 所示。

$$\boldsymbol{C}_{queen}=\begin{pmatrix} 0 & 1 & 0 & 0 & 0 \\ 1/2 & 0 & 1/2 & 0 & 0 \\ 0 & 1/3 & 0 & 1/3 & 1/3 \\ 0 & 0 & 1/2 & 0 & 1/2 \\ 0 & 0 & 1/2 & 1/2 & 0 \end{pmatrix} \tag{1.23}$$

行标准化后的基于 Queen 邻近性的空间权重矩阵 $\boldsymbol{C}_{queen}$（矩阵 1.23）的解释同上述行标准化后的基于 Rook 邻近性的空间权重矩阵 1.22 是一致的，故此不再赘述。

注意：行标准化是针对基于地理邻近性的空间权重矩阵而言的，基于距离的空间权重矩阵则无须进行行标准化。这是因为通常来说基于距离的空间权重矩阵中的元素是两两空间单元之间距离的倒数，即 $1/d_{ij}$，因此较近的空间单元所获得的权重将大于较远的空间单元。

1.3.6 空间权重矩阵的选择与讨论

空间权重矩阵是近似地模拟地理邻近性、空间结构和空间关系的一种数量方法，是空间数据分析和空间计量经济学最重要的核心元素。但是，遗憾的是，至今没有任何经济学理论、区域科学理论和计量经济学统计检验的方法可用来判断空间权重矩阵的设定问题。可以说，空间权重矩阵 $\boldsymbol{W}$ 是空间计量经济学和空间数据分析中最强的假设条件。很多学者包括 Anselin（1988）、Elhorst（2010a）和 Leenders（2002）都认为空间计量经济学最大的一个缺点就是空间权重矩阵 $\boldsymbol{W}$ 无法判定，只能预先设定空间权重矩阵 $\boldsymbol{W}$。

在实证分析的文献中，有一些学者通常的做法是选取多个不同种类的空间权重矩阵来判断空间计量经济学模型是否对空间权重矩阵敏感，该方法可以看做是稳健性检验在空间计量经济学模型中的应用。这种做法的好处是提供了一个至少看起来似乎可以解释的方法。当然，这在模型对不同种类的空间权重矩阵确实不敏感的情况下可以使用。但是，如果不同的空间权重矩阵导致了不同的回归结果，尤其是估计的参数因为不同的空间权重矩阵而得出了相反的结果，问题就变得异常复杂。这是因为无法判断空间权重矩阵的优劣，进而导致无法判断究竟应该选择何种空间权重矩阵下的空间计量经济学模型。并且，更为重要的是，在通常情况下解释这种差异是极为困难的。例如，很难解释为何基于地理邻近性的空间权重矩阵优于基于距离的空间权重矩阵。

空间权重矩阵的选取一直以来都是空间计量经济学学者思考的重要问题之一。在空间计量经济学发展的第一个阶段，Cliff and Ord（1973）和 Cliff and Ord（1981）就尝试扩展基于二值地理邻近性的空间权重矩阵。[①] Cliff 和 Ord 的思想是将“两个空间单元

① 有时候这个空间权重矩阵称为 Cliff-Ord 空间权重矩阵。

之间的距离”和“它们之间共享的边界长度与各自空间单元的总边界之比”这两个参数合并起来。这个做法将得到一个非对称的空间权重矩阵①，这种空间权重矩阵的形式如公式 1.24 所示。

$$w_{ij}=[d_{ij}]^{-a}[\beta_{ij}]^{b} \tag{1.24}$$

在公式 1.24 中，d_{ij}是两个空间单元之间的距离，β_{ij}是空间单元 i 和空间单元 j 共享的边界长度与空间单元 j 边界总长度的比例，a 和 b 是两个参数。

然而，这样构造出来的空间权重矩阵仍然存在一个问题，那就是当两个空间单元共享的不是边界，而是一个交点的时候，就无法构造出这样的空间权重矩阵。并且，这个空间权重矩阵在一些人为因素占大部分因素的行政区划中，例如美国的西部地区，用处不是太大。另外，对于一些问题，比如说经济问题，这个空间权重矩阵就很难加以解释，毕竟在一个国家之内的两个空间单元的经济活动并不受限于两个地区之间的行政边界。②

因此，一些学者，例如 Bodson and Peeters（1975）就建议采用更为直接特殊的现象来构造空间权重矩阵。例如，利用公路、铁路和其他交通方式来构造更为广义上的空间权重矩阵。具体的形式如公式 1.25 所示。

$$w_{ij}=\sum_{j}K_{j}a/[1+b\times\exp(-c_{j}d_{ij})] \tag{1.25}$$

在公式 1.25 中，K_j表示的是交通方式 j 的相对重要程度，$\sum_{j}K_j$ 表示第 j 种交通方式的求和，然后通过距离 d_{ij}来分割空间单元。a、b 和 c_j 为三个未知的待设定的参数。

上述空间权重矩阵将空间距离和某些参数囊括进来，进而构造出新的复杂的空间权重矩阵。但是，这样的做法导致了一个非常严重的问题，那就是本来这些空间权重矩阵是外生的，却因为加进去的这些参数变得不再具有强外生性。而且，还存在潜在的伪回归问题。这是因为，空间计量经济学模型的估计取决于空间权重矩阵能够正确地反映出空间结构特征，而空间权重矩阵中的这些参数却需要在估计模型之前必须设定好，这就陷入了一个类似无限循环的问题。③

总之，到目前为止，学术界对空间权重矩阵的选择问题没有公认的结论。但是，Arora and Brown（1977）和 Hordijk and Paelinck（1976）建议采用相对中性的二值邻近性空间权重矩阵。Anselin（1988）对于这个问题的建议是：小心谨慎地选择空间权重矩阵。④

---

① 当这两个空间单元有同样长度的总边界时，该矩阵为对称矩阵。

② 两个地区的经济活动更多依赖于公共基础设施条件，如交通和经济基础等。举例来说，江苏和安徽的共同边界长度远远大于江苏与上海的共同边界长度，但是非常明显的是，江苏与上海的经济贸易活动要远远多于江苏与安徽的经济贸易活动。

③ 这个问题类似于第 22 条军规。

④ 谨慎是相对而言的，Anselin 这里所说的谨慎针对模型中的空间权重矩阵选择问题。但是在空间依赖性的假设检验中却不必那么谨慎。这是因为，如果只是检验“不存在空间依赖性”的原假设，那么空间权重矩阵的构造就必须和备择假设“存在空间依赖性”是密切相关的。换言之，空间依赖性应该能通过空间权重矩阵反映出来。即便是采用了一个不太合适的空间权重矩阵，导致了拒绝原假设“不存在空间依赖性”的结果，这也只是暗示了缺乏空间独立性，而不是暗示了某种特殊的空间依赖性。在检验空间依赖性的时候，采用不太适合的空间权重矩阵得出的伪结果没有在空间计量模型中得出的伪回归那么严重。当然了，这并不是说在检验空间依赖性的时候就可以随便采用毫无意义的空间权重矩阵。笔者认为：在没有严格的基础理论和统计检验的情况下，空间权重矩阵的选择严重依赖于实证中具体问题的实际情况。

最后，选择空间权重矩阵的标准是：空间权重矩阵在实证中一定能够直接反映出空间交互效应和空间结构模式，而不是反映出一种特殊的空间结构模式。[①]

1.4　空间滞后：空间数据分析的核心概念

1.4.1　空间滞后算子

上一节介绍了如何构造空间权重矩阵。那么空间权重矩阵的作用是什么呢？空间权重矩阵的作用是：在空间数据分析和空间计量经济学模型中，将一个空间单元的属性值或者说某个变量观察值如 y_i，与其他空间单元中的变量观察值 y_j 联系起来。[②]

通过空间权重矩阵将空间单元联系起来，由此产生了一个新的术语：空间滞后(spatial lag)。空间滞后与时间滞后的概念有一点类似，熟悉时间序列数据模型的读者会知道设定时间滞后项非常容易，只需向后一期或者若干期移动变量即可。假如滞后 k 期，那么可以表示为：

$$\boldsymbol{y}_{t-k} = L^k \boldsymbol{y}_t \tag{1.26}$$

如果选择滞后一期，即为 $t-1$。举例来说，当前 $\boldsymbol{y}$ 变量为 2019 年的观察值，记为 $\boldsymbol{y}_{2019}$，如果选择滞后一期，则对应的是 $\boldsymbol{y}$ 变量 2018 年的观察值，即 $\boldsymbol{y}_{2018}$。

然而，在空间数据分析和空间计量经济学模型中，空间滞后却不像时间序列数据模型中时间滞后那样直接。这是因为，在时间序列数据中，时间滞后只能是单向的。换言之，时间滞后只能向后移动。但是在空间数据模型中，滞后是多个方向上的移动。[③]

为了更清楚地说明这个问题，举一个例子。假如存在一个栅格结构的空间，如图 1-13所示[④]。变量 $\boldsymbol{x}$ 的空间位置用 i 和 j 来表示，那么，变量 $\boldsymbol{x}$ 在点（i，j）的观察值记为 $x_{i,j}$。如果选择一阶 Rook 邻近性空间权重矩阵，那么 $x_{i,j}$ 跟 4 个空间单元的 $\boldsymbol{x}$ 观察值有关，分别是 $x_{i-1,j}$、$x_{i,j-1}$、$x_{i+1,j}$、$x_{i,j+1}$。

如果选择一阶 Queen 邻近性空间权重矩阵，那么 $x_{i,j}$ 跟下列 8 个空间单元的 x 观察值有关，分别为 $x_{i-1,j+1}$、$x_{i,j+1}$、$x_{i+1,j+1}$、$x_{i-1,j}$、$x_{i+1,j}$、$x_{i-1,j-1}$、$x_{i,j-1}$ 和 $x_{i+1,j-1}$。

那么，如何将这种空间单元之间的空间交互效应表达出来呢？这就需要一点矩阵的知识。具体的做法是：用构造出来的空间权重矩阵 $\boldsymbol{W}$ 的各个元素与相应空间单元位置

---

① 对于中国问题的实证，笔者建议采用二值邻近性空间权重矩阵，而不采用基于距离的空间权重矩阵，这是由于东西部省份中地级市和县市级的空间结构差异巨大，反映在自然地理条件中的地形和行政区划的面积大小还是都有显著的差异。例如，在一级行政区划中，北京和新疆的差异无疑是极为显著的，无论是地形、面积大小还是经济基础都有显著的差异。在县级行政区划中，新疆维吾尔自治区巴音郭楞蒙古自治州所辖的若羌县行政面积为 20.23 万平方千米，相当于 2 个浙江省的面积，更是远超过东部地区每个县域的面积。普遍来说，东部地区市域的面积要小于西部地区市域的面积。若采用基于距离的空间权重矩阵，行政面积显然严重地影响了空间交互效应。当然，这个建议是在一般的情况下，如果实证分析有特殊意义的空间结构的要求，则可以考虑构造其他空间权重矩阵。

② 如果是邻近性空间权重矩阵，则是将空间单元 A 与其邻居空间单元联系起来。如果是基于距离的空间权重矩阵，则是空间单元 A 与整个空间中除空间单元 A 之外所有的空间单元通过空间权重矩阵联系起来。

③ 一般来说这种滞后移动是全方位的，但是也要根据空间权重矩阵的设定规则。

④ 每个空间单元的地理中心用坐标 i 和 j 来描述，在这里忽略了空间单元的边界。当然，这个图也可以适用于基于距离的空间权重矩阵，只不过这时候 $x_{i,j}$ 与周围所有的空间单元都有空间交互效应关系。

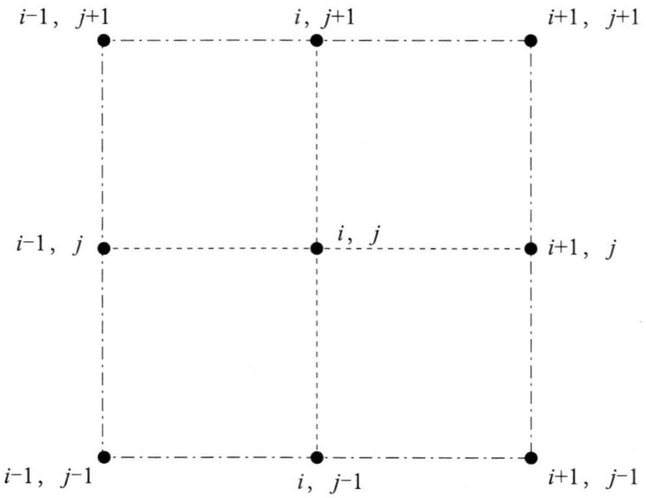

图 1-13　空间滞后算子范例

的变量 x_j 相乘，然后加总。换言之，就是矩阵 $\boldsymbol{W}$ 与向量 $\boldsymbol{x}$ 的乘积。[①] 正式的表达式如公式 1.27 所示：

$$L^s x_i = \sum_j w_{ij} x_j \tag{1.27}$$

公式 1.27 中的 L^s 表示计算空间滞后 s 阶（邻近性空间权重矩阵）的空间滞后算子。j 表示第 j 列。w_{ij} 表示空间权重矩阵中的元素。

如果上面的形式看起来有点复杂，那么换一种方式，用矩阵形式来表达就显得非常简洁，如下所示：

$$L^s \boldsymbol{X} = \boldsymbol{W}_s \boldsymbol{X} \tag{1.28}$$

由此可见，空间滞后算子，或者叫做空间滞后变量（spatially lagged variable），就是空间权重矩阵与向量 $\boldsymbol{x}$ 的乘积。[②]

注意：通常需要在计算空间滞后项的时候对空间权重矩阵进行行标准化，即行标准化后的空间权重矩阵中行的元素加总为 1。尽管没有任何的数学和统计学的理论要求采用这种做法，但是行标准化有助于解释实证分析中模型的系数。但是要提醒读者的是，原本对称的邻近性空间权重矩阵行标准化后通常变成了非对称矩阵，这会增加估计和检验的复杂性。[③]

然而，并不是说所有的空间权重矩阵都需要进行行标准化，通常需要对邻近性空间权重矩阵，比如基于 Rook 和 Queen 邻近性的空间权重矩阵进行行标准化。基于距离的空间权重矩阵本身就非常具有地理学和经济学的含义，因此，并不需要进行行标准化，

---

① 也可以与矩阵 $\boldsymbol{W}$ 相乘，可以得到一组空间滞后项。

② 构造出来的空间滞后项虽然和时间滞后项不太一样，但是在概念上与时间滞后项极为类似。然而，这并不是说空间滞后项能像时间序列模型中添加时间滞后项那么理所当然。

③ 在计算空间滞后项的时候，还有循环（circularity）和冗余（redundancy）的问题，关于这个问题的讨论超出了本书的范围，有兴趣的读者可以参阅 Anselin（1988）和 Blommestein and Nijkamp（1986）的论文。

如果进行行标准化，反而会增加解释的难度。[①]

1.4.2 空间滞后的一个图形化解释：中国的例子

上一小节已经给出了空间滞后的一般公式 1.27。但是，这个公式概念对于初学者来说可能很难理解，如果采用图形化的方式来展示什么是空间滞后，那么就会很容易理解这个概念。

本小节以中国省级行政区为例，按照空间权重矩阵的法则生成空间权重矩阵，然后演示空间滞后的概念。本例选择基于 Rook 邻近性规则得到空间权重矩阵 $\mathbf{W}$，该矩阵是一个 31×31 阶矩阵。由于矩阵过大，为了简单清晰地说明问题，现在以中国中部一个省级行政区和周边省级行政区为例来解释空间滞后的概念。本例选择以湖北为中心的周边省级行政区。由图 1-14 可以得知，湖北有 6 个邻居省级行政区，分别为：陕西、河南、安徽、重庆、湖南和江西。

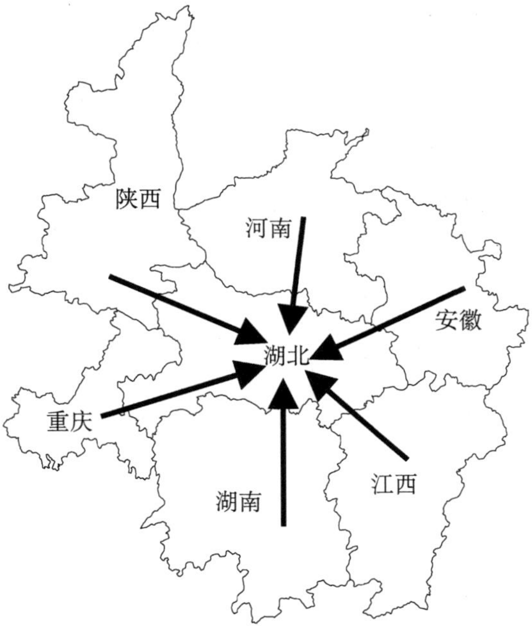

图 1-14　空间滞后的解释：中国的例子

在整个研究的小区域中，设定作为空间单元的湖北为 i，陕西为 $i-3$，河南为 $i-2$，安徽为 $i-1$，重庆为 $i+1$，湖南为 $i+2$，江西为 $i+3$。那么，对于这个选择的小区域

① 并不是说通过空间权重矩阵来表达空间交互效应的方式是一种很好的方法，相反，这种方法也存在很多问题。例如，对于一个邻近性空间权重矩阵来说，权重跟相邻的空间单元的个数有关。换言之，如果一个空间单元 i 有 k 个邻居，那么每个邻居对空间单元 i 的影响是 $1/k$。与空间单元 i 毗邻的空间单元数越少，那么每个相邻的空间单元对空间单元 i 的影响就越大。举例来说，按照 Rook 规则，黑龙江只有两个邻居省份，即内蒙古和吉林，那么内蒙古和吉林对黑龙江的影响每个只有 0.5（=1/2）；河南有河北、山东、安徽、湖北、陕西和山西 6 个邻居省份，这 6 个邻居省份中每个对河南的影响只有 0.166 7（=1/6）。还有一个极端的例子：海南。在 Rook 规则和 Queen 规则下，海南不与任何省份有联系，但是强制海南与广东建立起空间交互关系会极大地改变某些空间数据统计分析的结果。这一点在后面的例子中会有展示。

来说，空间权重矩阵（第 i 行）可以简化为如下形式：

$$\boldsymbol{W}=\begin{pmatrix} \cdots & \cdots & \cdots & \cdots & \cdots & \cdots & \cdots & \cdots & \cdots \\ \vdots & & & & \vdots & & & & \vdots \\ \cdots & 1 & 1 & 1 & 0 & 1 & 1 & 1 & \cdots \\ \vdots & & & & \vdots & & & & \vdots \\ \cdots & \cdots & \cdots & \cdots & \cdots & \cdots & \cdots & \cdots & \cdots \end{pmatrix}$$

然后，选择一个研究变量，比如说 GDP，用 $\boldsymbol{Y}$ 来表示。那么，省级行政区之间的 GDP 是如何发生空间交互效应或空间溢出效应的呢？这就是引入空间权重矩阵的意义。$\boldsymbol{WY}$ 就表示邻居省级行政区所有 GDP 的联合影响，换言之，就是陕西、河南、安徽、重庆、湖南和江西联合起来的 GDP 通过空间交互效应对湖北的 GDP 产生联合影响。

可能读者仍然没有明白。那么，先具体看看 $\boldsymbol{WY}$ 代表了什么。上述说到，邻近性空间权重矩阵一般要进行行标准化。因此，简化的 $\boldsymbol{W}$ 矩阵行标准化后变为如下形式：

$$\boldsymbol{C}=\begin{pmatrix} \cdots & \cdots & \cdots & \cdots & \cdots & \cdots & \cdots & \cdots & \cdots \\ \vdots & & & & \vdots & & & & \vdots \\ \cdots & 1/6 & 1/6 & 1/6 & 0 & 1/6 & 1/6 & 1/6 & \cdots \\ \vdots & & & & \vdots & & & & \vdots \\ \cdots & \cdots & \cdots & \cdots & \cdots & \cdots & \cdots & \cdots & \cdots \end{pmatrix}$$

那么，空间滞后项的表达式如下所示：

$$\boldsymbol{CY}=\begin{pmatrix} \cdots & \cdots & \cdots & \cdots & \cdots & \cdots & \cdots & \cdots & \cdots \\ \vdots & & & & \vdots & & & & \vdots \\ \cdots & \frac{1}{6} & \frac{1}{6} & \frac{1}{6} & 0 & \frac{1}{6} & \frac{1}{6} & \frac{1}{6} & \cdots \\ \vdots & & & & \vdots & & & & \vdots \\ \cdots & \cdots & \cdots & \cdots & \cdots & \cdots & \cdots & \cdots & \cdots \end{pmatrix}\begin{pmatrix} \vdots \\ Y_{i-3} \\ Y_{i-2} \\ Y_{i-1} \\ Y_i \\ Y_{i+1} \\ Y_{i+2} \\ Y_{i+3} \\ \vdots \end{pmatrix}$$

$$=\begin{pmatrix} \vdots \\ \frac{1}{6}\times Y_{i-3}+\frac{1}{6}\times Y_{i-2}+\frac{1}{6}\times Y_{i-1}+0+\frac{1}{6}\times Y_{i+1}+\frac{1}{6}\times Y_{i+2}+\frac{1}{6}\times Y_{i+3} \\ \vdots \end{pmatrix}$$

接下来，就刚才所选取的湖北及其邻近区域为例进一步分析空间滞后的含义。① 行标准化空间权重矩阵实际上是为了使得湖北周围 6 个邻居省级行政区中的每个区域分别得到 $\frac{1}{6}$ 的权重。$\boldsymbol{CY}$ 运算后的结果表示周围 6 个邻居省级行政区中每个区域对湖北地区 GDP 的影响是 $\frac{1}{6}\mathrm{GDP}_i$。换句话说，$\boldsymbol{CY}$ 表示的是湖北周围 6 个邻居省级行政区中各个省

① 上面的矩阵 $\boldsymbol{CY}$ 实际上忽略了很多不予以关注的元素。

级行政区 GDP 的$\frac{1}{6}$加总之和。更一般地来说，如果一个中心地区有 k 个外围邻居，那么每个邻居得到了$\frac{1}{k}$的平均权重。由此可以发现，湖北的外围邻居省级行政区（陕西、河南、安徽、重庆、湖南和江西）的 GDP 联合对中心省级行政区湖北产生了空间交互作用①，如图 1-14 所示。同样的道理，对于其他省级行政区来说，每个省级行政区都有各自的一阶邻居，周边每个邻居对中心地区的影响就是平均权重。

那么，为什么叫做空间滞后呢？可以发现，$\boldsymbol{CY}$ 实际上指的就是中心地区的外围地区变量 $\boldsymbol{Y}$ 的联合。再具体来说，可通过行标准化后的空间权重矩阵 $\boldsymbol{C}$ 来描述空间单元中的空间结构特征，然后将这些外围地区联合起来。由此可见，空间权重矩阵的作用就是将空间单元联系起来，从空间上来看（如图 1-14 所示），就是向空间外围或者说向空间之外退了一步。②

为了更好地理解空间滞后的概念，接下来建立一个简单的回归方程来描述周围邻居如何影响中心地区，模型如下所示：

$$\boldsymbol{Y}=\rho\boldsymbol{CY}+\boldsymbol{\varepsilon} \tag{1.29}$$

在公式 1.29 中，$\boldsymbol{Y}$ 是因变量；$\boldsymbol{CY}$ 是自变量③，ρ 以后会遇到，现在可以暂时提一下，这个系数被称为空间自回归系数；$\boldsymbol{\varepsilon}$ 是误差项。例如，$\boldsymbol{Y}$ 不妨设为 GDP 变量。由上面的模型 1.29 可以看出自变量 $\boldsymbol{CY}$ 对因变量 $\boldsymbol{Y}$ 的影响实际上就是外围地区 GDP 的加权平均之和对中心地区 GDP 的影响。对时间序列数据模型熟悉的读者很容易联想到时间序列数据模型的时间滞后问题。实际上，空间滞后和时间滞后是非常类似的概念。只不过时间滞后是单向滞后，而空间滞后包括了可能的周围所有邻近地区的联合影响。

1.5 空间自相关

探索性空间数据分析（exploratory spatial data analysis，ESDA）是针对空间数据分析的一种特殊的数量方法。探索性空间数据分析主要是用来描述空间分布（spatial distribution），识别空间离群点（spatial outlier），判别空间关联模式（spatial association）的一种方法。④ 在建立空间计量经济学模型之前，通常可以对空间数据进行初步的空间分析。因此，空间数据分析是空间数据实证研究中必不可少的组成部分。

对于社会经济实证研究来说，主要是利用全域空间自相关（global spatial autocorrelation）和局域空间自相关（local spatial autocorrelation）两种空间数据分析方法对空间分布模式进行度量和检验。

---

① 由于空间交互作用是相互的，因此也可以看成是湖北对周围 6 个邻居省级行政区有影响。但是本例只是为了强调空间滞后的概念。空间交互作用存在两种方式，分为向内溢出和向外溢出，这可以由时间的方向性决定，在后面的章节中会有所介绍。

② 因此，这被称为空间滞后。这个概念十分类似于时间滞后，请读者回顾上一小节的公式。

③ 这个模型是空间自回归模型，该模型及其扩展形式在以后的章节会详细介绍。

④ 与探索性数据分析（exploratory data analysis，EDA）不同的是，ESDA 针对的是空间数据，侧重的更多是空间上的分析，即分析的过程包含有空间的概念。

全域空间自相关反映的是某个变量在整个研究区域的空间分布模式。局域空间自相关反映的是某个变量在整个研究区域中某个区域里与邻近区域空间单元上的同一变量的相关程度。总结来说，全域空间自相关反映的是空间依赖性；局域空间自相关揭示的是空间异质性。在下面的小节中本书将逐一详细介绍全域空间自相关和局域空间自相关。

1.5.1 全域空间自相关

在地理空间范围内，某一空间单元的某个属性值或者说一个变量的观察值与相邻空间单元的某个属性值或者变量的观察值非常相似甚至相同，这些在地理空间上相互邻近的空间单元的某个属性值或者某个变量观察值的相似性说明可能存在空间依赖性，这些与空间位置有关的属性值或者变量的观察值之间的相似现象被称为空间自相关（spatial autocorrelation）。判断空间依赖性和检验这些与空间位置有关的属性值或者变量的观察值之间的相似现象被称为空间自相关检验（spatial autocorrelation test）。换言之，空间自相关考虑到了包含地理信息的观察值之间的相关现象。空间自相关是用来检验属性值或者变量的观察值在空间上是否存在依赖关系的重要统计量。

空间依赖性和空间自相关的区别是：空间依赖性是数据生成过程（data generating process，DGP）的一种特征；而空间自相关是用来衡量某个变量在空间范围内的观察值是否具有这种空间依赖性的。换言之，空间依赖性是数据内在的一种特征，而空间自相关是判断是否存在这种空间依赖性的准则，也就是对空间依赖性的定量描述。简而言之，空间依赖性是本质，空间自相关是表象。空间自相关检验的结果可能是集聚分布（clustered）（空间依赖性），可能是分散分布（dispersed），也可能是随机分布（random）。

空间自相关检验类似于传统的相关性检验，但是远比传统的相关性检验要复杂。[①] 空间自相关的特点是考虑到了观测值与周围邻居的地理空间关系，从而衡量观测值之间地理空间上的相似程度。

经典的空间自相关检验统计量有 Moran's I 和 Getis-Ord General G。虽然这两个统计量定义略有不同，但是都包含着空间自相关分析的重要元素——空间权重矩阵。这个空间权重矩阵就是用来反映各个地理空间单元属性观测值之间的地理关系，或者说描述这些空间单元在空间上的结构特征和组织形式的。

下面将逐一介绍 Moran's I 和 Getis-Ord General G 这两种描述全域空间自相关的统计量。

1.5.1.1 Moran's I

Moran's I 检验是 Moran（1950）提出来的一个检验全域空间自相关的统计量。Moran's I 是应用最为广泛的空间自相关统计量。因此，本小节首先较为详细地介绍该统计量。Moran's I 统计量的定义如公式 1.30 所示。

---

① 传统的相关性检验可以参考 Pearson 相关系数：$\rho=\dfrac{\sum_{i=1}^{N}(x_i-\bar{x})(y_i-\bar{y})}{\sqrt{\sum_{i=1}^{N}(x_i-\bar{x})^2}\sqrt{\sum_{i=1}^{N}(y_i-\bar{y})^2}}$。

$$\text{Moran's I} = \frac{N}{S_0} \frac{\sum_{i=1}^{N} \sum_{j=1}^{N} w_{ij}(y_i - \bar{y})(y_j - \bar{y})}{\sum_{i}^{N} (y_i - \bar{y})^2} \tag{1.30}$$

在公式 1.30 中，N 表示空间单元的个数，也等同于观察值的个数；y_i 表示变量 $\boldsymbol{y}$ 在空间单元 i 的观察值；$\bar{y}$ 表示变量 $\boldsymbol{y}$ 的均值；w_{ij} 表示空间权重矩阵中的元素；S_0 表示空间权重矩阵所有元素之和，S_0 的定义如公式 1.31 所示：

$$S_0 = \sum_{i=1}^{N} \sum_{j=1}^{N} w_{ij} \tag{1.31}$$

Moran's I 统计量的期望值如公式 1.32 所示。

$$E(I) = \frac{-1}{N-1} \tag{1.32}$$

Moran's I 统计量的方差如公式 1.33 所示。

$$\text{Var}(I) = E(I^2) - E(I)^2 \tag{1.33}$$

其中：

$$E(I^2) = \frac{A-B}{C} \tag{1.34}$$

$$A = N[(N^2 - 3N + 3)S_1 - NS_2 + 3S_0^2] \tag{1.35}$$

$$B = D[(N^2 - N)S_1 - 2NS_2 + 6S_0^2] \tag{1.36}$$

$$C = (N-1)(N-2)(N-3)S_0^2 \tag{1.37}$$

$$D = \frac{\sum_{i=1}^{N} (y_i - \bar{y})^4}{[\sum_{i=1}^{N} (y_i - \bar{y})^2]^2} \tag{1.38}$$

$$S_1 = \frac{1}{2} \sum_{i=1}^{N} \sum_{j=1}^{N} (w_{ij} + w_{ji})^2 \tag{1.39}$$

$$S_2 = \sum_{i=1}^{N} (\sum_{j=1}^{N} w_{ij} + \sum_{j=1}^{N} w_{ji})^2 \tag{1.40}$$

Moran's I 统计量的取值范围是［−1，1］。正值表示正向的空间自相关（或者表示空间集聚现象），负值表示负向的空间自相关或空间分散。1 表示完全空间集聚，−1 表示完全空间分散，0 则表示在空间上表现为随机分布。

然而，Moran's I 统计量存在一个问题。无法判断计算出来的 Moran's I 统计量是否在统计上显著。例如，当 Moran's I=0.1 时，虽然表示的是正向的空间自相关，但是在统计上无法判断是否显著。[①] 为了进行统计检验，可以将 Moran's I 转化为 z 值，检验其是否大于 1.96 或者小于−1.96，以显示该空间自相关检验是否在 5%的置信水平下

① Moran's I 的大小通常可以反映出是否存在空间自相关，正值越大，表明越可能判断为正向的空间自相关。当然，这也与空间单元的样本量有关。例如，在样本量很大的情况下，Moran's I 即使仅为比如说 0.08，也很可能存在统计上显著的正向空间自相关。

显著。

为了加深对空间自相关概念的理解，用两幅模拟图展示完全空间分散和完全空间集聚这两种模式，如图 1－15 和图 1－16 所示。

图 1－15 和图 1－16 用以模拟空间分布的情况。图 1－15 为完全空间分散模式。由图 1－15 可知，每一个空间单元与其相邻的空间单元取值完全不同，其对应的 Moran's I 统计量为－1。

图 1－15　完全空间分散模式

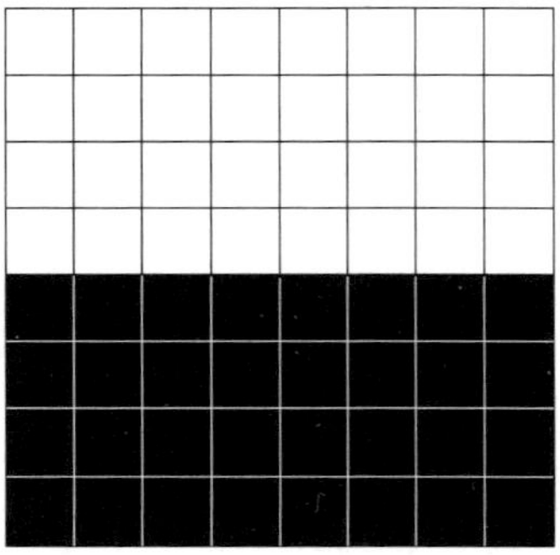

图 1－16　完全空间集聚模式

图 1－16 为完全空间集聚模式。由图 1－16 可知，上下两半的空间单元明显分成两大部分，上半部分取值完全相同，而下半部分取值也完全相同，上下两半取值则完全不同，对应 Moran's I 统计量来说，其值为 1。

1.5.1.2　Getis-Ord General G

Getis and Ord（1992）提出了另一种全域空间自相关统计量，即 Getis-Ord General G 统计量，可以识别高/低聚类模式。Getis-Ord General G 也是检验全域空间自相关常见的重要统计量之一。该统计量的定义如公式 1.41 所示。

$$G=\frac{\sum_{i=1}^{N}\sum_{j=1}^{N}w_{ij}y_iy_j}{\sum_{i=1}^{N}\sum_{j=1}^{N}y_iy_j},\forall j\neq i \tag{1.41}$$

在公式 1.41 中，N 表示空间单元的个数；y_i 和 y_j 分别表示空间单元 i 和空间单元 j 变量 $\mathbf{y}$ 的观测值；w_{ij} 表示空间权重矩阵的元素；$\forall j\neq i$ 表示 i 与 j 不同。

Getis-Ord General G 统计量的期望值和方差分别如公式 1.42 和 1.43 所示。

$$E(G)=\frac{\sum_{i=1}^{N}\sum_{j=1}^{N}w_{ij}}{N(N-1)},\forall i\neq j \tag{1.42}$$

$$\mathrm{Var}(G)=E(G^2)-E(G)^2 \tag{1.43}$$

$E(G^2)$ 的扩展形式较为复杂，在此从略，具体扩展形式可以参见 Getis and Ord（1992）。

值得注意的是：Getis-Ord General G 统计量的分子与分母唯一的区别是分子上有空间权重矩阵 w_{ij}。另外，Getis-Ord General G 统计量只能处理正值，换言之，观察值必须大于 0。在实证分析中，计算 Getis-Ord General G 统计量，如果选择基于 Rook 邻近性的空间权重矩阵，那么 Getis-Ord General G 统计量的取值范围将为 [0，1]。①

Moran's I 和 Getis-Ord General G 统计量虽然都是测量全域空间自相关的统计量，但是两者略有不同。在实证分析中，如果两个统计量在统计上都不显著，那么表明观察值在空间上呈现随机分布，二者没有任何区别。但是，如果两个统计量在统计上都显著的话，那么二者就略有不同。Moran's I 统计量只是指出了数据在空间上是否集聚，是分散分布还是随机分布，而 Getis-Ord General G 统计量则指出了空间集聚的类型。例如，在某个地区的某个区域是高数值的集聚（hot spots）。②

1.5.1.3 Geary's C

此外，还有另一种空间自相关统计量：Geary's C 统计量（Geary，1954）。Geary's C 与 Moran's I 很类似，但是定义又略有不同。这主要是因为 Geary's C 对于局域空间自相关非常敏感。由于 Geary's C 在实证分析中应用不太广泛，在此仅作简要介绍。Geary's C 统计量的定义如公式 1.44 所示。

$$C=\frac{(N-1)\sum_{i}\sum_{j}w_{ij}\ (y_i-y_j)^2}{2W\sum_{i}\ (y_i-\bar{y})^2} \tag{1.44}$$

在公式 1.44 中，N 表示空间单元的个数；y_i 和 y_j 表示感兴趣变量的观察值；$\bar{y}$ 是变量 $\boldsymbol{y}$ 观察值的均值；w_{ij} 表示空间权重矩阵的元素；W 表示空间权重矩阵所有元素之和。

Geary's C 统计量的取值范围为 [0，2]，1 表示没有空间自相关（随机分布），小于 1 表示正向的空间自相关，大于 1 则表示负向的空间自相关。

1.5.2 局域空间自相关

1.5.2.1 Local Moran's I

局域空间自相关（local indicator of spatial association，LISA）是由 Anselin（1995）对 Moran's I 统计量进行修改，进而提出来的局域空间自相关统计量。③ LISA 统计量可以分解全域空间自相关 Moran's I 统计量，因而能够发现每个空间单元观察值的贡献。

局域空间自相关可能与全域空间自相关一致，但是也可能存在反例。换言之，在局域部分存在空间自相关现象，但是全域空间自相关检验并没有发现该现象。甚至，一些区域分布模式可能与全域趋势相反。④

---

① 如果在实证分析中使用 Getis-Ord General G，那么建议使用基于 Rook 邻近性的空间权重矩阵。

② 更多专业内容可以参考阅读由 Andy Mitchell 撰写的《地理信息系统分析的 ESRI 指南》（*The ESRI Guide to GIS Analysis*）。注意：ArcGIS 提供了工具箱来实现计算和检验 Moran's I、Getis-Ord General G 和 Geary's C 这三种统计量，但是 GeoDa 软件只提供了 Moran's I 统计量的计算和检验功能。

③ 在 GeoDa 软件中，它也被称为 Local Moran。

④ LISA 统计量与 Moran 散点图类似，都可以识别异常值（outliers），有关 Moran 散点图，后面的章节会有介绍。

Local Moran's I 统计量的定义如公式 1.45 所示。

$$\text{Local Moran's } I_i = \frac{y_i - \bar{y}}{S_i^2} \sum_{j=1, j \neq i}^{N} w_{ij} (y_j - \bar{y}) \tag{1.45}$$

在公式 1.45 中，N 表示空间单元的个数；y_i 和 y_j 表示感兴趣变量的观察值；$\bar{y}$ 是变量 **y** 观察值的均值；w_{ij} 表示空间权重矩阵的元素。S_i^2 的定义如下：

$$S_i^2 = \frac{\sum_{j=1, j \neq i}^{N} w_{ij}}{N-1} - \bar{y}^2 \tag{1.46}$$

Local Moran's I 统计量的期望值如公式 1.47 所示。

$$E(I_i) = -\frac{\sum_{j=1, j \neq i}^{N} w_{ij}}{N-1} \tag{1.47}$$

Local Moran's I 统计量的方差如公式 1.48 所示。

$$\mathrm{Var}(I_i) = E(I_i^2) - E(I_i)^2 \tag{1.48}$$

其中，

$$E(I_i^2) = A - B \tag{1.49}$$

$$A = \frac{(N - b_{2i}) \sum_{j=1, j \neq i}^{N} w_{ij}^2}{N-1} \tag{1.50}$$

$$B = \frac{(2b_{2i} - N) \sum_{k=1, k \neq i}^{N} \sum_{h=1, h \neq i}^{N} w_{ik} w_{ih}}{(N-1)(N-2)} \tag{1.51}$$

$$b_{2i} = \frac{\sum_{i=1, i \neq j}^{N} (y_i - \bar{y})^4}{\left[\sum_{i=i, i \neq j}^{N} (y_i - \bar{y})^2\right]^2} \tag{1.52}$$

1.5.2.2 局域 Getis-Ord G*

同样的道理，还存在另一种较为常见的局域空间自相关统计量，即局域 Getis-Ord G* 统计量，由 G_i 指数发展而来，G_i 指数的定义如公式 1.53 所示（Getis and Ord, 1992）。

$$G_i = \frac{\sum_j w_{ij} y_j}{\sum_j y_j}, \ j \neq i \tag{1.53}$$

后来经过 Ord and Getis（1995）的发展，根据空间权重矩阵的不同条件，形成了目前被广泛接受的 G_i 和 G_i^* 统计量。

Local Getis-Ord G_i 的定义如公式 1.54 所示。

$$G_i = \frac{\sum_j w_{ij} y_j - W_i \bar{y}(i)}{s(i)\{[(n-1)S_{1i} - W_i^2]/(n-2)\}^{1/2}},\ j \neq i \tag{1.54}$$

在公式 1.54 中，y_j表示空间单元j中变量$\boldsymbol{y}$的观测值；w_{ij}表示空间权重矩阵的元素；W_i表示空间权重矩阵所有元素之和，即$W_i = \sum_{j\neq i} w_{ij}$；$\bar{y}(i) = \frac{\sum_j y_j}{n-1}$；$s^2(i) = \frac{\sum_j y_j^2}{N-1} - [\bar{y}(i)]^2$；$s(i)$是方差$s^2(i)$的平方根；$S_{1i} = \sum_j w_{ij}^2$，$j \neq i$。

同样地，如果空间权重矩阵元素$w_{ii} \neq 0$①，那么它就成为G^*统计量。

局域 Getis-Ord G^*统计量的定义如公式 1.55 所示。

$$G_i^* = \frac{\sum_j w_{ij} y_j - W_i^* \bar{y}}{S[(NS_{1i}^* - W_i^{*2})/(N-1)]^{1/2}},\ 全部\ j \tag{1.55}$$

其中，y_j表示空间单元j中变量$\boldsymbol{y}$的观测值；$\bar{y}$表示变量$\boldsymbol{y}$的均值；S表示变量$\boldsymbol{y}$方差S^2的平方根；$W_i^* = W_i + w_{ii}$；$S_{1j}^* = \sum_j w_{ij}^2$(全部$j$)；$w_{ij}$表示空间权重矩阵；$N$是空间单元的个数。

在实证分析中，每个空间单元返回的G_i^*统计量就是z值。对于在统计上显著为正的z值，z值越高，高值（热点）的聚类就越紧密。对于在统计上显著为负的z值，z值越低，低值（冷点）的聚类就越紧密。

1.5.3 Moran 散点图

在全域空间自相关小节中，本书正式介绍了 Moran's I 统计量。该统计量描述了变量y和邻居地区变量y的加权平均之和的空间相关关系。

回顾上述的 Moran's I 统计量的定义。下面换一种简单的形式来重新描述 Moran's I 统计量，采用矩阵及离差的形式来表达，如公式 1.56 所示。

$$\text{Moran's I} = (N/S_0)\boldsymbol{y}'\boldsymbol{W}\boldsymbol{y}/(\boldsymbol{y}'\boldsymbol{y}) \tag{1.56}$$

在公式 1.56 中，N表示空间单元的数量；$\boldsymbol{y}$表示离差值，即$y_i - \bar{y}$；S_0是空间权重矩阵所有元素的和，即$S_0 = \sum_i \sum_j w_{ij}$。$\boldsymbol{Wy}$表示空间滞后项。空间权重矩阵行标准化后，每一行元素的和为 1，N行所有行值的总和为$N \times 1 = N$，那么有$S_0 = N$。因此，Moran's I 统计量表达式可以简化为公式 1.57。

$$\text{I} = \boldsymbol{y}'\boldsymbol{W}\boldsymbol{y}/(\boldsymbol{y}'\boldsymbol{y}) \tag{1.57}$$

由于分子分母均包含$\boldsymbol{y}$，因此，公式可以简化为$\text{I} = \boldsymbol{Wy}/\boldsymbol{y}$，不妨设$\text{I} = \beta$，$\boldsymbol{Wy} = \boldsymbol{y}$，$\boldsymbol{y} = \boldsymbol{x}$，那么公式可以转变为$\beta = \boldsymbol{y}/\boldsymbol{x}$，将$\boldsymbol{x}$移动到等号的另一边，则公式 1.57 可以变为$\boldsymbol{y} = \beta\boldsymbol{x}$。由此可见，Moran's I 统计量就变成了回归系数，并且可以进行可视化显示。比

① 一般来说，对角线元素为 0，因为空间单元不能视自身为邻居。当然，有研究需要的除外。

如可以采用散点图的方法来描述 $\boldsymbol{y}$ 和 $\boldsymbol{Wy}$ 之间的线性关系。

Anselin（1996）提出了 Moran 散点图（Moran scatterplot）的方法。在直角坐标系下的散点图中，Moran's I 统计量即为斜率，纵轴值为 $\boldsymbol{Wy}$，横轴值为 $\boldsymbol{y}$。图形化的好处是：（1）可以显示回归的拟合优度；（2）可以判断各个空间单元在坐标系中的位置；（3）可以判断是否存在异样的观察值。下面给出 Moran 散点图象限中 4 个象限的解释，如图 1－17 所示。

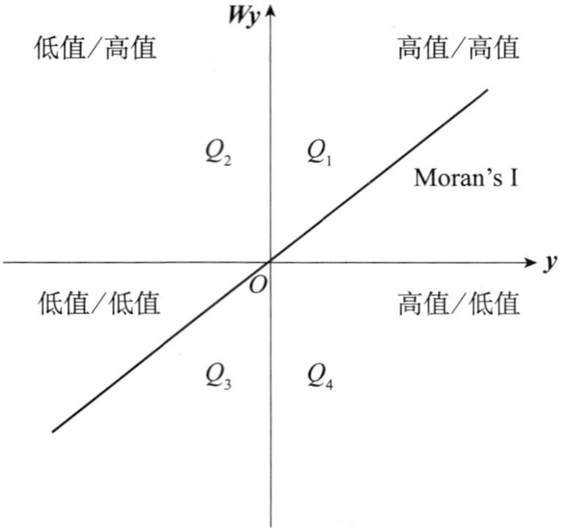

图 1－17　Moran 散点图模拟

图 1－17 展示了一个直角坐标系。这个坐标系分为四个象限，即第一象限、第二象限、第三象限和第四象限。其中，第一象限 Q_1 是高值/高值（high/high），含义是高观察值空间单元被高观察值空间单元所包围；第二象限 Q_2 是低值/高值（low/high），含义是低观察值空间单元被高观察值空间单元所包围；第三象限 Q_3 是低值/低值（low/low），含义是低观察值空间单元被低观察值空间单元所包围；第四象限 Q_4 是高值/低值（high/low），含义是高观察值空间单元被低观察值空间单元所包围。斜率即为 Moran's I 统计量。

1.6　本章小结

在过去的 40 年里，空间计量经济学的理论与实践两方面都得到了迅猛发展。学术界越来越多的领域都可以见到空间计量模型的身影。由于空间计量经济学涉及多门学科，具有典型的交叉学科特征，故而有一定的学习门槛。尤其是它涉及了空间维度的视角，这显然有别于传统的计量经济学。本书的主要目的就是从最简单的理论基础开始介绍，然后逐渐过渡到实践应用。

本章主要介绍的是引论内容。一开始介绍了空间计量经济学的发展脉络，以及与区域科学和空间统计学的主要区别。然后，分别给出了空间依赖性和空间异质性这两个空间效应的定义。总结来看，空间依赖性描述的是相似性，而空间异质性描述的是相异性。接下来，介绍了空间数据分析和空间计量经济学中最重要的核心要素：空间权重矩阵的构造，以及阐述了空间滞后的含义。最后，介绍了全域空间自相关和局域空间自相关的概念。

第二章
空间数据分析基础

2.1 空间数据与空间数据文件

第一章介绍了空间数据分析的基本理论知识。本章的主要内容是介绍使用 GeoDa 软件来进行空间数据的操作和分析。在进行空间数据分析之前，有必要简单地介绍一下最基本的数据类型以及空间数据文件。[①]

2.1.1 数据类型

社会经济数据大致分为三类数据：截面数据（cross-sectional data），时间序列数据（time series data）以及截面与时间序列数据的组合，即面板数据（panel data）[②]。在本小节中，本书结合社会经济实证分析常见的情况以及空间数据分析的特点，简要地对这三类数据逐一进行介绍。

2.1.1.1 截面数据

所谓截面数据指的是在同一时间点一个地理空间范围内全部个体或者部分个体某个

① 由于本书面向的是社会经济研究的读者，因此，复杂的空间数据理论不包含在本书中。有兴趣的读者可以参阅空间数据分析资料和《ESRI 技术文档》。

② 也有教科书或者论文称面板数据为综列数据或者平行数据。

属性或者指标的数据。例如，选取的 2010 年中国 31 个省、自治区、直辖市的省域地区生产总值。

图 2－1 展示了 Excel 软件中截面数据的存储形式。该表格有三列数据，第一列为序号，显示了每个空间单元或者地区的代码，同时，最大值也显示出空间单元或者地区的个数。第二列为地区的中文名称，第三列是 2010 年各个地区对应的 GDP 总量（单位：亿元）。① 数据右边的横柱状图是为了让读者更加清晰地识别各个地区 GDP 之间的差异。

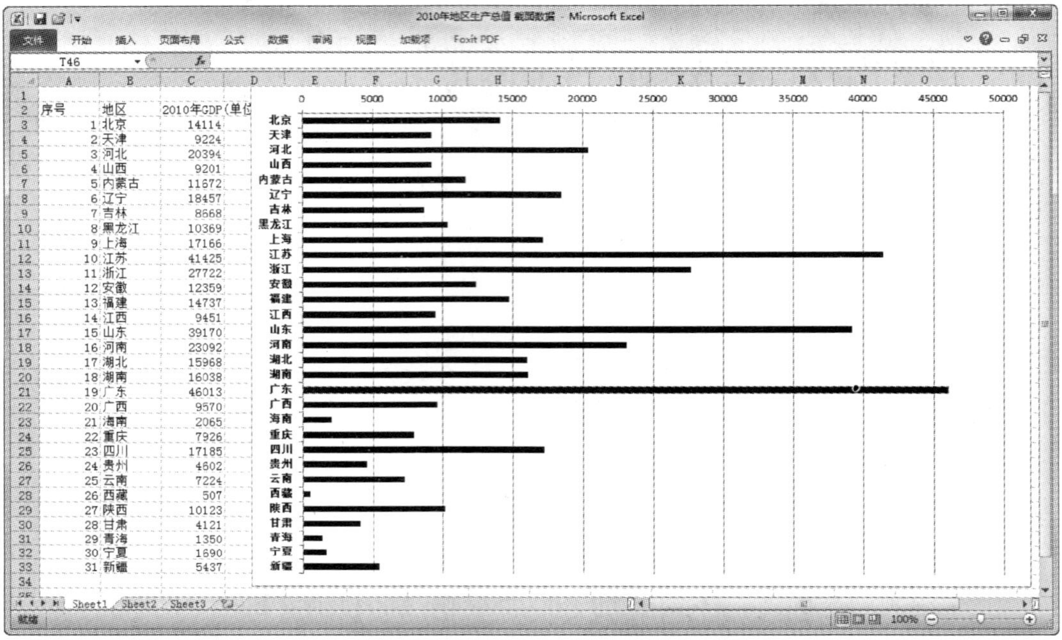

图 2－1　截面数据形式

截面空间数据不仅可以用柱状图来表示，还可以采用地图可视化的方式来进行显示。

2.1.1.2　时间序列数据

所谓时间序列数据指的是在一定的时间段内每一个时间点记录的某个指标的数据。例如，山东省 1978—2010 年历年 GDP 的时间序列数据如图 2－2 所示。

图 2－2 展示了 Excel 软件中时间序列数据的存储形式。该表格有两列数据，第一列为年份，从 1978 年到 2010 年，第二列是相应各个年份山东省的 GDP 数据。数据右边的散点图展示了 1978—2010 年山东省 GDP 的增长趋势散点图，由图 2－2 可以看出，自从改革开放以来，山东省的 GDP 不断增长，说明经济发展十分迅猛。

2.1.1.3　面板数据

所谓面板数据指的是地理空间内多个个体或者全部个体在一定的时间段内每一个空

① 在地理信息系统中，各个省级行政区被看做空间单元，GDP 表示空间单元的属性，GDP 数值的大小反映了属性值的大小。

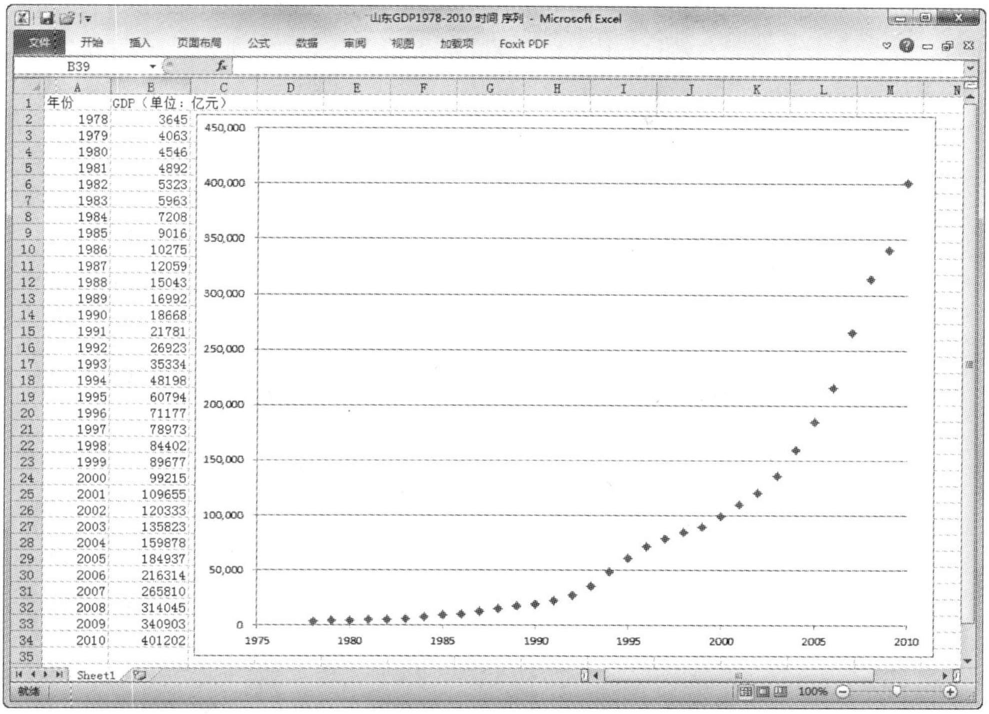

图 2－2　时间序列数据形式

间单元在每一个时间点记录的某个属性或者某个指标的数据。例如，中国 31 个省、自治区、直辖市中每个地区 2001—2010 年的历年 GDP（单位：亿元）如图 2－3 所示。

图 2－3 展示了 Excel 软件中面板数据的存储形式。① 该数据可以看做是一个矩阵，除去年份和地区名称（第 1 行和第 1 列）来看，该数据是一个 31 行 10 列的矩阵。从纵向来看，每一列都是截面数据，分别表示各个年份 31 个地区的 GDP；从横向来看，每一行都是时间序列数据，分别表示每一个地区历年的 GDP。由此也可以看出，面板数据实际上就是截面数据和时间序列数据的组合。

在这三种数据类型中，本书只关注截面数据和面板数据。由于面板数据不仅包含来自截面数据的信息，也同时包含来自时间序列数据的信息，所以读者也需要了解一点儿时间序列数据的知识。

2.1.2　空间数据

空间数据是指描述空间实体某种属性的数据。空间数据包含 3 类信息：（1）空间属性信息；（2）空间关系信息；（3）属性信息。

空间属性信息指的是观察数据时采集的空间信息。例如，搜集北京 2012 年有关经济的数据。换言之，该信息描述的是“在哪里”的信息。这种信息包含了地理空间的位置、特征和大小等。

① 在空间计量经济学模型里，面板数据的存储形式并非如此，在后面的章节将会有介绍。

地区	2001年	2002年	2003年	2004年	2005年	2006年	2007年	2008年	2009年	2010年
北京	3711	4330	5024	6060	6886	8118	9847	11115	12153	14114
天津	1919	2151	2578	3111	3698	4463	5253	6719	7522	9224
河北	5517	6018	6921	8478	10096	11468	13607	16012	17235	20394
山西	2030	2325	2855	3571	4180	4879	6024	7315	7358	9201
内蒙古	1714	1941	2388	3041	3896	4944	6423	8496	9740	11672
辽宁	5033	5458	6003	6672	8009	9305	11164	13669	15212	18457
吉林	2120	2349	2662	3122	3620	4275	5285	6426	7279	8668
黑龙江	3390	3637	4057	4751	5512	6212	7104	8314	8587	10369
上海	5210	5741	6694	8073	9154	10572	12494	14070	15046	17166
江苏	9457	10607	12443	15004	18306	21742	26018	30982	34457	41425
浙江	6898	8004	9705	11649	13438	15718	18754	21463	22990	27722
安徽	3247	3520	3923	4759	5375	6113	7361	8852	10063	12359
福建	4073	4468	4984	5763	6569	7584	9249	10823	12237	14737
江西	2176	2450	2807	3457	4057	4821	5800	6971	7655	9451
山东	9195	10275	12078	15022	18517	21900	25777	30933	33897	39170
河南	5533	6035	6868	8554	10587	12363	15012	18019	19480	23092
湖北	3881	4213	4757	5633	6520	7617	9333	11329	12961	15968
湖南	3832	4152	4660	5642	6511	7689	9440	11555	13060	16038
广东	12039	13502	15845	18865	22367	26588	31777	36797	39483	46013
广西	2279	2524	2821	3434	4076	4746	5823	7021	7759	9570
海南	558	622	693	799	895	1045	1254	1503	1654	2065
重庆	1766	1990	2273	2693	3070	3907	4676	5794	6530	7926
四川	4293	4725	5333	6380	7385	8690	10562	12601	14151	17185
贵州	1133	1243	1426	1678	1979	2339	2884	3562	3913	4602
云南	2138	2313	2556	3082	3473	3988	4773	5692	6170	7224
西藏	146	167	189	220	251	291	341	395	441	507
陕西	2011	2253	2588	3176	3676	4744	5757	7315	8170	10123
甘肃	1125	1232	1400	1688	1934	2277	2702	3167	3388	4121
青海	300	341	390	466	543	649	797	1019	1081	1350
宁夏	337	377	445	537	606	726	919	1204	1353	1690
新疆	1492	1613	1886	2209	2604	3045	3523	4183	4277	5437

图 2-3　面板数据形式

空间关系信息指的是空间单元之间的位置关系，换言之，描述的是空间单元之间的空间关系，可以是相邻关系，也可以是包含关系。例如，上海与苏州毗邻，浙江省包含杭州市。

属性信息是空间分析的重要内容，指的是在空间单元里某个事物或者现象的观察数据。属性数据可以是自然属性数据，也可以是社会经济属性数据。自然属性数据如 2015 年浙江省煤炭资源的探明储量、杭州市年平均气温等。社会经济属性数据如 2015 年杭州市人口数量、杭州市名义 GDP 等。

上述空间数据的描述均包含了 4 个有效信息：时间、地点、空间位置和属性。其中，对于空间数据分析来说，时间信息通常是一个可选项。例如，如果空间数据是一个截面数据，那么时间信息不参与空间数据分析过程，只是给出了数据记录的时间点。然而，如果空间数据是由多个空间单元、多个时间点组成的面板数据，那么时间信息在空间分析中则成为一个重要的信息来源。

然而，在分析属性数据时，如果忽略了空间单元的空间位置关系，那么所做的就并非空间数据分析。换言之，如果属性数据与空间信息无关，那么就失去了空间数据分析的价值和意义（Fischer and Wang，2011）。

2.1.2.1　空间数据的性质

空间数据是一种特殊的数据类型。空间数据除了具有一般数据所具有的一般性、客观性、抽象性和概括性之外，还具有一些特殊的性质，一般来说还具备以下 4 个性质：

（1）空间依赖性；（2）空间异质性；（3）空间尺度性；（4）不确定性。

空间数据的空间依赖性和空间异质性在前面已经着重讲解过了，故此处不再赘述。空间数据的尺度性指的是空间数据的空间单元的相对大小，这是空间数据的另一个非常重要的性质。例如，在社会经济的实证分析中，既可以选取省级空间单元尺度来进行研究，也可以选择县级空间单元尺度来进行研究。同理，在时间维度方面也存在时间尺度性问题。例如，可以选取以年为时间节点来进行研究，也可以选择以月为时间节点来进行研究。

空间数据的不确定性指的是空间数据在采集、存储、更新、传输过程中出现差错的问题[①]（Haining，2003），不确定性会影响到空间数据的质量，从而影响空间数据分析的结果。空间数据的不确定性表现在 3 个方面：空间、时间和属性。具体来说，如果研究的空间单元在测量时存在误差，或者行政区划出现变动，但是在进行数据采集的时候没有注意，都会发生空间维度上的不确定性。同理，在时间维度上，数据在时间记录上也可能存在误差。在采集属性数据时，误差是不可避免的。这三种不确定性可以相互影响，从而导致空间数据的不确定性。

2.1.2.2 空间数据的可变面元问题

上述介绍空间数据的性质时提及了空间尺度性。在实证分析中，由于选择的空间尺度不同，空间数据分析的结果也会随之发生改变。例如，在以中国为研究区域的分析中，可以按照省级尺度来进行研究，也可以按照地级市的尺度来进行研究，因为不同尺度的选择会导致空间数据分析的结果发生改变，因此，这种现象可以被称为尺度效应（scale effect）。

此外，在实证研究中通常会对空间单元进行划分。例如，将中国分为东部地区、中部地区、西部地区和东北地区；或者以长江为界，分为长江以北和长江以南；或者，以黑河-腾冲线为界[②]，分为人口密集区和人口稀疏区。如果对不同的区域进行划分和聚合，那么随着空间单元聚合程度的加深，空间关系也变得越发密切。换言之，空间单元较大的属性之间的空间关系相对于空间单元较小的属性之间的空间关系要更为密切。例如，一般来说，基于省级的空间单元的属性数据，如人均地区 GDP，要比基于县级的空间单元的人均地区 GDP 数据在空间关联上更为强烈。这种由区划造成的空间数据分析的差异现象被称为区划效应（zoning effect）。[③]

结合上述两种情况可以发现，空间数据分析的结果随着空间单元面积的变化而发生变化，这种问题被称为可变面元问题[④]（modifiable areal unit problem，MAUP）（Openshaw and Taylor，1979）。可变面元问题在实证分析中是十分常见的问题。只要涉及空间数据分析，就一定会涉及空间尺度的选取。因此，在实证分析中，需要阐述选择尺度的合理性（Fischer and Wang，2011）。另外，在某一个尺度下获得的空间数据分析结果不适用于延伸到其他尺度下的空间数据分析结果。例如，计算省级 GDP 的空

---

① 它在统计学中通常被归为统计误差。

② 黑河-腾冲线以前称为瑷珲-腾冲线。由于它是胡焕庸先生首次提出的，因此也被称为“胡焕庸线”。

③ 这种区划效应应用的一个非常典型的案例就是政治选举。为此，英文中产生了一个词“gerrymandering”，可以翻译为不公正地划分选区。详情请参见维基百科词条“gerrymandering”。

④ 该名称在其他一些文献中也被翻译为“可塑性面积单元问题”。

间自相关的结果不适用于县级 GDP 的空间自相关的判断。

2.1.3 空间数据文件：shp 文件

与传统数据不同的是，空间数据由于其自身存在的特点，其存储与传统的数据略有差别。在进行空间数据分析时，必须知道观测值的空间位置信息，因此，空间数据通常在存储时必须包含地理位置信息。

由于存储方式的特殊性，所以不得不开发一种新的数据文件来储存空间数据。例如，美国环境系统研究所公司（Environmental Systems Research Institute，ESRI）[①] 开发了一种空间数据开放格式——shapefile（shp）。目前，shp 文件格式已经成为地理信息系统业界的开放标准。[②]

shp 空间数据文件属于一种矢量图形格式，可以描述几何对象：点、线和多边形，并且存储几何图形的位置及相关属性。必须注意的是：shp 空间数据文件保存的数据并非只有一个文件，而是由多个文件组成。要组成一个完整的 shp 空间数据文件，至少有 3 个必备的数据文件，也可以包含其他可选文件。

这 3 个必备数据文件的扩展名分别是："．shp""．shx""．dbf"。另外，需要注意的是：用以表示同一个数据文件组的数据前缀必须相同。举例来说，一个名为 China 的 shp 空间数据文件，它的三个必备文件为："China．shp""China．shx""China．dbf"。下面简要地解释一下这三个必备文件：

（1）shp：图形格式，用于保存地理要素的几何实体。

（2）shx：图形索引格式，几何体位置索引，记录每一个几何体在 shp 文件中的位置，能够加快向前或向后搜索一个几何体的效率。

（3）dbf：属性数据格式，以 dBase Ⅳ的数据表格式存储每个几何形状的属性数据。变量的观察值保存在此文件中。[③]

其他可选文件，例如"．prj"、"．sbn"和"．sbx"，如下所示：

（1）prj：投影格式，用于保存地理坐标系统与投影信息。

（2）sbn 和 sbx：几何体的空间索引。[④]

shp 文件格式是最为常见的空间数据图形文件格式，绝大部分读者所接触的也大多是此类文件。因此，本书就以此文件格式为例演示和操作空间数据分析。

2.1.4 GeoDa 软件支持的其他格式文件

GeoDa 0.9.5-i 版本只支持 shp 文件，升级到 1.6.7 版本后，GeoDa 软件还支持以下 8 种数据文件：

---

① 官方网站：http：//www.esri.com/。

② 当然，也存在其他类型的地理信息文件格式，它们也可以与 shp 进行格式上的相互转换。然而，shp 的应用更为广泛，先前版本的 GeoDa 0.9.5-i 软件只能支持 shp 文件格式，在最新的 GeoDa 版本中已经可以支持多种类型的空间数据文件。

③ 该文件可以用 Excel 2013 等电子表格软件打开。

④ 更多相关的知识可以阅读地理信息系统教材和《ESRI 技术文档》。

（1）SQLite/SpatialLite（＊.sqlite）：SpatiaLite 是一款具有空间数据功能的 SQLite 数据库系统[①]，其数据格式为"＊.sqlite"。

（2）Comma Seperated Value（＊.csv）：csv 文件是以逗号作为分隔符的纯文本形式的表格数据。

（3）dBase Database File（＊.dbf）：dbf 文件是一种非常常见的数据库格式文件。

（4）GeoJSON（＊.json）：GeoJSON 是一种对各种地理数据结构进行编码的格式。[②]

（5）Geography Markup Language（＊.gml）：地理标记语言（Geography Markup Language）是由开放地理信息系统协会负责制定标准的一种用于建模、传输和存储地理及与地理相关的信息的可扩展标记语言编码语言。这种语言的文件格式就称为 GML 格式。

（6）Keyhole Markup Language（＊.kml）：KML 是由 Keyhole 公司创造的一种可以基于互联网二维地图或者在三维地球浏览器里表达地理信息和可视化的一种可扩展标记语言编码语言。KML 语言可以用于谷歌地球（Google Earth）。2008 年 KML 也成为开放地理信息系统协会认定的国际标准。

（7）MapInfo（＊.tab，＊.mif，＊.mid）：MapInfo 是美国 MapInfo 公司开发的一款桌面地理信息系统软件，类似于 ArcGIS 软件，可以对地理空间数据进行分析、可视化等。".tab"、".mif" 和 ".mid" 是 MapInfo 软件支持的文件格式。

（8）MS Excel（＊.xls）：Excel 是微软公司开发的一款非常流行的电子表格软件。

2.1.5 点模式与面模式

在本书中，空间计量经济学主要涉及的是社会经济方面的分析和研究，因此可能接触到两种最为常见的 shp 文件模式：点模式和面模式。[③]

点模式的空间单元在空间上表现为点状。例如，中国主要的地级市在中国地图上的分布反映就是点模式。

面模式的空间单元在空间上表现为多边形。例如，中国 34 个省级行政区在中国地图上的反映就是面模式。

点模式和面模式是经济社会实证研究中最常见的空间数据文件模式。点模式可以构建基于距离的空间权重矩阵用于空间数据分析和建立空间计量经济学模型；而面模式则是更为常见的社会经济实证研究中的空间数据文件格式，可以构建基于地理邻近性以及基于距离的空间权重矩阵，用于空间数据分析和建立空间计量经济学模型。[④]

---

① SQLite 数据库系统是一款轻型、遵守原子性（或不可分割性）、异质性、独立性、持久性（atomicity，consistency，isolation，durability，缩写为 ACID）特性的关系数据库管理系统。

② 英文为"GeoJSON is a format for encoding a variety of geographic data structures"。

③ 还有线模型，本书不涉及，故不进行介绍。

④ 换言之，面模式的应用比点模式略微广泛，但是点模式也可以通过泰森多边形方法转变为面模式，在后面的章节会有介绍。

2.2 GeoDa 软件

GeoDa 软件是 Luc Anselin 教授主导开发的一款采用图形交互界面且用于探索性空间数据分析、空间统计分析和空间计量经济学模型回归分析的跨平台开放软件，可以自由下载，免费使用。GeoDa 软件可运行在多种操作系统平台下，支持的平台有 Windows、Mac OS 和 Linux 操作系统。[①] 在这一章中，本书要利用 GeoDa 软件来生成空间数据分析和空间计量经济学模型的核心要素——空间权重矩阵，并对空间权重矩阵文件进行详细分析。

2.2.1 GeoDa 软件的下载与安装

GeoDa 软件具有较强的探索空间数据和分析空间数据的能力，并且能够独立于 ArcGIS 这样庞大的 GIS 软件（Anselin et al.，2006）。然而，GeoDa 软件又极为小巧，因为是图形界面的软件，所以操作起来非常简单，是初学者最佳的空间数据分析工具。GeoDa 软件不仅可以看做是入门用户和非专业 GIS 用户的空间数据分析工具，并且对于专业的 GIS 用户来说，GeoDa 软件在协助分析空间数据方面也具有较强大的功能。[②]

GeoDa 软件在芝加哥大学的空间数据科学中心（The Center for Spatial Data Science，The University of Chicago）主页可以免费获得[③]，网址是：https://spatial.uchicago.edu/。在浏览器地址栏输入网址并确认后，页面会跳转到空间数据科学中心主页，如图 2-4 所示。

由 Luc Anselin 教授主导建设的芝加哥大学的空间计量经济学科学中心是继 CSISS

① 在 GeoDa 软件问世之前，Anselin 教授最早用 Fortran 语言编写了他博士论文中的部分空间数据分析和模型的代码。在这个基础之上，Anselin 教授用 Gauss 语言重新编写了另一款软件：SpaceStat（Anselin，1992）。在这里有一个小插曲。国内最早推广和普及空间回归模型的是华东师范大学的应龙根教授。应龙根教授当年在以 Arthur Getis 教授为主席的指导小组中攻读博士学位，从事空间数据分析与建模理论和方法的研究。应教授回国后在华东师范大学教书育人，但是不幸于 2009 年 6 月 25 日去世。应教授当初就是使用 SpaceStat 软件开展空间数据分析的。当笔者在荷兰读书时，笔者的导师 Henk Folmer 教授邀请 Arthur Getis 教授来格罗宁根大学做报告。笔者和 Arthur Getis 教授聊起了应教授，很是感伤。为了纪念应教授在学术上的贡献以及正直、善良、谦逊的卓越品格，Getis 教授成立了以应龙根教授命名的“应龙根科研差旅基金”（The Longgen Ying Travel Fund）。笔者在这个备注里纪念应根龙教授。在 SpaceStat 软件之后，GeoDa 软件的雏形软件 DynESDA2 由 Anselin 教授开发出来（Anselin，2002），最后在这个基础之上，GeoDa 0.9 Beta 于 2003 年 2 月问世（Anselin，2003a）。在 GeoDa 1.6.7 版本之前，在 Windows XP 平台下最流行的 GeoDa 版本是 0.9.5-i 版本。但是，2014 年微软停止了对 Windows XP 系统的维护，宣布 Windows XP 系统正式退役。由于 Windows 7 不支持 0.9.5-i 版本，因此，GeoDa 0.9.5-i 版本也不能再继续使用。在 GeoDa 1.6.7 版本之前，GeoDa 存在若干个 beta 版本，软件名字取为 OpenGeoDa，下载后无须安装，直接使用。而后，OpenGeoDa 不断地更新，名字也发生了变化。然而，OpenGeoDa 又改回到了 GeoDa，并且，GeoDa 软件的功能也在不断地增多，相应的变化是菜单栏会随着软件更新发生一些变化。本书以 GeoDa 1.6.7 版本进行空间数据分析的演示。

② ArcGIS 虽然是一款庞大的 GIS 软件，但是其空间统计分析功能相对 GeoDa 软件来说较弱。GeoDa 软件可以看做是 ArcGIS 软件的补充工具。

③ 2016 年，该中心从亚利桑那州立大学迁移至芝加哥大学，由此，GeoDa 软件得到了快速的发展。

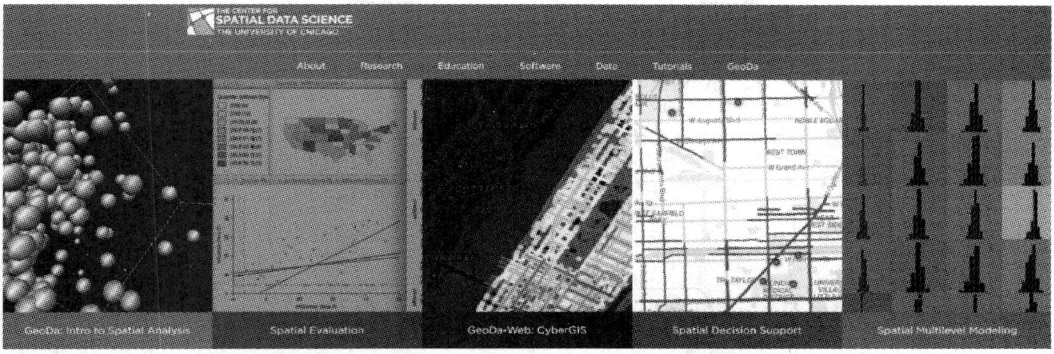

图 2-4 芝加哥大学的空间数据科学中心主页

后最有影响力的空间计量经济学网站。[①] 从网站可以获得十分丰富的有关空间数据分析和空间计量经济学模型的数据、资料、软件以及培训课程，同时，也包括了空间数据科学中心目前正在开发的各种空间分析软件项目。从主页的标签页里可以发现各种相应的资料。本章主要关注的是 GeoDa 软件。点击主页中的标签 “Software” 后，网页会跳转到空间数据科学中心提供的软件列表，如图 2-5 所示。

SOFTWARE DOWNLOADS

Home / **Software Downloads**

Data (Current)

Data (Old)

Software of the Center for Spatial Data Science

Stable Releases

Name	Functionality	Platform & Code	Language	Documentation	Download/License
GeoDa	Introduction to Spatial Data Analysis: Exploratory (Spatial) Data Analysis & Spatial Regression	Cross-platform (Win, OSX and Linux) and open source	C++	User's Guides Book Tutorial Data	Free Download (GPL)
GeoDaSpace	Spatial econometrics (lag and error, endogenous variables, HAC, robust standard errors, spatial regimes)	Cross-platform code in PySAL 1.3+	Python	Book Resources Tutorial Data	Free Download License
PySAL spreg API	See GeoDaSpace; part of Dr. Serge Rey's PySAL library	Cross-platform open source	Python	Book Tutorial Data	Free Download (BSD)

图 2-5 空间数据科学中心软件列表

这个软件列表既包括目前可供实证分析研究使用的软件，又包括本书写作时正处于开发阶段的软件，也包括以往开发过的软件。其中，GeoDa 软件排在列表的首位。

① Luc Anselin 所带领的团队是世界上规模最大的空间计量经济学研究团队。其他空间计量经济学学者大多数是因个人研究兴趣而加入研究团队的，他们分散在各个大学和学术研究机构里。

图 2－5 包含 3 个软件，第 1 个是 GeoDa，第 2 个是 GeoDaSpace，第 3 个是 PySAL[1]。移动鼠标选择 GeoDa 软件这一词条的最右边，点击“Free Download（GPL）”，当前页面就会跳转到下一个页面，如图 2－6 所示。

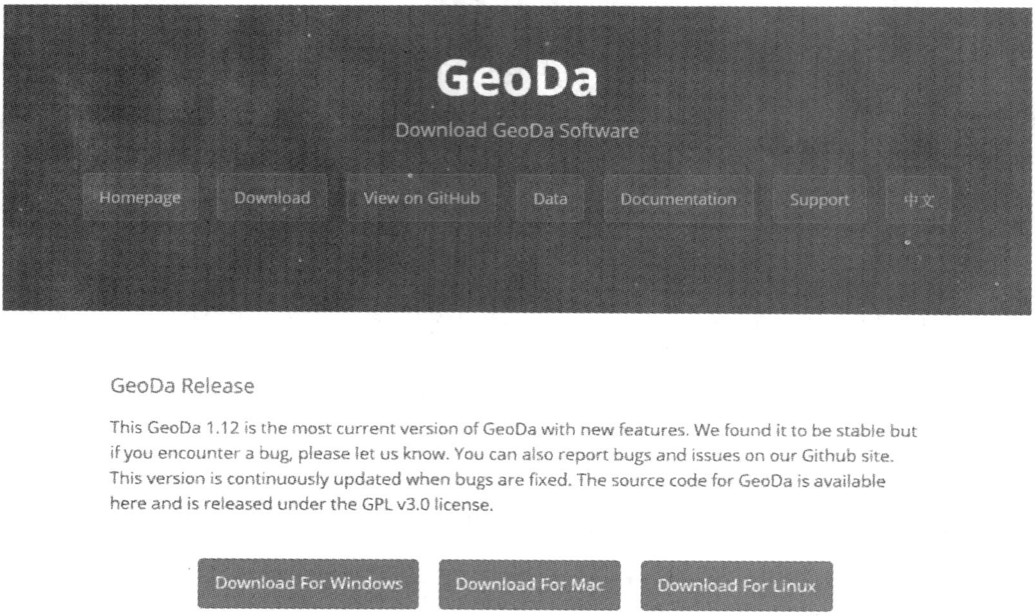

图 2－6　各个操作系统平台的 GeoDa

图 2－6 为 GeoDa 软件下载的主页，从最后一个标签来看，GeoDa 软件已经开始支持中文。主页中显示可以下载三种平台的 GeoDa 软件，分别是“Download For Windows”、“Download For Mac”和“Download For Linux”。点击“Download For Windows”又跳转到下一个页面，该页面列出了各个可供下载的版本。

本书选择 GeoDa 1.6.7 版本[2]，有 2 个版本的 GeoDa 软件可供下载，第一个是 64 位的版本（for 64-bit Windows Vista，7，8 and 10），另一个是 32 位的版本（for 32-bit Windows XP，Vista，7，8 and 10）。[3] 下载完毕后，选择合适的路径[4]，直至安装结束，即可使用。

---

① PySAL 是 Sergio Rey 和 Luc Anselin 主导开发的具有空间数据分析功能的 Python 程序库。Python 是一款具备强大扩展功能的编程语言。目前在各个领域都非常流行，其中就包括数值计算领域。Anselin 和他的团队正在大力开发 Python 下的空间数据分析功能。可以预见的是，未来 GeoDa 中心会提供更多功能的 PySAL 库。另外，可以简单地介绍一下 Python 有趣的诞生过程。Python 是荷兰计算机工程师 Guido van Rossum 于 1989 年在阿姆斯特丹打发无聊的圣诞节假期时开发的一款面向对象、直译式的计算机程序语言。到目前为止，经过 30 年的发展，Python 已经被开发出了一整套功能完备的标准库，能够完成包括科学计算、网站开发等多种常见的任务。强烈建议对计算机编程有兴趣的读者学习 Python。

② 目前，GeoDa 最新的版本是 1.14。本书在写作之时，最新版本为 1.6.7。由于基本操作和原理完全一致，故此没有做大幅度的修改。

③ 注意：32 位版本的 GeoDa 软件可以在 Windows XP 和 Vista 下运行，但是只能有限支持。如果使用的是 64 位 Windows 系统，应该首选 64 位的 GeoDa 软件。

④ 为保证正确安装，路径一定保证全部为英文，否则可能出现不可知的错误。

2.2.2　GeoDa 软件界面介绍

安装好 GeoDa 软件之后，点击 Windows 系统“开始”菜单，找到 GeoDa Software 文件夹，展开后点击“GeoDa”即可打开 GeoDa 软件。打开后可以发现，GeoDa 软件界面非常简洁，只呈现一个工具条，这就是 GeoDa 软件的全部，如图 2-7 所示。

图 2-7　GeoDa 界面

由图 2-7 可以看出，GeoDa 软件顶部是标题栏，带有 GeoDa 软件的图标和“GeoDa”字样。标题栏最右侧有 3 个按钮，分别是最小化、最大化和关闭。其中，最大化处于不可用状态。换言之，GeoDa 软件窗口只能最小化和关闭。①

标题栏下方是主菜单栏。GeoDa 软件包含 9 个菜单，分别是：“File”　“Tools”“Table”“Map”“Explore”“Space”“Methods”“Options”“Help”。使用这些菜单以及二级菜单可以操作 GeoDa 软件目前所能实现的所有功能。接下来的内容将会较为详细地介绍 GeoDa 软件的菜单及其相应的功能。GeoDa 软件的 9 个菜单介绍如下：

（1）File 文件：有关文件的输入和输出的操作；

（2）Tools 工具：与空间权重矩阵有关的操作；

（3）Table 表格：有关表格的操作，包括合并、添加、删除、编辑数据等操作；

（4）Map 制图：绘制各类特色地图；

（5）Explore 探索：绘制各类统计图；

（6）Space 空间：有关全域和局域空间自相关分析；

（7）Methods 方法：空间回归模型的估计和检验；

（8）Options 选项：在 GeoDa 软件制图时会出现很多选项，在制图时，鼠标右键点击 GeoDa 软件生成的图形，所弹出的菜单与 Options 菜单一致。在其他功能下，该菜单没有任何功能。

（9）Help 帮助：弹出 GeoDa 软件版本信息。②

须重点关注 GeoDa 软件的 3 个菜单，如下所示：

（1）Tools 菜单：这个菜单与空间权重文件的操作有关；

（2）Space 菜单：这个菜单与空间数据分析操作密切相关；

---

①　GeoDa 0.9.5-i Beta 版本可以最大化。GeoDa 0.9.5-i Beta 版本打开的是一个窗口，而不是现在的工具条式样。

②　注意：1.6.7 版本的 GeoDa 并不包含任何有效的帮助文件。但是，2003 年 Anselin 教授在伊利诺伊大学厄巴纳-香槟分校［University of Illinois，Urbana-Champaign（UIUC）］开发 GeoDa 软件时基于 0.9 版本编写了《GeoDa 用户手册》（*GeoDa User's Guide*）和《GeoDa 0.9.5-i 发布注解》（*GeoDa™ 0.9.5-i Release Notes*）。后者介绍了新版 GeoDa 软件的一些新功能。随后，Anselin 教授在 2005 年讲授暑假课程“空间分析”（spatial analysis）时，基于 GeoDa 0.9.5-i Beta 版本的 GeoDa 软件修订了 GeoDa 软件操作指南技术文档，该修订文档名为《应用 GeoDa 探索空间数据：一份操作手册》（*Exploring Spatial Data with GeoDa*：*A Workbook*），由于新旧版本的 GeoDa 软件功能极为类似，因此这份技术文档显得非常有帮助。这三本技术文档以及最新的 GeoDa 软件帮助文件见 GeoDa 的官方网站：http：//geodacenter.github.io/documentation.html。

（3）Methods 菜单：提供空间计量经济学模型回归分析的功能。

GeoDa 软件菜单下方是常用的工具条，包含了常用的功能。工具条里大部分功能都能在菜单栏找到相对应的按键。[①] 工具条的主要任务就是实现快捷操作。细心的读者会发现，工具条分为 6 个小区域，每个小区域的按钮因功能相似或者相近而集合在一起，如图 2－8 所示。

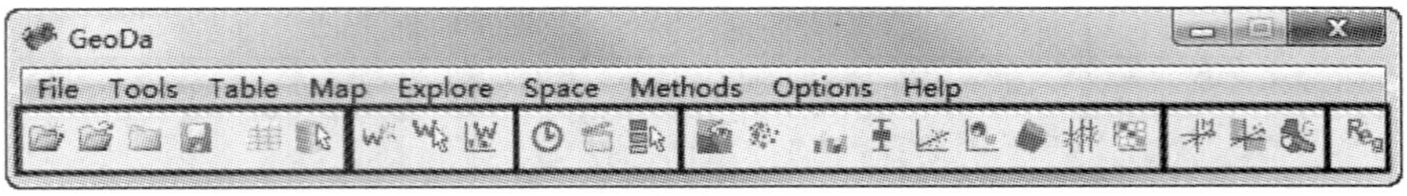

图 2－8　GeoDa 快捷菜单分区

这里从左至右分别介绍这些区域。第一个小区域实现的功能是打开、保存和关闭文件；第二个小区域涉及空间权重文件的操作；第三个小区域涉及动态地图演示；第四个小区域主要涉及简单的经典统计图操作；第五个小区域涉及空间数据分析操作；第六个小区域的图标用来实现空间计量模型回归分析功能。

2.3　导入空间数据

2.3.1　在 GeoDa 软件中导入空间数据

将空间数据输入 shp 文件是空间数据分析的第一步。在这一小节中，本书介绍如何将保存在 Excel 文件中的数据通过 GeoDa 软件导入 shp 文件中。这里有一个用于演示的 Excel 文件："GDP. xls"[②]，如图 2－9 所示。

图 2－9 显示有 3 列数据，第 1 列是地区名称，以中文记录。注意：GeoDa 1.6.7 软件对中文的支持不是非常完美，在这里列出地区的中文名称是为了方便读者理解。在后面将要介绍的导入数据的内容中，GeoDa 软件也不支持中文的关键变量。第 2 列是地区的拼音或英文名称，在未来导入数据的时候以该变量作为关键变量进行数据的合并；第 3 列是 GDP 变量，对应的是每个省份的 GDP 数据。

有了 Excel 数据文件之后，还需要准备 shp 文件。本例以图 2－9 所示 31 个地区的数据为例，演示如何将"GDP. xls"导入 shp 文件中。

在操作之前，先来看一下空间数据文件在计算机中是如何呈现的。假设 shp 文件保存在"D:\China"文件夹中，如图 2－10 所示。

图 2－10 一共有 8 个文件，第一个是 dbf 文件，可以用 Excel 软件打开看到数据情况，然后依次为 prj、sbn、sbx、shp、xml、shx 文件，最后一个是 xls 文件。

---

① 实际上，第一个小区域中第 5 个按钮为打开表格按钮，这个功能在菜单栏里无法找到对应的子菜单。

② GeoDa 不支持 2007 版的 Excel 文件格式，即扩展名为".xlsx"的 Excel 文件，GeoDa 软件无法识别它，因此读者需要保存为 1997—2003 格式。

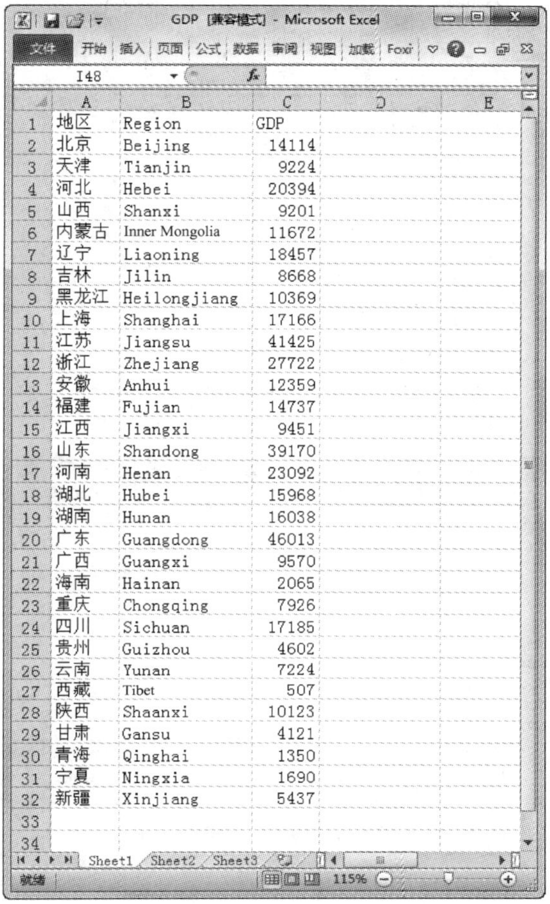

	A	B	C	D	E
1	地区	Region	GDP		
2	北京	Beijing	14114		
3	天津	Tianjin	9224		
4	河北	Hebei	20394		
5	山西	Shanxi	9201		
6	内蒙古	Inner Mongolia	11672		
7	辽宁	Liaoning	18457		
8	吉林	Jilin	8668		
9	黑龙江	Heilongjiang	10369		
10	上海	Shanghai	17166		
11	江苏	Jiangsu	41425		
12	浙江	Zhejiang	27722		
13	安徽	Anhui	12359		
14	福建	Fujian	14737		
15	江西	Jiangxi	9451		
16	山东	Shandong	39170		
17	河南	Henan	23092		
18	湖北	Hubei	15968		
19	湖南	Hunan	16038		
20	广东	Guangdong	46013		
21	广西	Guangxi	9570		
22	海南	Hainan	2065		
23	重庆	Chongqing	7926		
24	四川	Sichuan	17185		
25	贵州	Guizhou	4602		
26	云南	Yunan	7224		
27	西藏	Tibet	507		
28	陕西	Shaanxi	10123		
29	甘肃	Gansu	4121		
30	青海	Qinghai	1350		
31	宁夏	Ningxia	1690		
32	新疆	Xinjiang	5437		
33					
34					

图 2-9　用 GeoDa 软件打开 Excel 文件

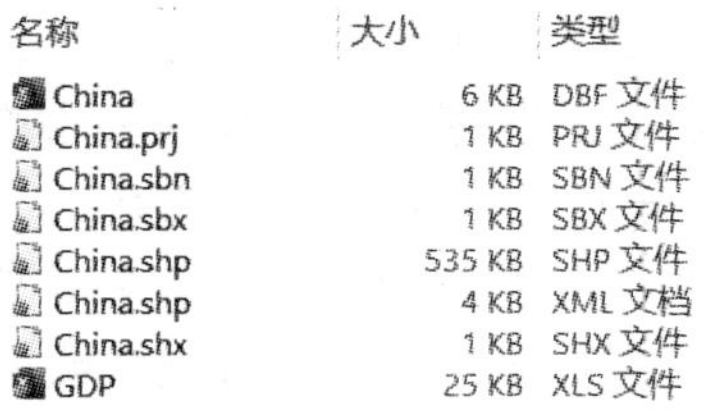

名称	大小	类型
China	6 KB	DBF 文件
China.prj	1 KB	PRJ 文件
China.sbn	1 KB	SBN 文件
China.sbx	1 KB	SBX 文件
China.shp	535 KB	SHP 文件
China.shp	4 KB	XML 文档
China.shx	1 KB	SHX 文件
GDP	25 KB	XLS 文件

图 2-10　“China”文件夹下的文件

接下来，利用 GeoDa 软件打开 shp 文件①，点击菜单栏中的“File”菜单，选择“New Project From”，然后选择“ESRI Shapefile（*.shp)”，如图 2-11 所示。

点击之后会弹出对话框，提示用户选择要打开的 shp 文件，在这里选择“China. shp”文件，如图 2-12 所示。

选择“China. shp”文件后，点击右下角的“打开”按钮，GeoDa 软件会加载一幅

---

① 凡是菜单栏下有快捷工具条的，与菜单栏里的相应功能是一致的，为了一致性，之后均采用从 GeoDa 软件的菜单栏中选取操作的方式。

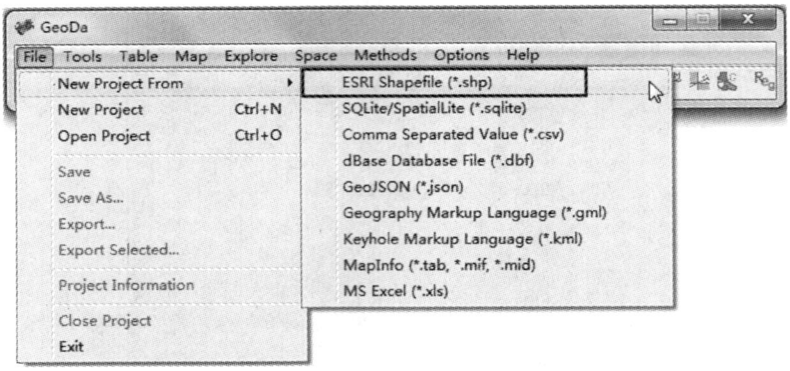

图 2-11　利用 GeoDa 软件打开 shp 文件

图 2-12　用 GeoDa 软件选择 China. shp 文件

绿色的中国地图。①

加载完 shp 文件之后，点击 GeoDa 软件快捷菜单栏中左边第 5 个类似表格的图标后，即可弹出数据表格，如图 2-13 所示。

图 2-13 中显示出了所有的变量。其中，左边第 4 个变量为 PINYIN _ NAM，是各个地区的拼音或英文名称，在后面的数据合并中作为关键变量，与“GDP. xls”文件中的 Region 变量一一对应起来。作为合并数据的关键变量，这两个文件的变量中的字符串排列顺序可以不同，变量名也可以不同，但是，这两个变量内字符串的内容必须完全一一对应，并且字符串不允许有重复值，否则无法进行数据的合并和导入。②

有了 Excel 文件和 shp 文件后就可以进行数据合并（merge）。点击菜单栏中的“Table”菜单，然后选择子菜单中的第一个功能“Merge Table Data”，点击“Merge Table Data”之后，就会弹出数据合并对话框“Merge”，如图 2-14 所示。

在该对话框中，第一行是数据输入框“Input datasource”，也就是在这里选择即将要合并的 Excel 文件：“GDP. xls”。点击“Input datasource”输入框右边的打开图标，即可弹出链接数据来源对话框“Connect to Data Source”，然后点击对话中“Input file”

---

① GeoDa 软件在加载地图时，默认颜色为绿色，如果读者有特殊颜色的偏好，可以鼠标右键点击地图，在弹出的菜单里选择“color”，最后选择“background color”，在弹出的调色板里选择自己想要的颜色，最后选择确定即可。

② 比如若 PINYIN _ NAM 中有两个地区都叫 Sichuan，则无法一一对应，无法实现数据导入。

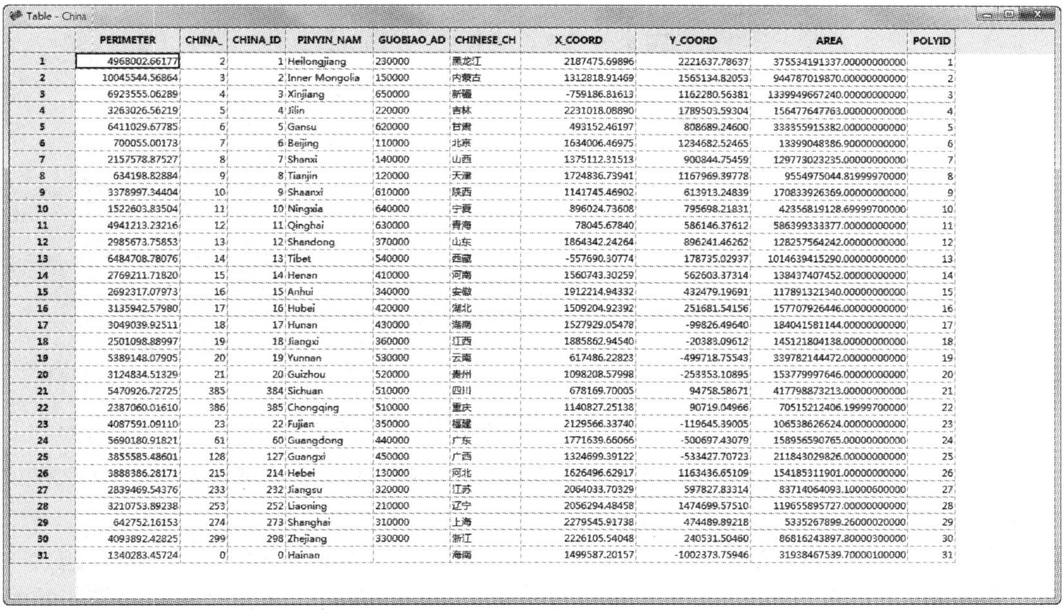

Table - China

	PERIMETER	CHINA_	CHINA_ID	PINYIN_NAM	GUOBIAO_AD	CHINESE_CH	X_COORD	Y_COORD	AREA	POLYID
1	4968002.66177	2	1	Heilongjiang	230000	黑龙江	2187475.69896	2221637.78637	375534191337.0000000000	1
2	10045544.56864	3	2	Inner Mongolia	150000	内蒙古	1312818.91469	1565134.82053	944787019870.0000000000	2
3	6923555.06289	4	3	Xinjiang	650000	新疆	-759186.81613	1162280.56381	1339949667240.0000000000	3
4	3263026.56219	5	4	Jilin	220000	吉林	2231018.08890	1789503.59304	156477647763.0000000000	4
5	6411029.67785	6	5	Gansu	620000	甘肃	493152.46197	808689.24600	333355915382.0000000000	5
6	700055.00173	7	6	Beijing	110000	北京	1634006.46975	1234682.52465	13399048386.9000000000	6
7	2157578.87527	8	7	Shanxi	140000	山西	1375112.31513	900844.75459	129773023235.0000000000	7
8	634198.82884	9	8	Tianjin	120000	天津	1724836.73941	1167969.39778	9554975044.8199997000	8
9	3378997.34404	10	9	Shaanxi	610000	陕西	1141745.46902	613913.24839	170833926369.0000000000	9
10	1522603.83504	11	10	Ningxia	640000	宁夏	896024.73608	795698.21831	42356819128.6999970000	10
11	4941213.23216	12	11	Qinghai	630000	青海	78045.67840	586146.37612	586399333377.0000000000	11
12	2985673.75853	13	12	Shandong	370000	山东	1864342.24264	896241.46262	128257564242.0000000000	12
13	6484708.78076	14	13	Tibet	540000	西藏	-557690.30774	178735.02937	1014639415290.0000000000	13
14	2769211.71820	15	14	Henan	410000	河南	1560743.30259	562603.37314	138437407452.0000000000	14
15	2692317.07973	16	15	Anhui	340000	安徽	1912214.94332	432479.19691	117891321340.0000000000	15
16	3135942.57980	17	16	Hubei	420000	湖北	1509204.92392	251681.54156	157707926446.0000000000	16
17	3049039.92511	18	17	Hunan	430000	湖南	1527929.05478	-99826.49640	184041581144.0000000000	17
18	2501098.88997	19	18	Jiangxi	360000	江西	1885862.94540	-20383.09612	145121804138.0000000000	18
19	5389148.07905	20	19	Yunnan	530000	云南	617486.22823	-499718.75543	339782144472.0000000000	19
20	3124834.51329	21	20	Guizhou	520000	贵州	1098208.57998	-253353.10895	153779997646.0000000000	20
21	5470926.72725	385	384	Sichuan	510000	四川	678169.70005	94758.58671	417798873213.0000000000	21
22	2387060.01610	386	385	Chongqing	510000	重庆	1140827.25138	90719.04966	70515212406.1999970000	22
23	4087591.09110	23	22	Fujian	350000	福建	2129566.33740	-119645.39005	106538626624.0000000000	23
24	5690180.91821	61	60	Guangdong	440000	广东	1771639.66066	-500697.43079	158956590765.0000000000	24
25	3855585.48601	128	127	Guangxi	450000	广西	1324699.39122	-533427.70723	211843029826.0000000000	25
26	3888386.28171	215	214	Hebei	130000	河北	1626496.62917	1163436.65109	154185311901.0000000000	26
27	2839469.54376	233	232	Jiangsu	320000	江苏	2064033.70329	597827.83314	83714064093.1000060000	27
28	3210753.89238	253	252	Liaoning	210000	辽宁	2056294.48458	1474699.57510	119655895727.0000000000	28
29	642752.16153	274	273	Shanghai	310000	上海	2279545.91738	474489.89218	5335267899.2600002000	29
30	4093892.42825	299	298	Zhejiang	330000	浙江	2226105.54048	240531.50460	86816243897.8000030000	30
31	1340283.45724	0	0	Hainan		海南	1499587.20157	-1002373.75946	31938467539.7000010000	31

图 2-13　GeoDa 软件中的数据表格

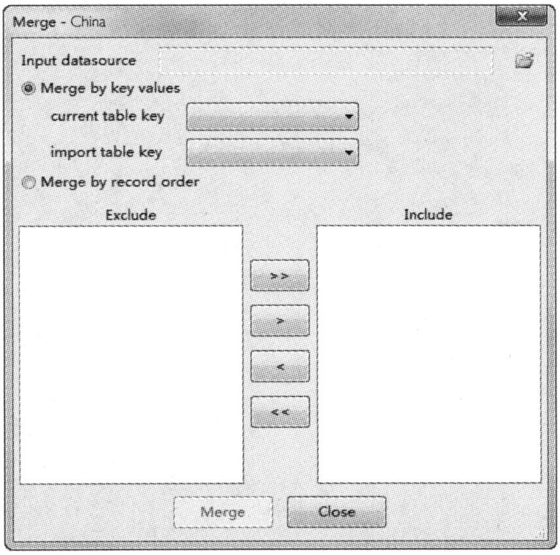

图 2-14　GeoDa 软件中合并数据的对话框

后面的打开图标，选择最下方的“MS Excel（*.xls）”，如图 2-15 所示。

在计算机中找到“GDP. xls”文件保存的路径，选择“GDP. xls”文件后点击“打开”按钮，即可将“GDP. xls”链接到 shp 文件中。请注意，到目前为止，还没有将各个地区的 GDP 数据与 shp 文件中的每个地区联系起来。下一步就是进行数据合并的设置。

在“Merge”对话框中的“Merge by key values”区域中，在第一个下拉菜单“current table key”中选择“PINYIN _ NAM”，在“import table key”中选择“Re-

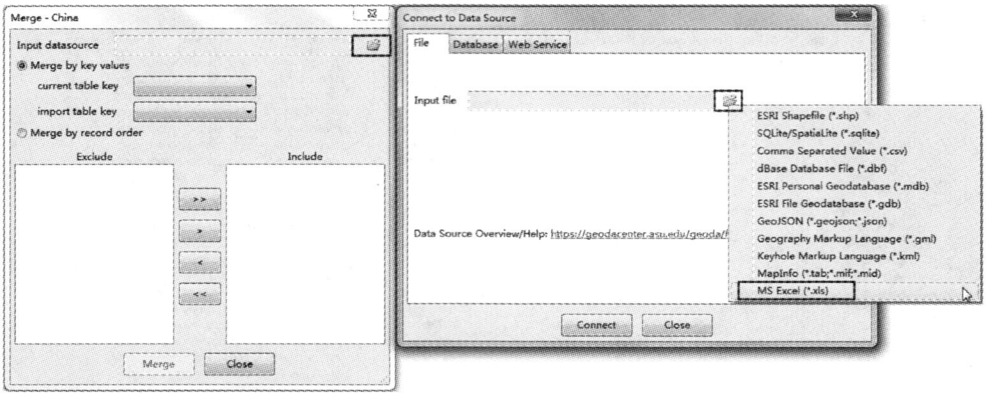

图 2-15　GeoDa 软件中链接数据来源的对话框

gion”。这一步骤的操作含义是：通过 shp 文件中的 PINYIN _ NAM 变量和“GDP. xls”的 Region 变量一一对应，将两个文件中的数据合并起来。

“Merge”对话框下方有两个选择框——“Exclude”（排除）和“Include”（包含），将“Exclude”选择框中的“Region”和“GDP”变量通过两个选择框中间的箭头符号移动到“Include”选择框中，设置如图 2-16 所示。①

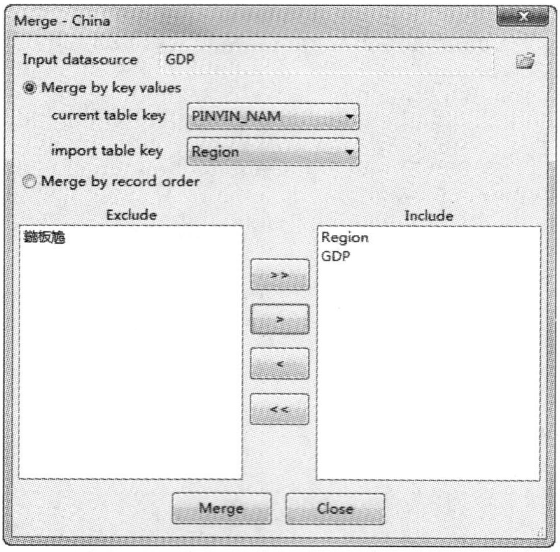

图 2-16　GeoDa 软件中合并数据的对话框设置

如果读者的研究数据中有多个变量，那么选择相应的变量移动到右边的“Include”框中即可。在这里介绍一下，按钮“≫”表示将左边变量全部移动到右边；按钮“>”表示将左边选择的变量移动到右边；按钮“<”表示将右边选择的变量移动到左边；按钮“≪”表示将右边所有的变量移动到左边。

点击对话框下方左边的“Merge”按钮后，则会出现对话框“Success”，如图 2-17

① “Exclude”选择框中有一个乱码变量，实际上是“GDP. xls”地区变量的中文名。由于 GeoDa 软件对中文的支持不够完美，所以显示出了乱码。

所示，提示“File merged into Table successfully.”这说明数据已成功合并。如果关键变量字符串内容无法一一对应，则 GeoDa 软件会报错。

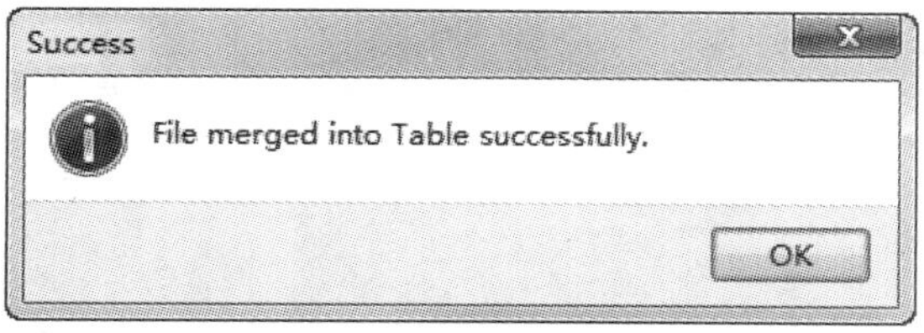

图 2-17 GeoDa 软件中合并数据成功后的对话框

在数据合并成功之后，点击快捷菜单栏中的表格图标，即可打开合并后的数据表格。在合并后的数据中，Region 和 GDP 变量自动保存在原数据表格的最右边。数据合并后就可以对 GDP 变量进行空间数据分析。同样的道理，也可以合并多个变量。例如有一个 Excel 表格有 10 个变量，重复上述步骤，在合并数据设置的对话框中，将这 10 个变量选择到“Include”选择框中，然后点击对话框下方的“Merge”按钮，即可实现数据合并。

2.3.2 在 ArcGIS 软件中导入空间数据

由于 GeoDa 软件对中文的支持不够完美，所以在数据合并的时候，中文名称的变量无法作为关键变量进行数据合并。在中国的例子中，更多的地区名称是以中文记录的，如果想通过 GeoDa 软件进行数据合并，则需要添加各个地区的拼音或英文名称变量。因此，本书将介绍如何利用 ArcGIS 软件进行以中文变量作为关键变量的数据合并操作。①

ArcGIS 软件是由 ESRI 出品的一款地理信息系统系列软件的总称。依不同的应用平台分成三种版本：桌面版、服务器版和移动版。其中，对于普通用户来说，桌面版使用较多。以功能区分，桌面版又分为 ArcReader、ArcView、ArcEditor 和 ArcInfo，此顺序是依照功能大小从低到高进行排序的。其中，ArcReader 只是一个阅读器，功能较为简单。ArcInfo 功能最为强大，本书使用的是 ArcInfo 9.3 版本。②

接下来介绍如何应用 ArcGIS 将 Excel 电子表中的数据与空间数据文件链接起来。与 GeoDa 软件不同的是，ArcMap 可以处理扩展名为“.xlsx”的 Excel 文件。本小节以“GDP.xlsx”文件格式为例进行演示。Excel 软件显示数据只有两列，第一列为“地名”变量，以中文记录；第二列为 2010 年“GDP”变量，记录了 31 个地区的 GDP 数据。由此可见，与在 GeoDa 软件中的“GDP.xls”文件不同，本数据不包含地区拼音或英文名称变量。需要注意的是，Excel 2010 文件一般默认有 3 个“sheet”（表单），数据通常默认放在 sheet1 下。未来的链接操作会有表单的选择项。

接下来，在操作系统的开始菜单里找“ArcMap”图标，点击图标后，打开该软件，

---

① 本书仅简单地介绍 ArcGIS 软件可能在空间数据中遇到的最常用操作。对于很多研究社会经济的读者来说，在实证研究中，涉及 ArcGIS 软件的操作并不多。

② 本书写作时，ESRI 出品的最新版本是 ArcGIS 10.x 版本，于 2010 年发布。由于 ArcGIS 10.x 和 9.3 版本差别不是很大，因此，本书以 9.3 版本为例进行演示操作。

即可看到“ArcMap-ArcInfo”的主界面，如图 2-18 所示。

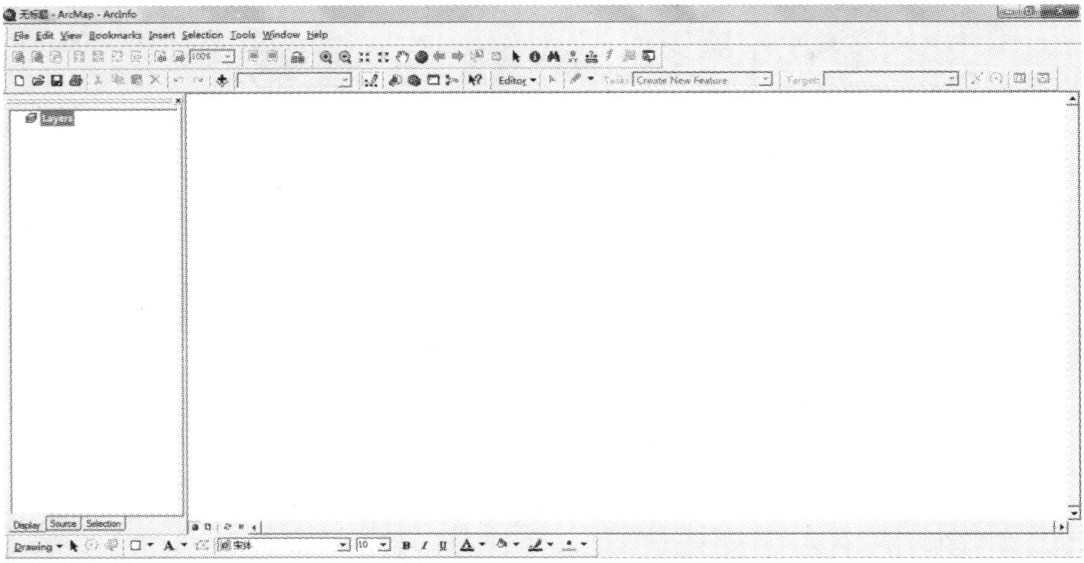

图 2-18 ArcMap 主界面

图 2-18 中展示出了“ArcMap-ArcInfo”的主界面，和一般软件没有太大区别。软件标题栏表明了 ArcMap 是 ArcInfo 版本，下方即为菜单栏，菜单栏下方为工具栏。

再来看工具栏下方的空白区域。它被分为两个空白部分。在左边的一列中，最上方有一个“Layers”，叫做“Table of Contents”，简称“TOC”，中文称之为目录表。右边是 ArcMap 软件最大的空白区域：地图的工作区域。

在进行数据分析时，第一步是添加空间数据文件。传统软件中通常选择“File”菜单，然后选择“Open”按钮来打开文件。然而，ArcMap 打开 shp 文件不是采用“Open File”的方式，而是通过菜单栏“File”下的“Add Data”功能，或者使用较为快捷的方式，即在工具栏中点击“Add Data”图标，如图 2-19 所示。

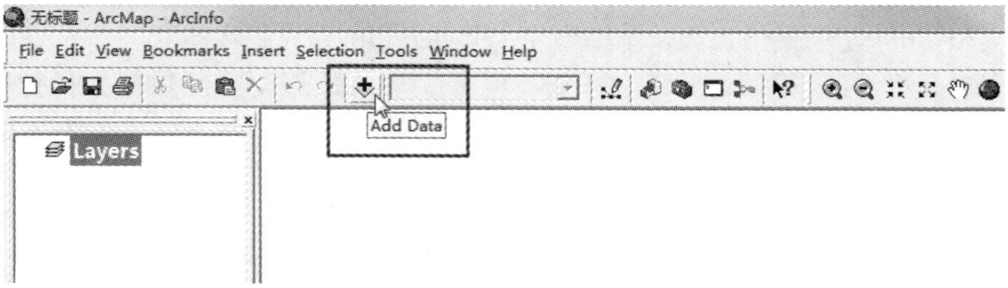

图 2-19 在 ArcMap 里加载空间数据文件

点击图 2-19 中的“加号”图标，即可弹出添加数据的对话框“Add Data”，如图 2-20 所示。

在图 2-20 中，选择“China. shp”文件，然后点击“Add Data”对话框右下角的“Add”按钮，空间数据 shp 文件即可被加载在 ArcMap 中。可以发现，中国地图被加载到 ArcMap 中，ArcMap 软件左边的目录表也有了“China”的字样。

在 ArcMap 软件左边可以看到目录表中的“China”字样，鼠标移动到“China”，右击“China”，即可弹出可供选择的菜单，如图 2－21 所示。

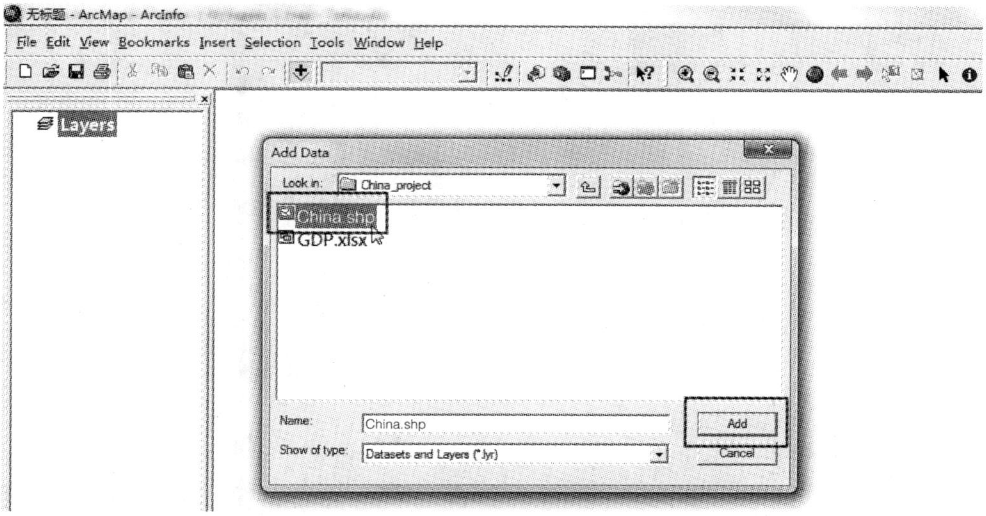

图 2－20 在 ArcMap 里选择即将加载的 China. shp 文件

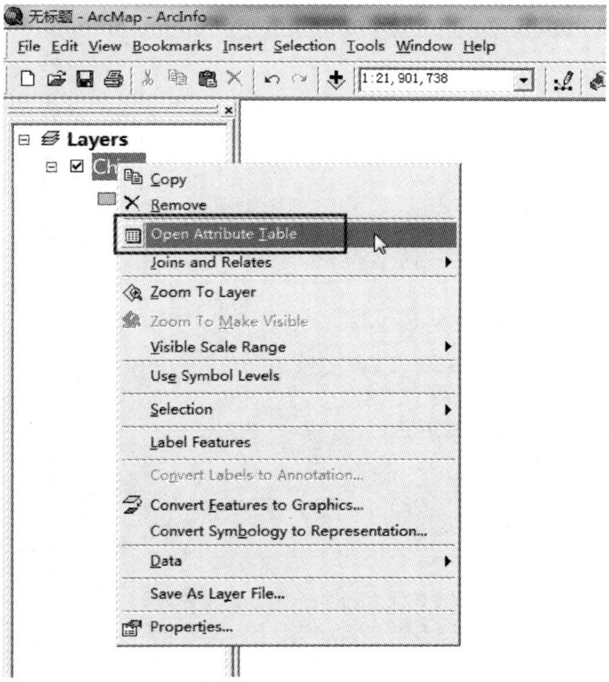

图 2－21 在 ArcMap 里打开 China 空间数据文件中的 dbf 文件

图 2－21 中右键菜单显示出很多功能，移动鼠标并用鼠标左键点击“Open Attribute Table”，即可打开属性表格。点击之后，弹出表格对话框“Attributes of China”。

图 2－22 显示的内容和 Excel 软件打开 dbf 文件是完全一致的。在这里，请注意“CHINESE _ CH”变量，这个变量对后面的链接数据有重要作用，因为这个变量是链接的依据，或者叫做“关键变量”（key variable）。

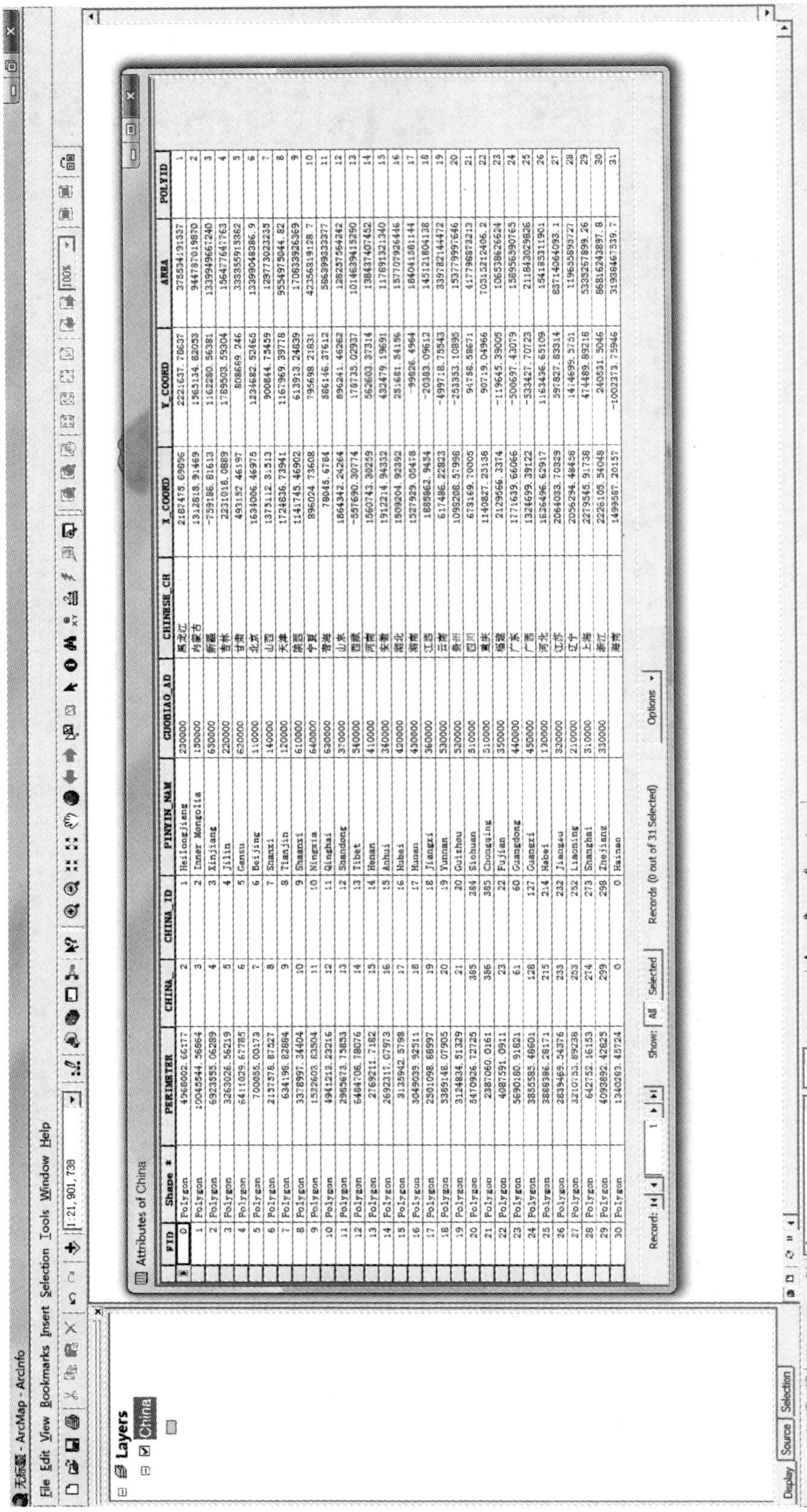

图 2-22　在 ArcMap 里显示 China 空间数据文件中的 dbf 文件

请务必注意：变量的中文名字字符串中间不能存在空格，如果存在空格，那么数据也无法进行链接。[①] 链接数据就是通过这些一致的地名使 GDP 变量与关键变量一一对应后，链接进入“China. dbf”文件中。点击“Attributes of China”对话框窗口右上角的关闭按钮，返回 ArcMap 主界面。

接下来开始演示如何链接数据。看到目录表中的“China”字样后，鼠标移动到“China”，右击“China”，就会弹出可供选择的菜单，如图 2 - 23 所示。

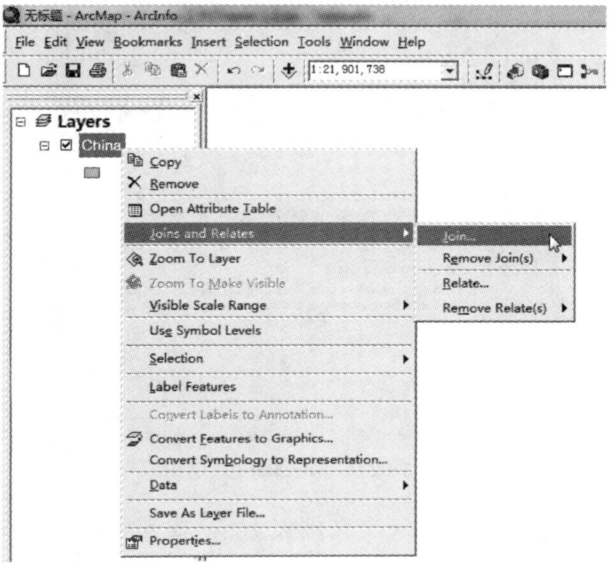

图 2 - 23　ArcMap 链接功能

图 2 - 23 中显示了右键菜单包含很多功能。将鼠标移动至“Joins and Relates”，软件会自动弹出下一级菜单，选择“Join...”，鼠标左键点击“Join...”之后，即可弹出“Join Data”链接对话框，如图 2 - 24 所示。

图 2 - 24 显示了标题为“Join Data”的对话框。在这里，需要特别注意的是 3 个输入框，如下所示。

（1）Choose the field in this layer that the join will be based on（选择图层中的一个变量作为链接的根据）；

（2）Choose the table to join to this layer，or load the table from disk（选择表格链接到这个层中，或者从磁盘中加载表格）；

（3）Choose the field in the table to base the join on（选择表格中的变量作为链接的根据）。

点击第一个输入框“Choose the field in this layer that the join will be based on”右边的下拉菜单，弹出可供选择的变量。在这里选择“CHINESE _ CH”变量作为链接数据的依据。

在第二个输入框“Choose the table to join to this layer，or load the table from disk”中的右边点击打开图标，选择要链接的 Excel 表格，即选择“GDP. xlsx”，该文

① 数据来自统计年鉴的话，地名之间会有空格，例如“北　京”，而不是“北京”。

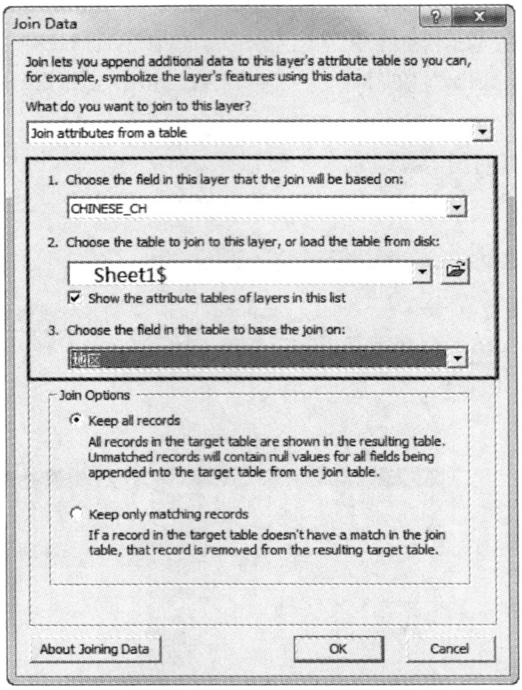

图 2-24 Join Data 对话框

件保存在空间数据文件 China 的同一个文件夹下①，找到后点击“GDP. xlsx”，进入选择 sheet 表单的下一层中。由于“GDP. xlsx”有 3 个 sheet 表单，数据被记录在 sheet1 中，因此须选择“Sheet1 $”，然后点击对话框右下角的“Add”按钮，则又返回到了“Join Data”对话框。

在第三个输入框“Choose the field in the table to base the join on”中选择下拉菜单。在这里选择“地区”。3 个输入框设置最后完成后，应如图 2-24 框中的设置所示。

在设置完成之后，点击“Join Data”对话框下方的“OK”按钮，数据链接完成。读者会发现，ArcMap 软件界面与之前没有任何差别。鼠标右键点击目录表中的“China”，在弹开的菜单中选择“Open Attribute Table”，然后又弹出标题为“Attributes of China”的对话框。读者会发现数据表格应该会显示出如图 2-25 所示的样子。图 2-25 中最右边的两列显示的是新链接进入的数据，即“地区”和“GDP”变量。

2.3.3 在 ArcGIS 软件中保存空间数据

链接数据完成之后，需要保存这个文件以便在 GeoDa 软件中使用。请注意：不可以使用 ArcMap 菜单中“File”下的“Save”或者“Save as”功能。shp 文件的打开和保存必须采用添加和输出的形式，这与一般的文件格式的操作不同！

鼠标右键再次点击目录表中的“China”，在弹开的菜单中选择“Data”，然后在弹出的子菜单中选择“Export Data”，如图 2-26 所示。

---

① 如果“. xlsx”文件放置在不同的文件夹下，请寻找正确的路径。

Attributes of Export_Output

FID	Shape *	PERIMETER	CHINA_	CHINA_ID	PINYIN_NAM	GUOBIAO_AD	CHINESE_CH	X_COORD	Y_COORD	AREA	POLYID	地区	GDP
0	Polygon	4968002.66177	2	1	Heilongjiang	230000	黑龙江	2187475.69896	2221637.78637	375534191337	1	黑龙江	10368.6
1	Polygon	10045544.56864	3	2	Inner Mongolia	150000	内蒙古	1312818.91469	1565134.82053	944787019870	2	内蒙古	11672
2	Polygon	6923555.06289	4	3	Xinjiang	650000	新疆	-759186.81613	1162280.56381	1339949667240	3	新疆	5437.47
3	Polygon	3263026.56219	5	4	Jilin	220000	吉林	2231018.0889	1789503.59304	156477647763	4	吉林	8667.58
4	Polygon	6411029.67785	6	5	Gansu	620000	甘肃	493152.46197	808689.246	333355915382	5	甘肃	4120.75
5	Polygon	700055.00173	7	6	Beijing	110000	北京	1634006.46975	1234682.52465	13399048386.9	6	北京	14113.58
6	Polygon	2157578.87527	8	7	Shanxi	140000	山西	1375112.31513	900844.75459	129773023235	7	山西	9200.86
7	Polygon	634198.82884	9	8	Tianjin	120000	天津	1724836.73941	1167969.39778	9554975044.82	8	天津	9224.46
8	Polygon	3378997.34404	10	9	Shaanxi	610000	陕西	1141745.46902	613913.24839	170833926369	9	陕西	10123.48
9	Polygon	1522603.83504	11	10	Ningxia	640000	宁夏	896024.73608	795698.21831	42356819128.7	10	宁夏	1689.65
10	Polygon	4941213.23216	12	11	Qinghai	630000	青海	78045.6784	586146.37612	586399333377	11	青海	1350.43
11	Polygon	2985673.75853	13	12	Shandong	370000	山东	1864342.24264	896241.46262	128257564242	12	山东	39169.92
12	Polygon	6484708.78076	14	13	Tibet	540000	西藏	-557690.30774	178735.02937	1014639415290	13	西藏	507.46
13	Polygon	2769211.7182	15	14	Henan	410000	河南	1560743.30259	562603.37314	138437407452	14	河南	23092.36
14	Polygon	2692317.07973	16	15	Anhui	340000	安徽	1912214.94332	432479.19691	117891321340	15	安徽	12359.33
15	Polygon	3135942.5798	17	16	Hubei	420000	湖北	1509204.92392	251681.54156	157707926446	16	湖北	15967.61
16	Polygon	3049039.92511	18	17	Hunan	430000	湖南	1527929.05478	-99826.4964	184041581144	17	湖南	16037.96
17	Polygon	2501098.88997	19	18	Jiangxi	360000	江西	1885862.9454	-20383.09612	145121804138	18	江西	9451.26
18	Polygon	5389148.07905	20	19	Yunnan	530000	云南	617486.22823	-499718.75543	339782144472	19	云南	7224.18
19	Polygon	3124834.51329	21	20	Guizhou	520000	贵州	1098208.57998	-253353.10895	153779997646	20	贵州	4602.16
20	Polygon	5470926.72725	385	384	Sichuan	510000	四川	678169.70005	94758.58671	417798873213	21	四川	17185.48
21	Polygon	2387060.0161	386	385	Chongqing	510000	重庆	1140827.25138	90719.04966	70515212406.2	22	重庆	7925.58
22	Polygon	4087591.0911	23	22	Fujian	350000	福建	2129566.3374	-119645.39005	106538626624	23	福建	14737.12
23	Polygon	5690180.91821	61	60	Guangdong	440000	广东	1771639.66066	-500697.43079	158956590765	24	广东	46013.06
24	Polygon	3855585.48601	128	127	Guangxi	450000	广西	1324699.39122	-533427.70723	211843029826	25	广西	9569.85
25	Polygon	3888386.28171	215	214	Hebei	130000	河北	1626496.62917	1163436.65109	154185311901	26	河北	20394.26
26	Polygon	2839469.54376	233	232	Jiangsu	320000	江苏	2064033.70329	597827.83314	83714064093.1	27	江苏	41425.48
27	Polygon	3210753.89238	253	252	Liaoning	210000	辽宁	2056294.48458	1474699.5751	119655895727	28	辽宁	18457.27
28	Polygon	642752.16153	274	273	Shanghai	310000	上海	2279545.91738	474489.89218	5335267899.26	29	上海	17165.98
29	Polygon	4093892.42825	299	298	Zhejiang	330000	浙江	2226105.54048	240531.5046	86816243897.8	30	浙江	27722.31
30	Polygon	1340283.45724	0	0	Hainan		海南	1499587.20157	-1002373.75946	31938467539.7	31	海南	2064.5

Record: 1 Show: All Selected Records (0 out of 31 Selected) Options

图 2-25 链接后的数据表格

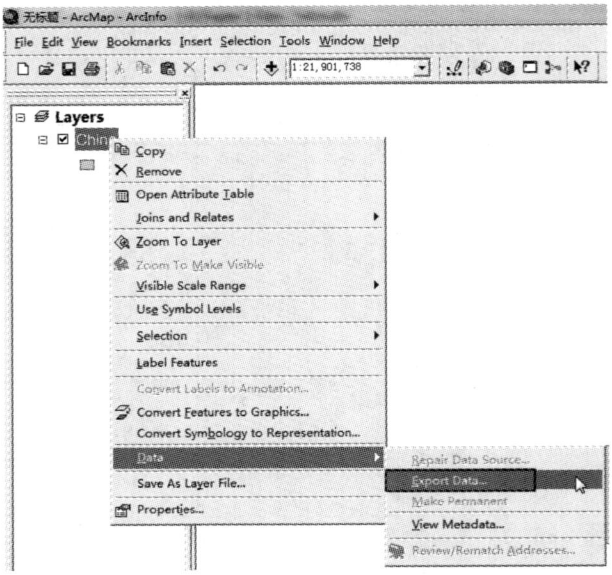

图 2-26　输出链接好的文件为 shp 文件

鼠标左键确认之后，即可打开一个标题为“Export Data”的对话框，如图 2-27 所示。在这个“Export Data”对话框中，如果不想做任何修改，那么可以直接点击“Export Data”对话框下方的“OK”按钮，就可以输出链接 GDP 后的 shp 文件。

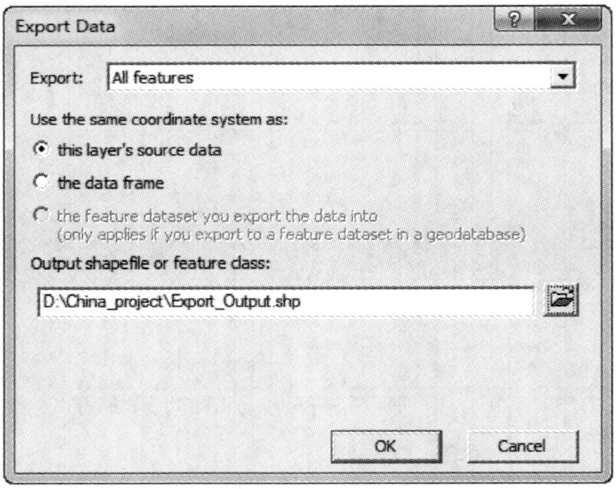

图 2-27　Export Data 对话框

如果想给这个 shp 文件改名或者更改路径的话，请在“Export Data”对话框里“Output shapefile or feature class:”的输入框中选择右边的打开图标，或者直接在输入框修改文件的路径。在本书的演示中，采用默认设置，点击“Export Data”对话框下方的“OK”按钮，即可输出新的 shp 文件。

需要读者注意的是，在输入框里显示“D: \ China _ project \ Export _ Output. shp”的意思是，在文件夹“China _ project”下生成了一个名为“Export _ Output”的空间数据文件。如果想要打开新产生的 shp 文件，请在该文件路径下查找。

另外，点击“Export Data”对话框下方的“OK”按钮之后，ArcMap 软件会弹出一个提示对话框：“Do you want to add the exported data to the map as a layer?”（你想在这个层中添加这个输出的数据作为一个层吗?）如果不需要添加新产生的 shp 文件，点击“否”即可。如果想添加，请点击“是”。保存完毕后，在文件夹“China _ project”下会出现 6 个文件，分别是 dbf、prj、sbn、sbx、shp 和 shx 文件，它们的前缀名皆为“Export _ Output”。

另外，需要特别注意的是，对于非 GIS 专业读者来说，操作 ArcGIS 合并空间数据时可能会遇到“Join”后数据出现空白的现象或者其他问题，在此强烈建议采用 csv 格式文件，而非 xls 格式文件。这是因为 xls 文件通常可能包含各种格式，可能导致 ArcGIS 合并数据失败。合并 csv 文件的步骤同合并 Excel 文件几乎一致，区别在于无须选择表单。

另外，也要注意的是，在 GeoDa 软件中，表示数据合并的单词是“Merge”，而在 ArcMap 中是“Join”，请注意这个细微的差别。

2.4　空间权重矩阵文件的生成与分析

2.4.1　应用 GeoDa 软件生成空间权重文件

这一小节介绍如何使用 GeoDa 软件生成空间权重文件。GeoDa 软件能生成两大类 4 种空间权重文件，如下所示：

（1）基于地理邻近性的空间权重文件。

- 基于 Queen 邻近性的空间权重文件。
- 基于 Rook 邻近性的空间权重文件。

（2）基于空间距离的空间权重文件。

- 半径距离空间权重文件。
- K 个最近邻居空间权重文件。

在 GeoDa 软件中，生成空间权重文件大致分为四个步骤：

（1）第一步是打开 shp 文件[①]；

（2）第二步是在菜单栏中选择生成空间权重文件功能的按钮；

（3）第三步是设置相应的参数；

（4）最后一步是确定生成空间权重文件。

在 GeoDa 软件中生成上述 4 种空间权重文件，前两个步骤是一样的，唯一的区别就在于第三步的参数设置。本书在后面的小节中将会详细地介绍操作流程。

2.4.1.1　基于地理邻近性的空间权重文件

一阶 Rook 邻近性空间权重文件的生成

下面以上一小节中生成的 31 个地区空间数据文件“Export _ Output. shp”为例，

① 生成基于地理邻近性的空间权重文件必须依赖于多边形的 shp 文件，生成基于空间距离的空间权重文件可以通过面模式的 shp 文件，也可以通过点模式的 shp 文件。

介绍如何生成一阶 Rook 邻近性空间权重文件。

第一步：打开 shp 文件。

打开空间数据文件，点击菜单栏"File"菜单，选择"New Project From"，然后选择"ESRI Shapefile（*.shp)"，如图 2-28 所示。

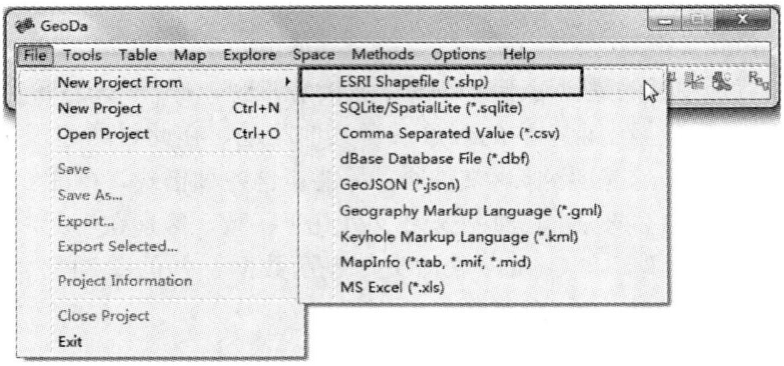

图 2-28　用 GeoDa 打开 shp 文件

点击之后，则会弹出对话框，提示用户选择将要打开的 shp 文件。在这里选择上一小节中新生成的"Export _ Output. shp"文件。选择"Export _ Output. shp"文件后，点击右下角的"打开"按钮，GeoDa 软件会加载一幅绿色的地图。①

第二步：选择 GeoDa 软件中生成空间权重文件的功能菜单。

在 GeoDa 软件菜单栏里选择"Tools"工具菜单，选择"Weights"，再选择"Create"按钮，点击"Create"按钮之后，则会弹出一个标题为"Weights File Creation"的对话框，如图 2-29 所示。

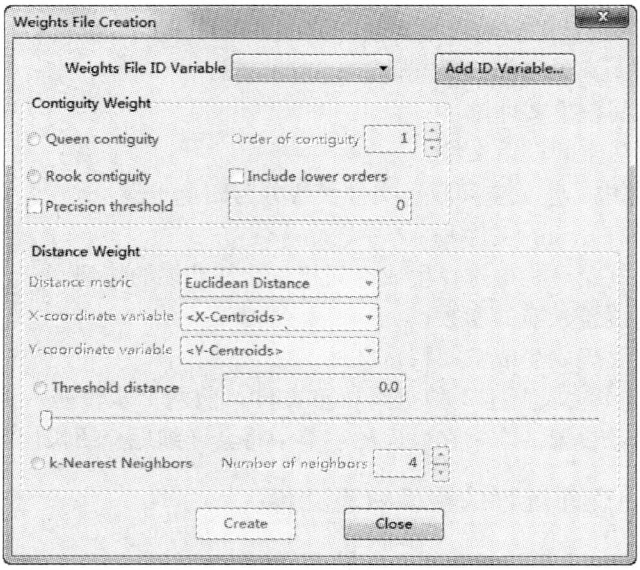

图 2-29　权重文件生成对话框

① GeoDa 在加载地图时，默认颜色为绿色，若读者有修改颜色的需要，可以用鼠标右键点击地图，在弹出的菜单里选择"color"，然后选择"background color"，在弹出的调色板里选择自己想要的颜色，确定即可。

图 2－29 中显示，在“Weights File Creation”对话框的右上角有一个“Add ID Variable”按钮。这个按钮的功能是为每个空间单元添加一个 ID 变量（ID Variable）。ID 变量是表示空间单元的变量，对于每一个空间单元来说，ID 变量的数值具有唯一性。具体以本例来说，也就是每个地区都有一个代码，每一个代码表示一个空间单元。这个代码对于识别后面生成的空间权重文件具有极为重要的作用。通过这个 ID 可以辨识某个地区与哪些地区互为邻居。如果 shp 文件没有 ID 变量，可以点击“Add ID Variable”按钮，则会弹出“Add New ID Variable”对话框，如图 2－30 所示。

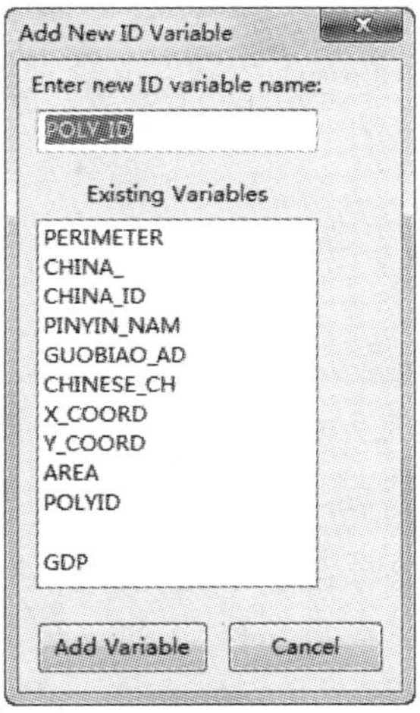

图 2－30　添加 ID 变量

GeoDa 软件会自动提示添加一个名为“POLY _ ID”的 ID 变量。由于本例中已经包含 ID 变量“POLYID”，故不再重复生成。如果对 ID 变量没有概念，读者可以打开表格文件查看。点击工具条中第 5 个类似表格的小图标，则会弹出表格对话框。表中倒数第 3 列即为 ID 变量“POLYID”。可以发现，这个变量从第一个地区到最后一个地区，编号从 1 到 31，每个地区都有对应的 ID。①

第三步：设置参数。

在这一步中，需要在“Weights File Creation”对话框中设置 3 个重要的参数。

● 第 1 个参数：在对话框第一行“Weights File ID Variable”旁边的下拉菜单中选择“POLYID”，“POLYID”是本例中的 ID 变量；

● 第 2 个参数：点击“Contiguity Weight”区域中的“Rook contiguity”单选框；

● 第 3 个参数：选择旁边的“Order of contiguity”，这里默认是 1，表示一阶空间权重矩阵。②

3 个参数设置完毕后，应如图 2－31 所示。

完成 3 个参数设置后，点击“Weights File Creation”对话框最下方的“Create”按

---

① 如果数据表格中有中文，那么 GeoDa 软件会无法显示中文，这是因为 GeoDa 软件默认编码是英文。如果要解决中文字符显示的问题，请在“Table”菜单栏选择“Encoding”，然后选择“Chinese simplified（GB2312）”，即可显示简体中文。

② 如果想生成二阶 Rook 邻近性空间权重矩阵，可以选择 2，依此类推。有关高阶的设置，本章后续小节将会有较为详细的解释。

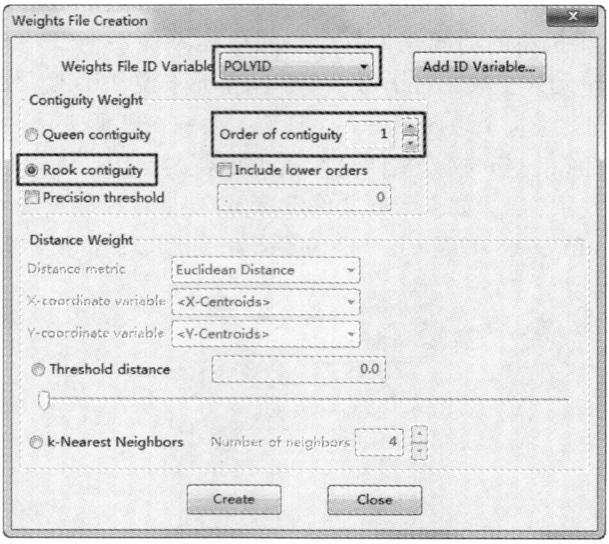

图 2-31　设置生成一阶 Rook 邻近性空间权重文件

钮，GeoDa 软件会提示保存空间权重文件的路径，默认路径与打开的 shp 文件路径相同。如果没有特别的偏好，可以保存在这个路径下。这时候也可以给这个空间权重文件重新命名，本例命名新生成的空间权重文件为“rook1. gal”[①]，点击对话框中的“Save”按钮后，GeoDa 软件会显示“Weights file 'rook1. gal' created successfully”，提示用户空间权重文件创建成功。点击“Success”对话框中右下方的“OK”按钮，对话框关闭。至此，创建一阶 Rook 邻近性空间权重文件的操作完成。

一阶 Queen 邻近性空间权重文件的生成

一阶 Queen 邻近性空间权重文件的生成与一阶 Rook 邻近性空间权重文件的生成极为类似，唯一不同的就是在单选框里选择“Queen contiguity”。具体步骤如下：

重复第一步和第二步，直到弹出“Weights File Creation”对话框。与生成一阶 Rook 邻近性空间权重文件一样，一阶 Queen 邻近性空间权重文件的生成也需要设置 3 个重要的参数，第 1 个参数的设置是在“Weights File Creation”对话框的第一行“Weights File ID Variable”旁边的下拉菜单中选择“POLYID”，“POLYID”是本例中的 ID 变量。第 2 个参数的设置是点击“Contiguity Weight”区域中的“Queen contiguity”单选框。第 3 个参数的设置是选择旁边的“Order of contiguity”，这里默认是“1”，表示一阶空间权重矩阵。

3 个参数设置完毕后，点击“Weights File Creation”对话框最下方的“Create”按钮，GeoDa 软件提示用户选择保存空间权重文件的路径，默认路径与打开的 shp 文件路径相同。本例命名新生成的空间权重文件为“queen1. gal”，点击对话框中的“Save”按钮后，GeoDa 软件会显示保存成功。点击“OK”按钮，对话框关闭。至此，创建一阶 Queen 邻近性空间权重文件的操作完成。

---

① 请读者注意，在 GeoDa 软件下，基于地理邻近性的空间权重文件的扩展名为“. gal”，基于空间距离的空间权重文件的扩展名为“. gwt”，读者可以根据扩展名判断出不同的空间权重文件类型。需要说明的是，“. gal”和“. gwt”是 GeoDa 软件独有的文件格式。

2.4.1.2　基于空间距离的空间权重文件

半径距离空间权重文件的生成

重复上一小节中生成基于 Rook 和 Queen 邻近性的空间权重文件的第一步和第二步，直到弹出“Weights File Creation”对话框。与上述生成一阶 Rook 和 Queen 邻近性空间权重矩阵文件不同的是，基于空间距离的空间权重文件的生成需要设置 5 个重要参数，分别如下所示：

（1）Weights File ID Variable；

（2）Distance metric；

（3）X-coordinate variable；

（4）Y-coordinate variable；

（5）Threshold distance。

下面逐一详细地介绍这 5 个参数的设置。首先，第 1 个参数的设置为在“Weights File Creation”对话框中的第一行“Weights File ID Variable”旁边的下拉菜单中选择“POLYID”，这是本例中的 ID 变量。

接下来，点击“Distance Weight”区域中的“Threshold distance”单选框。选中之后，可以发现“Threshold distance”单选框上方的三个下拉菜单由灰色的不可设置状态变为激活的可设置状态。“Threshold distance”后面的输入框也被激活，有 4 个重要参数需要进行设置，即“Distance Metric”“X-coordinate variable”“Y-coordinate variable”“Threshold distance”，如图 2－32 所示。

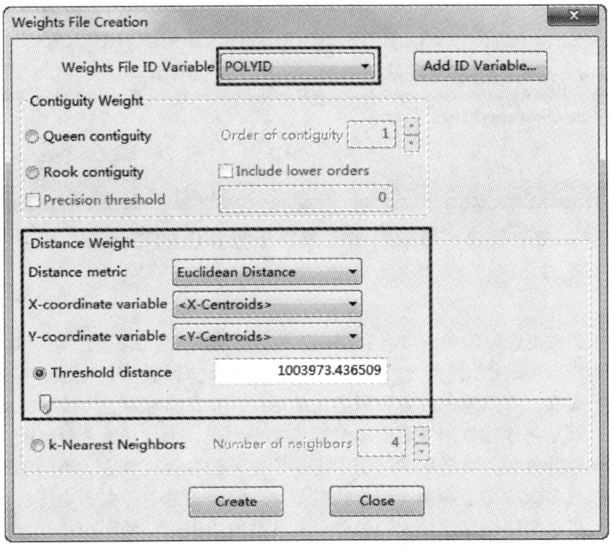

图 2－32　半径距离空间权重文件的参数设置

重点介绍以下这 4 个参数。“Distance metric”为选择距离度量单位的参数。GeoDa 软件提供了 3 种度量单位，点击“Distance metric”旁边的下拉菜单之后会发现有三种选择：“Euclidean Distance”、“Arc Distance（mi）”和“Arc Distance（km）”。当 shp 文件是投影坐标时，应该选择“Euclidean Distance”；当 shp 文件是地理坐标时，应该选择"Arc Distance (mi)"或者"Arc Distance (km)"。[①] 前者的度量单位是英里(mile)，后者的度量单位是千米(kilometer)。

"Euclidean Distance"参数是用在投影坐标系下的距离选项[②]，投影过的地理空间是平面的。换言之，不存在弧度的问题。如果是地理坐标系的话，就需要选择"Arc Distance"选项。"Arc Distance (mi)"和"Arc Distance (km)"实际上计算的是弧长。[③]

"X-coordinate variable"和"Y-coordinate variable"为选择空间单元投影坐标的参数，前者表示 X 坐标，后者表示 Y 坐标。如果 shp 文件没有明确的坐标，那么 GeoDa 软件提供了空间单元地理重心(centroid)的坐标，默认是"X-Centroids"和"Y-Centroids"[④]，如图 2-32 所示，作为测量两个空间单元之间距离的基础。

最后一个参数是"Threshold distance"，这个参数用来设置半径距离(或门槛距离)。如果小于这个门槛距离，那么两个空间单元被认为存在空间交互效应；反之，如果大于这个门槛距离，那么两个空间单元不存在空间交互效应。通俗地说，若一个空间单元与另一个空间单元的距离小于这个距离，则那个空间单元被认为是能够影响自身的邻居，反之，若大于这个距离，则那个空间单元被认为是不能够影响自身的邻居。如果读者不知道设置门槛距离的数值，GeoDa 软件提供了默认最小的距离值。[⑤]

如果不满意 GeoDa 软件默认设定的门槛值，用户可以在输入框里修改距离值，或者选择"Threshold distance"下方的滑动条，通过鼠标左键按住游标左右移动来达到修改门槛距离值的目的。如果用户想设置比推荐的最小值更小的距离值，比如 20 000，GeoDa 软件会提出警告，如图 2-33 所示。

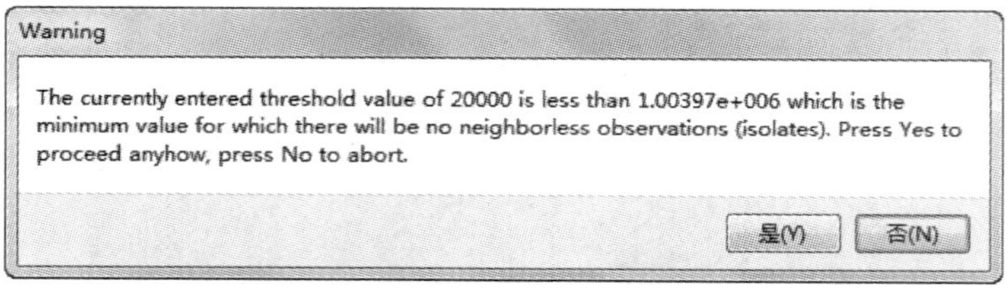

图 2-33　门槛距离小于推荐值的警告

---

① 这里涉及 2 个坐标系的概念，简单向读者介绍一下坐标系的知识。地理坐标系(geographic coordinate system)以经纬度为地图的存储记录单元，换言之，地理坐标系是球面坐标系统，地图单位通常是"米"。用过 GPS 的读者可以很好地理解这个概念。不熟悉的读者可以参照地球仪。投影坐标系是平面坐标系统，是将地球表面投影到一个平面上。通俗地说，就是将地球仪用平面地图的形式表现出来，也就是通常见到的二维地图。投影的定义就是将球面坐标转化为平面坐标的过程。在转化的过程中有一个重要的参数：算法。不同的投影算法导致了不同的投影结果，对距离的计算会有或多或少的影响。这个参数对基于空间距离的空间权重矩阵的生成是有影响的，这是由于如果地理空间跨度过大，投影问题会导致较大的偏差，尤其是像中国这样的面积这么大的国家，不同的投影产生的偏差也是不同的。如果是地理空间较小的空间单元，则可以忽略这种差异，判断的主要依据是实证研究中的实际情况。常用的投影有 UTM 墨卡托投影、Lambert 投影和 Albers 投影，有兴趣的读者请自行参阅 GIS 教材。

② 有的 shp 文件可能不包含投影文件，那么 GeoDa 软件在计算距离的时候只是进行近似估计。如果想得到正确的距离，地图必须经过投影(Anselin，2005)。

③ 假设地球为一个球体，计算两点之间的距离实际上就是计算弧长。

④ 有关地理重心点的计算，请参阅 Worboys and Duckham (2004)。

⑤ 不同的空间数据提供不同的最小距离值。这个最小距离值保证了每个空间单元至少有一个邻居(Anselin，2005)。

警告内容：目前输入的门槛值 20 000 小于 1.000 387e+006（推荐值）这个最小值，这将导致空间单元没有邻居（产生孤岛）。按“是（Y）”按钮继续，否则，按“否(N)”按钮退出。[①]

本例不做任何修改，选择所有的默认设置。[②] 参数设置完毕后，点击“Weights File Creation”对话框最下方的“Create”按钮，GeoDa 软件提示保存空间权重文件的路径，默认路径与打开的 shp 文件路径相同。本例命名新生成的空间权重文件为“threshold.gwt”，点击对话框中的“Save”按钮后，GeoDa 软件会显示保存成功。点击“OK”按钮，对话框关闭。至此，创建半径（门槛）距离的空间权重文件的操作完成。

K 个最近邻居空间权重文件的生成

重复第一步和第二步，弹出“Weights File Creation”对话框。在 GeoDa 软件中生成 K 个最近邻居空间权重文件是最简单的，只需要设置 2 个参数。第 1 个参数的设置是在对话框的第一行“Weights File ID Variable”旁边的下拉菜单中选择“POLYID”，“POLYID”是本例中的 ID 变量。第 2 个参数的设置是点击对话框最下方区域中的“k-Nearest Neighbors”单选框。然后，右边的“Number of neighbors”（邻居的数量）选择框被激活，默认参数为“4”，表示每个空间单元最少有 4 个邻居，如果设置最少有 5 个邻居，则可以用鼠标左键点击向上的箭头选择参数“5”，依此类推。本例采用默认值“4”。[③] 参数设置后，应如图 2-34 所示。

参数设置完毕后，点击“Weights File Creation”对话框最下方的“Create”按钮，GeoDa 软件提示保存空间权重文件的路径，默认路径与打开的 shp 文件路径相同。本例命名新生成的空间权重文件为“knearest4.gwt”，点击对话框中的“Save”按钮后，GeoDa 软件会显示保存成功。点击“OK”按钮，对话框关闭。至此，创建 K 个最近邻居空间权重文件的操作完成。[④]

注意：K 个最近邻居选项还有一个妙用，可以生成两个空间单元之间的距离。本例有 31 个空间单元，因此只需要在选项“Number of neighbors”中选择“30”，就可以生成两两之间的距离。

至此，4 种空间权重文件全部创建完毕。请读者注意：基于地理邻近性的空间权重文件的扩展名为“.gal”，基于空间距离的空间权重文件的扩展名为“.gwt”。

---

① 实际上，即便是小于推荐的最小值，如果不是过小的情况，空间权重矩阵元素也不都为 0。只不过有可能导致少数几个空间单元有邻居，而大量的空间单元出现孤岛现象，即没有任何邻居。对中国的例子而言，如果不十分熟悉中国地理，建议采用默认值。这是因为，中国省级行政区的面积差异太大。新疆的面积超过 160 万平方千米，而上海的面积只有 6 340.5 平方千米。参数设置不当会对实证分析产生巨大的影响。

② 注意：本例中采用的默认的距离为 1 003 973.436 509，度量单位为米。

③ 注意：对于该参数应选择为多少，学术界并没有公认的标准。换言之，可根据实证分析的具体情况来设定最近邻居的个数。数值过大或过小会或多或少地影响估计结果。笔者认为，当研究的是中国省级行政区的时候，不宜设置过多的邻居，4～6 个较好。如果研究县域情况，那么邻居个数可以扩大到 10 个以上。当然，这只是笔者的个人经验而已。

④ 在此需要强调的是：基于空间距离的空间权重文件由于门槛距离的设置原因可能会导致有的空间单元邻居数过多。比如说，中国西部地区省级行政区面积巨大，东部地区省级行政区面积较小，这种门槛距离的设定会导致东部地区省级行政区的邻居数量过多，而西部地区省级行政区的邻居数量过少。在这种情况下，强烈推荐使用 K 个最近邻居空间权重文件。

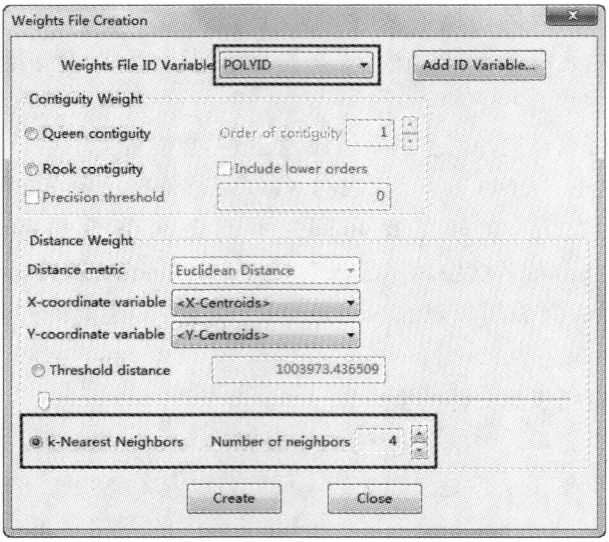

图 2-34　生成 K 个最近邻居空间权重文件的参数设置

2.4.2　认识和修改空间权重文件

2.4.2.1　认识空间权重文件

由于空间权重矩阵是空间数据分析最核心的要素，因此，非常有必要深刻地认识和理解空间权重文件。在分析空间权重文件之前，先在 GeoDa 软件中打开空间数据文件的表格，如图 2-35 所示。

在图 2-35 中可以看到两列变量："CHINESE_CH" 和 "POLYID"，其中，"CHINESE_CH" 记录的是 31 个地区的中文名称，"POLYID" 记录的是空间单元的 ID 变量。仔细观察可以发现，ID 变量从 1 到 31 分别表示 31 个地区，每一个地区都分配有一个 ID。

需要提醒读者注意的是 "POLYID" 变量中数值为 "24" 的广东和数值为 "31" 的海南。这两个地区的 ID 可以作为指示，为后面修改空间权重文件做准备。

再回到 "POLYID" 变量为 "31" 的海南，由于海南是岛屿，依照基于 Rook 规则建立的空间权重文件来看，海南没有任何邻居。打开生成的空间权重文件则有助于加深理解这一现象。

首先，对生成的基于地理邻近性的空间权重文件 "rook1.gal" 和 "queen1.gal" 进行分析。在文件夹中找到生成的 "rook1.gal" 文件，如果用鼠标左键双击的话，则 Windows 系统会提示用户选择合适的程序打开该文件。① 如果要打开 "rook1.gal" 文

---

① gal 文件格式是 GeoDa 软件里特有的文件格式之一，与 gwt 文件一样，是 Anselin 为了配合储存 GeoDa 软件生成的空间权重文件而设计的文件格式。之所以设计成这样的文件格式而不是一个 $N \times N$ 阶矩阵的形式，是因为 gal 和 gwt 文件格式非常节约存储空间，能够省略空间权重矩阵中大量的 0 元素。对于空间权重矩阵来说，通常包含大量的 0 元素，也就是说，很多空间单元之间不互为邻居。从技术层面来看，在基于地理邻近性的空间权重矩阵中，每个空间单元的邻居数量通常来说不会太多。

Table - Export_Output

	PERIMETER	CHINA_	CHINA_ID	PINYIN_NAM	GUOBIAO_AD	CHINESE_CH	X_COORD	Y_COORD	AREA	POLYID		GDP
1	4968002.66177	2	1	Heilongjiang	230000	黑龙江	2187475.69896	2221637.78637	375534191337.00000000000	1	黑龙江	10368.600000
2	10045544.56864	3	2	Inner Mongolia	150000	内蒙古	1312818.91469	1565134.82053	944787019870.00000000000	2	内蒙古	11672.000000
3	6923555.06289	4	3	Xinjiang	650000	新疆	-759186.81613	1162280.56381	1339949667240.00000000000	3	新疆	5437.470000
4	3263026.56219	5	4	Jilin	220000	吉林	2231018.08890	1789503.59304	156477647763.00000000000	4	吉林	8667.580000
5	6411029.67785	6	5	Gansu	620000	甘肃	493152.46197	808689.24600	333355915382.00000000000	5	甘肃	4120.750000
6	700055.00173	7	6	Beijing	110000	北京	1634006.46975	1234682.52465	13399048386.90000000000	6	北京	14113.580000
7	2157578.87527	8	7	Shanxi	140000	山西	1375112.31513	900844.75459	129773023235.00000000000	7	山西	9200.860000
8	634198.82884	9	8	Tianjin	120000	天津	1724836.73941	1167969.39778	9554975044.81999970000	8	天津	9224.460000
9	3378997.34404	10	9	Shaanxi	610000	陕西	1141745.46902	613913.24839	170833926369.00000000000	9	陕西	10123.480000
10	1522603.83504	11	10	Ningxia	640000	宁夏	896024.73608	795698.21831	42356819128.69999700000	10	宁夏	1689.650000
11	4941213.23216	12	11	Qinghai	630000	青海	78045.67840	586146.37612	586399333377.00000000000	11	青海	1350.430000
12	2985673.75853	13	12	Shandong	370000	山东	1864342.24264	896241.46262	128257564242.00000000000	12	山东	39169.920000
13	6484708.78076	14	13	Tibet	540000	西藏	-557690.30774	178735.02937	1014639415290.00000000000	13	西藏	507.460000
14	2769211.71820	15	14	Henan	410000	河南	1560743.30259	562603.37314	138437407452.00000000000	14	河南	23092.360000
15	2692317.07973	16	15	Anhui	340000	安徽	1912214.94332	432479.19691	117891321340.00000000000	15	安徽	12359.330000
16	3135942.57980	17	16	Hubei	420000	湖北	1509204.92392	251681.54156	157707926446.00000000000	16	湖北	15967.610000
17	3049039.92511	18	17	Hunan	430000	湖南	1527929.05478	-99826.49640	184041581144.00000000000	17	湖南	16037.960000
18	2501098.88997	19	18	Jiangxi	360000	江西	1885862.94540	-20383.09612	145121804138.00000000000	18	江西	9451.260000
19	5389148.07905	20	19	Yunnan	530000	云南	617486.22823	-499718.75543	339782144472.00000000000	19	云南	7224.180000
20	3124834.51329	21	20	Guizhou	520000	贵州	1098208.57998	-253353.10895	153779997646.00000000000	20	贵州	4602.160000
21	5470926.72725	385	384	Sichuan	510000	四川	678169.70005	94758.58671	417798873213.00000000000	21	四川	17185.480000
22	2387060.01610	386	385	Chongqing	510000	重庆	1140827.25138	90719.04966	70515212406.19999700000	22	重庆	7925.580000
23	4087591.09110	23	22	Fujian	350000	福建	2129566.33740	-119645.39005	106538626624.00000000000	23	福建	14737.120000
24	5690180.91821	61	60	Guangdong	440000	广东	1771639.66066	-500697.43079	158956590765.00000000000	24	广东	46013.060000
25	3855585.48601	128	127	Guangxi	450000	广西	1324699.39122	-533427.70723	211843029826.00000000000	25	广西	9569.850000
26	3888386.28171	215	214	Hebei	130000	河北	1626496.62917	1163436.65109	154185311901.00000000000	26	河北	20394.260000
27	2839469.54376	233	232	Jiangsu	320000	江苏	2064033.70329	597827.83314	83714064093.10000600000	27	江苏	41425.480000
28	3210753.89238	253	252	Liaoning	210000	辽宁	2056294.48458	1474699.57510	119655895727.00000000000	28	辽宁	18457.270000
29	642752.16153	274	273	Shanghai	310000	上海	2279545.91738	474489.89218	5335267899.26000020000	29	上海	17165.980000
30	4093892.42825	299	298	Zhejiang	330000	浙江	2226105.54048	240531.50460	86816243897.80000300000	30	浙江	27722.310000
31	1340283.45724	0	0	Hainan		海南	1499587.20157	-1002373.75946	31938467539.70000100000	31	海南	2064.500000

图 2-35　空间单元文件表格

件，可以利用 Windows 系统自带的记事本（Notepad）软件。然而，本书采用了一个非常优秀的免费文本编辑器软件“Notepad++”来代替 Windows 系统自带的记事本①，其中一个主要的原因是 Notepad++文本编辑器左边有行标号，有助于读者精确定位本书所指的行数。②

用 Notepad++文本编辑器打开“rook1. gal”和“queen1. gal”空间权重文件，如图 2-36 和图 2-37 所示。

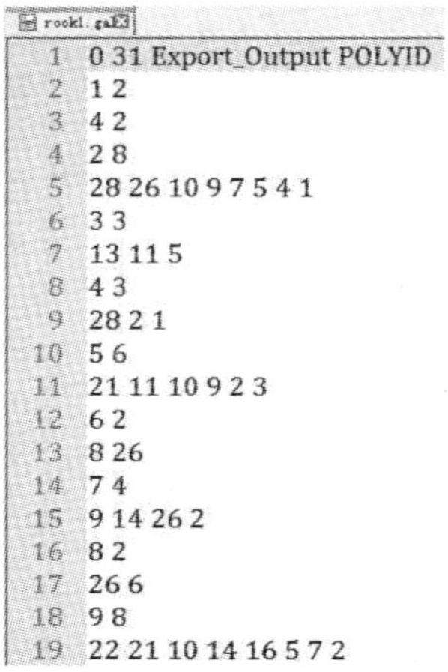

```
rook1. gal
1  0 31 Export_Output POLYID
2  1 2
3  4 2
4  2 8
5  28 26 10 9 7 5 4 1
6  3 3
7  13 11 5
8  4 3
9  28 2 1
10 5 6
11 21 11 10 9 2 3
12 6 2
13 8 26
14 7 4
15 9 14 26 2
16 8 2
17 26 6
18 9 8
19 22 21 10 14 16 5 7 2
```

图 2-36　rook1. gal 文件

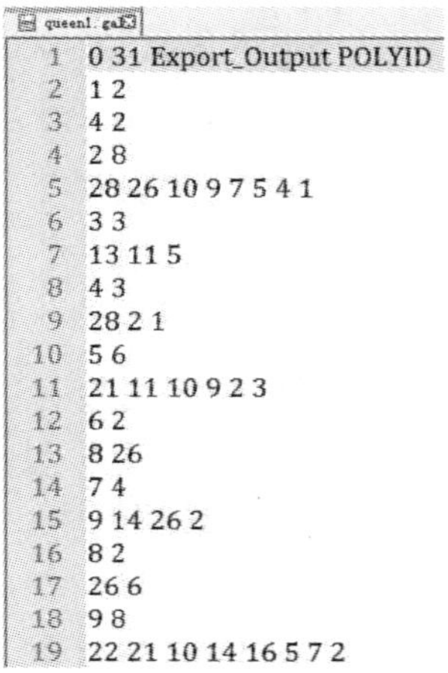

```
queen1. gal
1  0 31 Export_Output POLYID
2  1 2
3  4 2
4  2 8
5  28 26 10 9 7 5 4 1
6  3 3
7  13 11 5
8  4 3
9  28 2 1
10 5 6
11 21 11 10 9 2 3
12 6 2
13 8 26
14 7 4
15 9 14 26 2
16 8 2
17 26 6
18 9 8
19 22 21 10 14 16 5 7 2
```

图 2-37　queen1. gal 文件

两个空间权重文件除了名字不一样之外，其余完全一样。这是由于对于中国省级行政区的例子来说，没有两个地区只存在一个边界交点的情况，所有省级行政区和其他邻居省级行政区均存在一段共同的边界线。因此，对于这个案例来说，在 Rook 规则和 Queen 规则下生成的空间权重文件是完全一致的。

图 2-36 展示的是“rook1. gal”空间权重文件的前 19 行。文件第 1 行显示“0 31 Export _ Output POLYID”③，“31”表明该空间权重文件的空间单元个数为“31”，也就是本例中的 31 个省级行政区。“Export _ Output”表明是由“Export _ Output”这个文件生成的空间权重文件，“POLYID”为生成空间权重文件时选择的 ID 变量。

第 2 行记录了两个数字：“1”和“2”。前面的数字“1”表示空间单元 1（ID 变量中数值为 1 的地区），后面的数字“2”表示空间单元 1 的邻居的个数。“1”和“2”的含义是空间单元 1 存在两个邻居，对照表格（见图 2-35）可知，空间单元 1 为黑龙江，也就是说黑龙江有两个邻居省级行政区。

继续向下看第 3 行，显示了两个数字：“4”和“2”。请务必注意，第 3 行中的两个数字与第 2 行中的两个数字含义完全不同。第 3 行中的这两个数字表明的是“空间单元

① Notepad++是一款免费软件，下载请转至 http://notepad-plus-plus.org/。虽然 Anselin 说可以用 Word 这样的文字处理软件打开 gal 文件，但是笔者强烈不建议这么做，因为像 Word 这样的文字处理软件如果不小心处理，会夹带特殊符号或者特殊格式，可能会遇到意想不到的错误。

② Notepad++作为一款优秀的文本编辑器具有很多强大的功能，可以作为很多编程语言的编辑器，例如 MATLAB 等。

③ 根据 Anselin 的解释，此处的 0 为属性标记命令（flag，计算机术语），保留在此以便未来使用。截止到 GeoDa 1.6.7 版本，此处的 0 仍未指定其具体的用途。

4”（ID 变量中数值为 4 的地区）和“空间单元 2”（ID 变量中数值为 2 的地区），即第 3 行表明空间单元 1（黑龙江）的两个邻居为空间单元 4 和空间单元 2。对照表格（见图 2－35）可知，空间单元 4 对应的是吉林，空间单元 2 对应的是内蒙古。因此，第 2 和第 3 行联合起来表示的含义为黑龙江有 2 个邻居省份，分别是吉林和内蒙古。读者如果查看地图，也能证实黑龙江的确是与这两个省份接壤。

第 4 行记录了两个数字：“2”和“8”，表明空间单元 2（ID 变量中数值为 2 的地区）有 8 个邻居。第 5 行列出了这 8 个邻居空间单元的 ID 值，分别为：空间单元 28、空间单元 26、空间单元 10、空间单元 9、空间单元 7、空间单元 5、空间单元 4 和空间单元 1。对照表格（见图 2－35）可知，空间单元 2（内蒙古）的 8 个邻居省份分别为：辽宁（28）、河北（26）、宁夏（10）、陕西（9）、山西（7）、甘肃（5）、吉林（4）和黑龙江（1）。依此类推，后面就不再一一介绍。

由此可以归纳出 gal 文件存储空间权重矩阵的规则，即用两行信息来表达空间单元的地理邻近信息。具体来说，第 1 行首先声明空间单元的 ID 值，然后紧接着声明该空间单元的邻居数量；第 2 行显示该空间单元的各个邻居空间单元的 ID 值。按照这种规则，直到所有的空间单元都记录了邻居的数量和具体邻居的 ID 值。

然后，再来分析“threshold. gwt”文件和“knearest4. gwt”文件。同样，用 Notepad＋＋文本编辑器打开“threshold. gwt”文件和“knearest4. gwt”文件，如图 2－38 和图 2－39 所示。

```
threshold.gwt
1  0 31 Export_Output POLYID
2  1 28    941220.925
3  1 4     434322.347
4  2 10    875071.467
5  2 9     966482.593
6  2 4     945214.827
7  2 6     460825.526
8  2 7     667204.436
9  2 8     572275.337
10 2 12    866946.541
11 2 26    509682.25
12 2 27    840614.927
13 2 28    870535.551
14 3 13    1003973.44
15 4 1     434322.347
16 4 2     945214.827
17 4 28    516498.009
18 4 27    738054.942
19 4 26    870835.691
```

图 2－38　threshold. gwt 文件

```
knearest4.gwt
1  0 31 Export_Output POLYID
2  1 4     434322.347
3  1 28    758370.096
4  1 2     1093627.28
5  1 6     1131551.53
6  2 6     460825.526
7  2 26    509661.778
8  2 8     572275.337
9  2 7     667204.436
10 3 13    1003973.44
11 3 11    1016311.4
12 3 5     1301299.54
13 3 10    1695319.41
14 4 28    360041.536
15 4 1     434322.347
16 4 8     801576.144
17 4 6     815014.903
18 5 10    403081.674
19 5 11    470997.846
```

图 2－39　knearest4. gwt 文件

图 2－38 展示的是“threshold. gwt”文件，图 2－39 展示的是“knearest4. gwt”文件。由两图可以发现，这两个基于空间距离的空间权重文件数据完全不同，但是，这两个 gwt 文件的数据组织形式是相同的。

“threshold. gwt”文件和“knearest4. gwt”文件的第 1 行与基于地理邻近性的空间权重文件“rook1. gal”和“queen1. gal”是一致的，均为“0 31 Export_Output POLYID”，含义也是一致的。

第 2 行明显分为两个部分，左半部分与“rook1. gal”和“queen1. gal”空间权重文件中的含义不同，在这里表示的是空间单元之间互为邻居。具体来说，“threshold. gwt”文件中的第 2 行的数字“1”和“28”的含义为空间单元 1 和空间单元

28 互为邻居。后半部分记录了两个空间单元之间的距离。因此，图 2－38 第 2 行记录了空间单元 1（黑龙江）与空间单元 28（辽宁）的距离为 941 220.925 米，第 3 行记录了空间单元 1（黑龙江）和空间单元 4（吉林）互为邻居，两者之间的距离为434 322.347 米。根据“threshold. gwt”的门槛距离参数设置，空间单元 1（黑龙江）只有 2 个邻居。由第 4 行可知，文件开始记录空间单元 2 与其邻居空间单元之间的地理信息。

由此可以归纳出 gwt 文件存储空间权重矩阵的规则，即用两个数字表明互为邻居的空间单元 ID 值，然后记录两个空间单元之间的空间距离。

“knearest4. gwt”文件与“threshold. gwt”文件的数据组织形式和含义是一致的。图 2－39 第 2～5 行分别表示空间单元 1（黑龙江）与空间单元 4（吉林）为邻居，两个空间单元之间的距离为 434 322.347 米；空间单元 1（黑龙江）与空间单元 28（辽宁）为邻居，两个空间单元之间的距离为 758 370.096 米；空间单元 1（黑龙江）与空间单元 2（内蒙古）为邻居，两个空间单元之间的距离为 1 093 627.28 米；空间单元 1（黑龙江）与空间单元 6（北京）为邻居，两个空间单元之间的距离为 1 131 551.53 米。依此类推。

“threshold. gwt”和“knearest4. gwt”这两个空间权重文件存在不同之处。在门槛距离下，由于设置的参数不同，每个空间单元的邻居数量不尽相同。对于固定的门槛距离，由于空间单元的大小不同，每个空间单元的邻居数目也不相同。面积越小的空间单元的邻居数目越多，相反，面积越大的空间单元的邻居数目越少（Anselin，2003a）。对于中国的省级行政区例子来说，很明显东部省级行政区邻居多，而西部省级行政区邻居少。但是，“knearest4. gwt”空间权重的设置规则可以保证每个空间单元都有相同的邻居数目。本例参数为“4”，无论每个空间单元面积有多大，都有 4 个邻居省级行政区。对比“knearest4. gwt”文件和“threshold. gwt”文件，以空间单元 1（黑龙江）为例，在“knearest4. gwt”文件里，空间单元 1（黑龙江）有 4 个邻居，而在“threshold. gwt”文件里，空间单元 1（黑龙江）只有 2 个邻居。

需要再次强调一下：“threshold. gwt”空间权重文件是根据门槛距离来判断是否存在空间交互效应的，小于门槛距离则被认作是邻居，并记录下空间距离。因此，各个空间单元的邻居数量是不同的。“knearest4. gwt”空间权重文件是选择距离自身最近的 4 个空间单元作为邻居，然后记录下空间距离。注意：前者生成的是对称的空间权重矩阵，后者产生的是非对称的空间权重矩阵。①

2.4.2.2 修改空间权重文件

详细地了解了空间权重文件“rook1. gal”和“queen1. gal”的数据组织形式，清楚了数据记录的特点和规律之后，可以对空间权重文件进行修改，以实现在实证分析中的

① “threshold. gwt”空间权重文件对称是因为在门槛距离内，若空间单元 A 是空间单元 B 的邻居，那么对于空间单元 B 来说，在门槛距离内空间单元 A 也被认作是空间单元 B 的邻居。但是，“knearest4. gwt”空间权重文件则不同，每个空间单元的最近邻居并不是互相的。以本例来说，黑龙江最近的邻居包括吉林和辽宁，但是最少要 4 个邻居，那么依据空间距离最近的规则继续向外延伸，可以找到内蒙古和北京这两个最近的邻居省份。然而，北京 4 个最近的邻居却不包含黑龙江。北京的 4 个最近的邻居为天津、河北、山西和山东。虽然黑龙江到北京的距离远超过北京到山东的距离，但是对于黑龙江来说，在 4 个最近距离邻居的规则下，相对于其他省份，北京对黑龙江来说是最近的邻居。因此，通常来说，K 个最近邻居空间权重矩阵为非对称矩阵。

某些特殊要求。

修改基于地理邻近性的空间权重文件主要是因为在生成文件时，有时候会遇到孤岛（isolation）现象，即某个空间单元为岛屿。依照地理邻近性原则来看，这个空间单元不与任何其他空间单元相邻。例如本例中的海南。① 从实际情况来看，海南的经济活动可能与邻近的广东存在频繁的空间互动关系。② 如果这个前提条件成立的话，那么就可以对空间权重文件“rook1. gal”进行修改。

图 2－40 和图 2－41 分别为修改前和修改后的空间权重文件。由图 2－35 的“CHINESE _ CH”变量可知，广东的 ID 变量记录为“24”，海南的 ID 变量记录为“31”。用 Notepad＋＋文本编辑器打开空间权重文件“rook1. gal”，找到记录“24 4”、“25 23 17 18”和“31 0”，行标号为“48”、“49”和“62”，如图 2－40 所示。因此，需要关注的是第 48 行、第 49 行和第 62 行的数据。③

```
48 24 4
49 25 23 17 18
50 25 4
51 24 19 17 20
52 26 7
53 28 12 14 2 8 7 6
54 27 4
55 30 29 15 12
56 28 3
57 4 26 2
58 29 2
59 30 27
60 30 5
61 23 29 15 18 27
62 31 0
```

图 2－40　修改前

```
48 24 5
49 25 23 17 18 31
50 25 4
51 24 19 17 20
52 26 7
53 28 12 14 2 8 7 6
54 27 4
55 30 29 15 12
56 28 3
57 4 26 2
58 29 2
59 30 27
60 30 5
61 23 29 15 18 27
62 31 1
63 24
```

图 2－41　修改后

第 48 行显示了两个数字——“24”和“4”，表示的是空间单元 24（广东）有 4 个邻居，第 49 行则显示了 4 个邻居分别是空间单元 25（广西）、空间单元 23（福建）、空间单元 17（湖南）和空间单元 18（江西）。第 62 行显示了两个数字——“31”和“0”，表明空间单元 31（海南）有 0 个邻居。这也显示了 Rook 规则下的岛屿没有邻居。

接下来介绍如何修改权重文件，使得广东与海南相邻。由于 Rook 规则下建立的空间权重矩阵为对称矩阵，因此，如果在 Excel 文件中修改的话，需要修改矩阵中的 2 个元素，分别是“行广东”“列海南”的元素和“行海南”“列广东”的元素，将两个元素数值 0 修改为 1，则完成了操作。

在 gal 文件中的修改参见图 2－41。将第 48 行修改为“24 5”，表明空间单元 24（广东）有 5 个邻居。在第 49 行的 18 后面添加空间单元 31（海南）。此处修改的含义为广东包含了 5 个邻居，其中邻居之一为海南。同时，在第 62 行中将第二个数字“0”修改为“1”，表明空间单元 31（海南）有 1 个邻居。最后在第 63 行中添加数字“24”，表明海南的邻居省份，即空间单元 24（广东）。此处修改的含义为海南有 1 个邻居省份——广东。至此，强制海南与广东互为邻居的空间权重文件修改完毕。不妨命名这个

① 同样的道理，如果研究的是地级市域的情况，那么，浙江省的舟山市会成为孤岛，不与任何其他地级市相邻；如果研究的是县域的情况，那么，山东省的长岛县会成为孤岛，不与任何其他县相邻。

② 1988 年海南省从广东省分离出去，正式成为一级行政区。实际上，如果假设海南也与广西互邻的话，也可以对文件进行相应修改。

③ 由于第 63 行记录的是空间单元 31 海南的邻居数 0，所以第 63 行实际上为空白行。

修改后的空间权重文件为“mrook1. gal”。

对比图 2－40 和图 2－41 可以很清楚地发现文件哪里进行了修改。同样的道理，也可以对“queen1. gal”文件进行修改。[①]

2. 4. 3 应用 GeoDa 软件分析空间权重文件

2. 4. 3. 1 分析一阶邻近性空间权重文件

上一小节介绍了空间权重文件数据的组织形式，但是仍然缺乏对空间权重文件的整体认识。因此，这一小节主要讨论空间权重矩阵的一些特征。具体来说，主要是采用直方图的方法来分析空间权重数据。

之所以采用直方图分析空间权重，是因为通过文件能够发现空间分布中的特征，比如孤岛现象，或者双峰分布（bimodal distribution），这会影响空间自相关分析的结果以及空间回归模型估计的结果（Anselin，2005）。

点击 GeoDa 软件菜单栏中的“Tools”，选择“Weights”子菜单下的“Connectivity Histogram”，如图 2－42 所示。

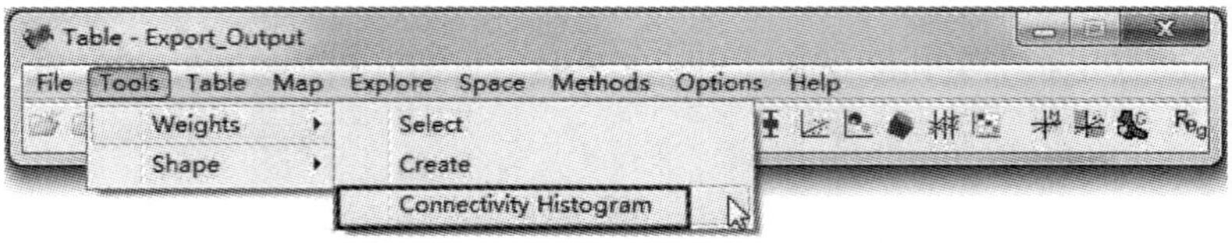

图 2－42 打开空间权重矩阵特征对话框

点击“Connectivity Histogram”之后，弹出一个名为“Select Weights”的对话框，提示用户选择空间权重文件[②]，如图 2－43 所示。

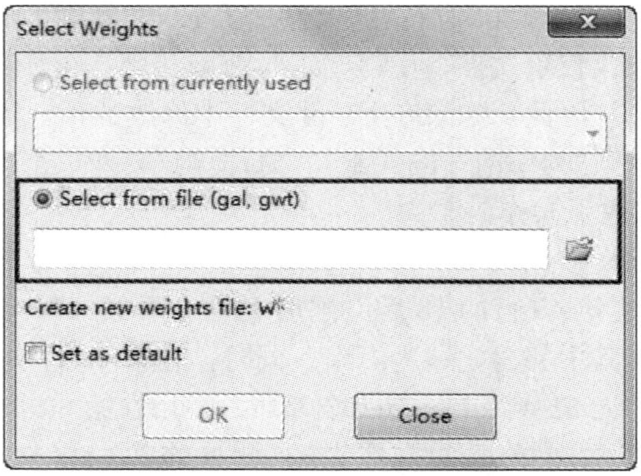

图 2－43 选择空间权重矩阵文件

---

① 在对空间权重文件进行修改时，请读者务必牢记空间权重矩阵是否对称。

② 实际上，在菜单栏里中选择 Tools>Weights>Select 可以设定以后要分析所用的空间权重文件，因为 GeoDa 软件的大部分空间数据分析功能都需要依赖这个空间权重文件。读者熟悉 GeoDa 软件之后，以后可以在这里设定默认（Set as default）的空间权重文件以便提高操作分析的效率。如果没有预先设定，那么 GeoDa 软件会在所有用到空间权重文件的功能之前提示用户指定空间权重文件。

点击“Select from file（gal，gwt）”输入框右边的“打开”图标，选择生成的“rook1. gal”文件，然后点击“Select Weights”对话框下方的“OK”按钮，则会弹出标题为“Connectivity Histogram-rook1”的空间权重矩阵的直方图对话框。为了说明空间权重文件“queek1. gal”与“rook1. gal”并无二致，这里列出了两个空间权重文件“rook1. gal”与“queen1. gal”的直方图，如图 2 - 44 和图 2 - 45 所示。可以看出，上下两个直方图，除了标题不一样之外，其余信息完全一致。

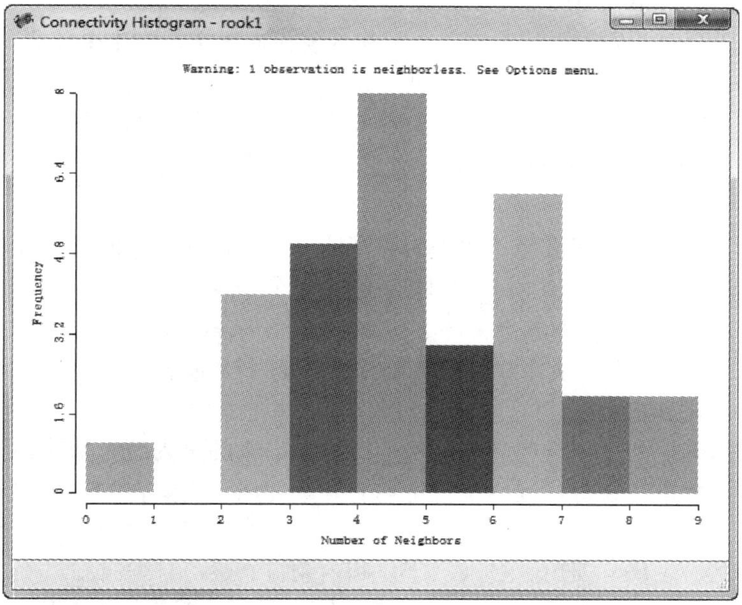

图 2 - 44　“rook1. gal”直方图

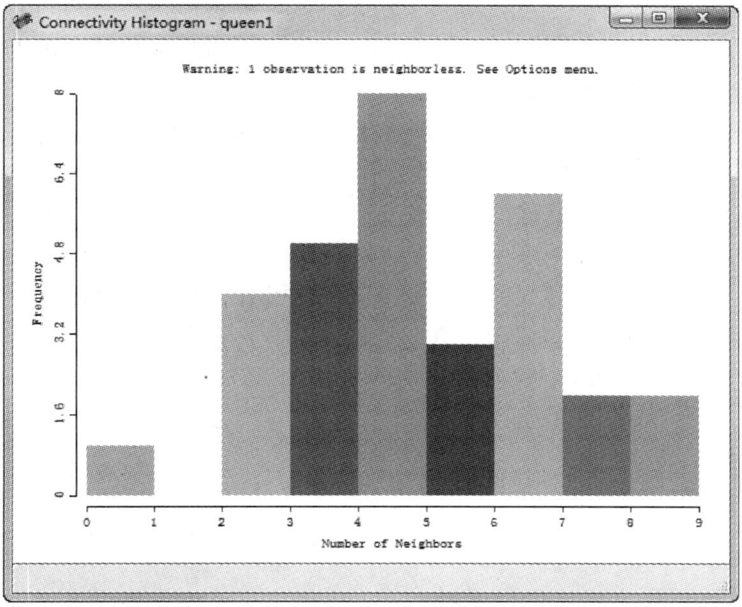

图 2 - 45　“queen1. gal”直方图

接下来简单地介绍一下这个直方图的含义。以图 2－44 为例，图 2－44 显示的标题是“Connectivity Histogram-rook1”，表示的是空间权重文件“rook1. gal”的链接直方图。图 2－44 的横坐标表示邻居的个数（number of neighbors），从图 2－44 可以看到横坐标为从 0 到 9，表示邻居数量为从 0 到 8；纵坐标对应的是空间单元的个数（frequency）。具体来说，本例有 31 个省级行政区，每个省级行政区的邻居数量是不尽相同的。从本例来看，横坐标显示邻居的数量范围为 0～8，也就是说 31 个省级行政区中有的地区无邻居（海南，数值为 0），最多的地区有 8 个邻居。

图 2－44 从左到右依次表示：有 0 个邻居的省份有 1 个，有 1 个邻居的省份有 0 个，有 2 个邻居的省份有 4 个，有 3 个邻居的省份有 5 个，有 4 个邻居的省份有 8 个，有 5 个邻居的省份有 3 个，有 6 个邻居的省份有 6 个，有 7 个邻居的省份有 2 个，有 8 个邻居的省份有 2 个，然后将这些省份个数加总起来，即可得到 1＋0＋4＋5＋8＋3＋6＋2＋2＝31。

如果仍然不能理解，那么换一种更为直观的方式来加深对空间权重文件的认识。直方图还可以与基础地图（base map）联系起来（Worboys and Duckham，2004）。以“rook1. gal”为例，用鼠标左键点击图 2－44（“rook1. gal”直方图）最右边的柱子（横坐标为 8～9），在软件中反映在绿色的基础地图上有 2 个地区，即内蒙古和陕西，以黄色高亮网格的形式显示出来。

在绿色的基础地图上以黄色高亮网格形式显示出来的是内蒙古和陕西，这两个地区是拥有最多邻居数量的省份，这两个省份均有 8 个邻居。内蒙古的 8 个邻居自东向西分别为黑龙江、吉林、辽宁、河北、山西、陕西、宁夏和甘肃；陕西的 8 个邻居分别是山西、河南、湖北、重庆、四川、甘肃、宁夏和内蒙古。①

这个功能也可以反过来使用，如果对某个省份拥有的邻居个数感兴趣，可以在基础地图上鼠标左键点击该省份，则直方图中会以黄色高亮网格的形式显示出相应邻居的柱子，即显示出邻居的数目。

接下来展示修改后的空间权重文件（mrook1. gal）的基本特征。可以发现图 2－46 和图 2－47 存在一些不同的地方。

由于强制修改海南与广东互相为邻，所以有 0 个邻居的地区为 0 个，反映在图 2－47 中 0～1 的柱子已经不存在了。相应地，有 1 个邻居的地区有 1 个，即海南。有 2 个邻居的省份有 4 个，有 3 个邻居的省份有 5 个，这两个与图 2－46 一致。但是，有 4 个邻居的省份变成了 7 个，比图 2－46 少了 1 个，这是由于广东之前有 4 个邻居，后来改为与海南相邻，因此有 4 个邻居的省份少了 1 个，而有 5 个邻居的省份多了 1 个。将图 4－47 与图 2－46 进行对比可以看出，有 5 个邻居的柱子高了一个单位，后面则皆与图 2－46 一致。因此，将这些地区个数加总起来即可得到 31（＝1＋4＋5＋7＋4＋6＋2＋2）个地区，与图 2－46 中计算出的 31 在数量上完全一致。

2.4.3.2　分析二阶邻近性空间权重文件

前面小节提到过 GeoDa 软件可以生成二阶邻近性空间权重文件，但是并没有演示

① 在直方图下方可显示出各种统计信息，方式是：鼠标右键点击直方图的空白区域，弹出菜单，选择“Display Statistics”即可实现。

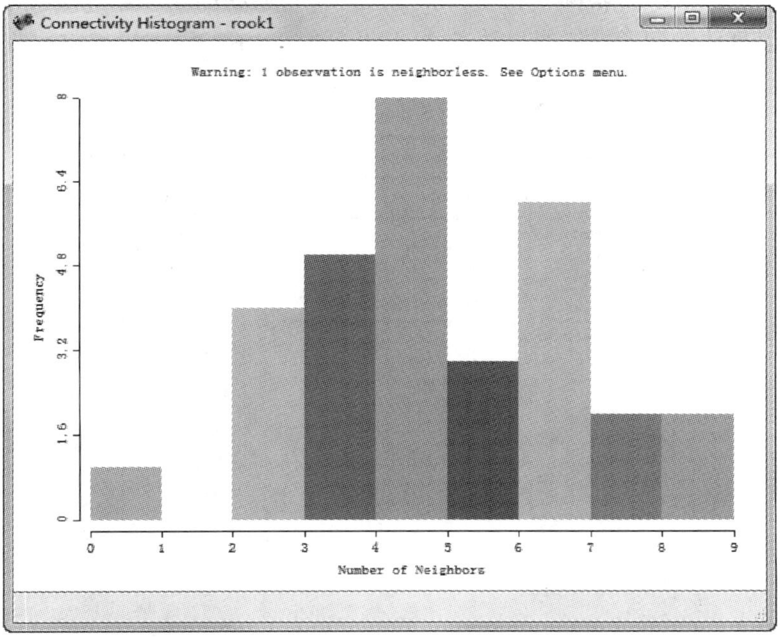

图 2-46 修改前“rook1. gal”直方图

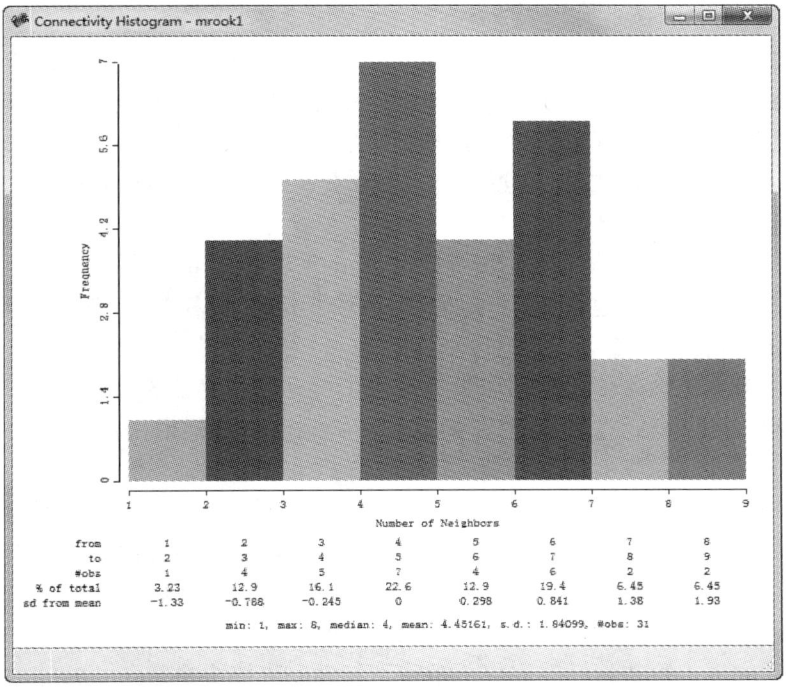

图 2-47 修改后“mrook1. gal”直方图

如何操作。这是因为生成二阶权重文件的过程和生成一阶权重文件的过程极为类似，只是参数设置略有不同，主要差异在于阶数选择。GeoDa 软件允许两种定义的高阶邻近性空间权重文件。第一种称为纯（pure）高阶邻近性空间权重文件，第二种称为累积

(cumulative) 高阶邻近性空间权重文件，第二种包含低阶的基于邻近性的邻居。①

下面就以具体的例子来说明这两者之间的区别。生成二阶邻近性空间权重文件，参数设置如图 2-48 所示。

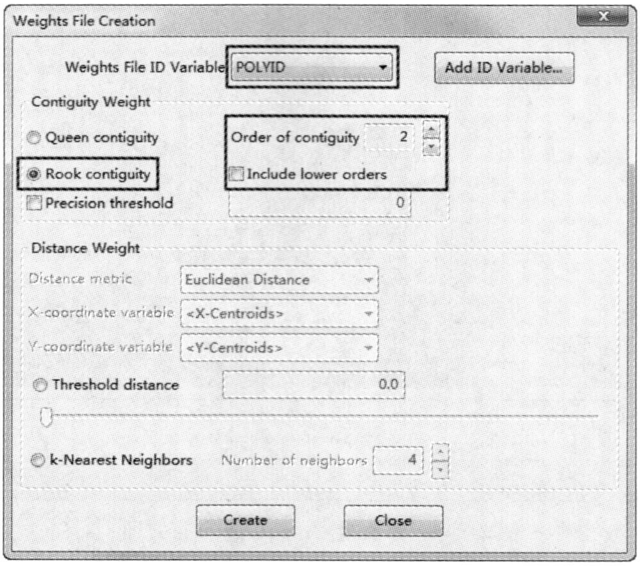

图 2-48　生成高阶空间权重矩阵的设置

需要注意的是：对话框（见图 2-48）中的参数“Order of contiguity”选择“2”，在此下方有一个复选框“Include lower orders”，如果不勾选该复选框，则表明生成纯二阶邻近性空间权重文件（本例将生成的文件命名为“rook2pure. gal”）；如果勾选该复选框，则表明生成累积二阶邻近性空间权重文件（本例将生成的文件命名为“rook2cum. gal”）。

通过选择菜单中的“Connectivity Histogram”功能，可以将直方图与基础地图联系起来，这样便于很好地理解什么是二阶邻近性空间权重矩阵。空间权重文件“rook2pure. gal”的直方图如图 2-49 所示。

用鼠标左键点击图 2-49 中邻居数为 4 个的柱子（黑色方框选中的），它表示的含义为有 4 个纯二阶邻居，这种地区只有 1 个。从绿色的基础地图可以得知，该地区为上海。

再来详细地分析为什么上海有 4 个纯二阶邻居。由一阶邻近性原则可知，上海有两个一阶邻居，即江苏和浙江。在一阶邻近性原则下，江苏的一阶邻居为山东和安徽，浙江的一阶邻居是安徽、江西和福建。由于江苏和浙江的一阶邻居均包含安徽，重复累积计算，故只记录安徽一次即可。因此，上海的二阶邻居为山东、安徽、江西和福建。由此可见，所谓的纯二阶邻近性空间权重矩阵不包含一阶邻居的信息。另外，二阶邻居的概念用通俗的语言来说就是邻居的邻居。

再来看累积二阶邻近性空间权重文件与基础地图的联系。鼠标左键点击图 2-50 中

---

① 高阶邻近性矩阵在构造时会出现空间单元的重复性或者循环问题，解决这些问题的算法参考 Anselin and Smirnov (1996) 的研究。

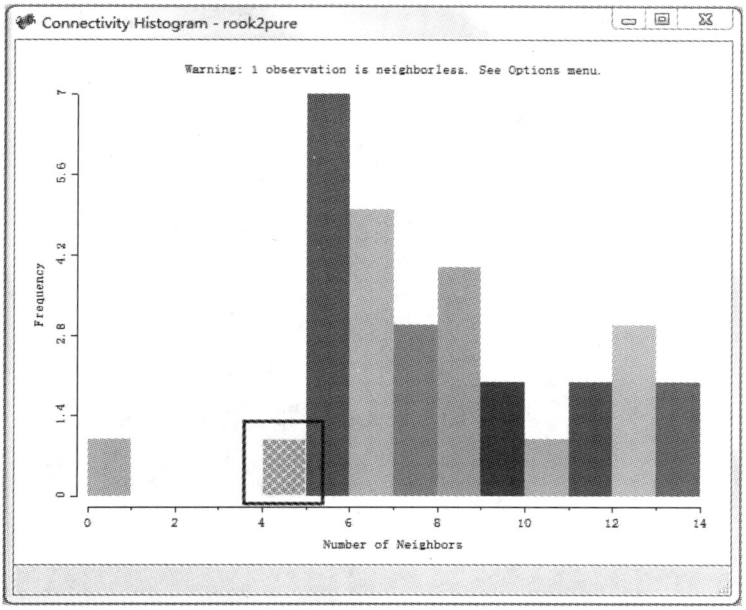

图 2-49 纯二阶空间权重文件“rook2pure. gal”的直方图

邻居数为 6 个的柱子（黑色方框选中的），表示有 6 个累积二阶邻居（一阶邻居和二阶邻居）的地区只有 1 个，从绿色的基础地图可以得知该地区是上海。这 6 个地区显然就是 2 个一阶邻居，即江苏和浙江，以及 4 个二阶邻居，即山东、安徽、江西和福建，加起来为 6。①

因此，由上述的例子可以得知，纯二阶邻近性空间权重矩阵只包含二阶的邻居，而累积二阶邻近性空间权重矩阵包含一阶和二阶的邻居。更高阶的邻近性空间权重矩阵的含义也与此类似。

2.4.3.3 分析基于距离的空间权重文件

这一小节的主要内容是分析基于距离的空间权重文件“threshold. gwt”。点击菜单栏中的“Tools”菜单，选择“Weights”，点击“Connectivity Histogram”，在弹出的“Select Weights”对话框中找到“threshold. gwt”文件，点击对话框下方的“OK”按钮，即可弹出直方图对话框。基于距离的空间权重文件的直方图如图 2-51 所示。

选中图 2-51 直方图中最左侧的 2 条柱子（邻居数有 1 个和 2 个的省份），这 2 个柱子在软件中以黄色高亮网格的形式显示。同时，在软件的绿色基础地图中，新疆、西藏和黑龙江也以黄色高亮网格的形式显示，这说明在默认的门槛距离下，面积大的空间单元通常含有较少的邻居。在本例中，有 1 个邻居的省份只有 1 个，即新疆，有 2 个邻居

① 在实证分析研究中，选择纯高阶邻近性空间权重矩阵还是累积高阶邻近性空间权重矩阵需要依据研究的实际情况而定。建议选择累积高阶空间权重矩阵，因为如果选择纯二阶空间权重矩阵，在很多实证的情况下很难解释，比如安徽不通过江苏来影响上海，这样的强制性假设很难得到其他学者的认同。因此，更合理的情况是选择累积高阶空间权重矩阵。但是累积高阶空间权重矩阵也有不合理的情况发生，比如在世界范围内，A 国与其邻近的 B 国并不发生直接贸易往来，而是与邻国的邻居互有影响。当然，这种例子非常罕见，可以通过修改一阶空间权重文件的方式来进行分析，从而不必非得选择二阶或高阶邻近性空间权重矩阵来实现。

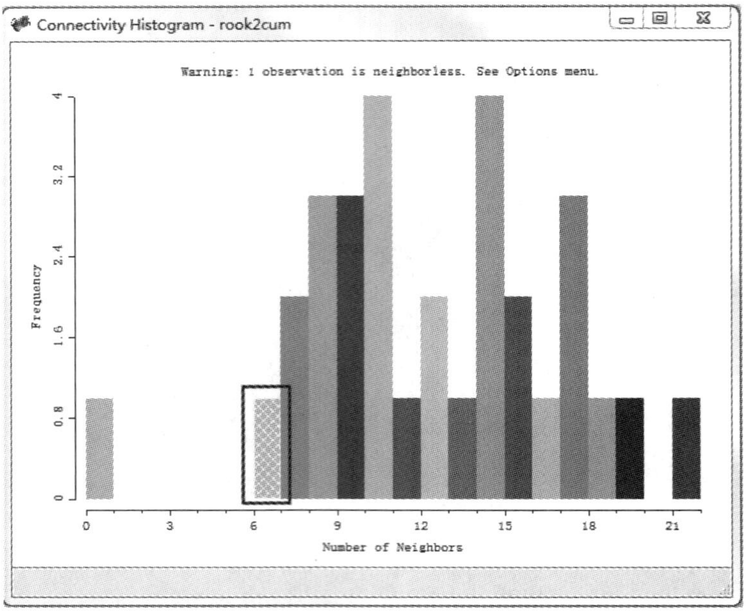

图 2-50　累积二阶空间权重文件“rook2cum. gal”的直方图

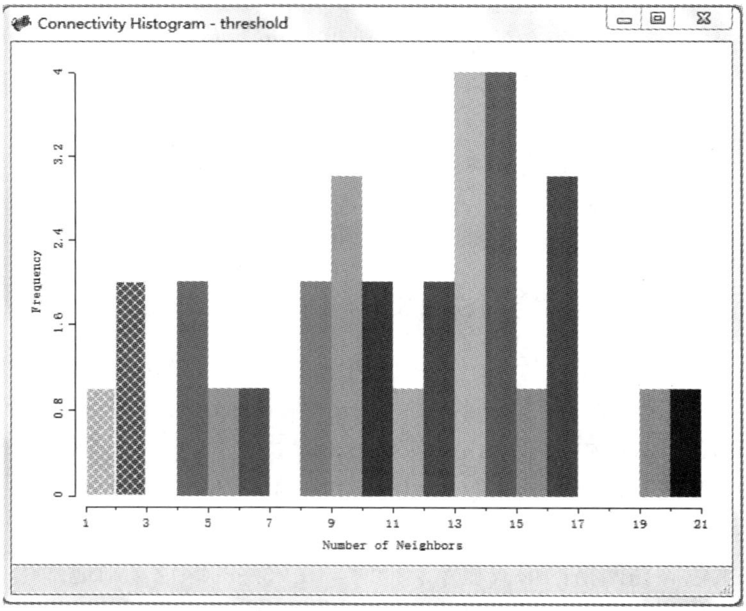

图 2-51　基于距离的空间权重文件的直方图与地图的联系：邻居数少的省份

的省份有 2 个，即西藏和黑龙江。

再来关注邻居数量最多的省份。选中直方图中最右侧的 2 个柱子，如图 2-52 所示，这 2 个柱子在软件中以黄色高亮网格的形式显示。

这 2 个以黄色高亮网格形式显示的柱子分别表示有 19 个和 20 个邻居的省份。反映在软件的绿色基础地图中，可以看到河南（19 个邻居）和湖北（20 个邻居）以黄色高亮网格的形式显示出来。这说明在默认门槛距离下，中部面积较小的省份通常拥有更多

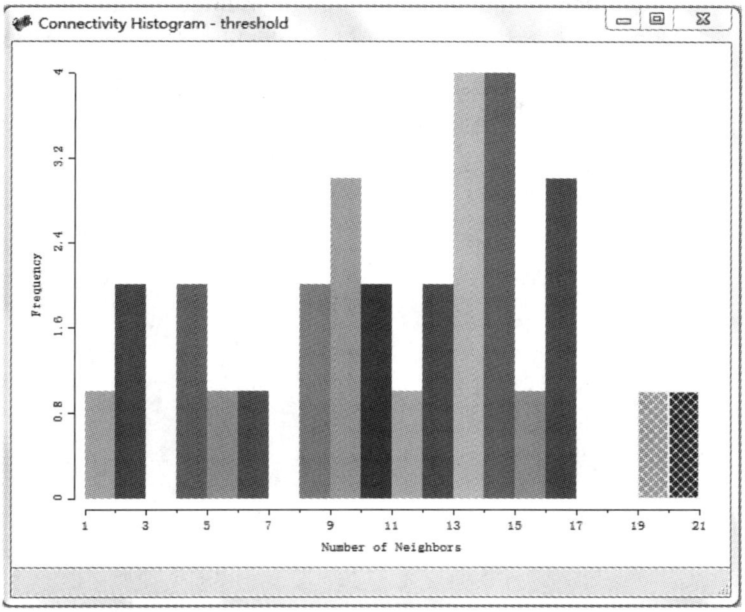

图 2-52　基于距离的空间权重文件的直方图：邻居数多的省份

的邻居数量。

通过上述 2 个直方图可以看出，门槛距离参数的设定对邻居数量的影响很大，尤其像中国这样的省域面积差异较大的国家。因此，在实证分析研究中必须慎重地选择门槛距离参数。

此外，基于距离的空间权重文件还容易产生双峰分布（bimodal distribution）。换言之，邻居数较少的地区形成一个小分布，邻居数较多的地区形成另外一个小分布。这个情况在中国的例子中很好地表现了出来，如从图 2-51 的直方图中可以明显看出左右有两个尖峰出现。因此，在进行实证分析研究之前，最好对生成的基于空间距离的空间权重文件进行直方图检查。如果有双峰分布的情况，那么建议采用 K 个最近邻居空间权重文件。

特别需要注意的是：尽管基于空间距离的空间权重矩阵第 3 列记录的是两两空间单元之间的距离，但是 GeoDa 软件在空间统计分析以及空间回归模型中采用这个空间权重矩阵时并没有考虑这个距离，依然采用的是两两之间是否邻近即 0-1 权重（Anselin，2005）。换言之，在门槛距离以内的空间单元被认为彼此之间是相互影响的。

最后再来分析 K 个最近邻居空间权重文件“knearest4. gwt”。值得注意的是：K 个最近邻居空间权重文件的直方图没有太多的帮助意义，直方图中只有一个柱子，横坐标显示邻居数为 4，纵坐标显示 31 个地区，这表示对于所有的 31 个省份来说，每个省份都有 4 个邻居。

2.5　本章小结

GeoDa 软件还有一部分功能在本书中没有介绍，比如“Tools”菜单下的“Shape”子菜单和“Table”菜单。其中，“Shape”子菜单的功能需要一定的 GIS 理论基础，因此本书的介绍从略。“Table”菜单是对表格进行操作的功能的汇总，这些功能的字面意思就直接表明了其功能含义，故没有介绍。但是，“Table”菜单里的部分功能将在后面的章节有所涉及。此外，GeoDa 软件还有一个“Options”菜单，在不同的功能下，“Options”菜单显示的内容是不同的，在后面的章节中会有介绍。GeoDa 软件还提供了空间模型回归功能，将在后面的章节中介绍。

第三章

利用 GeoDa 软件进行空间数据分析

本章主要介绍五点内容：第一，应用 GeoDa 软件实现全域空间自相关 Moran's I 和局域空间自相关 Local Moran's I 的计算及其相应的统计检验。第二，实现双变量的全域空间自相关 Bivariate Moran's I 和双变量的局域空间自相关 Bivariate Local Moran's I 的计算及其相应的统计检验。这两点是本章的重点内容。第三，应用 GeoDa 软件绘制示意地图。通过这些功能，可以更深刻地认识和更好地分析空间数据的特征和分布规律。第四，应用 GeoDa 软件绘制统计图。绘制统计图也是 GeoDa 软件的一项非常有用的功能，并且 GeoDa 软件可以将这些统计图与地图联系起来，有助于深刻理解统计分析的结果。第五，介绍空间数据的 5 种平滑方法。

3.1 空间自相关

生成空间权重文件之后就可以实现空间数据的相关分析和研究，这其中最重要的就是空间自相关检验。

3.1.1 全域空间自相关：Moran's I

全域空间自相关（global spatial autocorrelation）分析在 GeoDa 软件中通过 Moran's I 指数的计算以及 Moran 散点图的可视化的方式来实现。其中，Moran 散点图可以看做是散点图的一个特例（Anselin，2003a）。

在 GeoDa 软件中的操作步骤是：菜单栏里点击“Space”菜单，然后选择“Univariate Moran's I”（即单变量的 Moran's I）按钮，如图 3-1 所示。

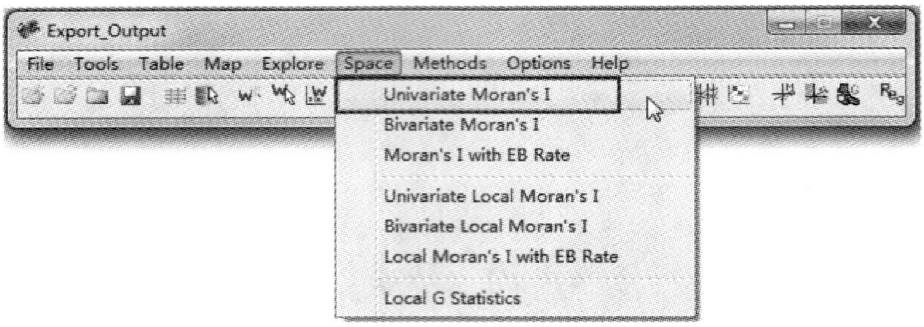

图 3-1 选择 Moran's I 功能

点击之后则会弹出对话框“Variable Settings”，提示用户选择要计算空间自相关 Moran's I 的变量。在本例演示中，将对 31 个省级行政区的 GDP 计算 Moran's I，因此选择 GDP 变量，如图 3-2 所示。

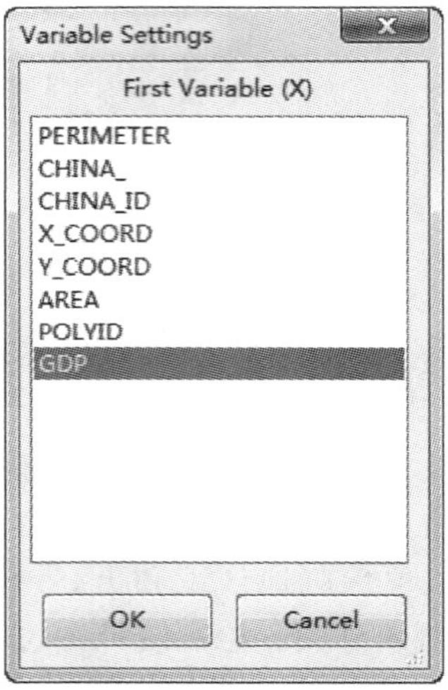

图 3-2 选择 GDP 变量

点击“Variable Settings”对话框左下角的“OK”按钮，则会弹出另一个对话框“Select Weights”，提示用户选择空间权重文件（见图 3-3）。点击“Select Weights”对话框的“Select from file (gal, gwt)”区域右边的打开图标，选择上一章中生成的“rook1.gal”文件。然后，点击右下角的打开按钮，即可返回“Select Weights”对话框[①]，点击“OK”按钮，即可得到 Moran 散点图，如图 3-4 所示。

图 3-4 显示了 31 个省级行政区的 Moran 散点图（Moran scatterplot）。对话框最左上角的标题显示：“Moran's I (rook1)：GDP”，表明选用的是“rook1.gal”空间权重文件，对 GDP 变量进行空间自相关 Moran's I 的计算，也就是计算 Moran 散点图中斜线的斜率。

图 3-4 显示“Moran's I：0.273043”。这表明 Moran 散点图中斜线的斜率为 0.273 043。

① 后面介绍的 GeoDa 软件功能凡是用到空间权重文件的，选择方式都是相同的，因此不再赘述。

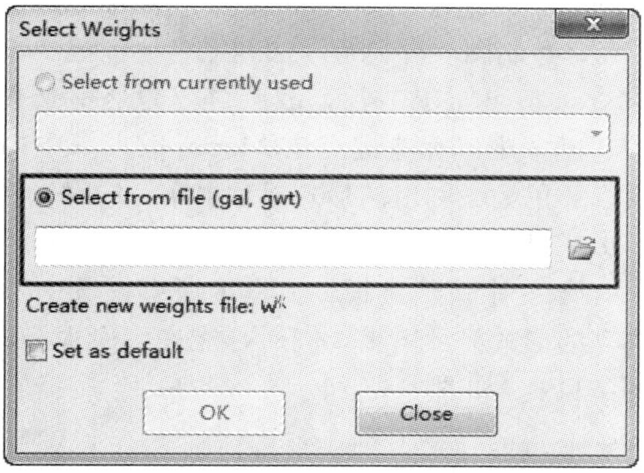

图 3-3　选择空间权重文件

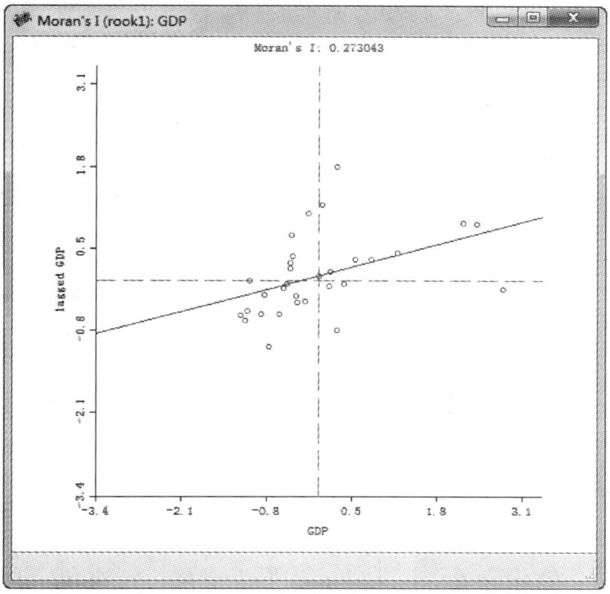

图 3-4　Moran 散点图对话框

直角坐标的 X 轴为 GDP 变量，Y 轴为 GDP 变量的空间滞后项 $W\times$GDP（spatially lagged GDP），Moran 散点图中的散点一一对应的是相应的省份。

Moran's I=0.273 043 表明 31 个省、直辖市和自治区的 GDP 变量在空间分布上具有正向的空间自相关关系（即存在空间依赖性），说明省域 GDP 变量在空间分布上并不是随机分布的，而是表现出某些省级行政区 GDP 变量在空间上趋于集聚的现象。也就是说，呈现出较高 GDP 的省级行政区趋于和较高 GDP 的省级行政区相靠拢，而较低 GDP 的省级行政区相对地趋于和较低 GDP 的省级行政区相邻的一种空间分布状态。①

此外，有读者阅读到有些实证论文中 Moran 散点图中的散点有文字标记。例如，

① 必须指出的是，使用 GDP 计算 Moran's I 是非常不合理的，因为省域之间的人口、面积等因素有显著的差异，故而方差较大，会导致 Moran's I 伪推断（spurious inference）。在分析这类总量数据时，最好剔除人口等因素，因此采用人均 GDP 变量较好。

各个散点上标记了省份的名称。遗憾的是 GeoDa 软件暂时不具备这个功能，可以通过 Photoshop 或者 CorelDraw 等制图软件自行添加地区名称标记。①

那么，如何知道 Moran 散点图中的各个散点对应的是哪个空间单元呢？GeoDa 软件提供了一个非常好的功能。用鼠标左键点击 Moran 散点图中的某个散点，散点对应的空间单元在地图中会以黄色高亮网格的形式显示出来，同时，在表格中，相应省份的词条也会以黄色高亮的形式显示出来。如果想一次性选取多个散点，那么，按住鼠标左键，在 Moran 散点图中划取一个矩形方框，方框内所有被选中的散点对应的空间单元在地图上也会以黄色高亮的形式显示出来，同时，在表格中也会以黄色高亮的形式* 显示出对应的空间单元的条目②，如图 3－5 所示。

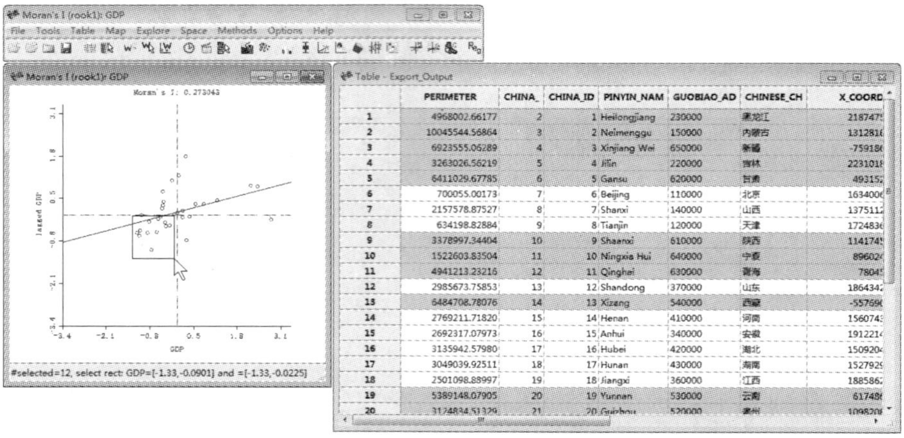

图 3－5　显示 Moran 散点图中被选取的第三象限中所有的散点

在 Moran 散点图图 3－4 中，各个象限所代表的具体含义解释如下：

● 位于第一象限的省份有 9 个：北京、河北、山东、江苏、河南、上海、浙江、福建和湖南，其含义为高 GDP 的省份被高 GDP 的省份所包围（high-high，高-高集聚）；

● 位于第二象限的省份有 5 个：天津、山西、安徽、江西和广西，其含义为低 GDP 的省份被高 GDP 的省份所包围（low-high，低-高集聚）；

● 位于第三象限的省份有 13 个：黑龙江、吉林、内蒙古、陕西、宁夏、甘肃、青海、新疆、西藏、云南、贵州、重庆和海南，其含义为低 GDP 的省份被低 GDP 的省份所包围（low-low，低-低集聚）；

● 位于第四象限的省份有 4 个：辽宁、湖北、四川和广东，其含义为高 GDP 的省份被低 GDP 的省份所包围（high-low，高-低集聚）。

提示：在这里“包围”（surround）的含义具体来说就是空间滞后项所表达的意思。

---

① 也可以通过 MATLAB 软件来实现这个功能，这将在本章小结中进行介绍。

② 当选取的样本量非常多时，选中的条目会过于分散，不利于汇总信息。GeoDa 软件提供了一个功能，可以将选中的条目移动到表格的最顶端。具体的操作方法是：鼠标右键点击表格任意地方，弹出菜单栏，选择“Move Selected to Top”，则高亮的条目会移动到表格的最顶端。如果想恢复原来的顺序，则双击表格中的“POLYID”变量名即可实现从小到大排列。

* 软件中会以黄色高亮的形式显示出来，由于单色印刷的限制，本书中以灰色的形式显示出来。——编辑注

高低的含义是对 GDP 变量和 GDP 变量的空间滞后项（$W\times$GDP）进行标准化，大于 0 的为高，小于 0 的为低。由此，以 GDP 变量为横坐标，以 GDP 变量的空间滞后项 $W\times$GDP 为纵坐标，以 0 为原点绘制散点图。在第一象限中，X 轴和 Y 轴的值均大于 0，因此，可以解读为高 GDP 省份（X 轴：GDP）被高 GDP 省份包围（Y 轴：$W\times$GDP）。同样的道理，在第二象限中，X 轴小于 0，而 Y 轴大于 0，因此，可以解读为低 GDP 省份（X 轴：GDP）被高 GDP 省份包围（Y 轴：$W\times$GDP）。依此类推。

Moran 散点图仅仅给出了 Moran's I 的数值，仅仅凭指数并不能判断出它在统计上是否显著。因此，GeoDa 软件提供了统计检验的功能。GeoDa 软件可以通过随机检验功能给出 Moran 检验的概率值。这个功能是通过置换检验（permutation test）产生一个参考分布，并且给出 Moran 检验伪置信水平（pseudo significance levels）。[①] 这个功能被用来判断真实的空间分布有多大的可能性存在空间自相关。具体操作步骤是：鼠标右键点击 Moran 散点图，在弹出的菜单中选择“Randomization”，然后选择指定置换的次数，本例选择 999 次，如图 3－6 所示。点击之后，则会弹出标题为“Randomization”的对话框，如图 3－7 所示。

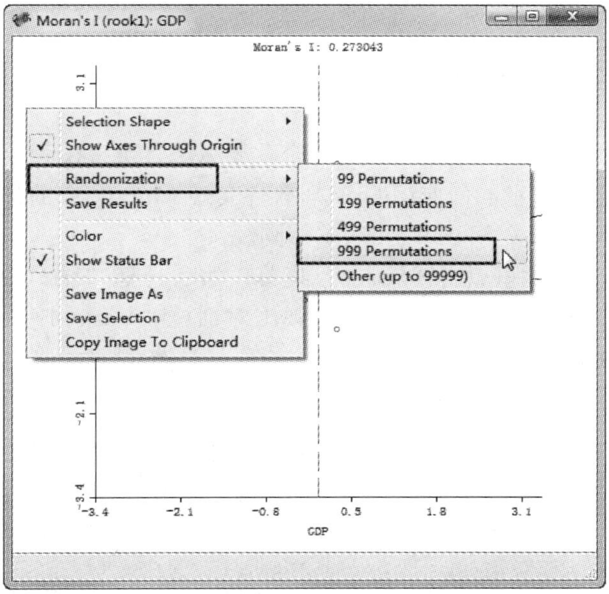

图 3－6　指定置换的次数：999 次

图 3－7 中左上方给出了置换的次数 999 和伪概率值（pseudo p-value）0.008 000[②]。图中的浅灰色柱子表示样本 Moran's I 统计量，具体来说，就是根据 GDP 变量和 Moran's I 公式计算出的 Moran's I 指数。结果在 1%的显著性水平下拒绝了原假设：模拟样本的 Moran's I 指数值大于样本观察值的 Moran's I 指数值（0.273 043）。图 3－7 的下方给出了

① 基本原理是：将真实的观察值在空间上打乱顺序（reshuffle），通过给定的置换次数，比如说 999 次来给出概率值。另外，由于是对每个观察值进行 999 次置换，计算总数是置换次数乘以观察值个数。因此，如果观察值过多的话，可能非常耗时。

② 读者在操作的时候，极可能伪概率值不是 0.008 000，这是由于每次置换都是随机的，所以得出的伪概率值也会不同。

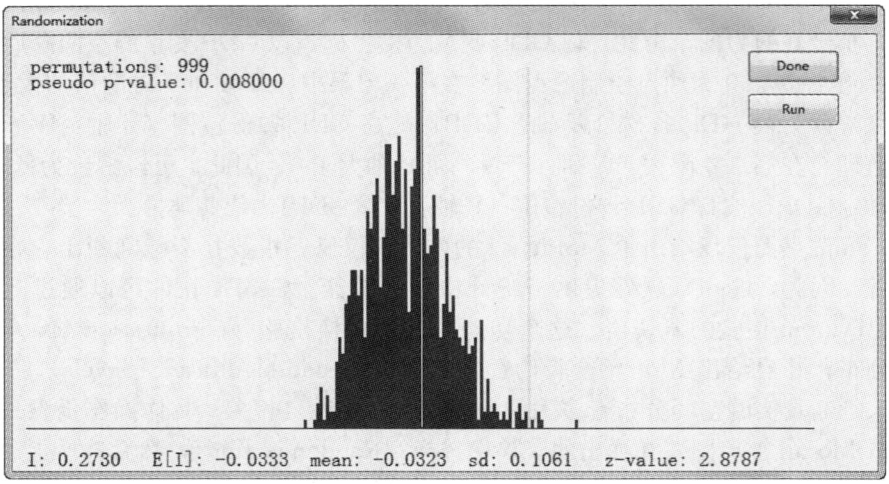

图 3-7 Moran's I 的伴随概率值

样本 Moran's I 指数、期望值、均值、标准差和 z 值。①

3.1.2 局域空间自相关：Local Moran's I

局域空间自相关也是空间数据分析的一个重要方法，可以探索出局部地区的空间自相关现象。这一小节将演示如何应用 GeoDa 软件实现 Moran's I 的计算和统计检验。其操作步骤与全域空间自相关 Moran's I 基本相同。

在 GeoDa 软件菜单栏里点击“Space”菜单，然后选择“Univariate Local Moran's I”按钮，如图 3-8 所示。点击之后，则会弹出对话框“Variable Settings”，提示用户选择要计算局域空间自相关 Local Moran's I 的变量。本例演示将对 31 个省份的 GDP 计算 Local Moran's I，因此，选择 GDP 变量。

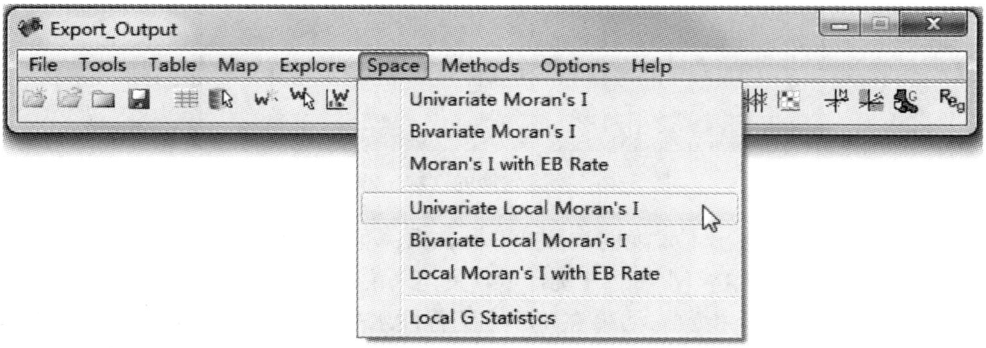

图 3-8 选择 Univariate Local Moran's I 功能

点击“Variable Settings”对话框左下角的“OK”按钮，则会弹出另一个对话框

① E[I] 表示理论均值，下方的统计量 mean 和 sd 分别表示参考分布的均值和方差。置换次数不同，均值和方差会略有变化。

“Select Weights”，提示用户选择空间权重文件。[①] 点击“Select Weight”对话框下方的“OK”按钮，则会弹出“What windows to open?”对话框，提示用户选择将要生成的结果，如图 3-9 所示。

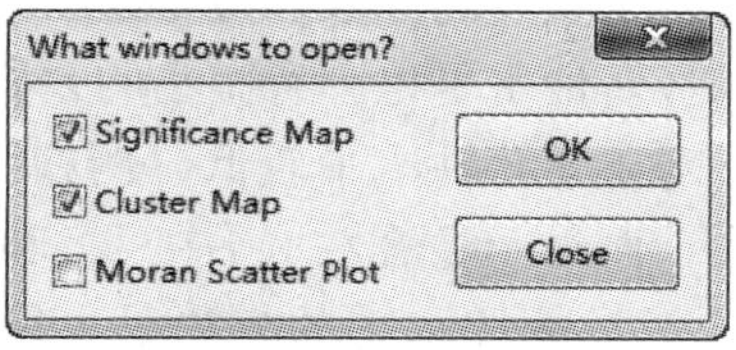

图 3-9　选择 LISA 检验要打开的窗口

图 3-9 的标题栏显示“What windows to open?”，这意味着 GeoDa 软件提示用户选择需要关注的结果。此对话框含有 3 个复选框，如下所示：

(1) Significance Map：显著度地图，用来显示空间单元被检验的观察值是否通过 Local Moran 统计检验；

(2) Cluster Map：聚类地图，这也是 Local Moran 检验的主要结果；

(3) Moran Scatter Plot：Moran 散点图，与上一小节的 Univariate Moran's I 得出的散点图是完全一致的。[②]

在本例中，勾选前 2 个复选框，即勾选“Significance Map”和“Cluster Map”，如图 3-9 所示。然后，点击“What windows to open?”对话框右上角的“OK”按钮，则会弹出 Local Moran's I 检验的结果。[③]

结果显示出 2 个窗口，分别为 LISA（Local Indicator of Spatial Association）聚类地图［LISA Cluster Map：rook1，I _ GDP（99perm)］和 LISA 显著性地图［LISA Significance Map：rook1，I _ GDP（99 perm)］。通过对比两个窗口，可以发现软件中高亮彩色显示的省份是一一对应的，这表示的是 LISA 检验统计上显著的省份，灰色则表示统计上不显著的省份。

在电脑中显示的聚类地图中，红色区域包含 4 个省份，即山东、江苏、上海和福建，表示高-高聚类（high-high)[④]；紫色区域只有一个省份，即安徽，表示低-高聚类(low-high)；粉色区域只有一个省份，即四川，表示高-低聚类（high-low)；蓝色区域包含 2 个省份，即新疆和青海，表示低-低聚类（low-low)。[⑤] 从显著性地图左侧的图例可以看出统计检验的概率范围为 0.000 1～0.05。

---

① 如果在全域 Moran's I 中已经选择过空间权重文件“rook1. gal”，那么，在这里对话框里默认选择同样的空间权重文件。在单选项“Select from currently used”里显示“rook1. gal”，然后点击下方的“OK”按钮即可。如果这个空间权重文件不是想要的，那么点击“Select from file（gal. gwt)”右边的打开图标，则会出现选择空间权重文件的对话框，选择需要的权重文件即可。

② 实际上，Local Moran's I 检验中各个空间单元的 Local Moran's I 得分之和的均值就是 Global Moran's I 的值。在 Local Moran's I 的检验中可以保存该结果。

③ 如果任何复选框都不选，则不会得到任何结果。

④ Local Moran 聚类地图与 Moran 散点图 4 个象限对应的省份是一致的。换言之，Local Moran 高-高聚类的地区必定在 Moran 散点图的第一象限内，但是由于 Local Moran 聚类图中不是所有的空间单元都在统计上显著，所以在地图上显示出部分地区是重合的。举例来说，LISA 聚类图中高-高聚类的 4 个地区山东、江苏、上海和福建均被包含在 Moran 散点图的第一象限的 9 个省份内。依此类推。

⑤ 图中海南是深灰色，图例显示该地区是没有邻居（neighborless）的省份。

注意：高-高和低-低被称为空间集聚（spatial clusters）；低-高和高-低被称为空间异常值（spatial outliers）（Anselin，2005）。

Local Moran 也提供了置换检验。但是，需要注意的是：Local Moran 对置换检验比较敏感，检验的结果非常依赖于置换的次数和显著性水平。即便是同样选取了 999 次的置换次数，个别空间单元的显著性水平也会有微小的差异。另外，敏感性分析还可以采用选择显著性水平的方法。对于显著性水平较低（例如 5%）的空间单元来说，每次置换检验，结论往往变化较大，而对于显著性水平在 1%和 0.1%之间的空间单元来说，置换检验的结果相差不大。选择显著性水平的方法是：鼠标右键点击 LISA 显著性地图，在弹出的菜单中选择“Significance Filter”，然后选择相应的显著性水平：0.05、0.01、0.001 和 0.000 1。[①] 另外，Anselin（2003a）强烈建议在解释 LISA 聚类地图的显著性空间集聚或者空间异常值之前做敏感性分析，也就是进行多次的置换检验。

GeoDa 软件还提供了保存 Local Moran's I 得分结果的功能，鼠标右键点击 LISA 聚类地图，在弹出的菜单里选择“Save Results”，即可弹出“Save Results：LISA”对话框，可以将 LISA 得分保存在表格当中[②]，如表 3－1 所示。

表 3－1　　各个地区的 Local Moran's I 得分

地区	LISA	地区	LISA	地区	LISA	地区	LISA
北京	0.000 1	上海	0.483 2	湖北	−0.013 4	云南	0.324 3
天津	−0.118 3	江苏	2.103 6	湖南	0.022 2	西藏	0.658 5
河北	0.181 6	浙江	0.516 7	广东	−0.404 9	陕西	0.083 8
山西	−0.083 7	安徽	−0.161 1	广西	−0.239 0	甘肃	0.475 0
内蒙古	0.069 4	福建	0.067 0	海南	0.000 0	青海	0.714 4
辽宁	−0.017 4	江西	−0.287 5	重庆	0.062 4	宁夏	0.521 1
吉林	0.025 0	山东	1.971 1	四川	−0.213 2	新疆	0.806 5
黑龙江	0.112 7	河南	0.260 9	贵州	0.183 3	平均	0.261 4

实际上，31 个地区 Local Moran's I 得分的平均值应该等于全域 Moran's I 的得分。表 3－1 列出了各个地区的 Local Moran's I 得分，第四列最后一行显示出这 31 个地区得分的均值为 0.261 4，这与全域 Moran's I 的得分（0.273 0）略有差异。

为什么存在这个差异呢？这涉及一个重要概念：聚类核心（the core of the cluster）。这是 Local Moran's I 的一个重要的概念。由聚类核心可以衍生出另一个术语，空间范围（spatial extent）。如何确定聚类单元是核心呢？鼠标右键点击聚类地图，在弹出的菜单栏中选择“Select All”，然后点击“Cores”，弹出菜单。右键菜单里展示出 3 个选项，“Cores”（核心区），“Neighbors of Cores”（核心区的邻居）和“Cores and Neighbors”（核心区和邻居）。首先看“Cores”选项的含义，点击“Cores”选项，会

---

① 之所以采用选择显著性水平的方法是因为对于 LISA 检验来说，局域统计量意味着多重比较（multiple comparisons），孤立地去看每一个空间单元的显著性水平是不正确的。然而，找出一个合适的比较方法又十分复杂，只能采用近似的方法，所以 GeoDa 软件采用了显著性过滤的方法（significance filter）（Anselin，2003b）。

② 由于该功能对很多用户用处不大，因此在这里做简单介绍。“Save Results：LISA”对话框可以保存 3 个变量：“Lisa indices”表示每个空间单元的得分，GeoDa 软件默认变量名为“LISA _ I”。“Clusters”表示每个空间单元所属的类型。其中，1 表示高-高，2 表示低-低，3 表示低-高，4 表示高-低，0 表示不显著。“Significance”表示每个空间单元的显著性水平。

发现带有颜色的地区都以黄色高亮网格的形式显示出来，这说明这些地区是聚类的核心区。那么，邻居就是这些核心区邻近的地区。

在弹出的菜单栏中选择 "Select All"，然后点击 "Cores and Neighbors" 选项，会发现大部分地区以黄色高亮网格的形式显示出来。可以发现有 7 个地区仍然处于灰色状态，即黑龙江、吉林、辽宁、北京、天津、山西和广西。[①] 这是由于这些地区与核心区并不相邻，换言之，计算核心区 Local Moran's I 得分的时候没有包含这些地区在内。这也是 Local Moran's I 得分的平均值与 Moran's I 存在差异的原因。并且，这也说明了空间范围的含义，即从核心区到其邻居地区的范围被称为空间范围。

下面再给出空间范围内 31 个省份的 LISA 得分，请注意粗体字省份虽然在表中，但是这 7 个省份不包含在空间范围之内。换言之，如果通过 LISA 得分来计算 Moran's I 指数的话，这些不包含在内的空间单元仍然是样本的重要组成部分。也就是说，这些不包含在内的省份的 LISA 得分为 0，但是样本量仍为 31。这 31 个省份的 LISA 得分如表 3-2所示。

表 3-2　空间范围内 31 个省份的 Local Moran's I 得分

地区	LISA	地区	LISA	地区	LISA	地区	LISA
北京	0.000 0	上海	0.483 2	湖北	−0.013 4	云南	0.324 3
天津	0.000 0	江苏	2.103 6	湖南	0.022 2	西藏	0.658 5
河北	0.181 6	浙江	0.516 7	广东	−0.404 9	陕西	0.083 8
山西	0.000 0	安徽	−0.161 1	**广西**	0.000 0	甘肃	0.475 0
内蒙古	0.069 4	福建	0.067 0	**海南**	0.000 0	青海	0.714 4
辽宁	0.000 0	江西	−0.287 5	重庆	0.062 4	宁夏	0.521 1
吉林	0.000 0	山东	1.971 1	四川	−0.213 2	新疆	0.806 5
黑龙江	0.000 0	河南	0.260 9	贵州	0.183 3	平均	0.271 8

表 3-2 中 31 个省份的 LISA 得分总和为 8.425 3，样本数为 31，因此，均值（Moran's I 指数）等于 0.271 8（=8.425 3/31）。这与上述通过回归计算出的 Moran's I 指数 0.273 0 非常接近。[②] 详细地解释这两者之间的区别，为的是更深刻地理解空间范围的概念以及 Moran's I 与 Local Moran's I 之间的联系。

注意：由于全域 Moran's I 的值是 Local Moran's I 统计量的均值，如果这些 Local Moran's I 统计量的分布极不对称的话，换言之，如果存在一些极端异常值，那么 LISA 整体显示可能就存在问题，LISA 结果对这些异常值非常敏感（Anselin，2005）。

3.1.3 修改空间权重后的全域 Moran 和局域 Moran 检验

3.1.3.1 修改空间权重后的全域 Moran's I

上一章以海南为例，演示了如何修改空间权重文件使得海南与广东互相为邻。一般来说，修改了空间权重文件之后，Moran's I 得分和 Moran 散点图会发生相应的变化。

---

① 海南没有邻居，因此不予考虑。

② 尽管算法不同，在全域空间自相关中，Moran's I 用回归方法得到，而这里的 Moran's I 是通过 Local Moran's I 加总求均值得到，但是两者是一致的。

这一小节的主要任务就是展示采用修改后的空间权重文件与未修改的空间权重文件的Moran's I 指数和散点图之间的区别。

重复上述 Moran's I 检验过程，选择"mrook1. gal"，得到修改的空间权重文件 GDP 变量的 Moran 散点图。为了清晰地辨识两者之间的区别，图 3－10 展示了两个 Moran 散点图，从对话框的标题就可以清楚地加以区分，左边是采用未修改的空间权重文件所得的 GDP 变量 Moran 散点图，右边是采用修改后的空间权重文件所得的 GDP 变量 Moran 散点图。

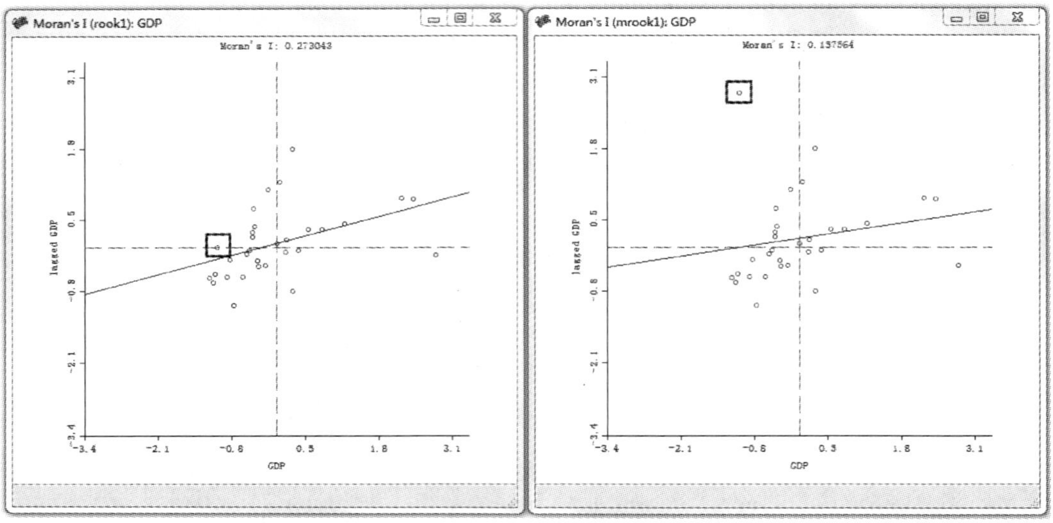

图 3－10　修改前后空间权重文件的 Moran 散点图

可以看出，图 3－10 右边的 Moran 散点图中的 Moran's I 数值变为了 0.157 564，采用修改后空间权重文件的 GDP 变量的 Moran's I 数值要比没修改过的 Moran's I 数值小。这是由于修改了空间权重文件中地理邻近性规则下海南的邻居个数，之前的空间权重文件中海南是孤岛，根据地理邻近性法则，海南没有任何邻居，之后，强制规定了海南与广东互为地理上的邻居。

那么，修改空间权重文件会使 Moran's I 数值变小吗？这个问题依情况而定。下面就以本例来说明修改海南的邻居如何导致 Moran's I 数值发生变化。

由于海南是岛屿，按照 Rook 邻近性规则来看，海南没有任何邻居。在图 3－10 中左边的 Moran 散点图里，黑色方框圈定的就是海南地区，可以发现海南坐落在第二象限的横坐标上，即纵坐标为 0，表明对于海南来说，GDP 变量的空间滞后项 $W \times$GDP 为 0。这也说明了海南的确没有任何邻居。总结来说，凡是坐落在横坐标上的散点，它在地理上为孤岛，没有任何邻居。①

由于强制修改海南与广东互为邻居，因此修改后的海南 GDP 变量的空间滞后项不再为 0。但是，由于广东属于高 GDP 地区，海南与广东相比属于低 GDP 地区，如果低 GDP 的海南与高 GDP 的广东为邻，那么海南会落在第二象限（低-高地区，低值地区与高值地区为邻）。图 3－10 中右侧的 Moran 散点图的黑色方框即表明修改后的海南的

① 当然也存在极端情况，例如空间滞后项加总之和为 0，这在实证中很罕见。

散点位置。由图可以得知，海南 GDP 的空间滞后项 W×GDP 非常高。这是由于海南只有一个邻居广东，并且广东的 GDP 非常高，导致 W×GDP 非常高，因此反映在图中纵坐标非常高。

这也反映了之前讨论过的一个问题，也就是基于地理邻近性的空间权重矩阵的一个缺点：邻居数量越少，其每个邻居的影响权重就越大。如果只有一个邻居，那么行标准化也无济于事，所有的权重将被赋予这一个邻居。从本例中可以发现，广东极高的 GDP 极大地影响了海南在散点图中散点的位置，最终致使 Moran's I 数值发生了巨大的变化，反映在散点图中就使斜率发生了很大的变化。Moran's I 数值由之前的 0.273 043 变为了 0.157 564。

需要注意的是：修改某个空间单元的邻居会对 Moran's I 数值产生影响，影响大小与修改后的邻近地区的观察值密切相关。如果强行使海南与广西为邻，那么海南和广西同属低 GDP 省份，海南地区的散点将会落在第三象限（低-低地区，低值地区与低值地区为邻），结果会导致 Moran's I 增大。

3.1.3.2　修改空间权重文件后的局域 Moran's I

接下来，查看修改后的空间权重文件与未修改的空间权重文件的 GDP 变量的 Local Moran's I 检验之间的比较。重复上述 Local Moran's I 检验过程，选择"mrook1.gal"空间权重文件，得到 LISA 聚类地图和 LISA 显著性地图。

对比两个 LISA 结果，可以发现修改后空间权重文件的 GDP 变量的 LISA 聚类地图会发生一点变化。相比未修改空间权重文件的 LISA 聚类地图，修改后的空间权重文件的 LISA 聚类地图中的江苏变成灰色，即统计上不再显著。而 LISA 聚类地图中则多了紫色的海南，说明海南地区处于低-高聚类，这是由修改空间权重文件所造成的。（可以看到图例中不再有"Neighborless (1)"这一项，说明海南不再是没有邻居的省份。）在 LISA 显著性地图中可以发现，海南的 LISA 得分在统计上非常显著，概率值小于或者等于 0.05。由此可知，修改空间权重文件也会对 LISA 聚类检验产生影响。

3.1.4　局域空间自相关：Gi 和 Gi* 统计量

GeoDa 软件还提供了另外的局域空间自相关检验，即局域 Gi 和 Gi* 统计量。这一小节将演示如何应用 GeoDa 软件实现局域 Gi 和 Gi* 统计量的计算和统计检验。

在 GeoDa 软件菜单栏里点击"Space"，然后选择"Local G Statistics"按钮，如图 3－11 所示。

点击之后，则会弹出对话框"Variable Settings"，提示用户选择要计算 Local Gi 统计量的变量。选择 GDP 变量，点击"Variable Settings"对话框中的"OK"按钮，则会弹出"Select Weights"对话框，提示用户选择空间权重文件，点击"Select Weights"对话框中"Select from file (gal, gwt)"区域右边的打开图标，选择前面生成的空间权重文件"rook1.gal"，然后点击"打开"按钮，即可返回"Select Weights"对话框，点击"OK"按钮，则会弹出"Local G Statistics Maps"对话框，如图 3－12 所示。

图 3－12 中显示"Local G Statistics Maps"对话框中前 4 个为复选框，复选框下方

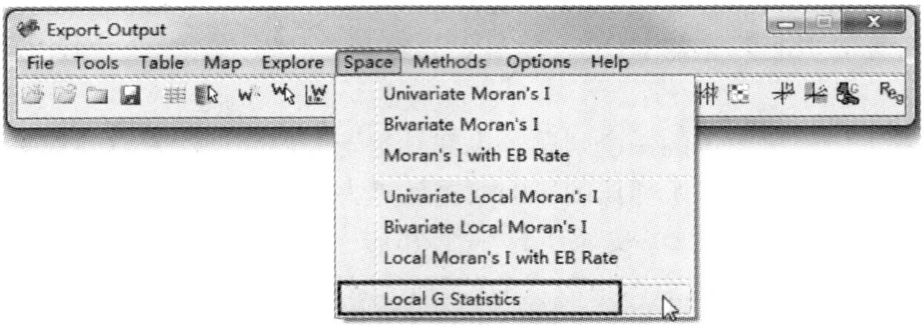

图 3-11　选择局域 Gi 统计量功能

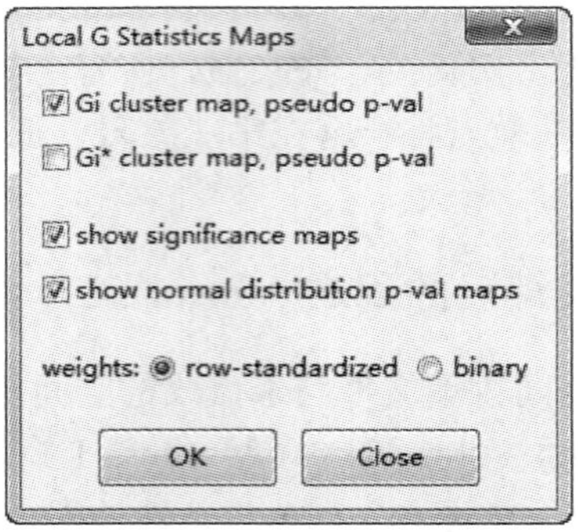

图 3-12　显示 Local Gi 统计量聚类图

是两个单选项。下面逐一介绍 4 个复选框的含义，具体如下：

● Gi cluster map，pseudo p-val：表示输出 Gi 统计量聚类地图，以伪概率值为依据；

● Gi* cluster map，pseudo p-val：表示输出 Gi* 统计量聚类地图，以伪概率值为依据[①]；

● show significance maps：表示输出显著性地图；

● show normal distribution p-val maps：表示输出正态分布的概率值地图。

两个单选项的含义如下："row-standardized" 表示行标准化，"binary" 表示二值空间权重矩阵（未经过行标准化）。在本例中，复选框选择第 1、3 和 4 个，单选框选择 "row-standardized"，参数设置如图 3-12 所示。点击 "Local G Statistics Maps" 对话框下方的 "OK" 按钮，即可弹出 4 个 Local Gi 统计量地图。

一共输出 4 个地图。这 4 个地图分为左右两大部分。左上图为正态分布的聚类地图，左下图为伴随概率显著性地图；右上图是 99 次置换后的聚类地图，右下图为 99 次置换后的伴随概率显著性地图。

对比正态分布的聚类地图和 99 次置换后的聚类地图可以发现，99 次置换后的聚类地图彩色显示的省份较多，而左边的地图彩色显示的只有一个地区，即上海，呈现高-高聚类。这个很好理解，上海地处中国最富裕的城市群长三角地区。但是由于本例中的空间单元个数较少，所以正态分布图不是很明显。借助多次置换的方法可以得到一个更

① Gi 和 Gi* 的区别在于 Gi* 中的空间权重不同，$w_{ii}\neq 0$。

加接近真实分布的聚类地图。此外，Gi 统计量明显将 31 个省份分成三大部分：东部红色部分是高-高聚类的地区，有 4 个省份，即山东、江苏、安徽和江西；西部蓝色部分是低-低聚类的地区，有 6 个省份，即新疆、甘肃、青海、西藏、四川和云南；灰色的省份为不显著的地区，其中深灰色显示为海南，由图例可知，该省份没有任何邻居。

由此可见，在进行 Gi 统计量检验时，如果空间单元较少的话，可以通过多次置换的方法来改善这一缺点。同时，这也说明了在进行空间数据分析时，对样本数量也有较高的要求。此外，总结对比来看，Local Gi 检验只能分成高-高和低-低两类聚类，而 Local Moran's I 检验可以分成四类聚类。读者可以根据研究的需要选择不同的局域聚类方法。

在 Moran's I 和 Local Moran's I 中反复提到伪 P 值，在这里有必要简单地解释一下这个概念。在 GeoDa 软件中，Moran's I 和 Local Moran's I 检验里的置换检验基于的是伪显著性水平，伪显著性水平依赖于置换的次数。

伪显著性水平的计算公式是 $\frac{M+1}{R+1}$，其中，R 是重复的次数，而 M 是样本的数量。对于正向的 Local Moran's I 来说，从置换中计算出的这个统计量等于或者大于观察值，对于负向的 Local Moran's I 来说，这个统计量小于或者等于观察值。比方说，如果由观察值计算出来的 Moran's I 数值大于任意一个随机产生的 Moran's I 的数值，那么 99 次置换的伪 P 值就等于 1/100＝0.01，而 999 次置换的伪 P 值就等于 1/1 000＝0.001。因此，GeoDa 软件只计算单尾显著性检验。

GeoDa 软件中随机的概念也与基于某种分布的分析推断方法中的随机概念不同。GeoDa 软件利用数值置换的方法来描述伪显著性水平。在给定一个置换次数后，将这些真实值在空间中随机打乱，再重新计算 Moran's I。具体来说，对于每一个给定的置换，GeoDa 软件给每一个空间单元分配一组任意数量（或者样本数量）的向量，用来计算 Moran's I。然后，对计算出来的结果与观察值的 Moran's I 进行对比，进而判断这个基于真实的观察值计算出来的 Moran's I 是否来自随机空间分布。①

3.1.5 双变量全域 Moran's I 和局域 Moran's I

3.1.5.1 双变量全域 Moran's I

双变量的 Moran's I 与单变量的 Moran's I 检验在理论上并没有太大的差别，唯一的差别就是空间滞后项不再是自身变量的空间滞后项 $\boldsymbol{Wy}$，而是换成了其他变量的空间滞后项 $\boldsymbol{Wz}$。

双变量的 Moran's I 检验会涉及两个不同的变量，本例涉及的两个变量为 GDP 和 POP（人口数量），如果横坐标选择 GDP 变量，那么纵坐标为 $W\times$POP，其含义是：空间单元 i 的 GDP 变量观察值与空间单元 i 的邻居的 POP 变量观察值之间的空间交互关系。

接下来演示如何应用 GeoDa 软件实现双变量 Moran's I 指数计算及统计检验。在菜单栏里点击"Space"菜单，然后选择"Bivariate Moran's I"，即可弹出"Variable

---

① 关于这个概念，可以参考 GeoDa 软件中心网站，很多相关的资料都可以在该网站获得。链接为：http://geodacenter.github.io/support.html。

Settings”对话框，提示用户选择要进行计算的双变量 Moran's I 指数的两个变量，如图 3－13 所示。

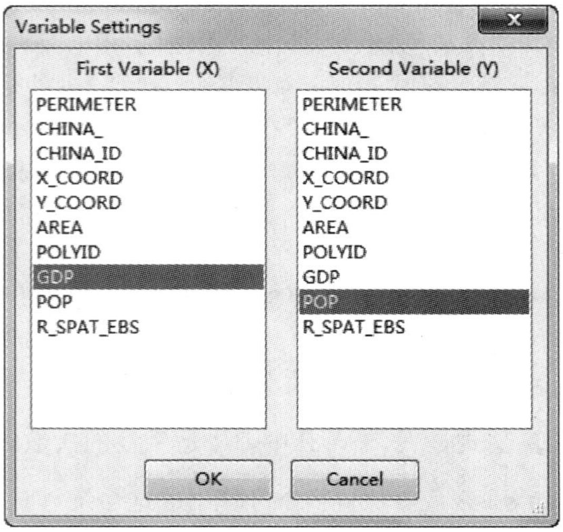

图 3－13　双变量 Moran's I 选择变量

图 3－13 左边栏显示的是第一个变量［First Variable（X）］，右边栏显示的是第二个变量［Second Variable（Y）］。本例第一个变量选择 GDP，第二个变量选择 POP，点击对话框下方的“OK”按钮，即可弹出“Select Weights”对话框，选择“rook1. gal”，点击“OK”按钮，即可弹出双变量 Moran 散点图，如图 3－14 所示。

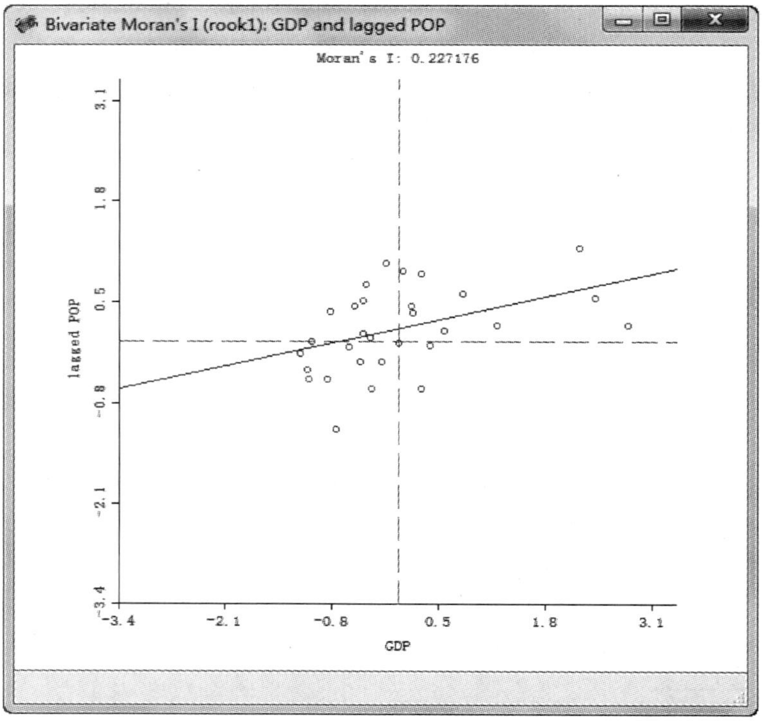

图 3－14　双变量 Moran 散点图

图 3－14 中显示双变量 Moran's I 指数的值为 0.227 176，并且在统计上显著为正，说明存在正向双变量的空间相关关系。[①] 双变量 Moran 散点图也分为 4 个象限，这 4 个象限的含义与单变量 Moran 散点图的象限含义略有区别，具体解释如下：

- 第一象限：高 GDP 的省份被人口数量多的省份所包围；
- 第二象限：低 GDP 的省份被人口数量多的省份所包围；
- 第三象限：低 GDP 的省份被人口数量少的省份所包围；
- 第四象限：高 GDP 的省份被人口数量少的省份所包围。

在 Moran 散点图中，用鼠标左键拖拽出一个矩形来选择某个象限的散点，则在基础地图中散点所对应的省份被以黄色高亮网格的形式显示出来。

3.1.5.2　双变量 Moran's I 的典型应用：时空相关分析

实际上，上述双变量 Moran's I 检验的例子并不具备双变量 Moran's I 分析使用的典型性。双变量 Moran's I 检验的典型用法之一是用在时空相关（space-time correlation）分析方面，在这个方面，双变量 Moran's I 会引入一种独特的时空分析视角。

下面演示的例子也涉及两个变量，一个为 31 个省份 2009 年的 GDP 变量（GDP2009），另一个为 31 个省份 2010 年的 GDP 变量（GDP2010）。在 GeoDa 软件菜单栏里点击“Space”菜单，然后选择“Moran's I”，即可弹出“Variable Settings”对话框，提示用户选择变量。不同的变量作为第一变量 X 会产生不同的分析视角。这两个变量根据排列来说存在两种情况，即：

（1）GDP2010 作第一变量（X），那么 GDP2009 作第二变量（Y），见图 3－15；

（2）GDP2009 作第一变量（X），那么 GDP2010 作第二变量（Y），见图 3－16。

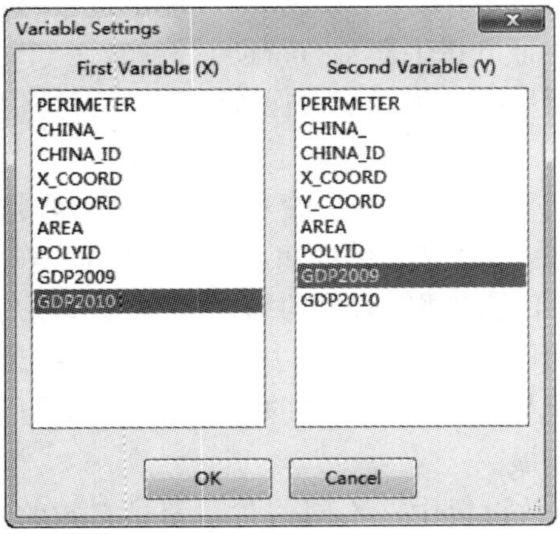

图 3－15　GDP2010＝X；GDP2009＝Y

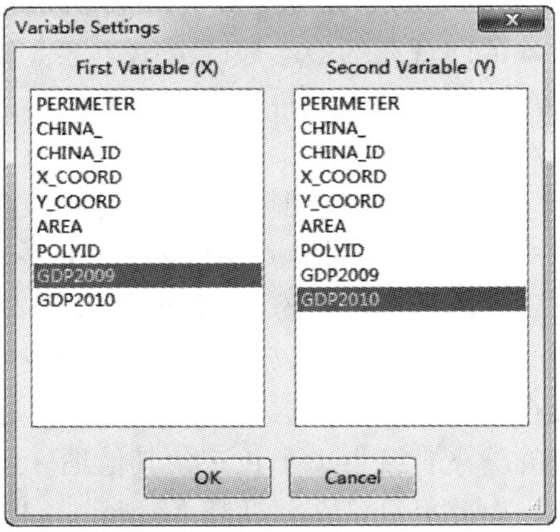

图 3－16　GDP2009＝X；GDP2010＝Y

点击“Variable Settings”对话框下方的“OK”按钮后，选择空间权重文件“rook1.gal”，即可得到上述两种情况的双变量 Moran 散点图，如图 3－17 和图 3－18 所示。

① 注意：这里不再称之为空间自相关，因为这里不再是同一个变量的空间相关关系。

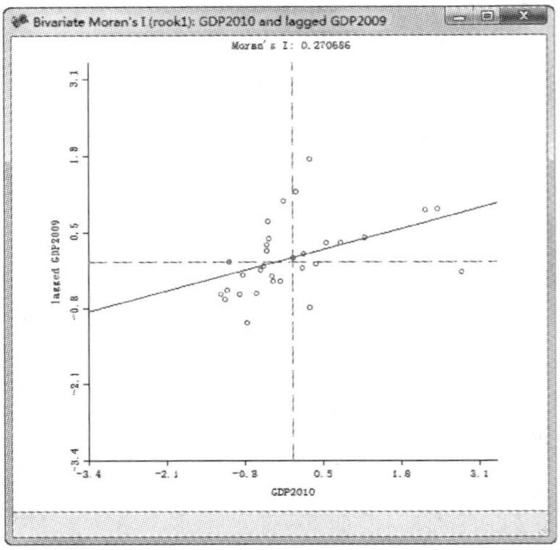

图 3－17　双变量 Moran 散点图
（GDP2010＝X；GDP2009＝Y）

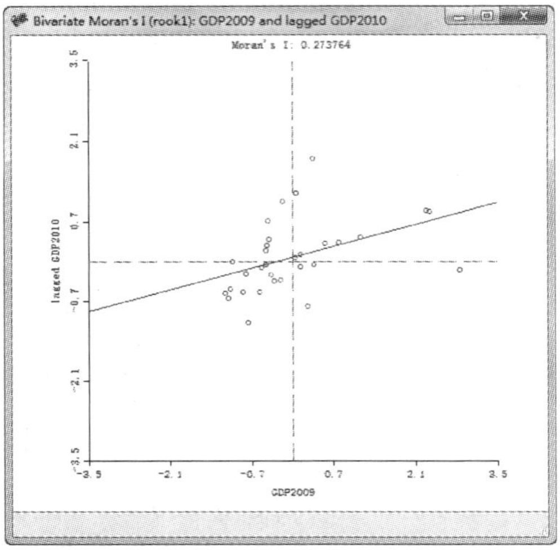

图 3－18　双变量 Moran 散点图
（GDP2009＝X；GDP2010＝Y）

这两个散点图中的斜率相差不大，但是含义完全不同。下面就逐一进行解释。图 3－17描述的是一个省份 2010 年的 GDP 变量和它周围邻居省份 2009 年加权平均 GDP 的时空关系。虽然空间是交互影响的，但是时间因素固定住了时空影响中的单向影响。也就是说，只能是 2009 年的 GDP 影响 2010 年的 GDP，而不可能是 2010 年的 GDP 影响 2009 年的 GDP。

在本例中，Moran 散点图表示一个省份的 2010 年 GDP 受到邻居省份 2009 年加权平均 GDP 的空间交互影响。这可以看做是内向溢出（inward diffusion），即由过去的邻居地区向现在的核心地区溢出。这个分析视角在实证分析中非常有帮助。例如，一个中心地区邻居省份的科技水平都很发达，那么这些邻居省份很可能会促进这个中心地区科技水平的提高。

图 3－18 则呈现出另一个视角。它描述的是一个省份 2009 年的 GDP 和周围邻居省份 2010 年加权平均 GDP 的时空关系。由时间的单向影响关系可知，这个 Moran 散点图表示的是一个省份 2009 年的 GDP 对未来 2010 年它的邻居省份的加权平均 GDP 的空间交互影响。这可以看做是外向溢出（outward diffusion），即由过去的中心地区溢出到现在周围的地区。这在实证分析中也非常常见。比如，上海是中国的经济中心，上海经济的腾飞直接带动了长三角其他地区经济的快速发展。

由此可见，在双变量 Moran's I 检验时，在参数设置中，不同的时间变量参数的变化会导致分析视角的不同。外向溢出和内向溢出在实证分析中均可以提供一种新颖的时空分析视角。

注意：如果在进行变量选择时，X 和 Y 同时选择 GDP2009 或者 GDP2010，得出的是单变量 GDP2009 或者 GDP2010 的 Moran 散点图。

3.1.5.3　双变量局域 Moran's I

同样的道理，也可以分析双变量的 Local Moran's I 检验。在 GeoDa 软件菜单栏里点击“Space”菜单，选择“Bivariate Local Moran's I”，弹出“Variable Settings”

对话框，提示用户选择变量，与“Bivariate Local Moran's I”弹出的对话框一样（见图 3-13）。

在左侧栏中的第一变量选择 GDP，在右侧栏中的第二变量选择 POP，再选择“rook1. gal”空间权重文件，点击“OK”按钮，即可弹出“What windows to open?”对话框，在复选框中勾选“Significance Map”和“Cluster Map”两个复选框后，点击“OK”按钮，即可弹出双变量 Local Moran's I 聚类地图和显著性地图。可以发现聚类地图也分 4 类地区，即高-高、低-低、高-低和低-高，具体解释如下：

- 图例中红色地区有 2 个省份，即山东和河南，表示 GDP 高的地区被人口多的地区包围；
- 图例中蓝色地区有 1 个省份，即新疆，表示 GDP 低的地区被人口少的地区包围；
- 图例中紫色地区有 2 个，即安徽和江西，表示 GDP 低的地区被人口多的地区包围；
- 图例中粉色地区有 1 个，即四川，表示 GDP 高的地区被人口少的地区包围。

3.2 应用 GeoDa 软件绘制地图

如果对制图标准要求不是很高的话，那么用 GeoDa 软件绘制地图是一个非常不错的选择。作为一般用于展示用途的地图，对于非 GIS 用户来说，GeoDa 软件制图还是非常简单、方便、快捷和高效的，并且，用 GeoDa 软件绘制出的地图也比较美观。①

本小节的主要任务是介绍 GeoDa 软件绘制示意地图的功能，这涉及 GeoDa 软件菜单栏中的“Map”菜单。接下来的内容将对“Map”菜单中的 11 个制图功能逐一简单地介绍，具体如下：

- Themeless Map

无主题地图：这个功能可以打开一个没有任何主题的地图，实际上跟用户打开 shp 文件加载的地图是一样的，只是简单地呈现地图，没有除地图以外的任何信息。实际上，这个无主题地图也是有用处的。例如，用户打开一个无主题地图后，鼠标右键点击地图，在弹出的菜单中可以选择选项来绘制示意地图。这与直接点击“Map”菜单中相应的示意地图功能是一致的。

- Quantile Map

分位数地图：这个功能是将感兴趣的空间单元变量的观察值计算出分位数，并绘制在地图上。

---

① 虽然用 GeoDa 软件制图非常容易，但是缺点也很明显，即制图功能有限（Anselin，2003a）。例如，如果想在空间单元上添加名称标签（label），这在 ArcGIS 软件上非常容易实现，而 GeoDa 软件却没有这种功能，需要在 GeoDa 软件输出地图后，再用绘图软件来进行添加。还有，GeoDa 也无法对各种参数进行修改，在字体的设置、图形的输出方面也都存在缺陷。再比如，一些对地图要求较高的期刊，如地学类期刊，对论文中的地图尤其是中国地图要求很高，比如要在地图中添加国境线、南海诸岛、钓鱼岛、地图图例、指南针、比例尺等，这些操作即便是在 Photoshop 等专业绘图软件中也难以实现。这是因为绘图软件无法处理投影和比例等问题。但是，不管怎么说，GeoDa 软件对一般非 GIS 用户来说已经能够满足基本的制图需求。

● Percentile Map

百分位数地图：这个功能是将感兴趣的空间单元变量的观察值计算出百分位数，并绘制在地图上。

● Box Map

箱形图地图：这与传统的箱形图的概念类似，但是以地图的形式展示出来。

● Standard Deviation Map

标准差地图：这个功能是将感兴趣的空间单元变量的观察值计算出标准差，并绘制在地图上。

● Unique Values Map

唯一值地图：这个功能是将感兴趣的空间单元变量的属性值绘制在地图上。

● Natural Breaks Map

自然断点分类法地图：GeoDa 软件会根据统计分布的规律和分类统计方法将感兴趣的空间单元变量的观察值进行分类，并把分类绘制在地图上。

● Equal Intervals Map

等间距分类法地图：这个功能是将感兴趣的空间单元变量的观察值平均分成若干份，并绘制在地图上。

● Rates-Calculated Map

平滑处理地图：主要是针对那些差异较大的变量观察值进行平滑处理的方法。先平滑处理变量，然后绘制在地图上。①

● Conditional Plot Map

条件地图，也称格子图（trellis graph），这个功能可以将地图分成 3×3 个小地图。通过设置 2 个维度变量和 1 个感兴趣的主题变量，将主题变量在地图上进行可视化。

● Cartogram

示意地图：这个功能是将感兴趣的空间单元变量的观察值根据大小变成等比例的圆，然后根据空间单元的坐标信息重新将其组合成新的地图。

接下来的小节将较为详细地逐一介绍上述各个地图制图功能的操作步骤以及地图的含义。

3.2.1 分位数地图

在 GeoDa 软件菜单栏里点击“Map”菜单，选中“Quantile Map”，在下一级菜单中可选择 2～10 个分位数个数，本例选择“4”，点击之后即可弹出“Variable Settings”对话框，提示用户选择变量。需要说明的是：在后面将要介绍的百分位数地图、箱形图地图、标准差地图、唯一值地图、自然断点分类法地图、等间距分类法地图中，点击“Map”菜单相应的功能按钮时，首先弹出的均是“Variable Settings”对话框，与分位数地图一样，均选择 GDP 变量。在后面的地图绘制步骤中不再说明。选择 GDP 变量后，点击对话框下方的“OK”按钮，即可弹出分位数地图。

---

① 平滑计算的地图实际上是对空间数据进行平滑处理，然后绘制地图。关于空间数据的平滑方法，将在本章的第 4 小节中详细介绍。本小节暂时略过这一问题。

窗口分为左右两个部分。左侧部分为图例部分，右侧部分为分位数地图。图例中分位数的计算如表 3－3 所示。

表 3－3 **GDP 变量的分位数、最小值和最大值** 单位：亿元

变量	25%分位数	50%分位数	75%分位数	最小值	最大值
GDP	7 224	10 369	17 185	507	46 013

对照表 3－3 中计算出来的分位数，再来结合图例，可以知道："507：7.22e+003"表示最小值（507 亿元）到第一个四分位数（7.22e+003 亿元），共有 8 个省份；"7.93e+003：1.01e+004"表示第一个四分位数（7.93e+003 亿元）到第二个四分位数（1.01e+004 亿元），共有 7 个省份[①]；"1.04e+004：1.72e+004"表示第二个四分位数（1.04e+004 亿元）到第三个四分位数（1.72e+004 亿元），共有 8 个省份；"1.72e+004：4.6e+004"表示第三个四分位数（1.72e+004 亿元）到最大值（4.6e+004 亿元），共有 8 个省份。[②]

为了加深对分位数概念的理解，将 GDP 变量按照数值大小从小到大进行排列（见表 3－4）。表 3－4 分为 7 列，左边 4 列为一组，右边 3 列为一组。其中，左边一组的第 4 列数据已经按照数值的大小从小到大进行排序。左边第 1 列显示的是分位情况，每一个分位的最大值和最小值都对应图例所显示的数值。

表 3－4 **排序和分位**

分位	排序后数据			原始数据		
	序号	地区	GDP（亿元）	序号	地区	GDP（亿元）
第一分位	26	西藏	507	1	北京	14 114
	29	青海	1 350	2	天津	9 224
	30	宁夏	1 690	3	河北	20 394
	21	海南	2 065	4	山西	9 201
	28	甘肃	4 121	5	内蒙古	11 672
	24	贵州	4 602	6	辽宁	18 457
	31	新疆	5 437	7	吉林	8 668
	25	云南	7 224	8	黑龙江	10 369
第二分位	22	重庆	7 926	9	上海	17 166
	7	吉林	8 668	10	江苏	41 425
	4	山西	9 201	11	浙江	27 722
	2	天津	9 224	12	安徽	12 359
	14	江西	9 451	13	福建	14 737
	20	广西	9 570	14	江西	9 451
	27	陕西	10 123	15	山东	39 170

① 分位数地图每一类的地区数量应该是一样的，但是本例中只有 31 个省份，不能被 8 整除，因此 GeoDa 软件在第二类上减少了一个省份。

② 如果对图例中的颜色不满意，用户可以指定想要的颜色。鼠标右键点中图例中想要换颜色的色块，这时候弹出右键快捷菜单，有 3 个选项，选择第一条"Color for Category"，即可弹出选择颜色的对话，指定好颜色之后，点击表示确定的按钮，该图例中相应的地区就变成了指定的颜色。对于所有的地图都可以进行换色操作。

续前表

分位	排序后数据			原始数据		
	序号	地区	GDP（亿元）	序号	地区	GDP（亿元）
第三分位	8	黑龙江	10 369	16	河南	23 092
	5	内蒙古	11 672	17	湖北	15 968
	12	安徽	12 359	18	湖南	16 038
	1	北京	14 114	19	广东	46 013
	13	福建	14 737	20	广西	9 570
	17	湖北	15 968	21	海南	2 065
	18	湖南	16 038	22	重庆	7 926
	9	上海	17 166	23	四川	17 185
第四分位	23	四川	17 185	24	贵州	4 602
	6	辽宁	18 457	25	云南	7 224
	3	河北	20 394	26	西藏	507
	16	河南	23 092	27	陕西	10 123
	11	浙江	27 722	28	甘肃	4 121
	15	山东	39 170	29	青海	1 350
	10	江苏	41 425	30	宁夏	1 690
	19	广东	46 013	31	新疆	5 437

由表 3-4 可以清晰地了解每个分位所包含的省份。其中，第一分位包含 8 个省份，分别是西藏、青海、宁夏、海南、甘肃、贵州、新疆和云南；第二分位包含 7 个省份，分别是重庆、吉林、山西、天津、江西、广西和陕西；第三分位包含 8 个省份，分别是黑龙江、内蒙古、安徽、北京、福建、湖北、湖南和上海；第四分位也包含 8 个省份，分别是四川、辽宁、河北、河南、浙江、山东、江苏和广东。

3.2.2 百分位数地图

百分位数地图是分位数地图的一个特例（Anselin，2003a）。在 GeoDa 软件菜单栏里点击“Map”菜单，选中“Percentile Map”，选择 GDP 变量，得到百分位数地图。

窗口分左右两部分，左侧部分为图例部分，右侧部分为百分位数地图。[①] 从图例中可以发现，小于 1% 的省份为 0 个，大于 1%而小于 10% 的省份有 3 个，大于 10%而小于 50%的省份有 12 个，大于 50%而小于 90% 的省份有 13 个，大于 90%而小于 99% 的省份有 3 个，大于 99%的省份为 0 个。

百分位数地图的概念和上述介绍的分位数地图的概念是类似的，只不过分位数地图计算的是 25%、50%和 75%的分位数。而在 GeoDa 软件中，百分位数地图则是计算了 1%、10%、50%、90%和 99%的分位数。

为了加深对分位数概念的理解，将 GDP 变量按照数值大小从到大进行排列（与表 3-4 类似）。1%、10%、50%、90%和 99%的分位数分别为 507 亿元、2 065 亿元、10 369亿元、27 722 亿元和46 013 亿元。对应图例可知，小于 1%的省份是不存在的；1%～10%的省份有 3 个，由表 3-4 可知为西藏、青海、宁夏；10%～50%的省份有 12

① 有关分位数的计算，请自行参阅《统计学》教材。

个，分别为海南、甘肃、贵州、新疆、云南、重庆、吉林、山西、天津、江西、广西和陕西；50%～90%的省份有 13 个，分别为黑龙江、内蒙古、安徽、北京、福建、湖北、湖南、上海、四川、辽宁、河北、河南和浙江；90%～99%的省份有 3 个，分别为山东、江苏和广东；大于 99%的省份也是不存在的。

3.2.3　箱形图地图

在 GeoDa 软件菜单栏里点击“Map”菜单，选中“Box Map”，下一级菜单指向 2 个参数：“Hinge=1.5”和“Hinge=3.0”，本例分别选择“Hinge=1.5”和“Hinge=3.0”，绘制 2 个箱形图地图，选择 GDP 变量，得到箱形图地图。在分析箱形图地图之前，看一下经典箱形图[①]，如图 3-19 所示。

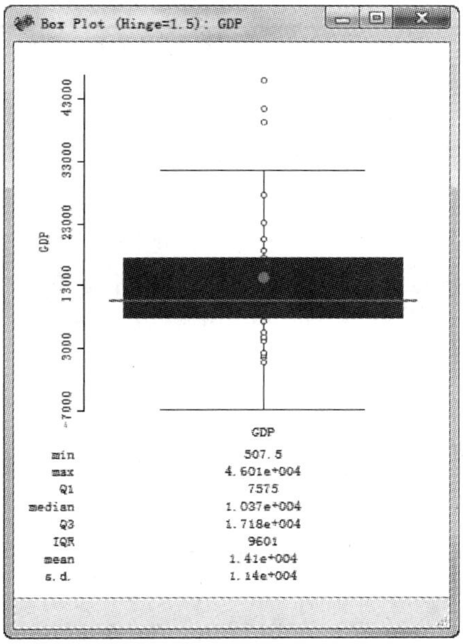

图 3-19　经典箱形图

图 3-19 中箱子之外的上下水平线分别表示上边界和下边界，上下边缘之外的三个散点表示异常值（outliers），箱子上下边缘分别表示上四分位数和下四分位数，其中上四分位数又称“upper hinge”，也就是 75%分位，下四分位数又称“lower hinge”，也就是 25%分位。“upper hinge-lower hinge”这个值又称四分位间距［the interquartile range（IQR）］，其中，“Hinge”的 2 个参数 1.5 和 3 分别表示 1.5 倍和 3 倍的四分位间距。

当“Hinge=1.5”的时候，少于和超过 1.5 倍的四分位间距的观察值被看做是异常值。换言之，两个异常值的边界分别为 $Q_{25}-1.5\times IQR$ 和 $Q_{75}+1.5\times IQR$。同理，当“Hinge=3”的时候，少于和超过 3 倍的四分位间距的观察值被看做是异常值。因此，

① GeoDa 软件也提供了显示经典箱形图功能，具体操作是点击菜单栏中的“Explore”菜单，选择“Box Plot”，选择 GDP 变量，点击“OK”按钮。

设定不同的"Hinge"参数，异常值的情况会有所不同。经典箱形图里中间的水平线表示中位数。

以"Hinge=1.5"为例进行解释。由表3-5可知，GDP变量的25%分位数为7 224亿元，75%分位数为17 185亿元，因此，四分位间距IQR等于9 961（=17 185−7 224）亿元。那么，当"Hinge=1.5"时，1.5 IQR=1.5×9 961=14 942亿元。两个异常值的边界分别为7 224−14 942=−7 718亿元和17 185+14 942=32 127亿元，对应的是图3-19中箱子之外的上下水平线。

由表3-4中的数据可知，没有小于0的GDP数据，因此低异常值的省份为0个。而GDP大于32 127亿元的省份有3个，分别是山东（39 170亿元）、江苏（41 425亿元）和广东（46 013亿元）。当"Hinge=3"的时候，计算方法与上述类似，故不再赘述。

表3-5　"Hinge=1.5"的异常值边界　单位：亿元

变量	25%分位数	75%分位数	IQR	1.5IQR	$Q_{25}-1.5\times IQR$	$Q_{75}+1.5\times IQR$
GDP	7 224	17 185	9 961	14 942	−7 718	32 127

箱形图地图中左侧的图例对应图3-19中的几个重要的参数，其意义与传统的经典箱形图一样。经典箱形图中的散点在箱形图地图中以空间单元的形式表达出来。例如，经典箱形图中上面的三个异常值对应的是箱形图地图中深红色的省份，即山东、江苏和广东，表明相对于其他省份来说，这3个省份的GDP数值过大，被认为是异常值。

注意：箱形图地图和百分位数地图可以很好地探测出异常值的位置（Anselin，2003a）。

3.2.4　标准差地图

在GeoDa软件菜单栏里点击"Map"菜单，选中"Standard Deviation Map"，选择GDP变量，得到标准差地图。

窗口分左右两部分，从左侧图例可以看出，31个省份分为6类地区，但是第一类地区数量为0，因此实际上只有5类地区。

标准差地图的分类规则为：以均值作为中心，然后分别加减1个标准差和2个标准差来进行分类。针对本例的GDP数据，按照这种分类方法，那么各个分类的临界值如表3-6所示。

表3-6　GDP变量的均值（mean）与标准差（SD）　单位：亿元

变量	mean	SD	mean−2×SD	mean−SD	mean+SD	mean+2×SD
GDP	14 098	11 401	−8 705	2 697	25 499	36 901

注：计算过程中采用了四舍五入法。

由表3-6可知，GDP变量的均值为14 098亿元，标准差为11 401亿元。均值加1个标准差等于25 499亿元，对应图例中的"2.55e+004"；均值加2个标准差等于36 901亿元，对应图例中的"3.69e+004"；均值减1个标准差等于2 697亿元，对应图例中的"2.7e+003"；均值减2个标准差等于−8 705亿元，对应图例中的"−8.7e+003"。

可以看出，大于均值的地区有 13 个（=9+1+3），小于均值的地区有 18 个（=14+4+0）。由此可见，大部分省份的 GDP 数值小于全国 GDP 的平均值。

3.2.5 唯一值地图

在 GeoDa 软件菜单栏里点击“Map”菜单，选中“Unique Values Map”，选择 GDP 变量，得到唯一值地图。

实际上，GeoDa 软件对唯一值是有要求的，即要求是离散变量。本例是连续变量，因此，如果按照唯一值来绘制地图，左侧的图例应该有 31 个地区，右侧的 31 个地区也应该以 31 种颜色来表示[①]，因为分类过多，不满足 GeoDa 软件的要求，因此可绘制相近值聚类的地图。

唯一值地图用在离散变量里较好。例如，在实证分析中，通常将 31 个省份划分为东部地区、中部地区、西部地区和东北部地区 4 个区域。假设存在一个名为“Region”的变量，属于东部地区的省份赋值为“1”；属于中部地区的省份赋值为“2”；属于西部地区的省份赋值为“3”；属于东北地区的省份赋值为“4”。然后利用唯一值地图功能很容易将 4 类地区显示在地图中。重复上述步骤，可以得到东部、中部、西部和东北部地区的分类地图。

3.2.6 自然断点分类法地图

自然断点分类法（Jenks natural breaks classification method）又称作 Jenks 优化方法（Jenks optimization method），是地图制图学家 George Jenks 于 1967 年提出的分类方法（Jenks，1967）。[②]

在 GeoDa 软件菜单栏里点击“Map”菜单，选中“Natural Breaks Map”，下一级菜单中提供了 2～10 个断点数，本例选择“4”，选择 GDP 变量，得到自然断点分类法地图。

窗口分左右两个部分。由地图可以看出，经济最发达的省份有 3 个：山东、江苏和广东。经济第二发达的省份有 9 个，一般水平的省份有 12 个，而经济落后的省份有 7 个。由自然断点分类法地图可知，在 31 个省份中，有 19 个省份属于不发达或者欠发达地区。

3.2.7 等间距分类法地图

在 GeoDa 软件菜单栏里点击“Map”菜单，选中“Equal Intervals Map”，下一级菜单中提供了 2～10 个间距数，本例选择“4”，选择 GDP 变量，得到等间距分类法地图。等间距分类法的原理是将数据按照数值平均分成 k 份，本例“$k=4$”，分类方法参见

① 实际上 ArcGIS 等 GIS 软件均可以完美地显示，一般可以采用渐变色来显示。

② 自然断点分类法将数据分成不同的类，通过迭代的过程使得结果满足最佳的分类原则，即每一类之间的方差最小，同时要求类与类之间的方差最大。简言之，Jenks 优化方法得到的分类组内方差最小，组间方差最大。

表 3－7。

表 3－7　　等间距分类　　单元：亿元

变量	最大值	最小值	差值	分成 4 类间距	最小值+1 倍间距	最小值+2 倍间距	最小值+3 倍间距
GDP	46 013	507	45 506	11 377	11 884	23 260	34 637

注：计算过程中采用了四舍五入法。

由表 3－7 可知，GDP 变量的最小值为 507 亿元，最大值为 46 013 亿元，差值为 45 506（=46 013－507）亿元，分成 4 类，间距等于 11 377（=45 506÷4）亿元。第一个分类的边界等于"最小值+1 倍间距"，即 11 884 亿元；第二个分类的边界等于"最小值+2 倍间距"，即 23 260 亿元；第三个分类的边界等于"最小值+3 倍间距"，即 34 637 亿元；第四个分类的范围即为 34 637 亿元到最大值 46 013 亿元。

3.2.8　条件地图

条件地图又称格子图，在 GeoDa 软件中生成一个由 3×3 个小地图组成的矩阵图。它的好处在于可以将 3 个或者 4 个变量在二维图中显示出来并表明这几个变量之间的内在关系。

GeoDa 软件生成的条件地图包含 9 个小地图。在绘制条件地图时，要涉及 3 个重要参数，其中之一是一个连续变量，其他两个变量作为条件变量，是绘制小地图的依据，这两个变量可以在 GeoDa 软件中进行设置。①

在 GeoDa 软件菜单栏里点击"Map"菜单，选择"Conditional Plot Map"，即可弹出"Conditional Map Variables"对话框，提示用户选择变量，如图 3－20 所示。

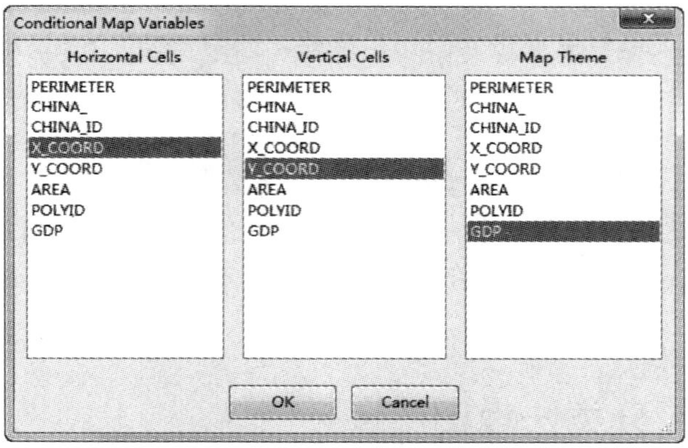

图 3－20　条件地图选择变量

"Conditional Map Variables"对话框与之前的分位数地图变量选取对话框有很大的区别，条件地图主要涉及 3 个关键参数。在"Horizontal Cells"选框中选择"X _ CO-

① 条件地图的分析方法有助于揭示单变量所不能显示的交互效应（interaction effects），通过控制两个条件变量，可以分析主变量的敏感性（sensitivity）。

ORD”变量，在“Vertical Cells”选框中选择“Y _ COORD”变量①，在“Map Theme”选框中选择“GDP”变量，点击“Conditional Map Variables”对话框下方的“OK”按钮，即可弹出条件地图。

窗口显示出 3×3=9 个小的中国地图，每个小地图都有由若干个不同颜色表示的省份。由于横坐标表示经度坐标，纵坐标表示纬度坐标，所以在这个示例中坐标系决定了在哪个小地图中显示出对应的省份。

例如，右上角是横坐标和纵坐标最大的地方，也就是东北地区。在这个小地图中有 4 个省份的 GDP 被显示出来，即黑龙江、吉林、辽宁和山东。依照左边的图例颜色可知各个省份 GDP 变量分属不同的情况。例如，山东省为深红色，对照图例可知山东归属为异常值。左上角表示的是横坐标最小、纵坐标最大的地区，这里只有 1 个省份，即新疆。根据左侧的图例可知，新疆地区 GDP 属于“<25%”的范围。由此可见，在本例中，纵、横坐标决定了空间单元的显示。也就是说，经纬度坐标条件变量决定了小地图的位置。主题变量“Map Theme”是分析和研究中感兴趣的变量。

在窗口最左边的图例部分，最下面的红色图例对应的是离群值，括号内为 3，说明有 3 个省份被认为是离群值，对照这 9 个小地图来看，实际上就是 GDP 最发达的 3 个省份，即山东、江苏和广东。每个图例对应的颜色和括号内的数量在 9 个小地图中都可以找到对应的省份。

3.2.9 示意地图

示意地图是地理学中常见的一种将主题属性变量进行地图可视化的地图。这里的地图不再是面积、距离这样的地理属性变量，而是人口、GDP 这样的变量。示意地图的一个用法是在地图上凸显出那些极端值（Anselin，2005）。

示意地图在 GeoDa 软件中的操作步骤是：在 GeoDa 软件菜单栏里点击“Map”菜单，然后选中“Cartogram Map”②，点击之后即可弹出“Cartogram Variables”对话框，提示用户选择变量，如图 3-21 所示。

在“Cartogram Variables”对话框中，左边栏“Circle Size”表示圆的大小，右边栏“Circle Color”表示圆的颜色。在本例中，在“Circle Size”选框中选择 GDP 变量，表明 GDP 的大小以圆的大小来表示，圆越大表明 GDP 值越大；在“Circle Color”选框中选择“POLYID”变量，表明按照 POLYID 值来表示圆的颜色③。点击“Cartogram Variables”对话框下方的“OK”按钮，即可弹出示意地图，如图 3-22 所示。

---

① 之所以称之为条件地图，是因为该地图的绘制以两个变量为条件，这两个条件变量可以是经度和维度。不妨设经度为第一个条件变量（the first condition），那么维度则为第二个条件变量（the second condition）。实际上，这两个条件变量不仅可以设置为经度和维度，还可以设置成其他变量。

② 有关 Cartogram 制图，请参阅 Dorling（1996）和 Tobler（2004）。

③ 实际上，如果不是太在意圆的颜色的话，任意表达即可。但是，如果实证研究有特殊需要，那么可以根据实证研究的具体情况来定，因为颜色变量在这里有箱形图的统计含义。本例对 GDP 变量对应的圆的面积大小更感兴趣，也就是省份 GDP 的体量大小。

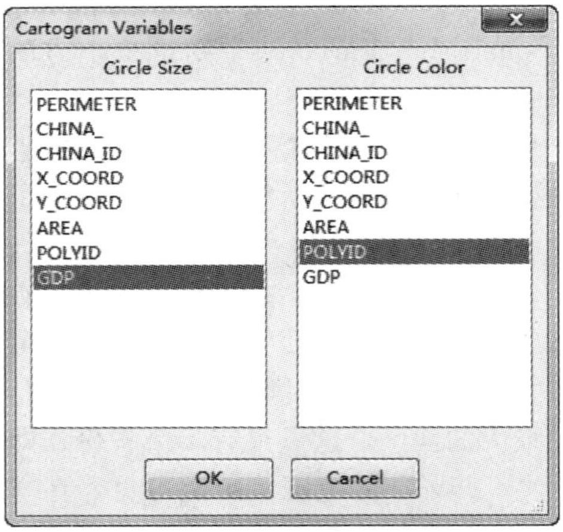

图 3-21　示意地图选择变量

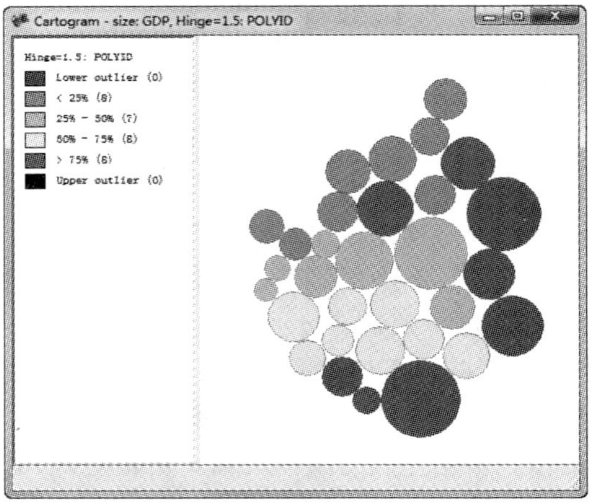

图 3-22　示意地图

由图 3-22 可以看出，各个省份不再是不规则的空间单元，它们以圆的形式展示出来。其中，东部地区省份圆的面积明显大于西部地区省份圆的面积，这表明东部地区各个省份在经济总量上明显大于西部地区各个省份。例如，东部地区 4 个非常明显的最右边的圆自上而下分别代表山东、江苏、上海和浙江。根据地理位置可以很明确地知道，最下方的大圆代表广东。地图顶部自东向西的圆代表从黑龙江到新疆。

本例的示意地图是由 31 个圆（31 个空间单元）组成的，各个圆面积的大小根据各个省份 GDP 数值的大小成比例绘制。同时，这些圆也结合了地理坐标信息，形成了示意地图。①

3.2.10　地图保存

在绘制完地图后，往往需要对绘制好的图形进行保存，以便插入各种文件中。这一小节将介绍如何保存地图。GeoDa 软件将地图保存为 3 种图片格式，如下所示：

- bmp 位图格式

bmp（BitMap 的缩写）位图格式是微软公司开发的一种位图图形格式，也是 Windows 操作系统中最基本的图形格式。由于 bmp 图片文件通常没有经过压缩，因此，bmp 文件格式的图片要比同样质量的其他格式的图片大很多。

- png 位图格式

png（Portable Network Graphics 的缩写）位图格式是一种无损压缩的位图图形文件格式。因此，png 文件格式的图片要比同样质量的其他格式图片小很多，非常适合用作网络传输的图片的格式。

---

① 请注意，实际上，统计图形是通过迭代的非线性优化方法获得的，尽可能地按照空间单元的位置紧密排列起来（Anselin，2005）。当然，初次绘制的示意地图可能不够好，GeoDa 软件提供了改进的功能。鼠标右键点击统计图形，在弹出的菜单栏中选择“Improve Cartogram”，选择参数，比如说选择“10 000 more iterations”，表示 GeoDa 软件会经过 10 000 次迭代输出一个更好的图形。

● svg 矢量图格式

svg（Scalable Vector Graphics）是 W3C（World Wide Web Consortium，W3C）制定的一种矢量图形文件格式。svg 文件格式具有很多优点①，被广泛用于互联网②。

在绘制完地图之后，如果想要保存地图，鼠标右键点击绘制好的地图，在弹出的菜单里选择“Save Image As”，则 GeoDa 软件弹出“Save Image to File”对话框，选择保存地图的文件路径即可。

3.2.11　分类方法的比较

上述介绍了多种地图的分类方法，有的分类方法可以自定义分成几类，有的分类方法根据算法进行分类，不可以自定义。那么，针对不同的分类方法应该如何判断分类的好坏呢？接下来引入一个统计量：方差拟合优度（goodness of variance fit，GVF）。

方差拟合优度的计算可以分为三个步骤。第一步，计算组内方差（the sum of squared deviations between classes，SDBC），如下所示：

$$\mathrm{SDBC}=\sum_{j=1}^{k}\frac{1}{N_j}\sum_{i=1}^{N_j}(y_{ij}-\bar{y}_j)^2 \tag{3.1}$$

其中，k 表示分成 k 类；N_j 表示第 j 类样本观察值的个数；$\bar{y}_j$ 表示第 j 类样本的均值，y_{ij} 表示第 j 类中的第 i 个元素。

第二步，计算样本的方差（the sum of squared deviations from the array mean，SDAM），如下所示：

$$\mathrm{SDAM}=\frac{1}{N}\sum_{i=1}^{N}(y_i-\bar{y})^2 \tag{3.2}$$

其中 N 表示共有 N 个样本，$\bar{y}$ 表示均值。

第三步，计算方差拟合优度统计量，如下所示：

$$\mathrm{GVF}=1-\frac{\mathrm{SDBC}}{\mathrm{SDAM}} \tag{3.3}$$

实际上，上述的方差拟合优度统计量的计算也就是自然断点分类方法所遵循的原则，即 SDBC 最小，由于 SDAM 是固定的，所以 GVF 就最大。

需要注意的是：分类数 k 越大，SDBC 就越小，方差拟合优度统计量 GVF 会增大。当 $k=N$ 的时候，每一个分类的 SDBC=0，那么就有 GVF=1。如果将每一个空间单元都分成一类，那么，对于实证分析问题来说也没有任何帮助。由此可见，并非分类的数量越多越好。

但是，对于分类数相同的不同分类方法来说，方差拟合优度统计量可以用来判断分类方法的好坏，以上述小节介绍的 6 种分类方法为例，每种方法的方差拟合优度统计量

---

①　svg 图片的优点主要是针对网站开发人员来说的。感兴趣的读者可以自行参阅相关资料。

②　这三种图片文件格式各有优劣。需要注意的是：Word 不支持 svg 图片格式。推荐使用 png 文件格式，因为这些图片经过无损压缩，图片质量没有太大的损失，但是文件容量小很多。如果有特殊文件格式需要，比如 jpeg 或者 tiff 格式，只能通过其他图片处理软件，比如 Photoshop，进行图片文件格式的转换。

如表 3－8 所示。

表 3－8　　6 种分类方法的方差拟合优度统计量

	分位数分类	百分位数分类	箱形图分类	标准差分类	自然断点分类	等间距分类
GVF	0.016 7	0.715 4	0.743 1	0.830 8	0.762 7	0.767 5
理论分类数	$k=4$	$k=6$	$k=6$	$k=6$	$k=4$	$k=4$
实际分类数	$k=4$	$k=4$	$k=5$	$k=5$	$k=4$	$k=4$

在百分位数分类、箱形图分类和标准差分类中，有的分类类别中省份个数为 0，因此，实际分类数跟理论分类数有所出入。在实际分类数为 4 的情况下，分位数分类的 GVF 为 0.016 7，百分位数分类的 GVF 为 0.715 4，自然断点分类的 GVF 为 0.762 7，由此可见，自然断点分类的方法最优。

值得注意的是：在等间距分类中，有一个分类只有一个省份，因此组内的方差为 0，这样的分类实际上也缩小了 SDBC，因此，GVF 增大。另外，在所有的分类方法中，标准差分类的 GVF 统计量最大，为 0.830 8。

3.3　应用 GeoDa 软件绘制统计图

在这一节中，将要介绍的主要内容是 GeoDa 软件的统计图制图功能，主要涉及 GeoDa 软件菜单栏中的“Explore”菜单。“Explore”菜单提供了 7 大类统计图功能，分别是：直方图、箱形图、散点图、气泡图、3D 散点图、平行坐标图和 3 种条件图。[①] 接下来，将逐一介绍在 GeoDa 软件中如何实现统计图形的绘制。

3.3.1　直方图

首先介绍直方图。直方图是由 Pearson 提出的一种描述概率分布的统计图形。[②] 在 GeoDa 软件菜单栏里点击“Explore”菜单，然后选择“Histogram”，选择 GDP 变量，得到直方图，如图 3－23 所示。

由图 3－23 可知，GeoDa 软件生成的直方图与其他统计软件生成的直方图并无二致。直方图横坐标表示的是 GDP 变量，纵坐标表示的是频数（frequency）。[③] 以直方图最左边的柱子为例，它表示的含义是：坐标线显示 GDP 在 507 亿元至 7.01e＋003 亿元范围之内的省份有 7 个，依此类推。

① 虽然 GeoDa 软件提供的统计图功能在其他统计软件如 Stata、R 和 SPSS 等软件里也可以轻松实现，但是 GeoDa 软件的优势在于能够将这些统计图与地图紧密地联系起来，这个功能是一般的统计软件所无法比拟的。

② 统计分析中常用的 Pearson 相关系数也是由 Pearson 提出来的。

③ 刚生成的 GeoDa 软件默认的直方图下方没有图 3－23 里出现的那么多统计量。用鼠标右键点击直方图空白处会弹出一个菜单，选择“Display Statistics”选项即可显示出下方的统计量。

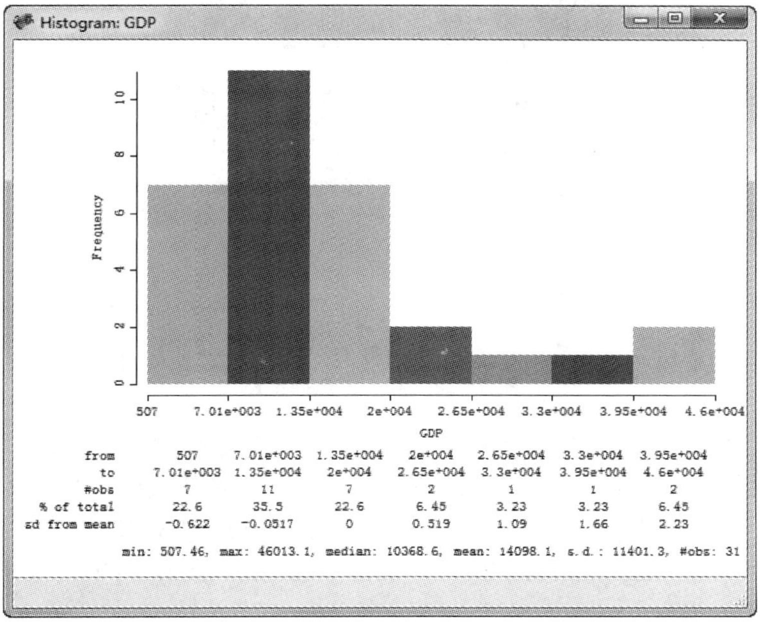

图 3-23 直方图

前面的小节介绍了 GeoDa 软件可以将各类统计图形与地图紧密联系起来。在本例中，直方图中的柱子也可以与地图建立起联系。点击直方图图 3-23 最左侧的柱子，这个柱子会以黄色高亮网格的形式显示出来，与此同时，基础地图中也会以黄色高亮网格的形式显示出相应的空间单元。

图 3-23 中的直方图最左边的柱子被选中，观察纵坐标的频数为 7，表示 GDP 最低的类别有 7 个省份。再看基础地图，相应地，西部 6 个省份（新疆、西藏、青海、甘肃、宁夏、贵州）和海南一共 7 个省份被以黄色高亮网格的形式显示出来。

3.3.2 箱形图

箱形图是由 Tukey（1978）首先提出来的统计图形，目前被广泛应用于统计分析，是非常常见的统计图形。箱形图在上一节中已经介绍过了。具体操作步骤是：在 GeoDa 软件菜单栏里点击"Explore"菜单，然后选择"Box Plot"，选择 GDP 变量，得到箱形图。

经典的箱形图也可以与地图建立起联系。在本例中，选取箱形图最上方的 3 个异常值，与此同时，地图中也会以黄色高亮网格的形式显示出相应的空间单元。由于这在上一节中介绍过，故不再赘述。

3.3.3 散点图

在 GeoDa 软件菜单栏里点击"Explore"菜单，选择"Scatter Plot"，弹出"Scatter Plot Variables"对话框，如图 3-24 所示。

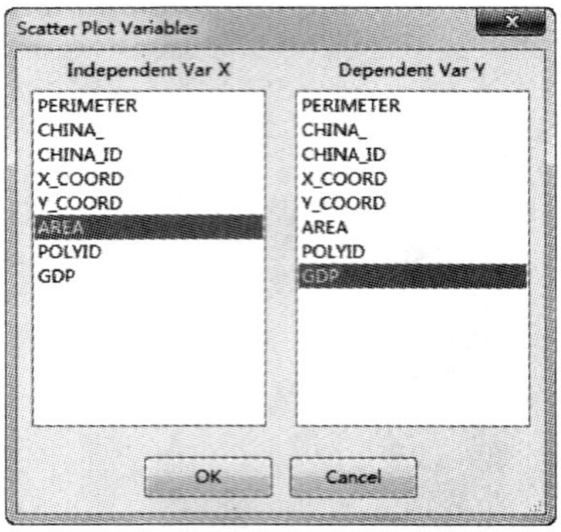

图 3-24　散点图选择变量

“Scatter Plot Variables”对话框分为左右两栏，左边的“Independent Var X”栏中表明将要选取的是自变量，右边的“Dependent Var Y”栏中表明将要选取的是因变量。本例中，在“Scatter Plot Variables”对话框左栏里选择“AREA”变量（面积），在“Dependent Var Y”选框中选择“GDP”变量①，点击下方的“OK”按钮，即可得到散点图，如图 3-25 所示。

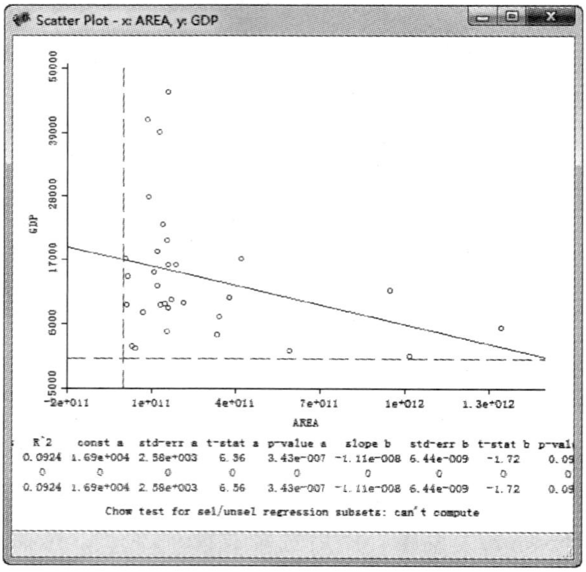

图 3-25　散点图

图 3-25 的横坐标为 AREA（面积）变量，纵坐标为 GDP 变量，可以明显看出一条向下倾斜（负斜率）的斜线。由此可以看出，省域面积与 GDP 呈负相关关系，即面积越大的省份，GDP 越低。

散点图中的散点也可以与地图中的省份建立起联系，但是散点图会随之发生一些微小的变化。在本例中，选取散点图中最左上角的 3 个散点②，如图 3-26 所示，可以发现东

① 表明各个省的面积和 GDP 之间的关系，在这里仅仅作为演示而已，不代表有任何理论依据。

② 它们是国土面积最小而 GDP 最大的 3 个散点，即山东、江苏和广东。

部 3 个省份，即山东、江苏和广东，在基础地图中会以黄色高亮网格的形式显示出来。

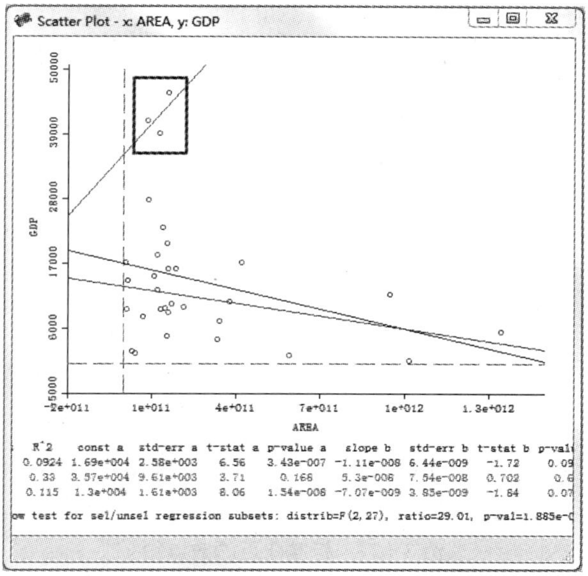

图 3-26 散点图与地图

注意：图 3-26 的散点图与之前的散点图图 3-25 相比，右边出现了 3 条斜线。其中，选中的 3 个散点（左上角）形成了一条正斜率的斜线，表示这 3 个点形成了一个正向的“面积-GDP”关系，即这 3 个省份符合面积越大 GDP 越大的规律。

下方出现了两条负斜率的斜线①，一条是之前的斜线（31 个散点），表示所有散点建立起的“面积-GDP”关系；新出现的斜线表示剔除了上面 3 个散点（山东、江苏和广东）之后的斜线，可以发现这条斜线的斜率有所增大。由此可见，这三个异常值的杠杆效应非常大。

注意：如果想要选取的散点无法在一个矩形框里全部选择，那么 GeoDa 软件也提供了分散选择散点的功能，即按住“Shift”键同时使用鼠标左键就可以逐个选择不同的散点。如果想取消某个散点，同样按住“Shift”键，同时鼠标左键点击该散点即可取消。如果想取消所有的散点，只需鼠标点击任意空白处即可。

另外，GeoDa 软件还提供了一个有趣的功能：擦拭（brushing）。具体的操作是：按住“Ctrl”键同时按住鼠标左键划取一个矩形框，先松开鼠标左键，再松开“Ctrl”键，这时的矩形框的大小固定不动，移动鼠标，矩形框也随之移动，包含在矩形框内的散点表示被剔除。再按一下鼠标左键即可取消该功能。这个擦拭功能可以用在 GeoDa 软件所有的图形中。

GeoDa 软件在散点图中还提供了标准化数据后绘制散点图的功能。② 具体的操作步骤是：鼠标右键点击散点图中的任意空白处，在弹出的菜单中选择“View Standardized

① 注意在电脑软件中，两条斜线的颜色不同。

② 标准化的公式是：$\frac{Y'}{\sigma_Y}$；$\frac{X'}{\sigma_X}$。其中，σ_Y 和 σ_X 分别是 $\boldsymbol{Y}$ 和 $\boldsymbol{X}$ 的标准差。经过标准化后的散点图，其斜率等于没经过标准化的两个变量的 Pearson 相关系数，即斜率一定在［0，1］之间。标准化可以将回归线的散点图转变成相关系数的散点图（Anselin，2005）。

Data”，即可得到标准化后的散点图（见图 3－27）。

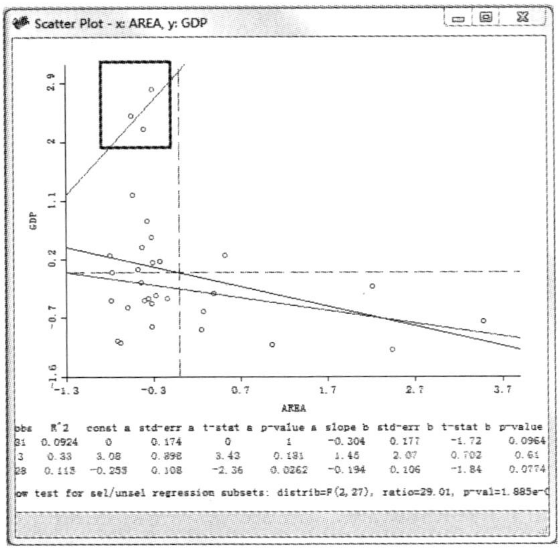

图 3－27　标准化后的散点图

标准化后的散点图坐标与之前的原始值散点图坐标明显不同，并且在 X 轴和 Y 轴为 0 的地方出现了 2 条虚线。其中，纵横坐标值大于 2 被看做是异常值。在本例中，选取纵坐标大于 2 的 3 个散点，即 AERA 小于 0 而 GDP 大于 2 的 3 个散点（山东、江苏和广东），选中这 3 个散点，在基础地图中相应的省份会以黄色高亮网格的形式显示出来。同样的道理，也可以选取横坐标值大于 2 的 3 个散点，即 GDP 小于 0 而 AERA 大于 2 的 3 个散点，即新疆、西藏和内蒙古。

3.3.4　气泡图

在 GeoDa 软件菜单栏里点击“Explore”菜单，选择“Bubble Chart”，点击之后即可弹出“Bubble Chart Variable”对话框，提示用户选择变量，如图 3－28 所示。

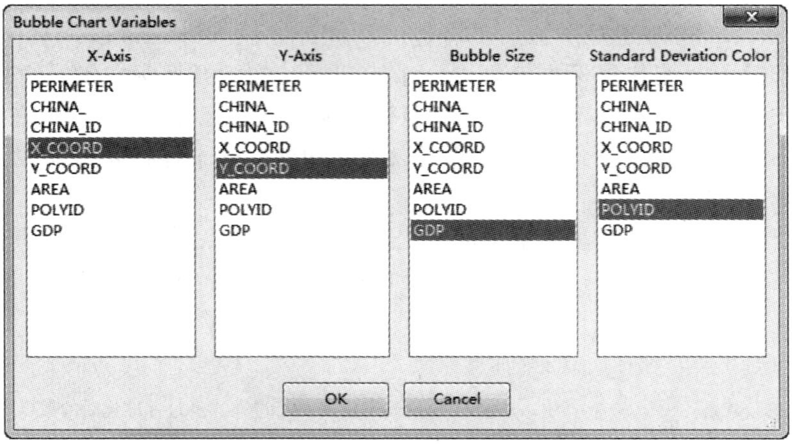

图 3－28　气泡图选择变量对话框

“Bubble Chart Variables”对话框一共有 4 栏，即需要选择 4 个变量。在本例中，在对话框第一栏“X-Axis”中选择“X _ COORD”变量，在第二栏“Y-Axis”中选择“Y _ COORD”变量，在第三栏“Bubble Size”中选择“GDP”变量，在第四栏“Standard Deviation Color”中选择“POLYID”变量①，点击下方的“OK”按钮，即可得到气泡图，如图 3-29 所示。

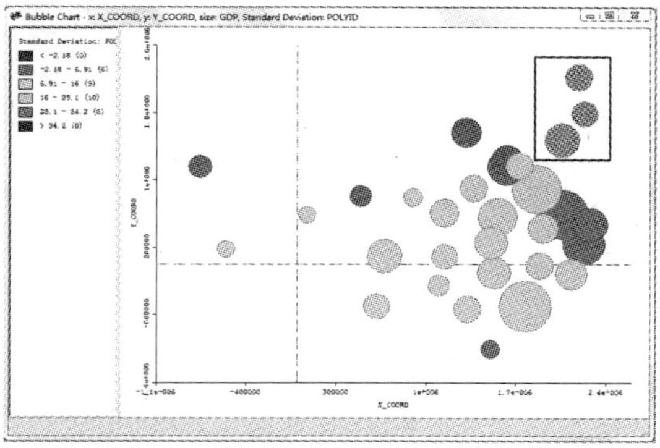

图 3-29　气泡图

气泡图图 3-29 与示意地图在直观上非常类似，也是由圆圈来表示各个省份。但是，与示意地图不同的是，气泡图中表示各个省份的圆圈彼此之间不是边界相切的，而是呈现有的省份出现重叠的现象，如东部地区的省份；有些省份则呈现分散分布，如西部地区的省份。这是由于气泡图采用的是空间单元（即各个省份）的坐标信息。也就是说，圆圈的位置是根据省份的地理坐标来确定的。与此同时，圆圈的大小表示各个省份 GDP 的大小。东部地区省份的 GDP 明显要比西部地区省份的高很多，但是省域面积较小，所以东部地区出现了圆圈重叠的现象。而西部地区省份的 GDP 数值很小（尤其是新疆、西藏和青海，GDP 很小），但是省域面积很大，所以根据坐标信息在地图上显示出分散的状态。

3.3.5　3D 散点图

在 GeoDa 软件菜单栏里点击“Explore”菜单，选择“3D Scatter Plot”，点击之后即可弹出“3D Scatter Plot Variables”对话框，提示用户选择变量。对话框一共有 3 栏，即需要选择 3 个变量。在本例中，在第一栏“X”选框中选择“X _ COORD”变量，在第二栏“Y”选框中选择“Y _ COORD”变量，在第三栏“Z”选框中选择“GDP”变量，如图 3-30 所示。点击“3D Scatter Plot Variables”对话框下方的“OK”按钮，即可弹出 3D 散点图，如图 3-31 所示。

用户可以用鼠标左键按住 3D 散点图进行拖动，则 3D 散点图会随之旋转。这个功能对于 3D 空间数据有很好的图形表达能力。在左边的“View”功能栏中，“Project”表示投影的意思，点中复选框，则三维空间中的散点会投影到相应的投影面上。②

---

① 在这里选择“POLYID”的意义与之前介绍的示意地图是一样的意思。

② 该图形功能对学术论文插图帮助不大，但是对于理解空间数据有很大的帮助。

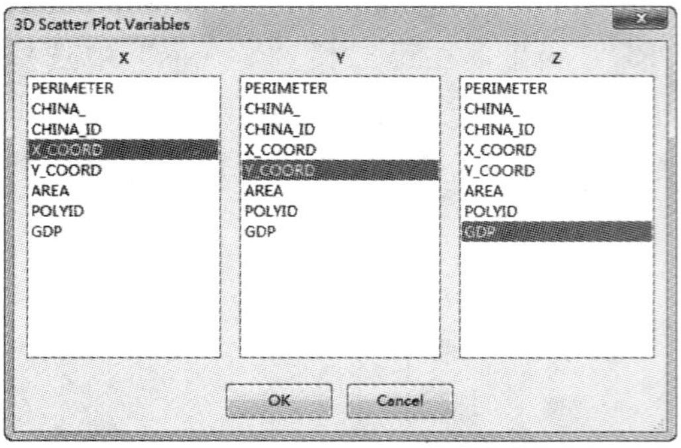

图 3-30　3D 散点图选择变量对话框

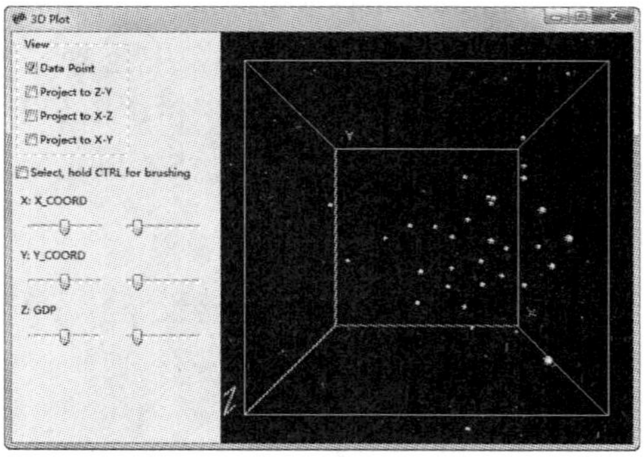

图 3-31　3D 散点图

3.3.6　平行坐标图

平行坐标图是由 Ocagne（1885）提出的可以描述多维数据相互关系的一种数据分析图形。平行坐标图可以将多维数据投影到二维平面上。具体操作步骤是：在 GeoDa 软件菜单栏里点击“Explore”菜单，然后选择“Parallel Coordinate Plot”[①]，点击之后即可弹出“Parallel Coordinate Plot”对话框，提示用户选择变量。

“Parallel Coordinate Plot”对话框分为左右两栏。左侧的“Exclude”一栏表示平行坐标图中不包含的变量，右边的“Include”一栏表示平行坐标图中包含的变量。中间的单个向左和向右箭头分别表示将单个变量从右移动到左和从左移动到右。2 个向左和向右箭头分别表示将所有的变量从右移动到左和将所有的变量从左移动到右。需要注意的是：移动左侧到右侧变量的先后顺序（也就是“Include”栏中变量的上下位置，先从左侧移动到右侧的变量排在“Include”栏的上面）对未来的平行坐标图的结果有影响，因此，需要注意这一点。[②]

在本例中，从左侧的“Exclude”栏中选中 3 个变量移动到右侧的“Include”栏中：分别是：“PERIMETER”（省域边界的长度）、“AREA”和“GDP”。点击“Parallel Coordinate Plot”对话框下方的“OK”按钮，即可得到平行坐标图，如图 3-32 所示。

平行坐标图图 3-32 中 3 个变量形成了 2 个区域。上方部分区域是将 PERIMETER 和 AREA 这两个变量通过直线连接起来，下方部分区域是将 AREA 和 GDP 这两个变量通过直线连接起来。连接的方式是：将空间单元 i 的变量 x_1 和变量 x_2 连接起来，直到所有的空间单元两个变量都连接起来为止。

由平行坐标图图 3-32 可知，变量的上下顺序与“Include”框中的变量顺序是一致的，因此，在设定“Parallel Coordinate Plot”对话框时需要考虑变量的先后顺序。如果对变量的选取顺序不满意，GeoDa 软件提供了修改平行坐标图的功能。具体的做法是：鼠标左键按住平行坐标图变量左边的小圆点，上下移动到合适的位置。比如说，按住平行坐标图中间变量 AREA 左边的小圆点，将它向下移动到 GDP 变量的下方，即可实现变量上下位置的改变。

---

① 有关平行坐标图，请参阅 Inselberg（1985）和 Wegman（1990）。

② GeoDa 软件右侧一栏没有调节变量上下位置的选项，这也算一个小小的缺陷。

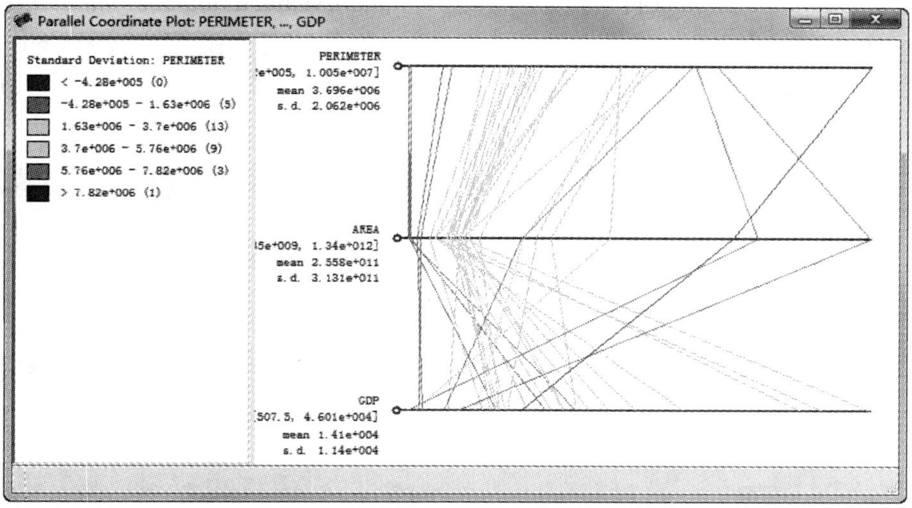

图 3-32　平行坐标图

由平行坐标图图 3-32 上半部分可知，大部分直线呈现正斜率，这说明对于大部分省份来说，地区边界长度与地区面积呈现正相关关系。换言之，面积越大的省份，边界长度越长。由下半部分的图形可知，大部分直线呈现负斜率，这说明对于大部分地区来说，省域面积与 GDP 是负相关的。换言之，面积越大的省份，GDP 越低。

3.3.7　条件图

在 GeoDa 软件的“Explore”菜单栏里也有“Conditional Plot”这个功能选项。① 但是，与“Map”菜单下的条件图不同的是，“Explore”菜单下的“Conditional Plot”有三个选项，分别是：“Map”、“Histogram”和“Scatter Plot”。在本例中，依次选择“Map”、“Histogram”和“Scatter Plot”，生成 3 种条件图。

3.3.7.1　Map 条件图

在 GeoDa 软件菜单栏里点击“Explore”菜单，选择“Conditional Plot”下一级菜单中的“Map”，点击之后即可弹出“Conditional Map Variables”对话框。这个对话框与“Map”菜单下的“Conditional Plot Map”弹出的对话框完全一致。

在“Horizontal Cells”选框中选择“X_COORD”变量，在“Vertical Cells”选框中选择“Y_COORD”变量，在“Map Theme”选框中选择“GDP”变量，点击“Conditional Map Variables”对话框下方的“OK”按钮，即可弹出条件地图。这个条件地图与之前介绍的“Map”菜单下的条件地图完全一致，含义解释完全一样，故此从略。

3.3.7.2　Histogram 条件图

在 GeoDa 软件菜单栏里点击“Explore”菜单，然后选择“Conditional Plot”的下

① 有关条件图，请参阅 Becker et al.（1996），Carr et al.（2002），Carr et al.（2005）。

一级菜单“Histogram”，点击之后即可弹出“Conditional Histogram Variables”对话框。在“Horizontal Cells”选框中选择“X _ COORD”变量，在“Vertical Cells”选框中选择“Y _ COORD”变量，在“Histogram Variable”选框中选择“GDP”变量。点击对话框下方的“OK”按钮，即可得到条件直方图，如图 3 - 33 所示。

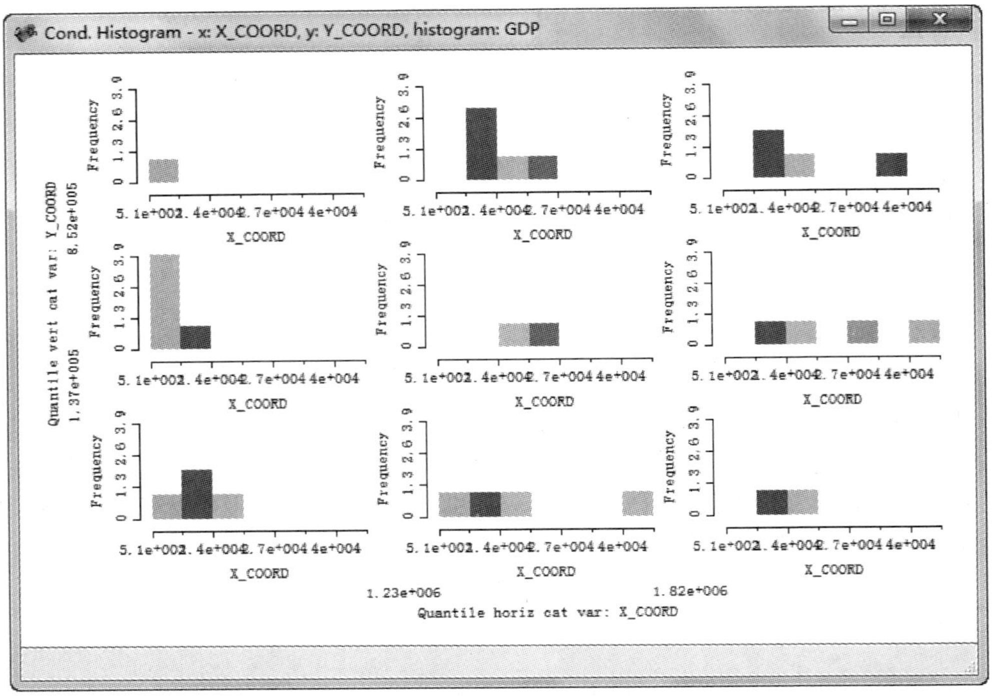

图 3 - 33　条件直方图

与 Map 条件图相比可以发现，右上角图形中是东北三省和山东，左上角图形中是新疆，其他直方图也与 Map 条件图的省份是一一对应的。只不过，图 3 - 33 以直方图的形式显示出来。

提示：判断每个省份归属于哪个小地图的依据是各个省份的地理重心的经纬度坐标。在条件地图中，横坐标和纵坐标分别表示空间单元的经纬度坐标范围。均匀地将经纬度范围划分为 3 个区间，一共 9 个区域。然后根据各个省份的地理重心的经纬度判断每个省份归属于哪个区域。

3.3.7.3 Scatter Plot 条件图

在 GeoDa 软件菜单栏里点击“Explore”菜单，选择“Conditional Plot”的下一级菜单“Scatter Plot”，点击之后即可弹出“Conditional Scatter Plot Variables”对话框。在“Horizontal Cells”选框中选择“X _ COORD”变量，在“Vertical Cells”选框中选择“Y _ COORD”变量，在“Independent Var（x-axis）”选框中选择“AREA”变量，在“Dependent Var（y-axis）”选框中选择“GDP”变量，如图 3 - 34 所示。

点击“Conditional Scatter Plot Variables”对话框下方的“OK”按钮，即可弹出条件散点图，如图 3 - 35 所示。

条件散点图图 3 - 35 与条件地图也可以结合起来进行分析。条件散点图图 3 - 35 与

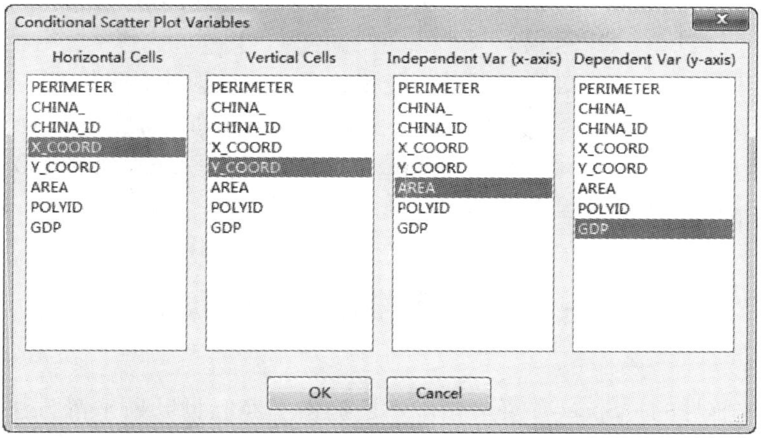

图 3-34　条件散点图选择变量

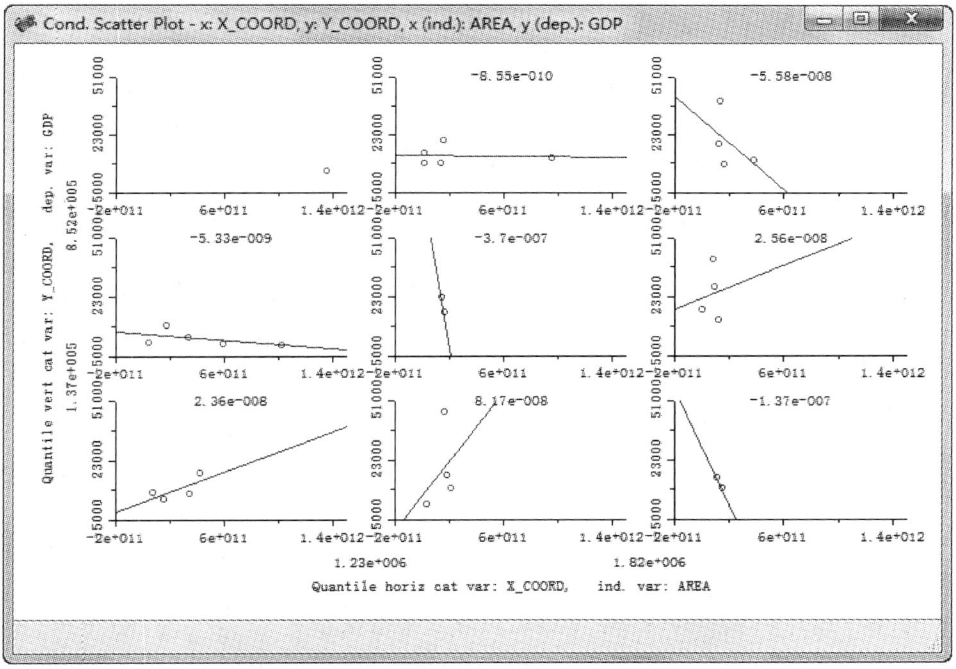

图 3-35　条件散点图

条件地图实际上也是一一对应的。条件地图右上角是东北 3 省和山东，条件散点图右上角的散点图也对应这 4 个省份面积与 GDP 的散点图，可以明显看到一条斜率为负的斜线。同样，条件地图左上角是新疆，条件散点图图 3-35 左上角也对应新疆。因为只有 1 个省份，所以不可能建立起线性关系。①

在条件散点图图 3-35 中，其他小散点图中的散点也与条件地图的省份是一一对应的。由条件散点图图 3-35 可以看出，不同局部区域的省域面积大小与 GDP 的关系是不相同的，反映为斜线的斜率不同。右上角的小散点图和左下角的小散点图形成了很好

① 两点确定一条直线。

的对比，右上角的散点图有一条斜率为负的斜线，而左下角的散点图有一条斜率为正的斜线。

本例中空间单元较少，如果空间单元较多的话，比如县域空间数据，通过条件散点可以很好地探索局部地区变量之间的关系，这对实证分析研究非常有帮助。

最后，值得注意的一点是：本例中只是将统计图与基础地图建立起联系。实际上，可以建立多个统计图与基础地图或者示意地图之间的联系。

3.4 空间数据的平滑方法

在 GeoDa 软件的“Space”菜单栏里，还提供了经验贝叶斯平滑方法的 Moran's I 检验（Moran's I with EB rate）[①] 和经验贝叶斯平滑方法的 Local Moran's I 检验（Local Moran's I with EB rate）。另外，“Map”菜单提供了平滑计算地图（Rates-Calculated Map）功能。[②] 这些功能在上述小节中并没有介绍，这是由于这些功能都涉及空间数据的平滑方法（smoothing）。

空间数据平滑的意义在于处理异常值问题，这些极端异常值会导致方差增大，引起潜在的风险（underlying risk）（Anselin，2003a）。

因此，在这一节中将着重介绍空间数据的平滑方法。平滑方法涉及 2 个变量，因此，本节中除了 GDP 变量之外，还引入了另外一个变量——人口变量（POP）[③]，来进行空间数据平滑方法的介绍和操作演示。

空间数据平滑是 GeoDa 软件提供的一个重要功能。数据平滑的作用是基于一个基础变量（base variable），通过另一个变量来调整空间数据方差不稳定的问题。GeoDa 软件提供了 5 种空间数据的平滑方法，这 5 种空间数据平滑方法可以在 GeoDa 软件中“Map”菜单的子菜单“Rates-Calculated Map”中找到，如下所示：

- Raw Rate（简单比率平滑法）[④]；
- Excess Risks（过度风险平滑法）；
- Empirical Bayes（经验贝叶斯平滑法）[⑤]；
- Spatial Rate（空间比率平滑法）；
- Spatial Empirical Bayes（空间经验贝叶斯平滑法）。

接下来将逐一介绍这 5 种空间数据的平滑方法。

3.4.1 简单比率平滑法

首先介绍 Raw Rate（简单比率平滑法），这是最简单的平滑方法，平滑公式如下所

---

① EB 是 empirical Bayes 的缩写。

② 在 GeoDa 0.9.5-i Beta 版本中，平滑计算在菜单中记为“Smooth”，在新版本中记为“Rates-Calculated Map”。由此可见，新版本突出了比率计算（“Rates-Calculated”）的字样。

③ 31 个省份 2010 年年末人口数，单位：万人。

④ 在这里“rate”被翻译成“比率”，因为涉及“rate”的变量在数据平滑中为基础变量。

⑤ 有关 EB 平滑法的更多细节，请参阅 Bailey and Gatrell（1995）。

示（Anselin et al.，2004）：

$$p_i = \frac{E_i}{P_i},\ i = 1,\ 2,\ \cdots,\ N \tag{3.4}$$

其中，E_i 表示空间单元 i 的事件发生的次数，P_i 表示空间单元 i 的风险人口数（population at risk）。① 由此可见，p_i 表示空间单元 i 的每单位人群中事件的发生率。实际上，简单比率平滑法在本例中就是人均 GDP 的含义。

简单比率平滑法在 GeoDa 软件中的操作步骤是：在 GeoDa 软件菜单栏里点击“Map”菜单栏，选择“Rates-Calculated Map”中的“Raw Rate”，即可弹出“Raw Rate Smoothed Variable Settings”对话框，提示用户选择变量，如图 3－36 所示。

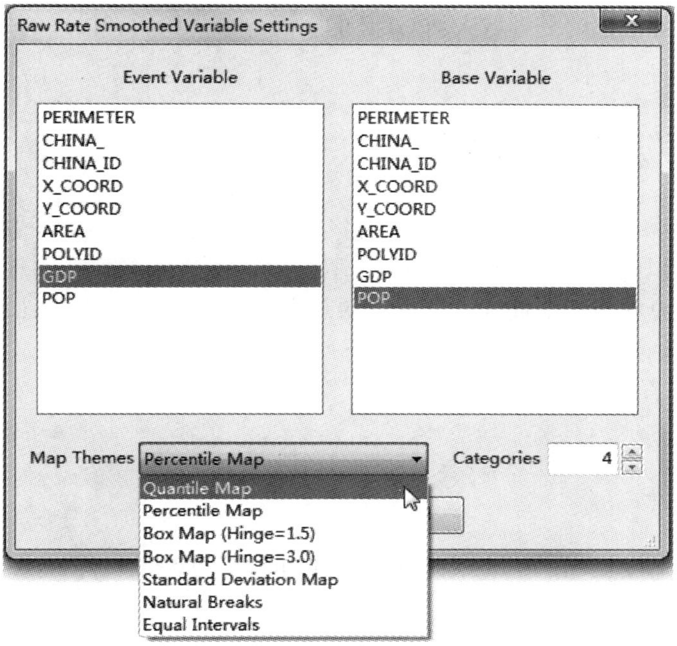

图 3－36　简单比率平滑法变量选择对话框

图 3－36 包含左右两栏，左侧栏为事件变量“Event Variable”，本例选择“GDP”变量；右侧栏为基础变量“Base Variable”，本例选择“POP”变量。对话框下方有一个“Map Themes”下拉菜单，菜单中显示可以指定输出 6 种地图，分别是：分位数地图“Quantile Map”、百分位数地图“Percentile Map”、箱形图“Box Map（Hinge＝1.5）”、箱形图“Box Map（Hinge＝3）”、标准差地图“Standard Deviation Map”、自然断点分类法地图“Natural Breaks”和等间距分类法地图“Equal Intervals”。右边的“Categories”可以选择分类的个数。本例选择分位数地图，并接受“Categories”的默认值“4”。

① 简单比率平滑法常被用于医学地理学中，尤其在研究疾病的扩散分布方面应用较广。比如，事件的个数可以是自杀数量、疾病发生数量和死亡数量。如果不考虑人口基数，那么人口多的地区倾向于发生较多的事件，这样不能正确地反映现象背后的本质，因此需要做平滑处理，也就是剔除人口总量的因素。这里采用 Anselin 使用的术语，并没有做特别的改动。应用时请注意。

注意：由于前面已经介绍过上述6种地图的绘制和含义解释，本小节仅以分位数地图为例演示如何操作生成5种空间数据平滑方法的地图。空间数据平滑方法的百分位数地图、箱形图地图、标准差地图、自然断点分类法地图和等间距分类法地图的操作方法也非常简单，选择相应的功能即可实现。

点击“Raw Rate Smoothed Variable Settings”对话框下方的“OK”按钮之后，即可得到简单比率平滑法的分位数地图。

得到的窗口标题栏显示“Quantile：Raw Rate GDP over POP”，说明图中的数据是经过平滑处理后的空间数据。左侧的图例与之前介绍过的分位数地图的图例十分类似，但是数值有所不同，这也说明了GDP变量已经通过POP变量进行了平滑处理。

此外，还可以看出，平滑后的分位数地图与没有经过平滑的分位数地图在空间分布上有所差别。前者描述的是省域人均GDP的空间分布，而后者描述的是省域GDP的空间分布。

3.4.2 过度风险平滑法

Excess Risks（过度风险平滑法）是在简单比率平滑法基础之上进行改进的方法。该方法采用的是相对风险的思想（relative risk）（Anselin，2003a）。具体来说，先计算各个地区事件的总和与各个地区人口总量的总和之比 θ（Anselin et al.，2004）[①]，然后再进行平滑处理，过度风险平滑法公式如下所示：

$$\theta=\frac{\sum_{i=1}^{N}E_i}{\sum_{i=1}^{N}P_i} \tag{3.5}$$

得到 θ 之后，将 θ 与 P_i 相乘，这样就获得了事件的平均数 $\hat{E}_i$，即：

$$\hat{E}_i=\theta\times P_i \tag{3.6}$$

那么，通过计算空间单元 i 的观察值与空间单元 i 事件平均数的差值即可得到过度风险，即：

$$\text{Excess}_i=E_i-\hat{E}_i \tag{3.7}$$

过度风险平滑法在GeoDa软件中的操作步骤是：首在GeoDa软件菜单栏里点击“Map”菜单栏，选择“Rates-Calculated Map”中的“Excess Risks”，即可弹出“Excess Risk Map Variable Settings”对话框，对话框左侧栏为事件变量“Event Variable”，本例选择“GDP”变量；右侧栏为基准变量“Base Variable”，本例选择“POP”变量。点击对话框下方的“OK”按钮，即可得到过度风险平滑法地图。[②]

① 过度风险是公共卫生领域常用的术语，常用在标准死亡率的概念上（Anselin，2005）。

② 注意：这里不是分位数地图。过度风险计算的是观察值与期望值之间的差值，也就是离差的概念，所以绘制的是离差值地图。

3.4.3　经验贝叶斯平滑法

Empirical Bayes（经验贝叶斯平滑法）借助了贝叶斯法则的思想，从而改进了简单比率平滑法。[①]。这种方法可以称为收缩（shrinkage），主要的意思是用方差的反函数方法将简单的平滑比率 p_i 向整体均值移动。换言之，如果简单比率 p_i 的方差很小[②]，那么不会产生太大的变化；反之，如果简单比率 p_i 的方差很大[③]，那么经验贝叶斯平滑方法会使简单的平滑比率 p_i 向整体的均值收缩。严格来说，简单比率和过度风险比率只是简单计算比率，而经验贝叶斯方法是对比率的平滑，旨在针对比率计算时方差不稳定的问题（Anselin，2005）。

从贝叶斯方法的角度来看，总体均值可以看做是先验分布。假设总体均值和方差分别是 φ 和 θ。那么，经验贝叶斯平滑法的公式可以表示如下（Anselin et al.，2004）：

$$\pi_i = \omega_i p_i + (1 - \omega_i)\theta \tag{3.8}$$

其中：

$$\omega_i = \frac{\varphi}{\varphi + (\theta / P_i)} \tag{3.9}$$

经验贝叶斯平滑法在 GeoDa 软件中的操作步骤是：在 GeoDa 软件菜单栏里点击“Map”菜单栏，选择“Rates-Calculated Map”中的“Empirical Bayes”，即可弹出“Empirical Bayes Smoothed Variable Settings”对话框，对话框左侧栏为事件变量“Event Variable”，本例选择“GDP”变量；右侧栏为基础变量“Base Variable”，本例选择“POP”变量。点击对话框下方的“OK”按钮，即可弹出经验贝叶斯平滑法分位数地图。

3.4.4　空间比率平滑法

Spatial Rate（空间比率平滑法）是在简单比率平滑法的基础之上引入空间邻近性的概念，发展出来的一种空间数据平滑方法。该平滑方法的公式如下所示（Anselin et al.，2004）：

$$\varphi^* = \frac{E_i + \sum_{j=1}^{J_i} E_j}{P_i + \sum_{j=1}^{J_i} P_j} \tag{3.10}$$

其中，$j \in S_i$ 是空间单元 i 的邻居。这种空间平滑方法不仅考虑到了本地区的情况，还

① 经验贝叶斯方法主要在医学地理学上应用较多，Anselin 也给出了他参考的几篇文献：Clayton and Kaldor（1987）；Marshall（1991）；Kafadar（1996）；Assuncao and Reis（1999）。

② 当人口总数很大时。

③ 当人口总数很小时。

考虑到了邻近地区的情况。[①]

空间比率平滑法在 GeoDa 软件中的操作步骤是：在 GeoDa 软件菜单栏里点击"Map"菜单栏，选择"Rates-Calculated Map"中的"Spatial Rate"，即可弹出"Spatial Rate Smoothed Variable Settings"对话框，对话框左侧栏为事件变量"Event Variable"，本例选择"GDP"变量；右侧栏为基础变量"Base Variable"，本例选择"POP"变量。点击对话框下方的"OK"按钮，则会弹出"Select Weights"对话框，提示用户指定空间权重文件，本例选择空间权重文件"rook1. gal"，点击对话框下方的"OK"按钮，即可得到空间比率平滑法分位数地图。

注意：空间比率平滑法强调包含更广阔的区域。平滑过后，有可能消除了异常值。空间比率平滑法的理论基础是地理学第一定律，认为空间单元之间存在空间依赖性。

3.4.5 空间经验贝叶斯平滑法

Spatial Empirical Bayes（空间经验贝叶斯平滑法）是结合了空间比率平滑法和经验贝叶斯平滑法而发展出来的一种空间数据平滑方法，该平滑方法的公式如下所示[②]（Goovaerts，2006）：

$$\gamma = \lambda_i p_i + (1-\lambda_i) p_i \tag{3.11}$$

$$\lambda_i = \frac{\varphi^* - \theta^* / \bar{P}_i}{\varphi^* - \theta^* / \bar{P}_i + \theta^* / p_i} \tag{3.12}$$

其中，φ^* 和 θ^* 分别表示 P_i 的均值和方差。$\bar{P}_i$ 表示所有空间单元人口总和的均值。

空间经验贝叶斯平滑法在 GeoDa 软件中的操作步骤是：在 GeoDa 软件菜单栏里点击"Map"菜单栏，选择"Rates-Calculated Map"中的"Spatial Empirical Bayes"，即可弹出"Empirical Spatial Bayes Smoothed Variable Settings"对话框，提示用户选择变量。[③] 对话框左侧栏为事件变量"Event Variable"，本例选择"GDP"变量；右侧栏为基准变量"Base Variable"，本例选择"POP"变量。点击对话框下方的"OK"按钮，则会弹出"Select Weights"对话框，提示用户指定空间权重文件，本例选择空间权重文件"rook1. gal"，点击对话框下方的"OK"按钮，即可得到空间经验贝叶斯平滑法分位数地图。

3.4.6 保存平滑后的空间数据

在得到平滑后的地图之后，如果对平滑后的空间数据感兴趣的话，那么 GeoDa 软

---

① 实际上，$\sum_{j=1}^{J_i} P_j$ 就是空间滞后项的概念。$P_i + \sum_{j=1}^{J_i} P_j$ 表示的是本地区和邻近地区基础变量之和。由于空间比率平滑法涉及空间权重矩阵，因此这种平滑法算是真正的空间平滑的概念。

② 虽然 Anselin 提出了经验贝叶斯平滑法，然而是由 Assuncao and Reis（1999）推荐在 GeoDa 软件中添加并实现经验贝叶斯标准化的方法和功能，GeoDa 软件才添加了这项空间数据平滑功能。关于空间经验贝叶斯平滑法，Anselin et al.（2004）这篇论文里没有提及，但具体公式可以参见 Goovaerts（2006）。

③ 这里标题为"Empirical Spatial Bayes"估计是一个小错误。

件也提供了输出和保存空间数据平滑后结果的功能。鼠标右键点击平滑后地图的任意空白处，弹出右键菜单，选择菜单中的"Save Rates"，之后会弹出"Save Rates-GDP over POP"对话框，如图 3－37 所示。点击对话框中间的"Add Variable"按钮，则弹出另一个标题为"Add Variable"的对话框，如图 3－38 所示。

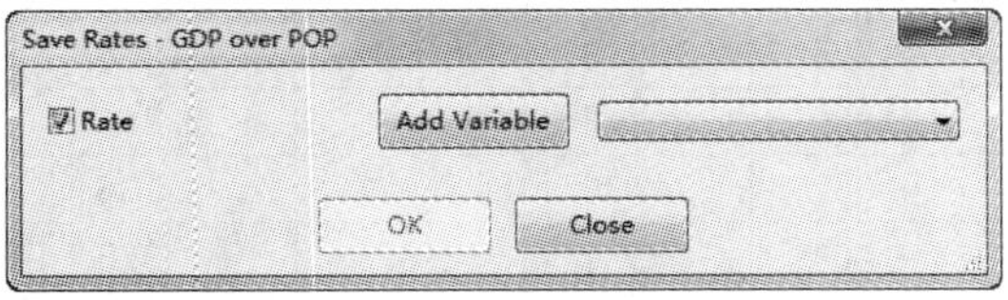

图 3－37　保存平滑法得分

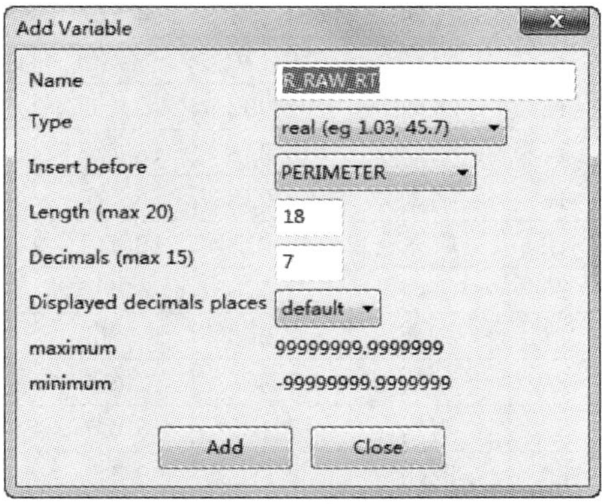

图 3－38　保存平滑法得分选项对话框

图 3－38 中对话框有很多条目，下面逐一进行解释。"Name"为新增变量名，变量名由 GeoDa 软件自动提供一个，用户也可以自定义变量名；"Type"为变量类型，可以是实数（real）、整数（integer）、字符串（string）和时间（date）；"Insert before"提示用户选择插入新增变量的位置，默认新增在表格的第一列；"Length（max 20）"为变量长度，最大为 20；"Decimals（max 15）"为变量的小数点，最大为 15；"Displayed decimals places"为显示小数的位置；"Maximum"和"Minimum"提示最大值和最小值的范围。点击"Add Variable"对话框下方的"Add"按钮，即可在数据表中增加平滑后的数据得分。

现将上述 5 种平滑法的得分结果展示在表 3－9 中[①]。

表 3－9　　31 个地区 GDP 和 POP 变量以及 5 类平滑后的得分

ID	地区	GDP（亿元）	POP（万人）	简单比率平滑法	过度风险平滑法	经验贝叶斯平滑法	空间比率平滑法	空间经验贝叶斯平滑法
1	北京	14 114	1 962	7.194	2.196	7.190	4.183	7.192
2	天津	9 224	1 299	7.100	2.167	7.095	4.183	7.097
3	河北	20 394	7 194	2.835	0.865	2.835	3.645	2.835
4	山西	9 201	3 574	2.574	0.786	2.575	2.823	2.575
5	内蒙古	11 672	2 472	4.721	1.441	4.720	3.043	4.718
6	辽宁	18 457	4 375	4.219	1.288	4.219	3.526	4.218
7	吉林	8 668	2 747	3.156	0.963	3.156	3.662	3.157
8	黑龙江	10 369	3 833	2.705	0.826	2.705	3.392	2.706
9	上海	17 166	2 303	7.455	2.275	7.452	5.526	7.448
10	江苏	41 425	7 869	5.264	1.607	5.264	4.423	5.264
11	浙江	27 722	5 447	5.090	1.553	5.089	4.133	5.090

① 为了加深对空间数据平滑方法计算过程的理解，本节后的附录有本例 5 种平滑方法的 MATLAB 代码，供参考使用。

续前表

ID	地区	GDP（亿元）	POP（万人）	简单比率平滑法	过度风险平滑法	经验贝叶斯平滑法	空间比率平滑法	空间经验贝叶斯平滑法
12	安徽	12 359	5 957	2.075	0.633	2.075	3.492	2.075
13	福建	14 737	3 693	3.991	1.218	3.990	4.073	3.991
14	江西	9 451	4 462	2.118	0.646	2.119	3.364	2.119
15	山东	39 170	9 588	4.085	1.247	4.085	3.410	4.085
16	河南	23 092	9 405	2.455	0.749	2.455	2.884	2.456
17	湖北	15 968	5 728	2.788	0.851	2.788	2.451	2.785
18	湖南	16 038	6 570	2.441	0.745	2.441	2.870	2.441
19	广东	46 013	10 441	4.407	1.345	4.407	3.218	4.407
20	广西	9 570	4 610	2.076	0.634	2.076	2.810	2.076
21	海南	2 065	869	2.377	0.725	2.379	0.000	0.000
22	重庆	7 926	2 885	2.748	0.839	2.748	2.360	2.746
23	四川	17 185	8 045	2.136	0.652	2.136	2.027	2.136
24	贵州	4 602	3 479	1.323	0.404	1.324	2.072	1.325
25	云南	7 224	4 602	1.570	0.479	1.571	1.858	1.571
26	西藏	507	301	1.688	0.515	1.696	2.020	1.708
27	陕西	10 123	3 735	2.710	0.827	2.711	2.587	2.710
28	甘肃	4 121	2 560	1.610	0.491	1.611	2.554	1.611
29	青海	1 350	563	2.399	0.732	2.401	2.095	2.385
30	宁夏	1 690	633	2.669	0.815	2.671	2.937	2.670
31	新疆	5 437	2 185	2.488	0.760	2.489	2.035	2.486

3.4.7 基于空间数据平滑法的 Moran's I 和 Local Moran's I

要实现经验贝叶斯平滑的 Moran's I 检验，在 GeoDa 软件中的操作步骤是：在 GeoDa 软件菜单栏里点击“Space”菜单栏，选择“Moran's I with EB Rate”，即可弹出“Variable Settings”对话框，对话框左侧栏为事件变量“Event Variable”，本例选择“GDP”变量；右侧栏为基础变量“Base Variable”，本例选择“POP”变量。点击对话框下方的“OK”按钮，则会弹出“Select Weights”对话框，本例选择空间权重文件“rook1. gal”，点击“Select Weights”对话框下方的“OK”按钮，即可得到标题为“Emp Bayes Rate Std Moran's I（rook1）：GDP/POP”的用空间经验贝叶斯平滑法标准化后的 Moran 散点图①，如图 3－39 所示。

图 3－39 中显示 Moran's I=0.448 777，远远高于没有经过经验贝叶斯平滑后的 GDP 变量的 Moran's I 值。这说明经过平滑处理后的 GDP 变量的空间自相关更强。②

① 请注意标题中的“Std”为“Standardized”（标准化）的缩写。由 Moran 散点图的纵横坐标范围也可以判定出它是经过标准化后的数据。绘制这个 Moran 散点图的基本原理是：先平滑，再标准化，最后输出 Moran 散点图。

② 实际上，如果采用人均 GDP（即简单比率平滑法）来进行 Moran's I 检验的话，计算出来的 Moran's I 数值与经验贝叶斯平滑的 GDP 的 Moran's I 数值几乎一致。这说明，在某些实证分析的案例中，无须经过复杂的平滑方法也可以得到类似的结果。在进行实证分析的时候，无须从复杂的方法着手，最好的方式是从最简单的方法开始。越简单的模型，越容易解释，往往更能揭示出事物发展的内在本质规律。

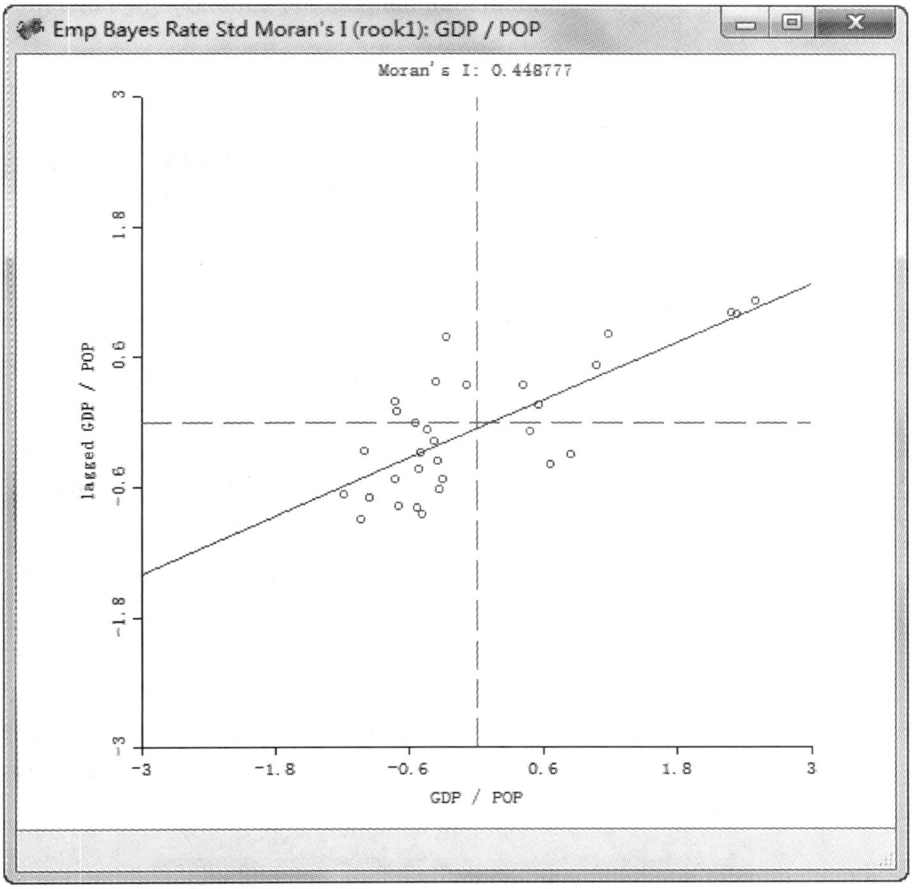

图 3-39 经验贝叶斯平滑的 Moran 散点图

要实现经验贝叶斯平滑的 Local Moran's I 检验也非常简单。在 GeoDa 软件中的操作步骤是：在 GeoDa 软件菜单栏里点击"Space"菜单栏，选择"Local Moran's I with EB Rate"，即可弹出"Rates Variable Settings"对话框，对话框左侧栏为事件变量"Event Variable"，本例选择"GDP"变量；右侧栏为基础变量"Base Variable"，本例选择"POP"变量。点击对话框下方的"OK"按钮，即可弹出"Select Weights"对话框，选择空间权重文件"rook1. gal"，点击"Select Weights"对话框下方的"OK"按钮，则又会弹出"What windows to open?"对话框，勾选"Significance Map"和"Cluster Map"复选框，点击对话框旁边的"OK"按钮，即可得到空间经验贝叶斯平滑法的 LISA 聚类地图和 LISA 显著性地图①。

值得注意的是：尽管在空间经验贝叶斯平滑法中进行的 Moran's I 和 Local Moran's I 检验涉及 2 个变量，但并非双变量的 Moran's I 和 Local Moran's I 检验，其本质仍为单变量检验，只不过 GDP 变量通过 POP 变量进行了平滑处理。

---

① 在这里还是要强调一点，其实选择 GDP 变量是略有不妥的做法，在一般的实证分析中首先应当考虑的是人均 GDP，而非 GDP，因为 GDP 的大小与劳动力、资本等密切相关。举例来说，山东的 GDP 远高于西藏的 GDP，但是山东的劳动力数量（实际上应该是劳动时间）同样也远高于西藏，资本亦是如此。如果忽略了劳动力的因素，那么实证分析结果会大打折扣。

3.5 选项菜单

这一节的主要任务是介绍 GeoDa 软件中的选项“Options”菜单，选项菜单按照功能一共可以划分为 5 个区域。接下来，就逐一介绍选项菜单中的各个功能。

3.5.1 更换地图类型与保存

选项菜单第一部分有两个功能：“Change Current Map Type”和“Save Categories”。点击“Change Current Map Type”会弹出下一级子菜单。子菜单中的选项同“Map”菜单基本类似，可以选择绘制分位数地图、百分位数地图、箱形图地图、标准差地图、唯一值地图、自然断点分类法地图和等间距分类法地图。如果想要绘制某种地图，只需点击相应的功能按钮即可，接下来的操作步骤与上述绘制地图是完全一致的。如果仍然不满意 GeoDa 软件定义的地图类型，用户还可以点击“Creat New Custom”来自定义地图。

另一个功能“Save Categories”意味着保存分类。这也是一个非常有用的功能，可以将绘制好的地图中的空间单元分类保存下来。例如，如果绘制了一幅分位数地图，选择“Save Categories”后，即可弹出“Save Quantile Categories”对话框，提示用户添加一个分类变量。点击“Add Variable”后，弹出定义变量的对话框，本例选择默认，设置完毕后，如图 3-40 所示。

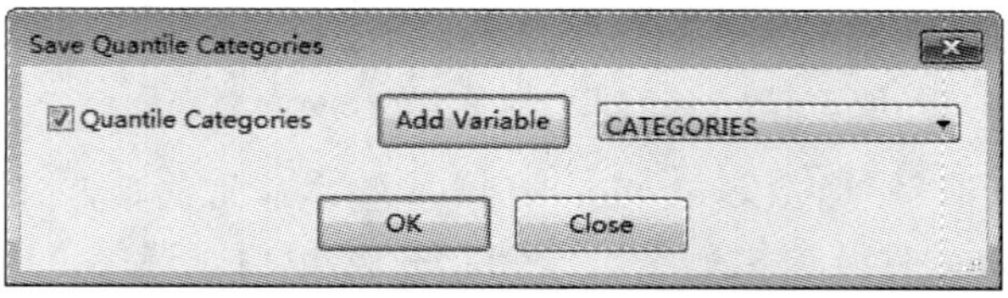

图 3-40　保存分类功能

点击“Save Quantile Categories”对话框下方的“OK”按钮，就可以实现保存分类。打开表格，可以发现在表格中“Categories”变量分别用“1”“2”“3”“4”来标出每个空间单元在百分位数地图中的分类。

3.5.2 比率计算与保存

第二个区域涉及比率的计算与保存。点击“Rates”后会弹出下一级子菜单，显示可以使用 5 种空间平滑方法。这个功能与“Map”菜单中的“Rates-Calculated Map”功能是完全一致的，故此不再赘述。

“Save Rates”功能可以将平滑后的空间数据保存在 GeoDa 软件的数据表格里。这个功能与其他添加变量的功能一致，故此不做介绍。

3.5.3 地理重心与泰森多边形

第三个区域涉及地理重心和泰森多边形。点击“Shape Centers”可以进入下一级菜单，如图 3-41 所示。

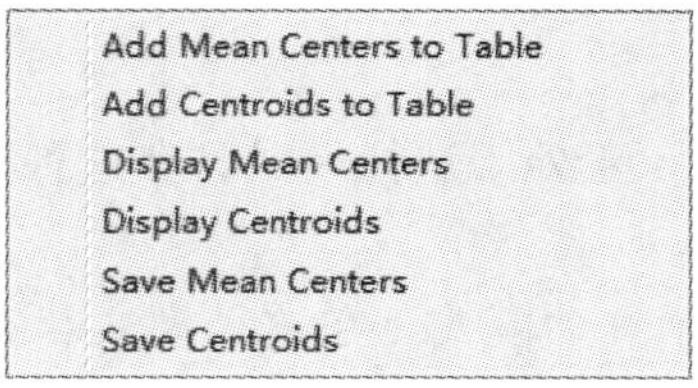

图 3-41 地理重心

由图 3-41 可以看到，这个菜单涉及 2 个地理学术语：“Mean Centers”和“Centroids”。其中，“Mean Centers”表示平均中心，它针对的是用点模式数据计算研究区域中所有要素点的平均经纬度坐标（X，Y），其计算公式如下所示：

$$\overline{X}=\frac{\sum_{i=1}^{N}x_i}{N},\ \overline{Y}=\frac{\sum_{i=1}^{N}y_i}{N} \tag{3.13}$$

其中，x_i 和 y_i 是空间单元 i 的坐标，N 是样本数量。

“Centroids”意为地理重心，是测量这个空间单元所对应的二维平面的重心。它计算的是面模式下的地理重心。

图 3-41 显示这个菜单可以添加、显示和保存平均中心和地理重心。

地理重心不但可以显示，也可以被保存到数据表中。点击“Add Centroids to Table”，即可弹出对话框，可以添加每个空间单元的地理重心。如同其他添加新变量的步骤一样，本例选择接受默认设置，经度变量名为“XCNTRD”，纬度变量名为“YCNTRD”，设置完毕，如图 3-42 所示。

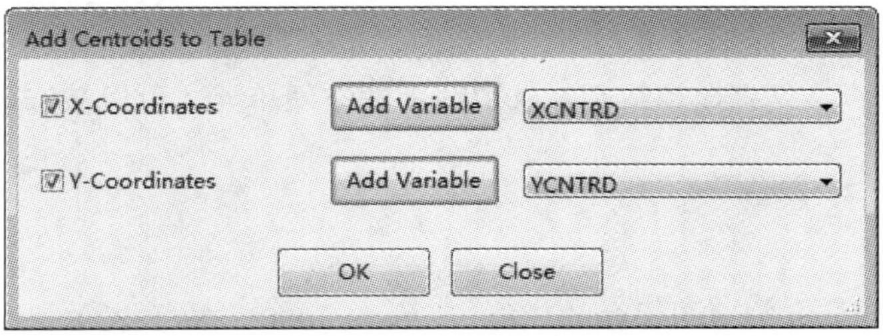

图 3-42 向数据表中添加地理重心

注意：计算地理重心的必要条件是空间数据文件须经过投影处理。然而，GeoDa 软件无法判断坐标系是否经过投影，这就需要预先在专业的 GIS 软件里进行投影处理。另外，GeoDa 软件只是近似地获取地理重心的经纬度坐标（Anselin，2005），如果实证分析对精度要求较高，则应该选用更专业的 GIS 软件。

“Thiessen Polygons”是与泰森多边形有关的功能，可以显示和保存生成的泰森多边形。这个功能将在下一章中详细介绍。

3.5.4 控制地图

第三个区域的功能主要涉及地图的选择和控制。各个选项功能的意义如下：

(1)"Selection Shape"表示选择的形状，可以是"Rectangle"(矩形)、"Circle"(圆圈)或"Line"(直线)。

(2)"Selection Mode"表示正处于选择模式。在这种模式状态下，可以选取任意的空间单元。

(3)"Panning Mode"表示移动模式。在这种模式状态下，鼠标变为手形，按住鼠标左键可以移动地图。

(4)"Zooming Mode"表示缩放模式。在这种模式状态下，可以对地图进行放大和缩小操作。

(5)"Fit-To-Window Mode"表示适应于窗口模式。在这种模式状态下，调整地图窗口大小的时候，地图会适应于窗口的大小。注意：选择移动模式或者缩放模式，适应于窗口模式不再有效，前面的对钩也相应地被取消。如果在移动和缩放之后对地图的位置不满意，可以选取适应于窗口模式，地图会调整到最佳的状态。

(6)"Fixed Aspect Ratio Mode"表示固定比例模式。在这种模式状态下，在调整地图窗口大小的时候，地图的长宽比是固定的。如果取消固定比例模式，那么地图会根据窗口的调整而发生改变。可以自行尝试。

(7)"Color"的下一级菜单有3个选项："Outlines Visible"表示外边线可见。"Highlight Color"表示高亮的颜色，默认颜色为黄色，用户可以根据自己的喜好修改。

(8)"Background Color"表示背景颜色，默认颜色为白色，用户可以根据自己的喜好修改。

(9)"Show Status Bar"表示显示状态栏。

需要注意的是：在使用"Circle"选取空间单元时，只要空间单元的地理重心在选取的圆圈内，该空间单元就显示被选取(Anselin，2005)。换言之，如果空间单元只是部分在选取的圆圈内，而地理重心不在圆圈内，也不能被选取。"Rectangle"的情况也类似。对于"Line"，只有地理重心在选取线上的空间单元才可以被选取。

3.5.5 保存

最后一个区域是有关地图保存的功能。"Save Image As"表示保存绘制好的地图。"Save Selection"表示以新变量的形式保存选取的空间单元在数据表格中。例如，在中国地图上选取面积最大的三个省份，即新疆、西藏和青海，点击"Save Selection"，即可弹出"Save Selection"对话框，如图3-43所示。

图3-43中"Add Variable"表示生成一个用于保存选取的结果的新变量。下方显示"Selected=1"，"Unselected=0"，表示选取的空间单元记录为1，未选取的空间单元记录为0。可以根据研究的需要修改数值。设置完毕后，点击"Save Selection"对话框即可生成新的变量。

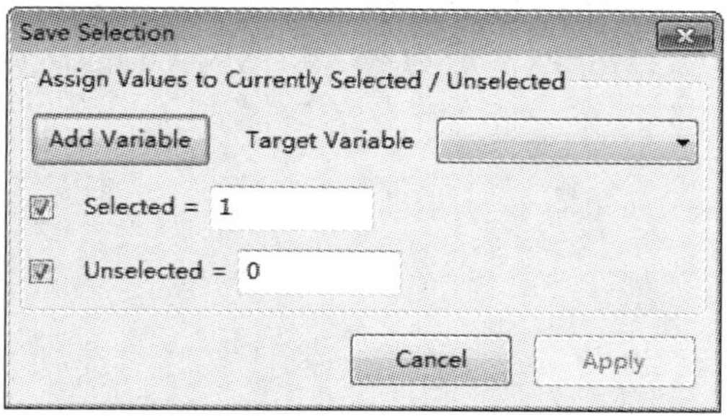

图 3-43　保存选取的空间单元

最后一个“Copy Image To Clipboard”功能，表示复制地图到剪贴板里，可以将其粘贴到各种文档或者幻灯片文件中。

3.6　本章小结

3.6.1　GeoDa 制图小结

本章主要介绍了应用 GeoDa 软件进行空间自相关分析、绘制地图和绘制简单的统计图形。在进行的各种与空间权重文件有关的操作中，在选择空间权重文件对话框中的下方有一个复选框“Set as default”，表明设定该权重文件为默认文件，换言之，以后所有的与空间权重文件有关的操作均使用该空间权重文件。但是，如果想更换空间权重文件，有两种方式。第 1 种方式，可以关闭软件，重新打开，但是这种方式的坏处是必须关闭所有当前的分析结果。第 2 种方式，在菜单栏中的“Tools”菜单里选择“Weights”，再点击“Select”，这时会弹出“Select Weights”对话框，提示用户可以重新选择空间权重文件。这种方式的好处是可以不用关闭当前分析的各类结果。

在地图中，可以通过鼠标左键拖拽选取多个地区，由于拖拽形成的是矩形，所有地区只要有一点被包含在矩形内就都被选中。如果想取消选取某个地区，按住键盘的“Shift”键，用鼠标左键点击该地区，即可取消选中。同样的道理，如果想添加某个地区，按住键盘的“Shift”键，用鼠标左键点击该地区，即可选取。

GeoDa 还提供了圆和线的选取方式，鼠标右键点击地图，在弹出的菜单栏里选择“Selection Shape”，然后可以选择“Rectangle”（矩形）、“Circle”（圆形）和“Line”（线形）。同样需要注意的是：在地图中被选中的地区，在表格中该地区的条目也会以高亮的形式显示出来。当然，这个过程也可以反过来。如果对某个地区在统计图形中所处的位置感兴趣，点击地图中的该地区，则在统计图形中该地区对应的观察值会以高亮的形式显示。另外，需要指出的是，所有的图表都是相互联系的，如果绘制出多种地图和统计图形，选中的地区会在所有的图或者表中以高亮的形式显示出来。

3.6.2　用 MATLAB 绘制 Moran 散点图

应用 GeoDa 软件很容易计算 Moran's I 的数值，但是 GeoDa 软件没有提供在 Moran 散点图中添加空间单元标记的功能。本书提供了应用 MATLAB 计算 Moran's I 和绘制 Moran 散点图的步骤和命令，%后为 MATLAB 代码的注释部分。应用 MATLAB 计算 Moran's I 的代码如下：

```
% Create Moran scatterplot
clear;clc;clf;
y = csvread('gdp2010.csv');
W = csvread('W31.csv');
yd = y-mean(y);
Wnorm = normw(W);
Wyd = Wnorm * yd;
scatter(yd,Wyd,'ro')
grid on
axis square
xlabel('yd'),ylabel('Wyd'),title('Moran''s I')
hold on
x = [ - 20000,40000];y = [0,0];
plot(x,y)
x = [0,0];y = [ - 15000,25000];
plot(x,y)
lsline
region = {'北京','天津','河北','山西','内蒙古','辽宁','吉林',...
          '黑龙江','上海','江苏','浙江','安徽','福建','江西',...
          '山东','河南','湖北','湖南','广东','广西','海南',...
          '重庆','四川','贵州','云南','西藏','陕西','甘肃',...
          '青海','宁夏','新疆'};
id = region';
for i = (1:31)
text(yd(i),Wyd(i),id{i});
end
hold off
% Calculate Moran's I
results = ols(Wyd,yd);
vnames = strvcat('Wyd','Moran''s I');
prt(results,vnames)
```

在所有的命令执行完毕之后，可得到 Moran 散点图 3－44。可以看到 Moran 散点图上添加了地区标签。如果对标签位置不满意，还可以通过设置参数进行微调。[①]

由 Moran 散点图可以看到一条斜率为正的斜线，但是 Moran's I 的值并不包含在散点图中。查看 MATLAB 命令窗口可以看到回归结果。其中，Moran's I 的回归系数

① 具体办法是在"text(yd(i),Wyd(i),id{i})"代码中对"yd(i)"和"Wyd(i)"进行修改。对于 X 轴来说，加和减分别表示向右和向左平移；对于 Y 轴来说，加和减分别表示向上和向下平移。例如向右移动 1.2 个单位，向下移动 0.5 个单位可以写为"text(yd(i)+1.2,Wyd(i)－0.5,id{i});"。对于个别标签需要移动的，MATLAB 也支持手动调整。在生成的"Figure"窗口中点击"View"，选择"Property Editor"，鼠标选取需要移动的标签，移至需要的位置即可。

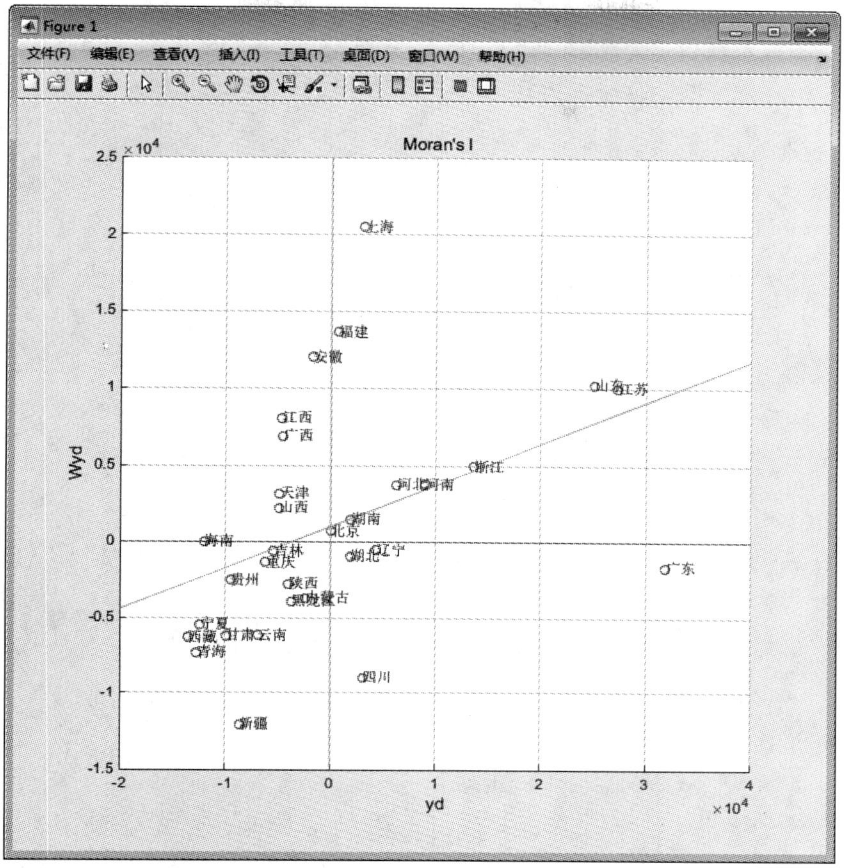

图 3-44 用 MATLAB 画 Moran 散点图

（“Coefficient”）为 0.270 152，表明 Moran's I 数值即为 0.270 152。与应用 GeoDa 计算的 Moran's I（0.273 043）指数近乎一致。

```
Ordinary Least-squares Estimates
Dependent Variable    =         Wyd
R-squared             =         0.160 6
Rbar-squared          =         0.160 6
sigma^2               =         44 217 228.265 2
Durbin-Watson         =         1.409 8
Nobs,Nvars            =         31,1
**********************************************************
Variable         Coefficient       t-statistic       t-probability
Moran's I        0.270 152         2.537 047         0.016 616
```

3.6.3 实现空间数据平滑方法的 MATLAB 代码

GeoDa 软件的平滑方法属于暗箱操作，用户无须知道平滑过程即可得到结果，这不利于深刻理解空间数据平滑方法。基于此，为了帮助读者加深对空间数据平滑方法的理解，本书提供了上述基于 5 种空间数据平滑方法的 MATLAB 代码和基于平滑方法的 Moran 散点图以及获得 Local Moran's I 得分的 MATLAB 代码。

首先介绍 5 种空间数据平滑方法的 MATLAB 代码，如下所示：

```
%Calculate smoothing
clear;clc;
A = csvread('EB.csv');
gdp = A(:,1);
pop = A(:,2);
W = csvread('W31.csv');
%Raw Rate
gdpraw = gdp./pop;
%Excess Risks
theta = sum(gdp)/sum(pop);
gdpexpected = theta * pop;
gdpexcess = gdp./gdpexpected;
%Empirical Bayes Rates
thetapop = mean(gdp)./pop;
m = var(gdp) * ones(31,1) + thetapop;
omega = var(gdp)./m;
p = gdp./pop;
pi = omega.* p + (1 - omega).* mean(gdp);
%Spatial Bayes
spgdp = gdp + W * gdp;
sppop = pop + W * pop;
gpsb = spgdp./sppop;
%Spatial Empirical Bayes
gp = gdp./pop;
wp = W * gp;
mwp = mean(gp)./mean(pop) * ones(31,1);
mwpp = mean(gp)./gp;
spgppop = var(gp) * ones(31,1) - mwp + mwpp;
spmgp = var(gp) * ones(31,1) - mwp;
lambda = spmgp./spgppop;
gpseb = lambda.* gp + (1 - lambda).* gp;
%Save data
variable = [gdp pop gdpraw gdpexcess pi gpsb gpseb];
xlswrite('smoothed rates',variable)
```

程序涉及的 GDP 和 POP 变量见表 3－9。执行完上述代码后，得到 5 种平滑方法的得分，并且保存在名为“smoothed rates.xls”的 Excel 表格中。

接下来，以经验贝叶斯平滑法为例，介绍 Moran with EB Rate 的散点图的 MATLAB 代码和如何计算 Local Moran with EB Rate 的 I 值得分，如下所示：

```
%Create Moran scatterplot using smoothed data
clear;clc;clf;
A = csvread('EB.csv');
gdp = A(:,1);
pop = A(:,2);
W = csvread('W31.csv');
%Empirical Bayes Rates
thetapop = mean(gdp)./pop;
m = var(gdp) * ones(31,1) + thetapop;
omega = var(gdp)./m;
p = gdp./pop;
pi = omega.* p + (1 - omega).* mean(gdp);
%Moran's I with EB rate
sdp = (pi-mean(pi))/std(pi);
Wsdp = normw(W) * sdp;
results = ols(Wsdp,sdp);
vnames = strvcat('Wsdp','Moran''s I');
prt(results,vnames)
scatter(sdp,Wsdp,'ro')
grid on
axis square
xlabel('sdp'),ylabel('Wsdp'),title('Moran''s I')
hold on
x = [-3,3];y = [0,0];
plot(x,y)
x = [0,0];y = [-2,2];
plot(x,y)
lsline()
hold off
%Local Moran's I with EB rate
pilocal = (pi-mean(pi))/std(pi);
Wpil = normw(W) * pilocal;
LocalIwithEB = pilocal.* Wpil;
n = length(A);
Mean_Local_Moran_I = mean(LocalIwithEB) * n/(n - 1)
xlswrite('smoothed Local Moran''s I', LocalIwithEB)
```

程序执行完毕，会弹出 Moran with EB Rate 的散点图，如图 3－45 所示，对比图 3－45 和图 3－39 可以发现，两个图的散点完全一致。另外，Local Moran with EB Rate 的 I 值得分被保存在“smoothed Local Moran's I. xls”文件下。读者可以自行对比检查计算是否正确。

查看 MATLAB 命令窗口可以看到回归结果和 LISA 得分的均值。其中，Moran's I 的回归系数（“Coefficient”）为 0.446 678，表明 Moran's I 数值即为 0.446 678。LISA 得分的均值为 0.446 7，与 Moran's I 数值极为接近。

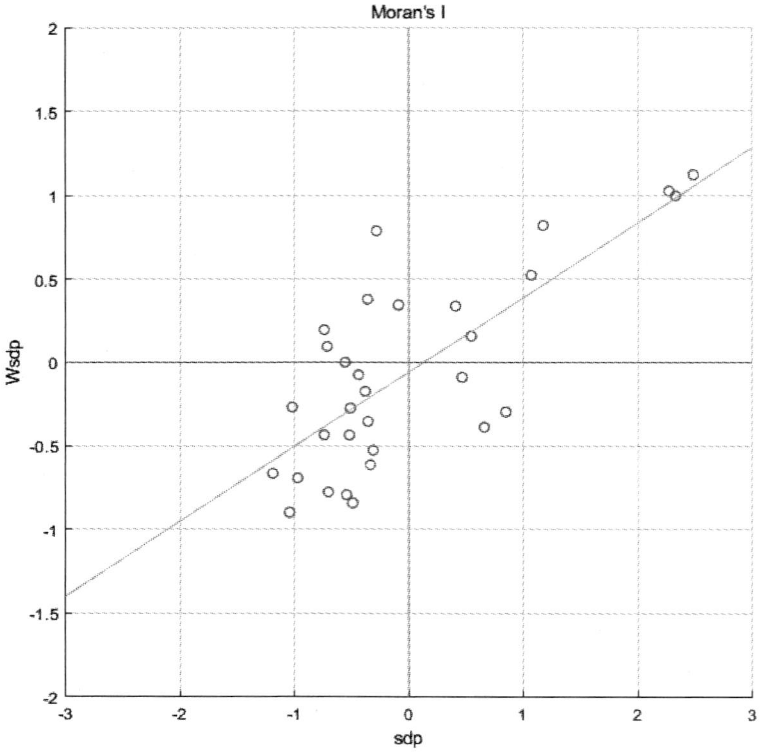

图 3-45 用 MATLAB 绘制的经验贝叶斯平滑的 Moran 散点图

```
Variable          Coefficient        t-statistic        t-probability
Moran's I         0.446 678          6.230 902          0.000 001

Mean_Local_Moran_I = 0.446 7
```

第四章

利用 GeoDa 软件估计空间计量模型

本章的主要内容是介绍 GeoDa 软件菜单栏中“Methods”子菜单下面的“Regression”功能，涉及 GeoDa 软件的空间计量模型回归估计的功能。

4.1　演示数据集

首先介绍的是回归模型演示所用的数据集。本章采用的数据集是经典的哥伦布市(Columbus)犯罪数据集。[①] 这个数据集在空间数据科学中心主页上可以下载，网址为 https：//spatial. uchicago. edu/sample-data。打开网站可以看到网站提供的所有可用的数据集，数据集按首字母进行排序。在“Name”下可找到“Columbus”，在数据集的描述中可以知道，该数据集表示哥伦布市的犯罪情况，“49”和“20”表示数据集里有 49 个观察值（空间单元）、20 个变量。

点击最右边的“columbus. zip”，下载完毕后，可以解压缩“columbus. zip”文件至本地磁盘的任意文件夹下。[②] 本书选择将文件解压缩到“D：\ columbus”文件夹下。注意：最好不要解压缩到有中文名的文件夹下，以防软件报错。文件解压缩完毕后，可以

---

① 这个数据集在 Anselin 的很多篇论文中出现，并且很多学者也经常利用这个数据集来验证空间计量模型的新理论。

② 若解压缩软件，推荐使用 7zip 软件。官网：http：//www. 7-zip. org/。

看到“columbus”文件夹里包含4个文件。① 这4个文件的含义如下所示：

（1）columbus. dbf：数据文件②；

（2）columbus. html：网页文件，描述 columbus 数据集；

（3）columbus. shp：shp 图形格式文件；

（4）columbus. shx：图形索引格式文件。

实际上，HTML 文件只是用来描述这个数据集，真正与回归分析有关的是其他3个数据文件。

Columbus 犯罪数据集是1980年俄亥俄州③哥伦布市49个街区（neighborhoods）的犯罪数据（Anselin，1988）。该数据文件是多边形 shp 文件，一共有49个观测值、20个变量。

在获得数据集之后，先来看一下数据集里的空间数据和地图文件。打开 GeoDa 软件。在 GeoDa 软件菜单栏中选择 File→New Project From→ERSI Shapefile（＊. shp），寻找到“D：\ columbus”文件夹，鼠标左键选中“columbus. shp”文件，点击打开按钮，即可打开“columbus. shp”文件，俄亥俄州哥伦布市地图已经被加载在 GeoDa 软件中，如图4－1所示。

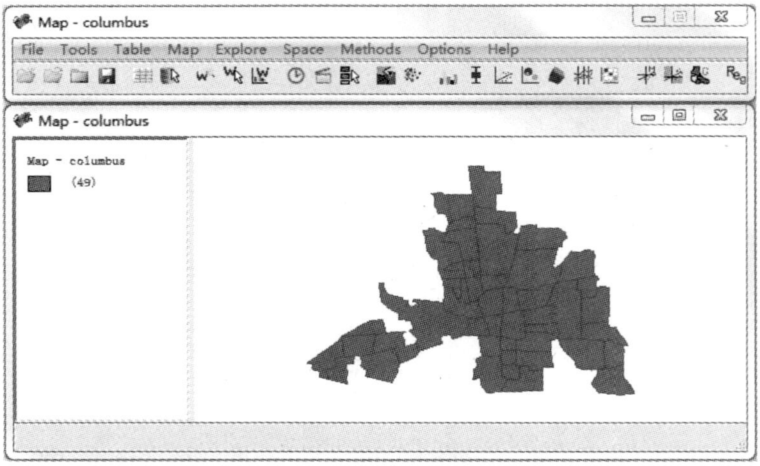

图4－1　GeoDa 软件中呈现的哥伦布市地图

在进行空间计量模型回归估计之前，有必要查看 Columbus 犯罪数据集里的数据文件。点击 GeoDa 软件菜单栏下的快捷功能“Open Table”按钮，打开表格，可以看到 Columbus 犯罪数据集里一共包含20个变量，这20个变量的具体含义如下所示：

（1）AREA：空间单元的面积（由 ArcView 计算所得）。

（2）PERIMETER：空间单元的周长（由 ArcView 计算所得）。

（3）COLUMBUS _ ：内部多边形的 ID（由 ArcView 生成）。

（4）COLUMBUS _ I：内部多边形的 ID（由 ArcView 生成）。

（5）POLYID：空间单元 ID（每个空间单元的代码，具有唯一值，用于 GeoDa 软

① 请注意：压缩包中并没有包含 prj 投影文件。

② dbf 格式文件可以用 Excel 2007 以及最新版本的电子表格软件打开。

③ 哥伦布市是俄亥俄州的州府所在地。

件产生空间权重文件等操作)。

(6) NEIG：空间单元 ID（在空间计量经济学示例中使用）。

(7) HOVAL：房屋价格（单位：1 000 美元）。

(8) INC：家庭收入（单位：1 000 美元）。

(9) CRIME：每 1 000 户居民中发生盗窃和偷车案件的数量。

(10) OPEN：开放空间（area）。

(11) PLUMB：没有测量的居住单元百分比。

(12) DISCBD：到中央商务区（CBD）的距离。

(13) X：经度坐标。

(14) Y：纬度坐标。

(15) NSA：南北方向指示变量（North＝1）。

(16) NSB：其他南北方向指示变量（North＝1）。

(17) EW：东西方向指示变量（East＝1）。

(18) CP：核心-外围指示变量（Core＝1）。

(19) THOUS：常数（＝1 000）。

(20) NEIGNO：另一种邻居 ID 变量（NEIG＋1 000）。

尽管 Columbus 犯罪数据集包含了多达 20 个变量，但是只有 4 个变量与本章空间计量模型回归估计有关[①]："POLYID"是生成空间权重文件的关键变量（key variable）；"CRIME"是空间计量模型中的因变量；"INC"和"HOVAL"是空间计量模型中的两个自变量。

4.2　空间计量模型与分析流程

在 GeoDa 软件里，能够直接进行回归估计的只有 3 种计量模型，即普通最小二乘模型（classic）、空间滞后模型（spatial lag model）和空间误差模型（spatial error model）。通过在 GeoDa 软件中生成自变量的空间滞后项，GeoDa 软件还可以估计另外 3 种模型，即自变量空间滞后模型（spatial lag of X model）、空间杜宾模型（spatial Durbin model）和空间杜宾误差模型（spatial Durbin error model）。

本节的主要任务是介绍上述这 6 种模型的设定形式，以及介绍 Anselin 推荐的空间计量模型的建模决策流程。[②]

4.2.1　空间计量模型

4.2.1.1　普通最小二乘模型

首先介绍普通最小二乘（ordinary least squares，OLS）模型，公式如下所示：

① X 和 Y 变量用于生成基于距离的空间权重文件。

② 由于 GeoDa 软件的空间回归功能有限，本章只是简单地介绍，更多的内容和其他细节请参阅下一章。

$$y = X\beta + \varepsilon \tag{4.1}$$

其中，y 表示 $n\times1$ 的因变量；β 表示 $k\times1$ 的待估计自变量系数；X 表示 $n\times k$ 的自变量；ε 表示 $n\times1$ 的误差项。普通最小二乘模型是经典计量经济学中最基本的模型，由于不包含空间交互作用，因此不能称为空间计量模型。

4.2.1.2 空间滞后模型

再来介绍实证分析中最为常见的空间滞后模型，公式如下所示：

$$y = \rho Wy + X\beta + \varepsilon \tag{4.2}$$

其中，y 表示 $n\times1$ 的因变量；ρ 为待估计空间自回归系数（spatial autoregressive coefficient）；W 表示 $n\times n$ 的空间权重矩阵；X 表示 $n\times k$ 的自变量；β 表示$k\times1$的待估计自变量系数；ε 表示 $n\times1$ 的误差项。

4.2.1.3 空间误差模型

空间误差模型也是实证分析中常见的一种空间计量模型，公式如下所示：

$$\begin{cases} y = X\beta + \varepsilon \\ \varepsilon = \lambda W\varepsilon + v \end{cases} \tag{4.3}$$

其中，y 表示 $n\times1$ 的因变量；X 表示 $n\times k$ 的自变量；β 表示 $k\times1$ 的待估计自变量系数；W 表示 $n\times n$ 的空间权重矩阵；λ 表示待估计误差项空间滞后项系数，也被称为空间自相关系数（spatial autocorrelation coefficient）；ε 表示 $n\times1$ 的误差项。

从公式的第二个方程来看，ε 可以被两部分解释，第一部分 $\lambda W\varepsilon$ 为空间自相关误差项（spatially autocorrelated error term）。因此，空间误差模型的第二个方程可以解释为在没有被包含于模型中的外生变量信息中存在着空间依赖性，简而言之，干扰项中存在空间依赖性。很显然，空间自相关误差项的空间依赖性也不能解释所有的误差项，因此需要引入一个被称为特质的成分 v（idiosyncratic component）。实际上，v 可以看做是误差项的误差项。通过这两部分可解释 ε。

4.2.1.4 自变量空间滞后模型

空间滞后模型考虑的是因变量空间滞后项，空间误差模型考虑的是误差项之间的空间自相关，模型中还有一个重要的因素，即自变量。同样的道理，自变量也可能存在空间交互效应。如果空间计量模型中只包含自变量的空间滞后项，那么可以称之为自变量空间滞后模型，模型如下所示：

$$y = X\beta + WX\theta + \varepsilon \tag{4.4}$$

其中，y 表示 $n\times1$ 的因变量；X 表示 $n\times k$ 的自变量；β 表示 $k\times1$ 的待估计自变量系数；θ 表示 $k\times1$ 的待估计自变量空间滞后项系数；W 表示 $n\times n$ 的空间权重矩阵；ε 表示 $n\times1$ 的误差项。

4.2.1.5 空间杜宾模型

空间滞后模型只包含因变量的空间交互效应，但是，自变量也可能存在空间交互效应，如果在空间滞后模型中考虑添加自变量空间滞后项，那么就产生了一种新的空间计量模型——空间杜宾模型，公式如下所示：

$$\boldsymbol{y} = \rho \boldsymbol{W}\boldsymbol{y} + \boldsymbol{X}\boldsymbol{\beta} + \boldsymbol{W}\boldsymbol{X}\boldsymbol{\theta} + \boldsymbol{\varepsilon} \tag{4.5}$$

其中，$\boldsymbol{y}$ 表示 $n\times1$ 的因变量；ρ 为待估计的空间自回归系数；$\boldsymbol{W}$ 表示 $n\times n$ 的空间权重矩阵；$\boldsymbol{X}$ 表示 $n\times k$ 的自变量；$\boldsymbol{\beta}$ 表示 $k\times1$ 的待估计自变量系数；$\boldsymbol{\theta}$ 表示 $k\times1$ 的待估计自变量空间滞后项系数；$\boldsymbol{\varepsilon}$ 表示 $n\times1$ 的误差项。

4.2.1.6　空间杜宾误差模型

同样的道理，空间误差模型也可以添加自变量空间滞后项，这就产生了另一种空间计量模型——空间杜宾误差模型，公式如下所示：

$$\begin{cases} \boldsymbol{y} = \boldsymbol{X}\boldsymbol{\beta} + \boldsymbol{W}\boldsymbol{X}\boldsymbol{\theta} + \boldsymbol{\varepsilon} \\ \boldsymbol{\varepsilon} = \lambda \boldsymbol{W}\boldsymbol{\varepsilon} + \boldsymbol{v} \end{cases} \tag{4.6}$$

其中，$\boldsymbol{y}$ 表示 $n\times1$ 的因变量；$\boldsymbol{X}$ 表示 $n\times k$ 的自变量；$\boldsymbol{\beta}$ 表示 $k\times1$ 的待估计自变量系数；$\boldsymbol{W}$ 表示 $n\times n$ 的空间权重矩阵；λ 表示待估计误差项空间滞后项系数，也被称为空间自相关系数；$\boldsymbol{\theta}$ 表示 $k\times1$ 的待估计自变量空间滞后项系数；$\boldsymbol{\varepsilon}$ 表示 $n\times1$ 的误差项；$\boldsymbol{v}$ 被称为特质的成分。

4.2.2　分析流程

针对使用 GeoDa 软件进行的空间计量模型分析研究，Anselin 给出了推荐的建模决策流程图。需要指出的是：这个流程图适用于普通最小二乘模型、空间滞后模型和空间误差模型三者之间的选择判断。流程图如图 4－2 所示。

由流程图图 4－2 可以看出，首先进行 OLS 回归，然后再进行拉格朗日乘子检验（Lagrange multiplier test，LM 检验）[①]。检验的结果可能存在三种情况，接下来就按照流程图对这三种情况分别进行判断，如下所示：

（1）LM-error 统计量和 LM-lag 统计量检验结果都不显著，那么就停止空间计量模型回归分析，采用 OLS 模型取得回归结果；

（2）LM-error 统计量和 LM-lag 统计量检验只有 1 个显著，因此：

（a）如果 LM-error 统计量检验结果显著，那么指向空间误差模型；

（b）如果 LM-lag 统计量检验结果显著，那么指向空间滞后模型。

（3）LM-error 统计量和 LM-lag 统计量检验结果 2 个都显著，则需要进行稳健性的 LM-error（robust LM-error）和稳健性的 LM-lag（robust LM-lag）统计量检验，这时候仍然可能存在 2 种情况，如下所示：

（a）如果稳健性的 LM-error 统计量检验结果显著，那么指向空间误差模型；

（b）如果稳健性的 LM-lag 统计量检验结果显著，那么指向空间滞后模型。

上述提到了 4 个统计量，即 LM-error 统计量、LM-lag 统计量、稳健性的 LM-error

① 有关拉格朗日乘子检验的细节，请参见下一节。

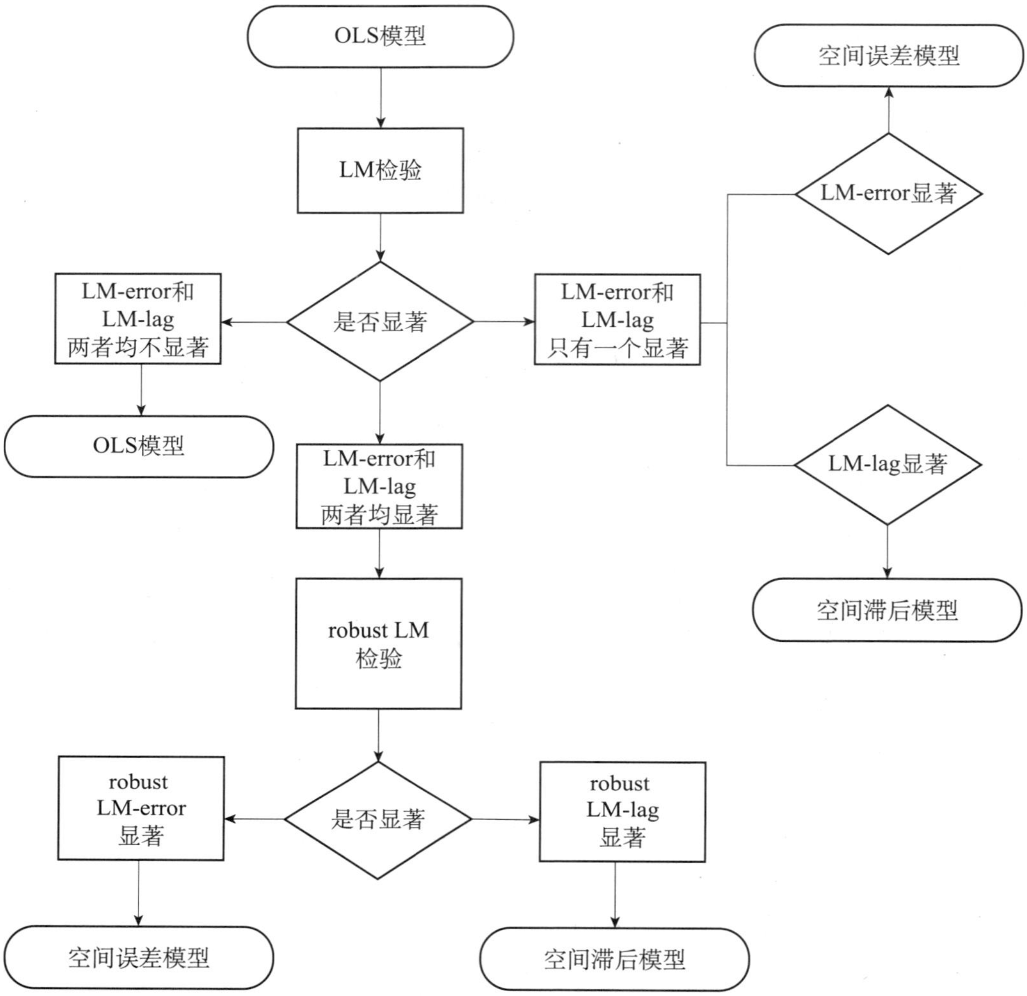

图 4－2　Anselin 建议的空间计量模型分析流程图

统计量和稳健性的 LM-lag 统计量，下面介绍这 4 个统计量的原假设的含义：

（1）LM-lag 统计量的原假设 H_0：模型不是空间滞后模型；

（2）LM-error 统计量的原假设 H_0：模型不是空间误差模型；

（3）稳健性的 LM-lag 统计量的原假设 H_0：模型不是空间滞后模型；

（4）稳健性的 LM-error 统计量的原假设 H_0：模型不是空间误差模型。

4.3　普通最小二乘模型与拉格朗日乘子检验

4.3.1　“Regression”功能对话框介绍

接下来就可以依照这个决策流程进行空间计量模型的回归分析。由图 4－2 所示分析流程可知，首先需要估计 OLS 模型，然后再进行拉格朗日乘子检验。

在 GeoDa 软件中的具体操作步骤是：点击 GeoDa 软件菜单栏中的"Methods"菜单，在"Methods"菜单栏下只有一个"Regression"功能，点击"Regression"之后，则会弹出标题为"Regression"的对话框。对话框主要分为 3 个小区域。左侧的"Variables"栏显示的是 Columbus 犯罪数据集包含的 20 个变量，右侧的"Dependent Variable"栏表示此处为因变量，下方的"Covariates"栏表示此处为自变量。左右两栏中间的 4 个箭头表示左边的变量移动到右边和右边的变量移动到左边。

再来看对话框的下方。第一行"Weights File"表示在本次回归估计（或检验）中所选取使用的空间权重文件。勾选"Weights File"前面的复选框后[①]，点击"Weights File"这一行最后的"W"图标，即可选择需要使用的空间权重文件。

下一行的"Models"小区域中有 3 个单选项——"Classic""Spatial Lag""Spatial Error"，分别表示经典的 OLS 模型、空间滞后模型和空间误差模型。

紧接着，下一行有 3 个复选框——"Pred. Val. and Res.""Coeff. Var. Mat.""White Test"，分别表示估计模型时选择输出的预测值和残差值、系数方差矩阵以及怀特检验结果。

注意：预测值和残差值选项需要谨慎使用，尤其是在对大样本数据进行回归分析时需要特别注意（Anselin，2005），因为在样本量很大的情况下，预测值和残差值输出的结果会很多。[②] 另外，输出的系数方差矩阵可以用在其他软件中做模型系数的约束性检验（Anselin，2005）。[③] 由于与本章关系不大，故此不多做介绍。

最后一行包括 4 个按钮："Run"按钮表示运行模型；"Save to Table"按钮表示保存模型预测值和残差值到表格中；"Save to File"按钮表示保存模型结果到文件中（txt 文件）；"Reset"按钮表示重新设定模型。[④]

4.3.2　OLS 模型与 LM 检验

首先对 OLS 模型进行估计，同时进行 LM 检验。[⑤] 在"Regression"对话框中，有 4 个重要的参数和步骤，如下所示：

（1）将左侧"Variables"栏中的"CRIME"变量移动到"Dependent Variable"栏中；

（2）将左侧"Variables"栏中的"INC"和"HOVAL"变量移动到"Covariates"栏中；

（3）勾选"Weights File"前面的复选框，然后点击后面的"W"图标来指定空间

---

① 只有指定因变量和自变量后，复选框才可以被激活，才能显示可以被勾选。

② 通常来说，显示预测值和残差值并没有太大的意义，如果想要检验残差，可以点击下方的"Save to Table"按钮，可以将残差值保存在表格中用于进行各种检验，例如 Moran 检验等。

③ 例如第六章中的 Wald 检验就用到了系数方差矩阵。

④ 可能有读者会问关于常数项的问题。GeoDa 软件 1.6.7 版本默认模型中包含常数项。但是，模型并非必须包含常数项。在 GeoDa 软件 0.9.5-i 版本中可以强制在模型中不添加常数项。Anselin 认为除非有特别站得住脚的理由，否则不应该排除常数项（Anselin，2005），所以正在更新的 GeoDa 软件版本直接默认包含常数项。

⑤ 如果不进行 LM 检验，则 OLS 模型的估计结果也没有太大的意义。LM 统计量的构造要利用 OLS 模型回归后的残差，所以两者是一并进行的。

权重文件，本例选择“queencol1. gal”，表示一阶 Queen 邻近性空间权重文件[①]，选择“Weights File”，表示 LM 检验结果会伴随 OLS 估计结果一并输出[②]；

（4）在“Models”小区域中选择“Classic”单选项，表示估计 OLS 模型。[③]

所有参数的设定如图 4－3 所示。最后点击“Regression”对话框最下方的“Run”按钮，即可弹出标题为“Regression Report”的对话框，该对话框输出了 OLS 回归估计的结果和 LM 检验的结果，如图 4－4 所示。

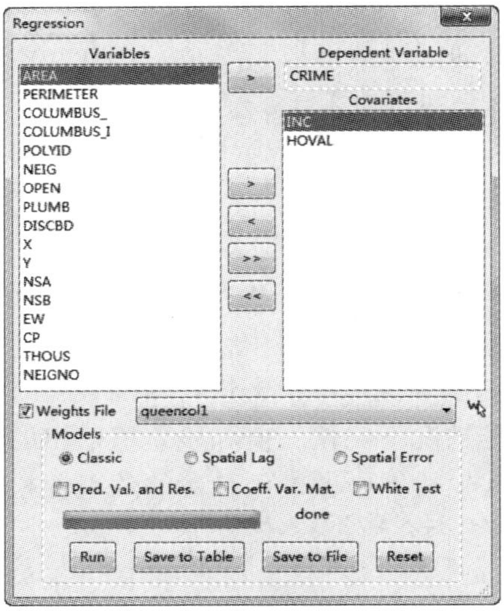

图 4－3　LM 检验参数设定

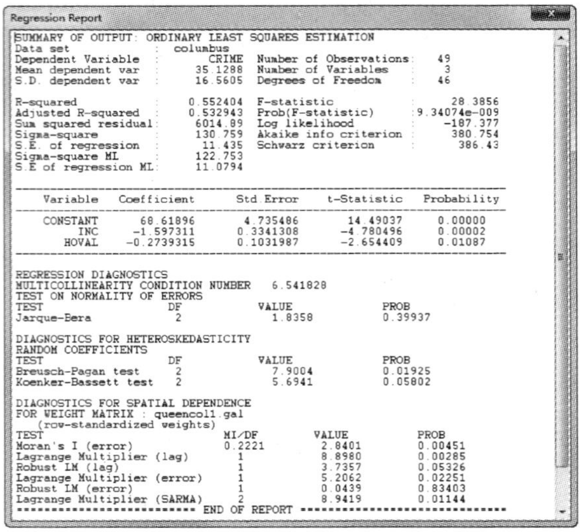

图 4－4　OLS 模型结果和 LM 检验结果

4.3.3　回归估计的统计量与回归结果

由图 4－4 可以看出，OLS 模型回归结果和 LM 检验的结果大致可以分为 4 个小区域。下面逐一解释每个小区域中各个结果的含义。首先看对话框中最上方的 OLS 模型回归估计后的各个统计量，各个统计量的解释如下所示。

OLS 模型回归结果的第一行“SUMMARY OF OUTPUT：ORDINARY LEAST SQUARES ESTIMATION”表明这是 OLS 模型回归结果的概要。其中，上半部分的各个统计量的具体含义如下所示：

（1）“Data set：columbus”表示数据集为 Columbus；

（2）“Dependent Variable：CRIME”表示因变量为 CRIME；

（3）“Mean dependent var：35. 128 8”表示因变量的均值为 35. 128 8；

（4）“S. D. dependent var：16. 560 5”表示因变量的标准差为 16. 560 5；

（5）“Number of Observations：49”表示观察值的个数为 49；

（6）“Degrees of Freedom：46”表示自由度为 46。[④]

---

① 如果不知道如何生成空间权重文件，请参考第二章。

② 请注意：只有在指定因变量和自变量后，“Weights File”前面的复选框才可以被勾选。

③ 请回顾：LM 检验实际上是对 OLS 估计结果的残差项进行检验。

④ OLS 模型中有一个常数项和两个自变量，因此，自由度为 46（＝49－1－2）。

下半部分的各个统计量的含义如下所示：

(1)“R-squared：0.552 404”表示拟合优度值为 0.552 404，含义是模型可以解释因变量 55%的变化；

(2)“Adjusted R-squared：0.532 943”表示调整后的拟合优度；

(3)“Sum squared residual：6 014.89”表示残差平方和为 6 014.89①；

(4)“Sigma-square：130.759”表示 sigma 平方为 130.759②；

(5)“S. E. of regression：11.435”表示回归的标准误差为 11.435③；

(6)“Sigma - square ML：122.753”表示极大似然回归的 Sigma 平方为 122.753④；

(7)“S. E. of regression ML：11.0794”表示极大似然回归的标准差为 11.0794⑤；

(8)“F-statistic：28.385 6”表示 F 统计量为 28.385 6，F 统计量的原假设是所有自变量的回归系数均为 0；

(9)“Prob (F-statistic)：9.340 74e−009”表示 F 统计量的伴随概率为 9.340 74e−009，表示在 1%的显著性水平下拒绝了“所有自变量的回归系数均为 0”的原假设⑥；

(10)“Log likelihood：−187.377”表示对数似然值，用于模型比较，对数似然值越大，模型拟合程度越好⑦；

(11)“Akaike info criterion：380.754”和“Schwarz criterion：386.43”分别表示赤池信息准则（AIC）和施瓦茨准则（SC），这两个统计量常用于模型之间的比较，但是与对数似然值相反，AIC 和 SC 统计量的值越小，模型拟合程度就越好。⑧

接下来，“Regression Report”对话框中展示的是 OLS 模型回归估计后的结果，这也是本例研究观察的重点内容之一。

Variable	Coefficient	Std. Error	t-Statistic	Probability
CONSTANT	68.618 96	4.735 486	14.490 37	0.000 00
INC	−1.597 311	0.334 130 8	−4.780 496	0.000 02
HOVAL	−0.273 931 5	0.103 198 7	−2.654 409	0.010 87

表格汇报了 OLS 模型中常数项和 2 个自变量系数的估计结果。其中，“Variable”表示变量名；“Coefficient”表示估计的系数；“Std. Error”表示标准误差；“t-Statistic”表示 t 统计量；“Probability”表示 t 统计量的伴随概率值。

表格第一列是 OLS 模型回归的常数项和 2 个变量，即 CONSTANT（常数项），INC

---

① 残差等于 $residu_i = y_i - xb$，残差平方和 $= \sum_{i=1}^{N} residu_i^2 = 6\ 014.89$。

② 计算方法为残差平方和（6 014.89）除以 46。

③ 计算方法为残差平方和除以 46，然后再开平方根，即 S. E. of regression$= \sqrt{6\ 014.89/46}$。

④ 计算方法为残差平方和 6 014.89 除以 49。

⑤ 计算方法为残差平方和除以 49，然后再开平方根，即 S. E. of regression$= \sqrt{6\ 014.89/49}$。

⑥ 在多元回归模型中，只要有一个自变量显著，F 统计量和其伴随概率都是拒绝原假设的，因此在实证分析中用处不大。Anselin（2005）指出在 GeoDa 软件中汇报 F 统计量只是出于完整性的目的。

⑦ 通过似然函数获得。

⑧ $AIC = -2L + 2K$，$SC = -2L + K \times \ln N$，$L$ 表示对数似然值，本例为 −187.377；K 为模型参数的个数，本例为 3；ln 表示自然对数，N 表示样本个数，本例为 49。因此 $AIC = -2 \times (-187.377) + 2 \times 3 = 380.754$，$SC = -2 \times (-187.377) + 3 \times \ln 49 = 386.43$。

（家庭收入）和 HOVAL（房屋价格）。由回归结果可知，INC 的系数为−1.597 311，t 统计量为−4.780 496，t 统计量的伴随概率为 0.000 02，说明在 1%的显著性水平下拒绝"H_0：INC 的系数等于 0"的原假设。换言之，提高家庭收入可以显著地降低入室抢劫和盗窃车辆案件发生的数量。

HOVAL 的系数为−0.273 931 5，t 统计量为−2.654 409，t 统计量的伴随概率为 0.010 87，说明在 1%的显著性水平下拒绝"H_0：HOVAL 的系数等于 0"的原假设。换言之，房屋价格的提高可以显著地降低入室抢劫和盗窃车辆案件发生的数量。

综上所述，INC 和 HOVAL 是两个统计上十分显著的因素，家庭收入和房屋价格的提高均能显著地降低入室抢劫和盗窃车辆案件发生的数量。

4.3.4 OLS 模型回归诊断结果

接下来，"Regression Report"对话框中展示的是 OLS 模型回归的各项检验诊断结果，具体如下所示：

```
REGRESSION DIAGNOSTICS
MULTICOLLINEARITY CONDITION NUMBER    6.541 828
TEST ON NORMALITY OF ERRORS
TEST                    DF          VALUE          PROB
Jarque-Bera             2           1.835 8        0.399 37

DIAGNOSTICS FOR HETEROSKEDASTICITY
RANDOM COEFFICIENTS
TEST                    DF          VALUE          PROB
Breusch-Pagan test      2           7.900 4        0.019 25
Koenker-Bassett test    2           5.694 1        0.058 02
```

其中，"MULTICOLLINEARITY CONDITION NUMBER 6.541 828"是用来判断多重共线性的指标，这个统计量如果超过 30，那么表示存在多重共线性问题（Anselin，2005）。由结果可知，6.541 828 远远小于 30，说明不存在多重共线性问题。

Jarque-Bera 统计量用来检验残差是否具有正态性，Jarque-Bera 统计量服从 2 个自由度的 χ^2 分布。Jarque-Bera 检验的原假设为"样本服从正态分布"。由 PROB 概率值可知（PROB=0.399 37），在 10%的显著性水平下无法拒绝"样本服从正态分布"的原假设，从而可以判断回归后的残差服从正态分布。① 有关残差的正态性问题，在很多情况下都不是一个十分严重的问题。在大样本的情况下，甚至不需要假定其正态性。但是如果是小样本数据的话，正态性假设则非常重要。

"Breusch-Pagan test"和"Koenker-Bassett test"是用来判断是否存在异方差性的检验，这两个检验的原假设为"不存在异方差性"。由后面的 PROB 概率值可以判断出：两个检验结果分别在 5%和 10%的显著性水平下拒绝了原假设。②

---

① 在第五章中通过绘制残差图也可以看出残差的大致情况。

② 5%的显著性水平是实证常见的一个判断是否拒绝原假设的临界值，这依据实证分析的具体情况来看。

4.3.5　拉格朗日乘子检验的结果

回归估计结果的最后部分是本例的重点观察区域，即拉格朗日乘子检验的结果。在 GeoDa 软件中，也称之为空间依赖性检验。具体结果如下所示：

```
DIAGNOSTICS FOR SPATIAL DEPENDENCE
FOR WEIGHT MATRIX:queencol1.gal
(row-standardized weights)
TEST                              MI/DF        VALUE        PROB
Moran's I(error)                  0.222 1      2.840 1      0.004 51
Lagrange Multiplier(lag)            1          8.898 0      0.002 85
Robust LM(lag)                      1          3.735 7      0.053 26
Lagrange Multiplier(error)          1          5.206 2      0.022 51
Robust LM(error)                    1          0.043 9      0.834 03
Lagrange Multiplier(SARMA)          2          8.941 9      0.011 44
```

结果的第一行“DIAGNOSTICS FOR SPATIAL DEPENDENCE”表示下面报告的是空间依赖性的诊断结果。“FOR WEIGHT MATRIX：queencol1. gal（row-standardized weights）”表示空间依赖性检验使用的空间权重矩阵是 queencol1. gal（行标准化的权重）。

Moran's I（error）表示对 OLS 模型回归后的残差进行 Moran's I 检验，Moran's I 的数值为 0. 222 1，伴随概率为 0. 004 51，表示在 1%的显著性水平下强烈地拒绝了“残差不存在空间依赖性”的原假设，说明 OLS 模型回归的残差存在明显的空间依赖性。这个检验结果的含义是：必须剔除 OLS 模型回归后残差中的空间依赖性因素。①

Moran's I 统计量尽管可以指出由空间依赖性造成的模型设定偏误②，但是无助于选择何种空间计量模型。如何剔除残差中的空间依赖性，Anselin 指出了空间滞后模型和空间误差模型两种空间计量模型。拉格朗日乘子检验的结果可以指向模型的判断。“Lagrange Multiplier（lag）”和“Lagrange Multiplier（error）”分别表示 LM-lag 统计量和 LM-error 统计量，两个统计量的伴随概率分别为 0. 002 85 和 0. 022 51，表明分别在 1%和 5%的显著性水平下拒绝了各自的原假设。从 Anselin 建议的决策流程来看（见图 4 - 2），如果两个统计量都显著的话，那么需要通过稳健性的拉格朗日乘子检验来进一步判断。③

Robust LM（lag）和 Robust LM（error）统计量的伴随概率分别为 0. 053 26 和 0. 834 03。很显然，Robust LM（lag）统计量的检验结果显示：大约在 5%的显著性水

① Anselin 指出，如果残差的 Moran's I 统计量显著的话，那么至少 LM-lag 或 LM-error 统计量可以拒绝一个原假设。如果出现了冲突的情况，即残差 Moran's I 非常显著，且两个统计量都无法拒绝的话，那么造成这个结果的原因可能是异方差性问题，或者是残差的非正态性问题。

② 它不一定只是由空间依赖性造成的（Anselin，2005），只是本书的目的在于讨论空间计量模型。

③ 注意：Lagrange Multiplier（lag）统计量＋Robust LM（error）统计量＝Robust LM（lag）统计量＋Lagrange Multiplier（error）统计量，即 8. 898 0＋0. 043 9＝3. 735 7＋5. 206 2。

平下可拒绝“不是空间滞后模型”的原假设[①]，Robust LM（error）统计量的检验结果显示在10%的显著性水平下无法拒绝“不是空间误差模型”的原假设。两个稳健性的拉格朗日乘子检验结果显示，最后应该选择的模型为空间滞后模型。[②]

注意：上述4个统计量均服从自由度为1的χ^2分布，Lagrange Multiplier（SARMA）服从自由度为2的χ^2分布。

4.3.6 OLS模型残差的空间依赖性检验

为了再次强调OLS模型回归估计后的残差项中可能存在空间依赖性问题，同时也为了表示Moran's I（error）统计量是被如何计算出来的，这一小节将演示如何对OLS模型回归估计后的残差进行空间依赖性检验。具体来说，就是利用Moran's I来判断OLS模型回归估计后的残差是否存在空间自相关现象。

在运行完OLS模型回归之后，在“Regression Report”对话框最下方点击“Save to Table”按钮，则会立即弹出“Save Regression Results”对话框。勾选“Regression Report”对话框中“Residual（残差）”前面的复选框，然后点击“Residual”后面的“Add Variable”按钮，即可弹出“Add Variable”对话框，在“Add Variable”对话框中的“Name”条目中，GeoDa软件自动赋予了残差一个变量名，即“OLS_RESIDU”，其命名方式是“模型+变量”，即“OLS”表示模型，“RESIDU”表示残差。[③]

本例接受该默认变量名，其他的参数设置也均接受默认值。注意：GeoDa 1.6.7版本支持的变量名长度不超过10个字符。

点击“Add Variable”对话框下方的“Add”按钮，又返回到“Save Regression Results”对话框，点击“Save Regression Results”对话框下方的“OK”按钮，OLS模型回归估计后的残差项“OLS_RESIDU”已经添加并保存在数据表格中。

在进行Moran's I检验之前，先对残差有一个直观上的认识。首先看一下“OLS_RESIDU”变量的分位数地图。点击GeoDa软件菜单中的“Map”菜单，选择“Quantile Map”后，再选择参数“4”，在弹出的“Variable Settings”对话框中选择新生成的“OLS_RESIDU”变量，点击下方的“OK”按钮，即可得到“OLS_RESIDU”变量的分位数地图，如图4-5所示。

由残差的分位数地图图4-5可以看出，Columbus中心地带的空间单元颜色较深。由图例可知，残差值较大的地带集中在地图中间区域，而外围地带颜色较淡，换言之，残差值较小的地区集中在研究区域的外围地带。

通过分位数地图，可以比较有把握地判断出回归后的残差呈现出空间自相关现象。

---

① 注意：在有些实证分析的情况下，稳健性的LM-lag和稳健性的LM-error统计量有可能都在1%的显著性水平下拒绝原假设，那么应该选择稳健性的LM检验统计量数值较大的那个模型。当然，这种情况也有可能是由错误的模型设定所引起的。因此，可以重新考虑空间权重矩阵，或者改变一下模型的设定，这样做有可能改善上述情况（Anselin，2005）。总之，模型设定错误是首要考虑的情况。当然，LeSage and Pace（2009）和Elhorst（2014）还建议考虑空间杜宾模型，这也是解决这个问题的一种方法。之所以考虑空间杜宾模型，是因为空间杜宾模型在某些条件下可以简化为空间滞后模型或者空间误差模型。这一问题将在下面的章节中详细介绍。

② Lagrange Multiplier（SARMA）是有关高阶空间计量模型检验的统计量。Anselin（2005）指出该检验是为了完整性才放到LM检验里的，在目前的实证中并没有任何用处。因此，本书略过对该统计量的介绍。

③ 这个添加变量的过程与前面章节介绍的内容基本一致。

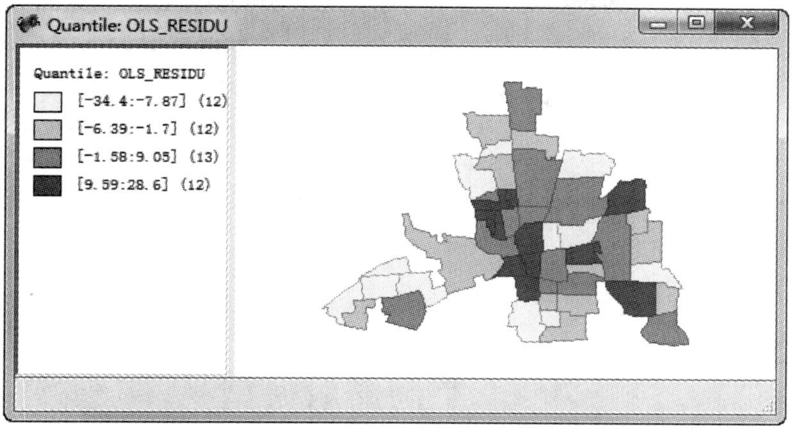

图 4-5　OLS 模型残差的分位数地图

也就是说，OLS 模型回归后的残差存在空间依赖性。当然，这只是直觉上的判断，需要通过 Moran's I 检验来进一步确定。

点击 GeoDa 软件菜单栏中的“Space”菜单，然后选择“Univariate Moran's I”，即可弹出“Variable Settings”对话框，选择“OLS _ RESIDU”变量，GeoDa 软件又弹出选择空间权重文件的对话框，找到空间权重文件“queencol1. gal”后，点击对话框下方的“OK”按钮，即可得到“OLS _ RESIDU”变量的 Moran 散点图，如图 4-6 所示。

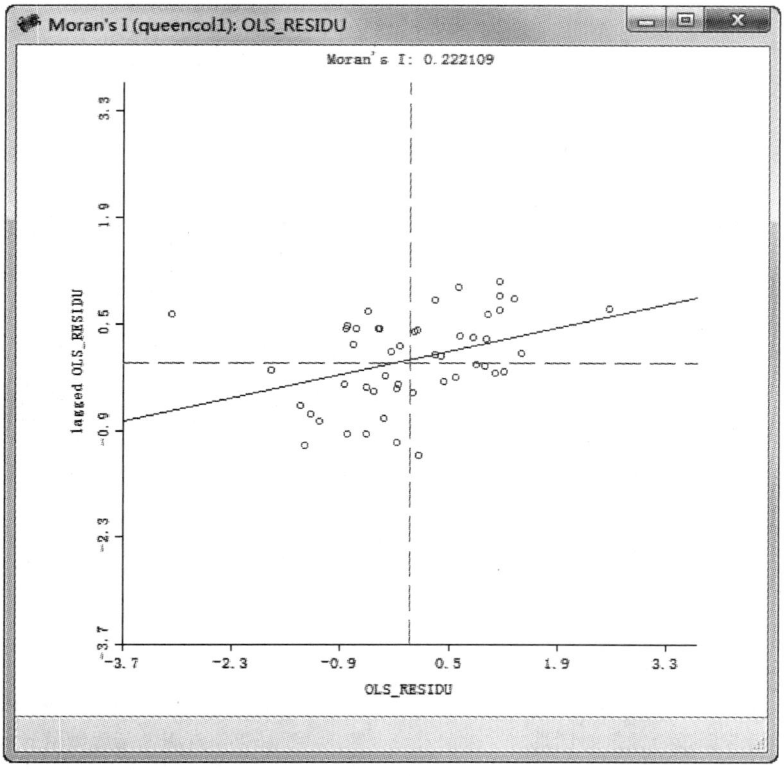

图 4-6　OLS 模型残差的 Moran 散点图

Moran 散点图图 4－6 中显示 Moran's I＝0.222 109，这个结果与空间依赖性诊断中的报告结果是完全一致的。通过 999 次置换检验后，得到概率值为 0.006 200，表明可以在 1％的显著性水平下拒绝“模拟的 Moran's I 数值大于观察值的 Moran's I 数值”的原假设，进而说明 OLS 模型的残差项确实存在显著的正向的空间自相关现象，也就是说，OLS 模型的残差中存在空间依赖性。

同样的道理，采用这种方法可以对任何模型估计后的残差进行空间依赖性的检验。同时也要说明的是：Moran's I 检验只能判断残差是否存在空间依赖性，并不能指出究竟该选择哪种空间计量模型。

4.4　空间滞后模型

4.4.1　空间滞后模型的估计

通过 OLS 模型回归后的残差的 Moran 散点图可知，OLS 模型估计后的残差存在显著的空间自相关现象，即存在空间依赖性。拉格朗日乘子检验的结果指向了空间滞后模型。那么，这一小节的主要任务就是介绍如何在 GeoDa 软件中估计空间滞后模型。

点击 GeoDa 软件菜单栏中的“Methods”菜单，然后点击“Regression”，则会弹出标题为“Regression”的对话框。空间滞后模型参数的设置与上述 OLS 模型估计和 LM 检验的参数设置极为类似，唯一不同的就是在“Models”区域中需要点击单选项“Spatial Lag”，其他设置均不变，如图 4－7 所示。注意图中黑色方块位置即是“Spatial Lag”参数的位置。点击“Regression”对话框下方的“Run”按钮，即可弹出空间滞后模型回归估计后的结果，如图 4－8 所示。

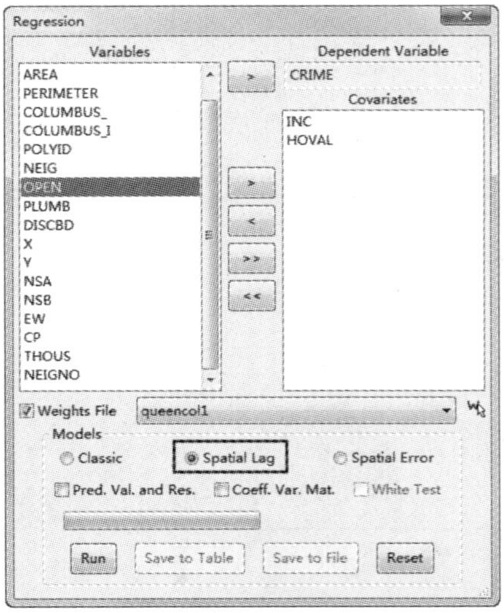

图 4－7　空间滞后模型设定对话框

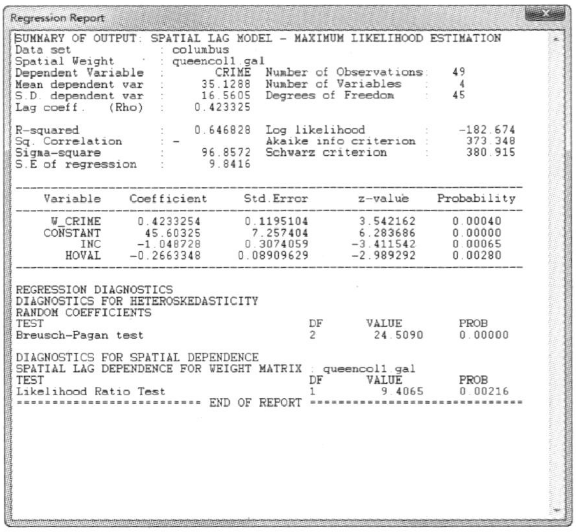

图 4－8　空间滞后模型估计结果

接下来，分析空间滞后模型估计后的结果。

Variable	Coefficient	Std. Error	z-value	Probability
W_CRIME	0.423 325 4	0.119 510 4	3.542 162	0.000 40
CONSTANT	45.603 25	7.257 404	6.283 686	0.000 00
INC	−1.048 728	0.307 405 9	−3.411 542	0.000 65
HOVAL	−0.266 334 8	0.089 096 29	−2.989 292	0.002 80

空间滞后模型的两个自变量及其系数为：INC（−1.048 728）和 HOVAL（−0.266 334 8）。这两个自变量的系数估计绝对值小于 OLS 模型的系数估计绝对值 INC（−1.597 311）和 HOVAL（−0.273 931 5），这是由于空间滞后模型添加了因变量的空间滞后项 W _ CRIME。空间滞后模型与 OLS 模型估计的自变量参数在符号上完全一致，空间滞后模型的两个自变量 INC 和 HOVAL 也在统计上显著为负，说明家庭收入和房屋价格的提高均能显著地降低入室抢劫和盗窃车辆案件发生的数量。

接下来再看因变量空间滞后项 W _ CRIME 的系数(0.423 325 4)①，其概率值为 0.000 40，表明在 1%的显著性水平下强烈地拒绝了“W _ CRIME 系数等于 0”的原假设。W _ CRIME 的系数显著为正，说明周围邻居地区入室抢劫和盗窃车辆案件发生的数量越多，那么核心地区入室抢劫和盗窃车辆案件发生的数量也就越多。

4.4.2　OLS 模型与空间滞后模型的比较

针对空间滞后模型回归估计的结果，研究者最感兴趣的往往是空间滞后模型中各个系数的显著性。但是，OLS 模型与空间滞后模型之间的比较也是关注的重点之一。如果空间滞后模型没有明显地优于 OLS 模型，那么空间计量模型也就失去了意义。因此，需要通过一些统计量来验证空间滞后模型是否真的优于 OLS 模型，同时也进一步佐证拉格朗日乘子检验的结果。有关 OLS 模型和空间滞后模型拟合程度的统计量信息被汇总于表 4-1 中。

表 4-1　　OLS 模型与空间滞后模型的统计量对比

统计量	OLS 模型	空间滞后模型
R^2	0.552 404	0.646 828
对数似然值	−187.377	−182.674
AIC	380.754	373.348
SC	386.43	380.915

需要注意的是：表 4-2 虽然给出了 2 个模型拟合优度 R^2 的结果，但是，空间滞后模型的 R^2 不是真实的 R^2，而是伪 R^2，不可以与 OLS 模型回归的 R^2 直接进行比较。换言之，不能通过比较 R^2 的大小来判断空间滞后模型和 OLS 模型的优劣。这与经典计量模型之间的比较略有不同。

然而，对数似然值、AIC 和 SC 是较为合适的判断模型优劣的统计量。其中，对数

① 在第五章中，空间滞后模型中的因变量空间滞后项的系数用 *rho* 表示，在 GeoDa 中用 *W _ Y* 表示。请注意区别。

似然值越大，模型拟合程度越好，而 AIC 和 SC 统计量越小，则模型拟合程度越好。

由表 4-2 可知，OLS 模型的对数似然值是-187.377，小于空间滞后模型的对数似然值-182.674，说明空间滞后模型拟合得较好。空间滞后模型的 AIC 和 SC 统计量分别为 373.348 和 380.915，两者均小于 OLS 模型的 AIC（380.754）和 SC（386.43）统计量，也说明了空间滞后模型拟合得较好。通过这三个统计量的对比可以发现，空间滞后模型的确优于 OLS 模型。同时，这也进一步验证了拉格朗日乘子检验的结果。

最后来看空间滞后模型估计结果的最后一部分——空间依赖性的检验结果，如下所示：

```
DIAGNOSTICS FOR SPATIAL DEPENDENCE
SPATIAL LAG DEPENDENCE FOR WEIGHT MATRIX:queencol1.gal
TEST                          DF        VALUE        PROB
Likelihood Ratio Test         1         9.406 5      0.002 16
```

“Likelihood Ratio Test”为似然比检验，是用于判断 OLS 模型和空间滞后模型之间差异的检验，原假设是“W _ CRIME 系数为 0”。检验结果显示，统计量的伴随概率为 0.002 16，说明在 1%的显著水平下强烈地拒绝了“W _ CRIME 系数为 0”的原假设。因此，模型选择最后指向了空间滞后模型。

似然比检验用来比较两个模型的优劣。似然比统计量利用两个模型的对数似然值来构造，服从 χ^2 分布，假设原模型的似然值为 $\ln L_0$，备选模型的似然值为 $\ln L_1$。对于本例来说，原模型的似然值即 OLS 模型的似然值为-187.377，备选模型的似然值即空间滞后模型的似然值为-182.674，那么似然比统计量具体如下所示：

$$\begin{aligned} D &= -2 \times \ln \frac{L_0}{L_1} \\ &= -2 \times (\ln L_0 - \ln L_1) \\ &= -2 \times [(-187.377) - (-182.674)] \\ &= 9.406 \end{aligned} \tag{4.7}$$

4.4.3 空间滞后模型残差的检验

尽管似然比检验的结果显示模型应该指向空间滞后模型，但是空间滞后模型估计后的残差是否仍然存在空间依赖性呢?①

下面就来检验一下。对空间滞后模型回归估计后的残差进行空间自相关 Moran's I 检验，结果发现空间滞后模型残差项的 Moran's I=0.033 068 3，通过数值就已经可以基本判断出残差项不存在空间依赖性。因为 Moran's I 数值已经非常接近于 0，这说明不存在空间自相关现象，残差呈现出空间随机分布。通过置换检验结果可以发现，无法拒绝原假设，进而在统计上可判断出空间滞后模型的残差项不存在空间依赖性。

① 如果仍然存在，说明空间滞后模型仍然不是最佳的模型，即没有完全剔除残差项中的空间依赖性。

需要注意的是：应用 GeoDa 软件估计空间滞后模型时，空间权重矩阵必须是对称矩阵。换言之，可以使用基于 Rook 和 Queen 规则的地理邻近性空间权重矩阵，或者基于距离的空间权重矩阵，这三种矩阵是对称矩阵；而 K 个最近邻居空间权重矩阵是非对称矩阵，因此，不能在 GeoDa 软件中使用非对称的空间权重矩阵对空间滞后模型进行估计。[①] 如果强制使用 K 个最近邻居空间权重矩阵，GeoDa 软件则会弹出表示警告的信息框。然而，在进行拉格朗日乘子检验时，可以使用非对称的 K 个最近邻居空间权重矩阵。

4.5 空间误差模型

尽管拉格朗日乘子检验结果指向了空间滞后模型，但是为了进行模型与模型之间的比较，也可以估计出空间误差模型的回归结果，用于与 OLS 模型进行对比。

空间误差模型的参数设置在 GeoDa 软件中与空间滞后模型的参数设置极为类似，唯一的变化就是在“Regression”对话框中选择“Models”中的“Spatial Error”单选项，注意图中黑色方块位置就是“Spatial Error”参数的位置，如图 4－9 所示。参数设置完毕之后，点击“Regression”对话框下方的“Run”按钮，即可弹出空间误差模型回归估计后的结果，如图 4－10 所示。

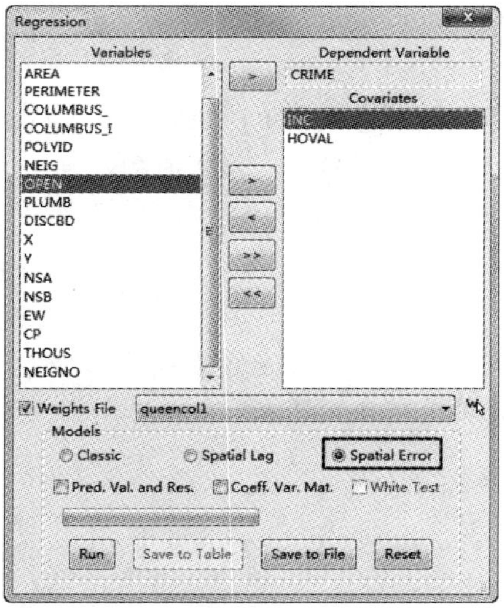

图 4－9 空间误差模型设定对话框

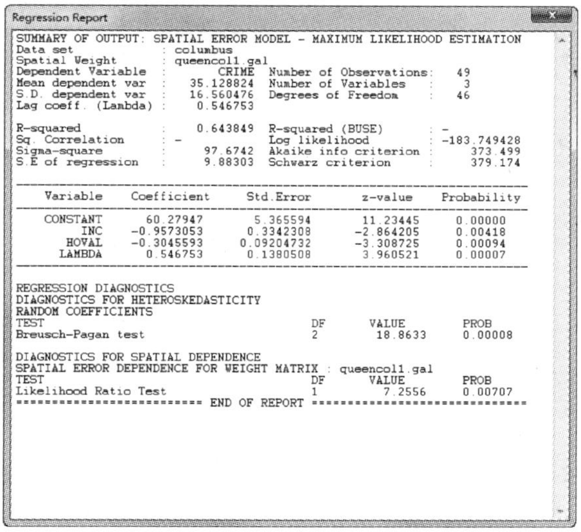

图 4－10 空间误差模型估计结果

由图 4－10 可知，空间误差模型的估计结果与空间滞后模型的估计结果非常类似，也呈现出 3 个区域。最上方的区域就是回归估计后的各个统计量，中间的区域是空间误差模型各个系数的估计结果，最下方的区域为回归诊断和空间依赖性检验的结果。

首先来看空间误差模型回归估计后的系数。

---

① 由此可见，GeoDa 软件在空间计量模型的回归估计上，的确不如 MATLAB 灵活。

Variable	Coefficient	Std. Error	z-value	Probability
CONSTANT	60.279 47	5.365 594	11.234 45	0.000 00
INC	−0.957 305 3	0.334 230 8	−2.864 205	0.004 18
HOVAL	−0.304 559 3	0.092 047 32	−3.308 725	0.000 94
LAMBDA	0.546 753	0.138 050 8	3.960 521	0.000 07

INC 变量和 HOVAL 变量在统计上十分显著，都强烈地拒绝了“系数为 0”的原假设。同样，空间自相关系数 LAMBDA 在统计上也非常显著，在 1%的显著性水平下拒绝了“LAMBDA（λ）等于 0”的原假设，说明误差项存在空间依赖性，通过在方程中添加空间自相关误差项 $\boldsymbol{W\varepsilon}$ 剔除了空间依赖性。

注意：在应用 GeoDa 软件估计空间误差模型时，空间权重矩阵也必须是对称矩阵。

4.6 深入理解三种模型的残差

4.6.1 OLS 模型的残差

本书 3.6 节介绍了如何保存 OLS 模型回归后的残差，以及如何应用 Moran's I 检验来判断残差是否存在空间依赖性。OLS 模型的残差计算非常简单，残差为 $\boldsymbol{y}-\hat{\boldsymbol{y}}$。其中，$\boldsymbol{y}$ 表示变量 $\boldsymbol{y}$ 的观察值，$\hat{\boldsymbol{y}}$ 表示变量 $\boldsymbol{y}$ 的预测值（predicted value）或者拟合值，$\hat{\boldsymbol{y}}=\boldsymbol{X}\hat{\boldsymbol{\beta}}$，$\hat{\boldsymbol{\beta}}$ 是 OLS 模型中自变量 $\boldsymbol{X}$ 的估计系数。

在进行 OLS 模型估计时，勾选“Regression”对话框下方的“Pred. Val. and Res.”，那么在弹出的估计结果窗口的下面会显示出因变量的观察值、预测值和残差。

4.6.2 空间滞后模型的残差

与 OLS 模型不同的是，空间滞后模型涉及 2 个残差的概念。首先介绍残差（residual），它表示模型误差项的估计值（Anselin，2005），如公式 4.8 所示：

$$\text{residual}=(\boldsymbol{I}-\rho\boldsymbol{W})\boldsymbol{y}-\boldsymbol{X}\hat{\boldsymbol{\beta}} \tag{4.8}$$

其中，ρ 是空间自回归系数；$\hat{\boldsymbol{\beta}}$ 是自变量的系数。

另一个是预测误差（prediction error），可以表示如下：

$$\text{prediction error}=\boldsymbol{y}-\hat{\boldsymbol{y}},\ \hat{\boldsymbol{y}}=(\boldsymbol{I}-\rho\boldsymbol{W})^{-1}\boldsymbol{X}\hat{\boldsymbol{\beta}} \tag{4.9}$$

在进行空间滞后模型估计时，勾选“Regression”对话框下方的“Pred. Val. and Res.”，那么在弹出的估计结果窗口的下面会显示出因变量的观察值、预测值、残差和预测误差。

4.6.3 空间误差模型的残差

空间误差模型也涉及 2 个残差的概念。首先介绍残差（residual），它表示空间不相关（uncorrelated）或者空间过滤模型（spatially filtered model）误差项的估计值（Anselin，2005），如公式 4.10 所示：

$$\hat{\boldsymbol{v}} = (\boldsymbol{I} - \hat{\lambda}\boldsymbol{W})\hat{\boldsymbol{\varepsilon}} \tag{4.10}$$

预测误差值（prediction error）如公式 4.11 所示：

$$\hat{\boldsymbol{\varepsilon}} = \hat{\lambda}\boldsymbol{W}\hat{\boldsymbol{\varepsilon}} + \hat{\boldsymbol{v}} \tag{4.11}$$

或者，可以写为：

$$\hat{\boldsymbol{\varepsilon}} = \boldsymbol{y} - \hat{\boldsymbol{y}},\ \hat{\boldsymbol{y}} = \boldsymbol{X}\hat{\boldsymbol{\beta}} \tag{4.12}$$

在进行空间误差模型估计时，勾选“Regression”对话框下方的“Pred. Val. and Res.”，那么在弹出的估计结果窗口的下面会显示出因变量的观察值、预测值、残差和预测误差值。

4.7 变量的计算与空间滞后项的生成

空间滞后模型和空间误差模型都包含空间滞后项，其中空间滞后模型包含因变量的空间滞后项（$\boldsymbol{Wy}$），空间误差模型包含误差项的空间滞后项（$\boldsymbol{W\varepsilon}$）①，这两种空间滞后项都是由 GeoDa 软件在估计空间计量模型时自动生成的。

由前面几节可知，空间计量模型还可能包含自变量的空间滞后项，如空间杜宾模型和自变量空间滞后模型。

尽管 GeoDa 软件没有提供直接估计空间杜宾模型和自变量空间滞后模型的功能，但是通过间接方法，即在 GeoDa 软件中生成自变量的空间滞后项，可进行空间杜宾模型和自变量空间滞后模型的回归估计。

以空间杜宾模型为例，由模型设定形式可知，空间杜宾模型与空间滞后模型的差别就在于自变量的空间滞后项，即 $\boldsymbol{WX}$ 项。因此只需在 GeoDa 软件中生成自变量的空间滞后项即可。这涉及 GeoDa 软件的一个重要功能：变量计算（“Variable Calculation”）。这一节的主要任务就是介绍这项功能。

点击 GeoDa 软件菜单栏中的“Table”菜单，选中“Variable Calculation”，即可弹出“Variable Calculation”对话框，如图 4-11 所示。

图 4-11 中显示“Variable Calculation”对话框上方有 5 个标签，分别为“Special”“Univariate”“Bivariate”“Spatial Lag”“Rates”。下面就逐一地介绍这 5 个标签的内容。尽管每个标签的内容都不相同，但是操作步骤和方式都是极为类似的。

4.7.1 “Special”标签

“Special”标签的功能是生成一个随机变量。图 4-11 显示“Variable Calculation”对话框中间是变量计算区域。接下来从左至右逐一对每个区域进行介绍。

① 它也被称为空间自相关误差项。

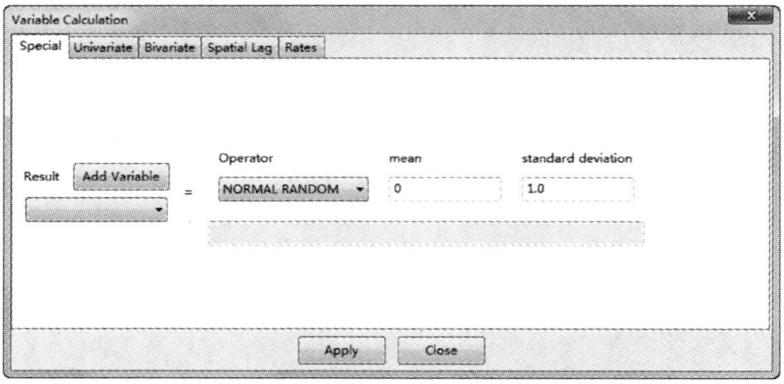

图 4-11　变量计算对话框

"Add Variable"按钮表示添加一个新变量，"Operator"的下拉菜单默认的是"NORMAL RANDOM"，表示将要生成一个正态分布的随机变量，在后面的"mean"和"standard deviation"的参数设置框中可以设定这个正态分布的均值和方差。比如，要生成一个均值为 0、方差为 1 的随机变量，就在"mean"设置框中填写 0，在"standard deviation"设置框中填写 1。由于这个功能不是本书的重点，因此介绍从略。

4.7.2 "Univariate"标签

接下来看"Univariate"标签。图 4-12 显示这是单变量的数据操作对话框。左边的"Add Variable"按钮表示添加一个新变量。

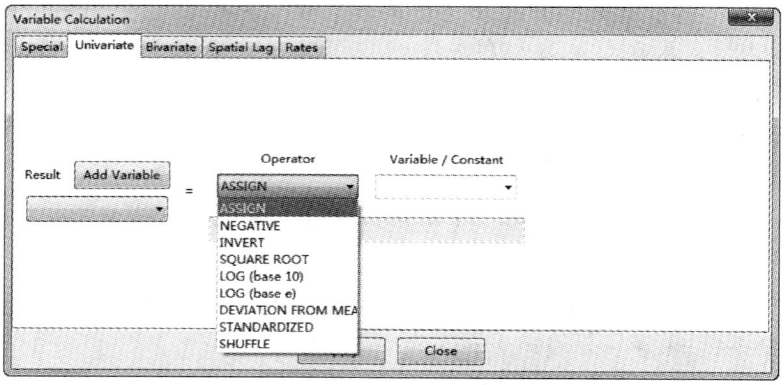

图 4-12　变量计算对话框的"Univariate"标签

"Operator"的下拉菜单中共有 9 个算法，分别如下所示：

（1）ASSIGN：表示将一个现有的变量重新生成一个完全一致的变量，并指定新变量名；

（2）NEGATIVE：表示生成负值；

（3）INVERT：表示生成倒数；

（4）SQUARE ROOT：表示生成平方根；

（5）LOG（base 10）：表示生成以 10 为底的对数；

（6）LOG（base e）：表示生成以自然数 e 为底的对数；

（7）DEVIATION FROM MEAN：表示生成离差；

（8）STANDARDIZED：表示对变量进行标准化处理；

（9）SHUFFLE：表示将一个现有的变量重新打乱顺序并随机排列。

最右边的“Variable/Constant”表示选定某个感兴趣的变量，然后对其进行上述操作。

这些功能在 GeoDa 软件中对变量的计算非常有效。比如，某个空间数据变量在录入时是水平值，如果想对其取自然对数，则可以通过 Log 算子［LOG（base e）］将这个变量变为自然对数值。由于操作简单，因此就不具体操作演示，读者可以自行尝试操作。

4.7.3 “Bivariate”标签

接下来看“Bivariate”标签。图 4－13 显示这是双变量的数据操作对话框。同样，左边的“Add Variable”按钮表示添加一个新变量，右边有两个“Variable/Constant”变量输入框，中间通过“Operator”下拉菜单中的计算选项将这两个变量输入框联系起来。具体来说，左边的“Variable/Constant”通过“Operator”与右边的“Variable/Constant”联系起来。

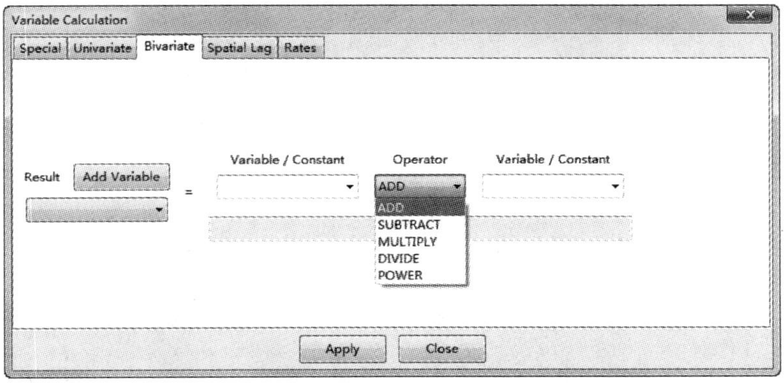

图 4－13 变量计算对话框的“Bivariate”标签

“Operator”的下拉菜单中有 5 个选项，分别如下所示：

（1）ADD：表示这两个变量相加；

（2）SUBTRACT：第一个变量减去第二个变量；

（3）MULTIPLY：表示这两个变量相乘；

（4）DIVIDE：表示第一个变量除以第二个变量；

（5）POWER：表示生成以第一个变量为底、第二个变量为指数的新变量。

由于操作简单，因此就不具体操作演示。

4.7.4 “Spatial Lag”标签

接下来看“Spatial Lag”标签。图 4－14 显示这是空间滞后变量计算的操作对话框，也是本节需要着重介绍的标签。

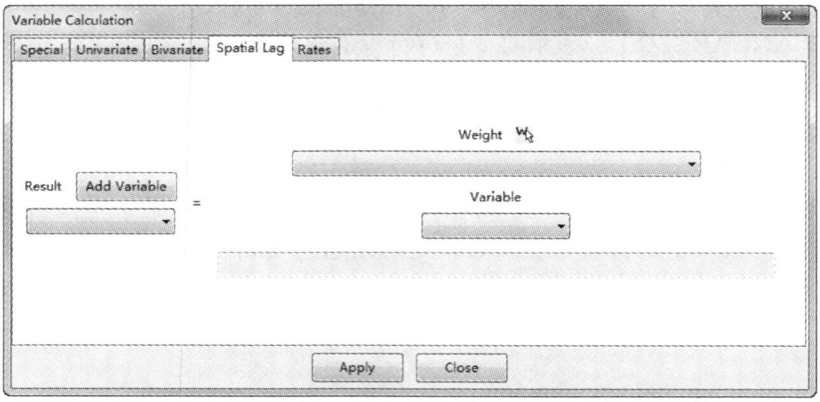

图 4-14　变量计算对话框的"Spatial Lag"标签

图 4-14 显示的是"Spatial Lag"标签的对话框，左边的"Add Variable"按钮表示添加一个新变量，点击对话框中左边的"Add Variable"即可弹出"Add Variable"对话框，如图 4-15 所示。

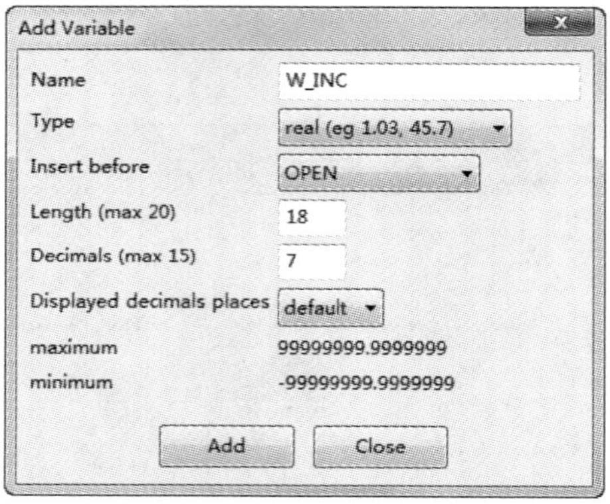

图 4-15　在 GeoDa 软件中添加 W _ INC 变量的对话框

对话框（图 4-15）中"Name"条目为空白，由于 GeoDa 软件不知道用户指定何种变量，因此，此输入框为空白，需要用户自己添加变量名。[1]

本小节以 INC 变量为例来演示如何操作生成空间滞后项。在"Name"输入框中输入"W _ INC"，在"Insert before"词条后的下拉菜单中选择"OPEN"，表示将生成的"W _ INC"变量插入 OPEN 变量之前，这样做的好处是将"W _ INC"与"INC"排列在一起[2]，其他参数设置均接受默认值，点击"Add Variable"对话框下方的"Add"按钮，即可返回"Variable Calculation"对话框。

点击"Variable Calculation"对话框（图 4-16）中"Weight"右边的"W"图标，即可弹出空间权重文件对话框，本例选择"queencol1. gal"空间权重文件，然后在"Variable"的下拉菜单中选择"INC"变量。下方的显示框中提示用户查看这个变量是不是将要生成的新变量，新变量的计算过程为"queencol1. gal is W matrix==>W _ INC=

---

① 这与保存回归后残差的对话框不一样，因为那时 GeoDa 软件知道用户想要保存残差变量。

② 点击下拉菜单可以看到变量的排列，用户可以指定生成的新变量排列在某个变量之前。

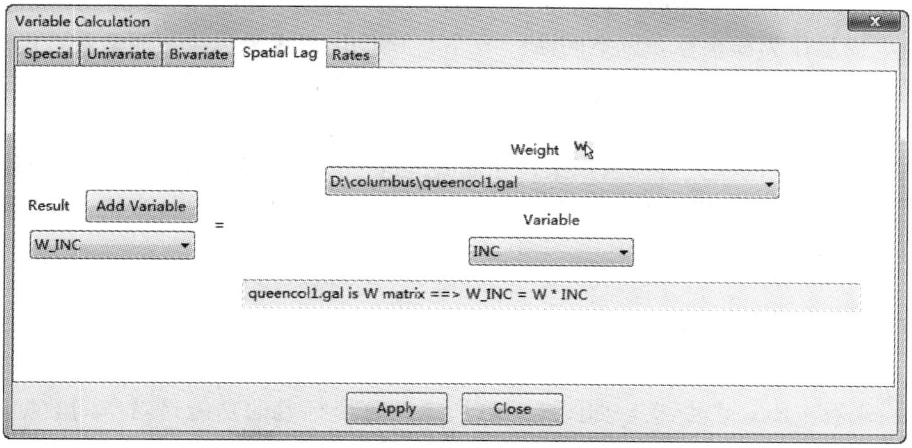

图 4－16　GeoDa 软件中 Table 菜单中的变量计算功能

W* INC”，表明“queencol1. gal”是空间权重文件，W _ INC 由矩阵“W”和向量“INC”相乘获得。①

点击“Variable Calculation”对话框下方的“Apply”按钮，即可将自变量 INC 的空间滞后项 W _ INC 添加在空间数据的表格中。同样的道理，应用同样的操作步骤也可以生成 HOVAL 变量的空间滞后项 W _ HOVAL。两项操作完毕之后，可以在数据表格中看到 W _ INC 和 W _ HOVAL 这两个自变量的空间滞后项已经被添加到数据表格中，表格显示自变量空间滞后项 W _ INC 和 W _ HOVAL 排列在 CRIME 变量之后、OPEN 变量之前。

生成的自变量空间滞后项可以立即被用在空间数据分析中，例如可以绘制全域空间自相关的 Moran 散点图，如图 4－17 所示。

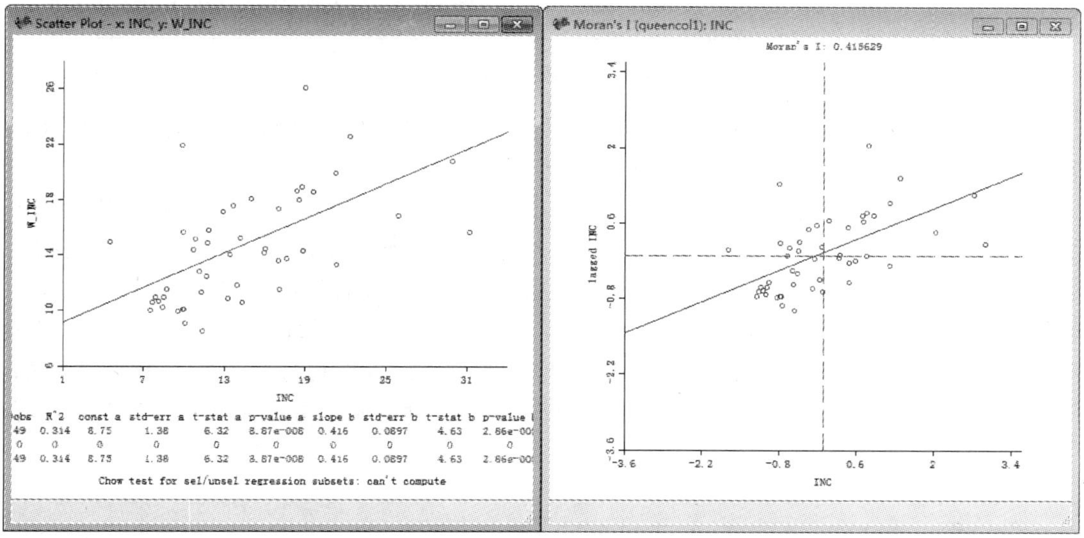

图 4－17　两个 Moran 散点图的对比

① 有关空间滞后项的计算可以参阅 Anselin（1988）的著作。

图 4-17 中右边的 Moran 散点图是 GeoDa 软件直接生成的，左边的 Moran 散点图是以 INC 变量作为横坐标，以空间滞后项 W _ INC 作为纵坐标绘制而来的，由散点图下方的统计信息可知，斜线的斜率为 0.416，与右边 Moran 散点图的 Moran's I 数值是一致的。

注意：如果空间单元有孤岛现象，那么通过这种方式绘制的散点图的斜率与 Moran 散点图的 Moran's I 数值是不一致的，因为对于没有邻居的空间单元来说，空间滞后项位于 Moran 散点图的横轴上。①

4.7.5 "Rates"标签

最后来看"Rates"标签，如图 4-18 所示。这个标签的功能是对空间数据的某个变量进行平滑处理，然后将其保存在空间数据文件之中。

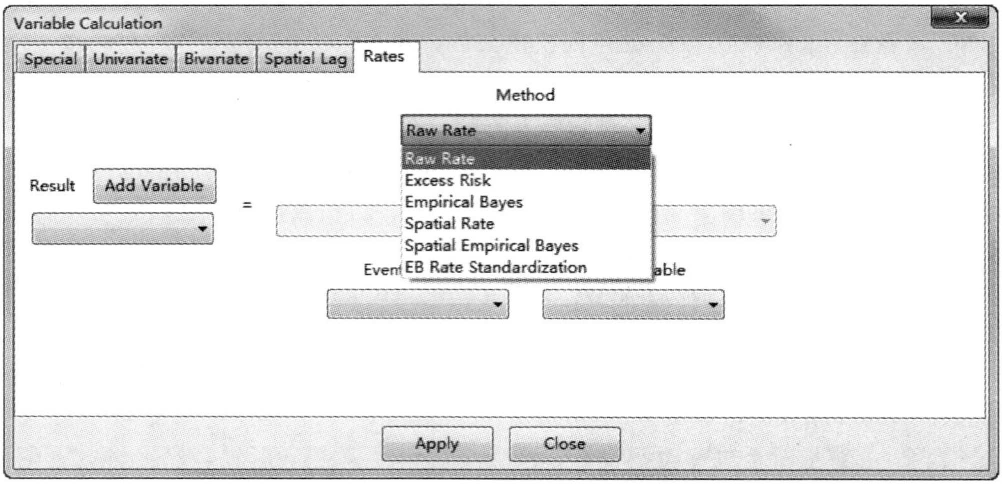

图 4-18 变量计算对话框的"Rates"标签

由于"Rates"标签的使用方法与其他上述 4 种标签的参数设置的操作步骤极为类似，因此，这项功能的操作步骤介绍从略。

但是，需要注意的是：对话框图 4-18 中"Method"下拉菜单里有 6 种数据平滑方法。前 5 种平滑方法在第三章的平滑制图小节中已经详细介绍过了。下拉菜单中的第 6 种方法——"EB Rate Standardization"方法表示对通过经验贝叶斯平滑法处理后的变量再继续采用标准化的方式进行进一步处理。由于计算简单，故此从略。

对话框中下方的"Event Variable"和"Base Variable"可以分别指定想要选取的事件变量和基础变量，点击"Variable Calculation"对话框下方的"Apply"按钮即可生成平滑后的变量。②

---

① Moran 散点图中的变量经过了标准化处理，这样处理易于解释并且容易分类。

② 读者可以在此生成平滑变量后进行 Moran's I 检验，用以对比与 Moran's I with EB 检验的结果是否一致。这两种操作的区别在于：平滑生成的空间数据可以保存在表格中，而采用平滑方法计算 Moran's I 的操作不会保留平滑后的数据。

4.8 自变量空间滞后模型

生成自变量 INC 和 HOVAL 的空间滞后项 W _ INC 和 W _ HOVAL 后，即可进行自变量空间滞后模型的回归估计。

点击 GeoDa 软件菜单栏中的“Methods”菜单，然后点击“Regression”，则会弹出标题为“Regression”的对话框，将左侧“Variables”栏中的 CRIME 变量移动到“Dependent Variable”栏中；将左侧“Variables”栏中的 INC、HOVAL、W _ INC、W _ HOVAL 移动到“Covariates”栏中。需要注意的是：在“Models”中选择“Classic”单选框。参数设置完毕后，如图 4 - 19 所示。点击“Regression”对话框下方的“Run”按钮，即可得到自变量空间滞后模型的估计结果，如图 4 - 20 所示。

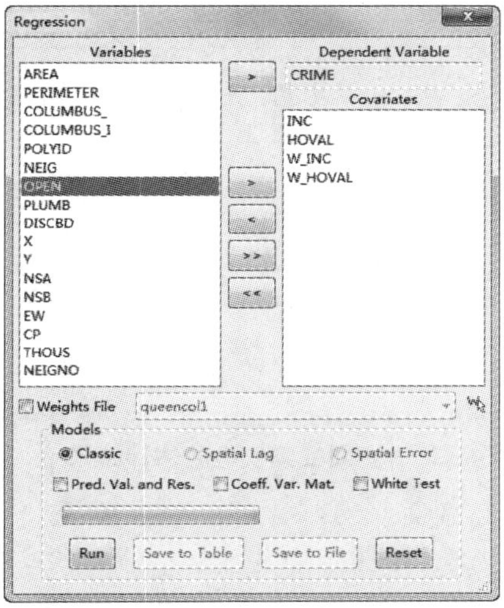

图 4 - 19　自变量空间滞后模型设定对话框

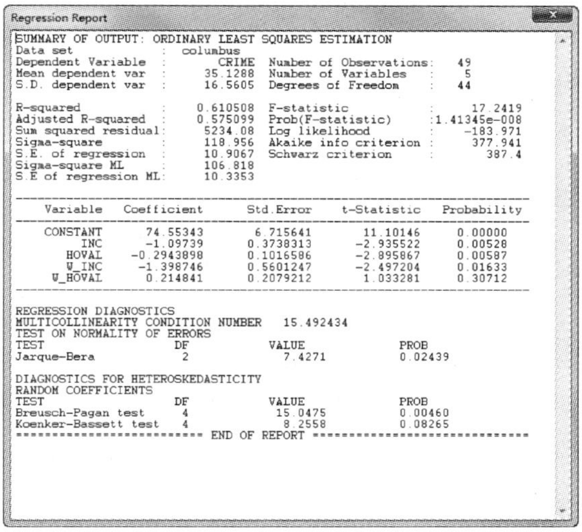

```
Regression Report
SUMMARY OF OUTPUT: ORDINARY LEAST SQUARES ESTIMATION
Data set            :  columbus
Dependent Variable  :        CRIME  Number of Observations:   49
Mean dependent var  :      35.1288  Number of Variables   :    5
S.D. dependent var  :      16.5605  Degrees of Freedom    :   44

R-squared           :     0.610508  F-statistic           :      17.2419
Adjusted R-squared  :     0.575099  Prob(F-statistic)     :1.41345e-008
Sum squared residual:      5234.08  Log likelihood        :     -183.971
Sigma-square        :      118.956  Akaike info criterion :      377.941
S.E. of regression  :      10.9067  Schwarz criterion     :        387.4
Sigma-square ML     :      106.818
S.E of regression ML:      10.3353

-----------------------------------------------------------------------
    Variable  Coefficient      Std.Error    t-Statistic   Probability
-----------------------------------------------------------------------
    CONSTANT     74.55343       6.715641       11.10146       0.00000
         INC     -1.09739      0.3738313      -2.935522       0.00528
       HOVAL   -0.2943898      0.1016586      -2.895867       0.00587
       W_INC    -1.398746      0.5601247      -2.497204       0.01633
     W_HOVAL     0.214841      0.2079212       1.033281       0.30712
-----------------------------------------------------------------------

REGRESSION DIAGNOSTICS
MULTICOLLINEARITY CONDITION NUMBER   15.492434
TEST ON NORMALITY OF ERRORS
TEST                  DF           VALUE             PROB
Jarque-Bera            2          7.4271             0.02439

DIAGNOSTICS FOR HETEROSKEDASTICITY
RANDOM COEFFICIENTS
TEST                  DF           VALUE             PROB
Breusch-Pagan test     4         15.0475             0.00460
Koenker-Bassett test   4          8.2558             0.08265
========================== END OF REPORT ==============================
```

图 4 - 20　自变量空间滞后模型估计结果

接下来，直接关注自变量空间滞后模型的估计系数，如下所示：

Variable	Coefficient	Std. Error	t-Statistic	Probability
CONSTANT	74. 553 43	6. 715 641	11. 101 46	0. 000 0
INC	－1. 097 39	0. 373 831 3	－2. 935 522	0. 005 28
HOVAL	－0. 294 389 8	0. 101 658 6	－2. 895 867	0. 005 87
W_INC	－1. 398 746	0. 560 124 7	－2. 497 204	0. 016 33
W_HOVAL	0. 214 841	0. 207 921 2	1. 033 281	0. 307 12

由显示的结果可知：在 5 个变量中（包括常数项），除了 W _ HOVAL 变量，其他 4 个变量的系数均在统计上非常显著。INC 和 HOVAL 这两个自变量的系数显著为负，说明提高家庭收入和房屋价格能够显著地降低入室抢劫和盗窃车辆案件发生的数量。另外，需要着重指出的是，W _ INC 的系数也显著为负，说明周围地区收入的提高对减少入室抢劫和盗窃车辆案件发生的数量也发挥了积极的作用。

4.9 空间杜宾模型

空间杜宾模型与自变量空间滞后模型的参数设置极为类似，唯一不同的是需要在“Regression”对话框中指定空间权重文件，选择空间权重文件“queencol1. gal”后，在“Models”中选择“Spatial Lag”单选项，参数设置如图 4－21 所示。点击“Regression”对话框下方的“Run”按钮后，即可弹出空间杜宾模型的估计结果，如图 4－22 所示。

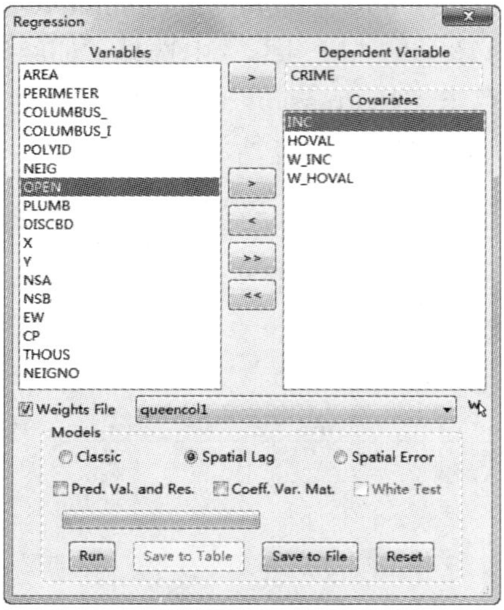

图 4－21　空间杜宾模型设定对话框

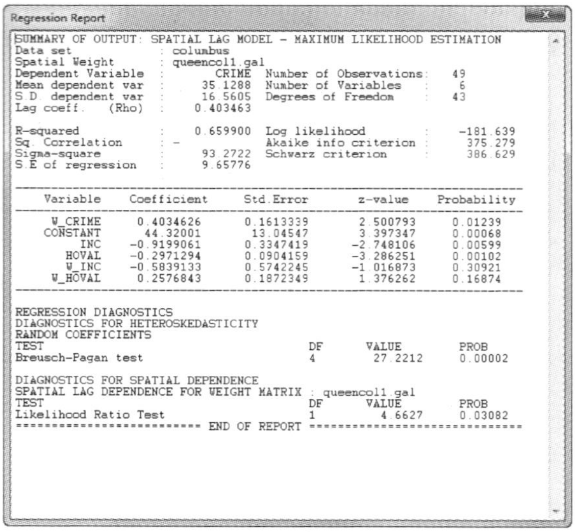

图 4－22　空间杜宾模型的估计结果

直接关注空间杜宾模型回归后的系数，如下所示：

Variable	Coefficient	Std. Error	z-value	Probability
W_CRIME	0. 403 462 6	0. 161 333 9	2. 500 793	0. 012 39
CONSTANT	44. 320 01	13. 045 47	3. 397 347	0. 000 68
INC	－0. 919 906 1	0. 334 741 9	－2. 748 106	0. 005 99
HOVAL	－0. 297 129 4	0. 090 415 9	－3. 286 251	0. 001 02
W_INC	－0. 583 913 3	0. 574 224 5	－1. 016 873	0. 309 21
W_HOVAL	0. 257 684 3	0. 187 234 9	1. 376 262	0. 168 74

由显示的结果可知：INC 和 HOVAL 这两个自变量的系数显著为负，说明提高家庭收入和房屋价格均能够显著地降低入室抢劫和盗窃车辆案件发生的数量。

但是，空间杜宾模型中的两个自变量空间滞后项 W _ INC 和 W _ HOVAL 在统计上均不显著。[①] 空间滞后项 W _ CRIME 的系数为 0. 403 462 6，概率值为 0. 012 39，表明在 1%的显著性水平下可以拒绝“W _ CRIME 系数等于 0”的原假设。W _ CRIME 的系数显著为正，说明周围地区入室抢劫和盗窃车辆案件发生的数量越多，那么核心地区入室抢劫和盗窃车辆案件发生的数量也会越多。

① 说明本例仍然需要考虑的是空间滞后模型，即剔除空间杜宾模型中的 W _ INC 和 W _ HOVAL 变量。

由图 4－22 下方的似然比检验的概率值 0.030 82 也可以得知，在 5%的显著性水平下拒绝 OLS 模型。

4.10 空间杜宾误差模型

空间杜宾误差模型的参数设定与空间杜宾模型的设定非常类似，唯一不同的是在“Models”单选框中选择“Spatial Error”，如图 4－23 所示。点击“Regression”对话框下方的“Run”按钮，即可弹出空间杜宾误差模型的估计结果，如图 4－24 所示。

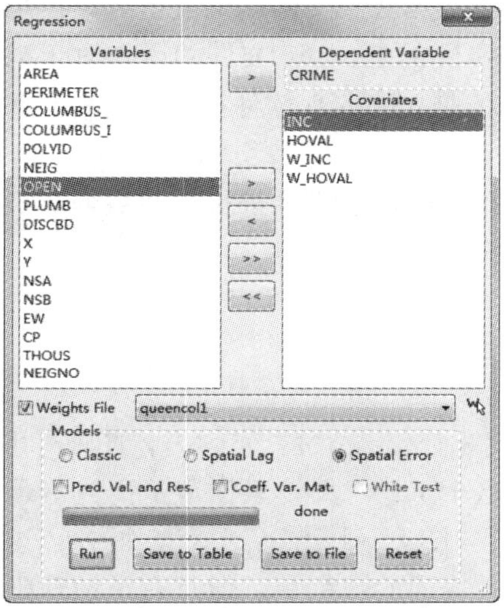

图 4－23 空间杜宾误差模型设定对话框

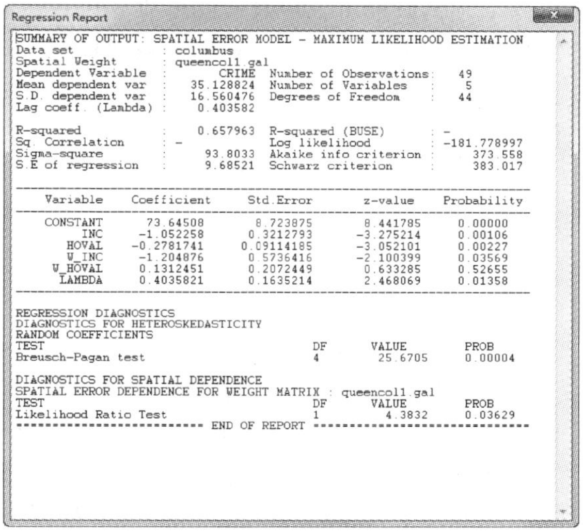

图 4－24 空间杜宾误差模型的估计结果

直接关注空间杜宾误差模型回归后的系数，如下所示：

Variable	Coefficient	Std. Error	z-value	Probability
CONSTANT	73.645 08	8.723 875	8.441 785	0.000 00
INC	－1.052 258	0.321 279 3	－3.275 214	0.001 06
HOVAL	－0.278 174 1	0.091 141 85	－3.052 101	0.002 27
W_INC	－1.204 876	0.573 641 6	－2.100 399	0.035 69
W_HOVAL	0.131 245 1	0.207 244 9	0.633 285	0.526 55
LAMBDA	0.403 582 1	0.163 521 4	2.468 069	0.013 58

由显示的结果可知：INC 和 HOVAL 这两个自变量的系数显著为负，说明提高家庭收入和房屋价格均能够显著地降低入室抢劫和盗窃车辆案件发生的数量。自变量空间滞后项 W_INC 的系数也显著为负，说明周围地区收入的提高对入室抢劫和盗窃车辆案件发生数量的下降也起到了促进作用。但是，自变量空间滞后项 W_HOVAL 的系数在统计上十分不显著。空间自回归系数 LAMBDA 在统计上非常显著，说明残差存在空间依赖性。

可能有读者会考虑，是否可以利用 GeoDa 软件生成因变量的空间滞后项，然后选择单选框中的“Spatial Error”来估计 Kelejian-Prucha 空间模型和一般嵌套空间模型。事实上这是不可行的，因为 GeoDa 软件估计出的结果是有偏误的。估计出的空间自回

归系数 ρ 会超出 [−1，1] 的范围。

此外，除了利用基于地理邻近性的空间权重文件，还可以使用基于空间距离的空间权重文件来估计空间计量模型。由于操作非常类似，故此从略。

4.11 非 shp 文件的空间计量模型的估计

前面几节中介绍的内容是基于 shp 文件且利用 GeoDa 软件来估计空间计量模型。然而，在很多实际情况下，非 GIS 专业的读者可能对 shp 文件并不了解。并且，对于有些实证分析研究来说，有可能很难获得合适的 shp 文件。当底图文件不可获得时，很难实现空间数据分析和建立并估计空间计量模型。更为重要的是，shp 文件的操作对于某些非 GIS 专业的读者来说也显得有一定的困难。幸运的是，GeoDa 软件提供了非 shp 文件的解决方法。

这一节的主要内容是以 Excel 文件为例演示如何利用非 shp 文件进行空间数据分析和空间计量模型的估计。

4.11.1 演示数据

假设有一个 Excel 数据文件"columbus. xls"，如图 4 - 25 所示。实际上，图 4 - 25 中的 Excel 文件仍是 Columbus 的空间数据，只不过这个 Excel 文件只保留了研究者最感兴趣的 6 个变量，即"POLYID""CRIME""INC""HOVAL""X""Y"。同样，这个空间数据集有 49 个样本。虽然这份数据集可以看做普通的数据集，但是有了地理坐标信息变量 X 和 Y 后，就成了空间数据集。X 和 Y 变量在这里分别表示经纬度坐标。

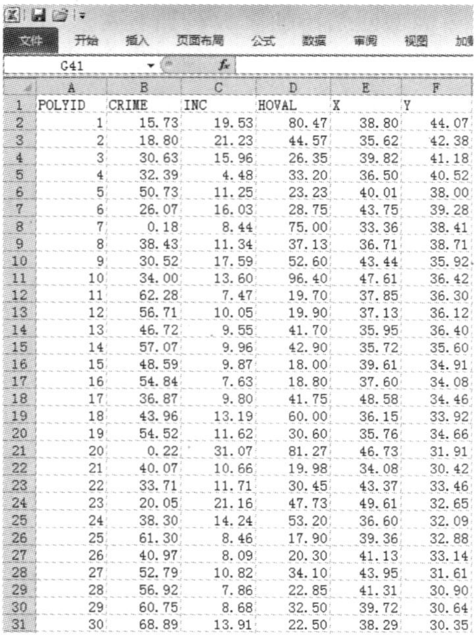

	A	B	C	D	E	F
1	POLYID	CRIME	INC	HOVAL	X	Y
2	1	15.73	19.53	80.47	38.80	44.07
3	2	18.80	21.23	44.57	35.62	42.38
4	3	30.63	15.96	26.35	39.82	41.18
5	4	32.39	4.48	33.20	36.50	40.52
6	5	50.73	11.25	23.23	40.01	38.00
7	6	26.07	16.03	28.75	43.75	39.28
8	7	0.18	8.44	75.00	33.36	38.41
9	8	38.43	11.34	37.13	36.71	38.71
10	9	30.52	17.59	52.60	43.44	35.92
11	10	34.00	13.60	96.40	47.61	36.42
12	11	62.28	7.47	19.70	37.85	36.30
13	12	56.71	10.05	19.90	37.13	36.12
14	13	46.72	9.55	41.70	35.95	36.40
15	14	57.07	9.96	42.90	35.72	35.60
16	15	48.59	9.87	18.00	39.61	34.91
17	16	54.84	7.63	18.80	37.60	34.08
18	17	36.87	9.80	41.75	48.58	34.46
19	18	43.96	13.19	60.00	36.15	33.92
20	19	54.52	11.62	30.60	35.76	34.66
21	20	0.22	31.07	81.27	46.73	31.91
22	21	40.07	10.66	19.98	34.08	30.42
23	22	33.71	11.71	30.45	43.37	33.46
24	23	20.05	21.16	47.73	49.61	32.65
25	24	38.30	14.24	53.20	36.60	32.09
26	25	61.30	8.46	17.90	39.36	32.88
27	26	40.97	8.09	20.30	41.13	33.14
28	27	52.79	10.82	34.10	43.95	31.61
29	28	56.92	7.86	22.85	41.31	30.90
30	29	60.75	8.68	32.50	39.72	30.64
31	30	68.89	13.91	22.50	38.29	30.35

图 4 - 25 columbus. xls 空间数据集

有了空间数据集“columbus. xls”后，下一步的问题就是如何将数据导入 GeoDa 软件中。打开 GeoDa 软件，点击 GeoDa 软件菜单栏中的“File”菜单，在“New Project From”的下一级菜单中选择“Ms Excel（*. xls)”[File→New Project From→Ms Excel（*. xls)]，点击之后，GeoDa 软件即可弹出对话框，提示用户选择想要打开的 Excel 文件。找到“columbus. xls”所在的目录，选择“columbus. xls”文件后，点击下方的“打开”按钮，“columbus. xls”的数据就可以呈现在 GeoDa 软件中。

4.11.2 显示点模式空间单元

下一步要介绍的是如何借助经纬度坐标在 GeoDa 软件地图中显示出这 49 个样本的空间位置。点击 GeoDa 软件菜单栏中的“Tools”，选择“Shape”子菜单中的“Points from Table”，然后，GeoDa 软件即可弹出“New Map Coordinates”对话框，提示用户指定坐标。在对话框左边的“First Variable（X)”栏中选择“X”变量，在“Second Variable（Y)”栏中选择“Y”变量。参数设置完毕之后，点击“New Map Coordinates”对话框下方的“OK”按钮，即可得到点模式的 Columbus 地图，如图 4-26 所示。由图 4-26 可以看出，这 49 个空间单元样本所形成的地图与之前 shp 文件形成的地图的大致轮廓是一致的。

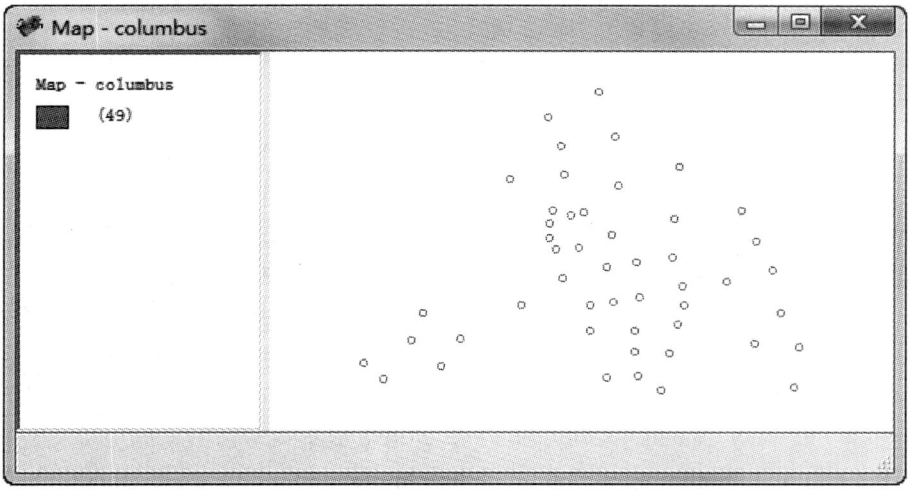

图 4-26 GeoDa 软件中点模式的 Columbus 地图

4.11.3 生成空间权重文件

由于空间数据分析必须依赖空间权重文件，因此，下一步将要介绍的就是如何生成空间权重文件。点击 GeoDa 软件菜单栏中的“Tools”菜单，选择“Weights”子菜单中的“Create”，即可弹出“Weights File Creation”对话框，如图 4-27 所示。

在该对话框中，“Weights File ID Variable”下拉菜单中没有任何 ID 变量，因此需要添加一个新的 ID 变量。点击右边的“Add ID Variable”按钮，即可弹出用于添加一个 ID 变量的对话框，本例接受默认变量名“POLY _ ID”，点击对话框下方的“OK”

按钮，即可添加 ID 变量“POLY _ ID”，并返回“Weights File Creation”对话框，如图 4－28 所示。

从对话框中可以看出：基于地理邻近性的空间权重矩阵选项，即“Queen contiguity”和“Rook contiguity”的选项都是灰色的，处于无法激活状态，这说明点模式下的地图无法创建基于地理邻近性的空间权重文件。①

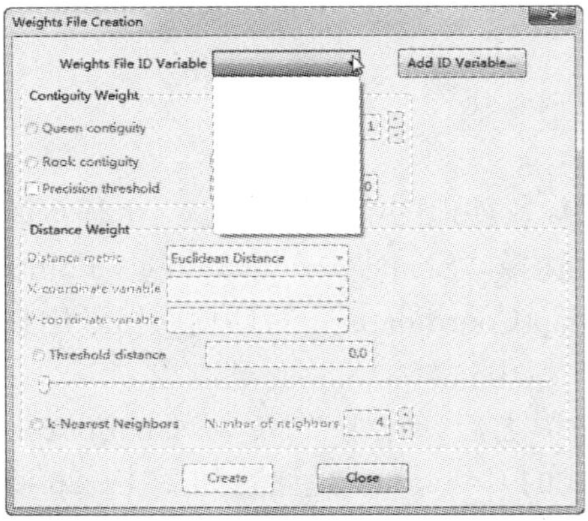

图 4－27　生成空间权重文件的对话框

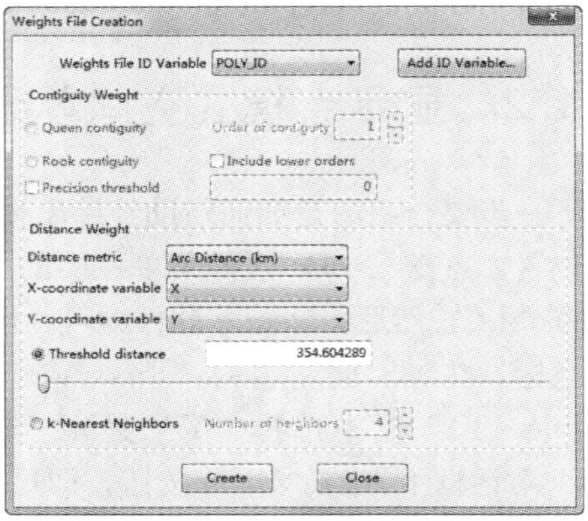

图 4－28　设定基于空间距离的空间权重文件

因此，在点模式下只能生成基于空间距离的空间权重文件和 K 个最近邻居空间权重文件。生成这两种空间权重文件后，即可进行空间数据分析和空间计量模型的回归估计。

4.11.4　生成泰森多边形

但是，对于一些有特殊要求的实证分析来说，如果想要生成基于地理邻近性的空间权重文件，就必须对点模式的地图进行处理，即由点模式转化为面模式。

GeoDa 软件提供了由点模式地图转化为面模式地图的功能，这就是生成泰森多边形（Thiessen polygon）地图功能。具体的操作步骤是：用鼠标右键点击点模式地图中的任意空白处，即可弹出菜单栏，选择右键菜单栏中的“Thiessen Polygons”，在其下一级菜单中选择“Display Thiessen Polygons”②，即可生成泰森多边形，如图 4－29 所示。

由图 4－29 可以看出，生成的泰森多边形与实际的 Columbus 地图有很大的差别，尤其在边界上，但是基本可以模拟出 Columbus 各个街区的地理邻近性问题。这是由于泰森多边形是在一定的规则下生成的近似面模式下的空间单元。由图 4－29 可以看出，每一个空间单元都包含一个点，由于有 49 个坐标点，所以生成了 49 个面域。

基于泰森多边形生成的空间权重矩阵与实际的 Columbus 地图生成的空间权重矩阵也有一些差别。但是，注意：在生成基于地理邻近性的空间权重文件之前，必须保存这个刚刚生成的泰森多边形，不能在现有的泰森多边形地图的基础之上进行操作。

---

① 可以想象，由于空间单元是点，而点与点之间没有任何边界，所以不可能生成基于 Rook 规则或者 Queen 规则的地理邻近性空间权重矩阵。

② 第二个选项“Save Thiessen Polygons”用于保存生成的泰森多边形，如果想要生成基于地理邻近性的空间权重文件，则必须先保存这个生成的泰森多边形。

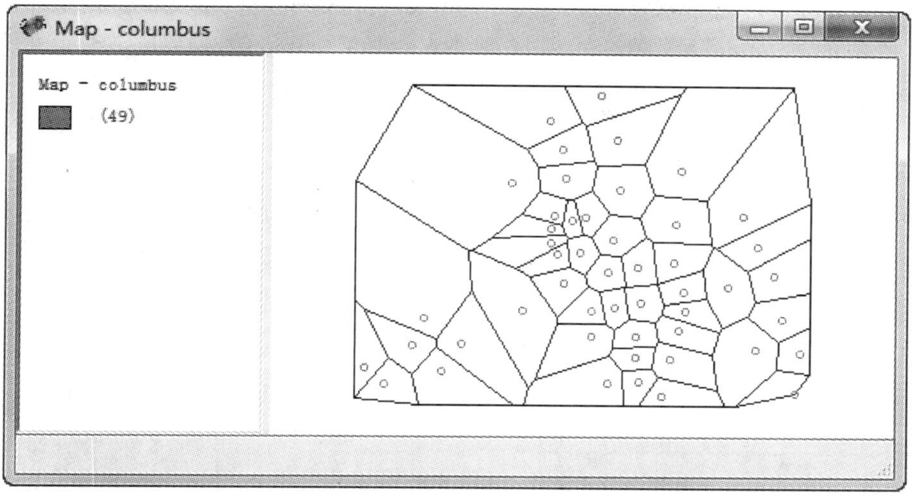

图 4-29 生成的泰森多边形地图

鼠标右键点击泰森多边形的任何空白处，即可弹出菜单栏，选择“Thiessen Polygons”，在弹出的下一级菜单中选择“Save Thiessen Polygons”，即可弹出“Export Data”对话框，提示用户指定泰森多边形文件输出的目录，点击“Export Data”对话框右边的打开文件夹，然后选择“ESRI Shapefile（*.shp)”，点击之后，GeoDa 软件提示用户输入新生成的 shp 文件的文件名，本例命名这个泰森多边形 shp 文件为“Thiessen _ columbus. shp”[①]，点击“Export Data”对话框下方的“Export”按钮，即可保存成功。

在 GeoDa 软件中重新加载刚刚保存的“Thiessen _ columbus. shp”文件，如图 4-30 所示。可以看出，图 4-30 中的泰森多边形与之前生成的泰森多边形图 4-29 略有区别，区别在于空间单元中的圆点没有出现。

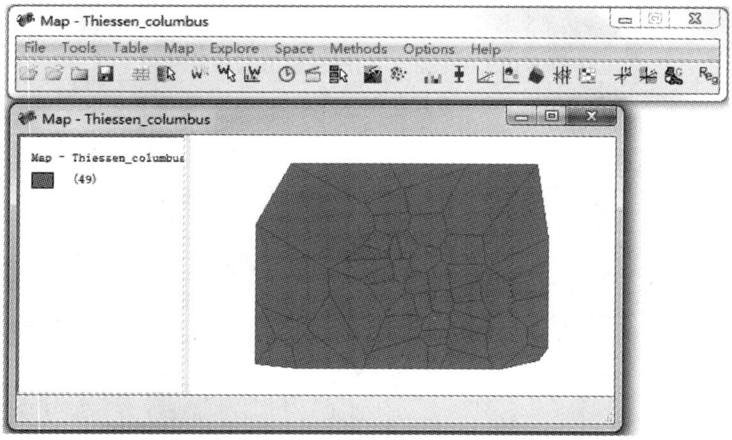

图 4-30 重新加载的泰森多边形地图

① 注意：在对话框下方有一个“Create a project file?”的复选框，默认为勾选，提示用户将创建一个工程文件，本例不需要，因此取消勾选的复选框。

有了泰森多边形之后就可以生成基于地理邻近性的空间权重文件。点击 GeoDa 软件菜单栏中的“Tools”菜单，然后选择“Weights”子菜单，在下一级菜单中选择“Create”，即可弹出“Weights File Creation”对话框（见图 4－31）。由图 4－31 可以发现，对话框中的“Queen contiguity”和“Rook contiguity”选项已经处于激活状态，可以选择设置参数。

本例生成了名为“Thiessen _ columbus _ queen. gal”的一阶 Queen 地理邻近性空间权重文件，之后就可以进行空间数据分析，如空间自相关检验（Moran's I）等。

接下来检验泰森多边形的空间计量模型的估计结果。以空间滞后模型为例，如图 4－32 所示。

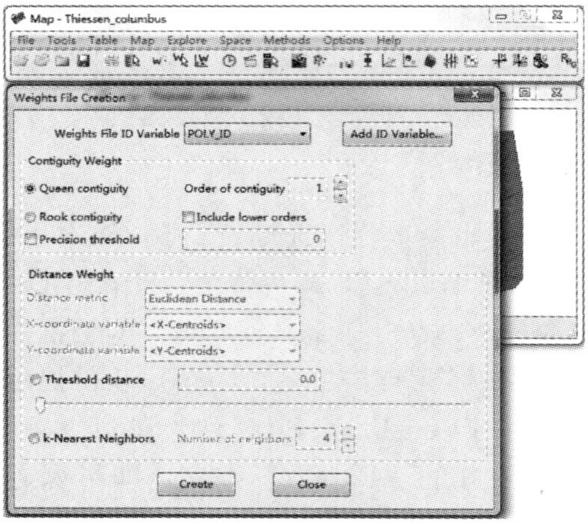

图 4－31　泰森多边形空间权重文件生成对话框

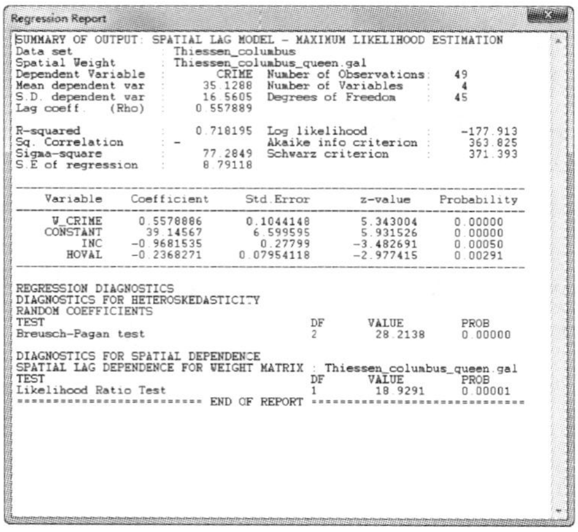

图 4－32　泰森多边形空间滞后模型的估计结果

为了说明问题，将图 4－32 中显示的空间滞后模型回归系数的估计结果与真实原始的 Columbus 地图的空间滞后模型的估计结果进行比较，如表 4－2 所示。

表 4－2　　泰森多边形地图和原始地图的空间滞后模型的估计结果

泰森多边形地图的空间滞后模型的估计结果				
Variable	Coefficient	Std. Error	z-value	Probability
W _ CRIME	0.557 9	0.104 4	5.343	0.000 0
CONSTANT	39.145 7	6.599 6	5.931 5	0.000 0
INC	−0.968 2	0.278	−3.482 7	0.000 5
HOVAL	−0.236 8	0.079 5	−2.977 4	0.002 9
原始地图的空间滞后模型的估计结果				
Variable	Coefficient	Std. Error	z-value	Probability
W _ CRIME	0.423 3	0.119 5	3.542 2	0.000 4
CONSTANT	45.603 3	7.257 4	6.283 7	0.000 0
INC	−1.048 7	0.307 4	−3.411 5	0.000 7
HOVAL	−0.266 3	0.089 1	−2.989 3	0.002 8

由表 4－2 可以看出，泰森多边形空间滞后模型的 4 个变量在统计上也十分显著，均通过了 1%显著性水平的检验。但是与原始的 Columbus 地图的空间滞后模型的估计结果相比，泰森多边形空间滞后模型的 INC 变量的系数（−0.968 2）和 HOVAL 变量

的系数（−0.236 8）的绝对值要小于原始地图的空间滞后模型估计的系数（INC 的系数为−1.048 7；HOVAL 的系数为−0.266 3）的绝对值；而 W _ CRIME 的系数为 0.557 9，明显大于原始的 W _ CRIME 的系数（0.423 3）。

导致差异的根源就在于空间权重文件的不同。由于泰森多边形生成的空间权重矩阵的邻居个数要比原始地图真实得多，因此空间交互效应在一定程度下被放大了。因此，因变量空间滞后项 W _ CRIME 在解释模型时，在一定程度上削弱了 INC 变量和 HOVAL 变量的解释力度。

接下来，通过空间权重文件的直方图来分析一下这两个不同的空间权重文件。图 4－33 中的直方图相对于图 4－34 中的直方图来说，显得更趋向于正态分布。这是由于泰森多边形边缘的空间单元彼此有共同的边界，这与实际的原始地图有很大的区别。

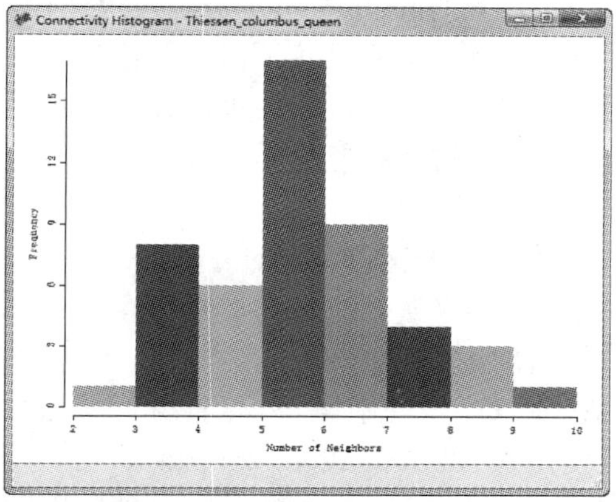

图 4－33 泰森多边形空间权重文件

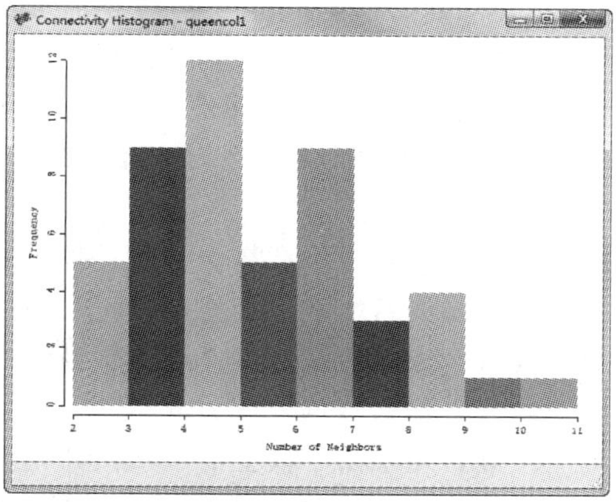

图 4－34 原始地图空间权重文件

通过一组统计量，就可以更加清晰地看出这两个空间权重矩阵的不同之处①，如表 4－3 所示。

表 4－3　　两个不同空间权重矩阵的直方图统计量比较　　单位：个

	最小值	最大值	中位数	均值	方差	观察值个数	总邻居数
泰森多边形空间权重矩阵	2	9	5	5.102 0	1.544 4	49	250
原始地图空间权重矩阵	2	10	4	4.816 3	1.986 1	49	236

利用泰森多边形得到的空间权重矩阵的总邻居数为 250 个，比用原始地图得到的空间权重矩阵的总邻居数 236 个要多出 14 个。因此，在样本个数相同的情况下（49 个空间单元），泰森多边形中的每个空间单元的平均邻居数为 5.102 0 个，要多于原始地图中的每个空间单元的邻居个数（4.816 3 个）。另外，泰森多边形空间单元的邻居个数的方差 1.544 4 也要远远小于原始地图的 1.986 1。

尽管利用泰森多边形生成的空间权重文件的空间滞后模型估计结果与真实的估计结果略有差异，但是，在特殊的实证研究需求下（点模式转为面模式），尤其是在没有多边形底图时，转变为泰森多边形是一种较好的解决方案。

① 当然，虽然空间权重文件有所不同，但是在空间计量经济学模型中变量作用的大小还是取决于空间权重与因变量的共同作用，即因变量的空间滞后项。

4.12 本章小结

4.12.1 GeoDa 软件和空间计量模型

GeoDa 软件有关空间计量模型回归估计的功能较少，然而对于那些对空间计量模型要求不高的部分读者来说，GeoDa 软件完全可以满足实证分析的需要。例如，对于那些经常研究截面数据的研究者来说，GeoDa 软件是一个非常有用的空间数据分析利器。

就目前而言，GeoDa 软件空间计量模型回归估计的功能相对简单，不够完善，并且功能的扩展严重地依赖于 Anselin 团队未来对 GeoDa 软件的开发。但是，客观地说，GeoDa 软件在空间数据分析方面是一个强有力的工具。另外，需要说明的是，第五章介绍的 Kelejian-Prucha 空间模型和一般嵌套空间模型不能由 GeoDa 软件来估计。如果强制使用 GeoDa 软件进行回归估计，那么会出现空间自回归系数超出［−1，1］范围的情况。

除此之外，下一章将会介绍空间滞后模型、空间杜宾模型和 Kelejian-Prucha 空间模型自变量的直接效应和间接效应①，这些模型自变量的直接效应和间接效应在 GeoDa 软件里没有办法直接计算。这也相当于给实证分析增加了难度。

此外，面板数据空间计量模型的回归估计在 GeoDa 软件中也得不到支持。因此，对于空间计量经济学模型的回归估计，仍然建议使用 MATLAB 或者 Stata 和 R。

尽管 GeoDa 软件在国内学术界的应用已经非常普遍，但是有关 GeoDa 软件应用已出版的书籍只有陈安宁（2014）编写的《空间计量学入门与 GeoDa 软件应用》。另外，王庆喜、蒋烨和陈卓咏（2014）、王劲峰、廖一兰和刘鑫（2010）以及徐建华（2010）分别在他们的著作里略有提及 GeoDa 软件的一些应用和操作。

最后需要注意的是：读者在 GeoDa 软件中进行的所有操作，例如，新变量的计算与生成、泰森多边形的生成，在软件关闭时，不会自动保存。如果想要保存结果，必须导出这个修改过的 shp 文件。具体操作步骤是：在 GeoDa 软件的"File"菜单里选择"Export"，然后立即弹出"Export data"对话框，点击"Export file name"右边的文件夹图标，选择保存的格式，例如，选择"ESRI shapefile（*.shp)"，输入新的文件名，最后点击保存即可。

4.12.2 GeoDa 的新家：芝加哥大学的空间数据科学中心

古有孟母三迁，今有 GeoDa 三迁。GeoDa 之前在伊利诺伊大学香槟分校，后来在亚利桑那州立大学，如今已经迁移到了芝加哥大学，其官方网址为：http://spatial.uchicago.edu/。相应地，由 Anselin 主持开发的各种空间数据分析软件以及常用的数据集都整体迁移到了这个地址。相比在亚利桑那州立大学的 GeoDa Center 网站

① LeSage and Pace（2009）提出并倡导计算空间滞后模型、空间杜宾模型和 Kelejian-Prucha 空间模型自变量的直接效应和间接效应。

来说，目前芝加哥的网站更为简洁，并且在持续不断地升级网站内容。

主页一共分为 7 个部分，即 “About”、“Research”、“Education”、“Community”、“Software”、“Data” 和 “GeoDa”。其中，“About” 是介绍有关 GeoDa 的新官网，并介绍了 GeoDa Center 在 2016 年 7 月 1 日更名为 “Center for Spatial Data Science”（空间数据科学中心），此外还介绍了中心的研究团队成员以及其他人员，例如访问学者。“Research” 介绍了中心当前研究的一些成果。“Education” 介绍了有关空间数据分析的视频，这些视频已经被上传到了 YouTube 上，该部分还介绍了 Anselin 正在讲授的一些课程。“Community” 介绍了中心的一些空间分析学习小组，并介绍了一些活动内容。“Software” 和 “Data” 分别介绍了空间数据分析软件以及常用数据集。最后，“GeoDa” 介绍了 GeoDa 的发展历程以及一些相应的文档资料，在这里还可以下载各个版本的 GeoDa 软件。

第五章

截面数据的空间计量模型

5.1 初识空间计量模型

5.1.1 空间计量模型的发展

空间计量经济学近些年来受到了国内学术界的广泛关注。国内的学术期刊里也可以见到越来越多的学术论文利用空间计量模型进行实证研究分析。

空间计量经济学可以看做是经典计量经济学的分支。与经典计量经济学不同的是，空间计量经济学最大的特点是能够处理地理单元中的空间交互效应（spatial interaction effects）。地理单元可以是国家、省、州、市、县、乡、地区或者邮政编码等，可以根据不同的实证研究需要选择和划定地理空间单元。

5.1.1.1 时间滞后与空间滞后

空间计量经济学的诞生有其必然性。本书在前面的章节中介绍了数据的类型，从时间和空间维度来划分，数据可以分为时间序列数据和截面数据（或者叫做空间数据）。

在经典计量经济学中，一个重要的部分是对时间序列数据进行分析，其中一个重要的特点是分析时间序列的滞后效应。举例来说，用 $t-1$ 表示变量的一期时间滞后项。滞后效应在经济学中是非常常见的。举个例子，GDP 被认为是有滞后效应的。例如，2011 年的 GDP 增长依赖于 2010 年的 GDP 增长，甚至依赖于 2009 年或者更早期的 GDP

增长。[①]

与时间序列数据分析中的时间滞后概念有点类似的是，空间计量经济学利用空间权重矩阵 $\boldsymbol{W}$ 来描述地理空间结构，并且利用空间权重矩阵 $\boldsymbol{W}$ 来研究地理单元中的空间滞后或者空间依赖性问题。

"空间滞后"和"空间依赖性"的概念已经在第一章中有所介绍。但是，需要再次提醒注意的是：时间序列数据计量经济学和空间计量经济学有着本质上的区别。具体来说，两个空间单元是相互影响的。换言之，两个空间单元的影响是双向的，但是时间序列数据的影响只能是单向的。举例来说，在空间维度上，上海和浙江的经济活动可以相互影响对方，这表现为空间单元之间的双向空间交互效应。然而，在时间维度上影响只能是单向的，例如，2011 年的 GDP 增长不可能影响 2010 年的 GDP 增长，反之则是成立的。[②]

5.1.1.2　空间计量模型设定发展的三个阶段

空间计量经济学最初研究的是截面数据。近年来，空间面板数据受到了极大关注[③]，空间计量经济学理论和实证分析都有了显著的发展。根据发展历程来看，Elhorst（2014）将空间计量模型划分为三个阶段[④]，如下所示：

（1）第一代模型研究的是截面数据的空间计量模型，有很多学者做出了卓越的、基础性的贡献，如 Anselin（1988）、Griffith（1988）、Haining（1993）、Cressie and Cassie（1993）、Anselin and Bera（1998）、Arbia（2006）、LeSage and Pace（2009）等。这些学者的早期学术贡献为空间计量模型的理论发展奠定了至关重要的基础。

（2）第二代模型研究的是面板数据的空间计量模型。这一代模型关注的是空间固定效应、时间固定效应以及空间和时间双固定效应，或者随机效应。与传统的面板数据计量模型相比，这一代模型考虑到了空间交互效应。

（3）第三代模型研究的依然是面板数据的空间计量模型，不过考虑了时间维度上的动态效应或者时间滞后项。换言之，这一代模型不仅会考虑空间上的交互效应问题，同时还会考虑时间维度的动态效应，或者同时考虑两者的结合，即空间时间双滞后项

---

① 对时间滞后效应的理解是非常直观的。以经济增长为例，经济发展通常需要前期的努力，如果没有前面的经济基础，经济增长不可能持续。当然，对于一些石油国家，例如委内瑞拉来说，可能又是另外一种情况。

② 这里还有一个值得关注的地方，正如第一章介绍的地理空间的尺度问题，Getis（2007）也认为这是空间计量经济学中的一个复杂的因素。具体来说，就是选择不同的地理测量单位，如邻近性、距离等，它们都可以用来建模。时间序列也是一样，既可以用年度数据，也可以用月度数据，甚至在股票研究中经常会用到以小时为时间间隔的高频数据。

③ 近年来，国内期刊中截面数据的空间计量模型的实证分析论文似乎已经很少见，越来越多的实证分析采用空间面板数据来进行研究。

④ 与 Anselin（2010）将空间计量经济学划分为三个阶段的不同之处在于，Elhorst 更多地是从模型的设定角度来区分这三个发展阶段。这是由于 Elhorst 致力于研究空间面板数据模型，更多地是站在第三个阶段上，即从空间面板数据模型的视角去把握空间计量模型的发展。Elhorst 本人编写了空间面板数据模型回归估计和检验的大部分 MATLAB 代码，为空间面板数据模型的推广做出了巨大的贡献。当然也有很多理论空间计量经济学家在理论方面做出了巨大的贡献，如 Baltagi、Kelejian、Prucha、Lungfei Lee、Jihai Yu 等学者。但是，对于大多数实证研究者来说，如果没有软件来实现空间计量模型的回归估计，那么理论永远只能束之高阁。Anselin 则是站在整个空间计量经济学发展的最高点来宏观地把握空间计量经济学未来的走向和发展前景，Anselin（2010）从方方面面概括式地介绍了三个发展阶段的特点。

($\boldsymbol{W y}_{it-1}$或$\boldsymbol{W X}_{it-1}$)。①

本书的主要精力集中在第一代和第二代空间计量模型的介绍上，第三代模型在后面的章节中会有简短的介绍。

本章内容介绍的是第一代空间计量模型的理论与应用，即截面数据的空间计量模型。

5.1.2 空间交互效应

空间因素已经成为自然科学或者社会经济研究中的一个重要性质（Lee and Yu, 2010b)。由于空间单元之间存在不同类型的空间交互效应，Elhorst（2014）就指出了在建立空间计量模型的过程之前必须区分空间计量模型所涉及的3种不同的空间交互效应（spatial interaction effects)②，即：

（1）内生性空间交互效应（endogenous interaction effects)；

（2）外生性空间交互效应（exogenous interaction effects)；

（3）误差项之间的空间交互效应（interaction effects in the residuals)。

接下来就简单地分别介绍这三种空间交互效应。

5.1.2.1 内生性空间交互效应

内生性空间交互效应指的是空间单元i的某个特定的决策在某种方式上与空间单元j的决策相互依赖，在空间计量模型中具体表现为：

空间单元i的因变量$y_i \longleftrightarrow$空间单元j的因变量y_j

由此可见，内生性空间交互效应是空间单元i与空间单元j的因变量$\mathbf{y}$之间的交互影响（$\boldsymbol{W y}$）。在截面数据的空间计量模型中，它对应的就是空间滞后模型（spatial lag model)。

5.1.2.2 外生性空间交互效应

外生性空间交互效应指的是空间单元i的某个特定的决策在某种方式上依赖于空间单元j的决策。在空间计量模型中具体表现为：

空间单元j的自变量$x_j \rightarrow$空间单元i的因变量y_i

由此可见，外生性空间交互效应是空间单元j的自变量x_j对空间单元i的因变量y_i的外生空间影响（$\boldsymbol{W X}$）。在截面数据的空间计量模型中，它对应的就是自变量空间滞后模型（spatial lag of X model)。

5.1.2.3 误差项之间的空间交互效应

误差项之间的空间交互效应指的是空间单元i的误差项与空间单元j的误差项相互

---

① 需要注意的是，尽管空间计量经济学越来越受到广泛关注和应用，但是批评之声也不绝于耳。例如，Partridge et al.（2012)、Gibbons and Overman（2012)、McMillen（2012）和 Corrado and Fingleton（2012）就提出了比较尖锐的批评。

② Anselin（1988）称之为“spatial effects”，但是笔者感觉“spatial interaction effects”更容易理解和接受。

依赖。在空间计量模型中具体表现为：

空间单元 i 的误差项（ε_i）$\longleftrightarrow$空间单元 j 的误差项（ε_j）

由此可见，误差项之间的空间交互效应的概念与内生性空间交互效应很类似，是误差项之间的空间自相关，反映的是误差项之间的空间依赖性。在截面数据的空间计量模型中，它对应的就是空间误差模型（spatial error model）。

5.1.3　空间计量模型的分类

由于存在三种不同的空间交互效应，为了后面模型分类解释的方便，可以分别定义这三种空间交互效应为：

（1）内生性空间交互效应（a）；

（2）外生性空间交互效应（b）；

（3）误差项之间的空间交互效应（c）。

根据不同的空间交互效应的组合，可以形成不同的空间计量模型。一般来说，存在以下 7 种空间计量模型：

（1）若模型只包含内生性空间交互效应（a），则称之为空间自回归模型（spatial autoregressive model，SAR 模型）或者空间滞后模型（spatial lag model，SLM）；

（2）若模型只包含外生性空间交互效应（b），则称之为自变量空间滞后模型（spatial lag of X model，SLX 模型）；

（3）若模型只包含误差项之间的空间交互效应（c），则称之为空间误差模型（spatial error model，SEM）；

（4）若模型包含内生性空间交互效应（a）和外生性空间交互效应（b），则称之为空间杜宾模型（spatial durbin model，SDM）；

（5）若模型包含外生性空间交互效应（b）和误差项之间的空间交互效应（c），则称之为空间杜宾误差模型（spatial Durbin error model，SDEM）；

（6）若模型包含内生性空间交互效应（a）和误差项之间的空间交互效应（c），则称之为 Kelejian-Prucha 空间模型（Kelejian and Prucha Model，KPM）或者 SAC 模型；

（7）若模型包含内生性空间交互效应（a）、外生性空间交互效应（b）和误差项之间的空间交互效应（c），则称之为一般嵌套空间模型（general nesting spatial model，GNSM）。

这 7 种空间计量模型是目前学术界应用比较广泛的模型。需要说明的一点是：由于空间计量模型与经典计量经济学模型在本质上并没有任何区别，也是通过回归的方式估计出模型中的参数，因此空间计量模型在很多文献中也被称为空间回归模型（spatial regression model）。不加任何区别，本书认为两者是统一的概念。因此，本书在不同的地方混合使用空间计量模型与空间回归模型两种术语。

本章的主要任务是逐一详细地介绍上述讨论的 7 种空间计量模型的理论和应用操作。

5.2 空间计量经济学工具箱与演示数据

本章开始正式介绍空间计量模型的理论和应用。在了解基本的理论之后，需要对空间计量模型进行实证分析。基于这个想法，本章在介绍完空间计量模型之后，利用示例数据进行空间计量模型的回归估计。

本章采用的回归估计软件是 MATLAB，主要利用 LeSage 和 Pace 编写的 MATLAB 空间计量经济学工具箱，采用的演示数据是经典的 Columbus 犯罪数据集。下面开始正式介绍 MATLAB 空间计量经济学工具箱与演示数据。①

5.2.1 MATLAB 空间计量经济学工具箱

MATLAB 软件提供了一个很好的开发环境。因此，在其基础之上进行功能的扩展成为可能。美国得克萨斯州立大学（Texas State University）的 James P. LeSage 教授以及多位学者开发了空间计量经济学工具箱（Spatial Econometrics Toolbox），并且在网站上发布了这个工具箱用于学术研究。网站链接为：http：//www. spatial-econometrics. com/。

空间计量经济学工具箱不仅提供了空间数据分析和检验的方法，同时也包括了截面数据空间计量经济学模型的估计方法——极大似然估计（maximum likelihood estimation，MLE），还包括广义矩估计（generalized method of moments，GMM）、贝叶斯吉布斯抽样估计（Bayesian Gibbs sampling estimation，BGSE）等。

另外，空间计量经济学工具箱也包含了大量的经典计量估计方法和检验，如 OLS 估计方法等。因此，空间计量经济学工具箱是一个学习经典计量经济学和空间计量经济学的非常强大的专业工具箱。

---

① 需要说明的是：其他软件，如 R、Stata 和 WinBUGS 等也能够实现空间数据分析和空间计量模型的回归估计。尤其是 R，近年来其发展可谓是突飞猛进。在空间数据分析与空间计量模型回归估计方面，R 的程序包已经非常成熟。并且，它也是由一些顶级的空间计量经济学家在升级和维护。例如 spdep 包就是由 Roger Bivand 等人在精心维护。spdep 程序包的一些应用实例可以参照 Bivana（2008）出版的《空间数据分析与 R 语言实践》（*Applied Spatial Data Anglysis with R*）。在空间数据分析领域，虽然 R 相对 MATLAB 发展较晚，但是在空间数据功能方法方面，R 与 MATLAB 已经相差无几，甚至要略优于 MATLAB。这是由于 R 是免费软件，而且在世界上有一群卓越的统计学家、数据科学家以及各个领域的科学家在进行维护。同时，这些科学家们也及时地将新的统计分析方法纳入 R 的程序包中。因此，可以预见的是，在未来的若干年中，R 一定会成为进行空间数据分析和空间计量模型回归分析的主要利器之一。本书选择 MATLAB 作为主要的空间计量模型回归估计工具，是因为 MATLAB 软件有其固有的优势。由于 MATLAB 软件在数值计算方面非常强悍，同时也是一种非常易学的编程语言，因此，在欧美的学术界，无论在自然科学领域，如数学和工程领域，还是在社会科学领域，例如计量经济学和金融领域，它都有广泛的应用。因此，在早期的空间数据分析和空间计量模型回归估计方面，MATLAB 软件是非常流行的工具。本书着重使用 MATLAB 软件进行空间数据分析和空间回归模型的估计，也是向 LeSage 等在空间计量经济学领域做出卓越贡献的学者们致敬。没有他们编写的代码，空间计量经济学的推广可能要大打折扣。此外，MATLAB 空间计量经济学工具箱也历经了 10 多年的实践检验，多数 bugs 已经得到了修正。Fischer（2012）在一篇名为《向 James P. LeSage致敬》（*In Honor of James P. LeSage*）的文章中，开篇就提到了 LeSage 在空间计量经济学领域的影响力，最重要的就是编写了 MATLAB 空间计量经济学工具箱。鉴于 R 在空间数据分析和空间计量模型回归估计领域的优异表现，本书末尾会略微介绍一点 R 的有关知识。

此外，James P. LeSage 教授开发的空间计量经济学工具箱也能用于空间面板数据模型的估计和检验。实现这些功能的 MATLAB 代码主要是由荷兰格罗宁根大学（University of Groningen）的 Paul Elhorst 教授编写的，在空间计量经济学工具箱中有一个名为“panel”的文件夹，该文件夹包含了这些 MATLAB 代码。

Paul Elhorst 教授也在其个人网站中提供了用于空间面板数据模型估计的 MATLAB 代码、演示程序和数据集。在该网站中，Paul Elhorst 教授还提供了他本人撰写的论文模型的 MATLAB 代码①，并提供了相应的模型数据集。因此，下载这些文件后，通过分析 MATLAB 代码，利用提供的数据集，可以很容易地重新进行估计或者参考学习。② 在空间面板数据模型回归估计的一章中，本书主要利用 Paul Elhorst 教授编写的 MATLAB 代码来进行空间面板数据模型的回归估计。

James P. LeSage 教授是 Anselin（2010）在《空间计量经济学的三十年》（Thirty Years of Spatial Econometrics）这篇文章中提到的起飞阶段的主要贡献者之一。LeSage 不仅在理论上对空间计量经济学有巨大的贡献，而且 LeSage 和 Pace 还编写了更具有划时代意义的 MATLAB 空间计量经济学工具箱。③

5.2.1.1　下载空间计量经济学工具箱

LeSage 和 Pace 编写的 MATLAB 空间计量经济学工具箱可以在网站 http://www.spatial-econometrics.com/中获得。④ 打开浏览器，在地址栏中输入网址即可看到该网站，如图 5-1 所示。

点击网页中左侧导航栏中的“Download”，右侧会显示“Download Matlab Version 7 zip file”，鼠标点击该链接，就可以下载到一个名为“jplv7.zip”的压缩包文件。⑤ 下载完毕后，在电脑合适的硬盘位置上解压缩“jplv7.zip”文件，即可看到若干个文件夹，如图 5-2 所示。⑥

---

① https://spatial-panels.com/。

② Elhorst 的空间面板数据模型的 MATLAB 代码中还提供了计算 LeSage and Pace（2009）提出的面板数据空间滞后模型和空间杜宾模型中的解释变量的直接效应（direct effects）和间接效应（indirect effects）的代码。

③ 这只是笔者一家之言。原因是尽管 Anselin 在空间计量经济学发展的第一阶段就开发了 SpatialStat 和后来的 GeoDa 软件，但是功能相对 LeSage 和 Pace 编写的 MATLAB 空间计量经济学工具箱来说还是太少。GeoDa 软件的主要优势在于在图形化操作界面和地图输出方面具有很强大的功能。然而，MATLAB 空间计量经济学工具箱则是一个比较完善的、基本涵盖了空间计量经济学大部分模型回归估计的工具箱。LeSage 和 Pace 编写的空间计量经济学工具箱的函数文件也被后来的开发者所采用。例如，Paul Elhorst 就在这个基础之上编写了空间面板数据模型估计和检验的 MATLAB 程序。

④ 在这个网站里，不仅可以找到 MATLAB 空间计量经济学工具箱，还可以下载三本技术文档，分别是 LeSage（1998）的《空间计量》（Spatial Econometrics），LeSage（1999a）的《应用 MATLAB 学习计量经济学》（Applied Econometrics Using MATLAB）和 LeSage（1999b）的《空间计量经济学的理论与实践》（The Theory and Practice of Spatial Econometrics）。这三本技术文档对理解 MATLAB 空间计量经济学工具箱有着莫大的帮助，英文好的读者可以参阅其中的演示例子。但是遗憾的是，这三本是不完美的技术文档。可能由于空间计量经济学工具箱中的函数文件有所调整，部分程序需要进行修改后才能运行。

⑤ jpl 是 James P. LeSage 名字的缩写，v7 表示是第七版。

⑥ 需要重点指出的是：跟空间计量模型回归估计和检验直接相关的文件夹是“spatial”文件夹，“spatial”文件夹下不仅包含了空间计量模型回归估计的函数命令，而且还提供了程序演示的例子。熟悉 MATLAB 的读者可以参阅里面的演示文件，演示文件的标记规则为“程序文件_d”。例如，空间滞后模型的估计程序为“sar.m”，则演示文件为“sar_d.m”。

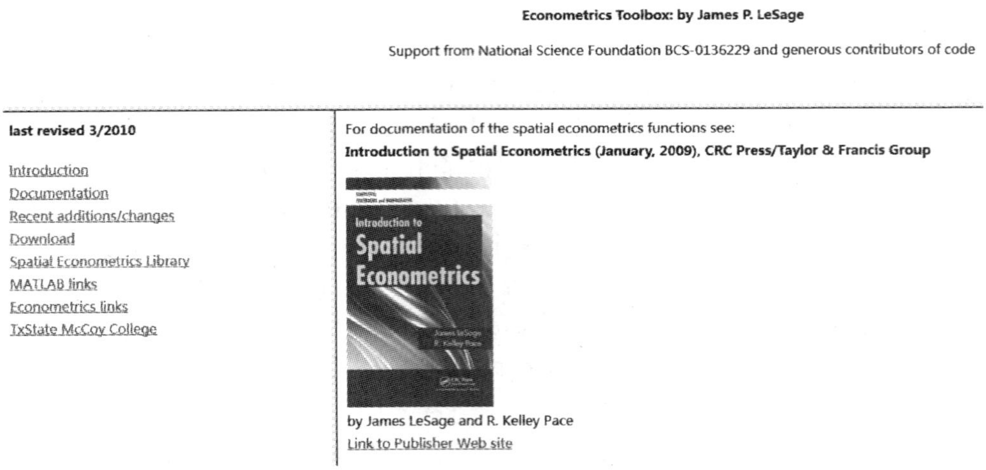

图 5-1　www.spatial-econometrics.com 网站

图 5-2　MATLAB 空间计量经济学工具箱 jplv7.zip 所包含的文件夹

5.2.1.2　在 MATLAB 中加载空间计量经济学工具箱

将解压缩好的“jplv7”文件夹加载在 MATLAB 的搜索路径中就可以实现空间计量模型的回归估计和检验。在介绍如何加载之前，首先介绍一点基础知识。

在 MATLAB 软件中，命令都是以扩展名为“.m”的文件形式存在。“.m”文件在 MATLAB 软件中以目录和文件夹的方式被存储在 MATLAB 系统文件夹中，其中一部分“.m”文件的存储目录是在子目录中。

在 MATLAB 软件中有一个专门用于寻找“.m”文件的路径搜索器。由于 MATLAB 的所有操作都是在它的搜索路径范围之内进行搜索，这其中也包含了当前路径，因此，如果用户想要调用的函数在搜索路径范围之外，MATLAB 软件会认为此函数不存在，会提示用户错误信息。

下面用具体的例子来进行演示说明。例如，使用 MATLAB 软件中的统计学工具箱进行普通最小二乘估计，命令为“regress”，演示如下所示[①]：

---

① 数据是 MATLAB 中自带的，读者可以自行尝试。

```
≫load carsmall
≫x1 = Weight;
≫x2 = Horsepower;
≫y = MPG;
≫X = [ones(size(x1)) x1 x2 x1. * x2];
≫b = regress(y,X)
```

输入完上述所有命令之后，敲击回车键，即可得到如下结果：

```
b =
60.7104
-0.0102
-0.1882
0.0000
```

由结果可知，通过“regress”命令，MATLAB 计算出了 4 个参数的估计值。① 如果不能理解上述整块代码，请暂且忽略。实际上，上述代码中只有普通最小二乘估计为运算命令，因此，只需要关注“regress”命令即可。“regress”命令包含在 MATLAB 软件安装中所选的统计工具箱中②，因此，MATLAB 软件默认会搜索该目录。在搜寻到“regress. m”文件后，MATLAB 软件会执行“b=regress（y，X）”命令。

如果想调用一个不在 MATLAB 搜索路径之内的命令，如空间计量经济学工具箱中的空间自回归命令“sar. m”，由于“sar. m”函数命令不在搜索范围之内，因此 MATLAB 会提示用户该命令不存在。例如，尝试查看“sar”函数命令的帮助文件，如下所示：

```
≫help sar
sar not found.
Use the Help browser search field to search the documentation,or
type "help help" for help command options,such as help for methods.
```

MATLAB 软件提示用户无法找到“sar”命令。

那么如何查看 MATLAB 软件中所有的搜索路径呢？在 MATLAB 软件的命令窗口中使用“path”命令即可实现查看搜索的所有路径，使用方法如下所示：

```
≫path
MATLABPATH
C:\Users\Lei\Documents\MATLAB
D:\Program Files\MATLAB\R2010b\toolbox\matlab\general
D:\Program Files\MATLAB\R2010b\toolbox\matlab\ops
D:\Program Files\MATLAB\R2010b\toolbox\matlab\lang
...
```

---

① 这 4 个参数分别是常数项、x_1、x_2 和 $x_1 \times x_2$ 的系数。

② 在本计算机中的存储目录。

本例只列出了一小部分的显示结果，通过查看这些结果就可以知道 MATLAB 软件搜索路径包含哪些工具箱。

除此之外，还有一种方式可以查看当前的搜索路径。点击 MATLAB 软件菜单栏中的“File”，在弹出的菜单中选择“Set Path”，或者通过命令的方式，在命令窗口中输入“pathtool”命令（或者“editpath”命令），敲击回车键，即可弹出设置路径的对话框，如图 5-3 所示。

```
pathtool
```

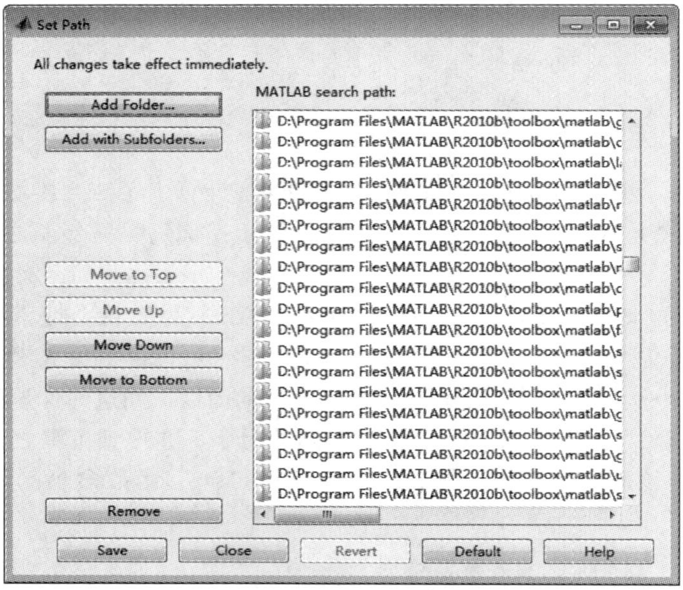

图 5-3　设置路径的对话框

图 5-3 中右侧显示出了 MATLAB 搜索的所有路径。鼠标拖动右侧的滑块可以查看感兴趣的路径是否包含在当前的搜索范围之内。

前面介绍了空间计量经济学工具箱，那么如何将可以搜索到的路径添加到 MATLAB 软件中呢？该过程主要分为 3 个步骤，如下所示：

（1）在 www.spatial-econometrics.com 中下载空间计量经济学工具箱“jplv7.zip”，解压缩到如 D 盘的根目录下，即可看到一个名为“jplv7”的文件夹；

（2）由于“jplv7”文件夹包含了若干子文件夹，这些不同的子文件夹按照不同的功能进行分类。在进行空间数据分析和空间计量模型回归估计时需要使用这些文件夹中的函数命令，因此，需要将“jplv7”文件夹下的所有子文件夹也添加到搜索目录中。点击“Set Path”对话框（见图 5-3）中左侧的“Add with Subfolders”按钮，在弹出的对话框中选择 D 盘下的“jplv7”文件夹，点击对话框的确定按钮，即可将“jplv7”文件夹里面所有的子文件夹都添加到搜索目录中。

（3）添加之后，读者务必点击“Set Path”对话框最后一行中的保存（“Save”）按钮。这样才能在每次启动 MATLAB 软件后，可以搜索到“jplv7”文件夹下所有的子文件夹。

在添加空间计量经济学工具箱之后，再来尝试搜索“sar. m”函数命令，如下所示①：

```
≫help sar
sar is both a directory and a function.
PURPOSE:computes spatial autoregressive model estimates
y = p * W * y + X * b + e,using sparse matrix algorithms
-----------------------------------------------
USAGE:results = sar(y,x,W,info)
where:y = dependent variable vector
x = explanatory variables matrix,(with intercept term in first
column if used)
W = standardized weight matrix
...
```

在此之后，空间计量经济学工具箱里包含的所有命令都可以在空间数据分析与空间计量模型回归估计中进行调用。

“Set Path”对话框（见图 5－3）中还有其他若干个按钮，正如其字面意思所示。“Add Folder”表示只添加该文件夹；“Move to Top”表示将选中的搜索目录置顶；“Move Up”表示将选中的搜索目录向上移动一位；“Move Down”表示将选中的搜索目录向下移动一位；“Move to Bottom”表示将选中的搜索目录置底；“Remove”表示删除选中的搜索路径，当搜索路径过多时，MATLAB 执行速度较慢，用户可以移除部分用不到的路径。“Close”表示关闭“Set Path”对话框；“Revert”表示还原到初始状态；“Default”表示恢复到默认状态；“Help”可以弹出帮助文件，帮助用户理解“Set Path”对话框。

5.2.2 示例数据文件和空间权重文件

本章示例数据采用的是 Anselin 使用的经典的 Columbus 犯罪数据集。② 这个数据集在 Anselin 的 GeoDa 中心网站可以下载到 shp 格式的文件。本章分析所用的也是该数据集，但不是使用 shp 格式文件，而是使用 dat 文件格式。③ 这个数据集的 dat 格式文件已经包含在 LeSage 的空间计量经济学工具箱“jplv7”中，参见图 5－2 中的“data”文件夹。

在“data”文件夹中可以发现两个相关的文件：“anselin. dat”和“wmat. dat”。其中，第一个文件“anselin. dat”是数据文件，第二个文件“wmat. dat”是空间权重矩阵文件。dat 文件可以用 Windows 操作系统自带的记事本软件打开。选中文件“anselin. dat”，打开后可以看到有 5 列数据，如图 5－4 所示。其中，第 1 列为因变量 crime；第 2 列为自变量 inc；第 3 列为自变量 hoval；第 4 列为经度 x 坐标；第 5 列为纬度 y 坐标。

---

① 本书只列出一小部分的 sar 命令帮助文件。

② Columbus 犯罪数据集是 Anselin 在 GeoDa 软件的用户手册以及培训课程中最常用的数据集。Columbus 犯罪数据集是 1980 年俄亥俄州哥伦布市的 49 个街区的犯罪数据。

③ dat 文件格式是比较常见的数据文件格式，其本质是文本文件格式。

18.802	21.232	44.567	35.62	42.38
32.388	4.477	33.2	36.5	40.52
38.426	11.337	37.125	36.71	38.71
0.178	8.438	75	33.36	38.41
15.726	19.531	80.467	38.8	44.07
30.627	15.956	26.35	39.82	41.18
50.732	11.252	23.225	40.01	38
26.067	16.029	28.75	43.75	39.28
48.585	9.873	18	39.61	34.91
34.001	13.598	96.4	47.61	36.42
36.869	9.798	41.75	48.58	34.46
20.049	21.155	47.733	49.61	32.65
19.146	18.942	40.3	50.11	29.91

图 5－4　示例数据 anselin. dat

由上述介绍可知，“columbus”数据集包含 49 个样本，换言之，有 49 个空间单元。该数据集有一个因变量和两个自变量，以及两个坐标变量。其中，因变量 crime 表示每千户中的入室抢劫和盗窃车辆案件的数量①，单位为件/1 000 户；自变量 inc② 表示家庭收入，单位为 1 000 美元；自变量 hoval③ 表示房屋价格，单位为 1 000 美元。因变量和自变量的定义、单位和描述性统计详见表 5－1。

表 5－1　变量的定义、单位以及描述性统计

变量	定义	均值	标准差	最小值	最大值
crime	入室抢劫和盗窃车辆案件的数量（件/1 000 户）	35.13	16.73	0.18	68.89
inc	家庭收入（1 000 美元）	14.37	5.7	4.48	31.07
hoval	房屋价格（1 000 美元）	38.44	18.47	17.9	96.4

同样的道理，也可以用记事本打开“wmat. dat”文件。本书使用 Notepad＋＋文本编辑器打开“wmat. dat”文件，如图 5－5 所示。由图 5－5 可以看出，“wmat. dat”文件一共有 3 列数据。这是一个稀疏矩阵形式的空间权重文件，并且由第三列数据可知，这个空间权重矩阵已经经过行标准化。

2.0000	1.0000	0.2500
5.0000	1.0000	0.5000
6.0000	1.0000	0.2500
1.0000	2.0000	0.3333
3.0000	2.0000	0.1667
6.0000	2.0000	0.2500
7.0000	2.0000	0.1250
2.0000	3.0000	0.2500
4.0000	3.0000	0.2500
7.0000	3.0000	0.1250
37.0000	3.0000	0.1429
38.0000	3.0000	0.2000
39.0000	3.0000	0.2500

图 5－5　示例空间矩阵 wmat. dat

5.2.3　利用坐标数据生成基于地理邻近性的空间权重矩阵

本书第一章介绍了空间权重矩阵的概念，第二章介绍了如何使用 GeoDa 软件，利用 shp 文件生成空间权重矩阵，生成这种空间权重矩阵的方式是非常直观的。

然而，在有些情况下，空间权重矩阵文件会有缺失的现象，但是可以获知空间单元的经纬度坐标。可以通过数据的经纬度坐标近似得到一个基于地理邻近性的空间权重矩阵。

“anselin. dat”数据文件每一个空间单元都含有坐标信息，“anselin. dat”的第四、五列分别为经度坐标和纬度坐标。利用距离公式可以很容易地计算出基于地理距离的空间权重矩阵。在有些实证分析研究中，有可能需要的是基于地理邻近性的空间权重矩阵。在这种情况下，也可以通过空间单元的经纬度坐标近似得到一个基于地理邻近性的

① 英文为“residential burglaries and vehicle thefts per 1000 households”。

② “household income”的缩写。

③ “housing value”的缩写。

空间权重矩阵。这就需要借助泰森多边形①。

5.2.3.1　泰森多边形

一般的步骤是：首先导入坐标信息，然后创建一个泰森多边形，最后根据这个生成的泰森多边形输出基于地理邻近性的空间权重矩阵。换言之，泰森多边形可以用来近似地模拟空间单元的邻近性。

在利用坐标信息生成基于地理邻近性的空间权重矩阵之前，首先有必要先了解 Columbus 真实的行政区域划分情况，同样，也有必要了解坐标在空间上的分布情况。

左边的图 5－6 是 Columbus 真实的行政区划情况。中间的图 5－7 是利用“wmat.dat”数据中的经纬度坐标形成的点模式下的空间单元的点模式图。② 右边的图 5－8 是利用图 5－7 中的坐标点信息创建的泰森多边形。可以发现，图 5－8 中某些生成的空间单元的邻居数量似乎要多于图 5－6 中的情况，这会对未来生成空间权重矩阵产生影响，也会对空间计量模型的估计结果产生影响。

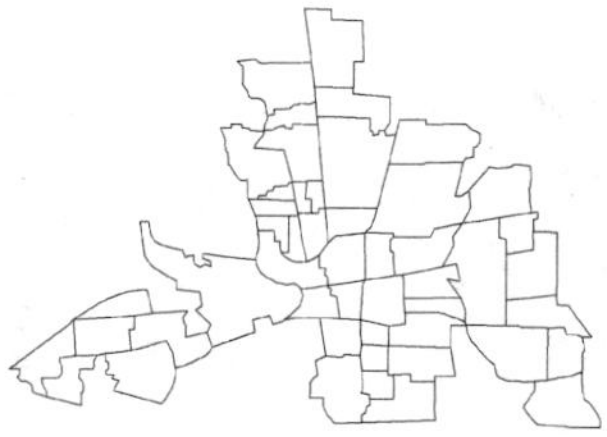

图 5－6　columbus 真实地图

图 5－7　49 个地区的坐标点

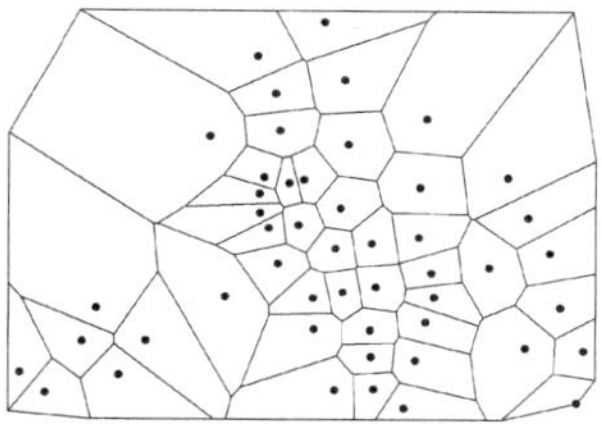

图 5－8　泰森多边形

5.2.3.2　“xy2cont.m”函数命令

空间计量经济学工具箱中的“xy2cont.m”函数命令可以实现利用经纬度坐标点生成空间权重矩阵③，“xy2cont.m”函数命令的用法如下所示：

```
[W1 W2 W3] = xy2cont(xcoord,ycoord)
```

由上述“xy2cont.m”函数命令的用法可知，“xy2cont.m”函数命令可以生成 3 种空间权重矩阵，分别解释如下：

（1）$\boldsymbol{W}1$：一个最大特征根等于 1 的对称空间权重矩阵；

（2）$\boldsymbol{W}2$：一个行标准化的对称空间权重矩阵；

（3）$\boldsymbol{W}3$：一个为对角矩阵的空间权重矩阵。

---

①　泰森多边形也称为 Voronoi 图，最初是由俄国数学家 Georgy Voronoi 建立的空间分割算法。后来荷兰气候学家 Thiessen 借用这个理论提出了一种根据离散分布的气象站降雨量来计算平均降雨量的方法。这个方法的原理是将所有相邻气象站连成三角形，作这些三角形各边的垂直平分线，于是每个气象站周围的若干垂直平分线便围成了一个多边形。用这个多边形内所包含的一个唯一气象站的降雨强度来表示这个多边形区域内的降雨强度，并称这个多边形为泰森多边形。具体的理论和操作方法不属于本书的范围，感兴趣的读者可以参阅自然地理学教材和 ArcGIS 操作手册。顺便提一句，北京奥运会场馆水立方（国家游泳中心）的设计思想采用的就是这个原理。

②　这些经纬度坐标点实际上是各个空间单元的地理重心。关于地理重心的计算请自行参阅自然地理学教材。

③　对自然地理学和地理信息系统不熟悉的读者完全可以忽略这里面的计算过程，无须过多关注泰森多边形理论。“xy2cont.m”这个函数命令不会输出泰森多边形，而是直接输出 3 个空间权重矩阵。

W1、**W**2 和 **W**3 是通过泰森多边形生成的空间权重矩阵。其中，**W**2 是本章研究所需要的空间权重矩阵。[①] 参数 xcoord 是经度坐标，ycoord 是纬度坐标，分别对应“anselin. dat”文件的经度 x 和纬度 y 坐标。

5.2.3.3 软件实现

第四章介绍了利用 Columbus 犯罪数据集的 shp 文件来演示如何生成空间权重矩阵和估计空间计量模型。由于“anselin. dat”数据与 Columbus 犯罪数据集的 shp 文件在数据上存在一点差别，为了前后统一，本书将“columbus. dbf”中的数据转换为 csv 文件“columbus. csv”。其中，第 1 列是 id 变量，第 2 列是因变量，第 3～4 列是自变量，第 5～6 列分别为经度和纬度数据。

下面就采用示例数据“columbus. csv”演示如何生成所需的基于地理邻近性的空间权重矩阵。MATLAB 的程序代码可以如下所示：

```
%利用经纬度坐标生成基于地理邻近性的空间权重矩阵
clear;clc;clf;
A = csvread('columbus.csv',1,0);
xc = A(:,5);
yc = A(:,6);
[W1 W2 W3] = xy2cont(xc,yc);
spyc(W2,'ko');
title('symmetric spatial weights matrix');
```

下面简要地解读上述 MATLAB 代码，更多相关知识请参阅 MATLAB 编程资料。“clear”表示清空工作空间的变量。“clc”表示清空命令窗口。“clf”表示清除当前 figure 中的内容。“A=csvread（‘columbus. csv’，1，0）”表示读取 csv 文件除第 1 行第 0 列后的“columbus. csv”文件，并命名为变量“A”，后面的参数“1”和“0”分别表示第 1 行和第 0 列。第 1 行通常为变量名。注意：文件用单引号将整个文件名和扩展名包括进来。分号表示不显示输出的结果。

“xc=A(:，5)”和“yc=A(:，6)”分别表示读取“A”矩阵的第 5 列和第 6 列，并分别命名为“xc”和“yc”。其中，括号的功能就是用于矩阵定义。冒号在这里表示选择全部的行。

“[W1 W2 W3] =xy2cont(xc，yc)”表示利用经纬度变量，通过“xy2cont. m”函

---

① 理解这一部分知识需要一定的自然地理学基础。在这里简要介绍一下。泰森多边形是利用经纬度坐标空间数据生成基于地理邻近性的空间权重矩阵的一种方法，得出的泰森多边形与真实的空间单元行政区划肯定是有差异的，但是，这种差异有时候对实证分析研究来说影响并不大。那么，如何利用泰森多边形得到 **W**1、**W**2 和 **W**3 呢？首先利用经纬度坐标计算出泰森多边形的邻近矩阵 $\boldsymbol{S}$，那么 $\boldsymbol{W}1=\boldsymbol{W}\times\boldsymbol{S}\times\boldsymbol{W}$；$\boldsymbol{W}2=\boldsymbol{W}\times\boldsymbol{W}\times\boldsymbol{S}$。**W**1 和 **W**2 是非常类似的矩阵，这两个矩阵有共同的特征值，最大特征值为 1，最小特征值大于或者等于 −1。**W**3 是一个对角矩阵，对角线元素 $w_{ii}=\frac{1}{\sqrt{\sum i}}$，其中，$\sqrt{\sum i}$ 表示行元素个数求和后开根号。比如，示例数据 $\boldsymbol{W}3_{11}=0.5$，这是由于第一空间单元有 4 个邻居，因此，空间权重矩阵的第 1 行有 4 个非零元素，对 4 开根号得到 2，1 除以 2 等于 0.5。读者可以在尝试生成 **W**1、**W**2 和 **W**3 后查看。本书介绍从略。另外，需要注意的一点是，事实上生成这三个空间权重矩阵的函数命令是“fdelw2. m”，由 Pace 编写，“xy2cont. m”函数命令是 LeSage 在“fdelw2. m”函数命令的基础上修改而来的函数命令。

数命令生成 3 个空间权重矩阵 **W**1、**W**2 和 **W**3。

由于本例关心的是空间权重矩阵 **W**2，在得到 **W**2 后，需要对生成的 **W**2 有一个整体上的直观感受，可以采用绘图的方式显示 **W**2。因此，可以使用函数命令 "spyc. m" 来绘制 **W**2 的侦察图（spyplot）①，具体的程序语句是 "spyc（W2，'or'）"。

由前面章节介绍的内容可知，基于地理邻近性的空间权重矩阵包含大量的 0 元素。侦察图可被用来反映空间权重矩阵中的非零元素的数量和分布情况，如图 5－9 所示。

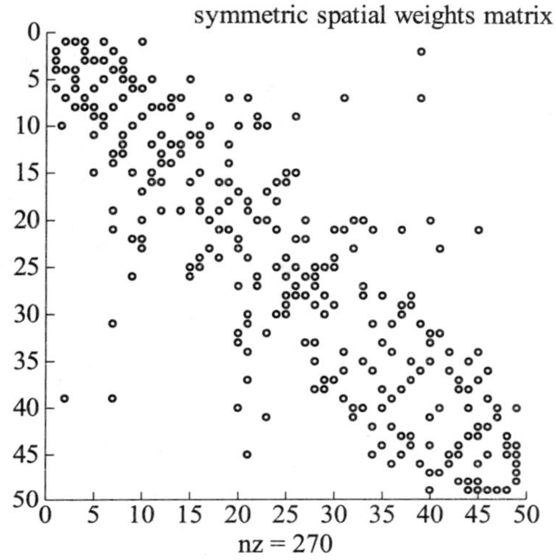

图 5－9　利用经纬度坐标生成对称的空间权重矩阵

由图 5－9 可知，侦察图 5－9 创建了一个纵横坐标皆为 50 的画布。这是因为本例的样本数量和空间单元数量为 49，MATLAB 软件自动选择 50 作为纵横坐标的最大值。"spyc. m" 函数命令将 49×49 阶的空间权重矩阵 **W**2 中所有的非零元素用圆点的方式标记在画布上。

从图 5－9 可以明显看出，对角线位置明显是一条空白区域，这说明生成的空间权重矩阵对角线元素均为 0。对角线两侧的圆点明显呈现对称分布。因此，通过 "xy2cont. m" 函数命令可以创建一个对称的空间权重矩阵 **W**2。图 5－9 中横坐标下方显示 "nz＝270"，表示空间权重矩阵中非零元素的个数为 270。② 通俗地来说，49 个空间单元一共有 270 个邻居。

5.2.3.4　空间权重矩阵 *W*2 的分析

这个通过经纬度坐标生成的空间权重矩阵 **W**2 与由真实的行政区划生成的基于地理邻近性的空间权重矩阵 "wmat. dat" 有什么区别呢？接下来，对空间权重矩阵 "wmat. dat" 绘制侦察图，用来与上面得到的空间权重矩阵 **W**2 进行对比。

---

① 侦察图英文为 "spy plot"，由于笔者没有找到对应的成熟翻译，故此暂且称之为侦察图。侦察图经常被用于稀疏矩阵的可视化。

② 在 MATLAB 中可以用 "length（find（W2>0））" 来计算矩阵 "W2" 中非零元素的个数，命令运行完毕，结果显示 270，跟横坐标下显示的 "nz＝270" 一致。

由于“wmat. dat”的数据不是以 MATLAB 稀疏矩阵的方式进行组织的[①]，故无法直接使用“spyc. m”函数命令来绘制侦察图。因此，需要将这个稀疏矩阵转变为“spyc. m”函数命令可以使用的数据形式，然后再来绘制侦察图。那么，具体的 MATLAB 程序代码可以如下所示：

```
%绘制侦察图
clear;clc;clf;
load wmat.dat;
i = wmat(:,1);
j = wmat(:,2);
s = wmat(:,3);
n = 49;
W1 = sparse(i,j,s,n,n);
clear i;clear j;clear s;
W = full(W1);
spyc(W,'+b',30);
title('spatial weights matrix based on wmat.dat');
```

其中，“load wmat. dat”表示加载“wmat. dat”文件，并且文件名“wmat”默认为矩阵名。“title（‘spatial weights matrix based on wmat. dat’）”表示添加图形的标题。上述代码运行完毕后[②]，即可得到侦察图，如图 5 - 10 所示。

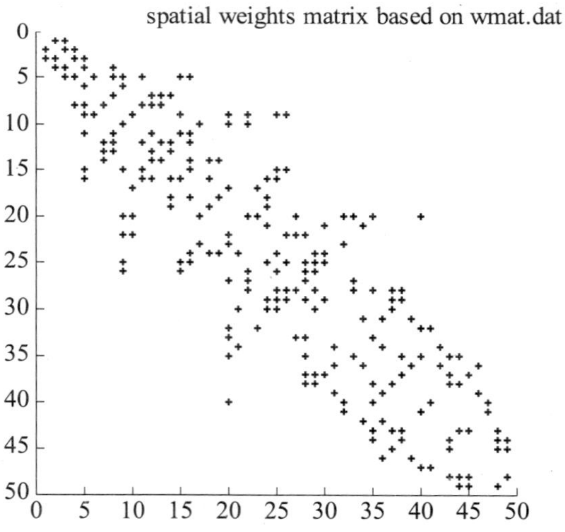

图 5 - 10　利用“wmat. dat”文件生成对称的空间权重矩阵

从图 5 - 10 中的横坐标下方可以看到“nz=236”，与图 5 - 9 中的“nz=270”相差

① 在 MATLAB 的稀疏矩阵中，行列信息用括号括起来。本例数据形式与 MATLAB 的稀疏矩阵形式有所区别，所以需要进行转化。

② 上述代码是将三列数据转变为 MATLAB 形式的稀疏矩阵，在得到 **W**1 后，可以直接使用函数命令“spyc（W1，‘+k’，30）”来生成侦察图，但是本例将 **W**1 转变为完全矩阵形式（full matrix），是想用这个例子来告诉读者，“spyc. m”命令不仅可以用来分析稀疏矩阵，也可以用来分析完全矩阵的非零元素。

了 34，说明由泰森多边形生成的空间权重矩阵的邻居的数量要多于实际的个数。主要差别由泰森多边形产生的规则所致。从图 5-9 中可以很明显地看出，在横坐标为 40～50、纵坐标为 0～5 之间，也就是图 5-9 的右上角，明显比图 5-10 多了一些非零元素（圆点），由于空间权重矩阵具有对称性，这些非零元素在横坐标为 0～5、纵坐标为 40～50 之间，也就是图 5-9 的左下角中也能够被发现。

从总体上来说，由泰森多边形产生的空间权重矩阵和真实的空间权重矩阵相差不大，主要的区别在于原本不相邻的空间单元由于泰森多边形的生成规则而具有了地理邻近性。换言之，原本互不为邻居的空间单元由于泰森多边形而变成了互为邻居。对比图 5-6 和图 5-8 可以发现，图 5-6 下方左右的空间单元是互不相邻的，但是在生成的泰森多边形图 5-8 中，这些空间单元被认为互为邻居，这是邻居数量增多的原因。

如果想查看这个经过转化为完全矩阵、行标准化后的空间权重矩阵 $\boldsymbol{W}$，可以在 MATLAB 软件的工作空间中鼠标双击该变量，这样就可以在 MATLAB 中看到完全矩阵。[①]

5.2.4 利用坐标数据生成基于地理距离的空间权重矩阵

有了坐标数据，很容易生成基于地理距离的空间权重矩阵。采用空间计量经济学工具箱中的“distance. m”函数命令就可以实现基于地理距离的空间权重矩阵的构造。“distance. m”函数命令的用法如下所示。

5.2.4.1 “distance. m”函数命令

```
W = distance(xc,yc)
```

其中，“W”表示输出的基于地理距离的空间权重矩阵，“distance”为函数命令名，括号内“xc”为经度坐标，“yc”为纬度坐标。那么，生成基于地理距离的空间权重矩阵的 MATLAB 程序代码可以如下所示：

```
%利用经纬度坐标生成基于地理距离的空间权重矩阵
clear;clc;clf;
A = csvread('columbus.csv',1,0);
xc = A(:,5);
yc = A(:,6);
W_distance = distance(xc,yc);
spyc(W_distance,'ro');
title('Distance-based spatial weights matrix');
```

“distance. m”函数命令计算的是两两空间单元之间的距离。如果想要计算反距离

① 注意：通过由“spyc. m”函数命令生成的侦察图可以看出空间权重矩阵是对称的，但是，显示的不是对称矩阵，表现为对称位置上的元素不一致。这是由于“wmat. dat”本身就是经过行标准化的空间权重矩阵。“spyc. m”函数只是用来探测出矩阵中的非零元素。如果不考虑非零元素数值的大小，那么整个矩阵仍然是对称的，只不过元素值并非对称的而已。

空间权重矩阵，还需要进一步计算。由于操作简单，故此不做介绍。

5.2.4.2 “pdweight. m”函数命令

空间计量经济学工具箱还提供了一种根据门槛值计算基于地理距离的空间权重矩阵命令函数：“pdweight. m”。“pdweight. m”函数命令的用法如下所示：

```
W = pdweight(xc,yc,lower,upper,RowStdOpt)
```

其中，“W”表示输出的根据门槛值计算的空间权重矩阵，“pdweight”为函数命令名，括号内“xc”为经度坐标，“yc”为纬度坐标，“lower”为下边界的值，“upper”为上边界的值。“RowStdOpt”参数表示是否需要进行行标准化，“RowStdOpt=0”表示进行行标准化；“RowStdOpt=1”表示不需要进行行标准化。那么，生成根据门槛值计算的基于地理距离的空间权重矩阵的 MATLAB 程序代码可以如下所示：

```
%利用经纬度坐标生成基于门槛值的基于地理距离的空间权重矩阵
clear;clc;clf;
A = csvread('columbus.csv',1,0);
xc = A(:,5);
yc = A(:,6);
W_dis_cutoff = pdweight(xc,yc,1,5,0);
spyc(W_dis_cutoff,'ro');
title('Distance-based with cutoff spatial weights matrix');
```

需要说明的是，“pdweight. m”函数命令中距离的计算方法是：

$$\begin{cases} Xdist = |xc(i) - xc(j)| \\ Ydist = |yc(i) - yc(j)| \\ d_{ij} = \sqrt{Xdist^2 + Ydist^2} \end{cases} \tag{5.1}$$

由公式可知，首先计算两两空间单元之间经度之差的绝对值，然后计算两两空间单元之间纬度之差的绝对值，进行平方后相加，最后开平方。将计算出来的距离值与门槛值进行比较。

5.2.5 利用坐标数据生成 K 个最近邻居空间权重矩阵

同样，有了经纬度坐标信息之后，也可以计算 K 个最近邻居空间权重矩阵。采用空间计量经济学工具箱中的“make _ neighborsw. m”函数命令就可以实现 K 个最近邻居空间权重矩阵的构造。

5.2.5.1 “make _ neighborsw. m”函数命令

“make _ neighborsw. m”函数命令的用法如下所示：

```
W = make_neighborsw(xc,yc,k)
```

其中，“W”表示输出的 K 个最近邻居空间权重矩阵，“make _ neighborsw”为函数命令名，括号内的“xc”为经度坐标，“yc”为纬度坐标，“k”表示邻居个数。那么，生成 K 个最近邻居空间权重矩阵的 MATLAB 程序代码如下所示：

```
%利用经纬度坐标生成 K 个最近邻居空间权重矩阵
clear;clc;clf;
A = csvread('columbus.csv',1,0);
xc = A(:,5);
yc = A(:,6);
m3 = 3;
Wk3 = make_neighborsw(xc,yc,m3);
Wk3_full = full(Wk3);
spyc(Wk3_full,'ro');
title('K3 nearest spatial weights matrix');
```

需要注意的是：采用“make _ neighborsw. m”函数命令生成的是行标准化后的 K 个最近邻居空间权重矩阵。

5.2.5.2 “make _ nnw. m”函数命令

另外，空间计量经济学工具箱还提供另一个类似“make _ neighborsw. m”的函数命令，也可以生成 K 个最近邻居空间权重矩阵：“make _ nnw. m”。“make _ neighborsw. m”函数命令相比“make _ nnw. m”来说使用更少的内存，但是花费更多的时间。换言之，如果计算机内存容量较小，但是要用空间单元个数很多的数据（如 1 000 个空间单元）来构造空间权重矩阵，可以使用“make _ neighborsw. m”函数命令，缺点是耗时长。如果计算机内存容量大，想要更快地得到空间权重矩阵，那么可以采用“make _ nnw. m”函数命令。由于现代计算机内存普遍较大，而且计算速度较快，因此，这两个函数命令在一般使用方面差别不大。“make _ nnw. m”函数命令的调用方式与“make _ neighborsw. m”函数命令一样。

5.2.6　GeoDa 软件生成的空间权重矩阵的转换

除了通过经纬度地理坐标信息获得空间权重文件之外，还有一种广泛的空间权重矩阵可能性来源，这就是第二章介绍的利用 GeoDa 软件处理 shp 空间数据文件所生成的空间权重文件。①

由于 GeoDa 软件生成的基于地理邻近性的空间权重文件的扩展名为“. gal”，因此可以称之为 gal 文件。在第三章中已经介绍过 gal 文件的数据组织形式。由于 gal 文件是 GeoDa 软件独有的格式，MATLAB 软件无法直接读取。因此，如何将 gal 格式的空间权重文件转变为一个完全矩阵，或者如何将其转为 MATLAB 空间计量经济学工具箱能够使用的空间权重矩阵，就成了一个实证分析所面临的现实问题。就目前来说，仍然没

---

① ArcGIS 软件也可以生成多种空间权重矩阵。点击 ArcGIS 工具箱，在“Spatial Statistics Tools”中找到“Modeling Spatial Relationships”，然后选择“Generate Spatial Weights Matrix”。在弹出的对话框中加以设置后就可以输出想要的空间权重文件。ArcGIS 软件生成的空间权重文件的扩展名为“. swm”。对于社会经济学者来说，学习 ArcGIS 软件门槛较高，因此本书对 ArcGIS 软件生成空间权重文件不做介绍。感兴趣的读者可以自行参阅相关资料。

有一位学者给出通用的成熟解决方案。[①]

本书提供了一个可行的解决方法，可以将 gal 文件转变为一个完全矩阵[②]，并且，这个命令还可以将转变好的空间权重矩阵保存为 Excel 文件格式，或者 csv 和 dat 文件格式。[③]

转变 gal 文件的 MATLAB 函数命令为"TxtGal2WMat2. m"。"TxtGal2WMat2. m"函数命令的使用方法十分简单。以第三章生成的一阶地理邻近性空间矩阵"rook1. gal"为例，将函数命令"TxtGal2WMat2. m"和"rook1. gal"保存在当前的工作目录中，在 MATLAB 的命令窗口输入"TxtGal2WMat2（'rook1'）"，如下所示：

```
TxtGal2WMat2('rook1');
```

输入命令后，敲击回车键，程序运行完毕后[④]，MATLAB 软件的命令窗口没有任何显示，但是在当前的工作目录文件夹下生成了一个名为"rook1 _ W. xls"的 Excel 文件和一个名为"rook1 _ W. dat"的 dat 文件。用 Excel 和记事本软件可以分别打开上述两个输出的空间权重文件。

"TxtGal2WMat2. m"函数命令的代码如下所示[⑤]：

```
function [CompleteMatrix,AdjArea,AreaText] = TxtGal2WMat2(FileStr)
if nargin<1,error('请输入待转化数据所在的文件名！');end
if isempty(FileStr),error('输入文件名不能为空！');end
[pathstr,name,ext] = fileparts(FileStr);
%判断不考虑后缀名的文件(不带后缀,或后缀 txt,或后缀 gal)是否存在
if  ~(exist([name,'.gal'],'file')| exist([name,'.txt'],'file')| exist(name,'file'))
  error('输入的文件( *.gal OR *.txt)不存在！');
end
if strcmp(ext,'.txt')
    if exist([name,'.txt'],'file')          %当前目录下有带后缀 txt 的文件存在,无须处理
      ;
```

① gal 格式是 Anselin 在设计 GeoDa 软件过程中创建的一类文件格式，这种文件的数据组织方式与 MATLAB 的稀疏矩阵的组织方式也不相同，并且在历次版本的 GeoDa 软件中所生成的 gal 文件的第一行也有所变化。例如，早期版本创建的 gal 文件第一行只包含空间单元的个数，以"columbus. shp"空间数据文件为例，第一行为 49。在后期的 gal 文件中，第一行则变成了两个数字：0 49。在 GeoDa 1. 6. 7 版本软件中，除上述信息之外，第一行还添加了关键变量名，即告知用户 gal 文件是根据哪个关键变量名来创建的。

② MATLAB 程序代码由华东师范大学博士生赖志柱编写。

③ 由于 Excel 有行列的限制，如在 Excel 1997 和 Excel 2003 中，工作表最大的行列数分别为 65 536 行和 256 列；在 Excel 2007、Excel 2010 和 Excel 2013 中，工作表最大的行列数分别为 1 048 576 行和 16 384 列。一些空间单元数过多的文件有可能超出这个范围。因此，本书的程序也提供了保存为 dat 文件格式的功能，dat 文件格式不受行列的限制。这里要提示的一点是：如果空间单元个数过多，不建议保存为完全矩阵文件，并且输出为 Excel 文件。这是因为空间单元过多的完全矩阵在进行矩阵运算时会消耗计算机大量的内存资源，在未来的空间计量模型回归估计中会使得计算机负担过重，计算时间过长，效率较低。保存为 Excel 文件仅仅是为了方便初学者以及为了将来查看时方便理解。在空间单元个数过多的情况下，建议保存为稀疏矩阵或者 csv 文件格式。

④ 当空间单元数量较多并且计算机配置不高时，这个函数命令的计算时间会比较长。

⑤ 由于代码相对初学者来说比较复杂，因此在这里仅仅是呈现代码，并做一些简单的注释，不熟悉的读者可以直接使用这个函数命令，跳过阅读具体代码的步骤。

```
        elseif exist([name,'.gal'],'file')
            %没有 txt 文件,但有带后缀 gal 的文件,直接修改文件后缀为 txt
            OldFileStr = [name,'.gal'];
            eval(['! rename',',',OldFileStr,',',FileStr]);
        else
            %当前目录下没有带后缀 txt 和 gal 的文件,但有不带后缀的文件
            eval(['! rename',',',name,',',FileStr]);
        end
    elseif strcmp(ext,'.gal')                  %输入文件名后缀 gal
        %由前面检测文件是否存在不报错知道,当前目录下肯定有不带后缀的文件
        %或带后缀 gal 或带后缀 txt 的文件
        if exist([name,'.txt'],'file')
            %当前目录下有带后缀 txt 的文件存在,直接调用即可
            ext = '.txt';                      %修改后缀名为 txt
            FileStr = [name,ext];
        elseif exist([name,'.gal'],'file')
            %没有 txt 文件,但有 gal 后缀的文件,直接修改文件后缀为 txt
            NewFileStr = [name,'.txt'];
            eval(['! rename',',',FileStr,',',NewFileStr]);
            ext = '.txt';                      %修改后缀名为 txt
            FileStr = NewFileStr;
        else
            %当前目录下没有带后缀 txt 和 gal 的文件,但有不带后缀的文件
            NewFileStr = [name,'.txt'];
            eval(['! rename',',',name,',',NewFileStr]);
            ext = '.txt';                      %修改后缀名为 txt
            FileStr = NewFileStr;
        end
    elseif isempty(ext)
        if exist([name,'.txt'],'file')
            %当前目录下有带后缀 txt 的文件存在,直接调用即可
            ext = '.txt';                      %补充默认后缀名 txt
            FileStr = [FileStr,ext];
        elseif exist([name,'.gal'],'file')
        %没有 txt 文件,但有带后缀 gal 的文件,直接修改文件后缀为 txt
        OldFileStr = [FileStr,'.gal'];
        NewFileStr = [FileStr,'.txt'];
        eval(['! rename',',',OldFileStr,',',NewFileStr]);
            ext = '.txt';                      %补充默认后缀名 txt
            FileStr = NewFileStr;
        else
            %当前目录下没有带后缀 txt 和 gal 的文件,但有不带后缀的文件
            NewFileStr = [FileStr,'.txt'];
            eval(['! rename',',',FileStr,',',NewFileStr]);
            ext = '.txt';                      %补充默认后缀名 txt
            FileStr = NewFileStr;
```

```
        end
    else
        error('警告:输入文件名需不带后缀或带后缀 gal 或 txt! ');
    end
    %输出文件
    OutFileName1 = [name,'_W','.xls'];          %输出的 xls 文件名
    OutFileName2 = [name,'_W','.dat'];          %输出的 dat 文件名
    tempData = importdata(FileStr);             %读取文件中的第一行(含字符)及后续数字
    % tempData 有两个元素,一个是 data,一个是 textdata
    % tempData.data 为数值型矩阵,tempData.textdata 为 cell 型(元胞型)矩阵
    %但是由于 importdata 函数读取的数值型矩阵 tempData.data 必须行列一致,不一致的地方用
NaN 代替
    %由于本程序读取的文件格式特殊,此时的 tempData.data 为多行两列的数值型矩阵
    %可以用 class(tempData.data),class(tempData.textdata)查证
    tText = cell2mat(tempData.textdata);        %将 cell 型 tempData.textdata 转化为 char 型
    FindNum = isstrprop(tText,'digit');         %给字符串 tText 中数字的所在位置标志 1
    NumIDText = find(FindNum == 1);             %获取字符串 tText 中数字的位置
    TNumInText = length(NumIDText);             %字符串 tText 中的数字总个数
    AreaText = tText;
    AreaText(NumIDText) = [];                   %获取原始文件第一行中非数字的字符串
    NumInText = [];
    for ii = 1:(TNumInText - 1)
        jj = ii + 1;
        %检查是否连续的数字,是则需要构筑一个多位数的数字
        while NumIDText(jj) == (NumIDText(jj - 1) + 1)
            jj = jj + 1;                        %发现位置连贯,数字连贯在一起
            if jj>TNumInText                    %到达最后一个位置不能再比较,否则会出错
                break
            end
        end
    NumInText = [NumInText,str2num(tText(NumIDText(ii):NumIDText(jj - 1)))];
    end
    N = max(NumInText);                         %文本中的最大数字,即总的地区数目
    %也是要创建完整矩阵的维数
    CompleteMatrix = zeros(N,N);                %初始化完整矩阵,N * N
    Data0 = tempData.data;                      %获取要用的数据,多行两列的数值型矩阵
    %即每个地区及其相邻地区的数目、编号
    [row,col] = size(Data0);                    %此时的 col == 2
    Data = reshape(Data0',1,row * col);         %转化为行向量以方便后面的操作
    Pos = find(isnan(Data));                    %查找等于 NaN 的位置
    Data(Pos) = [];                             %删除原来等于 NaN 的元素
    TNum = length(Data);                        %原始文件中第二行到最后一行的所有数字个数
    AdjArea = zeros(N,1);                       %各个地区的相邻地区数目,以方便对比
    ii = 1;
    while ii<TNum
        CurArea = Data(ii);                     %当前地区,即要判断有多少相邻地区的地区编号
```

```
        ii = ii + 1;
        NumAdjArea = Data(ii);                          % 当前地区的相邻地区数目
        AdjArea(CurArea) = NumAdjArea;
        for jj = 1:NumAdjArea
            CompleteMatrix(CurArea,Data(ii + jj)) = 1;
        end
        ii = ii + NumAdjArea + 1;
    end
    % 下述代码保证运行时不出现警告语'Warning:Added specified worksheet."
    warning off MATLAB:xlswrite:AddSheet
    % 将相关数据输出到 XLS 文件中
    xlswrite(OutFileName1,CompleteMatrix,'Sheet1','A1');
    % 输出完整矩阵到 dat 文件中
    fid = fopen(OutFileName2,'wt');
    for ii = 1:N
        for jj = 1:N
            if jj = = N
                fprintf(fid,'% g\n',CompleteMatrix(ii,jj));
            else
                fprintf(fid,'% g\t',CompleteMatrix(ii,jj));
            end
        end
    end
    fclose(fid);
```

5.3　空间滞后模型和空间误差模型

从这一节开始，正式介绍空间计量模型的设定以及估计方法。介绍的方式是由简单的空间计量模型逐渐过渡到复杂的模型。首先介绍的是两个最为常见的空间计量模型：空间滞后模型和空间误差模型。

5.3.1　空间滞后模型理论

空间计量模型最经典的模型就是空间滞后模型。在介绍空间滞后模型之前，首先简要地介绍第一章里提到的最简单的空间自回归模型[①]，模型设定如下所示：

$$\boldsymbol{y} = \rho \boldsymbol{W} \boldsymbol{y} + \boldsymbol{\varepsilon} \tag{5.2}$$

其中，$\boldsymbol{y}$ 表示 $n\times1$ 的因变量；ρ 表示因变量空间滞后项的待估计参数，被称为空间自回归系数（spatial autoregressive coefficient）；$\boldsymbol{W}$ 表示 $n\times n$ 的空间权重矩阵；$\boldsymbol{\varepsilon}$ 表示 $n\times1$

---

① 早期的学者称之为一阶空间自回归模型（the first-order spatial autoregressive model，FAR 模型）。在 MATLAB 空间计量经济学工具箱中，LeSage 将估计一阶空间自回归模型的函数命令命名为“far. m”。

的随机误差项。

由于一阶空间自回归模型仅仅包含一个因变量和一个因变量的空间滞后项，因此，这个模型在实证研究中并没有任何作用。介绍这个模型的主要目的是为后续的空间滞后模型做一个入门铺垫。

通过添加外生解释变量来扩展一阶空间自回归模型就可以得到空间滞后模型。空间滞后模型（spatial lag model，SLM）也称为空间自回归模型（spatial autoregressive model，SAR 模型）[①]，模型如下所示：

$$\boldsymbol{y} = \rho \boldsymbol{W y} + \boldsymbol{X \beta} + \boldsymbol{\varepsilon} \tag{5.3}$$

其中，$\boldsymbol{y}$ 表示 $n \times 1$ 的因变量；ρ 表示待估计空间自回归系数；$\boldsymbol{W}$ 表示 $n \times n$ 的空间权重矩阵；$\boldsymbol{X}$ 表示 $n \times k$ 的自变量；$\boldsymbol{\beta}$ 表示 $k \times 1$ 的待估计自变量系数；$\boldsymbol{\varepsilon}$ 表示 $n \times 1$ 的误差项。

空间滞后模型在实证分析中得到了广泛的应用。例如，可以用于空间知识溢出、技术扩散、区域间互相竞争等实证研究。

5.3.2 空间误差模型理论

空间误差模型（spatial error model，SEM）与空间滞后模型不同，它由两个方程构成。空间误差模型如下所示：

$$\begin{cases} \boldsymbol{y} = \boldsymbol{X \beta} + \boldsymbol{\varepsilon} \\ \boldsymbol{\varepsilon} = \lambda \boldsymbol{W \varepsilon} + \boldsymbol{v} \end{cases} \tag{5.4}$$

其中，$\boldsymbol{y}$ 表示 $n \times 1$ 的因变量；$\boldsymbol{X}$ 表示 $n \times k$ 的自变量；$\boldsymbol{\beta}$ 表示 $k \times 1$ 的待估计自变量系数；$\boldsymbol{W}$ 表示 $n \times n$ 的空间权重矩阵；λ 表示待估计误差项空间滞后系数，称为空间自相关系数（spatial autocorrelation coefficient）；$\boldsymbol{\varepsilon}$ 表示 $n \times 1$ 的误差项。

从公式 5.4 的第二个方程来看，$\boldsymbol{\varepsilon}$ 可以被两部分解释，第一部分 $\lambda \boldsymbol{W \varepsilon}$ 为空间自相关误差项。因此，空间误差模型的第二个方程可以解释为，在所有没有包含在模型中的外生变量信息中存在空间依赖性。很显然，空间依赖性也不能解释所有的空间自相关的误差项，因此需要引入一个称为特质的成分 $\boldsymbol{v}$（idiosyncratic component）。实际上，$\boldsymbol{v}$ 可以看做是误差项的误差项。可通过这两部分来解释 $\boldsymbol{\varepsilon}$。

由此可见，空间误差模型包含 2 个误差项的概念。其中，第一个误差项 $\boldsymbol{\varepsilon}$ 是传统意义上的误差项。由于统计误差也可能是造成空间依赖性的来源之一，因此，模型中的空间自相关误差项有可能显著，这也是添加空间自相关误差项的理论基础。第二个误差项与传统上的误差项不同，但是，由模型设定的原理可知，$\boldsymbol{v}$ 包含着 $\lambda \boldsymbol{W \varepsilon}$ 未能解释 $\boldsymbol{\varepsilon}$ 的因素[②]。

---

① 很多空间计量经济学的教材和论文对这个模型的称呼并不统一，但从发展脉络来看，可以判断出先有空间自回归模型的术语，而后才有了空间滞后模型这一术语。从 LeSage 编写的 MATLAB 程序就可以看出，估计空间滞后模型的函数命令是“sar. m”。在面板数据的设定下，Elhorst 在编写面板数据的空间滞后模型估计函数的命令时依然采用了“sar”（估计是为了前后一致）。虽然两者的称呼不一样，前者强调的是因变量本身与其滞后项的回归，后者强调的是在模型中添加因变量的空间滞后项，但是两者的意思是完全一致的。

② 空间误差模型建模不需要空间交互过程的理论模型。这也是空间误差模型的优点之一，在后面的小节中会有详细的讨论。

5.3.3　空间计量模型的估计方法

在介绍完空间滞后模型和空间误差模型之后，问题就转向了模型的回归估计方法。空间计量模型是否可以采用 OLS 方法进行估计呢？答案是否定的。以空间滞后模型为例，先来回顾一下空间滞后模型的设定，如下所示：

$$\boldsymbol{y}=\rho \boldsymbol{W}\boldsymbol{y}+\boldsymbol{X}\boldsymbol{\beta}+\boldsymbol{\varepsilon} \tag{5.5}$$

将公式右边的 $\rho\boldsymbol{W}\boldsymbol{y}$ 移动到公式的左边，从而与 $\boldsymbol{y}$ 进行合并，然后提取 $\boldsymbol{y}$，可以得到如下结果：

$$(\boldsymbol{I}-\rho \boldsymbol{W})\boldsymbol{y}=\boldsymbol{X}\boldsymbol{\beta}+\boldsymbol{\varepsilon} \tag{5.6}$$

方程左边出现了矩阵（$\boldsymbol{I}-\rho\boldsymbol{W}$），其中 $\boldsymbol{I}$ 是元素为 1 的单位向量。公式两边同乘以矩阵（$\boldsymbol{I}-\rho\boldsymbol{W}$）$^{-1}$，那么，可以得到如下结果：

$$\boldsymbol{y}=(\boldsymbol{I}-\rho \boldsymbol{W})^{-1}\boldsymbol{X}\boldsymbol{\beta}+(\boldsymbol{I}-\rho \boldsymbol{W})^{-1}\boldsymbol{\varepsilon} \tag{5.7}$$

由此可以看出，因变量 $\boldsymbol{y}$ 的空间滞后项 $\boldsymbol{W}\boldsymbol{y}$ 与残差项相关。因此，空间滞后项 $\boldsymbol{W}\boldsymbol{y}$ 不能被简单地看做是一个普通的外生解释变量，而是要当做一个内生的解释变量来看，进而需要采用合适的估计方法。如果坚持采用 OLS 估计方法，那么会得出有偏而且不一致的估计量。

那么对于空间误差模型而言，情况是不是也是如此呢？答案也是肯定的。这是由于在 OLS 模型下，残差要满足球形扰动（spherical disturbance），即同方差且残差之间不相关的性质。很显然空间误差模型不能满足这个条件，因为残差项的协方差矩阵的非对角线元素不为零，出现了空间依赖性问题。虽然 OLS 估计量是无偏的，但是不再有效，估计量的标准误差也会出现偏误。因此，OLS 方法也不能用来估计空间误差模型。

就目前来说，空间计量模型回归估计的方法大致有如下 3 种类型：

（1）极大似然估计（maximum likelihood，ML）①。伪极大似然估计（quasi-maximum likelihood，QML）②；

（2）工具变量法（instrumental variable，IV）③ 和广义矩估计方法（generalized method of moments，GMM）④；

（3）贝叶斯马尔可夫链蒙特卡洛方法（Bayesian Markov chain Monte Carlo，BMC-

---

① 极大似然估计是由 Ord（1975）提出的，并且在 Anselin 的推广下得到了广泛的应用，目前已成为空间计量模型最流行的估计方法，本书也基于这种方法。

② 伪极大似然估计是由 Lee and Liu（2010）提出的一种估计方法。这种方法的一个最大的好处就是在估计的时候不需要残差 $\boldsymbol{\varepsilon}$ 满足正态性假设。QML 方法用于空间面板数据模型的估计。

③ 工具变量法是由 Anselin（1988）在他的经典著作中提出来的，但是并未得到广泛的应用。

④ 广义矩估计是由 Kelejian and Prucha（1999）提出来的。工具变量法和广义矩估计与伪极大似然估计类似，在估计的时候不需要残差 $\boldsymbol{\varepsilon}$ 满足正态性的假设。但是，这三种方法有一个显著的缺点，就是估计的系数有可能超出参数的范围，比如估计出的 ρ 有可能大于 1。LeSage 在 MATLAB 空间计量经济学工具箱中提供了 GMM 方法。函数命名的规则为“函数命令 _ gmm. m”。以空间滞后模型的估计函数命令为例，GMM 方法的函数命令为“sar _ gmm. m”。

MC)。①

本书介绍的空间计量模型的回归分析采用的均是极大似然估计，在空间计量模型的估计方面，极大似然估计也是目前使用最为广泛的估计方法。

5.3.4 极大似然估计

由于空间滞后模型 $\boldsymbol{y}$ 的似然值非常复杂，因此，可以将空间滞后模型改成如下所示的形式：

$$\boldsymbol{\varepsilon} = \boldsymbol{y} - \rho \boldsymbol{W} \boldsymbol{y} - \boldsymbol{X}\boldsymbol{\beta} = (\boldsymbol{I} - \rho \boldsymbol{W})\boldsymbol{y} - \boldsymbol{X}\boldsymbol{\beta} \tag{5.8}$$

由此，可以很容易地得到 $\boldsymbol{\beta}$ 的估计量，如下所示：

$$\boldsymbol{\beta} = (\boldsymbol{X}'\boldsymbol{X})^{-1}\boldsymbol{X}'(\boldsymbol{I} - \rho \boldsymbol{W})\boldsymbol{y} \tag{5.9}$$

由公式 5.9 可知，$\boldsymbol{\beta}$ 的估计量包含了未知的参数 ρ，似然函数包含了 $|\boldsymbol{I}-\rho\boldsymbol{W}|$，所以，无法得到 $\boldsymbol{\beta}$ 系数的估计值。

因此，ρ 就成了至关重要的参数，只要得到了参数 ρ，那么就可以求出 $\boldsymbol{\beta}$ 的估计量。参数 ρ 可以通过迭代的方式来进行估计。如果空间权重矩阵 $\boldsymbol{W}$ 存在特征值（ω_1，ω_2，…，ω_n），那么，则有（Ord，1975）：

$$|\omega \boldsymbol{I} - \rho \boldsymbol{W}| = \prod_{i=1}^{n}(\omega - \omega_i) \tag{5.10}$$

上式可以简化为如下所示的形式：

$$|\boldsymbol{I} - \rho \boldsymbol{W}| = \prod_{i=1}^{n}(\boldsymbol{I} - \rho \omega_i) \tag{5.11}$$

Ord（1975）指出空间权重矩阵 $\boldsymbol{W}$ 存在的特征值 ω_i 在模型剩余部分被估计之前就可以得到。

下一步再来构造似然函数。先回顾经典的线性回归模型的对数似然函数，如下所示：

$$\ln L(\boldsymbol{\beta},\sigma^2) = -n/2\ln(2\pi) - n/2\ln(2\sigma^2) - (\boldsymbol{y} - \boldsymbol{X}\boldsymbol{\beta})'(\boldsymbol{y} - \boldsymbol{X}\boldsymbol{\beta})/2\sigma^2 \tag{5.12}$$

同样的道理，也可以得到空间滞后模型的对数似然函数，如下所示：

$$\begin{aligned}\ln L(\boldsymbol{\beta},\sigma^2,\rho) = {} & \ln|\boldsymbol{I} - \rho \boldsymbol{W}| - n/2\ln(2\pi) - n/2\ln(2\sigma^2) \\ & - (\boldsymbol{y} - \rho \boldsymbol{W} - \boldsymbol{X}\boldsymbol{\beta})'(\boldsymbol{y} - \rho \boldsymbol{W} - \boldsymbol{X}\boldsymbol{\beta})/2\sigma^2\end{aligned} \tag{5.13}$$

在构造出似然函数后，空间滞后模型系数的估计量就可以得到，如下所示：

$$\hat{\boldsymbol{\beta}}_{ML} = (\boldsymbol{X}'\boldsymbol{X})^{-1}\boldsymbol{X}'(\boldsymbol{y} - \rho \boldsymbol{W}\boldsymbol{y}) \tag{5.14}$$

$$\hat{\sigma}^2_{ML} = [(\boldsymbol{y} - \boldsymbol{X}\hat{\boldsymbol{\beta}}_0) - \rho(\boldsymbol{y} - \boldsymbol{X}\hat{\boldsymbol{\beta}}_L)]'[(\boldsymbol{y} - \boldsymbol{X}\hat{\boldsymbol{\beta}}_0) - \rho(\boldsymbol{y} - \boldsymbol{X}\hat{\boldsymbol{\beta}}_L)]/n \tag{5.15}$$

---

① 贝叶斯马尔可夫链蒙特卡洛方法是由 LeSage（1997）提出来的，这种方法在某些情况下是适用的。LeSage 在 MATLAB 空间计量经济学工具箱中提供了贝叶斯估计方法。函数命名的规则为“函数命令 _ g. m”。以空间滞后模型的估计函数命令为例，贝叶斯方法的函数命令为“sar _ g. m”。

其中，$\hat{\boldsymbol{\beta}}_0=(\boldsymbol{X}'\boldsymbol{X})^{-1}\boldsymbol{X}'\boldsymbol{y}$，$\hat{\boldsymbol{\beta}}_L=(\boldsymbol{X}'\boldsymbol{X})^{-1}\boldsymbol{X}'\boldsymbol{W}\boldsymbol{y}$，$\hat{\boldsymbol{\beta}}_{ML}=\hat{\boldsymbol{\beta}}_0-\rho\hat{\boldsymbol{\beta}}_L$。

最后，再来构造空间误差模型的对数似然函数①，如下所示：

$$\ln L(\boldsymbol{\beta},\sigma^2,\rho) = \ln|\boldsymbol{I}-\rho\boldsymbol{W}|-n/2\ln(2\pi)-n/2\ln(2\sigma^2) - (\boldsymbol{y}-\lambda\boldsymbol{W}\boldsymbol{y}-\boldsymbol{X}\boldsymbol{\beta}+\lambda\boldsymbol{W}\boldsymbol{X}\boldsymbol{\beta})'(\boldsymbol{y}-\lambda\boldsymbol{W}\boldsymbol{y}-\boldsymbol{X}\boldsymbol{\beta}+\lambda\boldsymbol{W}\boldsymbol{X}\boldsymbol{\beta})/2\sigma^2 \tag{5.16}$$

在构造出似然函数后，空间误差模型系数估计量如下所示：

$$\hat{\boldsymbol{\beta}}_{ML} = [(\boldsymbol{X}-\lambda\boldsymbol{W}\boldsymbol{X})'(\boldsymbol{X}-\lambda\boldsymbol{W}\boldsymbol{X})]^{-1}(\boldsymbol{X}-\lambda\boldsymbol{W}\boldsymbol{X})'(\boldsymbol{y}-\lambda\boldsymbol{W}\boldsymbol{y}) \tag{5.17}$$

$$\hat{\sigma}^2_{ML} = [(\boldsymbol{y}-\boldsymbol{X}\hat{\boldsymbol{\beta}}_{ML})-\lambda\boldsymbol{W}(\boldsymbol{y}-\boldsymbol{X}\hat{\boldsymbol{\beta}}_{ML})]'[(\boldsymbol{y}-\boldsymbol{X}\hat{\boldsymbol{\beta}}_{ML})-\lambda\boldsymbol{W}(\boldsymbol{y}-\boldsymbol{X}\hat{\boldsymbol{\beta}}_{ML})]/n \tag{5.18}$$

5.4　空间滞后模型和空间误差模型的估计

5.4.1　检验残差的空间依赖性

在第一章中已经提到，Cliff and Ord（1972）建议用 Moran's I 统计量来检验 OLS 模型回归后的残差项是否存在显著的空间自相关现象，如果存在的话，说明残差存在空间依赖性，需要放弃 OLS 模型，从而进一步考虑空间计量模型。因此，估计空间计量模型的第一步是估计 OLS 模型。

MATLAB 系统已经自带 OLS 模型的估计函数命令“regress. m”，但是出于一致性和连贯性的目的，LeSage 重新编写了估计 OLS 模型的函数命令，在空间计量经济学工具箱中，该函数命令为“ols. m”。接下来，演示使用 LeSage 编写的“ols. m”函数命令来估计 OLS 模型。MATLAB 的程序代码如下所示：

```
%估计普通最小二乘模型
clear;clc;clf;
A = csvread('columbus.csv',1,0);
y = A(:,[2]);
x = A(:,[3,4]);
nobs = length(y);
xconstant = ones(nobs,1);
%估计模型
result = ols(y,[xconstant x]);
vnames = strvcat('crime','constant','income','hoval');
%打印结果和绘制残差图
prt(result,vnames);
plt(result,vnames);
```

其中，“nobs=length(y)”表示获得“y”变量观察值的个数，并命名为“nobs”。“xconstant=ones(nobs，1)”表示生成一个“nobs”行 1 列且元素全为 1 的列向量。它

① 注意：空间回归模型的极大似然估计假设变量服从正态分布。

被用于计算常数项（截距项）。“vnames＝strvcat（‘crime’，‘constant’，‘income’，‘hoval’)”表示在打印回归估计结果时，显示因变量、常数项和解释变量的名称。“prt（result，vnames)”表示打印回归估计的结果。“plt（result，vnames)”表示绘制残差图。

上述代码执行完毕后，在MATLAB命令窗口中出现OLS模型回归估计后的结果，如下所示：

```
Ordinary Least - squares Estimates
Dependent Variable    =    crime
R - squared           =    0.552 4
Rbar - squared        =    0.532 9
sigma^2               =    130.758 5
Durbin - Watson       =    1.627 2
Nobs,Nvars            =    49,3
**************************************************************
Variable        Coefficient        t-statistic        t-probability
constant         68.618 962         14.490 373         0.000 000
income          - 1.597 311        - 4.780 496         0.000 018
hoval           - 0.273 931        - 2.654 408         0.010 875
```

回归结果的第一行“Ordinary Least-squares Estimates”显示出这是用OLS方法估计出的结果；第二行“Dependent Variable＝crime”表示因变量是crime；第三行“R-squared＝0.552 4”表示模型的拟合优度为0.552 4，即模型能够解释因变量crime 55％的变异：第四行“Rbar-squared＝0.532 9”表示调整后的拟合优度；第五行“sigma^2”表示残差平方和与自由度之比[①]；第六行“Durbin-Watson＝1.627 2”表示杜宾-瓦尔森检验统计量[②]；第七行“Nobs，Nvars＝49，3”分别表示49个观察值（49个空间单元）和3个解释变量（含常数项）。

接下来，分析OLS模型回归后得到的各个自变量的估计系数。第一个是常数项，通常来说，常数项在大部分模型中不需要解释。第二个是自变量income的估计系数，income的系数为－1.597 311，t统计量为－4.780 496，t统计量的伴随概率为0.000 18，说明在1％的显著性水平下拒绝了“H_0：income的系数等于0”的原假设。换言之，提高家庭收入可以显著地降低入室抢劫和盗窃车辆案件发生的数量。

第三个是自变量hoval的估计系数，hoval的系数为－0.273 931，t统计量为－2.654 408，t统计量的伴随概率为0.010 875，说明在1％的显著性水平下拒绝了“H_0：hoval的系数等于0”的原假设。换言之，提高房屋价格可以显著地降低入室抢劫和盗窃车辆案件发生的数量。

综上所述，income和hoval是两个在统计上十分显著的因素，家庭收入和房屋价格的提高均能显著地降低入室抢劫和盗窃车辆案件发生的数量。

① OLS模型回归的结果被保存在结构数组“result”中，“result. resid”表示OLS模型回归后的残差向量，sigma^2等于result. resid * result. resid除以46（＝49－3）。

② 这个统计量用来判断时间序列数据模型中的序列自相关问题。这个统计量与本书的研究关联不大，读者可以忽略。

OLS模型回归估计之后，需要对OLS模型回归后的残差进行分析。本例使用MATLAB空间计量经济学工具箱中的“plt. m”函数命令来绘制残差图，结果如图5-11所示。

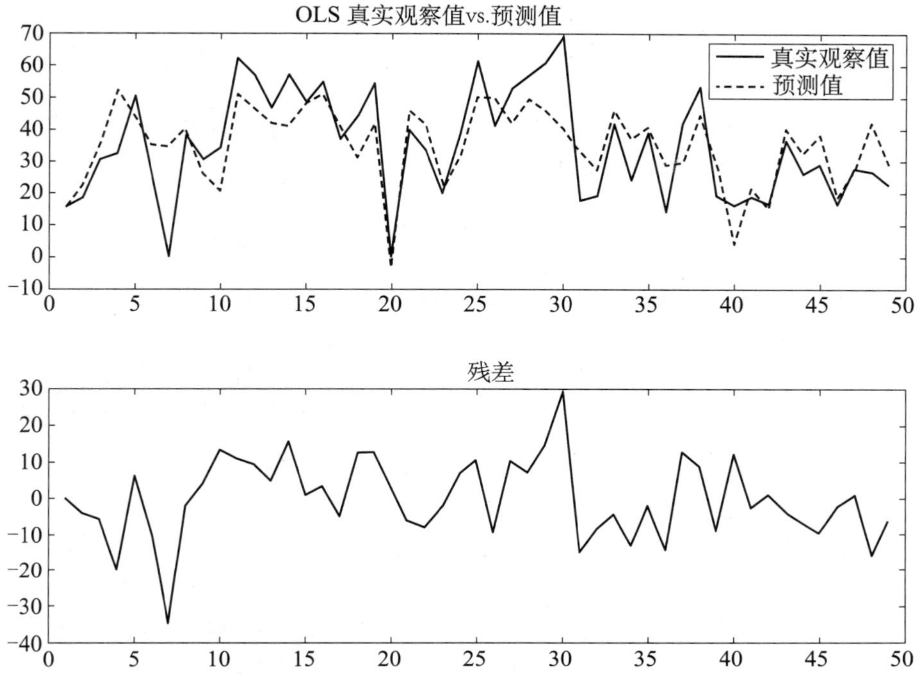

图5-11 OLS模型的残差图

图5-11分为上下两部分，上半部分图中的实线表示真实观察值，虚线表示预测值。下半部分图中为残差值。[①] 从残差图来看，残差值围绕着0值上下波动。尽管残差图中的残差值看上去满足零均值的条件[②]，但是这幅残差图并没有给出残差是否存在显著的空间自相关现象的任何提示。

因此，需要进一步来判断残差中是否存在空间依赖性。本例采用Cliff and Ord（1972）建议的Moran's I检验来判断OLS模型回归后的残差是否存在空间依赖性。这个检验在MATLAB中也很容易实现，它采用的是LeSage编写的空间计量经济学工具箱中的“moran. m”函数命令。MATLAB的程序代码如下所示：

```
%检验普通最小二乘模型的残差是否存在空间依赖性
clear;clc;
A = csvread('columbus.csv',1,0);
W1 = csvread('Wcolumbus.csv');
W = normw(W1);
y = A(:,[2]);
```

① 观察值减预测值即为残差值。

② 残差的均值和方差在MATLAB中很容易计算得到。OLS模型回归的结果被保存在结构数组result中，result. resid即表示回归后的残差向量，采用“mean（result. resid）”命令就可以得到残差的均值，运行结果为8.0407e−014，非常接近于0。

```
x = A(:,[3,4]);
nobs = length(y);
xconstant = ones(nobs,1);
% Moran test
result = moran(y,[xconstant x],W);
prt(result);
```

其中，“W＝normw（W1）”表示将矩阵“W1”进行行标准化，并且命名为“W”。上述代码执行完毕后，可以得到如下结果：

```
Moran I-test for spatial correlation in residuals
Moran I                          0.222 109 43
Moran I-statistic                2.839 319 21
Marginal Probability             0.004 520 99
mean                            -0.033 418 33
standard deviation               0.089 996 14
```

MATLAB命令窗口中显示出的“Moran I-test for spatial correlation in residuals”，表明的是Moran's I检验残差是否存在空间相关性。

从检验的结果来看，一共输出了5行结果。第一行“Moran I”表示Moran's I数值为0.222 109 43；第二行“Moran I-statistic”表示统计量为2.839 319 21[①]；第三行“Marginal Probability”表示检验的伴随概率为0.004 520 99，说明在1%的显著性水平下拒绝“不存在空间自相关”的原假设。换言之，OLS模型回归后的残差项存在显著的空间依赖性。因此，OLS模型不再适用，进而需要考虑空间计量模型[②]；第四行“mean”和第五行“standard deviation”分别表示均值和标准差。

5.4.2 一阶空间自回归模型的软件实现

空间计量经济学工具箱提供了多种空间计量模型回归估计的函数命令。对于一阶空间自回归模型的回归估计来说，函数命令为“far.m”。“far.m”函数命令的调用方式如下所示：

```
results = far(y,W,info)
```

其中，“results”为输出的结果，“far”为函数命令名，括号内“y”是因变量，“W”为空间权重矩阵。“info”是一个重要的参数，在其他空间计量模型的函数命令中也含有这个输入参数，如函数命令“sar.m”，“sdm.m”。下面就以“far.m”函数命令为例，解释输入参数info的不同设置的含义，如下所示：

- info.rmin：可选项，设定搜索时ρ的最小值。

---

① 这也是多次置换检验之后的统计量。

② 有一点需要注意的是，国内部分实证论文对因变量$\boldsymbol{y}$采用Moran's I统计量做空间自相关分析，这种做法仅仅可判断因变量$\boldsymbol{y}$是否存在显著的空间自相关现象，而不能将其结果看做是向模型添加因变量空间滞后项的必要条件，实际上这既不是充分条件，也不是必要条件，在后面的章节中会有详细的解释。

- info. rmax：可选项，设定搜索时 ρ 的最大值。
- info. convg：可选项，收敛的标准（默认为 1e－8）。
- info. maxit：最大迭代次数（默认为 500 次）。
- info. lflag：这个参数包含 3 个选项；其中 info. lflag＝0 表示完全计算，得到精确的结果；info. lflag＝1 表示得到 Pace and Barry（1999）的蒙特卡洛近似值（MC approximation），当样本量或者说空间单元数量巨大的时候，选用这个参数，并且该参数也是默认值；info. lflag＝2 表示得到 Pace and Barry（1999）的样条近似值（spline approximation）（计算速度较快）。
- info. order：使用选项"info. lflag＝1"的次序（默认为 50）。
- info. iter：使用选项"info. lflag＝1"的迭代次数（默认为 30）。
- info. lndet：由函数命令"sar""sar _ g""sarp _ g"等返回的一个特殊矩阵，用于节约计算时间。[①]

注意：本书最关注的选项是"info. lflag"，在后面的演示中，该选项全部被设定为"info. lflag＝0"。这是由于本例使用的数据只有 49 个样本，计算量很小。

接下来就可以利用数据来估计一阶空间自回归模型。MATLAB 软件能够读取多种文件格式，Excel 是最容易被接受的文件格式，但是，MATLAB 读取 Excel 文件的速度比较慢。故此，本书选择另一个文件格式：csv 文件格式。csv 文件不仅可以用 Excel 等电子表格软件打开，而且还可以用记事本等软件打开。除此之外，csv 文件在读取方面很少遇到错误。另外，csv 文件的第一行也可以保留变量名，MATLAB 在读取时可以跳过变量名。如果用户忘记了变量名，还可以打开 csv 文件进行查看。基于种种优点，本书以后的示例数据均采用 csv 文件格式。其中，Columbus 犯罪数据集的 csv 文件名为"columbus. csv"，空间权重矩阵的文件名为"Wcolumbus. csv"[②]。

一阶空间自回归模型的回归估计的具体 MATLAB 程序代码如下所示：

```
%估计一阶空间自回归模型
clear;clc;clf;
A = csvread('columbus.csv',1,0);
W1 = csvread('Wcolumbus.csv');
W = normw(W1);
y = A(:,[2]);
%设置参数
info.lflag = 0;
%估计模型和绘制残差图
result = far(y,W,info);
vnames = strvcat('crime','W * crime');
prt(result,vnames);
plt(result,vnames);
```

① 可忽略这个选项。

② 当然，也可以使用 Excel 文件。MATLAB 读取 Excel 格式数据的函数命令为"xlsread"。xlsread 命令自动跳过 Excel 文件中第一行、第一列、最后一行和最后一列的所有单元为文本的行列，其他单元中的文本全部被读取为 NaN。

执行完上述代码后，可以得到如下结果：

```
First-order spatial autoregressive model Estimates
Dependent Variable     =   crime
R-squared              =   0.431 2
sigma^2                =   155.996 1
log-likelihood         =   -351.081 48
Nobs,Nvars             =   49,1
# of iterations        =   17
total time in secs     =   0.102 0
time for optimiz       =   0.016 0
time for lndet         =   0.011 0
time for eigs          =   0.065 0
time for t-stat        =   0.002 0
min and max rho        =   -1.534 5,1.000 0
No lndet approximation used
*****************************************************
Variable      Coefficient      Asymptot t-stat      z-probability
rho           0.912 455        15.089 401           0.000 000
```

由上述结果可知，回归估计后的因变量空间滞后项的参数（空间自回归系数）等于0.912 455，由于在一阶空间自回归模型中没有添加任何自变量，因此估计出的空间自回归系数会偏大。

图 5-12 显示了一阶空间自回归模型回归估计后的残差图。由图 5-12 可知，残差同样围绕在 0 值附近上下波动，但是也没有任何有关空间依赖性是否显著存在的提示。

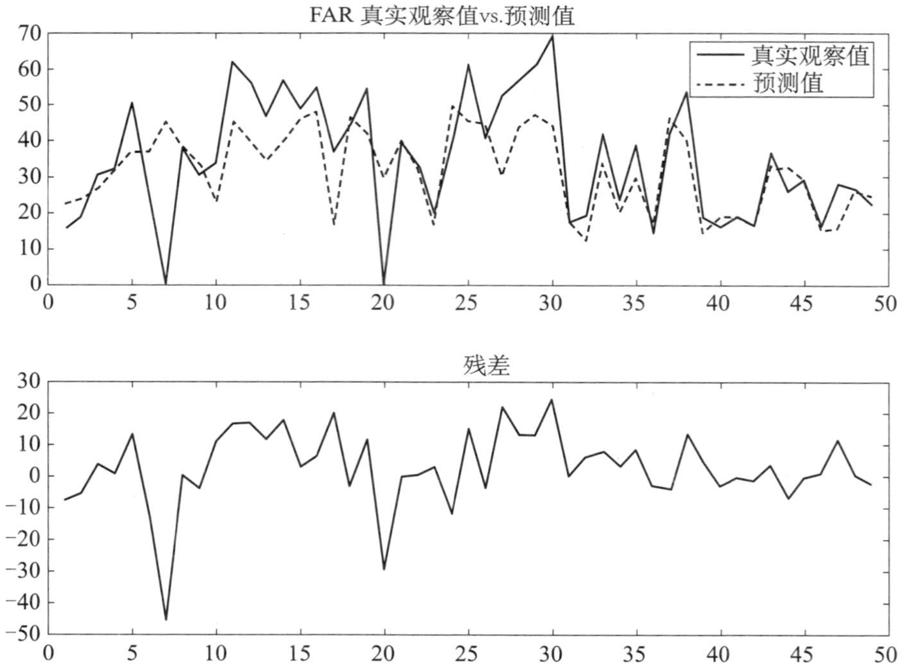

图 5-12　一阶空间自回归模型的残差图

同样，也可以对一阶空间自回归模型回归估计后的残差进行 Moran's I 检验。Moran's I 检验的结果显示，概率值为 0.103 222 50，说明在 5%的显著性水平下无法拒绝“不存在空间依赖性”的原假设。换言之，一阶空间自回归模型中添加了因变量的空间滞后项，消除了残差中的空间依赖性。

5.4.3 空间滞后模型的软件实现

对于空间滞后模型的回归估计，MATLAB 空间计量经济学工具箱提供的函数命令是“sar. m”。“sar. m”函数命令的调用方式如下所示：

```
results = sar(y,x,W,info)
```

“sar. m”函数命令的调用方式与“far. m”函数命令十分类似，唯一的区别在于在参数中包含了自变量“x”。“results”为输出的结果，“sar”为函数命令名，括号内的“y”是因变量，“W”为空间权重矩阵。

info 参数同“far. m”十分类似，但是在“sar. m”函数命令里又多出了两个选项，如下所示（这两个选项不是本书关注的重点，因此可以忽略）：

（1）info. eig：当 info. eig＝0 时，默认 rmin＝－1，rmax＝1，当 info. eig＝1 时，它用于特征根的计算。

（2）info. ndraw：抽样次数（默认为 1 000 次）。

空间滞后模型回归估计的 MATLAB 程序代码如下所示：

```
%估计空间滞后模型
clear;clc;
A = csvread('columbus.csv',1,0);
W1 = csvread('Wcolumbus.csv');
W = normw(W1);
y = A(:,[2]);
x = A(:,[3,4]);
nobs = length(y);
xconstant = ones(nobs,1);
%设置参数
info.lflag = 0;
%估计模型
result = sar(y,[xconstant x],W,info);
vnames = strvcat('crime','constant','income','hoval');
prt(result,vnames,1);
```

执行完上述代码后，可以得到如下结果：

```
Spatial autoregressive Model Estimates
Dependent Variable   =   crime
R-squared            =   0.580 0
Rbar-squared         =   0.561 7
sigma^2              =   96.910 7
```

```
Nobs,Nvars          =  49,3
log-likelihood      =  -165.686 35
# of iterations     =  15
min and max rho     =  -1.000 0,1.000 0
total time in secs  =  0.042 0
time for lndet      =  0.009 0
time for t-stats    =  0.001 0
time for x-impacts  =  0.029 0
# draws x-impacts   =  1 000
No lndet approximation used
*************************************************************
Variable       Coefficient       Asymptot t-stat       z-probability
constant        45.729 878          6.294 859           0.000 000
income          -1.051 746         -3.420 343           0.000 625
hoval           -0.266 377         -2.988 941           0.002 799
rho              0.420 996          3.516 208           0.000 438
```

接下来，分析空间滞后模型回归估计后各个自变量的估计结果。估计结果显示：income 和 hoval 均在 1%的显著性水平下拒绝了原假设，说明家庭收入和房屋价格的提高均能显著地减少入室抢劫和盗窃车辆案件发生的数量。

再来重点分析最后一个系数 rho(ρ)，这是因变量空间滞后项 $W\times$crime 的估计系数，也被称作空间自回归系数。rho 的系数值为 0.420 996，t 统计量为 3.516 208，t 统计量的伴随概率为 0.000 438，说明在 1%的显著性水平下拒绝了“H_0：rho (ρ) 等于 0”的原假设。这说明周围地区入室抢劫和盗窃车辆案件发生的数量越多，那么本地区入室抢劫和盗窃车辆案件发生的数量也会越多。

5.4.4 空间误差模型的软件实现

对于空间误差模型的回归估计，MATLAB 空间计量经济学工具箱提供的函数命令是“sem. m”。“sem. m”函数命令的调用方式如下所示：

```
results = sem(y,x,W,info)
```

“sem. m”函数命令的调用方式与“sar. m”十分类似，唯一的区别在于函数名不同，“sem. m”函数命令中的参数与“sar. m”函数命令中的完全一致。“results”为输出的结果，“sem”为函数名，括号内的“y”是因变量，“x”是自变量，“W”为空间权重矩阵。“info”参数同“sar. m”函数命令完全一致，故此不再赘述。

空间误差模型回归估计的 MATLAB 程序代码如下所示：

```
%估计空间误差模型
clear;clc;
A = csvread('columbus.csv',1,0);
W1 = csvread('Wcolumbus.csv');
W = normw(W1);
```

```
y = A(:,[2]);
x = A(:,[3,4]);
nobs = length(y);
xconstant = ones(nobs,1);
% 设置参数
info.lflag = 0;
% 估计模型
result = sem(y,[xconstant x],W,info);
vnames = strvcat('crime','constant','income','hoval');
prt(result,vnames,1);
```

执行完上述代码后，可以得到如下结果：

```
Spatial error Model Estimates
Dependent Variable    =   crime
R-squared             =   0.643 9
Rbar-squared          =   0.628 4
sigma^2               =   97.665 9
log-likelihood        =   -166.758 85
Nobs,Nvars            =   49,3
# iterations          =   0
min and max rho       =   -0.990 0,0.990 0
total time in secs    =   0.052 0
time for optimiz      =   0.039 0
time for lndet        =   0.008 0
time for t-stats      =   0.001 0
No lndet approximation used
*************************************************************
Variable     Coefficient      Asymptot t-stat      z-probability
constant      60.275 606        11.232 056          0.000 000
income        -0.957 031        -2.863 413          0.004 191
hoval         -0.304 566        -3.308 953          0.000 936
lambda         0.547 000         3.963 705          0.000 074
```

接下来，分析空间误差模型回归估计后各个自变量的估计结果。估计结果显示：income 和 hoval 均在 1%的显著性水平下拒绝了原假设，说明家庭收入和房屋价格的提高均能显著地减少入室抢劫和盗窃车辆案件发生的数量。

再来分析最后一个系数 lambda（λ），它为误差项空间滞后项 $\boldsymbol{W\varepsilon}$ 的估计系数，也被称作空间自相关系数。系数值为 0.547 000，t 统计量为 3.963 705，t 统计量的伴随概率为 0.000 074，说明在 1%的显著性水平下拒绝了“H_0：lambda（λ）等于 0”的原假设。这说明误差项存在空间依赖性，通过在方程中控制 $\boldsymbol{W\varepsilon}$ 项剔除了空间依赖性。

5.5 模型选择：空间滞后模型还是空间误差模型

5.5.1 拉格朗日乘子检验

本书在前面的章节中提到了应用 Moran's I 检验来判断 OLS 模型回归后的残差是否存在显著的空间依赖性。如果检验结果显示在 1% 或者 5% 的水平下拒绝了“无空间自相关”的原假设，那么需要考虑采用空间计量模型。

5.3 节介绍了空间滞后模型和空间误差模型两种最为常见的空间计量模型。虽然 Moran's I 检验可以探测出残差项是否存在空间依赖性，但是无法指定何种空间计量模型是合适的。

面对这两种模型，如何判断究竟是该选择空间滞后模型还是空间误差模型呢？第四章中提到的拉格朗日乘子（Lagrange multiplier，LM）检验方法在学术界得到了广泛的应用，成为判断空间滞后模型和空间误差模型最为广泛的检验，在很多实证分析研究中得到了广泛的应用。为了简洁起见，在后面的章节中，本书将它简称为 LM 检验。

LM 检验构造了两个统计量：一个为 LM-lag 统计量，另一个为 LM-error 统计量。如果 LM-lag 统计量在统计上显著，那么就拒绝了“不存在空间滞后项”的原假设，应该选择空间滞后模型；如果 LM-error 统计量在统计上显著，那么就拒绝了“不存在空间（自相关）误差项”的原假设，应该选择空间误差模型。如果 LM-lag 统计量和 LM-error 统计量在统计上均不显著，那么应该选择 OLS 模型。

但是，实证分析研究发现，在某些案例研究中，LM-lag 统计量和 LM-error 统计量在统计上均显著，即两个原假设均被拒绝。LM 检验结果指向了两个模型，导致无法判断应该选择空间滞后模型还是空间误差模型。

出现这种问题之后，Anselin et al.（1996）又提出了稳健性的 LM 检验（robust Lagrange multiplier test）。稳健性的 LM 检验也有两个统计量：一个为稳健性的 LM-lag（robust LM-lag），另一个为稳健性的 LM-error（robust LM-error）。当两个 LM 检验的统计量原假设（LM-lag 统计量和 LM-error 统计量）都被拒绝时，则需要通过稳健性的 LM 检验来进一步判断拒绝哪个原假设，最终通过稳健性的 LM 检验结果来选择空间计量模型。

如果稳健性的 LM-lag 统计量在统计上显著，那么就拒绝了“不存在空间滞后项”的原假设，应该选择空间滞后模型；如果稳健性的 LM-error 统计量在统计上显著，那么就拒绝了“不存在空间（自相关）误差项”的原假设，应该选择空间误差模型。Anselin（2005）针对空间计量模型建模给出了实证分析的流程图。①

最后，给出 LM 检验的 4 个统计量，即 LM-lag、LM-error、robust LM-lag 和 robust LM-error。注意：这个四个统计量存在一种平衡关系，即 LM-lag＋robust LM-error＝LM-error＋robust LM-lag。②

---

① 见第四章。
② 详细推导过程参见 Anselin et al.（1996）。

接下来，逐一给出上述这 4 个统计量的公式，如下所示：

$$\text{LM-lag} = \frac{[\boldsymbol{e}^{\mathrm{T}}\boldsymbol{W}\boldsymbol{y}/\sigma^2]^2}{J} \tag{5.19}$$

其中，$\boldsymbol{e}$ 表示 OLS 模型回归后的残差项；$\boldsymbol{W}$ 是空间权重矩阵；σ^2 是方差；J 参见公式 5.20，如下所示：

$$J = \frac{1}{\sigma^2}(\boldsymbol{WX\beta})^{\mathrm{T}}[\boldsymbol{I} - \boldsymbol{X}(\boldsymbol{X}^{\mathrm{T}}\boldsymbol{X})^{-1}\boldsymbol{X}^{\mathrm{T}}](\boldsymbol{WX\beta}) + T_W\sigma^2 \tag{5.20}$$

在公式 5.20 中，$\boldsymbol{I}$ 表示单位矩阵；T_W 定义如下：

$$T_W = \mathrm{tr}[\boldsymbol{WW} + \boldsymbol{W}^{\mathrm{T}}\boldsymbol{W}] \tag{5.21}$$

其中，tr 表示矩阵的迹。[①]

$$\text{LM-error} = \frac{[\boldsymbol{e}^{\mathrm{T}}\boldsymbol{W}\boldsymbol{e}/\sigma^2]^2}{T_W} \tag{5.22}$$

稳健性的 LM 检验的 2 个统计量如下所示：

$$\text{robust LM-lag} = \frac{[\boldsymbol{e}^{\mathrm{T}}\boldsymbol{W}\boldsymbol{y}/\sigma^2 - \boldsymbol{e}^{\mathrm{T}}\boldsymbol{W}\boldsymbol{e}/\sigma^2]^2}{J - T_W} \tag{5.23}$$

$$\text{robust LM-error} = \frac{[\boldsymbol{e}^{\mathrm{T}}\boldsymbol{W}\boldsymbol{e}/\sigma^2 - T_W\boldsymbol{e}^{\mathrm{T}}\boldsymbol{W}\boldsymbol{y}/\sigma^2]^2}{T_W[1 - T_W/J]} \tag{5.24}$$

5.5.2 拟合优度

在经典计量经济学模型中，判断模型拟合优劣的一个指标就是拟合优度（goodness of fit）。在空间计量经济学中，也可以借鉴经典计量经济学中的拟合优度概念来计算空间计量模型的拟合情况，拟合优度如下所示：

$$R^2 = 1 - \frac{\boldsymbol{\varepsilon}'\boldsymbol{\varepsilon}}{(\boldsymbol{y} - \bar{y})'(\boldsymbol{y} - \bar{y})} \tag{5.25}$$

其中，$\boldsymbol{\varepsilon}$ 表示空间计量经济学模型估计后的残差；$\bar{y}$ 表示因变量的平均值。

然而，对于拟合优度 R^2 来说，存在一个问题，只要向模型中添加自变量的个数就可以使 R^2 增大，同理，减少自变量也会使 R^2 变小。因此，为了解决这个问题，学术界又提出了调整后的 R^2（adjusted R^2），形式如下所示：

$$\bar{R}^2 = 1 - \frac{\boldsymbol{\varepsilon}'\boldsymbol{\varepsilon}/(n-k)}{(\boldsymbol{y} - \bar{y})'(\boldsymbol{y} - \bar{y})/(n-1)} \tag{5.26}$$

5.5.3 对数似然值

拟合优度在空间计量模型中的应用较为受限，为了解决模型判断比较的问题，可以

① 在线性代数中，一个 $N \times N$ 的矩阵 $\boldsymbol{M}$ 的迹是指 $\boldsymbol{M}$ 主对角线上的各个元素的和。英文一般用 trace($\boldsymbol{M}$) 或 tr($\boldsymbol{M}$) 来表示。

使用对数似然值（log likelihood）方法。与 OLS 模型的对数似然值不同，空间计量模型的对数似然值比较复杂，故此从略。① MATLAB 空间计量经济学工具箱中包含了各个空间计量模型对数似然值的计算程序，在报告回归结果的时候一并报告对数似然值。其中，模型判断标准是：对数似然值越大，模型拟合程度越好。

5.5.4 赤池信息准则与贝叶斯信息准则

除了用对数似然值可以判断模型的优劣之外，还有两个统计量可以用于选择模型，分别是赤池信息准则（Akaike information criterion，AIC）和贝叶斯信息准则（Bayesian information criterion，BIC）。

赤池信息准则是由 Akaike（1973）提出来的一个信息理论，用于判断模型。赤池信息准则并非需要提出假设然后进行检验，同对数似然值一样，只需判断数值的大小即可。赤池信息准则的定义如下：

$$\text{AIC} = 2K - 2 \times \ln L \tag{5.27}$$

其中，K 表示模型参数的个数（含常数项）；$\ln L$ 表示模型似然函数中的极大似然值的对数。

同样道理，Schwarz（1978）提出了另一种信息准则，即贝叶斯信息准则，也称施瓦茨准则（Schwarz criterion，SC）。贝叶斯信息准则的定义如下：

$$\text{SC} = -2 \times \ln L + K \times \ln n \tag{5.28}$$

其中，$\ln L$ 同样表示模型似然函数中的极大似然值的对数；K 表示模型参数的个数（含常数项）。

模型优劣的判断标准是：赤池信息准则和贝叶斯信息准则越小，模型拟合程度越好。

5.5.5 软件实现：拉格朗日乘子检验

对于 LM 检验，MATLAB 空间计量经济学工具箱提供的函数命令是“LMsarsem _ panel. m”②。“LMsarsem _ panel. m”函数命令的调用方式如下所示：

```
LMsarsem_panel(results,W)
```

“LMsarsem _ panel. m”函数命令中，“LMsarsem _ panel”为函数名，括号内的“results”是 OLS 模型回归后的结果，“W”为空间权重矩阵。

LM 检验的 MATLAB 程序代码如下所示：

---

① GeoDa 软件计算的对数似然值方法与 MATLAB 空间计量经济学工具箱里的计算方法不一致。

② 注意：这里采用的是空间面板数据模型中的 LM 检验，主要有两点原因：一是“jplv7”工具箱中没有包含稳健性的 LM 检验，因此，实现起来比较烦琐；二是空间面板数据模型中的 LM 检验也可以用在截面数据中，将截面数据看做是 $t=1$ 的面板数据即可。

```
%拉格朗日乘子检验
clear;clc;
A = csvread('columbus.csv',1,0);
W1 = csvread('Wcolumbus.csv');
W = normw(W1);
y = A(:,[2]);
x = A(:,[3,4]);
nobs = length(y);
xconstant = ones(nobs,1);
result = ols(y,[xconstant x]);
LMsarsem_panel(result,W,y,[xconstant x]);
```

执行完上述代码后，可以得到如下结果：

```
LM test no spatial lag,probability            =   8.898 0,0.003
robust LM test no spatial lag,probability     =   3.735 7,0.053
LM test no spatial error,probability          =   5.206 2,0.023
robust LM test no spatial error,probability   =   0.043 9,0.834
```

从检验结果来看，左边第一列标记出了 4 个 LM 统计量，第 1 个为 LM-lag 统计量；第 2 个为 robust LM-lag 统计量；第 3 个为 LM-error 统计量，第 4 个为 robust LM-error 统计量。[①]

第二列是统计量相应的值，第三列则是相应的伴随概率。从第三列结果来看，第 1 个统计量（LM-lag）和第 3 个统计量（LM-error）的伴随概率都小于 0.05，也就是说，这 2 个统计量都在 5%的显著性水平下拒绝了原假设。根据这两个统计量无法判断究竟选择空间滞后模型还是空间误差模型。

这时候需要借助稳健性的 LM 检验。第 2 个统计量（robust LM-lag）的伴随概率为 0.053，说明在大约 5%的显著性水平下拒绝了原假设，即拒绝了“不是空间滞后模型”的原假设；而最后一个统计量（robust LM-error）的伴随概率为 0.834，说明在 10%的显著性水平下无法拒绝“不是空间误差模型”的原假设。综合第 2 个和第 4 个统计量的检验结果来看，模型应该选择空间滞后模型。

5.6　空间杜宾模型

空间滞后模型中包含因变量的空间滞后项，由此也可以联想到在模型中添加自变量的空间滞后项，因此就衍生出了另一个新的模型设定，称为空间杜宾模型（spatial

① 前面注明了 LM-lag+robust LM-error=LM-error+robust LM-lag，可以用实证结果检验一下。LM-lag+robust LM-error=8.898 0+0.043 9=8.941 9；LM-error+robust LM-lag=3.735 7+5.206 2=8.941 9。由此可见，等式完全成立。

Durbin model，SDM）。[①]

空间杜宾模型是 James LeSage 于 2007 年在第 54 届国际区域科学协会北美会议（54th North American Meeting of the Regional Science Association International in 2007）的主题演讲上正式提出来的模型，LeSage and Pace（2009）在他们的著作《空间计量经济学导论》（*Introduction to Spatial Econometrics*）中也着重进行了介绍，并且一直在倡导空间杜宾模型的实证应用。

Elhorst（2010a）也对空间杜宾模型给予了很高的评价。他认为空间杜宾模型有至少两个优点：其一，在实证分析中即便是采用了空间杜宾模型，但是数据生成过程应该为空间滞后模型或者空间误差模型，那么空间杜宾模型也不会产生有偏的估计系数[②]；其二，空间杜宾模型并没有对潜在自变量的空间交互效应强加一些先验的约束条件。[③]空间杜宾模型是 LeSage 和 Elhorst 所极力推荐的模型，因为如果模型中不包含外生变量的空间滞后项，则有可能导致模型产生遗漏变量偏误的问题。空间杜宾模型如下所示：

$$\boldsymbol{y}=\rho\boldsymbol{W}\boldsymbol{y}+\boldsymbol{X}\boldsymbol{\beta}+\boldsymbol{W}\boldsymbol{X}\boldsymbol{\theta}+\boldsymbol{\varepsilon} \tag{5.29}$$

其中，$\boldsymbol{y}$ 表示 $n\times1$ 的因变量；ρ 表示待估计空间自回归系数；$\boldsymbol{W}$ 表示 $n\times n$ 的空间权重矩阵；$\boldsymbol{X}$ 表示 $n\times k$ 的自变量；$\boldsymbol{\beta}$ 表示 $k\times1$ 的待估计自变量系数；$\boldsymbol{\theta}$ 表示 $k\times1$ 的待估计自变量空间滞后项系数；$\boldsymbol{\varepsilon}$ 表示 $n\times1$ 的误差项。

空间杜宾模型在实证分析应用中具有重要的意义。例如，在研究经济增长的模型中可能会添加人力资本变量。举例来说，北京高校的毕业生倾向于留在北京工作，进而促进北京地区经济增长。那么，北京周边的省份，如天津或者河北高校毕业的学生也有可能因为某些原因，比如薪资差异、就业环境、人文情怀等，倾向于迁移到北京工作，也会对北京的经济增长有所促进。因此，在经济增长的模型中需要控制人力资本的空间滞后项。如果没有这些外生解释变量的空间滞后项，模型有可能设定错误，专业地来说，产生遗漏变量偏误的问题。

需要再次说明的一点是，LeSage and Pace（2009）和 Elhorst（2010a）都认为空间杜宾模型是一个重要的模型。如果忽略了因变量的空间滞后项 $\boldsymbol{Wy}$ 和自变量的空间滞后项 $\boldsymbol{WX}$，会导致有偏且不一致的估计量。换一种角度来看空间滞后项，$\boldsymbol{Wy}$ 和 $\boldsymbol{WX}$ 可以看做一种特殊的解释变量，如果忽略这些特殊的解释变量，就会产生遗漏变量的问题。[④]

空间杜宾模型与空间滞后模型相比只是多了自变量空间滞后项 $\boldsymbol{WX}$，因此，空间杜宾模型的估计方法与空间滞后模型极为相似。简单地说，将自变量空间滞后项 $\boldsymbol{WX}$ 看做另一种形式的自变量即可。[⑤]

---

① 之所以称之为空间杜宾模型，是因为 Durbin（1960）针对时间序列数据进行研究所采用的一种模型设定包含自变量的时间滞后项，而这种包含自变量空间滞后项的模型与时间序列模型中的杜宾模型很类似。不了解时间滞后项的读者可以参阅计量经济学教材中的时间序列部分。

② 空间杜宾模型可以简化为空间滞后模型或者空间误差模型，在后面的章节中会有详细介绍。

③ 换言之，对于模型中的自变量来说，都可以考虑添加对应的空间滞后项，无须考虑约束条件。如果在统计上显著的话，那么这表明该自变量存在明显的空间交互效应；如果在统计上不显著的话，那么可以在模型中剔除该自变量的空间滞后项。

④ 遗漏变量的问题在经典计量经济学教材中均有介绍。

⑤ 理论上来说，自变量与随机干扰项不相关，否则有内生性问题。

5.6.1 软件实现

对于空间杜宾模型的回归估计，MATLAB 空间计量经济学工具箱提供的函数命令是“sdm. m”。“sdm. m”函数命令的调用方式如下所示：

```
results = sdm(y,x,W,info)
```

“sdm. m”函数命令的调用方式与“sar. m”十分类似，唯一的区别在于函数名不同。它的参数与“sar. m”函数中的完全一致。“results”为输出的结果，“sdm”为函数名，括号内“y”是因变量，“x”是自变量，“W”为空间权重矩阵。“info”参数同“sar. m”的完全一致，故此不再赘述。

空间杜宾模型回归估计的 MATLAB 程序代码如下所示：

```
%估计空间杜宾模型
clear;clc;
A = csvread('columbus.csv',1,0);
W1 = csvread('Wcolumbus.csv');
W = normw(W1);
y = A(:,[2]);
x = A(:,[3,4]);
nobs = length(y);
xconstant = ones(nobs,1);
%设置参数
info.lflag = 0;
%估计模型
result = sdm(y,[xconstant x],W,info);
vnames = strvcat('crime','constant','income','hoval');
prt(result,vnames,1);
```

执行完上述代码后，可以得到如下结果：

```
Spatial Durbin model
Dependent Variable      =   crime
R-squared               =   0.610 6
Rbar-squared            =   0.575 2
sigma^2                 =   93.344 0
log-likelihood          =   -164.652 12
Nobs,Nvars              =   49,5
# iterations            =   14
min and max rho         =   -1.000 0,1.000 0
total time in secs      =   0.058 0
time for lndet          =   0.009 0
time for t-stats        =   0.001 0
time for x-impacts      =   0.030 0
```

```
# draws used         =   1 000
No lndet approximation used
***************************************************************
Variable        Coefficient        Asymptot t-stat        z-probability
constant         44.580 714          3.407 433            0.000 656
income          -0.921 437          -2.751 350            0.005 935
hoval           -0.297 106          -3.284 593            0.001 021
W-income        -0.590 940          -1.027 866            0.304 013
W-hoval          0.257 315           1.373 594            0.169 568
rho              0.399 983           2.471 036            0.013 472
```

接下来，分析空间杜宾模型回归估计后各个自变量系数的估计结果。估计结果显示：income 和 hoval 均在 1%的显著性水平下拒绝了原假设，说明家庭收入和房屋价格的提高均能显著地减少入室抢劫和盗窃车辆案件发生的数量。

然而，自变量 income 和 hoval 的空间滞后项均在 10%的显著性水平下无法拒绝原假设，说明周围地区家庭收入和房屋价格的提高对入室抢劫和盗窃车辆案件发生的数量没有显著的影响。

最后，分析系数 rho（ρ），空间自回归系数值为 0.399 983，t 统计量为2.471 036，t 统计量的伴随概率为 0.013 472，说明在 1%的显著性水平下拒绝了 rho（ρ）等于 0 的原假设。这说明周围地区入室抢劫和盗窃车辆案件发生的数量越多，那么本地区入室抢劫和盗窃车辆案件发生的数量也会越多。

5.6.2 利用“sar.m”函数命令估计空间杜宾模型

由模型设定可知，空间杜宾模型与空间滞后模型相比，唯一的区别就是添加了自变量的空间滞后项 $\boldsymbol{WX}$，换言之，空间杜宾模型是空间滞后模型的扩展。

由于自变量的空间滞后项 $\boldsymbol{WX}$ 是外生变量，添加后不会对估计造成任何偏误，因此，可以用估计空间滞后模型的函数命令“sar.m”来估计空间杜宾模型。

空间杜宾模型在估计时要比空间滞后模型多考虑到自变量的空间滞后项 $\boldsymbol{WX}$，因此只需要在程序中添加生成 $\boldsymbol{WX}$ 代码即可。相比空间滞后模型的程序，空间杜宾模型的程序只需要修改两处，如下所示：

```
wx = W * x; % 计算解释变量的空间滞后项
result = sar(y,[xconstant x wx],W,info); % 估计模型
```

“wx＝W * x”表示生成自变量空间滞后项 $\boldsymbol{WX}$；而在代码“result＝sar（y，[xconstant x wx]，W，info)”中，可以发现括号内的参数多了“wx”，表示在模型中添加“wx”。

为了清晰地比较两者之间的区别，本例将使用函数命令“sar.m”和“sdm.m”估计的空间滞后模型代码放在一起进行比较，具体的 MATLAB 程序代码如下所示：

```
% 估计空间杜宾模型:sar.m & sdm.m
clear;clc;
```

```
A = csvread('columbus. csv',1,0);
W1 = csvread('Wcolumbus. csv');
W = normw(W1);
y = A(:,[2]);
x = A(:,[3,4]);
nobs = length(y);
xconstant = ones(nobs,1);
wx = W * x;
% sar. m
info. lflag = 0;
result1 = sar(y,[xconstant x wx],W,info);
vnames = strvcat('crime','constant','income','hoval','W * income','W * hoval');
prt(result1,vnames,1);
% sdm. m
info. lflag = 0;
result2 = sdm(y,[xconstant x],W,info);
vnames = strvcat('crime','constant','income','hoval');
prt(result2,vnames,1);
```

执行完上述代码后，可以得到如下结果：

```
Spatial autoregressive Model Estimates
Dependent Variable   =   crime
R-squared            =   0.610 6
Rbar-squared         =   0.575 2
sigma^2              =   93.344 0
Nobs,Nvars           =   49,5
log-likelihood       =   - 164.652 12
# of iterations      =   14
min and max rho      =   - 1.000 0,1.000 0
total time in secs   =   0.060 0
time for lndet       =   0.009 0
time for t-stats     =   0.001 0
time for x-impacts   =   0.047 0
# draws x-impacts    =   1 000
No lndet approximation used
*****************************************************
Variable       Coefficient      Asymptot t-stat      z-probability
constant         44.580 714        3.407 433          0.000 656
income          - 0.921 437      - 2.751 350          0.005 935
hoval           - 0.297 106      - 3.284 593          0.001 021
W * income      - 0.590 940      - 1.027 866          0.304 013
W * hoval         0.257 315        1.373 594          0.169 568
rho               0.399 983        2.471 036          0.013 472
```

```
Spatial Durbin model
Dependent Variable    =   crime
R-squared             =   0.610 6
Rbar-squared          =   0.575 2
sigma^2               =   93.344 0
log-likelihood        =   -164.652 12
Nobs,Nvars            =   49,5
# iterations          =   14
min and max rho       =   -1.000 0,1.000 0
total time in secs    =   0.049 0
time for lndet        =   0.009 0
time for x-impacts    =   0.029 0
# draws used          =   1 000
No lndet approximation used
*********************************************************
Variable      Coefficient      Asymptot t-stat      z-probability
constant       44.580 714         3.407 433          0.000 656
income         -0.921 437        -2.751 350          0.005 935
hoval          -0.297 106        -3.284 593          0.001 021
W-income       -0.590 940        -1.027 866          0.304 013
W-hoval         0.257 315         1.373 594          0.169 568
rho             0.399 983         2.471 036          0.013 472
```

从总体来看，两个函数命令估计出来的系数、t 统计量和伴随概率完全一样。主要的区别有两处：第一个区别是回归估计后的标题行。从第一行的标题行可以看出，第一个回归估计结果的标题为“Spatial autoregressive Model Estimates”，表明了空间杜宾模型估计结果是通过函数命令“sar. m”得到的。第二个回归估计结果的标题为“Spatial Durbin model”，表明了空间杜宾模型估计结果是通过函数命令“sdm. m”得到的。[1]

另一处区别是自变量空间滞后项的名称不同。在第一个用函数命令“sar. m”估计的结果中，自变量空间滞后项 ***WX*** 是用户自行添加的，用“W * X”来表示。第二个回归估计结果中的自变量空间滞后项 ***WX*** 是函数命令“sdm. m”自动生成的，用“W－X”来表示。

5.6.3 非完全形式的空间杜宾模型

上一小节介绍了利用函数命令“sar. m”估计空间杜宾模型，同样的道理，可以利用“sar. m”函数命令估计一种特殊的空间杜宾模型：包含部分自变量空间滞后项的空间杜宾模型。换言之，一部分自变量包含 ***WX*** 项，另一部分自变量不包含 ***WX*** 项。比如

① 实际上，两者还是有区别的，区别在于计算直接效应和间接效应的结果是不一致的。函数命令“sdm. m”可以直接在空间杜宾模型结果之后输出直接效应和间接效应。有关直接效应和间接效应的概念，在后面的小节中会有介绍。

说，存在这样一种空间杜宾模型，如下所示：

$$y = \rho Wy + \beta_1 x_1 + \beta_2 x_2 + \beta_3 Wx_2 + \varepsilon \tag{5.30}$$

其中，只有自变量 x_2 包含空间滞后项。

利用上述 Columbus 犯罪数据集，本例假设自变量 income 不存在外生的空间交互效应，即在模型中不添加空间滞后项，而自变量 hoval 存在外生的空间交互效应，在模型中添加空间滞后项，那么 MATLAB 程序代码可以如下所示：

```
%估计空间杜宾模型,包含部分解释变量的空间滞后项
clear;clc;
A = csvread('columbus.csv',1,0);
W1 = csvread('Wcolumbus.csv');
W = normw(W1);
y = A(:,[2]);
x1 = A(:,3);
x2 = A(:,4);
nobs = length(y);
xconstant = ones(nobs,1);
wx2 = W * x2;
%设置参数
info.lflag = 0;
%估计模型
result = sar(y,[xconstant x1 x2 wx2],W,info);
vnames = strvcat('crime','constant','income','hoval','W * hoval');
prt(result,vnames,1);
```

执行完上述代码后，可以得到如下结果：

```
Spatial autoregressive Model Estimates
Dependent Variable    =   crime
R-squared             =   0.595 9
Rbar-squared          =   0.568 9
sigma^2               =   92.842 7
Nobs,Nvars            =   49,4
log-likelihood        =   -165.125 94
# of iterations       =   17
min and max rho       =   -1.000 0,1.000 0
total time in secs    =   0.049 0
time for lndet        =   0.009 0
time for x-impacts    =   0.036 0
# draws x-impacts     =   1 000
No lndet approximation used
***************************************************************
```

Variable	Coefficient	Asymptot t-stat	z-probability
constant	36.411 550	3.458 750	0.000 543
income	-1.011 252	-3.362 292	0.000 773
hoval	-0.288 474	-3.226 182	0.001 255
W * hoval	0.179 992	1.072 209	0.283 626
rho	0.497 000	3.741 442	0.000 183

从回归估计的结果来看，它并没有汇报自变量 income 的空间滞后项“W * income”的估计系数，而汇报了自变量 hoval 的空间滞后项“W * hoval”的估计系数。

同完整的空间杜宾模型一样，上述非完全形式的空间杜宾模型中的空间滞后项“W * hoval”的系数也并不显著。

上述演示例子介绍了可以利用“sar. m”函数命令来估计符合自己实证分析研究需要的空间杜宾模型，尤其是在考虑到完全空间杜宾模型时，如果发现部分自变量空间滞后项不显著，那么可以剔除这些不显著的自变量空间滞后项。

5.7 空间杜宾误差模型

5.7.1 空间杜宾误差模型

5.6 节空间杜宾模型介绍了空间滞后模型添加自变量空间滞后项后会变成空间杜宾模型。同样的道理，结合空间误差模型来看，也可以添加自变量空间滞后项。这就产生了另一种空间计量模型：空间杜宾误差模型（spatial Durbin error model）。① 空间杜宾误差模型如下所示：

$$\begin{cases} \boldsymbol{y} = \boldsymbol{X\beta} + \boldsymbol{WX\theta} + \boldsymbol{\varepsilon} \\ \boldsymbol{\varepsilon} = \lambda \boldsymbol{W\varepsilon} + \boldsymbol{v} \end{cases} \tag{5.31}$$

其中，$\boldsymbol{y}$ 表示 $n\times1$ 的因变量；$\boldsymbol{X}$ 表示 $n\times k$ 的自变量；$\boldsymbol{\beta}$ 表示 $k\times1$ 的待估计自变量系数；$\boldsymbol{W}$ 表示 $n\times n$ 的空间权重矩阵；$\boldsymbol{\theta}$ 表示待估计自变量空间滞后项系数；λ 表示待估计误差项空间滞后项系数，也被称为空间自相关系数；$\boldsymbol{\varepsilon}$ 表示 $n\times1$ 的误差项；$\boldsymbol{v}$ 为特质的成分。

由公式 5.31 可知，空间杜宾误差模型仅仅比空间误差模型公式 5.4 多添加了自变量空间误差项 $\boldsymbol{WX}$。空间杜宾误差模型的估计方法与空间误差模型极为相似。通俗来说，将自变量空间滞后项 $\boldsymbol{WX}$ 看做另一种形式的自变量即可。

5.7.2 软件实现

对于空间杜宾误差模型的回归估计，空间计量经济学工具箱中并没有直接给出函数命令。通过上述利用函数命令“sar. m”来估计空间杜宾模型可知，空间杜宾误差模型

① LeSage and Pace（2009）将其命名为空间杜宾误差模型。

可以通过函数命令“sem. m”来实现，只需要添加生成自变量空间滞后项的代码即可实现。

空间杜宾误差模型回归估计的MATLAB程序代码如下所示：

```
%估计空间杜宾误差模型
clear;clc;
A = csvread('columbus.csv',1,0);
W1 = csvread('Wcolumbus.csv');
W = normw(W1);
y = A(:,[2]);
x = A(:,[3,4]);
nobs = length(y);
xconstant = ones(nobs,1);
wx = W * x;
%设置参数
info.lflag = 0;
%估计模型
result = sem(y,[xconstant x wx],W,info);
vnames = strvcat('crime','constant','income','hoval','W * income','W * hoval');
prt(result,vnames,1);
```

执行完上述代码后，可以得到如下结果：

```
Spatial error Model Estimates
Dependent Variable      =    crime
R-squared               =    0.658 0
Rbar-squared            =    0.626 9
sigma^2                 =    93.794 7
log-likelihood          =    -164.796 89
Nobs,Nvars              =    49,5
# iterations            =    0
min and max rho         =    -0.990 0,0.990 0
total time in secs      =    0.056 0
time for optimiz        =    0.043 0
time for lndet          =    0.009 0
time for t-stats        =    0.001 0
No lndet approximation used
*****************************************************************
Variable         Coefficient        Asymptot t-stat        z-probability
constant          73.643 181          8.437 875            0.000 000
income            -1.052 173         -3.274 984            0.001 057
hoval             -0.278 169         -3.051 966            0.002 273
W * income        -1.204 594         -2.099 456            0.035 777
W * hoval          0.131 150          0.632 745            0.526 900
lambda             0.404 000          2.471 635            0.013 450
```

接下来，分析空间杜宾误差模型回归估计后各个自变量的估计结果。估计结果显示："income"和"hoval"均在1%的显著性水平下拒绝了原假设，说明家庭收入和房屋价格的提高均能显著地减少入室抢劫和盗窃车辆案件发生的数量。

自变量"income"空间滞后项"W＊income"的估计系数为−1.204 594，t统计量为−2.099 456，t统计量的伴随概率为0.035 777，说明在5%的显著性水平下拒绝了"H_0：W＊income的系数等于0"的原假设。换言之，周围地区家庭收入的提高能够显著地减少入室抢劫和盗窃车辆案件发生的数量。

自变量"hoval"空间滞后项"W＊hoval"的估计系数为0.131 150，t统计量为0.632 745，t统计量的伴随概率为0.526 900，说明在10%的显著性水平下无法拒绝"H_0：W＊hoval的系数等于0"的原假设。换言之，周围地区房屋价格的提高并不能显著地减少入室抢劫和盗窃车辆案件发生的数量。

最后分析系数lambda（λ），空间自回归系数值为0.404 000，t统计量为2.471 635，t统计量的伴随概率为0.013 450，说明在1%的显著性水平下拒绝了"H_0：lambda（λ）等于0"的原假设，说明误差项存在空间依赖性，通过在方程中控制$\boldsymbol{W\varepsilon}$剔除了空间依赖性。①

5.8　自变量空间滞后模型

5.8.1　自变量空间滞后模型理论

本书在空间杜宾模型和空间杜宾误差模型中着重讨论了自变量空间滞后项$\boldsymbol{WX}$的问题，换言之，讨论的是外生变量的空间交互效应。在空间计量模型中，如果外生因素的空间交互效应存在这种空间交互影响的话，那么应该着重考虑这个空间交互效应。

实际上，这个外生的空间交互效应也就是经济学理论中的外部性（externalities）。举一个非常简单的例子，以房屋价格为例，房屋价格除了受自身因素，例如房龄、结构、朝向、面积、形状、施工质量、内部装修等影响，还受到很多外在因素的影响。比如说，如果一个房子被垃圾处理厂包围，或者被贫民窟包围，那么周围负向的外部性可以直接作用于房价。而如果一个房子坐落在一个漂亮的公园或者一块景色优美的绿地旁边，那么正向的外部性也可以直接作用于房价。

如果这种外部性的直接作用很明显，那么可以在模型中直接考虑外生变量的空间交互效应，这就衍生出一种新的空间计量模型：自变量空间滞后模型。LeSage and Pace（2009）将其命名为自变量空间滞后模型（spatial lag of X model，SLX模型）。

$$\boldsymbol{y}=\boldsymbol{X\beta}+\boldsymbol{WX\theta}+\boldsymbol{\varepsilon} \tag{5.32}$$

其中，$\boldsymbol{y}$表示$n\times1$的因变量；$\boldsymbol{X}$表示$n\times k$的自变量；$\boldsymbol{\beta}$表示$k\times1$的待估计自变量系数；$\boldsymbol{\theta}$表示$k\times1$的待估计自变量空间滞后项系数；$\boldsymbol{W}$表示$n\times n$的空间权重矩阵；$\boldsymbol{\varepsilon}$表

① 如Elhorst（2010a）所说的，尽管理论上不存在任何问题，但是空间杜宾误差模型很少在实证研究中得到应用。然而，空间杜宾误差模型还是有实际的应用意义的。

示$n \times 1$ 的误差项。

5.8.2 软件实现

自变量空间滞后模型只是包含自变量 $\boldsymbol{X}$ 和自变量空间滞后项 $\boldsymbol{WX}$，模型中添加的自变量空间滞后项 $\boldsymbol{WX}$ 并不会导致估计有偏，因此直接采用 OLS 方法回归即可。[①]

自变量空间滞后模型回归估计的 MATLAB 程序代码如下所示：

```
%估计自变量空间滞后模型
clear;clc;
A = csvread('columbus.csv',1,0);
W1 = csvread('Wcolumbus.csv');
W = normw(W1);
y = A(:,[2]);
x = A(:,[3,4]);
nobs = length(y);
xconstant = ones(nobs,1);
wx = W * x;
%估计模型
result = ols(y,[xconstant x wx]);
vnames = strvcat('crime','constant','income','hoval','W * income','W * hoval');
prt(result,vnames);
```

执行完上述代码后，可以得到如下结果：

```
Ordinary Least-squares Estimates
Dependent Variable     =   crime
R-squared              =   0.610 5
Rbar-squared           =   0.575 1
sigma^2                =   118.956 5
Durbin-Watson          =   1.640 2
Nobs,Nvars             =   49,5
****************************************************************
Variable           Coefficient      t-statistic      t-probability
constant            74.553 430       11.101 461       0.000 000
income              -1.097 390       -2.935 522       0.005 277
hoval               -0.294 390       -2.895 867       0.005 868
W * income          -1.398 746       -2.497 204       0.016 332
W * hoval            0.214 841        1.033 281       0.307 119
```

接下来分析自变量空间滞后模型回归估计后各个自变量的估计结果。估计结果显示：自变量“income”、“hoval”和“income”的空间滞后项“W * income”均在 1%的显著性水平下拒绝了原假设，而自变量“hoval”的空间滞后项“W * hoval”无法拒绝

① 将自变量的空间滞后项 $\boldsymbol{WX}$ 直接看成一个普通的自变量即可。

原假设。

5.9 Kelejian-Prucha 空间模型

5.9.1 Kelejian-Prucha 空间模型

在本章前几节中，就内生性空间交互效应而言，介绍了空间滞后模型；就误差项之间的空间交互效应而言，介绍了空间误差模型；就外生性的空间交互效应而言，介绍了自变量空间滞后模型；就两种空间交互效应的组合而言，具体来说，内生性的空间交互效应和外生性的空间交互效应组合产生了空间杜宾模型，误差项之间的空间交互效应和外生性的空间交互效应组合产生了空间杜宾误差模型。

同样的道理，内生性的空间交互效应和误差项之间的空间交互效应的组合也会产生一种新的空间计量模型。Kelejian and Prucha（1999）就提出了这种模型。① 因为这个模型设定结合了因变量的空间滞后项和空间自相关误差项，所以也可以认为是一种一般的空间模型（general spatial model）。LeSage and Pace（2009）也介绍了这个模型，并且将其命名为 SAC 模型。②

Kelejian-Prucha 空间模型如下所示：

$$\begin{cases} \boldsymbol{y} = \rho \boldsymbol{W}\boldsymbol{y} + \boldsymbol{X}\boldsymbol{\beta} + \boldsymbol{\varepsilon} \\ \boldsymbol{\varepsilon} = \lambda \boldsymbol{W}\boldsymbol{\varepsilon} + \boldsymbol{v} \end{cases} \tag{5.33}$$

其中，$\boldsymbol{y}$ 表示 $n\times 1$ 的因变量；ρ 表示待估计空间自回归系数；$\boldsymbol{W}$ 表示 $n\times n$ 的空间权重矩阵；$\boldsymbol{\varepsilon}$ 表示 $n\times 1$ 的误差项；λ 表示空间自相关系数；$\boldsymbol{v}$ 表示特质的成分。

Kelejian-Prucha 空间模型包含两部分，每一部分都包含空间权重矩阵。公式 5.33 假设两个空间权重矩阵是一样的。然而，Kelejian-Prucha 空间模型也可以假设两个空间权重矩阵是不一样的，那么 Kelejian-Prucha 空间模型可以如下所示：

$$\begin{cases} \boldsymbol{y} = \rho \boldsymbol{W}_1 \boldsymbol{y} + \boldsymbol{X}\boldsymbol{\beta} + \boldsymbol{\varepsilon} \\ \boldsymbol{\varepsilon} = \lambda \boldsymbol{W}_2 \boldsymbol{\varepsilon} + \boldsymbol{v} \end{cases} \tag{5.34}$$

其中，$\boldsymbol{W}_1$ 和 $\boldsymbol{W}_2$ 分别表示不同的空间权重矩阵。

5.9.2 极大似然估计方法

接下来介绍 Kelejian-Prucha 空间模型的极大似然估计方法。由于公式 5.34 看上去

---

① Kelejian and Prucha（1999）于 1988 年就已经提出了这种模型的构想，并且在后续的工作中继续开展对这种模型的研究。实际上，这种模型在实证分析中较为少见，远远没有空间滞后模型应用广泛。在 2007 年首届空间计量经济学协会的世界大会上（The First World Conference of the Spatial Econometrics Association），Harry Kelejian 在他的主题演讲中又强调了他致力研究的这个空间计量模型。

② 有意思的是，尽管 LeSage 给出了这个模型的缩写名字，但是没有给出缩写的全称。据推测，SAC 可能是 spatial autocorrelation 的缩写。Elhorst（2010a）根据作者的贡献将其命名为 Kelejian-Prucha 模型（KPM）。本书也遵从 Elhorst（2010a）的意见，采用这种命名方式。

比较复杂，下面换一种简洁的方式重新表述 Kelejian-Prucha 空间模型。令：

$$\boldsymbol{A}=\boldsymbol{I}-\rho\boldsymbol{W}_1 \tag{5.35}$$

$$\boldsymbol{B}=\boldsymbol{I}-\lambda\boldsymbol{W}_2 \tag{5.36}$$

于是，公式 5.34 可以改为如下形式：

$$\boldsymbol{A}\boldsymbol{y}=\boldsymbol{X}\boldsymbol{\beta}+\boldsymbol{\varepsilon} \tag{5.37}$$

从而，残差为：

$$\boldsymbol{\varepsilon}=\boldsymbol{A}\boldsymbol{y}-\boldsymbol{X}\boldsymbol{\beta} \tag{5.38}$$

那么，Kelejian-Prucha 空间模型的对数似然函数如下所示：

$$L=-n/2\ln(2\pi)-n/2\ln(2\sigma^2)+\ln|\boldsymbol{A}|+\ln|\boldsymbol{B}|-(1/2\sigma^2)(\boldsymbol{\varepsilon}'\boldsymbol{B}'\boldsymbol{B}\boldsymbol{\varepsilon}) \tag{5.39}$$

在构造出对数似然函数后，就可以得到 Kelejian-Prucha 空间模型的估计量和方差（Anselin，1988），如下所示：

$$\hat{\boldsymbol{\beta}}_{ML}=(\boldsymbol{X}'\boldsymbol{A}'\boldsymbol{A}\boldsymbol{X})^{-1}(\boldsymbol{X}'\boldsymbol{A}'\boldsymbol{A}\boldsymbol{B}\boldsymbol{y}) \tag{5.40}$$

$$\hat{\sigma}^2_{ML}=(\boldsymbol{B}\boldsymbol{y}-\boldsymbol{x}\boldsymbol{\beta})'(\boldsymbol{B}\boldsymbol{y}-\boldsymbol{x}\boldsymbol{\beta})/n \tag{5.41}$$

5.9.3 软件实现

对于 Kelejian-Prucha 空间模型的回归估计，MATLAB 空间计量经济学工具箱提供的函数命令是“sac.m”。“sac.m”函数命令的调用方式如下所示：

```
results = sac(y,x,W1,W2,info)
```

“sac.m”函数命令的调用方式与“sar.m”和“sem.m”的调用方式也十分类似，但是略有不同。由于 Kelejian-Prucha 空间模型包含两个空间权重矩阵，因此，在“sac.m”函数命令的输入参数中也可以设置两个不同的空间权重矩阵参数。

“results”为输出的结果，“sac”为函数命令名，括号内“y”是因变量，“x”是自变量。“W1”和“W2”为空间权重矩阵。其中，“W1”是因变量空间滞后项 $\boldsymbol{W}\boldsymbol{y}$ 的空间权重矩阵；“W2”是空间自相关误差项 $\boldsymbol{W}\boldsymbol{\varepsilon}$ 的空间权重矩阵。

info 参数相比函数命令“sar.m”又多了 4 个选项，如下所示：

（1）info.parm：可选项，设定搜索参数 ρ 和 λ 的初始值；

（2）info.lmin：可选项，设定搜索参数 λ 的最小值（默认值为－0.99）；

（3）info.lmax：可选项，设定搜索参数 λ 的最大值（默认值为 0.99）[①]；

（4）info.hessian：当 $n<500$ 时，选择 info.hessian＝0（默认值），计算分析型

① 实际上，在函数命令“sar.m”中，可选项 info.rmin 和 info.rmax 与函数命令“sac.m”是有区别的，差别在于函数命令“sar.m”默认 info.rmin＝－1，info.rmax＝1；函数命令“sac.m”默认 info.rmin＝－0.99，info.rmax＝0.99。

Hessian 矩阵；当 $n>500$ 时，选择 info. hessian=1，计算数值型 Hessian 矩阵。[①]

为了简单起见，本例选择两个相同的空间权重矩阵，Kelejian-Prucha 空间模型回归估计的 MATLAB 程序代码如下所示：

```
% 估计 Kelejian-Prucha spatial model
clear;clc;
A = csvread('columbus. csv',1,0);
W1 = csvread('Wcolumbus. csv');
W = normw(W1);
y = A(:,[2]);
x = A(:,[3,4]);
nobs = length(y);
xconstant = ones(nobs,1);
% 设置参数
info. lflag = 0;
% 估计模型
result = sac(y,[xconstant x],W,W,info);
vnames = strvcat('crime','constant','income','hoval');
prt(result,vnames,1);
```

执行完上述代码后，可以得到如下结果：

```
General Spatial Model Estimates
Dependent Variable     =    crime
R-squared              =    0.646 6
Rbar-squared           =    0.631 3
sigma^2                =    96.910 4
log-likelihood         =    -165.716 72
Nobs,Nvars             =    49,3
# iterations           =    28
total time in secs     =    0.229 0
time for optimiz       =    0.066 0
time for lndet         =    0.018 0
time for t - stat      =    0.005 0
time for impacts       =    0.033 0
# draws x-impacts      =    1 000
*****************************************************************
Variable        Coefficient        Asymptot t-stat        z-probability
constant         45.501 776          4.706 346            0.000 003
income           -1.052 513         -3.202 697            0.001 361
hoval            -0.264 699         -2.965 416            0.003 023
rho               0.425 999          2.460 451            0.013 876
lambda           -0.017 605         -0.057 335            0.954 279
```

① 读者可以忽略这一个可选项的内容。

接下来分析 Kelejian-Prucha 空间模型回归估计后各个自变量的估计结果。估计结果显示：两个自变量 income 和 hoval 均在统计上显著。然后，空间自回归系数 rho（ρ）为 0.425 999，在 1%的显著性水平下拒绝了“H_0：rho（ρ）等于 0”的原假设。最后，系数 lambda（λ）的 t 统计量的伴随概率为 0.954 279，说明在 10%的显著性水平下无法拒绝“H_0：lambda（λ）等于 0”的原假设，说明误差项不存在空间依赖性。①

5.9.4 空间自回归移动平均模型

沿着 Kelejian-Prucha 空间模型的思路可以继续扩展模型。在介绍扩展模型之前，首先介绍时间序列数据中的部分知识。

在时间序列模型中，有一种自回归模型，如公式 5.42 所示：

$$\boldsymbol{y}_t = \rho_1 \boldsymbol{y}_{t-1} + \rho_2 \boldsymbol{y}_{t-2} + \rho_3 \boldsymbol{y}_{t-3} + \cdots + \rho_p \boldsymbol{y}_{t-p} + \boldsymbol{\varepsilon}_t \tag{5.42}$$

由公式 5.42 可知，自回归模型是由因变量的过去值以及随机干扰项建立起来的模型。由于时间滞后了 p 期，因此可以写为 p 阶自回归过程 AR(p)。

如果公式 5.42 中的随机干扰项 ε 为白噪声，那么可以称之为纯 AR(p) 过程。

如果随机干扰项 $\boldsymbol{\varepsilon}$ 不为白噪声，那么可以是一个 q 阶的移动平均过程（moving average），如公式 5.43 所示：

$$\boldsymbol{\varepsilon}_t = \varphi_1 \boldsymbol{\varepsilon}_{t-1} + \varphi_2 \boldsymbol{\varepsilon}_{t-2} + \varphi_3 \boldsymbol{\varepsilon}_{t-3} + \cdots + \varphi_q \boldsymbol{\varepsilon}_{t-q} + \boldsymbol{v}_t \tag{5.43}$$

公式 5.43 为一个纯 MA(q) 过程。公式 5.43 和公式 5.42 合并起来，就成了自回归移动平均模型（autoregressive moving average），简称 ARMA(p，q)。

借鉴时间序列数据中的自回归移动平均模型，也可以引申出空间自回归移动平均模型（spatial autoregressive moving average model）或包含自回归扰动项的空间自回归模型（spatial autoregressive model with autoregressive disturbances）（Huang，1984），如公式 5.44 所示：

$$\begin{cases} \boldsymbol{y} = \rho_1 \boldsymbol{W}_1 \boldsymbol{y} + \rho_2 \boldsymbol{W}_2 \boldsymbol{y} + \rho_3 \boldsymbol{W}_3 \boldsymbol{y} + \cdots + \rho_p \boldsymbol{W}_p \boldsymbol{y} + \boldsymbol{X\beta} + \boldsymbol{\varepsilon} \\ \boldsymbol{\varepsilon} = \varphi_1 \boldsymbol{W}_1 \boldsymbol{\varepsilon} + \varphi_2 \boldsymbol{W}_2 \boldsymbol{\varepsilon} + \varphi_3 \boldsymbol{W}_3 \boldsymbol{\varepsilon} + \cdots + \varphi_q \boldsymbol{W}_q \boldsymbol{\varepsilon} + \boldsymbol{v} \end{cases} \tag{5.44}$$

公式 5.44 的形式看起来非常复杂，Huang（1984）给出了空间自回归移动平均模型的矩阵形式，如公式 5.45 所示。

$$\boldsymbol{AY} = \alpha + \boldsymbol{B\varepsilon} \tag{5.45}$$

其中，$\boldsymbol{A} = \boldsymbol{I} - \sum_{j=1}^{p} \rho \boldsymbol{W}^j$；$\boldsymbol{B} = \boldsymbol{I} + \sum_{j=1}^{q} \varphi \boldsymbol{W}^j$。

通过上述介绍可知，Kelejian-Prucha 空间模型可以写为 SARMA(1，1) 的形式，很多学者在论文中也通常将它缩写为 SARAR(1，1)，如 Fingleton（2008）、Kelejian（2008）、Burridge and Fingleton（2010）、Debarsy and Ertur（2010）以及 Lee and Liu（2010）。

---

① Kelejian-Prucha 空间模型结合了空间滞后模型和空间误差模型的双重特征。空间依赖性一部分由因变量的空间滞后项所解释，一部分由空间自相关误差项所解释。这个空间模型有一定的适用性，但是很显然，在实证研究中并没有得到广泛的应用。

5.10 一般嵌套空间模型

5.10.1 一般嵌套空间模型

Kelejian-Prucha 空间模型没有包含外生性的空间交互效应，换言之，没有包含自变量的空间滞后项 $\boldsymbol{WX}$。因此，如果考虑外生性的空间交互效应，就衍生出了一种新的空间计量模型，也是最一般的空间模型。这个模型首先由 Manski（1993）提出，因此，Elhorst（2010a）称之为 Manski 模型。但是，Elhorst（2014）在他的新书中又称之为一般嵌套空间模型（general nesting spatial model，GNS 模型）。因此，本书也遵循 Elhorst（2014）的用法，采用这个模型的最新称呼。

一般嵌套空间模型如下所示：

$$\begin{cases} \boldsymbol{y} = \rho \boldsymbol{W}\boldsymbol{y} + \boldsymbol{X}\boldsymbol{\beta} + \boldsymbol{W}\boldsymbol{X}\boldsymbol{\theta} + \boldsymbol{\varepsilon} \\ \boldsymbol{\varepsilon} = \lambda \boldsymbol{W}\boldsymbol{\varepsilon} + \boldsymbol{v} \end{cases} \tag{5.46}$$

其中，$\boldsymbol{y}$ 表示 $n\times1$ 的因变量；ρ 表示空间自回归系数；$\boldsymbol{W}$ 表示 $n\times n$ 的空间权重矩阵；$\boldsymbol{X}$ 表示 $n\times k$ 的自变量；$\boldsymbol{\beta}$ 表示 $k\times1$ 的待估计自变量系数；$\boldsymbol{\theta}$ 表示 $k\times1$ 的待估计自变量空间滞后项系数；$\boldsymbol{\varepsilon}$ 表示 $n\times1$ 的误差项；λ 表示空间自相关系数；$\boldsymbol{v}$ 表示特质的成分。

模型 5.46 中包含 3 个空间权重矩阵，如果假设因变量和自变量的空间滞后项采用相同的空间权重矩阵，而空间自相关误差项采用不同的空间权重矩阵，那么一般嵌套空间模型如下所示：

$$\begin{cases} \boldsymbol{y} = \rho \boldsymbol{W}_1\boldsymbol{y} + \boldsymbol{X}\boldsymbol{\beta} + \boldsymbol{W}_1\boldsymbol{X}\boldsymbol{\theta} + \boldsymbol{\varepsilon} \\ \boldsymbol{\varepsilon} = \lambda \boldsymbol{W}_2\boldsymbol{\varepsilon} + \boldsymbol{v} \end{cases} \tag{5.47}$$

同样的道理，也可以设置 3 种不同的空间权重矩阵，那么一般嵌套空间模型如下所示：

$$\begin{cases} \boldsymbol{y} = \rho \boldsymbol{W}_1\boldsymbol{y} + \boldsymbol{X}\boldsymbol{\beta} + \boldsymbol{W}_2\boldsymbol{X}\boldsymbol{\theta} + \boldsymbol{\varepsilon} \\ \boldsymbol{\varepsilon} = \lambda \boldsymbol{W}_3\boldsymbol{\varepsilon} + \boldsymbol{v} \end{cases} \tag{5.48}$$

5.10.2 软件实现

由于一般嵌套空间模型相比 Kelejian-Prucha 空间模型只是多了自变量空间滞后项 $\boldsymbol{WX}$，因此很容易联想到利用函数命令“sac.m”来估计一般嵌套空间模型。那么，一般嵌套空间模型回归估计的 MATLAB 程序代码如下所示：

```
%估计一般嵌套空间模型
clear;clc;
A = csvread('columbus.csv',1,0);
W1 = csvread('Wcolumbus.csv');
W = normw(W1);
y = A(:,[2]);
```

```
x=A(:,[3,4]);
nobs=length(y);
xconstant=ones(nobs,1);
wx=W*x;
%设置参数
info.lflag=0;
%估计模型
result=sac(y,[xconstant x wx],W,W,info);
vnames=strvcat('crime','constant','income','hoval','W*income','W*hoval');
prt(result,vnames,1);
```

执行完上述代码后，可以得到如下结果：

```
General Spatial Model Estimates
Dependent Variable     =   crime
R-squared              =   0.744 5
Rbar-squared           =   0.721 3
sigma^2                =   70.071 7
log-likelihood         =   -168.271 19
Nobs,Nvars             =   49,5
# iterations           =   87
total time in secs     =   0.144 0
time for optimiz       =   0.016 0
time for lndet         =   0.016 0
time for t-stat        =   0.002 0
time for impacts       =   0.049 0
# draws x-impacts      =   1 000
*****************************************************
Variable       Coefficient      Asymptot t-stat      z-probability
constant        11.225 880         2.151 768          0.031 416
income          -0.897 609        -2.214 631          0.026 785
hoval           -0.339 030        -3.064 823          0.002 178
W*income         0.368 215         0.693 650          0.487 902
W*hoval          0.374 970         2.145 137          0.031 942
rho              0.856 000        13.412 877          0.000 000
lambda          -1.429 409       -21.476 856          0.000 000
```

接下来，分析一般嵌套空间模型回归估计后的各个系数的结果。自变量“income”和“hoval”以及二者的空间滞后项“W*income”和“W*hoval”的解释同上述模型的解释一致，故此不再赘述。

最后，来看估计结果中的空间自回归系数 rho（ρ）和空间自相关系数 lambda（λ）。从两者的概率来看，均在1%的显著性水平下拒绝了系数为0的原假设。但是，从系数大小来看，可以发现空间自回归系数 rho（ρ）和空间自相关系数 lambda（λ）的估计值分别为0.856 000和−1.429 409。很显然，λ 系数的估计值不在［−1，1］的范围之内。由此可见，通过函数命令“sac.m”来估计一般嵌套空间模型得出的是有偏误的估计值。

实际上，在使用函数命令“sac. m”来估计时，MATLAB 软件已经在估计结果之前提示结果可能不准确（“Results may be inaccurate”），具体的报错信息如下所示：

```
Warning:Matrix is close to singular or badly scaled.
Results may be inaccurate. RCOND = 8.191 349e - 021.
>In tsls at 56
In sac_gmm at 171
In sac at 248
In spatial_gns_model at 17
Warning:Matrix is close to singular or badly scaled.
Results may be inaccurate. RCOND = 1.136 944e - 020.
>In tsls at 56
In sac_gmm at 273
In sac at 248
In spatial_gns_model at 17
Warning:Matrix is close to singular or badly scaled.
Results may be inaccurate. RCOND = 1.136 944e - 020.
>In sac_gmm at 280
In sac at 248
In spatial_gns_model at 17
```

针对这个问题，Elhorst 又编写了估计一般嵌套空间模型的新的函数命令文件：“sacpaul. m”。调用方式如下所示：

```
results = sacpaul(y,x,W)
```

“results”为输出的结果，“sacpaul”为函数名，括号内“y”是因变量，“x”是自变量。“W”为空间权重矩阵。由此可见，函数命令“sacpaul. m”只能使用一种空间权重矩阵。

那么，使用“sacpaul. m”函数命令，一般嵌套空间模型回归估计的 MATLAB 程序代码如下所示：

```
%估计一般嵌套空间模型:sacpaul.m
clear;clc;
A = csvread('columbus.csv',1,0);
W1 = csvread('Wcolumbus.csv');
W = normw(W1);
y = A(:,[2]);
x = A(:,[3,4]);
nobs = length(y);
xconstant = ones(nobs,1);
wx = W * x;
%估计模型
result = sacpaul(y,[xconstant x wx],W);
vnames = strvcat('crime','constant','income','hoval','W * income','W * hoval');
prt(result,vnames);
```

执行完上述代码后，可以得到如下结果：

```
General Spatial Model Estimates
Dependent Variable   =   crime
R-squared            =   0.655 5
Rbar-squared         =   0.624 1
sigma^2              =   94.487 0
log-likelihood       =   -181.580 14
Nobs,Nvars           =   49,5
# iterations         =   1
total time in secs   =   0.019 0
time for optimiz     =   0.000 0
****************************************************
Variable       Coefficient     Asymptot t-stat     z-probability
constant        53.060 855        0.738 277         0.460 346
income          -0.958 865       -2.098 908         0.035 825
hoval           -0.289 028       -2.812 320         0.004 919
W*income        -0.773 719       -0.434 203         0.664 141
W*hoval          0.218 426        0.731 287         0.464 604
rho              0.284 203        0.285 284         0.775 427
lambda           0.163 346        0.149 730         0.880 977
```

直接看估计结果中的空间自回归系数 rho（ρ）和空间自相关系数 lambda（λ）。从两者的概率来看，均在 10%的显著性水平下无法拒绝系数为 0 的原假设。但是，从系数大小来看，可以发现空间自回归系数 rho（ρ）和空间自相关系数 lambda（λ）的值分别为 0.284 203 和 0.163 346，这两个系数的估计值均在［−1，1］的范围之内。

由此可见，虽然通过函数命令“sacpaul.m”估计一般嵌套空间模型得出的是偏误修正后的估计值，但是在统计上也不显著。[①]

5.11 直接效应和间接效应

在上述章节中，一共介绍了七种空间计量模型，利用空间滞后项 $\boldsymbol{Wy}$ 和 $\boldsymbol{WX}$ 来描述内生性和外生性的空间交互效应。但是，LeSage and Pace（2009）对此提出了质疑，如果采用空间滞后项 $\boldsymbol{Wy}$ 和 $\boldsymbol{WX}$ 来描述空间交互效应，有可能得出错误的结论。LeSage and Pace（2009）认为应该采用偏导的方式得出影响效应，才能够体现出真实的空间交互效应。LeSage and Pace（2009）在他们的著作中举了一个例子，一个自变量空间滞后项 $\boldsymbol{Wx}$ 的系数为负，但是在统计上并不显著，而这个自变量的空间溢出效应却是显著为正的。

以空间杜宾模型为例，虽然空间杜宾模型可以估计出自变量及其自变量空间滞后项

---

① 一般嵌套空间模型是非常复杂的空间计量模型。尽管从模型理论上来看没有问题，但是，Elhorst（2010a）指出，一般嵌套空间模型的回归估计在技术上没有任何难度，然而问题在于这个空间计量模型很难解释。在实证分析中，极少见其应用。因此，可以认为一般嵌套空间模型仅仅是理论上存在的最一般的空间计量模型。

的估计系数，但是数值大小并非真实的对因变量 $\boldsymbol{y}$ 作用的大小。真实效应被 LeSage and Pace（2009）分解为直接效应（direct effects）和间接效应（indirect effects）。换言之，如果模型中包含因变量 $\boldsymbol{y}$ 的空间滞后项，则模型估计出来的自变量 $\boldsymbol{X}$ 的系数并不是对因变量 $\boldsymbol{y}$ 真实的效应，真实的效应分为直接效应和间接效应。其中，直接效应是本地区外生变量的影响，间接效应是周围地区外生变量的影响。

直接效应和间接效应由 LeSage and Pace（2009）提出来，目前在实证分析中已经得到了很广泛的认可。下面具体来解释直接效应和间接效应的理论。

5.11.1 以空间杜宾模型为例

为了方便说明这个问题，以空间杜宾模型为例来进行解释①，空间杜宾模型如下所示：

$$\boldsymbol{y}=\rho\boldsymbol{W}\boldsymbol{y}+\boldsymbol{X}\boldsymbol{\beta}+\boldsymbol{W}\boldsymbol{X}\boldsymbol{\theta}+\boldsymbol{\varepsilon} \tag{5.49}$$

将方程右边的 $\rho\boldsymbol{W}\boldsymbol{y}$ 移动到方程的左边，可以得到如下结果：

$$(\boldsymbol{I}-\rho\boldsymbol{W})\boldsymbol{y}=(\boldsymbol{X}\boldsymbol{\beta}+\boldsymbol{W}\boldsymbol{X}\boldsymbol{\theta})+\boldsymbol{\varepsilon} \tag{5.50}$$

方程两边同乘以矩阵（$\boldsymbol{I}-\rho\boldsymbol{W}$）的逆矩阵$(\boldsymbol{I}-\rho\boldsymbol{W})^{-1}$，可以得到如下结果：

$$\boldsymbol{y}=(\boldsymbol{I}-\rho\boldsymbol{W})^{-1}(\boldsymbol{X}\boldsymbol{\beta}+\boldsymbol{W}\boldsymbol{X}\boldsymbol{\theta})+(\boldsymbol{I}-\rho\boldsymbol{W})^{-1}\boldsymbol{\varepsilon} \tag{5.51}$$

其中，方程中的$(\boldsymbol{I}-\rho\boldsymbol{W})^{-1}$被称作空间乘子矩阵（spatial multiplier matrix）。

那么，$\boldsymbol{y}$ 对 k 个自变量 $\boldsymbol{x}$ 的偏导数是很容易得到的，如下所示：

$$\begin{aligned}\left[\frac{\partial y}{\partial x_{1k}},\cdots,\frac{\partial y}{\partial x_{nk}}\right]&=\begin{pmatrix}\frac{\partial y_1}{\partial x_{1k}} & \cdots & \frac{\partial y_1}{\partial x_{nk}}\\ \vdots & \cdots & \vdots\\ \frac{\partial y_n}{\partial x_{1k}} & \cdots & \frac{\partial y_n}{\partial x_{nk}}\end{pmatrix}\\ &=(\boldsymbol{I}-\rho\boldsymbol{W})^{-1}\begin{pmatrix}\beta_k & w_{12}\theta_k & \cdots & w_{1n}\theta_k\\ w_{21}\theta_k & \beta_k & \cdots & w_{2n}\theta_k\\ \vdots & \vdots & \cdots & \vdots\\ w_{n1}\theta_k & w_{n2}\theta_k & \cdots & \beta_k\end{pmatrix}\end{aligned} \tag{5.52}$$

在公式 5.52 的矩阵中，w_{ij} 表示空间权重矩阵 $\boldsymbol{W}$ 的元素。

5.11.2 一个具体的特例

公式 5.52 的表达非常复杂，理解起来有点困难。不失一般性，为了说明问题，Elhorst（2010a）举了一个特例。假设分析中一共有 3 个空间单元：空间单元 1、空间单元 2 和空间单元 3。其中，空间单元 1 与空间单元 2 互邻；空间单元 2 与空间单元 1 和

① 以空间杜宾模型为例，因其具有典型性。

空间单元 3 互邻；空间单元 2 与空间单元 3 互邻。那么，这个空间权重矩阵经过行标准化后可以写成如下形式：

$$\boldsymbol{W}=\begin{pmatrix}0 & 1 & 0\\ w_{21} & 0 & w_{23}\\ 0 & 1 & 0\end{pmatrix} \tag{5.53}$$

空间乘子矩阵可以写成如下形式：

$$(\boldsymbol{I}-\rho\boldsymbol{W})^{-1}=\frac{1}{1-\rho^2}\begin{pmatrix}1-w_{23}\rho^2 & \rho & \rho^2 w_{23}\\ \rho w_{21} & 1 & \rho w_{23}\\ \rho^2 w_{21} & \rho & 1-w_{21}\rho^2\end{pmatrix} \tag{5.54}$$

在公式 5.54 中，由于空间单元 1 和空间单元 3 只有一个邻居，因此，$w_{12}=w_{32}=1$。经过行标准化，所以 $w_{21}+w_{23}=1$。

将公式 5.54 代入公式 5.52 中，那么空间单元 1、2 和 3 的自变量 $\boldsymbol{x}$ 对空间单元 1、2 和 3 的因变量 $\boldsymbol{y}$ 的影响如下所示：

$$\begin{aligned}&\left[\frac{\partial y}{\partial x_{1k}},\frac{\partial y}{\partial x_{2k}},\frac{\partial y}{\partial x_{3k}}\right]\\ &=\frac{1}{1-\rho^2}\begin{pmatrix}(1-w_{23}\rho^2)\beta_k+(w_{21}\rho)\theta_k & \rho\beta_k+\theta_k & (w_{23}\rho^2)\beta_k+(\rho w_{23})\theta_k\\ (w_{21}\rho)\beta_k+w_{21}\theta_k & \beta_k+\rho\theta_k & (w_{23}\rho)\beta_k+w_{23}\theta_k\\ (w_{21}\rho^2)\beta_k+(w_{21}\rho)\theta_k & \rho\beta_k+\theta_k & (1-w_{21}\rho^2)\beta_k+(w_{23}\rho)\theta_k\end{pmatrix}\end{aligned} \tag{5.55}$$

公式 5.55 描述了空间杜宾模型中因变量 $\boldsymbol{y}$ 对 k 个自变量 $\boldsymbol{X}$ 的偏导数。这个偏导结果包含了三层含义。

第一层含义，如果一个空间单元的自变量发生变化，不仅仅会影响到本地因变量，而且也会影响到其他（或者说邻近）空间单元的因变量。自变量对本地的影响称为直接效应（direct effects），自变量对其他空间单元的影响称为间接效应（indirect effects）。

注意：偏导矩阵 5.55 中的对角线元素表示的是直接效应；非对角线元素表示的是间接效应。如果空间自回归系数 ρ 和自变量空间滞后项系数 θ_k 同时等于 0，那么间接效应不存在，这是因为所有的非对角线元素均为 0。

第二层含义，假设 $\rho\neq 0$，对于不同的空间单元，直接效应和间接效应是不同的。直接效应不同是因为空间乘子矩阵$(\boldsymbol{I}-\rho\boldsymbol{W})^{-1}$中的对角线元素对于不同的空间单元来说是不同的。再回顾一下公式 5.54 和公式 5.55。同样的道理，间接效应不同是因为空间乘子矩阵$(\boldsymbol{I}-\rho\boldsymbol{W})^{-1}$以及空间权重矩阵 $\boldsymbol{W}$ 中的非对角线元素对于不同的空间单元来说也是不同的，假设在 $\rho\neq 0$ 和/或 $\theta_k\neq 0$ 的情况下。

第三层含义，如果 $\theta_k\neq 0$，间接效应可以看做是局域效应（local effects），相应地，如果 $\rho\neq 0$，间接效应可以看做是全域效应（global effects）。之所以称之为局域效应，是因为这种影响只是来自一个空间单元的邻近空间单元。具体来说，如果空间权重矩阵的元素不等于 0，那么自变量 $\boldsymbol{x}$ 对因变量 $\boldsymbol{y}$ 的影响也不为 0，反之，如果空间权重矩阵的元素等于 0，那么自变量 $\boldsymbol{x}$ 对因变量 $\boldsymbol{y}$ 的影响也为 0。之所以称之为全域效应，是因为这种影响来自一个空间单元的非邻近空间单元。这是因为这种影响是基于空间乘子矩阵$(\boldsymbol{I}-\rho\boldsymbol{W})^{-1}$所得，而并非基于空间权重矩阵$\boldsymbol{W}$。从公式 5.54 可以看出，如果$\rho\neq0$，那么空间乘子矩阵$(\boldsymbol{I}-\rho\boldsymbol{W})^{-1}$并不包含非零元素。

5.11.3 对间接效应和直接效应的解释

上述小节介绍了对于不同的空间单元来说，直接效应和间接效应是不同的。那么，如何表示这两种效应就成了需要解决的问题。比如说，对于一个有 n 个空间单元、k 个自变量的样本来说，可以得到 k 个 $n\times n$ 的直接效应和间接效应。即便是对于 n 和 k 较小的样本来说，计算出直接效应和间接效应也是不现实的。

为了解决这个问题，LeSage and Pace（2009）建议用公式 5.52 右边矩阵中的对角线元素的平均值来衡量直接效应，用公式 5.52 右边矩阵中的非对角线元素的行或者列的平均值来衡量间接效应。用行或者列的平均值来衡量间接效应在数值大小上是一样的，无论采用哪个都是可行的。

以上述 3 个空间单元的样本为例，那么空间杜宾模型的直接效应和间接效应按照公式 5.54 就可以得到。直接效应如下所示：

$$\frac{(3-\rho^2)}{3(1-\rho^2)}\beta_k+\frac{2\rho}{3(1-\rho^2)}\theta_k \tag{5.56}$$

间接效应如下所示：

$$\frac{(3\rho+\rho^2)}{3(1-\rho^2)}\beta_k+\frac{3+\rho}{3(1-\rho^2)}\theta_k \tag{5.57}$$

同样的道理，以 3 个空间单元的样本为例，上述 7 种空间计量模型和 OLS 模型的直接效应和间接效应都可以得到，如表 5－2 所示：

表 5－2　　3 个空间单元特例的直接效应和间接效应

模型类型	直接效应	间接效应
OLS/SEM	β_k	0
SLM/KPM	$\frac{(3-\rho^2)}{3(1-\rho^2)}\beta_k$	$\frac{3\rho+\rho^2}{3(1-\rho^2)}\beta_k$
SLX/SDEM	β_k	θ_k
SDM/GNS	$\frac{(3-\rho^2)}{3(1-\rho^2)}\beta_k+\frac{2\rho}{3(1-\rho^2)}\theta_k$	$\frac{(3\rho+\rho^2)}{3(1-\rho^2)}\beta_k+\frac{3+\rho}{3(1-\rho^2)}\theta_k$

5.11.4 直接效应和间接效应的性质

上述小节介绍了 OLS 模型和 7 种空间计量模型，下面就分析这 8 种模型的直接效应和间接效应。

由偏导的数学知识可知，对于 OLS 模型来说，自变量 $\boldsymbol{x}_k$ 的直接效应就等于自变量的系数 β_k，而自变量的间接效应等于 0。

对于空间误差模型来说，模型的第二部分包含空间自相关误差项。由偏导理论可知，由于空间自相关误差项在对因变量 $\boldsymbol{y}$ 求 $\boldsymbol{X}$ 偏导时并不起作用，所以空间误差模型自变量的直接效应和间接效应同 OLS 模型是一致的，即自变量 $\boldsymbol{x}_k$ 的直接效应等于自变量的系数 β_k，而间接效应等于 0。

空间滞后模型与空间杜宾模型、Kelejian-Prucha 空间模型和一般嵌套空间模型又归属为一类，需要利用公式 5.52 来计算直接效应和间接效应。由模型设定可知，空间滞后模型与 Kelejian-Prucha 空间模型的直接效应和间接效应的公式是一致的，而空间杜宾模型与一般嵌套空间模型的直接效应和间接效应是一致的。

特别需要注意的是：自变量空间滞后模型和空间杜宾误差模型的直接效应和间接效应与上述皆不同。由偏导理论可知，自变量空间滞后模型和空间杜宾误差模型自变量 $\boldsymbol{x}_k$ 的直接效应就等于自变量的系数 β_k，而间接效应等于自变量空间滞后项 $\boldsymbol{W}\boldsymbol{x}_k$ 的系数 θ_k。由此可见，对于自变量空间滞后模型和空间杜宾误差模型来说，可以直接利用估计出的系数来作为直接效应和间接效应。

下面就总结 OLS 模型和 7 种空间计量模型的直接效应和间接效应，需要计算直接效应和间接效应的模型有 4 种：空间滞后模型、空间杜宾模型、Kelejian-Prucha 空间模型和一般嵌套空间模型。不需要计算直接效应和间接效应的模型有 4 种：普通最小二乘模型、空间误差模型、空间杜宾误差模型和自变量空间滞后模型。

那么，可以总结上述 8 种模型的直接效应和间接效应的形式，具体公式见表 5-3。

表 5-3　　8 种模型的直接效应和间接效应

模型类型	直接效应	间接效应
OLS/SEM	β_k	0
SLM/KPM	$(\boldsymbol{I}-\rho\boldsymbol{W})^{-1}\beta_k$ 对角线元素	$(\boldsymbol{I}-\rho\boldsymbol{W})^{-1}\beta_k$ 非对角线元素
SLX/SDEM	β_k	θ_k
SDM/GNS	$(\boldsymbol{I}-\rho\boldsymbol{W})^{-1}(\beta_k+\boldsymbol{W}\theta_k)$ 对角线元素	$(\boldsymbol{I}-\rho\boldsymbol{W})^{-1}(\beta_k+\boldsymbol{W}\theta_k)$ 非对角线元素

通过上述公式计算可以发现，在某些情况下，直接效应的数值会大于 1。直接效应大于等于 1 主要是由空间乘子矩阵 $(\boldsymbol{I}-\rho\boldsymbol{W})^{-1}$ 所导致的。空间乘子矩阵可以分解成如下形式（Le Sage and Pace，2009）：

$$(\boldsymbol{I}-\rho\boldsymbol{W})^{-1}=\boldsymbol{I}+\rho\boldsymbol{W}+\rho^2\boldsymbol{W}^2+\rho^3\boldsymbol{W}^3+\cdots \tag{5.58}$$

这个空间乘子矩阵的扩展形式有助于理解直接效应和间接效应。首先看公式等号右边的第一个矩阵，也就是单位矩阵 $\boldsymbol{I}$，由于单位矩阵 $\boldsymbol{I}$ 的非对角线元素均为 0，所以这项就只是表示自变量 $\boldsymbol{X}$ 的直接效应。再来看公式等号右边的第二个矩阵 $\rho\boldsymbol{W}$，由于空间权重矩阵 $\boldsymbol{W}$ 的对角线元素均为 0，所以矩阵 $\rho\boldsymbol{W}$ 的对角线元素也都为 0，所以这项就只是表示自变量 $\boldsymbol{X}$ 的间接效应。

由于存在直接效应和间接效应，那么在模型之间比较系数的时候，解释起来就变得很复杂。比如说，空间杜宾模型的直接效应与 OLS 模型的直接效应相比就有两点不同：第一，OLS 模型的自变量 $\boldsymbol{x}_k$ 的直接效应就等于自变量的系数 β_k，而空间杜宾模型的自变量 x_k 的直接效应就等于自变量的系数 β_k 乘以一个数，这就导致了直接效应将大于等于 1。以 3 个空间单元的样本为例，这个数就等于表 5-2 中的 $(3-\rho^2)/[3(1-\rho^2)]$。第二，OLS 模型自变量的间接效应等于 0，而空间杜宾模型的间接效应很显然不等于 0。

如果选取的空间权重矩阵是一阶的，间接效应的计算就只考虑一阶的情况。

沿着这个思路继续，公式等号右边的其他项则表示二阶、三阶和更高阶的直接效应和间接效应。但是必须注意的是，在计算高阶间接效应时会产生回馈效应（feedback effects），具体来说，就是间接效应的影响从空间单元 i 的邻居又回到空间单元 i 本身。① 举例来说，1→2→1 或者 1→2→3→2→1。必须注意的是：若产生了回馈效应，那么总效应最终会变大。②

就直接效应和间接效应而言，空间滞后模型存在一个非常严重的限制（limitation）（Elhorst，2010a），这就是对于空间滞后模型中的某个自变量 $\boldsymbol{x}_k$ 来说，直接效应和间接效应的比值与自变量 $\boldsymbol{x}_k$ 的系数 β_k 无关。例如，以 3 个空间单元的样本为例，如表 5－2 所示，可以得知：

$$\left[\frac{(3-\rho^2)}{3(1-\rho^2)}\beta_k\right]\Big/\left[\frac{3\rho+\rho^2}{3(1-\rho^2)}\beta_k\right]=\frac{3-\rho^2}{3\rho+\rho^2} \tag{5.59}$$

这就表明了，对于空间滞后模型来说，任何一个自变量的直接效应和间接效应比值都是一致的。而这个比值的大小只依赖于空间自回归系数 ρ 和空间权重矩阵 $\boldsymbol{W}$。

空间杜宾模型中的某个自变量 $\boldsymbol{x}_k$ 的直接效应和间接效应的比值不仅依赖于空间自回归系数 ρ 和空间权重矩阵 $\boldsymbol{W}$，还依赖于自变量 $\boldsymbol{x}_k$ 的空间滞后项 $\boldsymbol{W}\boldsymbol{x}_k$ 的估计系数 θ_k。比如，以 3 个空间单元的样本为例，如表 5－2 所示，可以得知对于不同的自变量来说，直接效应和间接效应的比值都是不相同的。并且，不存在任何前提约束条件。正是由于这个性质，所以空间杜宾模型要比空间滞后模型在实证分析中更为优越。③

用计算出的间接效应来检验是否存在空间交互效应，那么计算出的空间交互效应是否在统计上显著，也还需要统计检验。④

5.11.5 软件实现

LeSage and Pace（2009）极力倡导计算自变量的直接效应和间接效应，而不是直接采用回归的结果。因此，LeSage 和 Pace 编写的 MATLAB 空间计量经济学工具箱中的回归估计命令就直接提供了计算直接效应和间接效应的功能。换言之，在估计完空间滞后模型、空间杜宾模型、Kelejian and Prucha 模型和一般嵌套空间模型之后，得到的结果不但显示了回归后模型中各个自变量系数的估计结果，而且也显示了各个自变量的直接效应和间接效应的计算结果以及相应的统计检验。

5.11.5.1 空间滞后模型的直接效应和间接效应

空间滞后模型自变量的直接效应和间接效应的计算结果紧跟在空间滞后模型的估计结果之后。重复 5.3 节中的估计空间滞后模型的代码，可以得到两部分结果。第一部分

---

① 二阶或者高阶邻居会产生这种回馈效应，若读者不能理解，请参阅第一章空间权重矩阵部分。

② 总效应等于直接效应加间接效应。

③ LeSage 和 Elhorst 都非常推荐在实证分析中考虑空间杜宾模型。空间杜宾模型有很多优点，本小节介绍的这个性质也是其中之一。

④ 这一部分知识超出了本书的范围，感兴趣的读者请参阅 Elhorst（2010a）。

结果如下所示：

```
Spatial autoregressive Model Estimates
Dependent Variable      =   crime
R-squared               =   0.580 0
Rbar-squared            =   0.561 7
sigma^2                 =   96.910 7
Nobs,Nvars              =   49,3
log-likelihood          =   -165.686 35
# of iterations         =   15
min and max rho         =   -1.000 0,1.000 0
total time in secs      =   0.181 0
time for lndet          =   0.023 0
time for t-stats        =   0.005 0
time for x-impacts      =   0.037 0
# draws x-impacts       =   1 000
No lndet approximation used
*****************************************************
Variable        Coefficient     Asymptot t-stat     z-probability
constant          45.729 878        6.294 859       0.000 000
income            -1.051 746       -3.420 343       0.000 625
hoval             -0.266 377       -2.988 941       0.002 799
rho                0.420 996        3.516 208       0.000 438
```

由结果可知，这一部分报告的是空间滞后模型回归估计后各个自变量的估计系数。第二部分报告的是各个自变量的直接效应和间接效应，如下所示：

```
Direct      Coefficient    t-stat       t-prob      lower        upper 99
income      -1.084 010    -3.432 333    0.001 225   -1.873 326   -0.318 432
hoval       -0.288 705    -2.998 811    0.004 250   -0.567 465   -0.053 366

Indirect    Coefficient    t-stat       t-prob      lower        upper 99
income      -0.736 662    -1.915 319    0.061 298   -2.605 014   -0.109 386
hoval       -0.205 586    -1.483 262    0.144 409   -0.875 356   -0.025 448

Total       Coefficient    t-stat       t-prob      lower        upper 99
income      -1.820 672    -3.159 687    0.002 706   -3.852 085   -0.534 414
hoval       -0.494 292    -2.373 828    0.021 568   -1.325 404   -0.095 622
```

本小节主要关注第二部分，也就是直接效应和间接效应的结果。从总体来看，报告分为上、中、下三块，分别汇报了各个自变量的直接效应（direct）、间接效应（indirect）和总效应（total）。

首先看直接效应，自变量“income”直接效应的计算结果为－1.084 010，t 统计量为－3.432 333，伴随概率为 0.001 225，说明在 1%的显著性水平下拒绝“自变量 income 直接效应为 0”的原假设。自变量“hoval”直接效应的计算结果为－0.288 705，t 统计量为－2.998 811，伴随概率为 0.004 250，说明在 1%的显著性水平下拒绝“自变量 hoval 直接效应为 0”的原假设。这两个自变量的直接效应在统计上均十分显著。

再来看间接效应，自变量“income”间接效应的计算结果为−0.736 662，t 统计量为−1.915 319，伴随概率为 0.061 298，说明在 6%的显著性水平下拒绝“自变量 income 间接效应为 0”的原假设。自变量“hoval”间接效应的计算结果为−0.205 586，t 统计量为−1.483 262，伴随概率为 0.144 409，说明在 10%显著性水平下无法拒绝“自变量 hoval 间接效应为 0”的原假设。

最后看总效应。总效应等于直接效应和间接效应之和。例如，自变量“income”的总效应等于直接效应加间接效应［−1.820 672=(−1.084 010)+(−0.736 662)］。同样的道理，自变量“hoval”的总效应也等于直接效应和间接效应之和。

从统计检验结果来看，自变量“income”和“hoval”的总效应的 t 统计量的伴随概率分别为 0.002 706 和 0.021 568，分别说明在 1%和 5%的显著性水平下拒绝“自变量 hoval 总效应为 0”的原假设，也拒绝“自变量 hoval 总效应为 0”的原假设，说明本地区的家庭收入和房屋价格以及邻近地区家庭收入和房屋价格的提高均能显著地减少本地区入室抢劫和盗窃车辆案件发生的数量。①

5.11.5.2 空间杜宾模型的直接效应和间接效应

在空间杜宾模型回归估计的小节中，本书介绍了空间杜宾模型可以采用函数命令“sdm.m”来进行估计，也可以利用函数命令“sar.m”来进行估计。但是，如果利用函数命令“sar.m”来进行估计，会得到错误的直接效应和间接效应。

因此，如果想要得到空间杜宾模型自变量的直接效应和间接效应，那么必须使用函数命令“sdm.m”来进行估计。重复 5.6 节中估计空间杜宾模型的代码，可以得到各个自变量的直接效应和间接效应，如下所示：

```
Direct      Coefficient    t-stat       t-prob      lower         upper 99
income      -1.022 817     -3.230 145   0.002 212   -1.867 335    -0.248 447
hoval       -0.284 049     -3.054 037   0.003 645   -0.546 995    -0.059 900

Indirect    Coefficient    t-stat       t-prob      lower         upper 99
income      -1.520 510     -1.866 080   0.068 021   -4.175 176    0.904 909
hoval        0.206 654      0.669 412   0.506 375   -0.908 453    1.035 458

Total       Coefficient    t-stat       t-prob      lower         upper 99
income      -2.543 327     -3.004 136   0.004 188   -5.296 841    0.058 664
hoval       -0.077 395     -0.228 543   0.820 175   -1.314 088    0.837 847
```

5.11.5.3 Kelejian-Prucha 空间模型的直接效应和间接效应

Kelejian-Prucha 空间模型的直接效应和间接效应的计算结果也伴随着 Kelejian-Prucha 空间模型的估计结果一并被报告出来。重复 5.9 节中估计 Kelejian-Prucha 空间

---

① 由于总效应等于直接效应和间接效应之和。在本例中，直接效应和间接效应均显著为负，所以两者的作用是同方向的。但是，有可能出现直接效应和间接效应的作用相反的情况，导致总效应的结果依赖于直接效应和间接效应之中较大的效应。换言之，如果直接效应大于间接效应，那么总效应与直接效应的作用相同，反之亦然。当然，也要看总效应在统计上是否显著。在实证分析中，需要注意这个问题。

模型的代码，可以得到各个自变量的直接效应和间接效应，如下所示：

```
Direct      Coefficient    t-stat       t-prob      lower        upper 99
income      - 1.121 908    - 3.348 089  0.001 571   - 1.948 002  - 0.228 785
hoval       - 0.284 171    - 3.006 875  0.004 156   - 0.582 696  - 0.051 125

Indirect    Coefficient    t-stat       t-prob      lower        upper 99
income      - 0.850 475    - 0.775 160  0.441 970   - 4.502 891  - 0.015 055
hoval       - 0.250 027    - 0.473 417  0.638 018   - 1.746 778  - 0.003 922

Total       Coefficient    t-stat       t-prob      lower        upper 99
income      - 1.972 383    - 1.684 885  0.098 370   - 5.655 204  - 0.421 572
hoval       - 0.534 197    - 0.938 440  0.352 621   - 2.157 458  - 0.090 946
```

5.11.5.4 一般嵌套空间模型的直接效应和间接效应

在一般嵌套空间模型小节中，本书介绍了使用“sacpaul. m”函数命令来估计自变量的参数，但是“sacpaul. m”函数命令没有包含计算直接效应和间接效应的功能。这是由于计算直接效应和间接效应时需要依赖于参数的估计结果。换言之，需要利用“sacpaul. m”函数命令估计出的参数来计算直接效应和间接效应。

那么，计算一般嵌套空间模型自变量的直接效应和间接效应的 MATLAB 程序分为两部分，第一部分代码用来估计参数，第二部分代码用来计算直接效应和间接效应。在 MATLAB 软件中的具体程序如下所示：

```
%估计一般嵌套空间模型(采用 Paul Elhorst 的 sacpaul.m 命令)
clear; %清空工作空间中的所有变量
clc; %清除命令窗口中的所有内容

%读取数据
A = csvread('columbus.csv',1,0); %读取数据文件并命名为 A
W1 = csvread('Wcolumbus.csv'); %读取空间权重矩阵文件并命名为 W1
W = normw(W1); %行标准化空间权重矩阵 W1,并命名为 W
y = A(:,[2]); %选取 A 第 2 列向量,并命名为 y
x = A(:,[3,4]); %选取 A 第 3 和 4 列向量,并命名为 x
nobs = length(y); %获得 y 变量观察值的个数(空间单元个数)
xconstant = ones(nobs,1); %生成一个 nobs 行 1 列元素均为 1 的列向量
wx = W * x; %计算解释变量的空间滞后项

%模型估计
result = sacpaul(y,[xconstant x wx],W); %估计模型
vnames = strvcat('crime','constant','income','hoval','W * income','W * hoval'); %设定因变量与解释变量名
prt_paul(result,vnames,1); %输出估计结果
```

```
%精确计算直接效应和间接效应
parm = [result.beta;result.rho;result.lam;result.sige];
N = 49;
nvar = 2;
beta = result.beta(2:5);
rho = result.rho;
for p = 1:nvar
    C = zeros(N,N);
    for i = 1:N
        for j = 1:N
            if(i = = j)C(i,j) = beta(p);
            else C(i,j) = beta(nvar + p) * W(i,j);
            end
        end
    end
    S = (eye(N)-rho * W)\C;
    EAVD(p,1) = sum(diag(S))/N; % 平均直接效应
    EAVI(p,1) = sum(sum(S,2)-diag(S))/N; % 平均间接效应
    EAVC(p,1) = sum(sum(S,1)'-diag(S))/N; % 平均间接效应
    EAVCtot(p,1) = EAVD(p,1) + EAVI(p,1); % 总效应
end
fprintf(1,'    direct    indirect    total \n');
[EAVD EAVI EAVCtot]
```

执行完上述代码后，可以得到各个自变量的直接效应和间接效应，如下所示：

```
direct       indirect       total

ans =

 -1.032 9     -1.387 6      -2.420 5
 -0.279 4      0.180 8      -0.098 6
```

5.12 模型之间的联系与模型的出发点

5.12.1 各个模型之间的联系

本章一共介绍了八种模型，除去 OLS 模型，其他七种为空间计量模型，分别是：空间滞后模型、空间误差模型、空间杜宾模型、空间杜宾误差模型、自变量空间滞后模型、Kelejian-Prucha 空间模型和一般嵌套空间模型。这八种线性模型可以归属为一个模型家族（family）。Elhorst（2010a）给出了这八种模型之间的联系[①]，如图 5-13 所示。

---

① 实际上，Elhorst（2010a）只是提到了七种模型，没有包含自变量空间滞后模型，本章则添加了这个模型，建立起这八种模型之间的联系。在本书编写之时，Vega and Elhorst（2015）又在论文中添加了自变量空间滞后模型。

图 5－13 展示了本章介绍的七种空间计量模型和 OLS 模型之间的联系。图 5－13 从某种意义上讲，也反映了空间计量模型的演化过程。

先从图 5－13 最左边的一般嵌套空间模型开始分析。通过对一般嵌套空间模型添加约束条件就可以得到图 5－13 右边的各种模型。

如图 5－13 所示，如果一般嵌套空间模型的自变量空间滞后项系数 $\boldsymbol{\theta}=\mathbf{0}$，那么就可以得到一般空间模型（Kelejian-Prucha 空间模型）；如果一般嵌套空间模型的空间自相关系数 $\lambda=0$，那么就可以得到空间杜宾模型；如果一般嵌套空间模型的空间自回归系数 $\rho=0$，那么就可以得到空间杜宾误差模型。

如果一般空间模型的空间自相关系数 $\lambda=0$，那么就可以得到空间滞后模型；如果一般空间模型的空间自回归系数 $\rho=0$，那么就可以得到空间误差模型。

如果空间杜宾模型的自变量空间滞后项系数 $\boldsymbol{\theta}=\mathbf{0}$，那么就可以得到空间滞后模型；如果空间杜宾模型的空间自回归系数 $\rho=0$，那么就可以得到自变量空间滞后模型；如果空间杜宾模型的 $\boldsymbol{\theta}=-\rho\boldsymbol{\beta}$，$\lambda=\rho$，那么就可以得到空间误差模型。

如果空间杜宾误差模型的自变量空间滞后项系数 $\boldsymbol{\theta}=\mathbf{0}$，那么就可以得到空间误差模型。

如果空间滞后模型的空间自回归系数 $\rho=0$，那么就可以得到普通最小二乘模型（OLS 模型）；如果自变量空间滞后模型的自变量空间滞后项系数 $\boldsymbol{\theta}=\mathbf{0}$，那么就可以得到普通最小二乘模型；如果空间误差模型的空间自相关系数 $\lambda=0$，那么就可以得到普通最小二乘模型。

上述各个空间计量模型之间的相互转换依赖于约束条件，大多数约束条件非常简单清晰。最复杂的是空间杜宾模型与空间误差模型的转变，下面就简要地推导一下转变的过程。先给出空间杜宾模型，如下所示：

$$\boldsymbol{y}=\rho\boldsymbol{W}\boldsymbol{y}+\boldsymbol{X}\boldsymbol{\beta}+\boldsymbol{W}\boldsymbol{X}\boldsymbol{\theta}+\boldsymbol{\varepsilon} \tag{5.60}$$

$$(\boldsymbol{I}-\rho\boldsymbol{W})\boldsymbol{y}=\boldsymbol{X}\boldsymbol{\beta}+\boldsymbol{W}\boldsymbol{X}\boldsymbol{\theta}+\boldsymbol{\varepsilon} \tag{5.61}$$

方程 5.61 右边如果要构造出（$\boldsymbol{I}-\rho\boldsymbol{W}$），那么就要使得 $\boldsymbol{\theta}=-\rho\boldsymbol{\beta}$，这样方程 5.61 就可以变为：

$$(\boldsymbol{I}-\rho\boldsymbol{W})\boldsymbol{y}=\boldsymbol{X}\boldsymbol{\beta}+\boldsymbol{W}\boldsymbol{X}(-\rho\boldsymbol{\beta})+\boldsymbol{\varepsilon} \tag{5.62}$$

$$(\boldsymbol{I}-\rho\boldsymbol{W})\boldsymbol{y}=(\boldsymbol{I}-\rho\boldsymbol{W})\boldsymbol{X}\boldsymbol{\beta}+\boldsymbol{\varepsilon} \tag{5.63}$$

$$\boldsymbol{y}=\boldsymbol{X}\boldsymbol{\beta}+(\boldsymbol{I}-\rho\boldsymbol{W})^{-1}\boldsymbol{\varepsilon} \tag{5.64}$$

令$(\boldsymbol{I}-\rho\boldsymbol{W})^{-1}\boldsymbol{\varepsilon}=\boldsymbol{\mu}$，由于$(\boldsymbol{I}-\rho\boldsymbol{W})^{-1}=\boldsymbol{I}+\rho\boldsymbol{W}$，那么方程 5.64 可以变为：

$$\begin{cases}\boldsymbol{y}=\boldsymbol{X}\boldsymbol{\beta}+\boldsymbol{\mu}\\(\boldsymbol{I}+\rho\boldsymbol{W})\boldsymbol{\varepsilon}=\boldsymbol{\mu}\end{cases} \tag{5.65}$$

整理上述公式，即可得到空间误差模型，如下：

$$\begin{cases}\boldsymbol{y}=\boldsymbol{X}\boldsymbol{\beta}+\boldsymbol{\mu}\\\boldsymbol{\mu}=\rho\boldsymbol{W}\boldsymbol{\mu}+\boldsymbol{\varepsilon}\end{cases} \tag{5.66}$$

如果 $\rho=\lambda$，那么就变成了常见的空间误差模型。由此，可以回顾一下 5.6 节空间杜宾模型所介绍的：如果在实证分析中采用的是空间杜宾模型，但是数据生成过程应该为空间滞后模型或者空间误差模型，那么空间杜宾模型也不会产生有偏的估计系数，这句

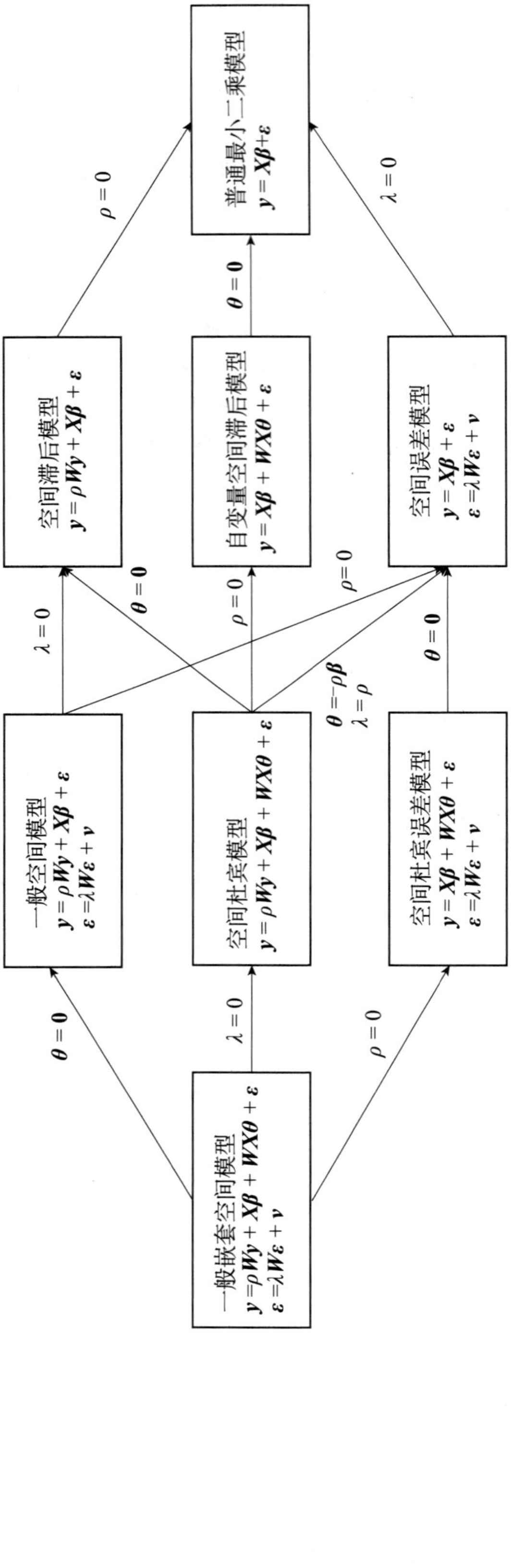

图 5-13　不同模型之间的联系

话的含义通过图 5 - 13 就可以看出来。在实证分析中，如果一开始选择空间杜宾模型，但是统计检验结果发现关键参数不显著，那么空间杜宾模型可以退化为空间滞后模型或者空间误差模型。

5.12.2 实证研究中模型的出发点

这八种模型之间是相互联系的，通过约束条件可以进行转化。这就产生了一个问题。在实证分析中，究竟是从最左边的一般嵌套空间模型开始分析，还是从最右边的 OLS 模型开始分析？

如果研究的思路是从左到右，则称为从一般到特殊方法（general to specific approach）；反之，如果研究的思路是从右到左，则称为从特殊到一般方法（specific to general approach）。在实证分析研究中，两种方法都是可行的。

5.12.2.1 从 OLS 模型出发

Florax et al.（2003）就以经典线性回归模型作为研究的出发点（departure），然后对模型进行扩展。具体来说，在最简单的 OLS 模型中添加空间滞后项要比从一般到特殊方法好得多。Elhorst（2010a）也非常赞同 Florax et al.（2003）这样的研究思路。

5.12.2.2 从一般嵌套空间模型出发

从图 5 - 13 来看，似乎应该从最复杂的一般嵌套空间模型作为分析的开始，因为一般嵌套空间模型包含了所有三种空间交互效应。由上述小节的介绍可知，通过简单地扩展自变量空间滞后项，利用估计 Kelejian-Prucha 空间模型的函数命令“sac.m”得到的空间自回归参数 ρ 和空间自相关参数 λ 有可能超出［−1，1］的范围。尽管一般嵌套空间模型包含所有的空间交互效应，使得估计出这些空间交互效应变得复杂，但是，Elhorst（2010a）发现在估计一般嵌套空间模型上并没有太多的技术障碍，并且 Elhorst（2010a）修正了这个偏误。估计上没有问题，问题在于对模型的解释，很难区分一般嵌套空间模型的内生的空间交互效应和外生的空间交互效应。

5.12.2.3 从空间杜宾模型出发

作为空间杜宾模型的倡导者，LeSage and Pace（2009）认为空间杜宾模型理应成为研究的起点，因为在模型设定中忽略因变量空间滞后项 $\boldsymbol{Wy}$ 和自变量空间滞后项 $\boldsymbol{WX}$ 的风险很高。

具体来说，因变量空间滞后项 $\boldsymbol{Wy}$ 和自变量空间滞后项 $\boldsymbol{WX}$ 作为解释变量在模型中被遗漏，那么会导致产生模型设定偏误问题（Greene，2011）。相反的是，如果只是忽略了空间自相关误差项 $\boldsymbol{W\varepsilon}$，则只是造成了一些效率的损失而已。

换言之，数据生成过程（data generation process）即便是其他空间回归模型（除一般嵌套空间模型之外），选择空间杜宾模型也不会得到有偏的估计，只不过存在一些效率的损失而已。

相反，如果选用 Kelejian-Prucha 空间模型，数据生成过程是空间杜宾模型或者空间杜宾误差模型，那么 Kelejian-Prucha 空间模型就有遗漏变量的风险。

同理，选用空间杜宾误差模型，如果数据生成过程是空间滞后模型、Kelejian-Prucha 空间模型或者空间杜宾模型，那么空间杜宾误差模型也有遗漏变量的风险。

选用空间杜宾模型还有一个好处，那就是如果数据生成过程是空间误差模型，那么空间杜宾模型也不会产生错误的标准误和 t 统计量，因为空间误差模型是空间杜宾模型的一个特例。[①]

5.12.2.4 八种模型的回归结果

为了更好地观察和对比上述八种模型的回归结果，表 5-4 整理了八种模型的参数估计结果。

表 5-4　　八种空间计量模型估计结果汇总

Variable	OLS	SAR	SEM	SLX	KMP	SDM	SDEM	GNS
constant	68.619	45.730	60.276	74.553	45.502	44.581	73.643	53.061
	(14.490)	(6.295)	(11.232)	(11.101)	(4.706)	(3.407)	(8.438)	(0.738)
income	−1.597	−1.052	−0.957	−1.097	−1.053	−0.921	−1.052	−0.959
	(−4.780)	(−3.420)	(−2.863)	(−2.936)	(−3.203)	(−2.751)	(−3.275)	(−2.099)
hoval	−0.274	−0.266	−0.305	−0.294	−0.265	−0.297	−0.278	−0.289
	(−2.654)	(−2.989)	(−3.309)	(−2.896)	(−2.965)	(−3.285)	(−3.052)	(−2.812)
W * income				−1.399		−0.591	−1.205	−0.774
				(−2.497)		(−1.028)	(−2.099)	(−0.434)
W * hoval				0.215		0.257	0.131	0.218
				(1.033)		(1.374)	(0.633)	(0.731)
ρ		0.421			0.426	0.400		0.284
		(3.516)			(2.460)	(2.471)		(0.285)
λ			0.547		−0.018		0.404	0.163
			(3.964)		(−0.057)		(2.472)	(0.150)
R^2	0.552	0.580	0.644	0.611	0.647	0.611	0.658	0.656
调整后的 R^2	0.533	0.562	0.628	0.575	0.631	0.575	0.627	0.624

注：圆括号内为 t 统计量。

5.13 对空间计量模型选择的讨论

5.13.1 分析残差的空间依赖性

在进行空间计量模型回归估计之前，很多实证分析研究通常的做法是对因变量进行全域空间自相关分析，用来描述空间单元的某个要素的观察值与相邻空间单元的要素的观察值是否相近。一般采用的测度指标是 Moran's I。

例如，在对本例数据进行空间计量模型回归估计之前，先对 CRIME 变量进行全域空间自相关分析。计算结果显示：CRIME 变量的 Moran's I 数值为 0.500 2，其概率值为 0.001，表明在 1%的显著性水平下拒绝“无空间自相关”的原假设，也就是说，CRIME 变量存在显著的正向的空间自相关现象。

① 从上面的推导过程可以看出空间误差模型是空间杜宾模型的一个特例。

在估计空间计量模型之前对因变量进行空间自相关检验是很多中文实证论文的通常做法。需要指出的是：因变量存在空间自相关现象并非在模型右边添加因变量的空间滞后项的必要条件，尽管有时候因变量存在显著的空间自相关现象。

在拉格朗日乘子检验的方法被发表之前，空间自相关检验实际上应用在检验模型回归后的残差是否存在空间自相关现象上（Cliff and Ord，1981）。如果模型回归后的残差存在空间自相关现象，那么应该通过添加因变量的空间滞后项（即建立空间滞后模型）或者添加空间自相关误差项（即建立空间误差模型）来消除残差中的空间依赖性问题。

在本章的 OLS 模型小节中，模型回归估计之后，可以发现残差围绕着 0 值上下波动。然而，对残差是否存在空间依赖性则没有进行检验。对 OLS 模型残差计算 Moran's I，结果显示，残差的 Moran's I 数值为 0.222，其概率值为 0.006，见表 5－5，表明在 1%的显著性水平下拒绝残差无空间自相关的原假设，即残差项存在显著的空间依赖性。因此，需要处理 OLS 模型残差项存在的空间自相关问题。①

表 5－5　六种模型回归后的残差 Moran's I 指数

	OLS	SLM	SEM	SLX	SDM	SDEM
Moran's I	0.222	0.033	0.012	0.206	0.015	0.016
P-value	0.006	0.264	0.352	0.015	0.382	0.312

5.13.2 OLS 模型与空间滞后模型的比较

接下来，比较 OLS 模型和空间滞后模型②，两个模型的回归结果见表 5－6。请注意：由于空间滞后模型的拟合优度 R^2 与 OLS 模型的拟合优度 R^2 不同，因此两个模型的拟合优度之间不可通过大小进行比较（Anselin，1988）。

表 5－6　OLS 模型与空间滞后模型

变量	OLS 模型			空间滞后模型		
	系数	标准误差	概率	系数	标准误差	概率
constant	68.619	4.735	0.000	45.603	7.257	0.000
income	−1.597	0.334	0.000	−1.049	0.307	0.001
hoval	−0.274	0.103	0.011	−0.266	0.089	0.003
ρ				0.423	0.120	0.000
R^2	0.552			0.647		
对数似然值	−187.377			−182.674		
AIC	380.754			373.348		
SC	386.430			380.915		

Anselin（1988）给出了 3 个统计量来进行模型的比较，分别是对数似然值、赤池信息准则（AIC）和施瓦茨准则（SC）。其中，对数似然值统计量越大说明模型越好，而 AIC 和 SC 统计量越小说明模型越好。这在前面的小节中已经介绍过，通过这 3 个统计量可知，空间滞后模型优于 OLS 模型。

① 表 5－5 展示了六种模型的残差的 Moran's I 数值，它们在本小节后面的部分需要用到。

② 这里采用的是 GeoDa 软件估计出来的结果。

那么，空间滞后模型是否消除了模型回归后残差的空间依赖性呢？可以通过 Moran's I 检验来进行判断。结果显示（见表 5－5），空间滞后模型残差的 Moran's I 数值为 0.033，其概率值为 0.264，即在 10％的显著性水平下无法拒绝残差不存在空间自相关的原假设，表明空间滞后模型的残差不存在空间依赖性。通过添加因变量的空间滞后项剔除了残差中的空间依赖性。

5.13.3 对空间计量模型设定的判断

实际上，Moran's I 检验只是一种简单的判别残差是否存在空间自相关的方法，与因变量的空间滞后项（“W＊crime”）和空间滞后误差项（“Wε”）在模型中是否显著并无关系。

Anselin（1988）给出了 3 种统计量检验空间滞后项是否显著，即 Wald 统计量、Likelihood Ratio（LR）统计量和拉格朗日乘子（LM）统计量，这 3 种统计量的大小排列应遵从 Wald＞LR＞LM。在有限的样本情况下，如果这 3 种统计量排列不遵从这个顺序，那么模型设定可能有误。

LM 统计量已经在拉格朗日乘子检验一节中介绍过了，Wald 统计量等于 t 统计量的平方，服从 $\chi^2(1)$ 分布。

$$\text{Wald} = t^2 \tag{5.67}$$

LR 统计量的构造，如公式 5.68 所示：

$$\text{LR} = -2 * (\ln L_0 - \ln L_1) \tag{5.68}$$

其中，$\ln L_0$ 为原假设模型的对数似然值；$\ln L_1$ 为备选模型的对数似然值。

由此，可以列出空间滞后模型和空间误差模型的 3 个统计量，如表 5－7 所示。

表 5－7　　3 个模型的统计量汇总

统计量	OLS	SLM	SEM
LM-lag		8.898 0	
LM-error			5.206 2
t_ρ		3.542 162	
t_λ			3.960 521
Wald		12.546 9	15.685 7
对数似然值	－187.77	－182.674	－183.749
LR		9.406 0	7.255 1

表 5－7 列出了空间滞后模型和空间误差模型的 LM、Wald 和 LR 统计量。空间滞后模型的 Wald 统计量等于空间自回归系数 ρ 的 z 值（3.542 162）的平方，即 12.546 9＝3.542 162²；空间误差模型的 Wald 统计量等于空间自相关系数 λ 的 z 值（3.960 521）的平方，即 15.685 7＝3.960 521²。

空间滞后模型的 LR 统计量为－2×[(－187.377)－(－182.674)]＝9.406 0。其中，$\ln L_0$ 就是 OLS 模型的对数似然值，$\ln L_1$ 为空间滞后模型的对数似然值。同理，空间误差模型的 LR 统计量为－2×[(－187.377)－(－183.749)]＝7.255 1。

因此，利用 3 个统计量的排序，即 Wald＞LR＞LM 排序，可以判断模型设定是否合适，这也是判断空间计量模型优劣的一个标准。

空间滞后模型结果完全遵从这种顺序排列，即 Wald(12.546 9)＞LR(9.406 0)＞LM(8.898 0)。并且，这 3 个统计量均在 1%的显著性水平下可以拒绝原假设，说明空间滞后模型的设定是合适的。

尽管拉格朗日乘子检验结果指向了空间滞后模型，但表 5－8 右侧一栏也给出了空间误差模型的回归估计结果。2 个自变量“income”和“hoval”的系数同样显著为负，而空间自相关系数（λ）显著为正，说明残差存在空间依赖性。

表 5－8　　空间滞后模型与空间误差模型

变量	空间滞后模型			空间误差模型		
	系数	标准误差	概率	系数	标准误差	概率
constant	45.603	7.257	0.000	60.279	5.366	0.000
income	－1.049	0.307	0.001	－0.957	0.334	0.004
hoval	－0.266	0.089	0.003	－0.305	0.092	0.001
ρ	0.423	0.120	0.000			
λ				0.547	0.138	0.000
R^2	0.647			0.644		
对数似然值	－182.674			－183.749		
AIC	373.348			373.499		
SC	380.915			379.174		

那么，空间误差模型是否也能剔除残差中的空间自相关呢？可以通过 Moran's I 数值进行判断，检验结果显示（见表 5－5），空间误差模型回归后残差的 Moran's I 数值为 0.012，其概率值为 0.352，即在 10%的显著性水平下无法拒绝残差不存在空间自相关的原假设，表明空间误差模型的残差也不存在空间依赖性。

通过添加空间自相关误差项也剔除了残差中的空间自相关现象（$W\varepsilon$）。而空间误差模型中的空间自相关误差项的显著性检验结果显示，3 个统计量也遵从 Anselin 提出的排列顺序，即 Wald(15.685 7)＞LR(7.255 1)＞LM(5.206 2)，说明空间误差模型的设定至少从统计检验的角度上来说也是合适的。

5.13.4　理论基础的重要性

5.13.4.1　空间滞后模型和空间误差模型统计量的比较

空间滞后模型和空间误差模型各自特有的空间滞后项在统计上均非常显著，并且 Wald、LR 和 LM 这三个统计量的排列顺序也显示出这两个空间计量模型的设定也都是合适的。

接下来，通过前面介绍的对数似然值、AIC 和 SC 这三个统计量来横向比较空间滞后模型和空间误差模型。

由表 5－8 可知，两个空间回归模型的三个统计量在数值大小上都极为接近，尽管空间滞后模型的这三个统计量中的每一个都略微优于空间误差模型的相应统计量，即对数似然值-lag（－182.674）＞对数似然值-error（－183.749）；AIC-lag（373.348）＜

AIC-error (373.499); SC-lag (380.915)<SC-error (379.174)。

唯一能判别出这两个空间回归模型优劣的统计量就是稳健性的 LM 检验,即 robust LM-lag 和 robust LM-error,检验结果显示 robust LM-lag>robust LM-error。

5.13.4.2 模型的理论基础

接下来,通过理论基础来进一步判断空间滞后模型是否正确。本例实证分析采用空间滞后模型是合适的,这不仅仅是因为统计检验的结果支持这一结论,更重要的是理论基础也支持这一空间回归模型的设定。

因变量空间滞后项"W * crime"显著为正,表明周围地区的入室抢劫和盗窃车辆案件会严重影响中心地区的相同犯罪现象的发生数量。这不仅从犯罪学上很容易得知,而且从常识的角度也容易理解。当一个地区发生犯罪事件后,犯罪嫌疑人往往可能会流窜到其他邻近地区作案,存在非常明显的空间交互效应。这种地理空间之间的交互效应通过空间滞后项表达出来。

由此可见,空间交互效应的合理性应该是空间计量模型建模的理论基础,而不仅仅是通过 LM 检验来进行判断,两者的结合才是有效的空间计量模型设定的基础。

5.13.4.3 空间滞后模型的限制

实际上,空间滞后模型的应用是非常受限的,在使用上不如空间误差模型广泛(Anselin,1988)。这是因为,若要在回归方程中添加因变量的空间滞后项,即估计空间滞后模型,不仅需要 LM 检验结果的支持,更重要的是需要合理的理论基础来支持模型设定。

因变量的空间滞后项并非在所有的模型中都有意义。例如,Jiang et al. (2014) 检验中国省域能源强度是否存在二次曲线,其研究的因变量为能源强度[①],尽管 LM 检验的结果支持空间滞后模型,但是 Jiang et al. (2014) 仍然选择空间误差模型。这是由于没有任何理论可以证明邻近地区的能源强度能够"直接"作用或者影响中心地区的能源强度。尽管有文献支持技术扩散这一说法,即技术存在空间溢出效应,也就是说某一地区的技术可以扩散到其他地区,但是,这并非意味着技术溢出是唯一能决定能源强度的外生因素。

实际上,能源强度强烈地受到能源结构等外生因素的影响。举例来说,山西是著名的煤炭富集大省,因此,山西的工业体系跟煤炭的生产与加工紧密联系,工业用能基本完全来自低效的煤炭。在山西的能源消费结构中,煤炭占据了绝对的主导地位。以煤炭为主的能源资源禀赋决定了山西这种以重工业为主的工业体系,因此山西的能源强度极高。山西的直接邻近省份有内蒙古、河北、河南和陕西,这些相邻省份的技术水平很难说就一定比山西的水平高。

假若能源强度指标能够反映出一定的技术水平,那么河南和陕西的能源强度也处于全国的中间水平,而内蒙古和河北的能源强度也仅仅比山西略好(根据 2014 年统计数据),可以承认省域之间存在技术差异。这种并非十分明显的技术差异能否通过空间技术溢出效应改善山西的能源强度也未可知。尽管有可能较远并且技术先进的地区可以产

---

① 能源强度是衡量能源效率的一种最为常见的指标,定义为单位 GDP 的能耗。

生技术溢出，但是很难在较短的时间内从整体上较快地改善山西的能源强度。这还是由于山西的工业体系很难更改以煤炭为主的基本事实。另一个典型的煤炭大省——贵州也是如此。

再回到空间计量模型本身。如果忽略因变量的空间滞后项，那么会得到有偏的估计；如果忽略残差项的空间滞后项，那么会得到无偏但是无效的估计（Anselin，1988）。但是，忽略残差中的空间自相关的风险也是相当高的（Oberst and Oelgemöller，2013），至少也不应该是可以忽略不计的。[①]

在很多情况下，尽管因变量的空间自相关可能显著，但是缺乏理论基础。因此，在这种情况下，应该转而考虑由非系统性联系所产生的空间依赖性，也就是考虑误差项中的空间自相关。这是由于在模型设定中不可能列出所有的外生解释变量，因此误差项中包含了这些未能列入的外生变量。误差项中有极大的可能性包含着空间依赖性[②]，所以在模型中必须考虑误差项的空间依赖性。

5.13.5　自变量空间滞后模型的扩展

尽管在某些情况下，因变量空间自相关可能缺乏理论基础，但是因变量的部分空间依赖性可以通过某些外生变量的空间交互效应来弥补。例如，在上例中介绍的能源强度变量。

技术溢出和扩散也是技术进步的重要来源之一，换言之，从地区外部获取先进的技术是本地区技术进步的重要来源之一，而技术进步是能够促使能源强度降低的有效方法之一，所以外界先进的技术通过技术溢出和扩散有助于降低能源强度。

还有就是在自变量空间滞后模型一节中提到的外部性问题。房屋价格不可避免地受了外部性的影响，这也是自变量空间滞后模型的理论基础。

Columbus 犯罪数据集的自变量空间滞后模型的回归估计结果如表 5－9 所示，表5－9 中也包含了 LM 检验的结果。

表 5－9　　自变量空间滞后模型与 LM 检验结果

变量	系数	标准误差	t 统计量	概率
constant	74.553	6.716	11.102	0.000
income	−1.097	0.374	−2.936	0.005
W * income	−1.399	0.560	−2.497	0.016
hoval	−0.294	0.102	−2.896	0.006
W * hoval	0.215	0.208	1.033	0.307
LM-lag	4.827			0.028
robust LM-lag	0.418			0.518
LM-error	4.455			0.035
robust LM-error	0.046			0.831

由表 5－9 可知，LM-lag 和 LM-error 两个统计量均十分显著，但是 robust LM-lag

① 实际上，这属于两个观点的争议。笔者认为，空间计量经济学建模还是要依据理论基础。

② 第一章介绍过，统计误差也是空间依赖性的来源之一。

和 robust LM-error 两个统计量均不显著。在这种情况下，Anselin 推荐的分析流程图不再适用。但是可以看到，统计量 LM-lag 大于 LM-error，说明拉格朗日乘子检验结果建议在模型中添加因变量空间滞后项，即“W * crime”。由此，又产生了一种新的空间计量模型的设定方法，即空间杜宾模型。

5.13.6 对空间杜宾模型和空间杜宾误差模型的讨论

5.13.6.1 空间杜宾模型和空间杜宾误差模型统计量的比较

空间杜宾模型和空间杜宾误差模型的回归估计结果如表 5-10 所示。接下来，对比空间杜宾模型和空间杜宾误差模型的对数似然值、AIC 和 SC 这三个统计量。由表 5-10 可知，这两个空间回归模型相对应的三个统计量也都极为接近。

表 5-10　空间杜宾模型与空间杜宾误差模型

变量	空间杜宾模型			空间杜宾误差模型		
	系数	标准误差	概率	系数	标准误差	概率
constant	44.320	13.045	0.001	73.645	8.724	0.000
income	−0.920	0.335	0.006	−1.052	0.321	0.001
hoval	−0.297	0.090	0.001	−0.278	0.091	0.002
W * income	−0.584	0.574	0.309	−1.205	0.574	0.036
W * hoval	0.258	0.187	0.169	0.131	0.207	0.527
ρ	0.403	0.161	0.012			
λ				0.404	0.164	0.014
R^2	0.660			0.658		
对数似然值	−181.639			−181.779		
AIC	375.279			373.558		
SC	386.629			383.017		

最后来看 Wald 统计量、LR 统计量和 LM 统计量，它们依次为 6.254 0、4.662 7 和 4.827 3。其中，空间杜宾模型的这三个统计量并没有遵从 Wald>LR>LM 的顺序。同样，空间杜宾误差模型的这三个统计量依次为 6.091 4、4.383 2 和 4.455 1，也没有遵从 Wald>LR>LM 的顺序。这说明这两个空间计量模型设定有误，导致了极大似然估计和检验的统计量的渐进性不再有效。

解决的方法是重新更改模型的设定。例如，引入新的自变量，或者采用不同的空间权重矩阵（Anselin，2005）。也就是说，这并不意味着空间杜宾误差模型没有意义，通过引入新的自变量或者采用不同的空间权重矩阵，空间杜宾误差模型完全有可能成为合适的模型。

5.13.6.2 空间杜宾模型的缺点

LeSage and Pace（2009）极力推荐空间杜宾模型，是因为不仅因变量的空间滞后项和外生变量会影响因变量，而且自变量的空间交互效应 ***WX*** 也是影响因变量的重要因素。

因此，综合考虑，如果实证分析采用了空间滞后模型，则最好扩展为空间杜宾模型。但是，空间杜宾模型也并非没有缺点。经验表明，通常该模型需要大的样本量才能得到显著的自变量空间滞后项，以及相应的间接效应。这也是实证分析中阻碍空间杜宾模型广泛应用的重要障碍之一（Elhorst，2014）。

5.13.6.3　空间杜宾误差模型的优点

在实证分析中，空间杜宾误差模型极少得到应用（Elhorst，2010a），但是这并非意味着空间杜宾误差模型没有应用价值。

实际上，正如 Anselin（1988）所说，空间误差模型的应用范围理论上比空间滞后模型要广泛。同理，空间杜宾误差模型在实证分析上也极有应用价值。这是因为，空间杜宾误差模型不仅可以囊括想要检验的感兴趣的外生变量的空间交互效应，同时也考虑到了误差项中的空间依赖性问题。

另外，空间杜宾误差模型在应用上较空间杜宾模型有一个明显的优点，那就是空间杜宾误差模型的系数可以像 OLS 模型回归后的系数一样被直接解释，而空间杜宾模型的系数不可以被直接解释。这是由于空间杜宾模型包含因变量的空间滞后项，因此外生变量 $\boldsymbol{X}$ 的系数和其空间滞后项 $\boldsymbol{WX}$ 的系数不能被直接解释，而是需要计算直接效应和间接效应（LeSage and Pace，2009）。

然而，空间杜宾误差模型的回归系数则可以被直接解释。以表 5－10 最右侧的空间杜宾误差模型回归结果为例，自变量“income”的系数为－1.052，该系数为直接效应，表示本地区家庭收入每提高 1 000 美元，则会促使本地区每千户中入室抢劫和盗窃车辆案件减少发生 1.052 件。而空间滞后项“W * income”的系数为－1.205，该系数为间接效应（也叫做累积邻近效应，accumulative neighboring effects），表示邻近地区家庭收入每提高 1 000 美元，则会促使本地区每千户中入室抢劫和盗窃车辆案件减少发生 1.205 件。

由上述例子可知，在分析某因变量的解释因素及其相应的空间交互效应时，空间杜宾误差模型有着天然的优势，尤其在因变量的空间滞后项缺乏理论基础的时候尤甚。

综上所述，在进行实证分析研究时，需要反复斟酌因变量的空间滞后项是否有理论依据，尽管 Moran's I 检验结果显示因变量存在显著的空间自相关现象。然而，如果没有强有力的理论基础，那么需要考虑空间杜宾误差模型。

5.13.7　Kelejian-Prucha 空间模型和一般嵌套空间模型

最后讨论 Kelejian-Prucha 空间模型和一般嵌套空间模型。这两种空间计量模型在实证分析研究中十分少见。这是因为，这两种空间回归模型非常难以解释。因此，不推荐采用这两种模型进行实证分析。

5.13.8　空间权重矩阵的选择问题

5.13.8.1　空间权重矩阵选择的现实问题

空间计量模型区别于经典计量模型之处就是模型中包含了空间权重矩阵。空间权重矩阵也成了空间计量经济学中至关重要的因素。

然而，空间权重矩阵是无法被估计出来的，只能预先设定，并且在空间计量经济学领域也缺乏相应的理论去判断空间权重的设定。因此，就目前而言，可以说空间计量模型最大的缺陷就是空间权重矩阵的设定问题（Leenders，2002）。

5.13.8.2 选择多种空间权重矩阵

在一些实证分析研究中，一些学者选用多种不同的空间权重矩阵来检验实证分析结论的稳健性。例如，Ertur and Koch（2007）采用空间杜宾模型来估计人均 GDP 的增长，就考虑到了两种空间权重矩阵的设定：一种采用基于空间距离的空间权重矩阵 $1/d^2$，其中 d 表示两个空间单元之间的距离；另一种采用的是 e^{-2d}。

然而，在其他实证分析研究中，有的学者还采用了基于地理邻近性的 Rook 或 Queen 规则空间权重矩阵、K 个最近邻居空间权重矩阵，以及基于空间距离的空间权重矩阵，甚至社会经济空间权重矩阵等多种不同类别的空间权重矩阵。

尽管可以选择多种多样的空间权重矩阵，但问题是选择何种空间权重矩阵可以改善模型。并且，在某些情况下，当估计的结果对空间权重矩阵敏感时，很难解释这种差异性。甚至，如果选用不同的空间权重矩阵，回归估计的参数结果完全相反，就更难以解释。模型不能因为较多系数显著就成为较好的模型。并且，也没有任何空间分析理论和统计推断可以解释和判断不同空间权重矩阵在实证分析中的优劣。

5.13.8.3 依赖对数似然值选择空间权重矩阵

实证分析经验丰富的研究者可能很自然地想到可以利用拟合优度指标来判断空间权重矩阵的设定。例如，Stakhovych and Bijmolt（2009）就采用蒙特卡洛模拟方法提高寻找到合适空间权重矩阵设定的概率。

然而，应用更为广泛的指标是对数似然值。具体来说，当采用不同的空间权重矩阵估计空间计量模型时，可以报告对数似然值，选择对数似然值最大的模型即可。

但是，通过选择最大的对数似然值来判断出最佳的空间权重矩阵也只是针对选取的这几个空间权重矩阵模型而已，并非就一定找到了最正确的空间权重矩阵（Harris et al.，2011）。换言之，这也仅仅是从仅有的若干个模型中选出最好的模型。但是，这个最好的模型不一定意味着空间权重矩阵是最佳的。① 甚至，有可能是错误的空间权重矩阵选择。

但是，Stakhovych and Bijmolt（2009）并非这样认为。他们认为，在空间依赖性很弱的情况下，尽管选择出错误的空间权重矩阵的概率相当大，但是好在后果没那么严重。这是因为估计出来的系数还是接近真实的。在空间依赖性很强的情况下，尽管选择出错误的空间权重矩阵可以严重地影响估计的结果，但是发生这种情况的概率还是很小的。

5.13.8.4 理论和统计检验的缺失

不得不说，在实证分析中，空间权重矩阵的选择问题的确是空间计量模型的致命问

---

① 通俗来说，有点“矬子里拔将军”的味道。

题。一是缺乏相应的空间计量经济学理论来判断空间权重矩阵的优劣。比如说，很难说基于地理邻近性的空间权重矩阵一定比基于地理距离的空间权重矩阵要好，反之亦然。不同的实证分析，可能实际情况完全不同。不同的研究者基于实证分析的需求对空间权重矩阵的理解也有可能造成选择的偏好不同，这种选择在理论上并没有达成一致。更何况，空间权重矩阵的种类是多种多样的，各有各的特点。在实证分析中，想要说服所有的专家去接受研究者选定的空间权重矩阵则是难以做到的事。

二是缺乏相应的统计检验。到目前为止，还没有发展出一种判断空间权重矩阵的统计量。尽管上述介绍有研究通过对数似然值来判断，然而，这在实证分析中不可能得到应用。这是因为，采用不同的空间权重矩阵的模型彼此并非嵌套关系。例如，一个模型选择基于地理邻近性的 Rook 规则的空间权重矩阵 $\boldsymbol{W}_r$，另一个选择基于空间距离的空间权重矩阵 $\boldsymbol{W}_d$，如下所示：

$$\boldsymbol{y}=\rho\boldsymbol{W}_r\boldsymbol{y}+\boldsymbol{X\beta}+\boldsymbol{W}_r\boldsymbol{X\theta}+\boldsymbol{\varepsilon} \tag{5.69}$$

$$\boldsymbol{y}=\rho\boldsymbol{W}_d\boldsymbol{y}+\boldsymbol{X\beta}+\boldsymbol{W}_d\boldsymbol{X\theta}+\boldsymbol{\varepsilon} \tag{5.70}$$

这两个模型并非嵌套关系①，并不能通过对数似然值来判断两者之间的优劣。② 尽管学术界没有公认的空间权重矩阵选择标准，但是在进行实证研究分析时，需要解释选择某种空间权重矩阵的合理性。

5.14 地理加权回归模型

前面几节介绍的空间计量模型解决的是空间交互效应的问题，这些模型可以归属为全域模型（global model）。全域空间计量模型的含义在于：虽然空间单元是不同的，但是对于不同的空间单元来说，自变量对因变量的影响是相同的，因为估计出来的系数是固定的（fixed），换言之，解释变量对因变量的影响是平均的。

全域空间回归模型在某些情况下是适用的，但是在一些情况下，可能会产生错误的估计。例如，第一章的空间异质性介绍展示了上海房价存在明显的空间异质性。在对房价的研究里，房龄很显然是影响房价的一个重要因素。一般来说，房龄越大，通常意味着房屋越破旧，房价越低。但是，如果研究的是泛长三角地区的房价，对于一些有历史年头的徽派建筑来说，房子的年龄越大越有历史价值和建筑艺术特色，那么反而房价越高。如果对于这两种情况进行分析的话，很有可能得出房龄对房价的影响作用等于零的结论。

由此可见，全域模型估计出来的结果有可能导致错误的解释。Simpson（1951）就提出了一个辛普森悖论（Simpson's paradox），如图 5-14 所示：

图 5-14 分成左、中、右 3 幅图，左边的图有一条斜率为负的曲线，表示高档小区的人口密度与房价之间的关系，中间的图也有一条斜率为负的曲线，表示低档小区的人口密度与房价之间的关系。由此可见，无论对于哪个区域来说，结论为：人口密度越

---

① 嵌套也是经典计量经济学的一个概念。通俗来说，就是一个模型包含另一个模型。

② Elhorst（2010a）提到 LeSage and Pace（2009）书中最大的优点就是提供了贝叶斯方法来选择空间计量模型，并且空间计量经济学工具箱里也提供了贝叶斯估计的方法。在后面的章节中，本书会有简短的介绍。

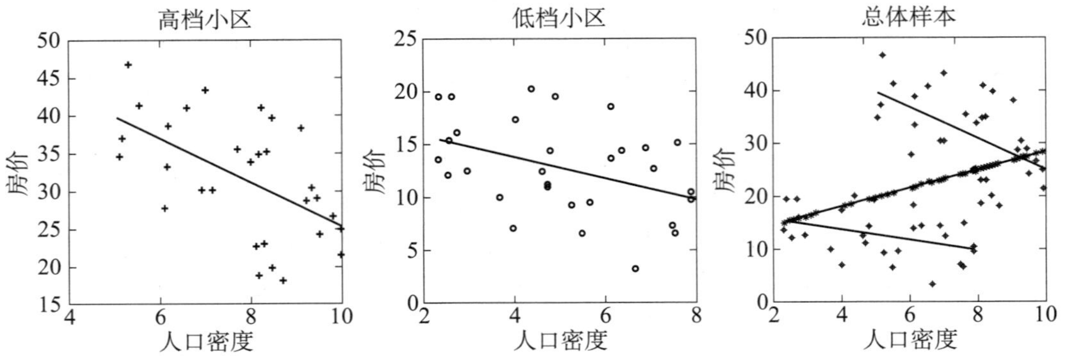

图 5-14 辛普森悖论

高，房价越低。

然而，如果将高档小区的样本数据和低档小区的样本数据合并起来进行回归，如最右图所示，可以发现总体样本人口密度与房价的回归拟合线竟然变成正斜率的，说明人口密度越高，房价也越高。这显然与上述两个样本得出的结果完全相反。

虽然辛普森悖论显示的是数据合并的问题，但是对于空间数据分析来说也有很大的借鉴意义。辛普森悖论同样也适用于空间数据的合并问题。

全域模型产生的问题由此引发了一个思考，即能否针对不同的区域估计出不同参数的模型，这种模型可以称为局域模型（local model）。

5.14.1 空间扩展模型

空间扩展模型（spatial expansion model）是 Casetti（1972）和 Casetti（1997）提出来的一个典型的局域模型。空间扩展模型能够针对不同的空间单元估计出不同的参数。其中，参数是空间单元地理位置的函数。[①]

在介绍空间扩展模型之前，首先来看一个典型的全域模型，如下所示：

$$\boldsymbol{y}_i = \alpha + \beta \boldsymbol{x}_{i1} + \cdots + \tau \boldsymbol{x}_{im} + \boldsymbol{\varepsilon}_i \tag{5.71}$$

其中，$\boldsymbol{y}$ 表示因变量；$\boldsymbol{x}$ 表示自变量；α、β 和 τ 表示待估计的参数；$\boldsymbol{\varepsilon}$ 表示随机误差项。i 表示空间坐标点，通常用经纬度来表示。

接下来要解决的问题就是如何根据空间坐标信息来构造参数的函数方程，Brown and Jones（1985）、Eldridge and Iii（1991）和 Mcmillen（1996）推荐的方式是直接采用空间单元 i 的空间坐标来表示，如下所示：

$$\begin{cases} \alpha_i = \alpha_0 + \alpha_1 \mu_i + \alpha_2 \nu_i \\ \beta_i = \beta_0 + \beta_1 \mu_i + \beta_2 \nu_i \\ \vdots \\ \tau_i = \tau_0 + \tau_1 \mu_i + \tau_2 \nu_i \end{cases} \tag{5.72}$$

① 假设随着空间单元的变化而变化。

在确定了参数的函数方程之后①，就可以代入原方程，因此可以得到扩展方程，如下所示：

$$\begin{aligned} \boldsymbol{y}_i = & \alpha_0 + \alpha_1\mu_i + \alpha_2\nu_i + \beta_0\boldsymbol{x}_{i1} + \beta_1\mu_i\boldsymbol{x}_{i1} + \beta_2\nu_i\boldsymbol{x}_{i1} \\ & + \cdots + \tau_0\boldsymbol{x}_{im} + \tau_1\mu_i\boldsymbol{x}_{im} + \tau_2\nu_i\boldsymbol{x}_{im} + \boldsymbol{\varepsilon}_i \end{aligned} \tag{5.73}$$

上述方程就是空间扩展方程，可以通过普通最小二乘法估计出参数，然后再代入参数的函数方程就可以得到不同空间单元的不同参数。这些参数与空间单元 i 是相关的，因此可以在地图中展示出这些参数在空间上的变化。

空间扩展模型在描述空间异质性方面提供了一个很好的思路。但是，空间扩展模型也存在一些缺陷，如下所示：

（1）空间扩展模型在描述地理空间关系上有所限制，这是因为描述这种空间上的关系严重地依赖于扩展方程的复杂程度。换言之，扩展方程越复杂，对空间关系的描述也就越复杂。这意味着通过扩展方程获得的随空间变化的参数有可能使得重要的局部变化相对于全域来说变得模糊。

（2）扩展方程的形式是先设定好的，有可能存在比所选用的方程更好的扩展方程。

（3）假定扩展方程是决定最终模型的重要因素。

5.14.2 地理加权回归模型

5.14.2.1 地理加权回归模型理论

由于空间扩展模型存在一些缺陷，因此，Fotheringham et al.（1998）对空间扩展模型进行了改进，提出了地理加权回归模型（geographically weighted regression，GWR）。

在介绍地理加权回归模型之前，再次回顾一下全域回归模型，如下所示：

$$\boldsymbol{y} = \beta_0 + \sum_k \beta_k \boldsymbol{x}_k + \boldsymbol{\varepsilon} \tag{5.74}$$

地理加权回归模型通过将全域的参数变为局域的参数，扩展了传统的全域回归模型。那么，模型可以改成如下形式：

$$y_i = \beta_0(\mu_i, \nu_i) + \sum_k \beta_k(\mu_i, \nu_i) x_{ik} + \varepsilon_i \tag{5.75}$$

其中，(μ_i, ν_i) 表示空间单元 i 的坐标；$\beta_k(\mu_i, \nu_i)$ 表示连续函数方程 $\beta_k(\mu, \nu)$ 在空间坐标点 i 的参数。

接下来的问题就是如何估计参数 $\beta_k(\mu_i, \nu_i)$。地理加权回归模型采用的是一种加权回归的方式。具体来说，如果对空间单元 i 的参数进行估计的话，那么就选择空间单元 i 附近的数据组成一个小的数据集来进行参数估计。

这种局域参数估计的方式类似一种漂移（drift）方式。那么，在估计参数时，距离空间单元 i 近的空间单元要比距离空间单元 i 远的空间单元具有更大的影响力。因此，

---

① 这个过程也可以称为扩展（expansion）。

权重也随着空间单元的变化而变得不同。距离空间单元 i 越近的观察值被赋予了越高的权重。那么，参数 $\boldsymbol{\beta}(\mu_i,\nu_i)$ 的估计方式如下所示：

$$\hat{\boldsymbol{\beta}}(\mu_i,\ \nu_i)=[\boldsymbol{X}^{\mathrm{T}}\boldsymbol{W}(\mu_i,\ \nu_i)\boldsymbol{X}]^{-1}\boldsymbol{X}^{\mathrm{T}}\boldsymbol{W}(\mu_i,\ \nu_i)\boldsymbol{y} \tag{5.76}$$

其中，$\boldsymbol{W}(\mu_i,\nu_i)$ 是一个 $n\times n$ 的空间权重矩阵。

上述的参数估计量看起来非常复杂，为了更加容易理解上述估计量，再次回到经典的全域模型上，全域模型用矩阵的形式可以描述如下：

$$\boldsymbol{Y}=\boldsymbol{X\beta}+\boldsymbol{\varepsilon} \tag{5.77}$$

那么，参数 $\hat{\beta}$ 的估计量如下所示：

$$\hat{\boldsymbol{\beta}}=(\boldsymbol{X}^{\mathrm{T}}\boldsymbol{X})^{-1}\boldsymbol{X}^{\mathrm{T}}\boldsymbol{Y} \tag{5.78}$$

对比两个参数估计量，可以发现唯一的不同之处就是 $\boldsymbol{W}(\mu_i,\ \nu_i)$。地理加权回归模型可以根据全域模型进行简化，如下所示：

$$\boldsymbol{Y}=(\boldsymbol{\beta}\otimes\boldsymbol{X})\boldsymbol{I}+\boldsymbol{\varepsilon} \tag{5.79}$$

那么，$\boldsymbol{\beta}$ 和 $\boldsymbol{X}$ 为 $n\times(k+1)$ 的矩阵，$\boldsymbol{I}$ 表示 $(k+1)\times1$ 的元素为 1 的向量。矩阵 $\boldsymbol{\beta}$ 包含了 n 组局域参数，具体形式如下所示：

$$\boldsymbol{\beta}=\begin{pmatrix}\beta_0(\mu_1,\nu_1) & \beta_1(\mu_1,\nu_1) & \cdots & \beta_k(\mu_1,\nu_1)\\ \beta_0(\mu_2,\nu_2) & \beta_1(\mu_2,\nu_2) & \cdots & \beta_k(\mu_2,\nu_2)\\ \vdots & \vdots & \cdots & \vdots\\ \beta_0(\mu_n,\nu_n) & \beta_1(\mu_n,\nu_n) & \cdots & \beta_k(\mu_n,\nu_n)\end{pmatrix} \tag{5.80}$$

其中，矩阵 $\boldsymbol{\beta}$ 的每一行参数的估计方式如下所示：

$$\hat{\boldsymbol{\beta}}(i)=[\boldsymbol{X}^{\mathrm{T}}\boldsymbol{W}(i)\boldsymbol{X}]^{-1}\boldsymbol{X}^{\mathrm{T}}\boldsymbol{W}(i)\boldsymbol{Y} \tag{5.81}$$

其中，i 表示矩阵的行。

矩阵 $\boldsymbol{W}(i)$ 是一个 $n\times n$ 的加权矩阵形式，具体如下所示：

$$\boldsymbol{W}(i)=\begin{pmatrix}w_{i1} & 0 & \cdots & 0\\ 0 & w_{i2} & \cdots & 0\\ 0 & 0 & \cdots & 0\\ 0 & 0 & \cdots & w_{in}\end{pmatrix} \tag{5.82}$$

5.14.2.2 局域标准误差的计算

在得到了地理加权回归模型中的参数估计后，接下来要介绍的是如何计算局域标准误差的问题。不妨将局域参数估计量重新换一种形式进行描述，如下所示：

$$\boldsymbol{\beta}(\mu_i,\nu_i)=\boldsymbol{Cy} \tag{5.83}$$

其中，$\boldsymbol{C}$ 的表达如下：

$$\boldsymbol{C}=[\boldsymbol{X}^{\mathrm{T}}(\mu_i,\nu_i)\boldsymbol{X}]^{-1}\boldsymbol{X}^{\mathrm{T}}(\mu_i,\nu_i) \tag{5.84}$$

那么，参数的方差估计量如下所示：

$$\mathrm{Var}[\hat{\boldsymbol{\beta}}(\mu_i,\nu_i)] = \boldsymbol{CC}^{\mathrm{T}}\sigma^2 \tag{5.85}$$

其中，σ^2 是局域回归中得到的标准化后的残差平方和，具体形式如下所示：

$$\sigma^2 = \sum_i (y_i - \hat{y}_i)/(n - 2\nu_1 + \nu_2) \tag{5.86}$$

其中，ν_1 和 ν_2 表示如下：

$$\nu_1 = \mathrm{tr}(\boldsymbol{S}) \tag{5.87}$$

$$\nu_2 = \mathrm{tr}(\boldsymbol{S}^{\mathrm{T}}\boldsymbol{S}) \tag{5.88}$$

其中，矩阵 $\boldsymbol{S}$ 称为帽子矩阵。并且，矩阵 $\boldsymbol{S}$ 可以通过与因变量 $\boldsymbol{y}$ 计算得到拟合值 $\hat{\boldsymbol{y}}$，具体形式如下所示：

$$\hat{\boldsymbol{y}} = \boldsymbol{Sy} \tag{5.89}$$

对于矩阵 $\boldsymbol{S}$ 来说，每一行的估计方式如下所示：

$$\boldsymbol{r}_i = \boldsymbol{X}_i\,[\boldsymbol{X}^{\mathrm{T}}\boldsymbol{W}(\mu_i,\nu_i)\boldsymbol{X}]^{-1}\boldsymbol{X}^{\mathrm{T}}\boldsymbol{W}(\mu_i,\nu_i) \tag{5.90}$$

通过上述计算，再得到方差之后，就可以很容易地计算出标准误差，如下所示：

$$SE(\hat{\beta}_i) = \sqrt{\mathrm{Var}(\hat{\beta}_i)} \tag{5.91}$$

5.14.2.3 空间权重函数

上述小节讨论了地理加权回归参数的估计方法和局域标准误差的计算方法，但是这两者都与权重 $\boldsymbol{W}(\mu_i,\nu_i)$ 有关。

在地理加权回归中，由于地理空间信息都用坐标来进行描述，因此采用基于距离的权重就成了很自然的想法。向量 W_i 取决于样本中距离 d_i 内的所有其他观察值。请再次注意：这里的 W_i 与之前的空间回归模型中的空间权重矩阵是不同的，这里的 W_i 表示基于距离的权重。

在距离权重的计算中，往往需要考虑到衰减效应，因此通常需要引入一个衰减参数（decay parameter）来构造这个权重函数，使得距离近的观察值获得更大的权重。

较为常见的有 3 种权重函数。① 其中之一是 Brunsdon et al.（1996）所推荐的权重函数，如下所示：

$$W_i = \sqrt{\exp(-d_i/\theta\theta)} \tag{5.92}$$

其中，参数 θ 表示衰减参数，或者称为带宽参数（bandwidth parameter）。通过不同的衰减参数可以计算出不同的距离权重。由于包含指数，因此这个权重函数也称为指数距离权重函数。

另一个权重函数是 McMillen and McDonald（2004）所推荐的权重函数，如下所示：

---

① 这三种常见的权重函数在 LeSage James（2004）中有所提到，实际上也是 MATLAB 空间计量经济学工具箱中地理加权回归函数命令所支持的三种权重函数。

$$W_i = [1-(d_i/q_i)^3]^3 \quad I(d_i < q_i) \tag{5.93}$$

其中，q_i 表示空间单元 i 中第 q 个最近邻居的距离；I 是一个指示函数，满足条件时取1，否则取0。由于这种权重函数包含三次方，因此也称为三次方函数（tri-cube function）。

最后一种权重函数是基于高斯函数（Gaussian function）的权重函数，如下所示：

$$W_i = \varphi(d_i/\delta\theta) \tag{5.94}$$

其中，φ 表示标准正态密度函数；δ 表示距离向量 d_i 的标准离差。

5.14.3 软件实现

5.14.3.1 空间扩展模型

对于空间扩展模型的回归估计，MATLAB 空间计量经济学工具箱提供的函数命令是“casetti.m”。“casetti.m”函数命令的调用方式如下所示：

```
results = casetti(y,x,xc,yc,option)
```

“casetti.m”函数命令的调用方式相比之前介绍的函数命令有所不同，需要在输入参数时指定经纬度坐标。其中，“results”为输出的结果，“casetti”为函数命令名，括号内的“y”是因变量，“x”是自变量，“xc”是经度坐标，“yc”是纬度坐标，“option”是可控制的选项，具体含义如下所示：

（1）“option.exp=0”：X 轴和 Y 轴扩展（默认）；

（2）“option.exp=1”：距离中心点距离扩展；

（3）“option.ctr”：设置中心点为第♯个观察。

其中，默认参数“option.exp=0”，这是本书所介绍的空间扩展模型。“casetti.m”函数命令还提供另一种扩展形式，即距离中心点空间距离的扩展形式。如果设置“option.exp=1”，那么就需要设定“option.ctr=n”，指定第 n 个观察样本为中心点。n 由用户自己设定，比如为20。

空间扩展模型回归估计的 MATLAB 程序代码如下所示：

```
%估计空间扩展模型
clear;clc;
A = csvread('columbus.csv',1,0);
y = A(:,[2]);
x = A(:,[3,4]);
xc = A(:,5);
yc = A(:,6);
nobs = length(y);
xconstant = ones(nobs,1);
%估计模型
result = casetti(y,[xconstant x],xc,yc);
vnames = strvcat('crime','constant','income','hoval');
prt(result,vnames);
```

执行完上述代码后，可以得到如下结果：

```
Casetti X-Y Spatial Expansion Estimates
Dependent Variable    =   crime

R-squared             =   0.633 4
Rbar-squared          =   0.581 0
sige                  =   117.305 1
Nobs,Nvars            =   49,3
*************************************************************
Base x-y estimates
Variable        Coefficient        t-statistic       t-probability
constant         69.505 404         15.114 551       0.000 000
income          -4.090 841         -1.955 288        0.056 640
hoval             0.405 007          0.519 631       0.605 812
x-income        -0.046 045         -1.349 846        0.183 671
x-hoval           0.026 733          2.028 716       0.048 299
y-income          0.121 528          2.215 986       0.031 680
y-hoval          -0.048 634         -2.344 822       0.023 407
*************************************************************
Expansion estimates
Obs#         x-income        x-hoval        y-income        y-hoval
1            -1.786 5        1.037 2        5.355 8         -2.143 3
2            -1.640 1        0.952 2        5.150 4         -2.061 1
3            -1.833 5        1.064 5        5.004 5         -2.002 7
4            -1.680 6        0.975 7        4.924 3         -1.970 6
5            -1.842 3        1.069 6        4.618 1         -1.848 1
6            -2.014 5        1.169 6        4.773 6         -1.910 3
7            -1.536 1        0.891 8        4.667 9         -1.868 0
8            -1.690 3        0.981 4        4.704 4         -1.882 6
9            -2.000 2        1.161 3        4.365 3         -1.746 9
10           -2.192 2        1.272 7        4.426 1         -1.771 2
```

结果一共可以汇报出 49 个空间单元自变量的估计系数，本书只展示了前 10 个。由结果可知，空间扩展模型回归结果一共包含两部分。其中第一部分是总体的回归结果，对自变量“income”和“hoval”的解释方式同上述的空间回归模型没有任何区别。由概率值可知，“income”显著为负，而“hoval”估计系数为正，但是在统计上高度不显著。“x-income”、“x-hoval”、“y-income”和“y-hoval”分别表示经度方向的“income”和“hoval”估计系数和纬度方向的“income”和“hoval”估计系数。由概率值可知，除了“x-income”没有通过 10%的显著性检验，其余 3 个变量都非常显著。

第二部分结果报告了每个空间单元“income”和“hoval”在 X 轴方向和 Y 轴方向的估计系数，一共汇报了 49 个空间单元的系数。由于解释方式与上述模型结果没有任何区别，故此不再赘述。

5.14.3.2 地理加权回归模型

对于地理加权回归模型的回归估计，MATLAB 空间计量经济学工具箱提供的函数命令是“gwr. m”。“gwr. m”函数命令的调用方式如下所示：

```
result = gwr(y,x,east,north,info)
```

“gwr. m”函数命令的调用方式与“casetti. m”函数命令十分相似，区别在于“info”可控制的选项。其中，“results”为输出的结果，“gwr”为函数命令名，括号内“y”是因变量，“x”是自变量，“east”是经度坐标，“north”是纬度坐标，“info”是可控制的选项，具体含义如下所示：

(1)“info. bwidth”：设置带宽，默认值为 0；

(2)“info. bmin”：设置最小带宽；

(3)“info. bmax”：设置最大带宽；

(4)“info. dtype”：设置所选用的距离权重函数，有 3 种；

(a)“info. dtype= ‘gaussian’”：高斯距离权重函数；

(b)“info. dtype= ‘exponential’”：指数距离权重函数；

(c)“info. dtype= ‘tricube’”：立方距离权重函数；

(5)“info. q”：立方距离权重函数 q 阶最近邻居数量；

(6)“info. qmin”：设置最小的邻居数；

(7)“info. qmax”：设置最大的邻居数。

请注意：“info. bwidth”被用在高斯距离权重函数和指数距离权重函数的地理加权回归模型中；“info. q”、“info. qmin”和“info. qmax”被用在立方距离权重函数的地理加权回归模型中。

这三种距离权重函数的地理加权回归模型回归估计的 MATLAB 程序代码如下所示：

```
%估计地理加权回归模型
clear;clc;
A = csvread('columbus.csv',1,0);
W1 = csvread('Wcolumbus.csv');
W = normw(W1);
y = A(:,[2]);
x = A(:,[3,4]);
north = A(:,5);
east = A(:,6);
nobs = length(y);
xconstant = ones(nobs,1);
x = [xconstant x];
[nobs nvar] = size(x);
%三种不同空间函数的地理加权回归结果
```

```
vnames = strvcat('crime','constant','income','hoval');
info.dtype = 'gaussian';
result1 = gwr(y,x,east,north,info);
prt(result1,vnames);
info.dtype = 'exponential';
result2 = gwr(y,x,east,north,info);
prt(result2,vnames);
info.dtype = 'tricube';
info.qmin = nvar + 1;info.qmax = 20;
result3 = gwr(y,x,east,north,info);
prt(result3,vnames);
%绘制三种不同空间函数的地理加权回归系数
xaxis = 1:nobs;
subplot(3,1,1),
plot(xaxis,result1.beta(:,1),xaxis,result2.beta(:,1),'--',xaxis,result3.beta(:,1),'-.');
legend('Gaussian','Exponential','Tricube');
ylabel('constant');
subplot(3,1,2),
plot(xaxis,result1.beta(:,2),xaxis,result2.beta(:,2),'--',xaxis,result3.beta(:,2),'-.');
legend('Gaussian','Exponential','Tricube');
ylabel('income');
subplot(3,1,3),
plot(xaxis,result1.beta(:,3),xaxis,result2.beta(:,3),'--',xaxis,result3.beta(:,3),'-.');
legend('Gaussian','Exponential','Tricube');
ylabel('hoval');
```

执行完上述代码后，可以得到如下结果：

```
Geometrically weighted regression estimates
Dependent Variable   =   crime
R-squared            =   0.941 8
Rbar-squared         =   0.939 3
Bandwidth            =   0.651 8
# iterations         =   17
Decay type           =   gaussian
Nobs,Nvars           =   49,3
*****************************************************************
Obs = 1,x-coordinate = 44.070 0,y-coordinate = 38.800 0,sige = 0.698 5
Variable        Coefficient        t-statistic        t-probability
constant         46.736 914         13.309 658         0.000 000
income           -0.689 936         -2.949 381         0.004 870
hoval            -0.223 714         -4.843 217         0.000 013
```

```
Obs = 2,x-coordinate = 42.380 0,y-coordinate = 35.620 0,sige = 3.412 5
Variable        Coefficient       t-statistic       t-probability
constant          51.197 075         9.212 686        0.000 000
income           -0.461 046        -1.678 874        0.099 544
hoval            -0.434 231        -3.693 888        0.000 556

Obs = 3,x-coordinate = 41.180 0,y-coordinate = 39.820 0,sige = 2.785 4
Variable        Coefficient       t-statistic       t-probability
constant          57.351 222        10.979 204        0.000 000
income           -0.971 962        -2.506 029        0.015 579
hoval            -0.310 675        -3.233 710        0.002 190

Obs = 4,x-coordinate = 40.520 0,y-coordinate = 36.500 0,sige = 6.784 9
Variable        Coefficient       t-statistic       t-probability
constant          63.564 070         9.955 641        0.000 000
income           -0.369 913        -0.991 339        0.326 390
hoval            -0.683 546        -4.656 343        0.000 025
```

在估计出来的结果中，标题第一行显示“Geometrically weighted regression estimates”，表示这是地理加权回归模型的估计结果；“Bandwidth＝0.651 8”表示带宽为 0.651 8；“Decay type＝gaussian”表示衰减的类型为高斯距离权重函数。

接下来显示的是各个空间单元的参数估计结果。需要着重说明的是：地理加权回归模型可以输出每个空间单元的估计参数，以本例来说可以输出 49 个空间单元的结果。由于内容过多，本例只显示了高斯距离权重函数模型的前 3 个空间单元的参数估计结果，并没有输出指数距离权重函数和立方距离权重函数地理加权回归模型的具体结果。

从第一个空间单元的参数估计结果来看，“income”和“hoval”两个自变量的估计系数分别为－0.689 936 和－0.223 714，t 统计量分别为－2.949 381 和－4.843 217，概率值分别为 0.004 870 和 0.000 013，说明均在 1%的显著性水平下拒绝了原假设，即对于第一个空间单元来说，提高家庭收入和房屋价格上涨均能显著地减少入室抢劫和盗窃车辆案件发生的数量。

对第二个空间单元的参数估计结果的分析也极为类似，故此不再赘述。

由于地理加权回归模型可以输出每个空间单元的参数估计结果，如果用数据来进行描述，那么结果会非常繁杂，不容易理解。通常可以采用地图的形式来展示出估计的参数。比如，利用 ArcGIS 软件对系数进行地图化显示。MATLAB 空间计量经济学工具里也提供了一个绘图工具，可以将 3 种不同距离权重函数的模型参数估计结果绘制在图中用于对比分析，如图 5－15 所示：

由图 5－15 可以看出，对于不同的距离权重函数来说，自变量“income”和“hoval”在不同的空间单元上有所不同。比如，有的空间单元参数估计结果差别很小，但是在某些空间单元上，参数估计的差别则相当大。

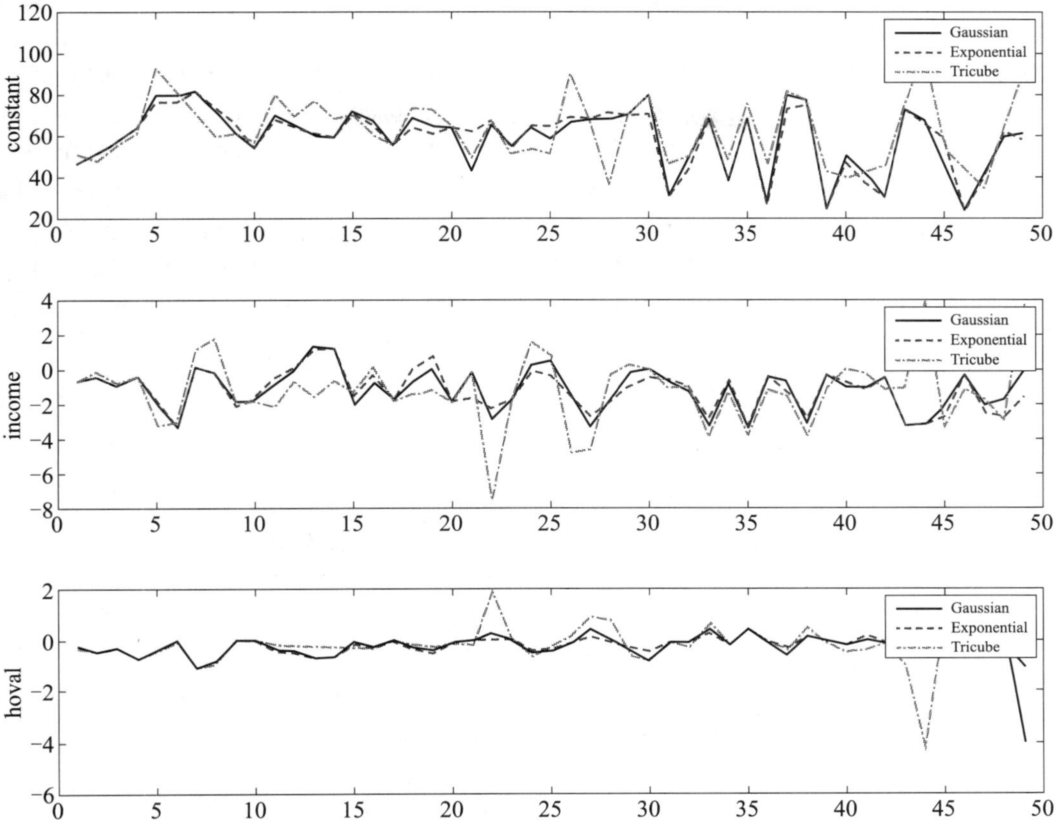

图 5-15　3 种地理加权回归模型的参数比较

5.15　本章小结

本章的主要内容是详细地介绍空间计量模型的理论以及如何利用 MATLAB 空间计量经济学工具箱来估计这些空间计量模型。

这些空间计量模型大致可以分为两大类。第一大类介绍的是解决空间依赖性的模型，包括常见的七种空间计量模型，分别是空间滞后模型、空间误差模型、空间杜宾模型、空间杜宾误差模型、自变量空间滞后模型、Kelejian-Prucha 空间模型和一般嵌套空间模型。第二大类介绍的是解决空间异质性的模型，本书介绍了两种模型，分别是空间扩展模型和地理加权回归模型。总体来看，一共介绍了九种空间计量模型。

本章模型演示所用的数据量并不大，对于大样本数据的空间计量模型回归估计来说，MATLAB 空间计量经济学工具箱也提供了估计方法。此外，本章估计方法采用的是极大似然估计方法，然而，MATLAB 空间计量经济学工具箱还提供了广义矩估计方法和贝叶斯方法用于估计上述空间计量模型。以空间滞后模型为例，广义矩估计方法的函数命令为“sar _ gmm. m”，贝叶斯方法的函数命令为“sar _ g. m”。由此可见，广义矩估计方法的函数命令以“gmm”结尾，而贝叶斯方法的函数命令以“g”结尾。

另外，本章空间计量模型因变量都是连续型的，对于离散型因变量的空间计量模型来说，例如，Logit空间计量模型[①]和受限因变量模型，例如，Tobit空间计量模型[②]，MATLAB空间计量经济学工具箱也提供了相应的估计方法。尽管在理论方面Logit空间计量模型和Tobit空间计量模型与本章介绍的有所不同[③]，但是函数命令的调用方式与本章介绍的也极为类似。以空间滞后模型为例，Logit空间滞后模型的函数命令为“sarp_g.m”，Tobit空间滞后模型的函数命令为“sart_g.m”。由此可见，Logit空间回归模型的函数命令以“p”结尾，而Tobit空间回归模型的函数命令以“t”结尾。

为了使读者更加清晰地理解这些函数命令，下面本书着重列出MATLAB空间计量经济学工具箱里估计各种重要的空间计量模型的函数命令，按照不同的文件夹列出，如下所示：

(1)“sar_models”文件夹：

(a)“sar.m”：极大似然方法估计空间滞后模型；

(b)“sar_g.m”：贝叶斯方法估计空间滞后模型；

(c)“sarp_g.m”：贝叶斯方法估计Probit空间滞后模型；

(d)“sart_g.m”：贝叶斯方法估计Tobit空间滞后模型。

(2)“sem_models”文件夹：

(a)“sem.m”：极大似然方法估计空间误差模型；

(b)“sem_g.m”：贝叶斯方法估计空间误差模型；

(c)“semp_g.m”：贝叶斯方法估计Probit空间误差模型；

(d)“semt_g.m”：贝叶斯方法估计Tobit空间误差模型。

(3)“sdm_models”文件夹：

(a)“sdm.m”：极大似然方法估计空间杜宾模型；

(b)“sdm_g.m”：贝叶斯方法估计空间杜宾模型；

(c)“sdmp_g.m”：贝叶斯方法估计Probit空间杜宾模型；

(d)“sdmt_g.m”：贝叶斯方法估计Tobit空间杜宾模型。

(4)“sac_models”文件夹：

(a)“sac.m”：极大似然方法估计Kelejian-Prucha空间模型；

(b)“sac_g.m”：贝叶斯方法估计Kelejian-Prucha空间模型。

(5)“gwr_models”文件夹：

(a)“gwr.m”：加权最小二乘方法估计地理加权回归模型；

(b)“gwr_g.m”：贝叶斯方法估计地理加权回归模型；

(c)“gwr_logit.m”：估计Logit地理加权回归模型；

(d)“gwrt_probit.m”：估计Probit地理加权回归模型。

(6)“gmm_models”文件夹：

(a)“sar_gmm.m”：广义矩估计方法估计空间滞后模型；

(b)“sem_gmm.m”：广义矩估计方法估计空间误差模型；

(c)“sac_gmm.m”：广义矩估计方法估计Kelejian-Prucha空间模型。

---

① 简单来说，它是指因变量为0和1的模型。

② Tobit空间计量模型是受限因变量模型，例如因变量的取值范围是[0，1]。

③ 感兴趣的读者可以阅读LeSage的著作和论文，里面有详细的理论推导过程。由于其内容超出了本书的范围，故此不做介绍。

第六章

面板数据的空间计量模型

6.1 面板数据介绍

在前面的章节中，本书介绍了截面数据的空间数据分析和空间计量模型以及回归估计方法。在2000年之前，空间计量经济学大量的理论研究工作和实证分析基本上是围绕着截面数据开展的。随着空间计量经济学理论的发展，在2000年之后，逐渐开展了对空间面板数据模型理论的探索。截面数据的空间计量模型的理论已经趋于成熟，空间面板数据模型又成了空间计量经济学关注的未来发展方向。

在数据类型一节中，本书介绍过面板数据。一般来说，面板数据包含的信息量较大，这是因为面板数据不仅包含了截面数据的个体（individual）差异信息，还包含了来自时间维度的动态（dynamic）变化信息。经典面板数据模型目前的理论研究发展非常广泛，面板数据模型在学术界的实证分析里得到了广泛的应用。

空间面板数据（spatial panel data 或者 spatial panels）与经典的面板数据相似，只是数据的截面维度包含了空间单元的地理信息。空间单元包括比如国家、省、州、市、县、区域或者邮政编码等（Elhorst，2010c）。空间面板数据由于包含2个维度的信息，因此经常用下标 i 来表示空间截面维度，用下标 t 来表示时间维度。[①] 例如，y_{it} 就表示一个空间面板数据，下标 i 可以表示省份、城市或者县，下标 t 可以表示年份。从本质

① 由于截面数据只包含截面维度，所以无须用下标 i 来标记。在时间序列模型中，通常采用下标 t 来表示。

上来说，空间面板数据与面板数据并没有任何不同。

随着经典面板数据模型理论的快速发展，计量经济学家们对面板数据的认识也越来越深刻，面板数据模型在实证分析中得到了广泛的应用。相应地，空间面板数据模型（spatial panel data model）近年来也成了空间计量经济学领域研究较为集中的热点问题。自2000年以来，空间面板数据模型理论发展得十分迅猛，很多学者在这个领域内做出了具有重要意义的探索，并且取得了丰硕的成果。例如，Luc Anselin、Badi H. Baltagi、Paul J. Elhorst、Harry H. Kelejian、Lungfei Lee、Jihai Yu等学者。由于空间面板数据模型的估计方法以及程序代码逐渐成熟，在实证分析论文中也越来越多地可以见到空间面板数据模型的应用。

6.1.1 面板数据的优点

相比传统的截面数据或者时间序列数据来说，面板数据拥有若干优势，Hsiao（2005）、Elhorst（2010c）和Baltagi（2013）就面板数据的优势总结如下：

（1）能够控制个体的异质性（controlling for individual heterogeneity）。面板数据意味着截面数据信息中的个体间是异质性的。① 如果不控制个体异质性问题的话，那么时间序列数据和截面数据模型往往很有可能得到的是有偏的估计。

（2）面板数据提供更多的信息（more informative），变量间具有更多的变异（more variability），并且具有较少的共线性（less collinearity），有更多的自由度，在估计方面具备更高的效率（more efficiency）。截面数据可以看做是 $T=1$ 的面板数据，时间序列数据可以看做是 $N=1$ 的面板数据。面板数据包含的信息量要远远超过截面数据和时间序列数据，更多的数据意味着能够保证更为可靠的参数估计。

（3）能够控制遗漏变量。② 在模型设定中经常会遇到遗漏变量的问题。比如，由数据的不可观察（unobserved）导致的遗漏变量问题。遗漏的变量与模型中的解释变量是相关的。然而，面板数据模型则能很好地处理这个问题。

（4）面板数据可以更好地研究动态调整（dynamics of adjustment）。这个优点主要来自面板数据的时间维度信息。面板数据的截面信息部分看上去相对稳定，但是在时间维度上可能暗含着大量的变动。这对研究经济状态的持续性（duration）具有很多好处。截面数据只能研究某个时间点，然而，面板数据可以描述时间维度动态的变化。

（5）面板数据能够更好地识别和测量效应（identify and measure effects），而这些效应是单纯的截面数据或者时间序列数据无法探测到的。

（6）相比单纯的截面数据或者时间序列数据，面板数据模型可以构造出以及测试更为复杂行为的模型（more complicated behavioral models）。③

---

① 在空间面板数据中，个体就相当于空间单元。因此，在后面将要介绍的空间固定效应章节中，经典面板数据模型称之为个体固定效应（individual fixed effects），而空间面板数据模型称之为空间特质效应（spatial specific effects）。

② 这个指的是固定效应。

③ Hsiao（2005）还提到了面板数据的一个优点，就是非平稳时间序列的分析（analysis of nonstationary time series）。如果时间序列不平稳的话，那么最小二乘估计量或者极大似然估计量分布的大样本近似值不再呈正态分布。但是，如果能够获得面板数据，并且截面单元之间的观察值是相互独立的，那么截面单元的中心极限定理可以显示出很多估计量的极限分布仍然是渐进的正态分布。时间序列的平稳性问题超出了本书讨论的范围，感兴趣的读者可以参阅时间序列的相关资料。

6.1.2　面板数据的缺点

尽管面板数据相比截面数据有很多的优点，但是面板数据也存在着比截面数据更多更复杂的问题：

（1）数据搜集困难。由于包含两个维度的信息，面板数据意味着包含更多的信息。但是，在数据搜集的过程中，也相应地提高了数据搜集的难度。在实证分析中，面板数据经常会遇到数据缺失的问题，这样的面板数据称为非平衡面板数据（unbalanced panel data）①。

（2）存在测量误差。②

（3）时间维度跨度较短。典型的微观面板数据通常包含较短跨度的年度数据。扩大时间跨度通常需要很大的成本。

（4）截面依赖性。以国家或者地区为截面的宏观面板数据如果没有解释截面依赖性的话，那么有可能导致错误的推断。③

尽管面板数据存在某些方面的不足，但是这并不妨碍面板数据模型的快速发展。相反，近些年来，面板数据模型得到了极为广泛的应用，涌现出了大量的实证研究文献。利用面板数据进行计量模型分析的实证研究也日益增多，可以说面板数据模型是现代计量经济学发展过程中最热门的一个领域。由于空间面板数据也属于面板数据，因此经典面板数据模型的理论自然地也被引入了空间面板数据的空间计量经济学领域，形成了空间面板数据计量经济学。

在后面的章节中，为了简单起见，空间面板数据的空间计量模型被简称为空间面板数据模型（spatial panel data models）。

6.2　经典面板数据模型

就学习和分析而言，一般的规律是从简单到复杂。因此，在引入空间面板数据模型之前，首先简要地介绍传统的、不包含空间交互效应的面板数据模型。模型如下所示：

$$y_{it} = \boldsymbol{X}_{it}\boldsymbol{\beta} + \varepsilon_{it} \tag{6.1}$$

其中，下标 i 和 t 分别为截面维度和时间维度，$i=1, 2, \cdots, N$；$t=1, 2, \cdots, T$。y_{it} 表示在 t 时刻空间单元 i 的因变量；$\boldsymbol{X}_{it}$ 表示 $NT \times K$ 的自变量，K 为自变量的个数。具体来说，$\boldsymbol{X}_{it}=(x_{1it}, x_{2it}, \cdots, x_{Kit})$。$\boldsymbol{\beta}$ 表示 $K\times 1$ 的自变量的待估计参数；ε_{it} 是均值为

---

① 面板数据是否平衡，或者说，是否缺失数据，对面板数据模型的估计是有影响的。某些面板数据模型的估计方法要求数据必须是平衡面板数据。

② Baltagi（2013）认为面板数据存在测量误差体现在微观数据调查方面，比如由问题不清、记忆错误、有意虚假回答、不合适的被调查人等所导致的误差。实际上，这在问卷调查中是经常出现的。Hsiao（2005）将测量误差归为面板数据模型的优点。测量误差会导致模型不可识别。但是对于一个时点一个个体来说，多个观察值能让研究者在估计量中做更多的变换（transformation），促进不同的、可推论的变化，从而识别出一个不能识别的模型。

③ 文中列出简要的面板数据的优缺点，具体优缺点的案例可以参考 Baltagi（2013）的《面板数据的计量经济分析》（*Econometric Analysis of Panel Data*）一书。

0、方差为 σ^2 且满足独立同分布的误差项。

6.2.1 包含空间特质效应的面板数据模型

面板数据包含截面维度信息和时间维度信息，但是在面板数据模型中并未控制截面维度信息和时间维度信息的异质性。在空间面板数据中，截面维度信息就是来自空间单元的信息。

6.2.1.1 空间固定效应

面板数据的个体差异反映在空间面板数据中，具体来说就是空间单元之间是有差异性的。这些差异性因为不同的空间单元而表现出不同的特质（specific），并且不随时间的变化而变化。并且，这些差异性信息具有不可观测（unobservable）或者难以衡量（unmeasurable）的特性，无法用具体的变量在模型中表示出来。比如，空间单元地理区位、山川地貌、风俗习惯、价值取向、宗教信仰等，这些特性不随时间的变化而改变。这些不可观察的变量会影响模型中的解释变量。如果不控制这些空间单元的差异性，在估计时有可能造成偏误。①

解决这个问题的方法很简单，就是在面板数据模型中添加一个虚拟变量 μ 来表示空间单元的差异。它们具有空间特质效应（spatial specific effects），不随时间的变化而变化。那么，在空间面板数据模型中需要考虑空间特质效应，模型如下所示：

$$y_{it} = \boldsymbol{X}_{it}\boldsymbol{\beta} + \mu_i + \varepsilon_{it} \tag{6.2}$$

其中，μ_i 表示空间单元的空间特质效应。这种效应又可以分为固定效应（fixed effects）和随机效应（random effects）。

当 μ_i 与模型中的某个自变量相关时，则该模型为固定效应模型。相应地，在随机模型中，μ_i 被看做是一个独立同分布的随机变量（random variable），并且，这个随机变量 μ_i 被认为与误差项 ε_{it} 是相互独立的。

6.2.1.2 时间固定效应

同样的道理，在时间维度上也存在时间固定效应（time-period fixed effects）或者时间随机效应（time-period random effects）。时间固定效应用来描述那些在时间维度上不可观察或者不可测量的变量，并且这些变量根据时间的变化而变化，不随空间单元的不同而改变。比如说，对整个区域中所有地区实施某种政策，并且，这种政策具有持续性，如果不在模型中控制这些因素，在估计时也有可能造成偏误。

解决这个问题的办法是在面板数据模型中添加一个变量 γ_t，那么，模型如下所示：

$$y_{it} = \boldsymbol{X}_{it}\boldsymbol{\beta} + \gamma_t + \varepsilon_{it} \tag{6.3}$$

其中，γ_t 表示时间固定效应或者随机效应。当 γ_t 与模型中的自变量相关时，则该模型为时间固定效应模型。相应地，在时间随机效应模型中，γ_t 被看做是一个独立同分布的

---

① 这种空间单元之间的差异性在我国是普遍存在的，并且区域之间的差异性非常明显。

随机变量（random variable），并且，这个随机变量 γ_t 被认为与误差项 ε_{it} 是相互独立的。

6.2.2 固定效应面板数据模型的估计

前面介绍了面板数据模型可能包含空间维度的固定效应或者随机效应，也可能包含时间维度的固定效应和随机效应。如果模型中包含了 μ_i 和 γ_t 这两项，那么双固定效应（two-way fixed effects）的面板数据模型可以如下所示：

$$y_{it} = \boldsymbol{X}_{it}\boldsymbol{\beta} + \mu_i + \gamma_t + \varepsilon_{it} \tag{6.4}$$

在确定了面板数据模型的设定形式之后，接下来的问题就是如何估计固定效应模型或者随机效应模型的参数。

从简单的模型出发，只考虑包含空间固定效应的模型，称为空间固定效应面板数据模型。同样的道理，只考虑时间固定效应的模型，称为时间固定效应面板数据模型。为了说明问题，先考虑空间固定效应面板数据模型的估计方法。

请注意：尽管在这里被称为空间固定效应模型，但是实际上它还是经典面板数据模型中的截面固定效应模型。此时，模型中并没有包含空间计量模型最重要的元素——空间权重矩阵，所以应该准确地称之为截面固定效应模型。这里的截面就是空间单元。

由于空间固定效应模型包含了 μ_i，OLS 方法不再适用于模型的参数估计。解决的方法首先是要考虑如何消除固定效应模型中的 μ_i。一般来说，可以通过去均值的办法（demean）。

先对方程两边的 $\boldsymbol{y}$ 和 $\boldsymbol{X}$ 取平均值，然后用 $\boldsymbol{y}$ 和 $\boldsymbol{X}$ 分别减去平均值，这样便可以消除 μ_i。于是，可以得到新的去均值后的 $\boldsymbol{y}^*$ 和 $\boldsymbol{X}^*$，如下所示：

$$y_{it}^* = y_{it} - \frac{1}{T}\sum_{t=1}^{T} y_{it} \tag{6.5}$$

$$\boldsymbol{X}_{it}^* = \boldsymbol{X}_{it} - \frac{1}{T}\sum_{t=1}^{T} \boldsymbol{X}_{it} \tag{6.6}$$

在去完均值之后可以得到新的方程，这个新方程可以称为去均值方程，如下所示：

$$y_{it}^* = \boldsymbol{X}_{it}^*\boldsymbol{\beta} + \varepsilon_{it}^* \tag{6.7}$$

这个去均值方程 6.7 的估计方法与普通的 OLS 模型并没有任何差别。因此，可以利用普通最小二乘方法进行参数的估计。那么，由普通最小二乘方法的理论可以得知：

$$\boldsymbol{\beta} = (\boldsymbol{X}^{*\mathrm{T}}\boldsymbol{X}^*)^{-1}\boldsymbol{X}^{*\mathrm{T}}\boldsymbol{y}^* \tag{6.8}$$

$$\sigma^2 = (\boldsymbol{y}^* - \boldsymbol{X}^*\boldsymbol{\beta})^T(\boldsymbol{y}^* - \boldsymbol{X}^*\boldsymbol{\beta})/(NT-N-K) \tag{6.9}$$

去均值方法的主要优点是：在求参数的估计值 $\boldsymbol{\beta}$ 时，用到的是 $K\times K$ 矩阵的逆矩阵，而不是 $(K+N)\times(K+N)$ 矩阵的逆矩阵。这个好处意味着当空间单元（截面数量）N 较少的时候影响会很小，但是当 N 很大的时候，就会导致估计的精度下降。

除了使用普通最小二乘方法，还可以使用前面章节介绍的极大似然估计方法。那么，去均值方程 6.7 的对数似然函数如下所示：

$$\log L = -\frac{NT}{2}\log(2\pi\sigma^2) - \frac{1}{2\sigma^2}\sum_{i=1}^{N}\sum_{t=1}^{T}(y_{it}^{*} - \boldsymbol{x}_{it}^{*}\boldsymbol{\beta})^2 \tag{6.10}$$

然后，可以得到 $\boldsymbol{\beta}$ 和 σ^2 的极大似然估计值，分别如下所示：

$$\boldsymbol{\beta} = (\boldsymbol{X}^{*\mathrm{T}}\boldsymbol{X}^{*})^{-1}\boldsymbol{X}^{*\mathrm{T}}\boldsymbol{y}^{*} \tag{6.11}$$

$$\sigma^2 = (\boldsymbol{y}^{*} - \boldsymbol{X}^{*}\boldsymbol{\beta})^{\mathrm{T}}(\boldsymbol{y}^{*} - \boldsymbol{X}^{*}\boldsymbol{\beta})/NT \tag{6.12}$$

必须提示注意的是：σ^2 的极大似然估计值与普通最小二乘方法的 σ^2 估计量有一点区别，这反映为自由度方面的不同。σ^2 的极大似然估计量没有修正自由度问题。

也可以得到参数的渐进方差矩阵，如下所示（Greene，2008）：

$$\text{Asy. Var}(\boldsymbol{\beta},\sigma^2) = \begin{bmatrix} \frac{1}{\sigma^2}\boldsymbol{X}^{*\mathrm{T}}\boldsymbol{X}^{*} & 0 \\ 0 & \frac{NT}{2\sigma^2} \end{bmatrix}^{-1} \tag{6.13}$$

最后，如果想要得到固定效应 μ_i 的估计值，那么可以通过下面的方程获得：

$$\mu_i = \frac{1}{T}\sum_{t=1}^{T}(y_{it} - \boldsymbol{X}_{it}\boldsymbol{\beta}),\ i = 1, 2, \cdots, N \tag{6.14}$$

需要注意的是：只有在时间 T 足够大的时候，固定效应才能够得到一致的估计量。并且，即便是通过在截面维度上多次抽样，也无法解决时间维度观察值不够的问题。当截面个数 N 增加时，就有可能产生偶发参数的问题（incidental parameter）。尽管存在这样的问题，但是好在固定效应 μ_i 的不一致性不会传递到去均值方程 6.7 的参数 $\boldsymbol{\beta}$ 中去。在实证分析中，通常感兴趣的是参数 $\boldsymbol{\beta}$，而不是固定效应 μ_i。因此，偶发参数的问题在实证分析中并不是太重要。

然而，在实证分析中，如果需要重点研究固定效应 μ_i，那么，μ_i 的标准差可以通过渐进方法的平方根得到，如下所示：

$$\text{Asy. Var}(\hat{\mu}_i) = \frac{\hat{\sigma}^2}{T} + \hat{\sigma}^2\left(\frac{1}{T}\sum_{t=1}^{T}\boldsymbol{x}_{it}\right)(\boldsymbol{X}^{*\mathrm{T}}\boldsymbol{X}^{*})^{-1}\left(\frac{1}{T}\sum_{t=1}^{T}\boldsymbol{x}_{it}\right)^{T} \tag{6.15}$$

实际上，这个固定效应 μ_i 可以看做每个空间单元的截距项，对于不同的空间单元来说，截距项不同。如果 $\sum\mu_i = 0$ 的话，那么可以在方程 6.1 中引入一个常数项 α。那么，固定效应 μ_i 就表示第 i 个空间单元与这个均值的离差（Hsiao，2014）。

6.2.3 随机效应面板数据模型的估计

随机效应面板数据模型参数的极大似然估计值可以通过两阶段迭代方法获得（iterative two-stage estimation procedure）。构造随机效应模型的极大似然函数，如下所示：

$$\log L = -\frac{NT}{2}\log(2\pi\sigma^2) + \frac{N}{2}\log\theta^2 - \frac{1}{2\sigma^2}\sum_{i=1}^{N}\sum_{t=1}^{T}(y_{it}^{\bullet} - \boldsymbol{x}_{it}^{\bullet}\boldsymbol{\beta})^2 \tag{6.16}$$

随机效应模型的极大似然函数与固定效应模型的类似，但是有一定的区别。区别在于两个地方：一个是 θ，另一个是 •。其中，θ 表示对面板数据中截面数据部分赋予的权重（weight），并且 $0\leqslant\theta^2=\sigma^2/(T\sigma_\mu^2+\sigma^2)\leqslant1$。符号 · 表示依赖于参数 θ 的变量转换形式，则有：

$$\begin{cases} y_{it}^{\cdot}=y_{it}-(1-\theta)\dfrac{1}{T}\sum\limits_{t=1}^{T}y_{it} \\ \boldsymbol{X}_{it}^{\cdot}=\boldsymbol{X}_{it}-(1-\theta)\dfrac{1}{T}\sum\limits_{t=1}^{T}\boldsymbol{X}_{it} \end{cases} \tag{6.17}$$

如果 $\theta=0$，那么上述公式就与固定效应模型完全一致，随机效应就变成了固定效应。因此，参数 θ 是随机效应模型中的关键参数。

在给定参数 θ 的情况下，$\boldsymbol{\beta}$ 和 σ^2 能够通过一阶最大条件得到，如下所示：

$$\begin{cases} \boldsymbol{\beta}=(\boldsymbol{X}^{\cdot\mathrm{T}}\boldsymbol{X}^{\cdot})^{-1}\boldsymbol{X}^{\cdot\mathrm{T}}\boldsymbol{y}^{\cdot} \\ \sigma^2=(\boldsymbol{y}^{\cdot}-\boldsymbol{X}^{\cdot}\boldsymbol{\beta})^{\mathrm{T}}(\boldsymbol{y}^{\cdot}-\boldsymbol{X}^{\cdot}\boldsymbol{\beta})/NT \end{cases} \tag{6.18}$$

在确定了 $\boldsymbol{\beta}$ 和 σ^2 的情况下，参数 θ 可以通过关于 θ 的集中对数似然函数（concentrated log-likelihood function）估计出来，如下所示：

$$\begin{aligned} \log L=&-\frac{NT}{2}\log\Bigg\{\sum_{i=1}^{N}\sum_{t=1}^{T}\Bigg\{y_{it}-(1-\theta)\frac{1}{T}\sum_{t=1}^{T}y_{it} \\ &-\Bigg[\boldsymbol{X}_{it}-(1-\theta)\frac{1}{T}\sum_{t=1}^{T}\boldsymbol{X}_{it}\Bigg]\boldsymbol{\beta}\Bigg\}^2\Bigg\}+\frac{N}{2}\log\theta^2 \end{aligned} \tag{6.19}$$

那么，参数的渐进方差矩阵如下所示：

$$\text{Asy. Var}(\boldsymbol{\beta},\theta,\sigma^2)=\begin{bmatrix} \dfrac{1}{\sigma^2}\boldsymbol{X}^{\cdot\mathrm{T}}\boldsymbol{X}^{\cdot} & 0 & 0 \\ 0 & N\left(1+\dfrac{1}{\theta^2}\right) & -\dfrac{N}{\sigma^2} \\ 0 & -\dfrac{N}{\sigma^2} & \dfrac{NT}{2\sigma^4} \end{bmatrix} \tag{6.20}$$

前面提到参数 θ 是随机效应模型中的关键参数，决定了模型是随机效应模型还是固定效应模型。因此，可以利用似然比检验（LR test）来判断模型是否为随机效应模型，原假设是“H_0：$\theta=0$”。似然比检验统计量服从自由度为 1 的卡方分布。如果原假设被拒绝，则表示为随机效应模型。

最后，需要注意一点的是：随机效应模型总包含常数项。因此，随机效应模型的自变量个数是 $K+1$ 个，而不是 K 个。

6.3　空间面板数据与演示数据

在介绍完面板数据固定效应模型和随机效应模型的参数估计方法之后，接下来将要介绍的是如何利用软件来估计这些模型中的参数。本章也是采用 MATLAB 软件以及 LeSage 和 Pace 编写的空间计量经济学工具箱来实现经典面板数据模型和空间面板数据模型的回归估计。

6.3.1 空间面板数据在 MATLAB 中的形式

在 MATLAB 软件中，空间面板数据的组织结构形式是先按照时间来排序，然后再根据空间单元来排序。举例来说，假设存在一个数据集。该数据集是 5 个地区（空间单元）2009—2011 年的 GDP 面板数据。这个面板数据如表 6－1 所示：

表 6－1　　5 个地区 2009—2011 年 GDP 空间面板数据　　单位：亿元

地区	2009 年 GDP	2010 年 GDP	2011 年 GDP
北京	12 153	14 114	16 252
天津	7 522	9 224	11 307
河北	17 235	20 394	24 516
山西	7 358	9 201	11 238
内蒙古	9 740	11 672	14 360

这个空间面板数据在 MATLAB 软件中先按照时间排序，也就是从 2009 年开始，然后再按照地区排序，也就是从第 1 个地区到第 5 个地区。特别需要注意的是：在 MATLAB 软件中，空间面板数据结构与其他软件，如 Stata 软件中的经典面板数据的结构是不一样的。经典面板数据结构在 Stata 软件中的结构是先按照空间单元排序，然后再根据时间排序。两种面板数据的组织形式如表 6－2 所示。

表 6－2　　面板数据在 MATLAB 和 Stata 软件中的排列方式

MATLAB			Stata		
年份	地区	GDP（亿元）	年份	地区	GDP（亿元）
2009	北京	12 153	2009	北京	12 153
2009	天津	7 522	2010	北京	14 114
2009	河北	17 235	2011	北京	16 252
2009	山西	7 358	2009	天津	7 522
2009	内蒙古	9 740	2010	天津	9 224
2010	北京	14 114	2011	天津	11 307
2010	天津	9 224	2009	河北	17 235
2010	河北	20 394	2010	河北	20 394
2010	山西	9 201	2011	河北	24 516
2010	内蒙古	11 672	2009	山西	7 358
2011	北京	16 252	2010	山西	9 201
2011	天津	11 307	2011	山西	11 238
2011	河北	24 516	2009	内蒙古	9 740
2011	山西	11 238	2010	内蒙古	11 672
2011	内蒙古	14 360	2011	内蒙古	14 360

6.3.2 空间面板数据模型示例数据

本章演示示例所采用的数据集来自 Baltagi（2013）的著作《面板数据的计量经济分析》中的香烟需求数据。这个数据集是美国 46 个州 1963—1992 年 30 年的空间面板数据。Baltagi（2013）用这个数据建立香烟需求模型。这个面板数据很具有典型性，因此，在很多理论研究中都被用作演示模型的示例数据。这份示例空间面板数据集被保存为 Excel 文件格式，如图 6-1 所示。

1	year	state	logc	logp	logy
2	0	1	4.5422	-0.0676	3.9304
3	0	2	4.8283	-0.2471	4.1519
4	0	3	4.6386	-0.1252	3.879
5	0	4	4.9558	-0.1902	4.5078
6	0	5	5.0511	-0.1326	4.5562
7	0	6	5.1108	-0.1326	4.3028
8	0	7	5.507	-0.2683	4.4922
9	0	8	4.9236	-0.1514	4.1702
10	0	9	4.6849	-0.1289	4.0429
11	0	10	4.5747	-0.0888	4.1488
12	0	11	4.9802	-0.1863	4.4635
13	0	12	4.9309	-0.2264	4.2772
14	0	13	4.7441	-0.1476	4.2536
15	0	14	4.7519	-0.1706	4.2516
16	0	15	4.8387	-0.2388	4.0317
17	0	16	4.7362	-0.0165	4.0031
18	0	17	4.9301	-0.1363	4.1173
19	0	18	4.8097	-0.0817	4.325
20	0	19	4.9572	-0.0888	4.4022
21	0	20	4.8418	-0.0606	4.2981
22	0	21	4.7238	-0.0641	4.213
23	0	22	4.4296	-0.0033	3.7663
24	0	23	4.8919	-0.1706	4.2661
25	0	24	4.7783	-0.0033	4.219
26	0	25	4.7749	-0.1706	4.2071
27	0	26	5.3599	-0.0231	4.5294
28	0	27	5.4	-0.2346	4.3284
29	0	28	4.9516	-0.0606	4.5364
30	0	29	4.5272	-0.0165	4.0936

图 6-1　示例数据

由于面板数据过长，因此，图 6-1 只是展示了数据集中的一小部分，没有完整地显示该面板数据。但是，从截图中依然可以观察到这个空间面板数据是如何组织的。即先按照时间排序（从 0 开始），然后再按照地区排序（从 1 开始）。

由图 6-1 可知，Excel 表中一共有 5 列数据。其中，Excel 表中的 A 列（year）表示的是年份，以 0 作为年份开始①，在图 6-1 中显示的全部是 0，说明面板数据先以时间进行排序，排完 46 个 0 之后再从 1 开始，依此类推。

B 列（state）表示的是州，也就是空间单元信息。从图 6-1 来看，自第 1 个州到第 29 个州，一直排到第 46 个州（图 6-1 并未显示全 46 个州），然后再从年份 1 开始，依此类推。

C 列（logc）表示的是针对 14 岁及以上每个烟民的实际人均香烟销售量的对数值，这个变量为空间面板数据模型的因变量；D 列（logp）表示的是一包香烟的平均零售价格的对数值，这个变量为空间面板数据模型的第一个自变量，E 列（logy）表示的是实际人均可支配收入的对数值，这个变量为空间面板数据模型的第二个自变量。这份示例数据非常简单。数据集的描述性统计如表 6-3 所示。

① 年份以何种形式开始并不要紧，可以从 5 开始，也可以从 1 999 开始，也可以从 30 049 开始。面板数据的第一列和第二列是为了显示面板数据如何组织的，并不参与空间面板数据模型的参数估计。在空间面板数据模型的 MATLAB 代码中，会指定截面个数 N 和时间 T。

表 6 - 3　示例空间面板数据的描述性统计

变量	观察值个数	均值	标准差	最小值	最大值
year	1 380	14.5	8.7	0	29
state	1 380	23.5	13.3	1	46
logc	1 380	4.793	0.225	3.978	5.697
logp	1 380	−0.106	0.152	−0.610	0.364
logy	1 380	4.545	0.210	3.766	5.117

由表 6 - 3 可知，year 的最小值和最大值分别为 0 和 29，表示有 30 个年份。state 的最小值和最大值分别为 1 和 46，表示有 46 个州。观察值的个数为 1 380，很显然 $N\times T=46\times30=1\ 380$，表明这份数据集是一个平衡面板数据。

6.3.3　空间面板数据模型的函数命令

能够对经典面板数据模型进行回归估计的软件有很多种，比如 Stata、EViews 等。但是，本章依然利用 MATLAB 软件来估计经典的面板数据模型。这是因为，在后面的空间面板数据模型的回归估计中，依然需要借用 MATLAB 函数命令来实现模型的估计。

在前面的章节中，本书介绍了 LeSage 和 Pace 编写的名为“jplv7”的空间计量经济学工具箱，这个工具箱中有一个名为“panel”的文件夹，在这个“panel”文件夹中包含了经典面板数据模型和空间面板数据模型回归估计的 MATLAB 函数命令。

这些 MATLAB 函数命令主要是由荷兰格罗宁根大学的 Paul Elhorst 编写。[①] 空间面板数据模型回归估计的 MATLAB 函数命令也可以在 Paul Elhorst 的个人主页上获得，网址为 https：//spatial-panels. com/software/，Paul Elhorst 的个人主页截图如图 6 - 2 所示。Paul Elhorst 的个人主页不仅包含了这些 MATLAB 函数命令，也包含了用于演示的数据，以及 Paul Elhorst 论文中用到的 MATLAB 程序代码和数据集。

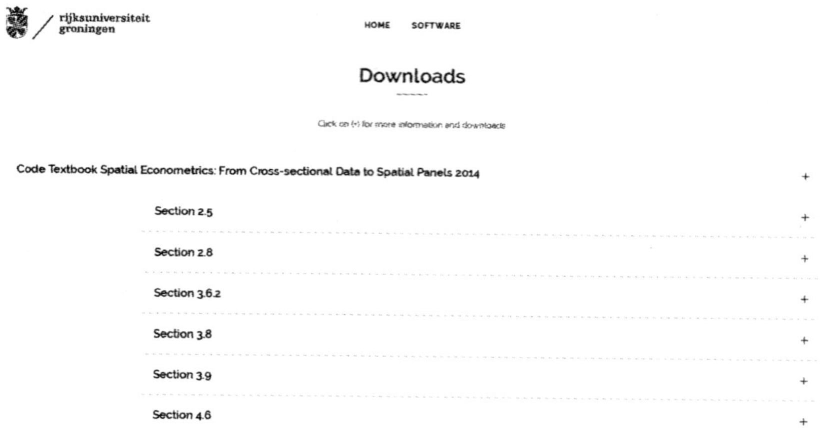

图 6 - 2　Paul Elhorst 的个人主页

① Paul Elhorst 是在“jplv7”的空间计量经济学工具箱之上进行扩展的，因此在估计空间面板数据模型时两者必须配合使用。

6.3.4　空间面板数据模型的类型

由上一小节可知，经典的面板数据模型可以包含固定效应或者随机效应，并且在截面维度和时间维度上都可以包含固定效应或者随机效应。因此，经典面板数据模型有 5 种模型形式，如下所示：

（1）无固定效应的面板数据模型；

（2）空间固定效应的面板数据模型；

（3）时间固定效应的面板数据模型；

（4）空间和时间双固定效应的面板数据模型；

（5）随机效应的面板数据模型。

同样的道理，空间面板数据模型也有 5 种模型形式，以空间滞后模型为例，这 5 种模型如下所示：

（1）无固定效应的面板数据空间滞后模型；

（2）空间固定效应的面板数据空间滞后模型；

（3）时间固定效应的面板数据空间滞后模型；

（4）空间和时间双固定效应的面板数据空间滞后模型；

（5）随机效应的面板数据空间滞后模型。

在后面的章节中，本书还将会介绍空间面板数据的空间误差模型、空间杜宾模型以及空间杜宾误差模型。同样的道理，这些空间面板数据模型也可以分为以上 5 种模型，本书将会详细地介绍这些模型的设定以及参数的估计方法。

6.4　面板数据空间滞后模型

由于空间面板数据模型是在截面数据空间计量模型基础之上发展而来，因此，空间面板数据模型的分类基本与截面数据空间计量模型的分类类似。但是，由于面板数据中包含时间维度的信息，模型中允许含有时间动态效应，因此，空间面板数据模型的种类要比截面数据的空间计量模型多，并且也较为复杂。然而，本章只探讨 4 种空间面板数据模型①，如下所示：

（1）面板数据空间滞后模型；

（2）面板数据空间误差模型；

（3）面板数据空间杜宾模型；

（4）面板数据空间杜宾误差模型。

上述这 4 种空间面板数据模型也是实证分析和研究中最为常见的模型。在接下来的章节里，本书将逐一详细地介绍以及演示如何利用 MATLAB 来估计这 4 种模型。

---

① 在截面数据章节中，本书介绍了自变量空间滞后模型，同样的道理，空间面板数据也有相应的模型设定，由于操作简单，本书不做介绍。另外，更复杂的空间面板数据模型将在下一章中介绍。

6.4.1 面板数据空间滞后模型理论

第五章介绍了截面数据的空间滞后模型。面板数据空间滞后模型与之非常类似，如下所示：

$$y_{it} = \rho \sum_{j=1}^{N} w_{ij} y_{it} + \boldsymbol{X}_{it} \boldsymbol{\beta} + \boldsymbol{\varepsilon}_{it} \tag{6.21}$$

通过下标 i 和 t 可知，这是面板数据空间滞后模型。ρ 为空间自回归系数，w_{ij} 为空间权重矩阵 $\boldsymbol{W}$ 中的元素，$\boldsymbol{y}$ 表示因变量，$\boldsymbol{X}$ 表示自变量，$\boldsymbol{\beta}$ 表示待估计的自变量参数，$\boldsymbol{\varepsilon}$ 表示误差项。由于包含因变量空间滞后项 $\boldsymbol{Wy}$，因此该模型称为空间滞后模型。

需要注意的是：本章中空间面板数据模型里的空间权重矩阵 $\boldsymbol{W}$ 不随时间变化而变化。换言之，对于任何一个时间点，空间权重矩阵都是一样的。比如，在实证分析中，采用基于地理邻近性的空间权重矩阵。由于空间单元之间的邻近性不随时间发生改变，因此空间权重矩阵也不随时间发生改变。当然，也可以使用随时间改变的空间权重矩阵，比如社会经济空间权重矩阵，它每年都不相同，因此这类矩阵是随着时间变化的。① 另外，要求面板数据是平衡的，如果数据出现缺失值，则函数命令无法使用。

6.4.1.1 固定效应的空间滞后模型

面板数据空间滞后模型同样也存在空间固定效应，固定效应的空间滞后模型如下所示：

$$y_{it} = \rho \sum_{j=1}^{N} w_{ij} y_{it} + \boldsymbol{X}_{it} \boldsymbol{\beta} + \boldsymbol{\mu}_{i} + \boldsymbol{\varepsilon}_{it} \tag{6.22}$$

公式 6.21 包含着 μ_i，μ_i 表示固定效应或者随机效应；本小节介绍的是固定效应的空间滞后模型。

在确定了模型设定之后，接下来的问题是如何估计固定效应的空间滞后模型。由前面的章节可知，空间滞后模型不能使用普通最小二乘方法进行估计。这是由于引入了因变量空间滞后项，所以就引起了内生性问题。具体来说就是误差项与 $\sum_j w_{ij} y_{jt}$ 相关，因此，$E[(\sum_j w_{ij} y_{jt})\varepsilon_{it} \neq 0]$。

另外，由于对于任何一个时间点来说，空间单元上的观察值之间的空间依赖性也会影响固定效应的估计。因此，通过构造对数似然函数得到极大似然估计量时必须考虑到 $\sum_j w_{ij} y_{jt}$ 的内生性问题。固定效应的对数似然函数如下所示：

$$\begin{aligned} \log L = & -\frac{NT}{2}\log(2\pi\sigma^2) + T\log|\boldsymbol{I}_N - \rho\boldsymbol{W}| \\ & -\frac{1}{2\sigma^2}\sum_{i=1}^{N}\sum_{t=1}^{T}(y_{it} - \rho\sum_{j=1}^{N} w_{ij} y_{jt} - \boldsymbol{X}_{it}\boldsymbol{\beta} - \mu_i)^2 \end{aligned} \tag{6.23}$$

① Lee and Yu（2012a）的研究表明：即便是采用随时间改变的空间权重矩阵，动态空间面板数据模型的极大似然估计量也是一致的，并且服从渐进的正态分布。这部分内容超出了本书范围，故此不做介绍。感兴趣的读者请参阅 Lee and Yu（2012a）的研究。

然后，对这个对数似然函数求 μ_i 的偏导，可以得到如下结果：

$$\frac{\partial \log L}{\partial \boldsymbol{\mu}_i} = \frac{1}{\sigma^2}\sum_{t=1}^{T}(y_{it} - \rho\sum_{j=1}^{N} w_{ij} y_{jt} - \boldsymbol{X}_{it}\boldsymbol{\beta} - \boldsymbol{\mu}_i) = 0 \tag{6.24}$$

整理上述公式，可以得到 μ_i，如下所示：

$$\boldsymbol{\mu}_i = \frac{1}{T}\sum_{t=1}^{T}(y_{it} - \rho\sum_{j=1}^{N} w_{ij} y_{jt} - \boldsymbol{X}_{it}\boldsymbol{\beta}) \tag{6.25}$$

由此可见，空间固定效应与经典面板数据模型的固定效应相比，多了一个因变量空间滞后项 $\boldsymbol{Wy}$。

将得到的 μ_i 代入对数似然函数中，可以得到关于 $\boldsymbol{\beta}$、ρ 和 σ^2 的集中对数似然函数，如下所示：

$$\begin{aligned}\log L = & -\frac{NT}{2}\log(2\pi\sigma^2) + T\log|\boldsymbol{I}_N - \rho\boldsymbol{W}| \\ & -\frac{1}{2\sigma^2}\sum_{i=1}^{N}\sum_{t=1}^{T}(y_{it} - \rho\Big[\sum_{j=1}^{N} w_{ij} y_{jt}\Big]^* - \boldsymbol{X}_{it}^*\boldsymbol{\beta})^2\end{aligned} \tag{6.26}$$

其中，$*$ 号表示经过去均值处理。

接下来的问题就是如何得到极大似然估计值。在截面数据的空间滞后模型中，极大似然估计参数的方法也同样适用于面板数据，但是略有不同。区别在于截面数据只有 N 个观察值，而面板数据有 $N\times T$ 个观察值。

首先，将面板数据排列成一个 $NT\times 1$ 的向量，然后进行去均值处理，得到三个去均值后的向量 $\boldsymbol{Y}^*$、$(\boldsymbol{I}_T\otimes\boldsymbol{W})\boldsymbol{Y}^*$ 和 $NT\times K$ 的自变量 $\boldsymbol{X}^*$。然后，使用 OLS 方法分别用 $\boldsymbol{Y}^*$ 和 $(\boldsymbol{I}_T\otimes\boldsymbol{W})\boldsymbol{Y}^*$ 对 $\boldsymbol{X}^*$ 进行回归，得到 OLS 估计量 $\boldsymbol{b}_0$ 和 $\boldsymbol{b}_1$，以及相应的残差 $\boldsymbol{e}_0$ 和 $\boldsymbol{e}_1$。参数 ρ 的估计量可以通过对数似然函数得到，如下所示：

$$\log L = C - \frac{NT}{2}\log[(\boldsymbol{e}_0^* - \rho\boldsymbol{e}_1^*)^{\mathrm{T}}(\boldsymbol{e}_0^* - \rho\boldsymbol{e}_1^*)] + T\log|\boldsymbol{I}_N - \rho\boldsymbol{W}| \tag{6.27}$$

注意：C 是一个与 ρ 无关的常数项。

在获得参数 ρ 后，也可以得到 $\boldsymbol{\beta}$ 和 σ^2 的估计量，如下所示：

$$\boldsymbol{\beta} = \boldsymbol{b}_0 - \rho\boldsymbol{b}_1 = (\boldsymbol{X}^{*\mathrm{T}}\boldsymbol{X}^*)^{-1}\boldsymbol{X}^{*\mathrm{T}}[\boldsymbol{y}^* - \rho(\boldsymbol{I}_T\otimes\boldsymbol{W})\boldsymbol{y}^*] \tag{6.28}$$

$$\sigma^2 = \frac{1}{NT}(\boldsymbol{e}_0^* - \rho\boldsymbol{e}_1^*)^{\mathrm{T}}(\boldsymbol{e}_0^* - \rho\boldsymbol{e}_1^*) \tag{6.29}$$

最后一步就是获得参数的渐进方差矩阵，如下所示：

$$\mathrm{Var}(\boldsymbol{\beta},\rho,\sigma^2) = \begin{bmatrix} \dfrac{\boldsymbol{X}^{*\mathrm{T}}\boldsymbol{X}^*}{\rho^2} & & \\ \dfrac{\boldsymbol{X}^{*\mathrm{T}}(\boldsymbol{I}_T\otimes\widetilde{\boldsymbol{W}})\boldsymbol{X}^*\boldsymbol{\beta}}{\rho^2} & \begin{array}{c} T*\mathrm{tr}(\widetilde{\boldsymbol{W}}\widetilde{\boldsymbol{W}} + \widetilde{\boldsymbol{W}}^{\mathrm{T}}\widetilde{\boldsymbol{W}}) \\ +\dfrac{\boldsymbol{\beta}^{\mathrm{T}}\boldsymbol{X}^{*\mathrm{T}}(\boldsymbol{I}_T\otimes\widetilde{\boldsymbol{W}}^{\mathrm{T}}\widetilde{\boldsymbol{W}})\boldsymbol{X}^*\boldsymbol{\beta}}{\rho^2}\end{array} & \\ 0 & \dfrac{T}{\rho^2}\mathrm{tr}(\widetilde{\boldsymbol{W}}) & \dfrac{NT}{2\rho^4} \end{bmatrix}^{-1} \tag{6.30}$$

其中，$\widetilde{\boldsymbol{W}}=\boldsymbol{W}(\boldsymbol{I}_N-\rho\boldsymbol{W})^{-1}$，tr 表示矩阵的迹。

同样的道理，上述方法也适用于时间固定效应的空间滞后模型的参数估计。

6.4.1.2 随机效应的空间滞后模型

如果 μ_i 为随机效应的话，那么模型就成为随机效应的空间滞后模型。随机效应的空间滞后模型也可以通过构造对数似然函数来得到参数的估计量。对数似然函数如下所示：

$$\begin{aligned}\log L=&-\frac{NT}{2}\log(2\pi\sigma^2)+T\log|\boldsymbol{I}_N-\rho\boldsymbol{W}|+\frac{N}{2}\log\theta^2\\&-\frac{1}{2\sigma^2}\sum_{i=1}^{t=1}\sum_{t=1}^{T}\left(y_{it}^{\cdot}-\rho\left[\sum_{j=1}^{N}w_{ij}y_{jt}\right]^{\cdot}-\boldsymbol{X}_{it}^{\cdot}\boldsymbol{\beta}\right)^2\end{aligned}\tag{6.31}$$

这个对数似然函数与经典面板随机效应的对数似然函数也很相似，区别在于因变量空间滞后项。·表示跟参数 θ 有关的转换方程。同样，对于给定的 θ，这个对数似然函数就与固定效应的空间滞后模型的对数似然函数是一致的。因此，可以利用前面介绍的固定效应的空间滞后模型的参数估计方法得到随机效应的空间滞后模型的参数 $\boldsymbol{\beta}$、ρ、σ^2 和 θ。区别在于将固定效应对数似然函数中的上标 * 换成·。

随机效应的空间滞后模型的对数似然函数如下所示：

$$\log L=-\frac{NT}{2}\log[\boldsymbol{e}(\theta)^{\mathrm{T}}\boldsymbol{e}(\theta)]+\frac{N}{2}\log\theta^2\tag{6.32}$$

其中，$\boldsymbol{e}(\theta)$ 的表达比较复杂，如下所示：

$$\begin{aligned}\boldsymbol{e}(\theta)_{it}=&y_{it}-(1-\theta)\frac{1}{T}\sum_{t=1}^{T}y_{it}-\rho\left[\sum_{j=1}^{N}w_{ij}y_{jt}-(1-\theta)\frac{1}{T}\sum_{t=1}^{T}\sum_{j=1}^{N}w_{ij}y_{jt}\right]\\&-\left[\boldsymbol{X}_{it}-(1-\theta)\frac{1}{T}\sum_{t=1}^{T}\boldsymbol{x}_{it}\right]\boldsymbol{\beta}\end{aligned}\tag{6.33}$$

利用迭代的方法可以得到参数 $\boldsymbol{\beta}$、ρ、σ^2 和 θ。参数 $\boldsymbol{\beta}$、ρ、σ^2 和 θ 的渐进方差矩阵如下所示①：

$$\mathrm{Var}(\boldsymbol{\beta},\rho,\theta,\sigma^2)=\begin{bmatrix}\dfrac{\boldsymbol{X}^{\cdot\mathrm{T}}\boldsymbol{X}^{\cdot}}{\sigma^2} & & & \\ \dfrac{\boldsymbol{X}^{\cdot\mathrm{T}}(\boldsymbol{I}_T\otimes\widetilde{\boldsymbol{W}}}{\sigma^2}) & \begin{matrix}\boldsymbol{T}*\mathrm{tr}(\hat{\boldsymbol{W}}\hat{\boldsymbol{W}}+\hat{\boldsymbol{W}}^{\mathrm{T}}\hat{\boldsymbol{W}})\\+\dfrac{1}{\sigma^2}\boldsymbol{\beta}^{\mathrm{T}}\boldsymbol{X}^{\cdot\mathrm{T}}(\boldsymbol{I}_T\otimes\hat{\boldsymbol{W}}^{\mathrm{T}}\hat{\boldsymbol{W}}\boldsymbol{X}^{\cdot}\ \boldsymbol{\beta})\end{matrix} & & \\ 0 & -\dfrac{1}{\sigma^2}\mathrm{tr}(\hat{\boldsymbol{W}}) & N(T+\dfrac{1}{\theta^2}) & \\ 0 & \dfrac{T}{\sigma^2}\mathrm{tr}(\hat{\boldsymbol{W}}) & -\dfrac{N}{\sigma^2} & \dfrac{NT}{2\sigma^4}\end{bmatrix}\tag{6.34}$$

---

① 方差矩阵是对角线对称的，由于矩阵中的元素复杂，故省略了方差矩阵中的上三角元素。

6.4.2　面板数据空间滞后模型的 MATLAB 函数命令

MATLAB 空间计量经济学工具箱中包含了估计空间面板数据模型的函数命令。与估计截面数据的空间计量模型的函数命令类似，估计空间面板数据模型的 MATLAB 函数命令用法也比较简明。并且，出于一致性考虑，两者在函数命名方式上保持着连贯性。

但是，空间面板数据模型的函数命令的调用方式比截面数据的要略微复杂一些，因此，在进行模型估计演示之前，需要简要地介绍一下本章将要涉及的 MATLAB 函数命令。

6.4.2.1　MATLAB 函数命令

为了实现面板数据空间滞后模型参数的回归估计，Paul Elhorst 编写了 MATLAB 的函数命令[①]，如下所示：

(1)“sar _ panel _ FE”：估计固定效应的空间滞后模型[②]；

(2)“sar _ panel _ RE”：估计随机效应的空间滞后模型[③]。

固定效应和随机效应的空间滞后模型对应的 MATLAB 函数命令分别为“sar _ panel _ FE. m”和“sar _ panel _ RE. m”，与估计截面数据空间滞后模型的函数命令的区别在于函数命令的后缀。函数命令中的“sar”是空间自回归（spatial autoregression, SAR）的缩写；“panel”表示是面板数据的函数命令；“FE”为固定效应（fixed effects, FE）的缩写；“RE”为随机效应（random effects, RE）的缩写；“. m”表示是 MATLAB 的 M 文件。将这 3 个单词组合起来就很容易记住函数命令。

6.4.2.2　函数命令的调用方法

由前面小节介绍的面板数据的组织形式可知，面板数据需要考虑两个维度的信息，即截面维度信息和时间维度信息。在函数命令中也需要设定截面个数（或者叫做空间单元的数量）和时间长度，一般用 N 表示截面个数，用 T 表示时间长度。

下面就较为详细地解释一下如何调用这些函数命令。面板数据空间滞后模型的函数命令调用方法如下所示：

```
results = sar_panel_FE(y,x,W,T,info)
```

其中，“results”表示估计后的结果。函数命令括号内包含 5 个输入参数。其中，“y”为因变量，“x”为自变量，“W”为空间权重矩阵，“T”为时间维度，“info”为一个可选的结构变量，通过控制该选项来实现各种模型的估计。“info”参数较为复杂，接下来就重点解释“info”的用法，如下所示：

- 当“info. model=0”时，表示混合面板数据模型（不包含任何固定效应）；

---

① 空间面板数据的空间杜宾模型回归估计也是利用这个 MATLAB 函数命令来实现。

② 此外，还需要配合使用 LeSage 编写的“sar _ parse”、“sar _ eigs”、“sar _ lndet”和“hessian”MATLAB 函数命令。

③ 实现随机效应的空间滞后模型，还需要 Elhorst 编写的“sar _ panel _ RE”、“f _ resar”和“f2 _ resar”MATLAB 函数命令。

- 当“info. model=1”时，表示空间固定效应；
- 当“info. model=2”时，表示时间固定效应；
- 当“info. model=3”时，表示空间和时间双固定效应。

由此可见，通过设定“info. model”的参数，可以选择估计混合面板数据模型还是固定效应模型。请注意：在估计空间固定效应、时间固定效应以及空间和时间双固定效应的空间面板数据模型时，MATLAB 代码中唯一发生变化的就是这个参数。同时，也要注意无固定效应的输入参数中包含常数项，而固定效应的输入参数中不包含常数项。

- 当“info. fe=0”时，表示不输出固定效应及相应的概率值；
- 当“info. fe=1”时，表示输出固定效应及相应的概率值（默认为 1）；

“info. fe”参数设定用来输出固定效应 μ。对于大多数实证分析来说，固定效应并非重点研究的问题，因此，通常设定“info. fe=0”。

- 当“info. bc=0”时，表示固定效应的空间滞后模型命令计算截面/或时间均值的误差；
- 当“info. bc=1”时，表示采用误差修正方法①（默认为 1）。

通常情况下，设定“info. bc=1”。

- “info. lflag=0”表示采用计算速度最快的方法；
- “info. lflag=1”用于大样本数据计算，计算速度较快；
- “info. lflag=2”表示采用中等速度计算方法。一般来说，可以忽略这个选项，但是当面对截面数量较大时，例如，要计算截面是 1 000 个县的面板数据时，设定该选项可以节约时间。②

需要注意的是：Elhorst（2014）指出，如果空间单元数小于 500，那么设定“info. lflag=0”可用于获得精确的估计结果。但是，在设定 lflag 选项时，则还需要调整选项中的另一个参数。

- 当“info. lflag=0”时，设定“info. rmin=−1”；
- 当“info. lflag=1”时，设定“info. rmax=1”；

“info. rmin”表示搜索 ρ 时的最小值，“info. rmax”表示搜索 ρ 时的最大值。③

6.4.3 软件实现

6.4.3.1 固定效应的空间滞后模型

通过上一小节的介绍可以知道，调用 MATLAB 函数命令来估计空间面板数据模型并不比估计截面数据的空间计量模型复杂太多。但是，在参数设置方面，需要考虑的问题较截面数据的空间计量模型要多。

空间面板数据的空间滞后模型按照是否为固定效应模型或随机效应模型可以分为 5 种模型，如下所示：

---

① 该方法是基于 Lee and Yu（2010）提出的修正方法，在后面的小节中会介绍。

② 诚然，运算能力也与计算机的 CPU 有关，但是对于计算能力相同的 CPU 来说，一个优秀的算法可以极大地节约计算开销，节约计算时间。

③ 提示：ρ 的取值范围为 [−1，1]。

（1）无固定效应的空间滞后模型；

（2）空间固定效应的空间滞后模型；

（3）时间固定效应的空间滞后模型；

（4）空间和时间双固定效应的空间滞后模型；

（5）随机效应的空间滞后模型。

下面就演示如何利用 MATLAB 的函数命令来估计上述 5 种空间面板数据的空间滞后模型。首先演示的是无固定效应的空间滞后模型。由于不考虑固定效应和随机效应，因此这种空间面板数据也可以看做是增加了样本容量的截面数据，其估计方法与截面数据的空间滞后模型本质上并没有任何不同。无固定效应的空间滞后模型回归估计的 MATLAB 程序代码如下所示：

```
%估计无固定效应的空间滞后模型
clear;clc;
A = csvread('cigarette.csv',1,0);
W1 = csvread('Spat-Sym-US.csv');
T = 30;N = 46;
W = normw(W1);
y = A(:,[3]);
x = A(:,[4,5]);
xconstant = ones(N * T,1);
%设置参数
info.lflag = 0;
info.model = 0; %无固定效应
info.fe = 0;
%估计模型
results = sar_panel_FE(y,[xconstant x],W,T,info);
vnames = strvcat('logcit','intercept','logp','logy');
prt_sp(results,vnames);
```

执行完上述代码后，可以得到如下结果：

```
Pooled model with spatially lagged dependent variable,no fixed effects
Dependent Variable    =   logcit
R-squared             =   0.350 6
corr-squared          =   0.299 0
sigma^2               =   0.032 7
Nobs,Nvar,#FE         =   1 380,4,3
log-likelihood        =   394.571 64
# of iterations       =   1
min and max rho       =   -1.000 0,1.000 0
total time in secs    =   0.018 0
time for optimiz      =   0.002 0
time for lndet        =   0.006 0
time for t-stats      =   0.002 0
No lndet approximation used
```

```
***************************************************************
Variable        Coefficient     Asymptot t-stat    z-probability
intercept          2.634 078         16.618 096         0.000 000
logp              -0.757 216        -19.150 701         0.000 000
logy               0.253 664         10.117 687         0.000 000
W * dep. var.      0.192 990          6.295 758         0.000 000
```

在估计出来的结果中，第一行显示“Pooled model with spatially lagged dependent variable，no fixed effects”，“Pooled model”表示这是一个混合面板数据，“spatially lagged dependent variable”表示含有因变量空间滞后项，也就是空间滞后模型的含义。“no fixed effects”表明不含固定效应。

“Dependent Variable = logcit”表示因变量为“logcit”。“R-squared”和“corr-squared”分别表示 R^2 和修正的 R^2。“log-likelihood = 394.571 64”表示对数似然值为 394.571 64。

接下来，分析无固定效应的空间滞后模型的估计结果。从系数来看，logp 的系数为 −0.757 216，t 统计量为 −19.150 701，t 统计量的伴随概率为 0.000 000，说明在 1% 的显著性水平下拒绝了“H_0：logp 的系数等于 0”的原假设。换言之，提高香烟的平均零售价格可以减少香烟的销售数量。

再来分析变量 logy，由估计结果可以看到，logy 的系数为 0.253 664，t 统计量为 10.117 687，t 统计量的伴随概率为 0.000 000，说明在 1% 的显著性水平下拒绝了“H_0：logy 的系数等于 0”的原假设。换言之，人均可支配收入的提高可以显著地增加香烟的销售数量。

最后分析参数“W * dep. var.”，它表示的是空间滞后模型中的空间自回归系数 ρ，在面板数据空间滞后模型中用“W * dep. var.”而并非用“rho”来表示 ρ，请注意这个细节。从结果来看，空间自回归系数“W * dep. var.”等于 0.192 990，t 统计量为 6.295 758，t 统计量的伴随概率为 0.000 000，说明在 1% 的显著性水平下拒绝“H_0：空间自回归系数等于 0”的原假设。这说明，周围邻居地区香烟销售数量的增加也会使得本地区香烟销售数量增加。

接下来要介绍空间固定效应的空间滞后模型回归估计的 MATLAB 程序代码，如下所示：

```
%估计空间固定效应的空间滞后模型
clear;clc;
A = csvread('cigarette.csv',1,0);
W1 = csvread('Spat-Sym-US.csv');
T = 30;N = 46;
W = normw(W1);
y = A(:,[3]);
x = A(:,[4,5]);
%设置参数
info.lflag = 0;
info.model = 1; %空间固定效应
```

```
info.fe = 0;
%估计模型
results = sar_panel_FE(y,x,W,T,info);
vnames = strvcat('logcit','logp','logy');
prt_sp(results,vnames,1);
```

执行完上述代码后，可以得到如下结果：

```
Pooled model with spatially lagged dependent variable and spatial fixed effects
Dependent Variable    =   logcit
R-squared             =   0.867 7
corr-squared          =   0.522 9
sigma^2               =   0.006 9
Nobs,Nvar,#FE         =   1 380,3,48
log-likelihood        =   1 482.302 2
# of iterations       =   1
min and max rho       =   -1.000 0,1.000 0
total time in secs    =   0.020 0
time for optimiz      =   0.002 0
time for lndet        =   0.006 0
time for t-stats      =   0.002 0
No lndet approximation used
*****************************************************************
Variable          Coefficient        Asymptot t-stat       z-probability
logp              -0.531 756         -20.704 202           0.000 000
logy              -0.000 702          -0.045 364           0.963 817
W*dep.var.         0.297 995          10.446 590           0.000 000
```

如果想要估计时间固定效应与空间和时间双固定效应的空间滞后模型，只需要修改空间固定效应的空间滞后模型代码中的第 11 行参数“info. model”即可，其中：

（1）“info. model＝1”表示估计空间固定效应的空间滞后模型；

（2）“info. model＝2”表示估计时间固定效应的空间滞后模型；

（3）“info. model＝3”表示估计空间和时间双固定效应的空间滞后模型。

本书不再估计另外两种固定效应的空间滞后模型。另外，其他 2 种固定效应的空间滞后模型的估计结果与上述解释类似，故此不再重复。

6.4.3.2 随机效应的空间滞后模型

随机效应的空间滞后模型回归估计的 MATLAB 程序代码如下所示：

```
%随机效应的空间滞后模型
clear;clc;
A = csvread('cigarette.csv',1,0);
W1 = csvread('Spat-Sym-US.csv');
T = 30;N = 46;
W = normw(W1);
```

```
y = A(:,[3]);
x = A(:,[4,5]);
xconstant = ones(N * T,1);
% 设置参数
info.lflag = 0;
% 估计模型
results = sar_panel_RE(y,[xconstant x],W,T,info);
vnames = strvcat('logcit','intercept','logp','logy');
prt_sp(results,vnames);
```

执行完上述代码后，可以得到如下结果：

```
Pooled model with spatially lagged dependent variable and spatial random effects
Dependent Variable     =   logcit
R-squared              =   0.863 1
corr-squared           =   0.242 2
sigma^2                =   0.006 9
Nobs,Nvar              =   1 380,4
log-likelihood         =   1 348.384 8
# of iterations        =   3
min and max rho        =   -1.000 0,1.000 0
total time in secs     =   0.065 0
time for optimiz       =   0.055 0
time for lndet         =   0.007 0
time for t-stats       =   0.001 0
No lndet approximation used
**************************************************
Variable        Coefficient      Asymptot t-stat      z-probability
intercept          3.297 809         21.303 306          0.000 000
logp              -0.534 331        -20.807 173          0.000 000
logy               0.003 109          0.201 686          0.840 162
W * dep. var.      0.296 977         10.423 121          0.000 000
teta               0.090 170          6.808 008          0.000 000
```

请再次注意，随机效应与固定效应的代码略有区别，主要区别在于参数的设置。在随机效应代码中无须设置“info. model”和“info. fe”参数，并且，函数命令由“sar _ panel _ FE”变为“sar _ panel _ RE”。同时注意，固定效应函数的参数中不包含截距，而随机效应函数的参数中包含截距（xconstant），请仔细对比以下区别：

```
results = sar_panel_FE(y,x,W,T,info);
vnames = strvcat('logcit','logp','logy');
results = sar_panel_RE(y,[xconstant x],W,T,info);
vnames = strvcat('logcit','intercept','logp','logy');
```

随机效应的空间滞后模型估计结果的最后一行报告出了随机效应中的一个重要参数

“teta”，这个估计的系数结果就是随机效应公式中的重要参数 θ。[①] 从估计的结果来，“teta” 的估计系数为 0.090 170，t 统计量为 6.808 008，t 统计量的伴随概率为 0.000 000。从 “teta” 的估计结果来看，拒绝了系数为 0 的原假设。换言之，随机效应模型不同于固定效应模型。究竟随机效应是否适合这个模型设定，在后面的章节中会有详细介绍。

6.5　面板数据空间误差模型

6.5.1　面板数据空间误差模型理论

前面的章节介绍了截面数据的空间误差模型，空间面板数据的空间误差模型与之非常类似，如下所示：

$$\begin{cases} y_{it} = \boldsymbol{X}_{it}\boldsymbol{\beta} + \varepsilon_{it} \\ \varepsilon_{it} = \lambda \boldsymbol{W} \varepsilon_{it} + \nu_{it} \end{cases} \tag{6.35}$$

通过下标 i 和 t 可知，这是面板数据下的空间误差模型。$\boldsymbol{Y}$ 表示因变量；$\boldsymbol{X}$ 表示自变量；$\boldsymbol{\beta}$ 表示待估计自变量参数；$\boldsymbol{\varepsilon}$ 表示误差项；λ 为空间自相关系数；$\boldsymbol{W}$ 为空间权重矩阵；$\boldsymbol{v}$ 为特质的成分。

6.5.1.1　固定效应的空间误差模型

空间面板数据的空间误差模型也存在空间特质效应，模型设定如下所示：

$$\begin{cases} y_{it} = \boldsymbol{X}_{it}\boldsymbol{\beta} + \mu_i + \varepsilon_{it} \\ \varepsilon_{it} = \lambda \boldsymbol{W} \varepsilon_{it} + \nu_{it} \end{cases} \tag{6.36}$$

如果 μ_i 是空间固定效应，那么就称之为空间固定效应的空间误差模型。

空间固定效应的空间误差模型的参数也可以通过极大似然估计得到。Anselin and Hudak（1992）已经指出了截面数据空间误差模型参数 $\boldsymbol{\beta}$、λ 和 σ^2 的估计方法。这个方法也可以延伸到空间面板数据的空间误差模型中，区别在于将截面中的观察值个数 N 转换成面板数据的 NT。

构造面板数据空间误差模型的对数似然函数，如下所示：

$$\begin{aligned} \log L = & -\frac{NT}{2}\log(2\pi\sigma^2) + T\log\left| \boldsymbol{I}_N - \lambda \boldsymbol{W} \right| \\ & - \frac{1}{2\sigma^2}\sum_{i=1}^{N}\sum_{t=1}^{T}\left\{ y_{it}^* - \lambda\left(\sum_{j=1}^{N} w_{ij} y_{jt}\right)^* - \left[x_{it}^* - \lambda\left(\sum_{j=1}^{N} w_{ij} x_{jt}\right)^* \right]\boldsymbol{\beta} \right\}^2 \end{aligned} \tag{6.37}$$

式中，$*$ 表示经过去均值处理。

确定了 λ 之后，参数 $\boldsymbol{\beta}$ 和 σ^2 的极大似然估计量可以通过一阶最大化条件获得，分别对对数似然函数求一阶偏导，可以得到：

---

① 结果中的 “teta” 应该是一个小错误，应该写成 “theta”，即 θ。

$$\boldsymbol{\beta} = \{[\boldsymbol{X}^* - \lambda(\boldsymbol{I}_T \otimes \boldsymbol{W})\boldsymbol{X}^*]^{\mathrm{T}}[\boldsymbol{X}^* - \lambda(\boldsymbol{I}_T \otimes \boldsymbol{W})\boldsymbol{X}^*]\}^{-1} \times \{[\boldsymbol{X}^* - \lambda(\boldsymbol{I}_T \otimes \boldsymbol{W})\boldsymbol{X}^*]^{\mathrm{T}}[\boldsymbol{y}^* - \lambda(\boldsymbol{I}_T \otimes \boldsymbol{W})\boldsymbol{y}^*]\} \tag{6.38}$$

$$\sigma^2 = \frac{\boldsymbol{e}(\lambda)^T \boldsymbol{e}(\lambda)}{NT} \tag{6.39}$$

其中，$\boldsymbol{e}(\lambda) = \boldsymbol{y}^* - \lambda(\boldsymbol{I}_T \otimes \boldsymbol{W})\boldsymbol{y}^* - [\boldsymbol{X}^* - \lambda(\boldsymbol{I}_T \otimes \boldsymbol{W})\boldsymbol{X}^*]\boldsymbol{\beta}$。

参数 λ 的集中对数似然函数如下所示：

$$\log L = -\frac{NT}{2}\log[\boldsymbol{e}(\lambda)^T \boldsymbol{e}(\lambda)] + T\log|\boldsymbol{I}_N - \lambda \boldsymbol{W}| \tag{6.40}$$

确定参数 $\boldsymbol{\beta}$ 和 σ^2 后，对上述似然函数求 λ 的一阶偏导就可以得到 λ 的估计量。通过迭代的方法，在收敛的时候就可以估计出 λ。参数 $\boldsymbol{\beta}$、λ 和 σ^2 的渐进方差矩阵如下所示：

$$\mathrm{Var}(\boldsymbol{\beta},\lambda,\sigma^2) = \begin{bmatrix} \frac{\boldsymbol{X}^{*\mathrm{T}}\boldsymbol{X}^*}{\sigma^2} & & \\ 0 & T^*\,\mathrm{tr}(\tilde{\tilde{\boldsymbol{W}}}\tilde{\tilde{\boldsymbol{W}}} + \tilde{\tilde{\boldsymbol{W}}}^{\mathrm{T}}\tilde{\tilde{\boldsymbol{W}}}) & \\ 0 & \frac{T}{\sigma^2}\mathrm{tr}(\tilde{\boldsymbol{W}}) & \frac{NT}{2\sigma^4} \end{bmatrix} \tag{6.41}$$

其中，$\tilde{\tilde{\boldsymbol{W}}} = \boldsymbol{W}(\boldsymbol{I}_N - \lambda \boldsymbol{W})^{-1}$。

空间误差模型的固定效应 μ_i 的估计方法与经典的固定效应模型是一致的，如下所示：

$$\mu_i = \frac{1}{T}\sum_{t=1}^{T}(y_{it} - \boldsymbol{X}_{it}\boldsymbol{\beta}) \quad i = 1, 2, \cdots, N \tag{6.42}$$

同样的道理，上述方法也适用于时间固定效应的空间误差模型的参数估计。

6.5.1.2 随机效应的空间误差模型

随机效应的空间误差模型的估计方法要比上述三种空间面板数据模型（固定效应的空间滞后模型、随机效应的空间滞后模型和固定效应的空间误差模型）复杂得多。

随机效应的空间误差模型的对数似然函数（Elhorst，2003）如下所示：

$$\log L = -\frac{NT}{2}\log(2\pi\sigma^2) - \frac{1}{2}\log|\boldsymbol{V}| + (T-1)\sum_{i=1}^{N}\log|\boldsymbol{B}| - \frac{1}{2\sigma^2}\boldsymbol{e}^{\mathrm{T}}(\frac{1}{\mathrm{T}}\boldsymbol{\iota}_T\boldsymbol{\iota}_T^{\mathrm{T}} \otimes \boldsymbol{V}^{-1})\boldsymbol{e} - \frac{1}{2\sigma^2}\boldsymbol{e}^{\mathrm{T}}(\boldsymbol{I}_T - \frac{1}{T}\boldsymbol{\iota}_T\boldsymbol{\iota}_T^{\mathrm{T}}) \otimes (\boldsymbol{B}^{\mathrm{T}}\boldsymbol{B})\boldsymbol{e} \tag{6.43}$$

其中，$\boldsymbol{V} = T\phi \boldsymbol{I}_N + (\boldsymbol{B}^{\mathrm{T}}\boldsymbol{B})^{-1}$。$\phi$ 与经典随机效应模型和随机效应空间滞后模型中的 θ 是不一样的，这里的 $\phi = \sigma_\mu^2/\sigma^2$。$\boldsymbol{B} = \boldsymbol{I}_N - \lambda \boldsymbol{W}$，$\boldsymbol{e} = \boldsymbol{Y} - \boldsymbol{X}\boldsymbol{\beta}$。

由此可见，似然函数包含 $\boldsymbol{V}$ 导致模型估计变得异常复杂。①

因此，问题主要集中在如何计算 $\log\boldsymbol{V}$ 上。Elhorst（2003）在 Griffith and Lagona

---

① $\boldsymbol{V}$ 是导致模型估计困难的问题所在。第一，Pace and Barry（1997）指出了在计算 $\log|\boldsymbol{B}| = \log|\boldsymbol{I}_N - \lambda \boldsymbol{W}|$ 的时候不能计算 $\log|\boldsymbol{V}| = \log|T\phi \boldsymbol{I}_N + (\boldsymbol{B}^{\mathrm{T}}\boldsymbol{B})^{-1}|$。第二，矩阵 $\boldsymbol{V}$ 的逆也没有简单的数学表达式。为了解决这个问题，Baltagi（2006）提出一个办法，就是将随机效应的空间误差模型的空间权重矩阵的非对角线元素都设定为 $1/(N-1)$。这样的话，$\boldsymbol{\beta}$ 的广义最小二乘估计量和矩阵 $\boldsymbol{V}$ 的逆也就可以计算出来了。

（1998）的基础之上将 $\log\boldsymbol{V}$ 表示为空间权重矩阵 $\boldsymbol{W}$ 的特征根函数，如下所示：

$$\log|\boldsymbol{V}|=\log|T\phi\boldsymbol{I}_N+(\boldsymbol{B}^{\mathrm{T}}\boldsymbol{B})^{-1}|=\sum_{i=1}^{N}\log\left[T\phi+\frac{1}{(1-\lambda\omega_i)^2}\right]\tag{6.44}$$

此外，Elhorst（2003）还建议采用转换形式，如下所示：

$$y^{\circ}_{it}=y_{it}-\lambda\sum_{j=1}^{N}w_{ij}y_{jt}+\sum_{j=1}^{N}\left\{[p_{ij}-(1-\lambda w_{ij})]\frac{1}{T}\sum_{t=1}^{T}y_{jt}\right\}\tag{6.45}$$

同样，可以对自变量 $\boldsymbol{X}$ 做相同的转换。式中，p_{ij} 为 $N\times N$ 的矩阵 $\boldsymbol{P}$ 的元素，$\boldsymbol{P}^{\mathrm{T}}\boldsymbol{P}=\boldsymbol{V}^{-1}$，$\boldsymbol{P}$ 是矩阵 $\boldsymbol{V}^{-1}$ 的分解矩阵。$\boldsymbol{P}=\boldsymbol{\Lambda}^{-1/2}\boldsymbol{R}$，$\boldsymbol{R}$ 是一个 $N\times N$ 的矩阵，并且第 i 行是矩阵 $\boldsymbol{V}$ 的特征向量 r_i，而这个特征向量与空间权重矩阵 $\boldsymbol{W}$ 的特征向量是一样的（Griffith and Lagona，1998）。其中，$\boldsymbol{R}=(r_1，r_2，\cdots，r_N)$，而 $\boldsymbol{\Lambda}$ 为一个 $N\times N$ 的矩阵，这个矩阵的对角元素对应的特征根 $c_i=T\phi+1/(1-\lambda\omega_i)^2$。

有了上面的转化形式，那么对数似然函数可以简化成如下形式：

$$\begin{aligned}\log L=&-\frac{NT}{2}\log(2\pi\sigma^2)-\frac{1}{2}\log[1+T\phi\,(1-\lambda\omega_i)^2]\\&+T\sum_{i=1}^{N}\log(1-\lambda\omega_i)-\frac{1}{2\sigma^2}\boldsymbol{e}^{0\mathrm{T}}\boldsymbol{e}^{0}\end{aligned}\tag{6.46}$$

式中，$\boldsymbol{e}^0=\boldsymbol{y}^0-\boldsymbol{X}^0\boldsymbol{\beta}$。

参数 $\boldsymbol{\beta}$ 和 σ^2 可以通过一阶最大化条件得到。对对数似然函数求一阶偏导，可以得到：

$$\boldsymbol{\beta}=(\boldsymbol{X}^{0\mathrm{T}}\boldsymbol{X}^{0})^{-1}\boldsymbol{X}^{0\mathrm{T}}\boldsymbol{y}^{0}\tag{6.47}$$

$$\sigma^2=(\boldsymbol{y}^0-\boldsymbol{X}^0\boldsymbol{\beta})^{\mathrm{T}}(\boldsymbol{y}^0-\boldsymbol{X}^0\boldsymbol{\beta})/NT\tag{6.48}$$

将得到的参数 $\boldsymbol{\beta}$ 和 σ^2 代入对数似然函数中，那么可以得到参数 λ 和 φ 的集中似然函数，如下所示：

$$\begin{aligned}\log L=&C-\frac{NT}{2}\log[\boldsymbol{e}(\lambda,\phi)^{\mathrm{T}}\boldsymbol{e}(\lambda,\phi)]-\frac{1}{2}\sum_{i=1}^{N}\log[1+T\phi\,(1-\lambda\omega_i)^2]\\&+T\sum_{i=1}^{N}\log(1-\lambda\omega_i)\end{aligned}\tag{6.49}$$

式中，C 是一个与参数 λ 和 ϕ 无关的常数项。$\boldsymbol{e}(\lambda，\phi)$ 的表示形式如下所示：

$$\begin{aligned}\boldsymbol{e}(\lambda,\phi)_{it}=&\,y_{it}-\lambda\sum_{j=1}^{N}w_{ij}y_{jt}+\sum_{j=1}^{N}\{[p(\lambda,\phi)_{ij}-(1-\lambda w_{ij})]\frac{1}{T}\sum_{t=1}^{T}y_{jt}\}\\&-\{x_{it}-\lambda\sum_{j=1}^{N}w_{ij}x_{jt}+\sum_{j=1}^{N}[p(\lambda,\phi)_{ij}-(1-\lambda w_{ij})]\frac{1}{T}\sum_{t=1}^{T}x_{jt}\}\boldsymbol{\beta}\end{aligned}\tag{6.50}$$

Baltagi et al.（2007）给出了参数的渐进方差矩阵。但是，有一点不同的是，Baltagi et al.（2007）给出的是参数 $\boldsymbol{\beta}$、λ、φ_μ 和 σ^2 的渐进方差矩阵，如下所示：

$$
\mathrm{Var}(\boldsymbol{\beta},\lambda,\sigma_{\mu}^{2},\sigma^{2})=\begin{bmatrix}
\frac{1}{\sigma^{2}}\boldsymbol{X}^{\circ\mathrm{T}}\boldsymbol{X}^{\circ} & & & \\
0 & \frac{T-1}{2}\mathrm{tr}\,(\boldsymbol{\Gamma})^{2}+\frac{1}{2}\mathrm{tr}\,(\boldsymbol{\Sigma\Gamma})^{2} & & \\
0 & \frac{T}{2\sigma^{2}}\mathrm{tr}(\boldsymbol{\Sigma\Gamma V}^{-1}) & \frac{T^{2}}{2\sigma^{4}}\mathrm{tr}\,(\boldsymbol{V}^{-1})^{2} & \\
0 & \frac{T-1}{2\sigma^{2}}\mathrm{tr}(\boldsymbol{\Gamma})+\frac{1}{2\sigma^{2}}\mathrm{tr}[\boldsymbol{\Sigma\Gamma\Sigma}] & \frac{T}{2\sigma^{4}}\mathrm{tr}\,(\boldsymbol{\Sigma V})^{-1} & \frac{1}{2\sigma^{4}}[(T-1)N+\mathrm{tr}\,(\boldsymbol{\Sigma})^{2}]
\end{bmatrix}^{-1} \tag{6.51}
$$

式中，$\boldsymbol{\Gamma}=(\boldsymbol{W}^{\mathrm{T}}\boldsymbol{B}+\boldsymbol{B}^{\mathrm{T}}\boldsymbol{W})(\boldsymbol{B}^{\mathrm{T}}\boldsymbol{B})^{-1}$，$\boldsymbol{\Sigma}=\boldsymbol{V}^{-1}(\boldsymbol{B}^{\mathrm{T}}\boldsymbol{B})^{-1}$。由于 $\phi=\sigma_{\mu}^{2}/\sigma^{2}$，那么 ϕ 的方差的形式如下所示：

$$
\mathrm{Var}(\phi)=\theta^{2}\left[\frac{\mathrm{var}(\sigma_{\mu}^{2})}{(\phi\sigma^{2})^{2}}+\frac{\mathrm{var}(\sigma^{2})}{(\sigma^{2})^{2}}-2\,\frac{\mathrm{var}(\sigma_{\mu}^{2},\sigma^{2})}{(\phi\sigma^{2})\sigma^{2}}\right] \tag{6.52}
$$

6.5.2 面板数据空间误差模型的 MATLAB 函数命令

6.5.2.1 MATLAB 函数命令

为了实现空间面板数据的空间误差模型的回归估计，需要利用 Elhorst 编写的 MATLAB 函数命令①，如下所示：

(1)“sem _ panel _ FE”：估计固定效应的空间误差模型②；

(2)“sem _ panel _ RE”：估计随机效应的空间误差模型③。

其中，“sem”是空间误差模型（spatial error model）的缩写，“panel”意味着是面板数据的函数命令，有别于截面数据的函数命令④，结尾的“FE”和“RE”分别是固定效应（fixed effects）和随机效应（random effects）的缩写，“. m”表示是 MATLAB 的 M 文件。固定效应和随机效应的空间误差模型的函数命令的区别仅仅在于结尾的单词不同。

由此可见，函数命令“sem _ panel _ FE. m”和“sem _ panel _ RE. m”与面板数据的空间滞后模型的函数命令“sar _ panel _ FE. m”和“sar _ panel _ RE. m”在命名方式上保持了一致。

另外，需要说明的是：函数命令“sem _ panel _ FE. m”和“sem _ panel _ RE. m”的参数设置同函数命令“sar _ panel _ FE. m”和“sar _ panel _ RE. m”一致，故此不再赘述。

---

① 空间面板数据的空间杜宾误差模型的估计也是利用这个 MATLAB 函数命令来实现的。

② 此外，还需要配合使用 LeSage 编写的“sem _ parse”、“sem _ eigs”、“sem _ lndet”和“hessian” MATLAB 函数命令。

③ 实现随机效应的空间滞后模型，需要 Elhorst 编写“sem _ panel _ RE”、“f _ respat”和“f2 _ respat” MATLAB 函数命令。

④ 截面数据的命令为“sem. m”。

6.5.2.2　函数命令的调用方法

空间面板数据的空间误差模型的函数命令调用方法如下所示：

```
results = sem_panel_FE(y,x,W,T,info)
```

其中，“results”表示估计后的结果。函数命令括号内包含 5 个输入参数。其中，“y”为因变量，“x”为自变量，“W”为空间权重矩阵，“T”为时间维度，“info”为一个可选的结构变量，通过控制该选项来实现各种模型的估计。“info”参数较为复杂，与面板数据空间滞后模型的设置类似，故此不再赘述。

6.5.3　软件实现

6.5.3.1　固定效应的空间误差模型

无固定效应的空间误差模型回归估计的 MATLAB 程序代码如下所示：

```
%估计无固定效应的空间误差模型
clear;clc;
A = csvread('cigarette.csv',1,0);
W1 = csvread('Spat-Sym-US.csv');
T = 30;N = 46;
W = normw(W1);
y = A(:,[3]);
x = A(:,[4,5]);
xconstant = ones(N * T,1);
%设置参数
info.lflag = 0;
info.model = 0; %无固定效应
info.fe = 0;
%估计模型
results = sem_panel_FE(y,[xconstant x],W,T,info);
vnames = strvcat('logcit','intercept','logp','logy');
prt_sp(results,vnames,1);
```

执行完上述代码后，可以得到如下结果：

```
Pooled model with spatial error autocorrelation,no fixed effects
Dependent Variable     =    logcit
R-squared              =    0.308 7
corr-squared           =    0.317 7
sigma^2                =    0.030 3
log-likelihood         =    432.192 76
Nobs,Nvar,#FE          =    1 380,3,3
# iterations           =    17
```

```
min and max rho       =   -0.990 0,0.990 0
total time in secs    =   1.489 0
time for optimiz      =   1.468 0
time for lndet        =   0.006 0
time for t-stats      =   0.002 0
No lndet approximation used
*************************************************************
Variable          Coefficient         Asymptot t-stat        z-probability
intercept            2.982 170            21.943 883           0.000 000
logp                -0.977 499           -23.181 850           0.000 000
logy                 0.375 554            12.702 381           0.000 000
spat.aut.            0.334 973            10.915 032           0.000 000
```

在估计出来的结果中，第一行显示“Pooled model with spatial error autocorrelation，no fixed effects”，“Pooled model”表示这是一个混合面板数据，“spatial error autocorrelation”表示随机误差项的空间自相关，也就是空间误差模型的含义。“no fixed effects”表明不含有固定效应。

“Dependent Variable = logcit”表明因变量为“logcit”。“R-squared”和“corr-squared”分别表示 R^2 和相关系数平方。“log-likelihood=432.192 76”表示对数似然值为 432.192 76。

接下来分析无固定效应的空间误差模型的估计结果。从系数来看，“logp”的系数为−0.977 499，t 统计量为−23.181 850，t 统计量的伴随概率为 0.000 000，说明在1%的显著性水平下拒绝了“H_0：logp 的系数等于 0”的原假设。换言之，提高香烟的平均零售价格可以减少香烟的销售数量。

再来分析变量“log$y$”，由估计结果可以看到，“log$y$”的系数为 0.375 554，t 统计量为 12.702 381，t 统计量的伴随概率为 0.000 000，说明在 1%的显著性水平下拒绝“H_0：log$y$ 的系数等于 0”的原假设。换言之，人均可支配收入的提高可以显著地增加香烟的销售数量。

最后分析参数“spat. aut.”，它表示的是空间误差模型中的空间自相关系数 λ。在空间面板数据的空间误差模型中用“spat. aut.”而并非“lambda”来表示 λ，请注意这个细节。空间自相关系数“spat. aut.”等于 0.334 973，t 统计量为 10.915 032，t 统计量的伴随概率为 0.000 000，说明在 1%的显著性水平下拒绝“H_0：空间自相关系数等于 0”的原假设。这说明在随机误差项中存在显著的空间依赖性。

接下来要介绍空间固定效应的空间误差模型回归估计的 MATLAB 程序代码，如下所示：

```
%估计空间固定效应的空间误差模型
clear;clc;
A = csvread('cigarette.csv',1,0);
W1 = csvread('Spat-Sym-US.csv');
T = 30;N = 46;
W = normw(W1);
```

```
y = A(:,[3]);
x = A(:,[4,5]);
%设置参数
info.lflag = 0;
info.model = 1; %空间固定效应
info.fe = 0;
%估计模型
results = sem_panel_FE(y,x,W,T,info);
vnames = strvcat('logcit','logp','logy');
prt_sp(results,vnames);
```

执行完上述代码后，可以得到如下结果：

```
Pooled model with spatial error autocorrelation and spatial fixed effects
Dependent Variable   =   logcit
R-squared            =   0.849 5
corr-squared         =   0.539 9
sigma^2              =   0.006 1
log-likelihood       =   1 538.748 4
Nobs,Nvar,#FE        =   1 380,2,48
# iterations         =   14
min and max rho      =   -0.990 0,0.990 0
total time in secs   =   0.040 0
time for optimiz     =   0.028 0
time for lndet       =   0.006 0
time for t-stats     =   0.001 0
No lndet approximation used
*****************************************************
Variable        Coefficient        Asymptot t-stat       z-probability
logp            -0.787 027         -29.817 661           0.000 000
logy             0.055 000           2.130 074           0.033 166
spat.aut.        0.469 987          17.298 114           0.000 000
```

如果想要估计时间固定效应与空间和时间双固定效应的空间误差模型，只需要修改空间固定效应的空间误差模型代码中的第 11 行参数“info. model”即可，其中：

（1）“info. model＝1”表示估计空间固定效应的空间误差模型；

（2）“info. model＝2”表示估计时间固定效应的空间误差模型；

（3）“info. model＝3”表示估计空间和时间双固定效应的空间误差模型。

6.5.3.2 随机效应的空间误差模型

随机效应的空间误差模型回归估计的 MATLAB 程序代码如下所示：

```
%随机效应的空间误差模型
clear;clc;
A = csvread('cigarette.csv',1,0);
```

```
W1 = csvread('Spat-Sym-US.csv');
T = 30;N = 46;
W = normw(W1);
y = A(:,[3]);
x = A(:,[4,5]);
xconstant = ones(N * T,1);
%设置参数
info.lflag = 0;
%估计模型
results = sem_panel_RE(y,[xconstant x],W,T,info);
vnames = strvcat('logcit','intercept','logp','logy');
prt_sp(results,vnames,1);
```

执行完上述代码后，可以得到如下结果：

```
Pooled model with spatial error autocorrelation and spatial random effects
Dependent Variable    =   logcit
R-squared             =   0.879 0
corr-squared          =   0.287 8
sigma^2               =   0.006 1
Nobs,Nvar             =   1 380,3
log-likelihood        =   1 404.702 6
# of iterations       =   5
min and max rho       =   -1.392 4,1.000 0
total time in secs    =   0.097 0
time for optimiz      =   0.080 0
time for eigs         =   0.006 0
time for t-stats      =   0.005 0
*************************************************************
Variable        Coefficient       Asymptot t-stat        z-probability
intercept          4.409 802         36.860 148          0.000 000
logp              -0.791 299        -29.913 840          0.000 000
logy               0.067 165          2.615 492          0.008 910
spat.aut.          0.474 639         17.290 499          0.000 000
teta               4.326 888          5.362 029          0.000 000
```

请注意：随机效应的空间误差模型的代码与随机效应的空间滞后模型基本相同，区别在于函数命令不同。

6.6 空间面板数据模型的选择问题

6.6.1 固定效应还是随机效应

空间面板数据模型与截面数据空间计量模型最大的一个区别就是空间面板数据模型

的设定可能包含固定效应或者随机效应。

每一个空间面板数据模型都可能包含空间固定效应、时间固定效应或者空间和时间双固定效应，或者随机效应，甚至不包含固定效应和随机效应，正式归纳如下：

（1）混合空间面板数据模型（pooled spatial panel data model）；

（2）空间固定效应的空间面板数据模型（spatial specific fixed effects spatial panel data model）；

（3）时间固定效应的空间面板数据模型（time-period fixed effects spatial panel data model）；

（4）空间和时间双固定效应的空间面板数据模型（spatial and time-period fixed effects spatial panel data model）；

（5）随机效应的空间面板数据模型（random effects spatial panel data model）。

在这里，空间面板数据模型可以是空间滞后模型、空间误差模型，也可以是后面章节将要介绍的空间杜宾模型和空间杜宾误差模型。

6.6.1.1 统计依据和理论依据

在固定效应的空间面板数据模型里，引入一个虚拟变量来表示每个空间单元。而在随机效应的空间面板数据模型里，这个 μ_i 被视为均值为 0、方差为 σ_μ^2、独立同分布的随机变量。此外，还假定这个随机变量 μ_i 与误差项 ε_{it} 相互独立。类似地，还可以设定时间固定效应，也分为固定效应和随机效应两种情况。

如何判断空间面板数据模型的固定效应和随机效应，一般来说存在两种判断方法：

（1）统计检验的依据；

（2）理论基础的依据。

统计检验的依据 在经典的面板数据模型中，判断固定效应和随机效应通常使用 Hausman 检验（Hausman，1978），这个检验在经典计量经济学教科书中都有介绍，可以参见 Wooldridge（2010）、Baltagi（2013）和 Greene（2008）。

Hausman 检验用来判断随机效应 μ_i 与解释变量是否相关，如果不相关，那么就为随机效应，否则就为固定效应。Hausman 检验如下所示：

$$h = \boldsymbol{d}^{\mathrm{T}}\left[Var(\boldsymbol{d})\right]^{-1}\boldsymbol{d} \tag{6.53}$$

$$\boldsymbol{d} = \hat{\boldsymbol{\beta}}_{fe} - \hat{\boldsymbol{\beta}}_{re} \tag{6.54}$$

$$\mathrm{Var}(\boldsymbol{d}) = \hat{\sigma}_{re}^2\,(\boldsymbol{X}^{\bullet\mathrm{T}}\boldsymbol{X}^{\bullet})^{-1} - \hat{\sigma}_{fe}^2\,(\boldsymbol{X}^{*\mathrm{T}}\boldsymbol{X}^{*})^{-1} \tag{6.55}$$

Hausman 检验的原假设为"H_0：$h=0$"。实际上，Hausman 检验的思想就是比较两个模型，如果两个模型之间没有差别，那么就不能拒绝原假设。反之，如果有差别，就拒绝原假设，从而选择固定效应模型。

需要说明的一点是：Hausman 检验统计量服从自由度为 K 的 χ^2 分布，其中 K 是解释变量的个数，并且不包含常数项。

必须说明的是：Hausman 检验也用在空间误差模型和空间滞后模型上。但是，在空间滞后模型上应用 Hausman 检验时，由于模型右边包含因变量的空间滞后项 $\boldsymbol{Wy}$，这一项在 Hausman 检验中被看做是一个解释变量。因此，在应用 Hausman 检验时，自由度就变成了 $K+1$。那么，相应地，$\boldsymbol{d}$ 也变为：

$$\boldsymbol{d} = [\hat{\boldsymbol{\beta}}^{\mathrm{T}}\hat{\boldsymbol{\rho}}]_{fe}^{\mathrm{T}} - [\hat{\boldsymbol{\beta}}^{\mathrm{T}}\hat{\boldsymbol{\rho}}]_{re}^{\mathrm{T}} \tag{6.56}$$

如果 Hausman 检验结果拒绝了原假设，那么就应该放弃随机效应，进而应该选择固定效应。①

另外，还有一个检验可以用来判断固定效应和随机效应。在随机效应模型中，有一个重要的参数 θ。因此，还可以检验原假设“H_0：$\theta=0$”。如果检验结果拒绝了原假设，那么应该选择随机效应。

理论基础的依据 在实证分析中，有很多学者直接选择随机效应的空间面板数据模型，例如，Kapoor et al.（2007）、Pfaffermayr（2009）和 Millo（2014）。这些学者在实证中直接选择随机效应模型，不外乎有以下三点理由（Elhorst，2014）：

第一，选择随机效应模型可以看做“是否选择空间面板数据截面信息”的权衡办法。具体来说，如果选择空间固定效应，那么就表示只是利用了面板数据中的时间维度信息。随机效应中最重要的参数 θ 的取值范围是 [0，1]，这个参数可以看做选择截面信息的权重。如果参数 θ 等于 0 的话，在这里把 θ 看做权重，那么随机效应就可以变为固定效应。

第二，随机效应可以避免自由度的大量损失。在固定效应模型的估计中，需要损失大量的自由度，尤其当空间单元较多的时候。另外，在固定效应模型的估计理论小节介绍了 μ_i 的估计依赖于时间长度 T，只有当 T 足够大的时候，μ_i 的估计才具有一致性。但是，好在 μ_i 的不一致性不会传递到参数 $\boldsymbol{\beta}$ 中去。在实证分析中，大多数情况下无须理会 μ_i，因为这个 μ_i 在大多数情况下并不是一个实证研究的重点。

第三，随机效应可以避免不随时间变化或者很少变化的变量无法估计的问题。这个问题有时候会出现在实证分析中。比如有一些变量，可能在样本期内不随时间变化或者很少变化，例如利率等。当这些变量是实证分析重点考察的变量时，就会采用随机效应。这也是很多实证分析不考虑固定效应的原因。

尽管在很多实证分析中采用随机效应，但是这不意味着随机效应模型就是一个合适的模型。如果要采用随机效应模型，那么需要满足以下三个条件（Elhorst，2014）。

（1）空间单元的个数趋于无穷大；

（2）观察值的空间单元表现为一个较大的总体；

（3）μ_i 与解释变量无关的假设需要很强的理由，在很多实证分析中，这是一条极强的约束条件。

在这三个条件中，前两条涉及空间抽样的概念。简单地说，要看空间单元是随机抽样还是固定抽样。② 在实证分析中，给定一组地区，比如说中国所有的一级行政区划，或者山东省所有的县级市。在这种情况下，可以称之为“完全抽样”（sampled exhaustively），或者说，个体空间单元确实来自一个较大的总体，并且具有这个总体的特征（Anselin，1988）③。换言之，如果数据是总体样本中随机抽样出来的，那么无条件推断就成为选择随机效应的必要条件。④ 在这个方面，Beenstock and Felsenstein（2007）指

① Lee and Yu（2012b）推导出了一个适合一般空间面板数据模型的 Hausman 检验，囊括了各种文献中常见的空间面板数据模型。

② 这一部分的知识超出了本书的范围，感兴趣的读者请参阅 Lahiri（2003）、Cressie and Cassie（1993）、Griffith and Lagona（1998）等学者的论文。

③ 个体空间单元有自己的特点，这些特点实际上被用于区分它们跟总体。

④ 关键的问题是空间单元是固定的，并且不是抽样的。推断应该是有条件的。

出原则上应该考虑随机效应，这是因为研究者更感兴趣的是无条件推断，并且固定效应会损失大量的自由度。但是，如果样本表示的是总体的话，那么还是应该选择固定效应，这是因为每个空间单元代表的是它本身，并且样本也并不是随机抽样出来的。

如果以样本自身为条件进行推断，即样本几乎是总体，那么应该选择固定效应模型。反之，如果以样本对总体进行推断，即样本是从一个很大的总体中随机抽取的，那么应该选择随机效应模型（Wooldridge，2010）。

在实证分析中通常不会从总体中抽取部分样本，通常的做法是选择总体中所有的样本。这是因为，如果抽取部分样本，那么很难构造出空间权重矩阵，并且空间交互效应也无法得到一致的估计量。只有邻近的空间单元也是样本的一部分时，衡量邻近地区的空间交互效应才是有可能的。举例来说，研究者要研究中国 31 个省、自治区和直辖市的情况，但是有几个省份不在样本之内，例如，没有河南省、湖南省，那么就很难构造出一个完整的空间权重矩阵，并且在估计时也无法得到一致的估计量。①

每个学者给出的模型设定都不尽相同。但是，就目前的实证分析来看，仍然是倾向于固定效应。② 尤其是在实证分析中，更合理的选择依然是固定效应模型。这是因为，在研究空间计量模型时，最重要的一个性质就是空间单元的异质性。换言之，地理空间单元应该具有差异性，在空间面板数据模型中用于反映这种空间单元之间的差异的就是参数 μ_i，不同的空间单元之间不同的 μ_i 就可以代表这种空间差异性。还需要强调一点的是：在实证研究中存在一个重要的假设，研究的地理空间单元通常是一个区域内所有的样本空间单元。比如说，在对中国大陆的省域地理单元的研究中，通常是选择所有的样本，即 31 个省、自治区和直辖市，或者研究某个省内所有的地级市。

模型选择小结　上述从统计依据和理论依据两个方面来阐述固定效应模型和随机效应模型的选择问题。针对不同的实证分析情况，选择模型的依据是不同的。在实证分析中往往会将两者结合起来，即通过 Hausman 检验来判断，也通过理论依据来进行深层次的判断。

就实证分析的经验来看，大多数情况下还是选择固定效应比较好。这是因为，在很多情况下，在使用 LR 检验对参数 μ_i 进行联合显著性检验时③，通常情况下会拒绝原假设（α 是截距项的平均值）。另外，在实证分析中，通常研究的是一个地区的总体样本，而不是若干个样本。由于研究的是全体样本，因此，应该选择固定效应模型。

6.6.1.2　软件操作

这一小节的主要内容是利用统计检验的方法来判断选择固定效应模型还是随机效应模型。采用的方式是模型对比的方法。

具体的思路是：先计算空间固定效应模型的对数似然值 logliksfe，再计算时间固定效应模型的对数似然值 logliktfe，最后计算空间和时间双固定模型的对数似然值 logliksstfe。然后，利用计算出来的 logliksfe、logliktfe 和 loglikstfe 对数似然值两两结合，构

① 在实证分析中经常遇到西藏缺失数据的情况。由于西藏属于边境地区，所以如果在样本中剔除西藏，对研究不会产生太大的影响。但是，如果剔除的是中部地区的某个省份，那么就无法保证空间交互效应的一致性。

② 在估算参数时，Lee and Yu（2010a）认为固定效应很稳健，同时在计算上也很简单。

③ LR 检验服从 χ^2 分布。

造出似然比统计量，似然比统计量服从 χ^2 分布，最后根据统计量及自由度计算出概率值来判断究竟选择何种模型。

固定效应和随机效应的似然比检验的 MATLAB 程序代码如下所示：

```
%检验是固定效应还是随机效应
clear;clc;
A = csvread('cigarette.csv',1,0);
W1 = csvread('Spat-Sym-US.csv');
T = 30;N = 46;
W = normw(W1);
y = A(:,[3]);
x = A(:,[4,5]);
xconstant = ones(N * T,1);
[nobs K] = size(x);
%计算空间固定效应模型的对数似然值
fprintf('Spatial fixed effects model log-likelihood');
model = 1;
[ywith,xwith,meanny,meannx,meanty,meantx] = demean(y,x,N,T,model);
results = ols(ywith,xwith);
sige = results.sige * ((nobs-K)/nobs);
logliksfe = -nobs/2 * log(2 * pi * sige) - 1/(2 * sige) * results.resid' * results.resid
%计算时间固定效应模型的对数似然值
fprintf('Time-period fixed effects model log-likelihood');
model = 2;
[ywith,xwith,meanny,meannx,meanty,meantx] = demean(y,x,N,T,model);
results = ols(ywith,xwith);
sige = results.sige * ((nobs-K)/nobs);
negliktfe = -nobs/2 * log(2 * pi * sige) - 1/(2 * sige) * results.resid' * results.resid
%计算空间和时间双固定效应模型的对数似然值
fprintf('Two-way fixed effects model log-likelihood');
model = 3;
[ywith,xwith,meanny,meannx,meanty,meantx] = demean(y,x,N,T,model);
results = ols(ywith,xwith);
sige = results.sige * ((nobs-K)/nobs);
loglikstfe = -nobs/2 * log(2 * pi * sige) - 1/(2 * sige) * results.resid' * results.resid
%联合性显著性检验(Spatial fixed effects)
LR = - 2 * (logliktfe-loglikstfe);
dof = N;
probability = 1-chis_prb(LR,dof);
fprintf('Joint significance of spatial fixed effects,freedom of degree and probability')
fprintf(1,'= %9.4f, %6d, %9.4f \n',LR,dof,probability)
%联合性显著性检验(Time-period fixed effects)
LR = - 2 * (logliksfe-loglikstfe);
dof = T;
probability = 1-chis_prb(LR,dof);
fprintf('Joint significance of time-period fixed effects,freedom of degree and probability')
fprintf(1,'= %9.4f, %6d, %9.4f \n',LR,dof,probability)
```

上述程序代码涉及对数极大似然值的计算。[①] 执行完上述代码后，可以得到如下结果：

```
    Spatial fixed effects model log-likelihood
    logliksfe = 1.425 1e + 003

    Time-period fixed effects model log-likelihood
    logliktfe = 503.843 2

    Two-way fixed effects model log-likelihood
    loglikstfe = 1.661 6e + 003

    Joint significance of spatial fixed effects, freedom of degree and probability = 2 315.608 1,
46,0.000 0
    Joint significance of time-period fixed effects, freedom of degree and probability =
473.035 8,30,0.000
```

由上述显示的结果可知，MATLAB计算出了空间固定效应、时间固定效应与空间和时间双固定效应模型的对数似然值，分别为1.425 1e+003、503.843 2和1.661 6e+003。

由MATLAB代码可知，LR＝－2×(logliktfe-loglikstfe)＝－2×(503.843 2－1.661 6e+003)＝2 315.608 1，由于截面单元数量为46，因此，这个似然比统计量服从自由度为46的χ^2分布。由计算结果可知，概率值为0.000，这表明在1%的显著性水平下拒绝“空间固定效应联合不显著”的原假设。换言之，模型应该考虑空间固定效应。

同理，LR＝－2×(logliksfe-loglikstfe)＝－2×(1.425 1e+003－1.661 6e+003)＝473.035 8，由于时间长度为30年，因此，这个似然比统计量服从自由度为30的χ^2分布。由计算结果可知，概率值为0.000，这表明在1%的显著性水平下拒绝“时间固定效应联合不显著”的原假设。换言之，模型应该考虑时间固定效应。结合上述两个统计检验结果可知，模型应该考虑空间和时间双固定效应的空间面板数据模型。

6.6.2 空间滞后模型还是空间误差模型

6.6.2.1 拉格朗日乘子检验

在截面数据的空间计量模型章节中，本书介绍了模型的选择问题。为了检验是否存在空间交互效应，本书介绍了拉格朗日乘子检验（LM test），用于检验因变量空间滞后

---

① 注意命令 sige=results. sige * ((nobs-K) /nobs) 实际上是通过五步计算获得的。第一步，用OLS方法估计得到解释变量 ***X*** 的系数 results. beta；第二步，计算被解释变量 ***y*** 的拟合值 yhat，即 yhat=x * results. beta；第三步，计算残差，即 result. resid = y-results. yhat；第四步，计算残差平方和 sigu，即 sigu = results. resid' * results. resid；第五步，计算 result. sige，即 results. sige=sigu/(nobs-nvar)，其中 nobs 是观察值的个数，nvar 是解释变量的个数，它等于 sige=results. sige * ((nobs-K)/nobs) 中的 K 值。将 results. sige 代入 sige=results. sige * ((nobs-K)/nobs) 可得 sige=sigu/nobs。由此可见，sige 实际上是残差平方和除以样本观察值的个数。

项和空间自相关误差项。随后，又介绍了稳健性的拉格朗日乘子检验（robust-LM test）。空间面板数据的 LM 检验同截面数据的类似，Anselin et al.（2008）给出了空间面板数据模型的 LM 检验的 2 个统计量，如下所示：

$$\text{LM-lag} = \frac{[\boldsymbol{e}^{\mathrm{T}}(\boldsymbol{I}_T \otimes \boldsymbol{W})\boldsymbol{y}/\hat{\sigma}^2]^2}{J} \tag{6.57}$$

$$\text{LM-error} = \frac{[\boldsymbol{e}^{\mathrm{T}}(\boldsymbol{I}_T \otimes \boldsymbol{W})\boldsymbol{e}/\hat{\sigma}^2]^2}{T \times T_W} \tag{6.58}$$

其中，$\boldsymbol{e}$ 既可以表示混合面板数据模型的残差向量，换言之，不包含空间固定效应和时间固定效应的混合面板数据模型的残差向量，也可以表示空间固定效应或（和）时间固定效应的空间面板数据模型的残差向量。换言之，在估计完模型之后，利用模型的残差构造出的 LM 统计量被用于判断该模型是空间滞后模型还是空间误差模型。

归纳起来，面板数据的 LM 检验可以用在以下四种空间面板数据模型中：

（1）混合面板数据模型；

（2）空间固定效应的面板数据模型；

（3）时间固定效应的面板数据模型；

（4）空间和时间双固定效应的面板数据模型。

简而言之，面板数据模型的 LM 检验既可以用在混合面板数据模型之后，也可以用在固定效应的面板数据模型之后。

另外，J 和 T_W 的定义如下所示：

$$J = \frac{1}{\hat{\sigma}^2}\{[(\boldsymbol{I}_T \otimes \boldsymbol{W})\boldsymbol{X}\hat{\boldsymbol{\beta}}]^{\mathrm{T}}[\boldsymbol{I}_{NT} - \boldsymbol{X}(\boldsymbol{X}^{\mathrm{T}}\boldsymbol{X})^{-1}\boldsymbol{X}^{\mathrm{T}}](\boldsymbol{I}_T \otimes \boldsymbol{W})\boldsymbol{X}\hat{\boldsymbol{\beta}} + TT_W\hat{\sigma}^2\} \tag{6.59}$$

$$T_W = \mathrm{tr}(\boldsymbol{W}\boldsymbol{W} + \boldsymbol{W}^{\mathrm{T}}\boldsymbol{W}) \tag{6.60}$$

但是，Anselin et al.（2008）并没有给出面板数据的稳健性的 LM 检验，而是由 Elhorst（2014）提出了面板数据的稳健性的 LM 检验的统计量，如下所示：

$$\text{robust LM-lag} = \frac{[\boldsymbol{e}^{\mathrm{T}}(\boldsymbol{I}_T \otimes \boldsymbol{W})\boldsymbol{Y}/\hat{\sigma}^2 - \boldsymbol{e}^{\mathrm{T}}(\boldsymbol{I}_T \otimes \boldsymbol{W})\boldsymbol{e}/\hat{\sigma}^2]^2}{J - TT_W} \tag{6.61}$$

$$\text{robust LM-error} = \frac{[\boldsymbol{e}^{\mathrm{T}}(\boldsymbol{I}_T \otimes \boldsymbol{W})\boldsymbol{e}/\hat{\sigma}^2 - TT_W/J \times - \boldsymbol{e}^{\mathrm{T}}(\boldsymbol{I}_T \otimes \boldsymbol{W})\boldsymbol{Y}/\hat{\sigma}^2]^2}{TT_W[1 - TT_W/J]} \tag{6.62}$$

注意：如果在 LM 检验中选择的是不包含固定效应的混合面板数据模型，那么，根据 LM 检验的结果，也要选择不包含固定效应的空间滞后模型或者不包含固定效应的空间误差模型。但是，如果选择的是包含固定效应的面板数据模型，那么，根据 LM 检验的结果，也要选择固定效应的空间滞后模型或者固定效应的空间误差模型。总之，要保持模型设定的统一性。

此外：LM 检验和稳健性的 LM 检验服从自由度为 1 的 χ^2 分布。

需要注意的一点是：在进行实证分析的时候，如果模型考虑时间固定效应，那么有可能 LM 检验的结果不太支持空间面板数据模型，即不支持向空间面板数据模型中添加空间交互项。例如，Elhorst and Zeilstra（2007）和 Elhorst（2008）就发现了这个问题。最有可能的解释是：模型中的大多数变量在不同的空间单元中与整个地区同时变化，要么同时提高，要么同时降低。尽管如此，根据实证分析来看，除了要考虑空间固定效应，也需要在空间面板数据模型中考虑时间固定效应。①

6.6.2.2 软件操作

这一小节的主要内容是演示如何在 MATLAB 中实现空间面板数据模型的拉格朗日乘子检验。实现拉格朗日乘子检验的 MATLAB 代码采用的是 Paul Elhorst 编写的函数命令"LMsarsem_panel.m"。这个函数命令在他的个人主页中已经给出。根据固定效应的种类，空间面板数据模型分为 4 种类型，即无固定效应的空间面板数据模型、空间固定效应的空间面板数据模型、时间固定效应的空间面板数据模型以及空间和时间双固定效应的空间面板数据模型。下面，就针对这 4 种模型来演示如何实现拉格朗日乘子检验。

无固定效应模型比较

无固定效应的空间面板数据模型的拉格朗日乘子检验的 MATLAB 程序代码如下所示：

```
%拉格朗日乘子检验:无固定效应模型
clear;clc;
A = csvread('cigarette.csv',1,0);
W1 = csvread('Spat-Sym-US.csv');
T = 30;N = 46;
W = normw(W1);
y = A(:,[3]);
x = A(:,[4,5]);
xconstant = ones(N * T,1);
%估计最小二乘模型
results = ols(y,[xconstant x]);
vnames = strvcat('logcit','intercept','logp','logy');
prt_reg(results,vnames,1);
%拉格朗日乘子检验
LMsarsem_panel(results,W,y,[xconstant x]);
```

执行完上述代码后，可以得到如下结果：

```
Ordinary Least-squares Estimates
Dependent Variable    =   logcit
R-squared             =   0.320 9
Rbar-squared          =   0.319 9
sigma^2               =   0.034 3
Durbin-Watson         =   1.631 1
Nobs,Nvars            =   1 380,3
***************************************************************
```

① Lee and Yu (2010b) 利用蒙特卡洛模拟方法验证出，如果忽略时间固定效应，则会导致空间滞后模型系数偏大 (large upward biases)。

```
Variable          Coefficient       t-statistic       t-probability
intercept           3.485 114         30.752 947        0.000 000
logp              - 0.859 020       - 25.161 898        0.000 000
logy                0.267 723         10.847 639        0.000 000

LM test no spatial lag,probability                =   66.472 5,0.000
robust LM test no spatial lag,probability         =   58.263 2,0.000
LM test no spatial error,probability              =   153.047 2,0.000
robust LM test no spatial error,probability       =   144.837 9,0.000
```

由显示的结果可知，运算后的结果主要分成两部分。第一部分是回归估计的结果。第二部分是 LM 检验的结果。

从 LM 检验的结果总体来看，等号两边分为两部分。等号左边部分显示为何种统计量以及伴随概率，等号右边部分显示计算出的统计量和概率值。

第 1 行“LM test no spatial lag，probability=66.472 5，0.000”的含义是：LM 检验没有空间滞后项，统计量=66.472 5，概率值=0.000。换言之，统计检验结果表明在 1%的显著性水平下拒绝不存在空间滞后项的原假设。这里的空间滞后项特指因变量空间滞后项，具体来说就是 $\boldsymbol{Wy}$ 项。

第 2 行“robust LM test no spatial lag，probability=58.263 2，0.000”的含义是：稳健性的 LM 检验没有空间滞后项，统计量=58.263 2，概率值=0.000。换言之，统计检验结果表明在 1%的显著性水平下拒绝“不存在空间滞后项”的原假设。这里的空间滞后项特指因变量空间滞后项，具体来说就是 $\boldsymbol{Wy}$ 项。

第 3 行“LM test no spatial error，probability=153.047 2，0.000”的含义是：LM 检验没有空间误差项，统计量=153.047 2，概率值=0.000。换言之，统计检验结果表明在 1%的显著性水平下拒绝“不存在空间误差项”的原假设。这里的空间误差项指的是空间自相关误差项，具体来说就是 $\boldsymbol{W\varepsilon}$ 项。

第 4 行“robust LM test no spatial error，probability=144.837 9，0.000”的含义是：稳健性的 LM 检验没有空间滞后项，统计量=144.837 9，概率值=0.000。换言之，统计检验结果表明在 1%的显著性水平下拒绝“不存在空间误差项”的原假设。这里的空间误差项指的是空间自相关误差项，具体来说就是 $\boldsymbol{W\varepsilon}$ 项。

由拉格朗日乘子检验的结果可知，对于无固定效应的模型来说，因变量空间滞后项和误差项空间滞后项都是合适的。

空间固定效应模型比较

空间固定效应的空间面板数据模型的拉格朗日乘子检验的 MATLAB 程序代码如下所示：

```
%拉格朗日乘子检验:空间固定效应模型
clear;clc;
A = csvread('cigarette.csv',1,0);
W1 = csvread('Spat-Sym-US.csv');
T = 30;N = 46;
W = normw(W1);
y = A(:,[3]);
```

```
x = A(:,[4,5]);
% 估计空间固定效应模型
model = 1;
[ywith,xwith,meanny,meannx,meanty,meantx] = demean(y,x,N,T,model);
results = ols(ywith,xwith);
vnames = strvcat('logcit','logp','logy');
prt_reg(results,vnames,1);
% 拉格朗日乘子检验
LMsarsem_panel(results,W,y,x);
```

执行完上述代码后，可以得到如下结果：

```
Ordinary Least-squares Estimates
Dependent Variable    =   logcit
R-squared             =   0.544 6
Rbar-squared          =   0.544 3
sigma^2               =   0.007 4
Durbin-Watson         =   1.547 2
Nobs,Nvars            =   1 380,2
***************************************************************
Variable          Coefficient          t-statistic          t-probability
logp              - 0.702 280          - 38.874 117         0.000 000
logy              - 0.010 565           - 0.657 874         0.510 729

LM test no spatial lag,probability                =   106.517 5,0.000
robust LM test no spatial lag,probability         =   12.725 9,0.000
LM test no spatial error,probability              =   255.714 5,0.000
robust LM test no spatial error,probability       =   161.922 9,0.000
```

时间固定效应模型比较

时间固定效应的空间面板数据模型的拉格朗日乘子检验的 MATLAB 程序代码如下所示：

```
% 拉格朗日乘子检验:时间固定效应模型
clear;clc;
A = csvread('cigarette.csv',1,0);
W1 = csvread('Spat-Sym-US.csv');
T = 30;N = 46;
W = normw(W1);
y = A(:,[3]);
x = A(:,[4,5]);
% 估计时间固定效应模型
model = 2;
[ywith,xwith,meanny,meannx,meanty,meantx] = demean(y,x,N,T,model);
results = ols(ywith,xwith);
vnames = strvcat('logcit','logp','logy');
```

```
prt_reg(results,vnames,1);
%拉格朗日乘子检验
LMsarsem_panel(results,W,y,x);
```

执行完上述代码后，可以得到如下结果：

```
Ordinary Least-squares Estimates
Dependent Variable    =    logcit
R-squared             =    0.341 0
Rbar-squared          =    0.340 6
sigma^2               =    0.028 3
Durbin-Watson         =    1.998 0
Nobs,Nvars            =    1 380,2
***************************************************************
Variable         Coefficient         t-statistic         t-probability
logp             -1.205 087          -22.660 217         0.000 000
logy              0.565 352           18.664 363         0.000 000

LM test no spatial lag,probability              =    35.246 4,0.000
robust LM test no spatial lag,probability       =    0.161 3,0.688
LM test no spatial error,probability            =    62.871 4,0.000
robust LM test no spatial error,probability     =    27.786 3,0.000
```

空间和时间双固定效应模型比较

空间和时间双固定效应的空间面板数据模型的拉格朗日乘子检验的 MATLAB 程序代码如下所示：

```
%拉格朗日乘子检验:双固定效应模型
clear;clc;
A = csvread('cigarette.csv',1,0);
W1 = csvread('Spat-Sym-US.csv');
T = 30;N = 46;
W = normw(W1);
y = A(:,[3]);
x = A(:,[4,5]);
%估计双固定效应模型
model = 3;
[ywith,xwith,meanny,meannx,meanty,meantx] = demean(y,x,N,T,model);
results = ols(ywith,xwith);
vnames = strvcat('logcit','logp','logy');
prt_reg(results,vnames,1);
%拉格朗日乘子检验
LMsarsem_panel(results,W,y,x);
```

执行完上述代码后，可以得到如下结果：

```
Ordinary Least-squares Estimates
Dependent Variable   =   logcit
R-squared            =   0.394 4
Rbar-squared         =   0.394 0
sigma^2              =   0.005 3
Durbin-Watson        =   1.779 1
Nobs,Nvars           =   1 380,2
*****************************************************
Variable      Coefficient       t-statistic      t-probability
logp          -1.034 874        -25.631 424      0.000 000
logy           0.528 512         11.667 113      0.000 000

LM test no spatial lag,probability              =  17.493 6,0.000
robust LM test no spatial lag,probability       =  0.164 2,0.685
LM test no spatial error,probability            =  54.660 8,0.000
robust LM test no spatial error,probability     =  37.331 4,0.000
```

6.6.3 拟合优度

在经典的计量经济学模型中，判断模型优劣或者模型的解释力度的一个指标就是拟合优度。然而，在空间面板数据模型中，计算拟合优度是非常困难的，这是由于很难给出一个像 OLS 模型中的拟合优度 R^2 那样精确的适合空间面板数据模型的拟合优度。但是，大多数实证分析采用的是下面的拟合优度指标（Elhorst，2014）：

$$R^2(\boldsymbol{e},\boldsymbol{\Omega}) = 1 - \frac{\boldsymbol{e}^{\mathrm{T}}\boldsymbol{\Omega}\boldsymbol{e}}{(\boldsymbol{Y}-\bar{Y})^{T}(\boldsymbol{Y}-\bar{Y})} \tag{6.63}$$

或者，可采用下面的拟合优度指标：

$$R^2(\tilde{\boldsymbol{e}}) = 1 - \frac{\tilde{\boldsymbol{e}}^{\mathrm{T}}\tilde{\boldsymbol{e}}}{(\boldsymbol{Y}-\bar{Y})^{\mathrm{T}}(\boldsymbol{Y}-\bar{Y})} \tag{6.64}$$

其中，$\bar{Y}$ 表示因变量 $\boldsymbol{Y}$ 的均值；$\boldsymbol{e}$ 表示模型估计后的残差。$\boldsymbol{e}^{\mathrm{T}}\boldsymbol{\Omega}\boldsymbol{e}$ 表示残差平方和，$\tilde{\boldsymbol{e}}^{\mathrm{T}}\tilde{\boldsymbol{e}}$ 表示转换后模型的残差平方和，两者还可以进行相互替换。

如果采用拟合优度 $R^2(\tilde{\boldsymbol{e}})$，那么它与 OLS 模型中的拟合优度 R^2 解释是一样的，数值越大，表示模型拟合得越好。但是，这个拟合优度存在一个问题，就是当增加变量或者减少变量时不能保证 R^2 的增大或者变小。① 这与 OLS 模型中的 R^2 遇到的问题是一样的。②

为了解决这个问题，Verbeek（2008）认为衡量拟合优度的统计量可以为真实值和拟合值的相关系数的平方（squared correlation coefficient）。该统计量如下所示：

---

① 没有考虑到自由度惩罚的问题。

② 这个问题会出现在固定效应的空间误差模型、随机效应的空间滞后模型和随机效应的空间误差模型中，但是不会出现在固定效应的空间滞后模型中。这是因为去均值过程会加快计算速度和提高系数估计的精度。在添加空间固定效应之后计算的 R^2，与 OLS 模型中的 R^2 具有同样的性质。

$$\mathrm{Corr}^2(\boldsymbol{Y},\hat{\boldsymbol{Y}})=\frac{[(\boldsymbol{Y}-\bar{Y})^{\mathrm{T}}(\hat{\boldsymbol{Y}}-\bar{Y})]^2}{[(\boldsymbol{Y}-\bar{Y})^{\mathrm{T}}(\boldsymbol{Y}-\bar{Y})][(\hat{\boldsymbol{Y}}-\bar{Y})^{\mathrm{T}}(\hat{\boldsymbol{Y}}-\bar{Y})]} \tag{6.65}$$

式中，$\hat{\boldsymbol{Y}}$ 为 $NT\times1$ 的拟合值。

需要注意的是：这个相关系数平方忽略了空间固定效应所解释的模型中的变异。这样的做法是为了使得固定效应中的 $\boldsymbol{\beta}$ 估计量由时间维度来解释，而不是由空间截面维度来解释。这样做的另一个目的是为了让空间固定效应能够捕捉到空间单元中的变化，而不是去解释这种变化。这也就是为什么在空间固定效应模型中通常不去计算固定效应，更不用说去报告空间固定效应了。R^2 和相关系数平方的区别就在于模型的多大的变异是由空间固定效应来解释的。值得注意的是，在实证分析中，这种差异在很多情况下往往是非常大的。针对空间固定效应的这些做法通常也适用于随机效应的空间面板数据模型。

在这里还有一个棘手的问题，就是如何处理空间滞后模型中的因变量空间滞后项 $\boldsymbol{Wy}$。具体来说，就是将这项看做是因变量的一部分，还是看做是一个用来解释因变量的自变量。通俗地说就是看因变量空间滞后项 $\boldsymbol{Wy}$ 是被看做 $\boldsymbol{y}$ 的一部分还是 $\boldsymbol{X}$ 的一部分。

如果空间滞后项 $\boldsymbol{Wy}$ 被看做是一个自变量，用来解释因变量的话，那么就应该采用第一种拟合优度（R^2）；如果这个空间滞后项 $\boldsymbol{Wy}$ 不被看做是一个用来解释因变量的自变量的话①，那么就应该采用第二种拟合优度，也就是相关系数平方。②

由于这两种拟合优度的测度在方法上存在差异，所以有必要列出这两种拟合优度的测量表达式供选择使用，详情参见表 6-4。

表 6-4　　4 种空间面板数据模型 R^2 和 Corr^2 的表达式

R^2 和 Corr^2		拟合优度表达式
固定效应的空间滞后模型	$R^2(\boldsymbol{e},\boldsymbol{I}_N)$	$\boldsymbol{e}=\boldsymbol{Y}-\hat{\rho}(\boldsymbol{I}_T\otimes\boldsymbol{W})\boldsymbol{Y}-\boldsymbol{X}\hat{\boldsymbol{\beta}}-(\boldsymbol{\tau}_T\otimes\boldsymbol{I}_N)\hat{\boldsymbol{\mu}}$
	Corr^2	$\mathrm{Corr}^2(\boldsymbol{Y}^*,[\boldsymbol{I}_{NT}-\hat{\rho}(\boldsymbol{I}_T\otimes\boldsymbol{W})]^{-1}\boldsymbol{X}^*\hat{\boldsymbol{\beta}})$
固定效应的空间误差模型	$R^2(\hat{\boldsymbol{e}})$	$\hat{\boldsymbol{e}}=\boldsymbol{Y}-\hat{\lambda}(\boldsymbol{I}_T\otimes\boldsymbol{W})\boldsymbol{Y}-[\boldsymbol{X}-\hat{\lambda}(\boldsymbol{I}_T\otimes\boldsymbol{W})\boldsymbol{X}]\hat{\boldsymbol{\beta}}-(\boldsymbol{\tau}_T\otimes\boldsymbol{I}_N)\hat{\boldsymbol{\mu}}$
	Corr^2	$\mathrm{Corr}^2(\boldsymbol{Y}^*,\boldsymbol{X}^*\hat{\boldsymbol{\beta}})$
随机效应的空间滞后模型	$R^2(\hat{\boldsymbol{e}})$	$\hat{\boldsymbol{e}}=\boldsymbol{Y}^*-\hat{\delta}(\boldsymbol{I}_T\otimes\boldsymbol{W})\boldsymbol{Y}^*-\boldsymbol{X}^*\boldsymbol{\beta}$
	Corr^2	$\mathrm{Corr}^2(\boldsymbol{Y},[\boldsymbol{I}_{NT}-\hat{\rho}(\boldsymbol{I}_T\otimes\boldsymbol{W})]^{-1}\boldsymbol{X}\hat{\boldsymbol{\beta}})$
随机效应的空间误差模型	$R^2(\hat{\boldsymbol{e}})$	$\hat{\boldsymbol{e}}=\boldsymbol{Y}^{\cdot}-\boldsymbol{X}^{\cdot}\hat{\boldsymbol{\beta}}$
	Corr^2	$\mathrm{Corr}^2(\boldsymbol{Y},\boldsymbol{X}\hat{\boldsymbol{\beta}})$

注：$R^2(\boldsymbol{e},\boldsymbol{I}_N)$ 和 $R^2(\hat{\boldsymbol{e}})$ 的定义参见公式 6.63 和公式 6.64。由于这个拟合优度的公式是固定的，所以表格中只列出了 $\boldsymbol{e}$ 的表达；Corr^2 的定义参见公式 6.65。

R^2 和相关系数平方的计算已经被包含在空间面板数据模型的函数命令中。这两种拟合优度会在空间面板数据模型回归估计的结果中一并报告出。

① 因为原则上来说它是一个处于方程左边的因变量。将空间滞后项 $\boldsymbol{Wy}$ 从方程的右边移动到左边，然后提取 $\boldsymbol{y}$ 即可。

② LeSage and Pace（2009）在计算截面数据的空间滞后模型的拟合优度时，也将空间滞后项 $\boldsymbol{Wy}$ 看做是因变量的一部分。因此，也可以用相关系数平方来表示模型的优劣。

6.7　空间面板数据的空间杜宾模型

6.7.1　空间面板数据的空间杜宾模型理论

在前面的章节中，本书介绍了截面数据的空间杜宾模型，空间面板数据的空间杜宾模型与之非常类似，如下所示：

$$y_{it} = \rho \boldsymbol{W} y_{it} + \boldsymbol{X}_{it}\boldsymbol{\beta} + \boldsymbol{W}\boldsymbol{X}_{it}\boldsymbol{\theta} + \varepsilon_{it} \tag{6.66}$$

通过下标 i 和 t 可知，这是面板数据的空间滞后模型。ρ 表示空间自回归系数，$\boldsymbol{W}$ 表示空间权重矩阵，$\boldsymbol{y}$ 表示因变量，$\boldsymbol{X}$ 表示自变量，$\boldsymbol{\beta}$ 表示待估计的自变量参数，$\boldsymbol{\theta}$ 表示待估计的自变量空间滞后项参数，$\boldsymbol{\varepsilon}$ 表示误差项。

6.7.2　软件实现

实现空间面板数据的空间杜宾模型的回归估计的函数命令依然采用的是 Paul Elhorst 编写的估计空间滞后模型的 MATLAB 函数命令，如下所示：

（1）“sar _ panel _ FE”：估计固定效应的空间杜宾模型。[①]

（2）“sar _ panel _ RE”：估计随机效应的空间杜宾模型。[②]

然而，估计空间杜宾模型与估计空间滞后模型略有不同，唯一的区别在于输入参数时需要设定自变量空间滞后项 $\boldsymbol{WX}$，函数命令的调用方式如下所示：

```
results = sar_panel_FE(y,[x wx],W,T,info)
```

其中，输入参数中的“wx”就表示自变量空间滞后项。因此，在程序代码中也要包含生成自变量空间滞后项“wx”的代码。

6.7.2.1　固定效应的空间杜宾模型

空间面板数据无固定效应的空间杜宾模型回归估计的 MATLAB 程序代码如下所示：

```
%估计无固定效应的空间杜宾模型
clear;clc;
A = csvread('cigarette.csv',1,0);
W1 = csvread('Spat-Sym-US.csv');
T = 30;N = 46;
W = normw(W1);
```

① 此外，还需要配合使用 LeSage 编写的“sar _ parse”、“sar _ eigs”、“sar _ lndet”和“hessian”MATLAB 函数命令。

② 实现随机效应的空间滞后模型，还需要 Elhorst 编写的“sar _ panel _ RE”、“f _ resar”和“f2 _ resar”MATLAB 函数命令。

```
y = A(:,[3]);
x = A(:,[4,5]);
xconstant = ones(N * T,1);
% 生成自变量空间滞后项
for t = 1:T
    t1 = (t - 1) * N + 1;t2 = t * N;
    wx(t1:t2,:) = W * x(t1:t2,:);
end
% 设置参数
info.lflag = 0;
info.model = 0; % 无固定效应
info.fe = 0;
% 估计模型
results = sar_panel_FE(y,[xconstant x wx],W,T,info);
vnames = strvcat('logcit','intercept','logp','logy','W * logp','W * logy');
prt_sp(results,vnames,1);
```

执行完上述代码后，可以得到如下结果：

```
Pooled model with spatially lagged dependent variable,no fixed effects
Dependent Variable     =   logcit
R-squared              =   0.434 6
corr-squared           =   0.360 0
sigma^2                =   0.028 5
Nobs,Nvar,#FE          =   1 380,6,5
log-likelihood         =   475.534 8
# of iterations        =   1
min and max rho        =   -1.000 0,1.000 0
total time in secs     =   0.017 0
time for optimiz       =   0.003 0
time for lndet         =   0.006 0
time for t-stats       =   0.002 0
No lndet approximation used
*************************************************************
Variable       Coefficient      Asymptot t-stat      z-probability
intercept         2.633 652        15.830 920          0.000 000
logp             -1.250 613       -21.792 964          0.000 000
logy              0.554 031        14.952 445          0.000 000
W * logp          0.779 959        11.139 495          0.000 000
W * logy         -0.444 103       -10.107 327          0.000 000
W * dep. var.     0.335 969        11.065 876          0.000 000
```

在估计出来的结果中，第一行显示“Pooled model with spatially lagged dependent variable，no fixed effects”，“pooled model”表示这是一个混合面板数据模型，“spatially lagged dependent variable”表示含有因变量空间滞后项，也就是包含了因变量空

间滞后的含义。“no fixed effects”表明不含有固定效应。

由于空间杜宾模型可以看做是空间滞后模型加自变量空间滞后项，因此，可以用函数命令“sar _ panel _ FE”估计空间杜宾模型。上述代码中包含了自变量空间滞后项 ***WX*** 的生成，因此只需在“sar _ panel _ FE”的调入参数中添加自变量空间滞后项 ***WX*** 即可。其中，“for…end”循环即计算自变量空间滞后项 ***WX*** 的语句。在 MATLAB 函数命令“results=sar _ panel _ FE（y，[xconstant x wx]，W，T，info）”中，可以看出包含了自变量空间滞后项 ***WX***。

“Dependent Variable＝logcit”表明因变量为“logcit”。“R-squared”和“corr-squared”分别表示 R^2 和相关系数平方。log-likelihood＝475.534 8 表示对数似然估计值为 475.534 8。

接下来分析无固定效应的空间杜宾模型的估计结果。从系数来看，“logp”的系数为－1.250 613，t 统计量为－21.792 964，t 统计量的伴随概率为 0.000 000，说明在 1%的显著性水平下拒绝了“H_0：logp 的系数等于 0”的原假设。换言之，提高香烟的平均零售价格可以降低香烟的销售数量。

再来分析变量“log*y*”，由估计结果可以看到，“log*y*”的系数为 0.554 031，t 统计量为 14.952 445，t 统计量的伴随概率为 0.000 000，说明在 1%的显著性水平下拒绝了“H_0：log*y* 的系数等于 0”的原假设。换言之，人均可支配收入的提高可以显著地增加香烟的销售数量。

然后分析两个自变量空间滞后项。从系数来看，“W＊logp”的系数为 0.779 959，t 统计量为 11.139 495，t 统计量的伴随概率为 0.000 000，说明在 1%的显著性水平下拒绝了“H_0：W＊logp 的系数等于 0”的原假设。换言之，周围邻居地区提高香烟的平均零售价格可以提高本地区香烟的销售数量。

“W＊log*y*”的系数为－0.444 103，t 统计量为－10.107 327，t 统计量的伴随概率为 0.000 000，说明在 1%的显著性水平下拒绝了“H_0：W＊log*y* 的系数等于 0”的原假设。换言之，周围邻居地区人均可支配收入的提高可以显著地减少本地区香烟的销售数量。

最后分析参数“W＊dep. var.”，空间自回归系数“W＊dep. var.”等于 0.335 969，t 统计量为 11.065 876，t 统计量的伴随概率为 0.000 000，说明在 1%的显著性水平下拒绝了“H_0：空间自回归系数等于 0”的原假设。这说明，周围邻居地区香烟销售数量的提高也会使得本地区香烟销售数量增加。

接下来要介绍空间固定效应的空间杜宾模型回归估计的 MATLAB 程序代码，如下所示：

```
%估计空间固定效应的空间杜宾模型
clear;clc;
A = csvread('cigarette.csv',1,0);
W1 = csvread('Spat-Sym-US.csv');
T = 30;N = 46;
W = normw(W1);
y = A(:,[3]);
x = A(:,[4,5]);
%生成自变量空间滞后项
```

```
for t = 1:T
    t1 = (t - 1) * N + 1;t2 = t * N;
    wx(t1:t2,:) = W * x(t1:t2,:);
end
%设置参数
info.lflag = 0;
info.model = 1; %空间固定效应
info.fe = 0;
%估计模型
results = sar_panel_FE(y,[x wx],W,T,info);
vnames = strvcat('logcit','logp','logy','W * logp','W * logy');
prt_sp(results,vnames,1);
```

执行完上述代码后，可以得到如下结果：

```
Pooled model with spatially lagged dependent variable and spatial fixed effects
Dependent Variable     =   logcit
R-squared              =   0.892 2
corr-squared           =   0.581 5
sigma^2                =   0.005 6
Nobs,Nvar,#FE          =   1 380,5,50
log-likelihood         =   1 598.472
# of iterations        =   1
min and max rho        =   -1.000 0,1.000 0
total time in secs     =   0.020 0
time for optimiz       =   0.002 0
time for lndet         =   0.006 0
time for t-stats       =   0.002 0
No lndet approximation used
*****************************************************
Variable         Coefficient      Asymptot t-stat     z-probability
logp             -0.929 752       -23.164 580         0.000 000
logy              0.548 457         9.120 643         0.000 000
W * logp          0.578 513        12.370 148         0.000 000
W * logy         -0.577 373        -9.471 731         0.000 000
W * dep. var.     0.455 957        16.644 548         0.000 000
```

如果想要估计时间固定效应与空间和时间双固定效应的空间杜宾模型，只需控制第16行参数“info. model”即可，其中：

（1）“info. model=1”表示估计空间固定效应的空间杜宾模型；

（2）“info. model=2”表示估计时间固定效应的空间杜宾模型；

（3）“info. model=3”表示估计空间和时间双固定效应的空间杜宾模型。

本书不再赘述。

6.7.2.2 随机效应的空间杜宾模型

随机效应的空间杜宾模型回归估计的 MATLAB 程序代码如下所示：

```
%估计随机效应的空间杜宾模型
clear;clc;
A = csvread('cigarette.csv',1,0);
W1 = csvread('Spat-Sym-US.csv');
T = 30;N = 46;
W = normw(W1);
y = A(:,[3]);
x = A(:,[4,5]);
xconstant = ones(N * T,1);
%生成自变量空间滞后项
for t = 1:T
    t1 = (t - 1) * N + 1;t2 = t * N;
    wx(t1:t2,:) = W * x(t1:t2,:);
end
%设置参数
info.lflag = 0;
%估计模型
results = sar_panel_RE(y,[xconstant x wx],W,T,info);
vnames = strvcat('logcit','intercept','logp','logy','W * logp','W * logy');
prt_sp(results,vnames,1);
```

执行完上述代码后，可以得到如下结果：

```
Pooled model with spatially lagged dependent variable and spatial random effects
Dependent Variable    =   logcit
R-squared             =   0.888 4
corr-squared          =   0.323 9
sigma^2               =   0.005 6
Nobs,Nvar             =   1 380,6
log-likelihood        =   1 464.179
# of iterations       =   3
min and max rho       =   -1.000 0,1.000 0
total time in secs    =   0.067 0
time for optimiz      =   0.056 0
time for lndet        =   0.006 0
time for t-stats      =   0.002 0
No lndet approximation used
**************************************************
Variable        Coefficient      Asymptot t-stat     z-probability
intercept         2.708 072        17.931 415          0.000 000
logp             -0.936 455       -23.489 487          0.000 000
logy              0.544 874         9.522 143          0.000 000
```

W * logp	0.582 862	12.508 975	0.000 000
W * logy	-0.572 482	-9.850 854	0.000 000
W * dep. var.	0.452 966	16.491 227	0.000 000
teta	0.088 503	6.807 057	0.000 000

6.8 空间杜宾模型的简化判断

6.8.1 空间杜宾模型的似然比检验

在第五章介绍模型之间联系的小节中，本书介绍了空间杜宾模型可能简化为空间滞后模型，或者简化为空间误差模型。这是由 Elhorst（2012b）提出的假设检验。在实证分析中，如果选择了空间杜宾模型，那么就需要检验是否可以简化为空间滞后模型或者空间误差模型。实际上，如果拉格朗日乘子检验或者稳健性的拉格朗日乘子检验结果拒绝 OLS 模型，而无法拒绝空间滞后模型或者空间误差模型，甚至无法同时拒绝这两种空间计量模型时，那么就需要考虑空间杜宾模型。①

检验空间杜宾模型是否可以简化为空间滞后模型或者空间误差模型主要依赖于检验参数，原假设为"$H_0:\theta=0$"和"$H_0:\theta+\rho\beta=0$"。由于这些空间计量模型使用的是极大似然方法来进行估计，因此，很自然地可以想到使用似然比检验（likelihood ratio test，LR 检验）来检验两个原假设。第一个原假设是"空间杜宾模型可以简化为空间滞后模型"，而第二个原假设是"空间杜宾模型可以简化为空间误差模型"。似然比检验的统计量为两个模型的对数似然值之差，这个统计量服从自由度为 k 的 χ^2 分布。统计量如下所示：

$$D=-2\times\frac{\text{likelihood}_0}{\text{likelihood}_1}=-2\times(\text{loglikelihood}_0-\text{loglikelihood}_1) \tag{6.67}$$

其中，loglikelihood_0 是原模型的对数似然值；loglikelihood_1 是备选模型的对数似然值。

如果两个原假设"空间杜宾模型可以简化为空间滞后模型"以及"空间杜宾模型可以简化为空间误差模型"都被拒绝，那么就要选择空间杜宾模型。相反，如果无法拒绝"空间杜宾模型可以简化为空间滞后模型"的原假设，那么应该选择空间滞后模型，并且拉格朗日乘子检验也指向空间滞后模型；如果无法拒绝"空间杜宾模型可以简化为空间误差模型"的原假设，那么应该选择空间误差模型，并且拉格朗日乘子检验也指向空间误差模型。②

---

① Elhorst（2010a）指出 2007 年是一个分水岭，在此之前，空间计量经济学家只在模型里关注一种空间交互效应。具体来说，就是在空间滞后模型里只考虑因变量的空间滞后项，或者在空间误差模型中只考虑空间自相关误差项。2007 年之后，在空间计量模型中考虑两种及以上空间交互效应则逐渐成为一种新的趋势，例如，空间杜宾模型。

② 在第四章截面数据的空间计量模型中也可以应用似然比检验。具体来说，空间杜宾模型的对数似然值为 −181.779，空间滞后模型的对数似然值为 −182.674，空间误差模型的对数似然值为 −183.749。通过对比两两对数似然值的大小，可以发现差别不大（1.790；3.941），基本可以判断出空间杜宾模型可以简化为空间滞后模型和空间误差模型。通过卡方检验也可以发现模型均未通过 10%的显著性水平检验。

但是，如果不能满足这些条件的话，比如说拉格朗日乘子检验或者稳健性的拉格朗日乘子检验指向的模型和似然比检验结果相冲突，Elhorst（2010a）认为就应该考虑空间杜宾模型。这是因为相比空间滞后模型和空间误差模型来说，空间杜宾模型更为适用于一般情况。还有另一种特殊情况存在①，即如果估计的 OLS 模型不能被拒绝，同时指向空间滞后模型和空间误差模型，那么就应该考虑重新估计这个 OLS 模型，具体来说就是添加自变量的空间滞后项 $\boldsymbol{WX}$，或者部分自变量的空间滞后项，然后通过似然比检验来判断原假设“$H_0:\theta=0$”。如果无法拒绝这个原假设，那么 OLS 模型应该是最好的模型。Elhorst（2010a）认为，对于实证检验来说，没有经验表明应该添加哪一种空间交互项，更多的是去尝试，或者凭实证经验去判断。

此外，如果原假设“空间杜宾模型可以简化为空间滞后模型”被拒绝，那么结论是否就支持空间杜宾模型呢？这也需要检验“$H_0:\rho=0$”的原假设是否被拒绝。如果拒绝了“$H_0:\rho=0$”的原假设，那么空间杜宾模型就成为最适合的模型。反之，自变量的空间滞后项的模型则应该成为重点考虑的模型。总而言之，在选择模型的时候，始终不要忽略考虑因变量的空间滞后项和自变量的空间滞后项。②

另外，除了似然比检验之外，Elhorst（2012b）还提出了 Wald 检验来判断这两个原假设，即“空间杜宾模型可以简化为空间滞后模型”和“空间杜宾模型可以简化为空间误差模型”。本书不做理论介绍，在模型演示部分直接展示如何操作。

6.8.2　似然比检验和 Wald 检验的软件实现

θ 和 β 为固定且未知的参数向量。原假设“$H_0:\theta=0$”可被用来检验模型是否可以简化为空间滞后模型，而原假设“$H_0:\theta+\rho\beta=0$”可被用来检验模型是否可以简化为空间误差模型。

接下来演示的是似然比检验和 Wald 检验。由于似然比检验需要两个模型的对数似然值，因此需要估计空间杜宾模型、空间滞后模型和空间误差模型的对数似然值。然后，分别比较空间杜宾模型和空间滞后模型的对数似然值之差，以及空间杜宾模型和空间误差模型的对数似然值之差。模型按照固定效应分为多种模型，但本例只是以空间和时间双固定效应模型为例来进行演示。如果想检验空间固定效应模型和时间固定效应模型，只需要修改“info. model”即可。似然比检验和 Wald 检验的 MATLAB 程序代码如下所示：

```
%空间杜宾模型是否可以简化为空间滞后模型或者空间误差模型
clear;clc;
A = csvread('cigarette.csv',1,0);
W1 = csvread('Spat-Sym-US.csv');
T = 30;N = 46;
W = normw(W1);
y = A(:,[3]);
```

① 如果拉格朗日乘子检验或者稳健性的拉格朗日乘子检验都无法指向空间滞后模型和空间误差模型，也不应该放弃估计这两种模型。这是因为很有可能空间自回归系数 ρ 和（或）空间自相关系数 λ 仍然显著，所以可能结论再次指向空间滞后模型或者空间误差模型，或者同时指向这两种模型，这时仍然应该考虑空间杜宾模型。

② 笔者认为，或许在实证研究的一开始就应该考虑空间杜宾模型。

```
x = A(:,[4,5]);
[nobs K] = size(x);
%生成自变量空间滞后项
for t = 1:T
    t1 = (t - 1) * N + 1;t2 = t * N;
    wx(t1:t2,:) = W * x(t1:t2,:);
end
%设置参数和模型估计
info.lflag = 0;
info.model = 3; %双固定效应
info.fe = 0;
results = sar_panel_FE(y,[x wx],W,T,info);
%空间杜宾模型是否可以简化为空间滞后模型(Likelihood Ratio Test)
disp('Spatial Durbin model can be simplified to spatial lag model(LR Test)')
resultssar = sar_panel_FE(y,x,W,T,info);
LR_spatial_lag = - 2 * (resultssar.lik - results.lik);
prob_spatial_lag = 1 - chis_cdf(LR_spatial_lag,K);
fprintf('LR test for spatial lag = %.4f\n',LR_spatial_lag)
fprintf('Probability = %.4f\n',prob_spatial_lag)
fprintf('\n')
%空间杜宾模型是否可以简化为空间滞后模型(Wald Test)
disp('Spatial Durbin model can be simplified to spatial lag model(Wald Test)')
btemp = results.parm;
varcov = results.cov;
Rafg = zeros(K,2 * K + 2);
for k = 1:K
    Rafg(k,K + k) = 1;
end
Wald_spatial_lag = (Rafg * btemp)' * inv(Rafg * varcov * Rafg') * Rafg * btemp;
prob_spatial_lag = 1 - chis_cdf(Wald_spatial_lag,K);
fprintf('Wald test for spatial lag = %.4f\n',Wald_spatial_lag)
fprintf('Probability = %.4f\n',prob_spatial_lag)
fprintf('\n')
%空间杜宾模型是否可以简化为空间误差模型(Likelihood Ratio Test)
disp('Spatial Durbin model can be simplified to spatial error model(LR Test)')
resultssem = sem_panel_FE(y,x,W,T,info);
LR_spatial_error = - 2 * (resultssem.lik - results.lik);
prob_spatial_error = 1-chis_cdf(LR_spatial_error,K);
fprintf('LR test for spatial error = %.4f\n',LR_spatial_error)
fprintf('Probability = %.4f\n',prob_spatial_error)
fprintf('\n')
%空间杜宾模型是否可以简化为空间误差模型(Wald Test)
disp('Spatial Durbin model can be simplified to spatial error model(Wald Test)')
R = zeros(K,1);
for k = 1:K
    R(k) = btemp(2 * K + 1) * btemp(k) + btemp(K + k);
```

```
end
Rafg = zeros(K,2 * K + 2);
for k = 1:K
    Rafg(k,k)         = btemp(2 * K + 1);
    Rafg(k,K + k)     = 1;
    Rafg(k,2 * K + 1) = btemp(k);
end
Wald_spatial_error = R' * inv(Rafg * varcov * Rafg') * R;
prob_spatial_error = 1-chis_cdf(Wald_spatial_error,K);
fprintf('Wald test for spatial error = %.4f\n',Wald_spatial_error)
fprintf('Probability = %.4f\n',prob_spatial_error)
```

执行完上述代码后，可以得到如下结果：

```
Spatial Durbin model can be simplified to spatial lag model(LR Test)
LR test for spatial lag = 15.766 2
Probability = 0.000 4

Spatial Durbin model can be simplified to spatial lag model(Wald Test)
Wald test for spatial lag = 18.332 1
Probability = 0.000 1

Spatial Durbin model can be simplified to spatial error model(LR Test)
LR test for spatial error = 8.269 2
Probability = 0.016 0

Spatial Durbin model can be simplified to spatial error model(Wald Test)
Wald test for spatial error = 8.083 7
Probability = 0.017 6
```

由上述结果可知，无论是似然比检验还是 Wald 检验，都在 1%的显著性水平下分别拒绝了“空间杜宾模型可以简化为空间滞后模型”以及“空间杜宾模型可以简化为空间误差模型”的原假设，说明选择空间杜宾模型是合适的。

6.9　空间面板数据的空间杜宾误差模型

6.9.1　空间面板数据的空间杜宾误差模型理论

在前面的章节中，本书介绍了截面数据的空间杜宾误差模型，空间面板数据的空间杜宾误差模型与之非常类似，如下所示：

$$\begin{cases} y_{it} = \boldsymbol{X}_{it}\boldsymbol{\beta} + \boldsymbol{W}\boldsymbol{X}_{it}\boldsymbol{\theta} + \varepsilon_{it} \\ \varepsilon_{it} = \lambda \boldsymbol{W}\varepsilon_{it} + \nu_{it} \end{cases} \tag{6.68}$$

通过下标 i 和 t 可知，这是面板数据的空间杜宾误差模型。$\boldsymbol{y}$ 表示因变量；$\boldsymbol{X}$ 表示自变量；$\boldsymbol{\beta}$ 表示待估计自变量参数；$\boldsymbol{\theta}$ 表示待估计的自变量空间滞后项参数；$\boldsymbol{\varepsilon}$ 表示误差项；λ 为空间自相关系数，$\boldsymbol{W}$ 为空间权重矩阵；$\boldsymbol{v}$ 为特质的成分。

6.9.2 软件实现

实现空间面板数据的空间误差杜宾模型的回归估计的函数命令依然采用的是 Paul Elhorst 编写的估计空间误差模型的 MATLAB 函数命令，如下所示：

(1)“sem_panel_FE.m”：估计固定效应的空间误差杜宾模型；

(2)“sem_panel_RE.m”：估计随机效应的空间误差杜宾模型。

但是，估计空间杜宾误差模型与估计空间误差模型略有不同，唯一的区别在于输入参数需要设定自变量空间滞后项 ***WX***，函数命令的调用方式如下：

```
results = sem_panel_FE(y,[x wx],W,T,info)
```

其中，输入参数中的“wx”就表示自变量空间滞后项。因此，在程序代码中也要包含生成自变量空间滞后项 ***WX*** 的代码。

6.9.2.1 固定效应的空间杜宾误差模型

空间面板数据无固定效应的空间杜宾误差模型回归估计的 MATLAB 程序代码如下所示：

```
%估计无固定效应的空间杜宾误差模型
clear;clc;
A = csvread('cigarette.csv',1,0);
W1 = csvread('Spat-Sym-US.csv');
T = 30;N = 46;
W = normw(W1);
y = A(:,[3]);
x = A(:,[4,5]);
xconstant = ones(N * T,1);
%生成自变量空间滞后项
for t = 1:T
    t1 = (t - 1) * N + 1;t2 = t * N;
    wx(t1:t2,:) = W * x(t1:t2,:);
end
%设置参数
info.lflag = 0;
info.model = 0; %无固定效应
info.fe = 0;
%估计模型
results = sem_panel_FE(y,[xconstant x wx],W,T,info);
vnames = strvcat('logcit','intercept','logp','logy','W * logp','W * logy');
prt_sp(results,vnames,1);
```

执行完上述代码后，可以得到如下结果：

```
Pooled model with spatial error autocorrelation,no fixed effects
Dependent Variable    =   logcit
R-squared             =   0.353 5
corr-squared          =   0.353 6
sigma^2               =   0.028 6
log-likelihood        =   471.441 72
Nobs,Nvar,#FE         =   1 380,5,5
# iterations          =   13
min and max rho       =   -0.990 0,0.990 0
total time in secs    =   1.234 0
time for optimiz      =   1.223 0
time for lndet        =   0.007 0
No lndet approximation used
****************************************************************
Variable        Coefficient        Asymptot t-stat       z-probability
intercept          3.844 386          21.827 808            0.000 000
logp              -1.184 422         -22.459 535            0.000 000
logy               0.516 358          14.924 455            0.000 000
W*logp             0.435 429           6.683 037            0.000 000
W*logy            -0.324 827          -7.212 338            0.000 000
spat.aut.          0.336 954          10.995 890            0.000 000
```

在估计出来的结果中，第一行显示“Pooled model with spatial error autocorrelation，no fixed effects”，“Pooled model”表示这是一个混合面板数据模型；“spatial error autocorrelation”表示含有误差项空间滞后项，也就是包含了空间自相关误差项；“no fixed effects”表明不含有固定效应。

由于空间杜宾误差模型可以看做是空间误差模型加自变量空间滞后项，因此，可以用函数命令“sem_panel_FE”估计空间杜宾误差模型，上述代码中包含自变量空间滞后项 ***WX*** 的生成过程，因此只需在“sem_panel_FE”的调入参数中添加自变量空间滞后项 ***WX*** 即可。在 MATLAB 命令“results＝sem_panel_FE（y,[xconstant x wx],W,T,info)”中，可以看出包含了自变量空间滞后项 ***WX***。

系数解释与前述类似，故此不再赘述。

接下来要介绍空间固定效应的空间杜宾误差模型回归估计的 MATLAB 程序代码，如下所示：

```
%估计空间固定效应的空间杜宾误差模型
clear;clc;
A = csvread('cigarette.csv',1,0);
W1 = csvread('Spat-Sym-US.csv');
T = 30;N = 46;
W = normw(W1);
y = A(:,[3]);
```

```
x = A(:,[4,5]);
%生成自变量空间滞后项
for t = 1:T
    t1 = (t - 1) * N + 1;t2 = t * N;
    wx(t1:t2,:) = W * x(t1:t2,:);
end
%设置参数
info.lflag = 0;
info.model = 1; %空间固定效应
info.fe = 0;
%估计模型
results = sem_panel_FE(y,[x wx],W,T,info);
vnames = strvcat('logcit','logp','logy','W * logp','W * logy');
prt_sp(results,vnames,1);
```

执行完上述代码后，可以得到如下结果：

```
Pooled model with spatial error autocorrelation and spatial fixed effects
Dependent Variable      =   logcit
R-squared               =   0.862 9
corr-squared            =   0.575 9
sigma^2                 =   0.005 7
log-likelihood          =   1 590.416 3
Nobs,Nvar,#FE           =   1 380,4,50
# iterations            =   15
min and max rho         =   -0.990 0,0.990 0
total time in secs      =   0.021 0
time for optimiz        =   0.008 0
time for lndet          =   0.007 0
time for t-stats        =   0.001 0
No lndet approximation used
***************************************************************
Variable        Coefficient     Asymptot t-stat     z-probability
logp             -0.882 271      -24.603 819         0.000 000
logy              0.445 801        8.429 535         0.000 000
W * logp          0.221 210        5.285 016         0.000 000
W * logy         -0.484 056       -8.777 974         0.000 000
spat. aut.        0.442 967       15.852 311         0.000 000
```

如果想要估计时间固定效应与空间和时间双固定效应的空间杜宾误差模型，只需控制第 16 行参数“info. model”即可，其中：

（1）“info. model＝1”表示估计空间固定效应的空间杜宾误差模型；

（2）“info. model＝2”表示估计时间固定效应的空间杜宾误差模型；

（3）“info. model＝3”表示估计空间和时间双固定效应的空间杜宾误差模型。

6.9.2.2　随机效应的空间杜宾误差模型

随机效应的空间杜宾误差模型回归估计的 MATLAB 程序代码如下所示：

```
%估计随机效应的空间杜宾误差模型
clear;clc;
A = csvread('cigarette.csv',1,0);
W1 = csvread('Spat-Sym-US.csv');
T = 30;N = 46;
W = normw(W1);
y = A(:,[3]);
x = A(:,[4,5]);
xconstant = ones(N * T,1);
%生成自变量空间滞后项
for t = 1:T
    t1 = (t - 1) * N + 1;t2 = t * N;
    wx(t1:t2,:) = W * x(t1:t2,:);
end
%设置参数
info.lflag = 0;
%估计模型
results = sem_panel_RE(y,[xconstant x wx],W,T,info);
vnames = strvcat('logcit','intercept','logp','logy','W * logp','W * logy');
prt_sp(results,vnames,1);
```

执行完上述代码后，可以得到如下结果：

```
Pooled model with spatial error autocorrelation and spatial random effects
Dependent Variable    =   logcit
R-squared             =   0.886 8
corr-squared          =   0.318 9
sigma^2               =   0.005 7
Nobs,Nvar             =   1 380,5
log-likelihood        =   1 452.743 7
# of iterations       =   3
min and max rho       = - 1.392 4,1.000 0
total time in secs    =   0.028 0
time for optimiz      =   0.023 0
time for t-stats      =   0.002 0
*************************************************
Variable       Coefficient        Asymptot t-stat       z-probability
intercept        4.861 692          40.812 846          0.000 000
logp           - 0.887 799        - 24.944 970          0.000 000
logy             0.426 811           8.411 204          0.000 000
W * logp         0.223 619           5.362 493          0.000 000
```

W * logy	-0.456 344	-8.581 624	0.000 000
spat. aut.	0.448 169	15.873 532	0.000 000
teta	5.044 046	5.370 433	0.000 000

6.10 直接效应和间接效应

6.10.1 直接效应和间接效应理论

在第五章中，本书讨论了 LeSage and Pace（2009）提出的截面数据的空间计量模型的直接效应和间接效应。同样的道理，在空间面板数据的情况下，空间计量模型也可以计算自变量的直接效应和间接效应。由于截面数据和空间面板数据的空间计量模型设定极为类似，可以直接套用截面数据下空间计量模型直接效应和间接效应的计算方法，故此，本书不再赘述理论内容。

本章介绍了 4 种空间面板数据模型，即空间滞后模型、空间误差模型、空间杜宾模型和空间杜宾误差模型。由第五章可知，需要计算自变量直接效应和间接效应的有空间滞后模型和空间杜宾模型。空间误差模型和空间杜宾误差模型不需要计算，自变量系数即是直接效应，自变量空间滞后项系数即是间接效应。

6.10.2 软件操作：空间滞后模型直接效应和间接效应的计算

空间滞后模型自变量的直接效应和间接效应的计算主要有两种函数命令。一个是由 Paul Elhorst 编写的“direct _ indirect _ effects _ estimates. m”函数命令，他的个人网站上提供了这个函数命令。另一个是由西弗吉尼亚大学的 Donald J. Lacombe 编写的“panel _ effects _ sar. m”函数命令。这两个函数命令的调用方式如下所示：

（1）direct _ indirect _ effects _ estimates（results，W，spat _ model）；

（2）panel _ effects _ sar（results，vnames，W）。

其中，“direct _ indirect _ effects _ estimates（results，W，spat _ model）”中的“results”表示模型估计的结果；“W”表示空间权重矩阵，“spat _ model”表示模型的类型。

“panel _ effects _ sar（results，vnames，W）”中的“results”表示模型估计的结果；“vnames”表示自变量名称；“W”表示空间权重矩阵。

需要提醒注意的是：由 Paul Elhorst 编写的命令“direct _ indirect _ effects _ estimates. m”可以实现空间面板数据的空间滞后模型和空间杜宾模型的直接效应、间接效应和总效应的计算，模型的类别在参数“spat _ model”处设定即可。其中，“spat _ model=0”表示空间滞后模型，“spat _ model=1”表示空间杜宾模型。

由 Donald J. Lacombe 编写的命令“panel _ effects _ sar. m”只能够实现空间面板数据的空间滞后模型的直接效应、间接效应和总效应的计算。而空间面板数据的空间杜宾模型的直接效应、间接效应和总效应的计算则是由 Lacombe 编写的另外一个函数命令

“panel _ effects _ sdm. m”来实现。由函数命令的结尾“sar”和“sdm”就可以分辨出这两个函数命令的差异。总之，Elhorst 编写的命令通过控制参数来选择模型，Lacombe 则是编写了不同的函数命令。

空间面板数据的空间滞后模型按照是否为固定效应模型可以分为 4 种模型，如下所示：

（1）混合空间滞后模型；

（2）空间固定效应的空间滞后模型；

（3）时间固定效应的空间滞后模型；

（4）空间和时间双固定效应的空间滞后模型。

由于 Paul Elhorst 编写的函数命令与 Donald J. Lacombe 编写的函数命令所计算出来的结果略有差别，并且格式也不同，因此，本书将列出两种计算结果。

首先介绍空间面板数据无固定效应的空间滞后模型自变量的直接效应、间接效应和总效应计算方法的 MATLAB 程序代码，如下所示：

```
%估计无固定效应的空间滞后模型
clear;clc;
A = csvread('cigarette.csv',1,0);
W1 = csvread('Spat-Sym-US.csv');
T = 30;N = 46;
W = normw(W1);
y = A(:,[3]);
x = A(:,[4,5]);
xconstant = ones(N * T,1);
%设置参数
info.lflag = 0;
info.model = 0; %无固定效应
info.fe = 0;
%估计模型
results = sar_panel_FE(y,[xconstant x],W,T,info);
vnames = strvcat('logcit','intercept','logp','logy');
prt_sp(results,vnames);
%计算直接效应和间接效应
spat_model = 0; %空间滞后模型
direct_indirect_effects_estimates(results,W,spat_model);
panel_effects_sar(results,vnames,W);
```

执行完上述代码后，可以得到如下结果：

```
Pooled model with spatially lagged dependent variable,no fixed effects
Dependent Variable     =   logcit
R-squared              =   0.350 6
corr-squared           =   0.299 0
sigma^2                =   0.032 7
Nobs,Nvar,#FE          =   1 380,4,3
```

```
log-likelihood          =   394.571 64
# of iterations         =   1
min and max rho         =   -1.000 0,1.000 0
total time in secs      =   0.017 0
time for optimiz        =   0.002 0
time for lndet          =   0.006 0
time for t-stats        =   0.002 0
No lndet approximation used
*************************************************************
Variable        Coefficient      Asymptot t-stat     z-probability
intercept          2.634 078         16.618 096          0.000 000
logp              -0.757 216        -19.150 701          0.000 000
logy               0.253 664         10.117 687          0.000 000
W*dep. var.        0.192 990          6.295 758          0.000 000

    direct       t-stat       indirect      t-stat       total       t-stat

ans =

 -0.765 6      -20.149 2     -0.172 7     -5.766 0     -0.938 4     -22.329 5
  0.255 7       10.407 0      0.057 7      5.098 9      0.313 5      10.508 5

Direct      Coefficient     t-stat        t-prob       lower        upper 99
logp        -0.765 062    -19.787 333    0.000 000   -0.839 408   -0.687 553
logy         0.255 915     10.407 533    0.000 000    0.205 282    0.302 122

Indirect    Coefficient     t-stat        t-prob       lower        upper 99
logp        -0.175 400     -5.945 831    0.000 000   -0.238 129   -0.118 981
logy         0.058 711      5.229 810    0.000 004    0.037 208    0.081 829

Total       Coefficient     t-stat        t-prob       lower        upper 99
logp        -0.940 462    -22.318 917    0.000 000   -1.023 707   -0.858 000
logy         0.314 627     10.553 576    0.000 000    0.253 994    0.369 668
```

由运算的结果可以看出，结果大致分为三部分。第一部分是无固定效应的空间滞后模型的估计结果，由于在前面的章节中已经分析过了，故此不再赘述。

第二部分和第三部分分别是 Paul Elhorst 编写的函数命令和 Donald J. Lacombe 编写的函数命令计算出的两个自变量的直接效应、间接效应和总效应。从总体排版格式来看，Paul Elhorst 的方法列出的结果较为简洁。其中，结果只包含估计的自变量直接效应、间接效应和总效应的系数和 t 统计量，并没有报告出概率值。不过，由 t 分布表可知，当样本趋于无穷大的时候，5%置信水平的临界值为 1.96。由上述结果可知，所有的 t 统计量的绝对值均远远大于 1.96，因此，均在 5%的显著性水平下强烈地拒绝了原假设。

Donald J. Lacombe 的方法列出的结果较为丰富，从结果来看，不仅包括了自变量直接效应、间接效应和总效应的系数和 t 统计量，还包括了概率值和置信区间。

对比两个函数命令计算的结果，可以发现两者之间的差别几乎可以忽略不计。由于两者计算出的结果十分相似，因此，就以用 Donald J. Lacombe 的方法估计出的结果为例进行分析和解释。

首先来看直接效应。自变量“logp”直接效应和自变量“logy”直接效应的 t 统计量伴随概率显示在 1%的显著性水平下拒绝了“自变量直接效应为 0”的原假设。再来看间接效应。自变量“logp”间接效应和自变量“logy”间接效应的 t 统计量伴随概率显示在 1%的显著性水平下拒绝了“自变量间接效应为 0”的原假设。最后看总效应。总效应等于直接效应和间接效应之和，结果发现其在统计上也十分显著。

如果想要估计空间固定效应、时间固定效应与空间和时间双固定效应的空间滞后模型的直接效应和间接效应，只需控制第 12 行参数“info. model”即可，其中：

(1)“info. model＝1”表示估计空间固定效应的空间滞后模型；

(2)“info. model＝2”表示估计时间固定效应的空间滞后模型；

(3)“info. model＝3”表示估计空间和时间双固定效应的空间滞后模型。

请自行估计其他 3 种固定效应的空间滞后模型的直接效应和间接效应。请注意，空间固定效应、时间固定效应与空间和时间双固定效应的输入参数中没有常数项（xconstant）。

6.10.3　软件操作：空间杜宾模型直接效应和间接效应的计算

首先介绍无固定效应的空间杜宾模型自变量的直接效应、间接效应和总效应的计算方法的 MATLAB 程序代码，如下所示：

```
%估计无固定效应的空间杜宾模型
clear;clc;
A = csvread('cigarette.csv',1,0);
W1 = csvread('Spat-Sym-US.csv');
T = 30;N = 46;
W = normw(W1);
y = A(:,[3]);
x = A(:,[4,5]);
xconstant = ones(N * T,1);
%生成自变量空间滞后项
for t = 1:T
    t1 = (t - 1) * N + 1;t2 = t * N;
    wx(t1:t2,:) = W * x(t1:t2,:);
end
%设置参数
info.lflag = 0;
info.model = 0;
info.fe = 0;
%估计模型
results = sar_panel_FE(y,[xconstant x wx],W,T,info);
```

```
vnames = strvcat('logcit','intercept','logp','logy','W * logp','W * logy');
prt_sp(results,vnames,1);
% 计算直接效应和间接效应
spat_model = 1; % 空间杜宾模型
direct_indirect_effects_estimates(results,W,spat_model);
panel_effects_sdm(results,vnames,W);
```

执行完上述代码后，可以得到如下结果：

```
Pooled model with spatially lagged dependent variable,no fixed effects
Dependent Variable     =   logcit
R-squared              =   0.434 6
corr-squared           =   0.360 0
sigma^2                =   0.028 5
Nobs,Nvar,#FE          =   1 380,6,5
log-likelihood         =   475.534 8
# of iterations        =   1
min and max rho        =   -1.000 0,1.000 0
total time in secs     =   0.017 0
time for optimiz       =   0.002 0
time for lndet         =   0.006 0
time for t-stats       =   0.003 0
No lndet approximation used
***************************************************************
Variable          Coefficient       Asymptot t-stat     z-probability
intercept            2.633 652         15.830 920         0.000 000
logp                -1.250 613        -21.792 964         0.000 000
logy                 0.554 031         14.952 445         0.000 000
W * logp             0.779 959         11.139 495         0.000 000
W * logy            -0.444 103        -10.107 327         0.000 000
W * dep. var.        0.335 969         11.065 876         0.000 000

    direct      t-stat     indirect      t-stat      total       t-stat

ans =

-1.214 4      -22.134 6     0.504 2      7.666 6     -0.710 2     -13.617 8
 0.529 8       15.215 1    -0.363 6     -7.524 0      0.166 2       4.284 7

Direct      Coefficient      t-stat        t-prob       lower        upper 99
logp        -1.219 061     -23.171 186    0.000 000   -1.322 411   -1.118 908
logy         0.530 650      15.121 198    0.000 000    0.461 826    0.598 922

Indirect    Coefficient      t-stat        t-prob       lower        upper 99
logp         0.508 006       7.447 075    0.000 000    0.376 710    0.643 275
logy        -0.365 009      -7.857 823    0.000 000   -0.453 101   -0.272 881
```

Total	Coefficient	t-stat	t-prob	lower	upper 99
ogp	-0.711 055	-13.220 950	0.000 000	-0.824 680	-0.609 188
logy	0.165 641	4.191 882	0.000 124	0.087 956	0.238 639

如果想要估计空间固定效应、时间固定效应与空间和时间双固定效应的空间杜宾模型的直接效应和间接效应，只需控制第 17 行参数“info. model”即可，其中：

（1）“info. model＝1”表示估计空间固定效应的空间杜宾模型；

（2）“info. model＝2”表示估计时间固定效应的空间杜宾模型；

（3）“info. model＝3”表示估计空间和时间双固定效应的空间杜宾模型。

请自行估计其他 3 种固定效应的空间滞后模型的直接效应和间接效应。请注意，空间固定效应、时间固定效应与空间和时间双固定效应的输入参数中没有常数项。

6.11　本章小结

首先，这一章主要讨论的是空间面板数据的空间计量模型。由于经典的面板数据模型需要考虑固定效应和随机效应，因此，在建立空间面板数据模型时也需要考虑固定效应和随机效应。固定效应是贯穿本章的重要内容。在进行拉格朗日乘子检验和空间计量模型回归估计时，必须考虑到是否存在固定效应。

其次，本章相对于截面数据的空间计量模型来说，只介绍了空间面板数据的空间滞后模型、空间误差模型、空间杜宾模型和空间杜宾误差模型四种模型，并没有介绍一般空间面板数据模型和一般嵌套空间面板数据模型，这是由于这两种模型在实证分析中很难解释，应用并不广泛。本书将这两种模型放到下一章“高级空间面板数据模型”中介绍。

最后，本章还介绍了如何利用 MATLAB 函数命令来估算空间面板数据的空间滞后模型和空间杜宾模型自变量的直接效应、间接效应和总效应。

第七章

高级空间面板数据模型

第六章介绍了空间面板数据实证分析中常见的四种空间计量模型，即空间滞后模型、空间误差模型、空间杜宾模型和空间杜宾误差模型。

这一章的主要任务是介绍复杂的空间面板数据的空间计量模型，以及目前学术界最新的研究理论与研究成果。就现阶段而言，这些研究理论虽然应用的范围不是很广①，但是也为空间计量经济学未来的发展指明了研究的方向。

7.1 一般空间面板数据模型

在第四章的截面数据的空间计量模型中，本书介绍了包含因变量空间滞后项和空间自相关误差项的模型，也就是 Kelejian-Prucha 空间模型。在空间面板数据下也存在这样的空间回归模型设定。为了区分 Kelejian-Prucha 空间模型与截面数据下的 Kelejian-Prucha 空间模型，本书赋予了空间面板数据下包含因变量空间滞后项和空间自相关误差项的模型一个新的名称：一般空间面板数据模型（general spatial panel model，GSPM）。

7.1.1 一般空间面板数据模型理论

一般空间面板数据模型也存在固定效应和随机效应。因此，该模型设定如下所示：

① 主要是因为缺乏实现模型回归估计的程序。

$$\begin{cases} \boldsymbol{y}_{it} = \rho \boldsymbol{W}_1 \boldsymbol{y}_{it} + \boldsymbol{X}_{it}\boldsymbol{\beta} + \boldsymbol{\mu}_i + \boldsymbol{\gamma}_t + \boldsymbol{\varepsilon}_{it} \\ \boldsymbol{\varepsilon}_{it} = \lambda \boldsymbol{W}_2 \boldsymbol{\varepsilon}_{it} + \boldsymbol{v}_{it} \end{cases} \tag{7.1}$$

其中，ρ 为待估计空间自回归系数；$\boldsymbol{W}_1$ 为空间权重矩阵；$\boldsymbol{y}$ 表示因变量；$\boldsymbol{X}$ 表示自变量；$\boldsymbol{\beta}$ 表示待估计的自变量参数；$\boldsymbol{\mu}_i$ 表示空间固定效应或者随机效应；$\boldsymbol{\gamma}_t$ 表示时间固定效应或者随机效应；$\boldsymbol{\varepsilon}$ 表示误差项；λ 为空间自相关系数，$\boldsymbol{W}_2$ 为空间权重矩阵；$\boldsymbol{v}$ 为特质的成分。

注意：在实证分析中，$\boldsymbol{W}_1$ 和 $\boldsymbol{W}_2$ 可以是相同的空间权重矩阵，也可以是不同的空间权重矩阵。

7.1.2 软件实现

第六章已经介绍过，在实证分析中通常选用的是固定效应模型。因此，在本书中只演示固定效应的一般空间面板数据模型的回归估计。

MATLAB 空间计量经济学工具箱中没有包含能够估计一般空间面板数据模型的 MATLAB 函数命令。幸运的是，Elhorst 在网站上提供了 MATLAB 函数命令。估计固定效应的一般空间面板数据模型的 MATLAB 函数命令为“sac _ panel _ FE. m”。

“sac _ panel _ FE. m”函数命令与截面数据的 Kelejian-Prucha 空间模型估计的函数命令极为类似。但是，“sac _ panel _ FE. m”在调入参数时暂时不支持不同空间权重矩阵的设定。换言之，在调用“sac _ panel _ FE. m”函数命令时，在输入参数时只能指定一个空间权重矩阵 $\boldsymbol{W}$。

函数命令“sac _ panel _ FE. m”的调用方式与之前介绍的函数命令调用方式十分类似。其调用语法如下所示：

```
results = sac_panel_FE(y,x,W,T,info)
```

括号内包含 5 个输入参数。“y”为因变量，“x”为自变量，“W”为空间权重矩阵，“T”为时间维度，“info”为一个可选的结构变量，通过控制该选项来实现各种模型估计。具体的设定与前一章的类似。

一般空间面板数据模型按照是否为固定效应模型可以分为 4 种模型，如下所示：

（1）无固定效应的一般空间面板数据模型；

（2）空间固定效应的一般空间面板数据模型；

（3）时间固定效应的一般空间面板数据模型；

（4）空间和时间双固定效应的一般空间面板数据模型。

接下来就逐一演示如何利用 MATLAB 的“sac _ panel _ FE. m”函数命令来估计上述 4 种一般空间面板数据模型。

另外需要说明的是：由于一般空间面板数据模型包含因变量空间滞后项，需要计算自变量的直接效应和间接效应，因此，在估计一般空间面板数据模型后，本书添加了计算自变量的直接效应和间接效应的命令。并且，由于 Lacombe 计算直接效应和间接效应的函数命令不支持“sac _ panel _ FE. m”函数命令，因此，本书只选用 Elhorst 的计算自变量的直接效应和间接效应的函数命令。

首先介绍空间固定效应的一般空间面板数据模型的回归估计的 MATLAB 程序代码，如下所示：

```
%空间固定效应 SAC model
clear;clc;
A = csvread('cigarette.csv',1,0);
W1 = csvread('Spat-Sym-US.csv');
T = 30;N = 46;
W = normw(W1);
y = A(:,[3]);
x = A(:,[4,5]);
%设置参数
info.model = 1; %空间固定效应
info.fe = 0;
info.bc = 0;
%估计模型
results = sac_panel_FE(y,x,W,T,info);
vnames = strvcat('logcit','logp','logy');
prt_sp(results,vnames,1);
%计算直接效应和间接效应
spat_model = 0;
direct_indirect_effects_estimates(results,W,spat_model);
```

执行完上述代码后，可以得到如下结果：

```
Pooled model with spatial lagged dependent variable and spatial error autocorrelation,spatial fixed effects
Dependent Variable    =    logcit
R-squared             =    0.793 1
sigma^2               =    0.004 8
Nobs,Nvar             =    1 380,3
log-likelihood        =    1 571.735 8
*****************************************************************
Variable        Coefficient        Asymptot t-stat      z-probability
logp            -0.925 300         -29.635 249          0.000 000
logy             0.146 573           4.046 948          0.000 052
W*dep.var.      -0.401 368          -9.263 707          0.000 000
spat.aut.        0.716 472          27.863 809          0.000 000

direct       t-stat        indirect       t-stat       total        t-stat

ans =

 -0.962 2     -30.276 7     0.301 7      10.506 8     -0.660 5     -22.687 7
  0.152 9       4.101 4    -0.047 9      -3.875 2      0.105 0       4.051 5
```

一般空间面板数据模型估计出来的参数与第六章中模型估计出来的参数在解释上是

一致的，并且，一般空间面板数据模型在实证分析中极为少见，因此不再赘述模型结果的解释。

如果想要估计时间固定效应与空间和时间双固定效应的一般空间面板数据模型，只需控制第 10 行参数“info. model”即可，其中：

（1）“info. model＝1”表示估计空间固定效应的一般空间面板数据模型；

（2）“info. model＝2”表示估计时间固定效应的一般空间面板数据模型；

（3）“info. model＝3”表示估计空间和时间双固定效应的一般空间面板数据模型。

7.2　一般嵌套空间面板数据模型

7.2.1　一般嵌套空间面板数据模型的设定

沿着一般空间面板数据模型的思路，可以考虑在模型中添加自变量空间滞后项，于是就演变为另一种模型设定形式。在截面数据中，称这种模型为一般嵌套空间模型，由于现在讨论的是空间面板数据的情况，因此，可以称这种模型为一般嵌套空间面板数据模型。Elhorst 给出了一个更为简短的名称，称这个模型为完全模型（full model）。

一般嵌套空间面板数据模型也存在固定效应和随机效应。因此，该模型设定如下所示：

$$\begin{cases}\boldsymbol{y}_{it} = \rho \boldsymbol{W}_1 \boldsymbol{y}_{it} + \boldsymbol{X}_{it}\boldsymbol{\beta} + \boldsymbol{W}_2 \boldsymbol{X}_{it}\boldsymbol{\theta} + \boldsymbol{\mu}_i + \boldsymbol{\gamma}_t + \boldsymbol{\varepsilon}_{it} \\ \boldsymbol{\varepsilon}_{it} = \lambda \boldsymbol{W}_3 \boldsymbol{\varepsilon}_{it} + \boldsymbol{v}_{it}\end{cases} \tag{7.2}$$

其中，ρ 为待估计空间自回归系数；$\boldsymbol{W}_1$ 为空间权重矩阵；$\boldsymbol{y}$ 表示因变量；$\boldsymbol{X}$ 表示自变量；$\boldsymbol{\beta}$ 表示待估计的自变量参数；$\boldsymbol{W}_2$ 为空间权重矩阵；$\boldsymbol{\theta}$ 表示待估计的自变量空间滞后项参数；$\boldsymbol{\mu}_i$ 表示空间固定效应或者随机效应；$\boldsymbol{\gamma}_t$ 表示时间固定效应或者随机效应；$\boldsymbol{\varepsilon}$ 表示误差项；λ 为空间自相关系数，$\boldsymbol{W}_3$ 为空间权重矩阵；$\boldsymbol{v}$ 为特质的成分。

注意：在实证分析中，$\boldsymbol{W}_1$、$\boldsymbol{W}_2$ 和 $\boldsymbol{W}_3$ 可以是相同的空间权重矩阵，也可以是不同的空间权重矩阵。

7.2.2　软件实现

估计一般嵌套空间面板数据模型的 MATLAB 函数命令依然是 Elhorst 编写的“sac _ panel _ FE. m”函数命令。唯一的区别就在于在输入变量自变量中添加 $\boldsymbol{WX}$ 项。

一般嵌套空间面板数据模型按照是否为固定效应模型可以分为 4 种模型，如下所示：

（1）无固定效应的一般嵌套空间面板数据模型；

（2）空间固定效应的一般嵌套空间面板数据模型；

（3）时间固定效应的一般嵌套空间面板数据模型；

（4）空间和时间双固定效应的一般嵌套空间面板数据模型。

接下来就逐一演示如何利用“sac _ panel _ FE. m”函数命令来估计上述 4 种一般

嵌套空间面板数据模型。

由于一般嵌套空间面板数据模型也包含因变量空间滞后项，需要计算自变量的直接效应和间接效应，因此，在估计一般空间面板数据模型后，本书添加了计算自变量的直接效应和间接效应的命令。由于 Lacombe 计算直接效应和间接效应的函数命令不支持"sac _ panel _ FE. m" 函数命令，因此，本书只选用 Elhorst 的计算自变量的直接效应和间接效应的函数命令。

首先介绍空间固定效应的一般嵌套空间面板数据模型回归估计的 MATLAB 程序代码，如下所示：

```
%空间固定效应的一般嵌套空间面板数据模型
clear;clc;
A = csvread('cigarette.csv',1,0);
W1 = csvread('Spat-Sym-US.csv');
T = 30;N = 46;
W = normw(W1);
y = A(:,[3]);
x = A(:,[4,5]);
%Generate spatial lags
for t = 1:T
    t1 = (t - 1) * N + 1;t2 = t * N;
    wx(t1:t2,:) = W * x(t1:t2,:);
end
%设置参数
info.lflag = 0;
info.model = 1; %空间固定效应
info.fe = 0;
info.bc = 1;
%估计模型
results = sac_panel_FE(y,[x wx],W,T,info);
vnames = strvcat('logcit','logp','logy','W * logp','W * logy');
prt_sp(results,vnames,1);
%计算直接效应和间接效应
spat_model = 1;
direct_indirect_effects_estimates(results,W,spat_model);
```

执行完上述代码后，可以得到如下结果：

```
Pooled model with spatial lagged dependent variable and spatial error autocorrelation,spa-
tial fixed effects
Dependent Variable    =   logcit
R-squared             =   0.894 8
sigma^2               =   0.004 1
Nobs,Nvar             =   1 380,5
log-likelihood        =   1 636.048 6
****************************************************
```

```
Variable          Coefficient        Asymptot t-stat        z-probability
logp               -0.978 805          -23.758 073          0.000 000
logy                0.645 981           10.488 318          0.000 000
W * logp            0.839 116           18.736 783          0.000 000
W * logy           -0.666 363          -10.706 138          0.000 000
W * dep. var.       0.782 529           35.230 210          0.000 000
spat. aut.         -0.626 620          -12.477 300          0.000 000

direct         t-stat        indirect        t-stat        total        t-stat


ans =

 -0.951 4      -25.551 5      0.307 7       5.780 8      -0.643 8      -14.942 8
  0.579 8       10.035 7     -0.673 5      -9.993 5      -0.093 6       -2.583 6
```

一般嵌套空间面板数据模型估计出来的参数与第六章中模型估计出来的参数在解释上是一致的，并且，一般空间面板数据模型在实证分析中极为少见，因此不再赘述模型结果的解释。

如果想要估计时间固定效应与空间和时间双固定效应的一般嵌套空间面板数据模型，只需控制第 16 行参数“info. model”即可，其中：

（1）“info. model＝1”表示估计空间固定效应的一般嵌套空间面板数据模型；

（2）“info. model＝2”表示估计时间固定效应的一般嵌套空间面板数据模型；

（3）“info. model＝3”表示估计空间和时间双固定效应的一般嵌套空间面板数据模型。

7.3　空间面板数据模型的最新发展

7.3.1　动态空间面板数据模型

前面的章节介绍了空间滞后的概念，同时也涉及时间滞后的概念。从某种意义上说，空间滞后的概念来源于时间滞后，只不过时间滞后是单向性的影响。

在前面的空间计量模型中，只包含了空间滞后，比如因变量空间滞后项 $\boldsymbol{Wy}$、自变量空间滞后项 $\boldsymbol{WX}$ 以及空间自相关误差项 $\boldsymbol{W\varepsilon}$。

由于空间面板数据还包含了时间维度的信息，因此，很自然地会联想到在空间面板数据模型中考虑时间滞后项。在考虑到时间滞后项后，空间面板数据模型就变成了一种新的空间计量经济学模型——动态空间面板数据模型（dynamic spatial panel data model）。相对应地来说，之前介绍的模型可以统称为静态空间面板数据模型（static spatial panel data model）。

在 2000 年以前，只有少数学者关注动态空间面板数据模型的设定和估计。此后，逐渐有学者开始涉足这一领域。例如，Elhorst（2005）和 Yu et al.（2008）就开始对动态空间面板数据模型进行探索。近年来，随着空间计量经济学理论的飞速发展，以及模型估计工具的成熟，动态空间面板数据模型受到了广泛的关注，并且，也越来越多地应用在实证分析和研究中。

由于动态空间面板数据模型包含了空间滞后、时间滞后以及时空交叉滞后概念，因此，模型的设定要比静态空间面板数据模型复杂得多。

动态空间面板数据模型更具复杂性，主要表现在时间滞后方面，尤其是时空联立的滞后项。具体来说，在动态空间面板数据模型中，既可以包含空间滞后项（$\boldsymbol{W}\boldsymbol{y}_{it}$），又可以包含时间滞后项（$\boldsymbol{y}_{it-1}$），还可以同时包含时空联立滞后项（$\boldsymbol{W}\boldsymbol{y}_{it-1}$），因此动态空间面板数据模型的设定十分复杂。

动态空间面板数据模型主要可以分为以下 3 种类型。

7.3.1.1 因变量时间滞后和空间滞后

首先考虑的是包含因变量时间滞后项与空间滞后项的模型，模型的设定如下所示：

$$\boldsymbol{y}_{it}=\tau\boldsymbol{y}_{it-1}+\rho\boldsymbol{W}\boldsymbol{y}_{it}+\boldsymbol{X}_{it}\boldsymbol{\beta}+\boldsymbol{\mu}_i+\boldsymbol{\gamma}_t+\boldsymbol{\varepsilon}_{it} \tag{7.3}$$

其中，$\boldsymbol{y}_{it-1}$表示因变量时间滞后项，$\boldsymbol{W}\boldsymbol{y}_{it}$表示因变量空间滞后项。

7.3.1.2 因变量时空双滞后

由上述模型设定可知，模型中可以包含时空联立滞后项，那么模型的设定如下所示：

$$\boldsymbol{y}_{it}=\tau\boldsymbol{y}_{it-1}+\rho\boldsymbol{W}\boldsymbol{y}_{it}+\delta\boldsymbol{W}\boldsymbol{y}_{it-1}+\boldsymbol{X}_{it}\boldsymbol{\beta}+\boldsymbol{\mu}_i+\boldsymbol{\gamma}_t+\boldsymbol{\varepsilon}_{it} \tag{7.4}$$

其中，$\boldsymbol{W}\boldsymbol{y}_{it-1}$表示因变量时空联立滞后项。

7.3.1.3 因变量与自变量时空双滞后

由因变量的时空联立滞后项也可以联想到自变量同样存在时空联立滞后项，那么模型的设定可以如下所示：

$$\begin{aligned}\boldsymbol{y}_{it}=&\tau\boldsymbol{y}_{it-1}+\rho\boldsymbol{W}\boldsymbol{y}_{it}+\delta\boldsymbol{W}\boldsymbol{y}_{it-1}+\boldsymbol{X}_{it}\boldsymbol{\beta}_1+\boldsymbol{W}\boldsymbol{X}_{it}\boldsymbol{\beta}_2\\&+\boldsymbol{X}_{it-1}\boldsymbol{\beta}_3+\boldsymbol{W}\boldsymbol{X}_{it-1}\boldsymbol{\beta}_4+\boldsymbol{\mu}_i+\boldsymbol{\gamma}_t+\boldsymbol{\varepsilon}_{it}\end{aligned} \tag{7.5}$$

其中，$\boldsymbol{W}\boldsymbol{X}_{it-1}$表示自变量时空联立滞后项。

由于上述模型包含自变量空间滞后项，同时也有时间维度的动态项，联合起来可以称这个模型为动态空间杜宾模型（Debarsy et al.，2012）。

上面以空间滞后模型为基础阐述了三种最为常见的动态空间面板数据模型的设定形式。类似地，也可以采用空间误差模型的形式对上述模型继续补充。由于非常简单，本书不再赘述。

由于上述模型包含 $\boldsymbol{\mu}_i$ 和 $\boldsymbol{\gamma}_t$，因此，上述每一种模型设定又可以继续细分为固定效应模型和随机效应模型。

注意：上面 3 种模型只考虑了时间和空间滞后一期的情况。由于时间可以滞后多期，空间滞后也可以存在高阶空间滞后项，因此上述模型也可以继续相应地改写或扩展，本书不再赘述。

7.3.1.4　动态空间面板数据模型的一般形式

对于每一个研究领域来说，针对每个研究者遇到的不同实际问题都可以给出合适的模型设定。这是因为，在实证分析中，经常会从实际问题出发来考虑模型的设定形式。例如，考虑时间滞后几期，是否选择高阶空间滞后项等。这些都是较为简单的扩展。

由一般嵌套空间模型的设定可知，动态空间面板数据模型的设定也应该存在一般形式。一个广义上的动态空间面板有助于理解这种空间-时间数据模型（space-time data model）。

因此，Elhorst（2012a）归纳总结了动态空间面板数据模型的最一般模型。广义的动态空间面板数据模型可以描述如下：

$$\begin{cases}\boldsymbol{y}_{it}=\tau\boldsymbol{y}_{it-1}+\rho\boldsymbol{W}\boldsymbol{y}_{it}+\delta\boldsymbol{W}\boldsymbol{y}_{it-1}+\boldsymbol{X}_{it}\boldsymbol{\beta}_1+\boldsymbol{W}\boldsymbol{X}_{it}\boldsymbol{\beta}_2+\boldsymbol{X}_{it-1}\boldsymbol{\beta}_3+\boldsymbol{W}\boldsymbol{X}_{it-1}\boldsymbol{\beta}_4+\boldsymbol{Z}_{it}\boldsymbol{\theta}+\boldsymbol{\upsilon}_t\\ \boldsymbol{\upsilon}_{it}=\kappa\boldsymbol{\upsilon}_{it-1}+\eta\boldsymbol{W}\boldsymbol{\upsilon}_{it}+\boldsymbol{\mu}_i+\gamma_t\boldsymbol{\iota}_N+\boldsymbol{\varepsilon}_{it}\\ \boldsymbol{\varepsilon}_{it}=\lambda\boldsymbol{W}\boldsymbol{\varepsilon}_{it}+\boldsymbol{\xi}_{it}\end{cases}\tag{7.6}$$

式中，$\boldsymbol{Z}$ 表示内生的解释变量；$\boldsymbol{\theta}$ 表示内生解释变量的待估计参数；κ 表示序列自相关系数；η 和 λ 均为空间自相关系数。

注意：$\boldsymbol{W}\boldsymbol{\upsilon}_{it-1}$ 并没有包含在上述模型中，这是由于 $\boldsymbol{W}\boldsymbol{\upsilon}_{it-1}$ 在文献中从没有出现过。其他变量与前面介绍的完全一致。

最后需要说明的是：动态空间面板数据模型通常有多种形式。但是，每种形式都有其自身固有的缺点。在实证分析中，采用何种形式依然要依赖于研究者所研究的问题，由研究者来选择合适的形式和估计方法才是比较合适的解决方案。

7.3.2　高阶空间权重矩阵的空间计量模型

除了研究空间和时间滞后之外，还可以对空间计量模型中的空间权重矩阵进行广泛的研究。比如，研究具有高阶空间权重矩阵的空间回归模型（high order spatial weights matrix spatial regression model）。

空间计量经济学研究的就是在模型中添加空间结构的特征要素，也就是考虑到了空间权重矩阵，利用空间权重矩阵构造空间滞后项。

在前面的介绍中，始终研究和演示的都是一阶空间权重矩阵的例子。根据地理邻近性的原则来看，空间计量经济学模型可以继续发展高阶空间滞后项，这也就是高阶空间权重矩阵的空间计量模型。

就目前来说，这种包含多个空间权重矩阵的空间计量模型也越来越多地受到广泛的关注（Elhorst，2012a），在很多实证分析的论文中得到了应用。例如，Lacombe（2004）、Allers and Elhorst（2005）、McMillen et al.（2007）、Elhorst and Fréret（2009）、Lee and Liu（2010）和 Badinger and Egger（2011）等。

Elhorst（2012a）较为系统地给出了高阶空间权重矩阵空间计量模型的一般形式。下面进行简要介绍。

首先，回顾一下时间序列模型中的一阶向量自回归过程，如下所示：

$$\boldsymbol{y}_t = \rho \boldsymbol{y}_{t-1} + \boldsymbol{\varepsilon}_t \tag{7.7}$$

其中，y_{t-1}表示时间滞后一期的因变量。有了一阶向量自回归过程，那么可以继续扩展为二阶向量自回归过程，如下所示：

$$\boldsymbol{y}_t = \rho_1 \boldsymbol{y}_{t-1} + \rho_2 \boldsymbol{y}_{t-2} + \boldsymbol{\varepsilon}_t \tag{7.8}$$

参考上述时间序列的自回归过程，也可以效仿改写为空间自回归过程，或者叫做空间滞后过程，如下所示：

$$\boldsymbol{y} = \delta_1 \boldsymbol{W}_1 \boldsymbol{y} + \delta_2 \boldsymbol{W}_2 \boldsymbol{y} + \boldsymbol{\varepsilon} \tag{7.9}$$

其中，$\boldsymbol{W}_1$ 表示一阶空间权重矩阵；$\boldsymbol{W}_2$ 表示二阶空间权重矩阵。依此类推，可以扩展到 N 阶空间权重矩阵。

同样，时间序列模型可以有多项式，空间滞后也可以包含空间权重矩阵的多项式项，如下所示：

$$\boldsymbol{y} = \delta_1 \boldsymbol{W}_1 \boldsymbol{y} + \delta_2 \boldsymbol{W}_2 \boldsymbol{y} + \delta_1 \delta_2 \boldsymbol{W}_1 \boldsymbol{W}_2 \boldsymbol{y} + \boldsymbol{\varepsilon} \tag{7.10}$$

其中，$\delta_1 \delta_2 \boldsymbol{W}_1 \boldsymbol{W}_2 \boldsymbol{y}$ 就表示空间滞后的多项式。

类似地，按照这个思想，上式可以扩展为更高阶的空间自回归过程。同样的道理，也可以在模型中添加自变量的高阶空间滞后项。这样便构成了较为复杂的高阶空间权重矩阵的空间回归模型。

高阶空间权重矩阵的空间回归模型在很多实证研究中得到了广泛使用，主要是因为它能够解决传统单一空间权重矩阵无法处理的实证问题。

7.3.3 随时间变化的空间权重矩阵空间面板数据模型

在上述空间面板数据模型中，空间权重矩阵通常假设是不变的，尤其是不随时间的变化而变化。例如，一些空间权重矩阵基于区域间的邻近性或者空间距离来进行设定，典型的就是基于地理邻近性的 Rook 和 Queen 规则的空间权重矩阵，以及基于欧几里得距离的空间权重矩阵。由于这些空间权重矩阵的设定基于地理因素，这些客观事实的地理邻近性和空间单元之间的距离不随时间的变化而变化，因此这类空间权重矩阵是固定的。

但是，另一些空间权重矩阵的构造则是以社会经济情况或者人口地理的分布特征为基础的。这些社会经济条件会随着时间的变化而出现较大的变动，例如，利用地区间 GDP 的差异来构造的空间权重矩阵。具体来说，经济水平随着时间出现增长的态势，但是由于地区间经济增长并非匀速同步进行，因此，利用 GDP 构造的空间权重矩阵每个时期必然是发生变化的。类似地，还有实证分析中利用区域人口进行的空间权重矩阵的构造。由于人口的死亡、出生以及迁移行为，如果假设这样的空间权重矩阵不随时间而变化，也不符合实际情况。

因此，在进行空间面板数据模型的实证分析和研究时，如果空间权重矩阵的构造需要选择基于社会经济情况来进行，那么必须考虑到时间的动态变化。如果使用的是忽略时间动态变化的空间权重矩阵的话，那么会对估计的结果产生重大的影响。

基于这个思想，Lee and Yu（2012a）首先对随时间变化的空间权重矩阵的空间面板数据模型进行了探索和细致的研究。Lee and Yu（2012a）研究中的模型设定如下所示：

$$\boldsymbol{y} = \rho \boldsymbol{W}_{it} \boldsymbol{y} + \tau \boldsymbol{y}_{it-1} + \delta \boldsymbol{W}_{it} \boldsymbol{y}_{it-1} + \boldsymbol{X\beta} + \boldsymbol{\mu}_i + \boldsymbol{\gamma}_t + \boldsymbol{\varepsilon}_{it} \tag{7.11}$$

其中，$\boldsymbol{W}_{it}$表示随时间变化的空间权重矩阵。

Lee and Yu（2012a）的研究假设这些空间权重矩阵是外生的，采用伪极大似然估计方法来进行空间面板数据模型的估计。结果显示，如果空间权重矩阵在时间跨度上变化很大，那么选择时间不变的空间权重矩阵会导致不精确的估计和推断；但是，当空间权重矩阵在时间跨度上变化很小的时候，那么选择时间不变的空间权重矩阵对估计和推断的影响并不大。

7.4　空间面板数据模型估计方法的讨论

随着计量经济学理论方法的快速发展以及空间计量经济学的推广和普及，很多学者开始致力于空间面板数据模型的估计方法研究。

目前来说，有三大类方法可以对空间面板数据模型进行回归估计（Elhorst，2014），如下所示：

(1) 极大似然估计（maximum likelihood，ML）或伪极大似然估计（quasi-maximum likelihood，QML）；

(2) 工具变量法（instrumental variable，IV）或广义矩估计（generalized method of moments，GMM）；

(3) 贝叶斯马尔可夫链蒙特卡洛方法（Bayesian Markov chain Monte Carlo，Bayesian MCMC）。

7.4.1　极大似然估计或伪极大似然估计

截面数据的空间计量经济学文献表明 OLS 方法对于估计包含空间交互效应的模型是不适用的。[①] 当存在空间自相关误差项时，OLS 方法估计的参数虽然是无偏的，然而是无效的。当存在因变量空间滞后项时，OLS 方法估计的参数不仅有偏，而且不一致。因此，Anselin（1988）推荐使用极大似然估计方法。

在空间面板数据的情况下，虽然 Anselin et al.（2008）列出了空间面板数据模型的类型，并且给出了相应的似然方程，但是并没有给出该估计方法的性质。值得高兴的是，Elhorst（2014）给出了各个空间面板数据模型的极大似然方程以及相应的性质。

更为难得的是，Paul Elhorst 在他的网站上给出了空间面板数据模型的 MATLAB 函数命令。借助极大似然估计的方法，很多学者开展了对空间面板数据模型的实证应用。

近些年来，一些学者采用 QML 方法对动态空间面板数据模型进行估计。例如，Yu

① 注意：如果模型仅仅包含自变量的空间交互效应 $\boldsymbol{WX}$，OLS 方法是合适的。

et al.（2008）就考虑了当 N 和 T 都很大的时候如何进行参数的估计。然而，Yu et al.（2008）考虑了最为常见的模型设定，首次采用 QML 方法对固定效应的动态空间面板数据模型进行估计。与 Yu et al.（2008）有所不同的是，Su and Yang（2015）在最近的研究中则考虑得更为全面。Su and Yang（2015）认为 QML 方法还可以扩展到一般的带有空间误差的空间自回归模型中去（general spatial autoregressive model with spatial error）。并且，Su and Yang（2015）非常推荐采用 QML 方法解决有空间误差的动态空间面板数据模型，这是因为蒙特卡洛模拟显示在有限样本下估计量表现非常良好。

总体来说，由于 Anselin（1988）在截面数据里推荐使用极大似然估计方法。因此，在空间面板数据模型中，极大似然估计方法近年来发展得最为迅速，也最为成熟，是一种应用非常广泛的估计方法。

7.4.2 工具变量法或广义矩估计

在截面数据的情况下，Conley（1999）、Kelejian and Prucha（1999）推荐使用 GMM 方法。这是由于 GMM 方法对于截面数据空间计量模型的参数估计来说，其标准误差的估计更为稳健。

在传统的面板数据模型下，Anderson and Hsiao（1981）的研究已经证明了采用工具变量法可以得到一致的估计量。随着估计理论的发展，Arellano and Bond（1991）以及 Arellano and Bover（1995）通过探索每一个时期因变量所有可能性的时间滞后项对 Anderson and Hsiao（1981）所提出的工具变量的矩（moments）进行了一般化改进。换言之，也就是广义矩估计的含义。随后，Blundell and Bond（1998）又提出了系统估计量方法（system estimators）。正是由于 GMM 方法性质优良，因此，其在实证分析中得到了广泛的应用。很多学者采用 GMM 方法对动态面板数据模型进行估计。

在经典的面板计量经济学理论中，如果一个或者多个解释变量存在内生性，那么就需要工具变量来解决这个内生性问题。就目前的文献来看，内生性变量是普遍存在的。在这种情况下，现有的最好的估计方法就是 Fingleton and Le Gallo（2008）提出的 IV/GMM 方法。相比传统的极大似然方法估计空间回归模型，GMM 方法有一个优点，即 GMM 估计量可以构造内生解释变量的工具变量。如果模型中带有的空间滞后项含有内生变量，采用极大似然估计方法是极为困难的。Korniotis（2010）指出，当存在内生解释变量时，如果可以找到合适的工具变量的话，GMM 方法就成为一种可能有效的方法。

对于其他复杂的空间回归模型，例如空间联立方程组（spatial simultaneous equation system）来说，模型的参数估计可以采用极大似然方法。另外，如果空间回归模型存在同时期的高阶空间滞后项（high order contemporaneous spatial lags）和空间时间滞后项（spatial time lags），采用极大似然方法在计算上是极为困难的。对于这种空间回归模型来说，GMM 方法则是较好的选择。例如，Lee and Liu（2010）就采用 GMM 方法来解决截面数据空间回归模型的高阶空间滞后问题。

因为 GMM 方法优点突出，因此也逐渐被应用在空间面板数据模型的回归估计上，尤其是被用来估计动态空间面板数据模型。

GMM 方法如今是解决动态面板数据模型应用最为广泛的方法（Elhorst，2014）。

很多研究考虑的是基于 Arellano and Bond（1991）和 Blundell and Bond（1998）所提出的 IV/GMM 估计量。Elhorst（2010b）的研究包含了内生交互效应，扩展了 Arellano and Bond（1991）的差分估计量，发现这个参数估计量仍然存在严重的偏误问题，尤其是 $\boldsymbol{WY}_t$ 的系数。Lee and Yu（2010a）给出了造成偏误的原因。他们发现，由于存在过多的矩，所以 Arellano and Bond（1991）提出的两阶段估计量是非一致的。主要的偏误是由内生变量 $\boldsymbol{WY}_t$ 引起的，而不是由 $\boldsymbol{Y}_{t-1}$ 造成的。为了避免出现估计量非一致的问题，他们建议采用优化的基于线性矩条件的 GMM 估计量。当 T 相对于 N 很小时，这个 GMM 估计量则是一致的。

由此可以看出，在估计最新的动态空间面板数据模型时，GMM 方法相比极大似然估计方法有着很大的优势。可以预见的是，在以后的动态空间面板数据模型的实证分析中，GMM 方法会应用得越来越广泛。

7.4.3 贝叶斯马尔可夫链蒙特卡洛方法

贝叶斯估计方法在截面数据的空间回归模型中的应用较为常见，但是在空间面板数据模型中的应用尚不成熟，因此，贝叶斯马尔可夫链蒙特卡洛方法在实证应用中比较少见。

Parent and LeSage（2010）以及 Parent and LeSage（2011）指出，贝叶斯马尔可夫链蒙特卡洛方法因为考虑了每个参数的条件分布，所以能够在计算上得到一些简化。

然而，贝叶斯马尔可夫链蒙特卡洛方法估计量是否会导致偏误目前来说还是一个问题。Parent and LeSage（2011）在研究中就发现贝叶斯马尔可夫链蒙特卡洛方法估计出来的参数存在偏误。

7.4.4 估计方法存在的问题

尽管这三种估计空间面板数据模型的方法各有优点，但是，这些方法仍然存在以下四个方面的问题：

（1）不是每种方法都能够完全解决系数的潜在偏误问题；

（2）当 T 很小的时候，一些估计量表现不佳；

（3）不是每个估计量都能处理内生解释变量；

（4）如果一直强调参数稳健性的话，那么实施起来不能保证每次估计都是正确的。

另外，由于面板数据在进行建模时存在较多的原假设，因此在估计空间面板数据模型时也不可以不考虑这些原假设。但是，与传统的面板数据模型不同的是，空间面板数据模型要考虑到空间交互效应，另外，如果是动态空间面板数据模型的话，则还需要考虑时间维度的动态性的设定；并且同时也要考虑传统面板数据模型所面临的一系列问题，例如，截面相关（cross-sectional dependence），异方差（heterogeneity），序列自相关（serial autocorrelation）。另外，还有数据的平稳性（stationarity），这就涉及空间单位根问题（spatial panel unit root）（Fingleton，1999）、空间协整（spatial cointegration）问题以及使用包含空间单位根的数据来进行空间回归估计所导致的伪回归（spurious regression）问题（Mur and Trivez，2003）。

然而，与上述这些问题相关的统计检验方法以及回归估计方法就目前来说进展仍然非常缓慢。

7.5 未来展望

空间面板数据模型的多种扩展及其估计方法目前是空间计量经济学研究的热点问题，吸引了大量的学者对该领域进行探索。自2000年起，它已经发展了近20年，成果虽然较为丰富，但是不得不说，它仍然是一个充满挑战的领域。随着空间面板数据模型的发展，更为复杂的空间回归模型和更为精确的估计方法是空间计量经济学未来发展的方向。

空间面板数据模型逐渐由静态向动态过渡，再向随时间变化的空间权重矩阵的空间面板数据模型发展，可以明显看到的趋势是空间计量模型的设定日益趋于复杂化。

另外，空间权重矩阵是空间计量经济学最为核心的部分。尽管空间计量经济学估计方法日趋完善，然而，如何选择空间权重矩阵则没有一个选择标准或者统计判断标准。所有的实证研究都是指定空间权重矩阵。比如，有的实证研究基于地理邻近性的空间权重矩阵，有的基于社会经济空间权重矩阵。很显然，采用不同的空间权重矩阵所得出的结果可能非常不同。如何给出空间权重矩阵选择的合理性也是摆在学者们面前的一道难题。

最后，相对于传统的面板数据模型来说，动态空间面板数据模型的设定可以向着多空间权重矩阵、多时间滞后期项的模型发展，从而满足实证的要求。目前来说，空间计量模型处理的几乎仍然都是单一方程。联立方程的形式可以作为今后发展方向的一个分支。此外，现今的空间面板数据模型面对的都是线性回归，将非线性回归的思想和方法引入空间面板数据模型未尝不是一个有吸引力的挑战。另外，随着空间计量模型的设定越来越复杂，估计技术也成为其继续普及的一个不小的阻力。空间面板数据模型相比传统面板数据模型面临更复杂的问题，寻找更好的估计方法也是其未来发展的重要方向。

第八章

估计空间计量模型的其他软件

本书前面的章节使用 Anselin 主导开发的 GeoDa 软件以及 LeSage and Pace 开发的 MATLAB 空间计量经济学工具箱来估计截面数据和空间面板数据的空间计量模型。除了 GeoDa 和 MATLAB 软件之外，目前也有其他软件可以估计截面数据和空间面板数据的空间计量模型，例如，R、Stata、Gauss 等。本章的主要内容就是极为简要地介绍这三款软件。

8.1 R

8.1.1 R 简介

R 是一个自由的、免费的并且源代码开放的统计软件，由新西兰奥克兰大学（University of Auckland）统计系的 Robert C. Gentleman 和 Ross Ihaka 主导开发，用于统计计算以及绘图等。

R 的官方主页链接是：http：//www. r-project. org/。在浏览器地址栏中输入网址并确定后，即可打开 R 的官网，如图 8－1 所示。

R 的官网左侧是导航栏，点击“Download”即可选择下载 R 软件。其中，R 的官网提供了各种平台下的版本，包括 Linux 平台、Mac OS X 平台，以及应用最为广泛的 Windows 平台下的 R 软件。

经过多年的发展，R 官方的综合 R 档案网（The Comprehensive R Archive Network）中已经汇集了上千个程序包（package）。这些程序包不仅包括了基本的统计方

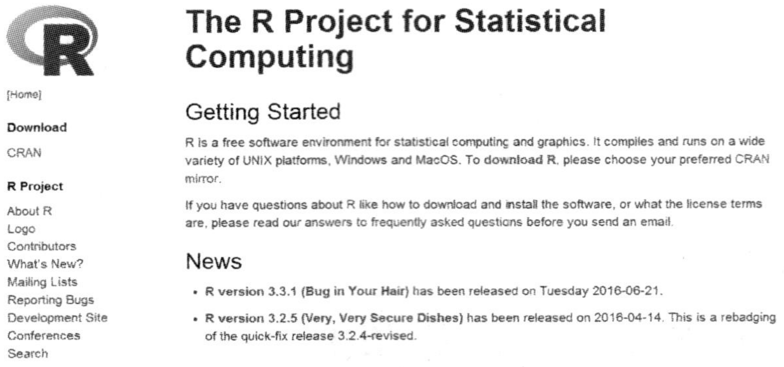

图 8-1　R 的官方主页

法，而且囊括了目前最前沿的统计方法。很多著名的学者也将最新的研究成果以 R 程序包的形式发布出来供其他学者参考和学习。

R 软件最初用于统计计算功能，现在的功能不仅仅局限于统计计算，还包括数据挖掘、人工智能等。可以说，R 软件具有非常光明的未来。

R 软件可以运行在多个平台上，例如 Windows、Mac OS、Linux 和 Unix。换言之，R 语言的跨平台性非常好，在 Linux 系统下编写的 R 程序可以毫无问题地运行在 Windows 系统下的 R 软件中。

本例选择 Windows 操作系统下的 R 软件，下载之后进行安装[①]，安装之后就可以使用 R 软件。打开后的 R 软件如图 8-2 所示。

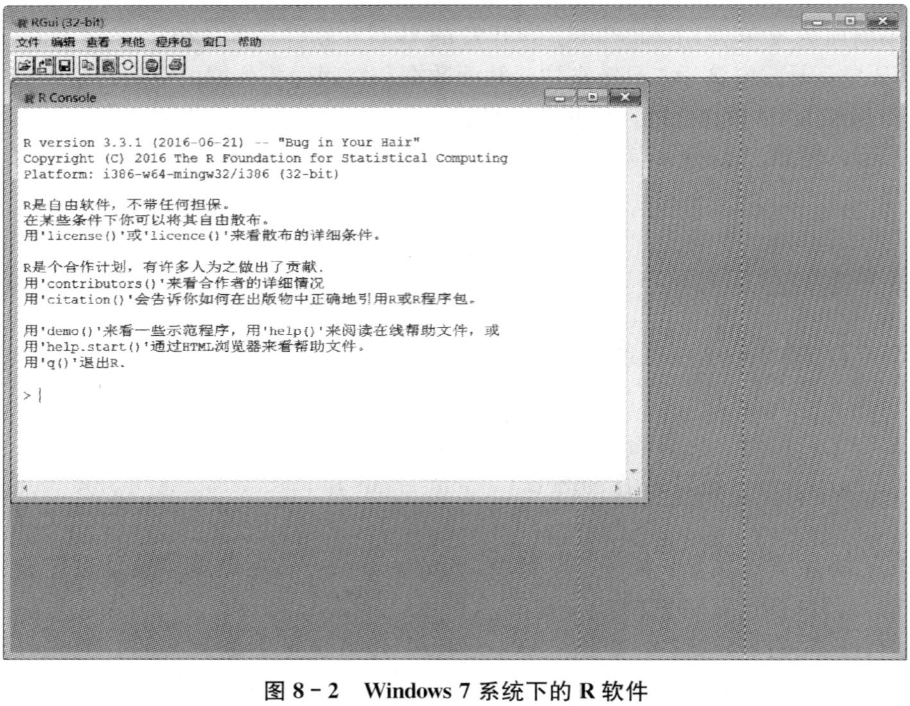

图 8-2　Windows 7 系统下的 R 软件

① 点击下载后，会跳转到 CRAN 镜像网页。这是由于很多机构和大学都承担了 R 分发的任务，这些机构分布于世界各地。中国现在有多个镜像，分别由清华大学、中国科学技术大学和兰州大学等国内知名高校负责。

图 8－2 显示的是 Windows 7 操作系统下的 R 软件。目前，R 软件又分 32 位版本和 64 位版本，用户可以根据自己所用的操作系统选择相应的 R 版本。

8.1.2 spdep 程序包

目前，R 也可以用于估计截面数据和面板数据的空间计量模型。其中，能够估计截面数据空间计量模型的程序包是由挪威经济学院（Norwegian School of Economics, NHH）的 Roger Bivand 等主导开发的“spdep”程序包。

“spdep”程序包不仅可以用于估计空间计量模型，而且也可以进行空间数据分析、空间权重矩阵的构造、空间计量模型的假设检验等。用一句不太恰当的话来说，“spdep”程序包相当于 LeSage 和 Pace 编写的 MATLAB 空间计量经济学工具箱。可以说，Roger Bivand 等主导开发的“spdep”程序包为后续其他学者开发扩展空间计量模型的估计方法以及相应的假设检验包奠定了非常好的基础。

另外，Bivand et al.（2008）的著作《空间数据分析与 R 语言实践》(Applied Spatial Data Analysis with R)① 很值得推荐，这本书可以帮助读者理解和使用 R 语言并用其实现空间数据分析。

8.1.3 splm 程序包

用来估计面板数据空间计量模型的程序包是由的里雅斯特大学（University of Trieste）的 Giovanni Millo 和西弗吉尼亚大学（West Virginia University）的 Millo 和 Piras 编写的“splm”程序包。

这个程序包提供了极大似然估计方法和广义矩估计方法，不仅可以估计固定效应和随机效应的空间面板数据模型，还包含了估计一般空间面板数据模型的方法。但是遗憾的是，在“splm”程序包里，目前没有实现动态空间面板数据模型估计的方法。②

8.1.4 RStudio

R 软件的操作界面极为简洁，只有命令窗口，这样的简洁性可能对于初学者来说不太友好。因此，本书极力推荐使用 RStudio。RStudio 的官方网站为：http://www.rstudio.com/。

RStudio 是 R 语言的一种集成开发环境（integrated development environment, IDE）。RStudio 的用户界面与 MATLAB 的很类似。熟悉 MATLAB 的用户使用 RStudio 会发现非常容易上手，并且其操作过程以及运行过程较为透明，非常有利于初学者学习。

必须注意的是：RStudio 必须配合 R 使用。只有在安装完 R 之后，才可以安装使用 RStudio。另外，安装完 RStudio 后，用户无须进行配置就可以立即使用。安装完 RStudio 后，打开 RStudio，界面如图 8－3 所示。

---

① 本书由徐爱萍和舒红翻译，清华大学出版社出版。

② 注意：“splm”程序包需要配合“spdep”和“plm”程序包一起使用，不能单独使用。

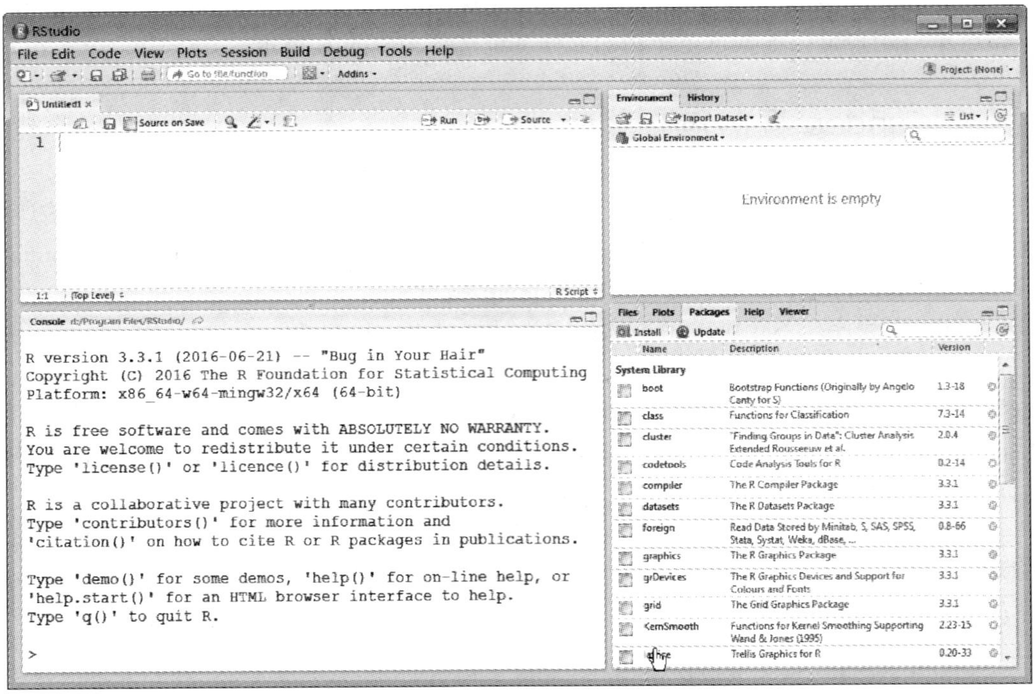

图 8-3　Windows 7 系统下的 RStudio

图 8-3 显示的是 Windows 7 操作系统下的 RStudio。由图 8-3 可以看出，RStudio 和 MATLAB 的界面很类似。

在默认状态下，RStudio 软件窗口又分为 4 个小窗口。其中，左上小窗口为 R 语言编辑器，用于输入 R 命令，与 MATLAB 的编辑器是一样的。左下小窗口是控制台，在此可以输入命令，也可以显示命令运行的结果，与 MATLAB 的命令窗口是一样的。右上小窗口是显示变量和历史命令窗口，可以看做是 MATLAB 工作空间与历史命令窗口的结合。右下小窗口包含 5 个标签，功能较多。具体来说，“Files”标签显示当前的工作目录。“Plots”标签显示绘制图形的结果。“Packages”标签显示安装的程序包，程序包名字前面的方框如果被勾选，说明 R 软件加载了该程序包。“Help”标签是帮助页面，显示帮助信息。“Viewer”标签是查看器。

另外，想要入门 RStudio 的读者，推荐阅读 Horton and Kleinman（2015）的著作《使用 R 和 RStudio 软件管理数据、统计分析和绘图》(*Using R and Rstudio for Data Management*, *Statistical Analysis and Graphics*)，这本书可以帮助读者很快地学会 RStudio 的一些基础操作，以及利用 RStudio 进行统计分析和绘图。

8.2　Stata

8.2.1　Stata 简介

Stata 是 StataCorp 于 1985 年开发出来的一款商业统计软件，是目前世界上最流行的统计软件之一，广泛地应用于统计和计量经济学领域。Stata 的官方网站为：http：//www. stata. com/。

Stata 具有强大的统计分析功能，同时更新速度较快，最新发表的统计分析方法很快就被 StataCorp 纳入 Stata 的库中。并且，Stata 具有强大的扩展能力，有编程能力的用户使用 Stata 语言可以将编写好的程序导入 Stata 中流畅运行，同时，也可以将其上传到网络中供其他学者学习或者参考。另外，通过在 Stata 软件中搜索，也可以链接到外部的 Stata 命令。

图 8－4 显示的是 Windows 7 系统下的 Stata 14. 0 软件版本的界面。Stata 与 MATLAB 也非常类似，软件也分为若干个小窗口。在默认状态下，Stata 窗口分为 5 个。其中，左边小窗口为历史命令窗口；中间上方窗口为结果输出窗口；中间下方窗口为命令窗口；右边上方窗口为变量窗口；右边下方窗口为变量性质窗口。由于介绍 Stata 软件的著作非常多，故本书不再赘述。

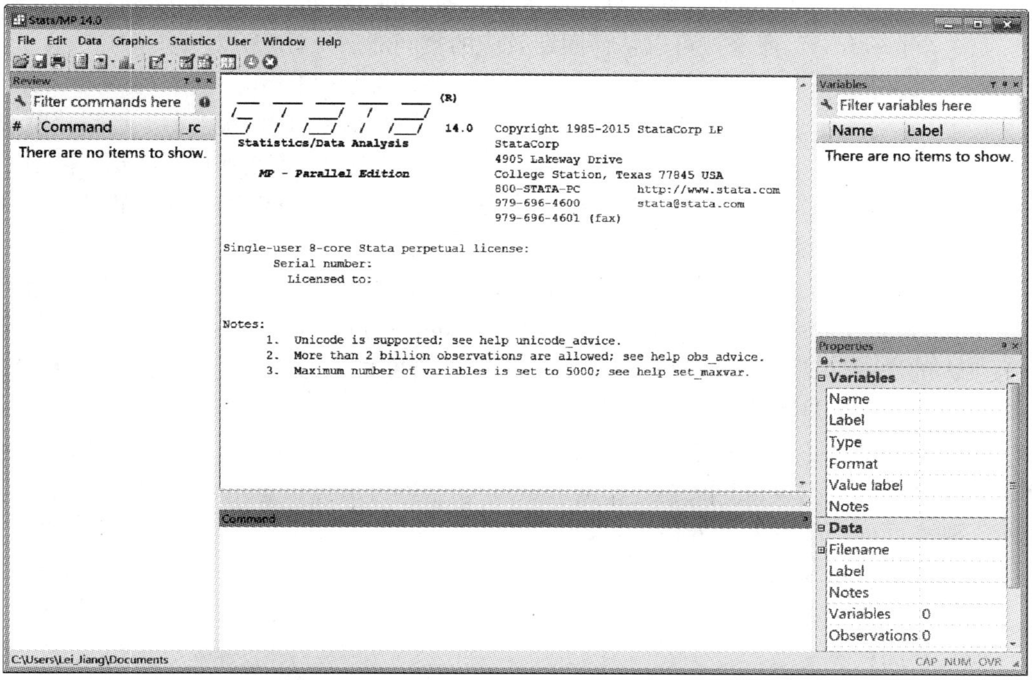

图 8－4　Windows 7 系统下的 Stata

8. 2. 2　截面数据空间回归模型的估计

Stata 作为最流行的统计软件之一也包含了估计截面数据空间计量模型的功能。通过下载相关的命令，就可以实现空间计量模型的参数估计。

估计截面数据空间计量模型的 Stata 命令是由埃及农业经济研究所（Agricultural Economics Research Institute）的 Emad Abd Elmessih Shehata 编写的"spautoreg"命令。"spautoreg"命令十分强大，可以估计各种空间计量模型，包括空间滞后模型、空间误差模型、空间杜宾模型、Kelejian-Prucha 空间模型，另外，它还可以估计 Tobit 空间计量模型。通过在命令后面控制模型选项，可以实现不同空间计量模型的估计。同时，一些相应的统计检验也可以在 Stata 里完成。

8.2.3 空间面板数据空间计量模型的估计

Stata 不仅可以进行截面数据的空间计量模型的估计，也可以进行空间面板数据模型的估计。埃及农业经济研究所的 Emad Abd Elmessih Shehata 和开罗大学（Cairo University）的 Sahra Khaleel Mickaiel 编写了若干个估计空间面板数据模型的命令①，例如：

（1）“spregsarxt”命令，可以估计面板数据的空间滞后模型；

（2）“spregsemxt”命令，可以估计面板数据的空间误差模型；

（3）“spregsdmxt”命令，可以估计面板数据的空间杜宾模型；

（4）“spregsacxt”命令，可以估计面板数据的 Kelejian-Prucha 空间模型；

（5）“spregfext”命令，可以估计固定效应的空间滞后（杜宾）模型；

（6）“spregrext”命令，可以估计随机效应的空间滞后（杜宾）模型；

（7）“spregdpd”命令，可以估计 Arellano-Bond 线性动态空间面板滞后（杜宾）模型；

（8）“spregdhp”命令，可以估计 Han-Philips 线性动态空间面板滞后（杜宾）模型。

由此可见，与“spautoreg”命令不同的是，每一种空间面板数据模型都需要用不同的 Stata 命令进行估计。

然而，爱丁堡大学（University of Edinburgh）的 Federico Belotti 和罗马第二大学（University of Rome Tor Vergata）的 Gordon Hughes 和 Andrea Piano Mortari 提供了更为强大的“xsmle”命令。2012 年 9 月，三位作者在西班牙 Stata 用户组大会上对该命令做了介绍性的展示。

“xsmle”命令不仅可以对平衡面板数据（balanced panel data）模型进行估计，还能对非平衡面板数据（unbalanced panel data）模型进行估计。运用“xsmle”命令可以进行五种空间面板数据模型的估计，如下所示：

（1）空间滞后模型；

（2）空间误差模型；

（3）空间杜宾模型；

（4）Kelejian-Prucha 空间模型（允许指定不同的空间权重矩阵②）；

（5）广义空间面板随机效应模型（generalised spatial panel random effects model，GSPREM）。

注意：使用“xsmle”命令可以估计上述前四种固定效应和随机效应模型。

8.2.4 Stata 15.0 的官方命令

长期以来，Stata 官方没有发布支持空间计量模型估计的命令。但是在 Stata 15.0

---

① 命令列表参见 http：//fmwww. bc. edu/repec/bocode/s/。

② 这个相比估计 Kelejian-Prucha 空间模型的 MATLAB 程序在功能上要更灵活一点。

版本中，Stata 官方新增设了估计截面数据和面板数据的空间计量模型的命令，分别为“spregress”和“spxtregress”。与其他命令一样，在命令窗口输入“help spregress”和“help spxtregress”即可查看这两个命令的使用方法说明，如图 8－5 和图 8－6 所示。

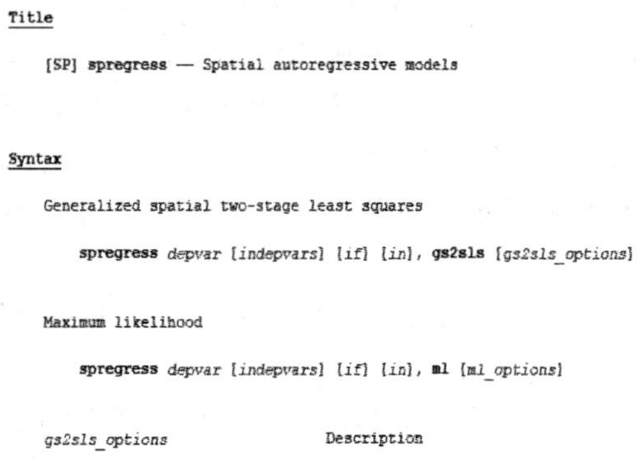

```
Title

    [SP] spregress — Spatial autoregressive models


Syntax

    Generalized spatial two-stage least squares

        spregress depvar [indepvars] [if] [in], gs2sls [gs2sls_options]


    Maximum likelihood

        spregress depvar [indepvars] [if] [in], ml [ml_options]


    gs2sls_options                 Description
```

图 8－5　spregress 命令帮助文件

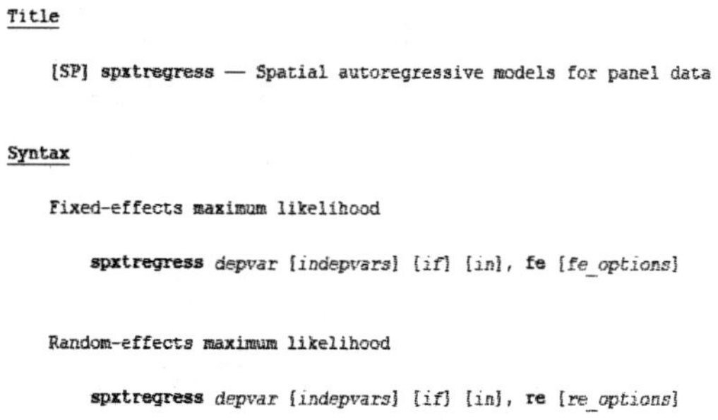

```
Title

    [SP] spxtregress — Spatial autoregressive models for panel data


Syntax

    Fixed-effects maximum likelihood

        spxtregress depvar [indepvars] [if] [in], fe [fe_options]


    Random-effects maximum likelihood

        spxtregress depvar [indepvars] [if] [in], re [re_options]
```

图 8－6　spxtregress 命令帮助文件

8.3　Gauss

Gauss 是一款由 Aptech Systems 公司推出的用于数学和统计学的矩阵编程语言。它主要解决的是统计学、计量经济学、时间序列和优化问题等方面的数值计算，是一款较为流行的商业软件。①

但是，由于 Gauss 软件的用户相比 R 和 Stata 软件来说要少得多，所以目前来说，应用 Gauss 软件做空间计量模型的学者较少。知名的学者有波特兰州立大学（Portland State University）的 Kuan-Pin Lin（林光平）。Kuan-Pin Lin 是少有的运用 Gauss 软件研究空间计量经济学的学者之一。Kuan-Pin Lin 在他的个人网站上提供了用 Gauss 软件估计截面数据空间计量模型和空间面板数据模型的课件。②

由于 Gauss 软件也采用命令行的方式来进行空间计量模型的回归估计，并且学习门槛较高，对于初学者来说比较困难，故此不推荐使用 Gauss 软件进行空间计量经济学的研究。

8.4　本章小结

本章介绍了可以实现截面数据和空间面板数据的空间计量模型的回归估计的 3 款软件。这 3 款软件各有其优缺点。

本书首推 R 软件，因为 R 是自由的、免费的软件，命令的源代码也可以极为容易地获取，因此，很多学者对 R 推崇备至。一般来说，最新的统计方法都有 R 的程序代

① 由于使用 Gauss 软件的用户较少，故本书不多做介绍。

② 课件下载地址：http：//web. pdx. edu/ crkl/WISE/SEAUG. htm。

码，而这些代码的编写者都是当今世界上的优秀学者，这也是 R 获得广泛应用的重要原因之一。

Stata 软件也是极为优秀的商业统计软件，使用范围极为广泛，用户基础非常庞大。但是，Stata 软件售价较高，尤其是对发展中国家的用户来说，上千美元的售价是阻碍 Stata 进一步推广和普及的原因之一。Stata 是商业软件，虽然更新速度较快，但是最新的统计方法的命令依然需要依靠 StataCorp 公司官方编写。虽然也有学者利用 Stata 语言编程并且免费提供命令代码，但是其权威性依然会受到质疑。与 R 的程序包一样，由个人编写的命令可能与官方命令体系不能够完美地匹配，或者缺乏一致性，或许会对初学者造成一定的学习困难。

Gauss 软件在人机交互体验方面较差，用户需要花费较多的时间进行学习，同时售价高也是阻碍其进一步推广和普及的原因之一。

虽然本书极力推荐 MATLAB，但是不得不承认，MATLAB 是一款极为庞大的数学软件，功能极其强大，但是售价不菲，并且软件体量也非常大。如果仅仅利用 MATLAB 来实现空间计量模型的估计，似乎有点大材小用。

总体来说，能够实现空间计量模型估计的软件基本是依靠键入命令的方式来进行的，对于习惯图形界面统计软件的读者来说，需要一定的学习适应期。

另外，值得注意的是，Anselin 的团队目前正在开发一款基于 Python 的开源库（Open Source Python Library，PySAL），用于进行空间数据分析和空间计量模型的回归估计。虽然目前来说它的功能较少，但是将来它也有望成为一款可供选择使用的软件。

参考文献

[1] 林光平，龙志和，吴梅．我国地区经济收敛的空间计量实证分析：1978—2002年．经济学（季刊），2005，4（增刊）：67－82.

[2] 王劲峰，廖一兰，刘鑫．空间数据分析教程．北京：科学出版社，2010.

[3] 王庆喜，蒋烨，陈卓咏．区域经济研究实用方法：基于 ArcGIS，GeoDa 和 R 的运用．北京：经济科学出版社，2014.

[4] 徐建华．地理建模方法．北京：科学出版社，2010.

[5] 陈安宁．空间计量学入门与 GeoDa 软件应用．杭州：浙江大学出版社，2014.

[6] Akaike，H. (1973). Information theory and an extension of the maximum likelihood principle. In Petrov，B. N. and Csáki，F. *International Symposium on Information Theory* (Second Edition). pp. 267－281. Budapest. Akadémiai Kiadó.

[7] Allers，M. A. and Elhorst，J. P. (2005). Tax mimicking and yardstick competition among local governments in the Netherlands. *International Tax & Public Finance*，12 (12)：493－513.

[8] Anderson，T. W. and Hsiao，C. (1981). Estimation of dynamic models with error components. *Journal of the American Statistical Association*，76 (375)：598－606.

[9] Anselin，L. (1980). *Estimation Methods for Spatial Autoregressive Structures: A Study in Spatial Econometrics*. Cornell University，Ithaca，New York.

[10] Anselin，L. (1988). *Spatial Econometrics: Methods and Models*. Kluwer Academic Publishers，Dordrecht.

[11] Anselin，L. (1992). Spacestat Tutorial: A Workbook for Using SpaceStat in

the Analysis of Spatial Data. Technical report, University of Illinois, Urbana-Champaign.

[12] Anselin, L. (1995). Local indicators of spatial association—LISA. *Geographical Analysis*, 27 (2): 93 - 115.

[13] Anselin, L. (1996). The Moran scatterplot as an ESDA tool to assess local instability in spatial association. *Spatial Analytical Perspectives on GIS*, 111: 111 - 125.

[14] Anselin, L. (2002). Exploring Spatial Data with DynESDA2. Technical report, University of Illinois, Urbana-Champaign.

[15] Anselin, L. (2003a). GeoDa 0.9 User's Guide. Technical report, Spatial Analysis Laboratory, Department of Agricultural and Consumer Economics, University of Illinois, Urbana Champaign; Center for Spatially Integrated Social Science.

[16] Anselin, L. (2003b). An Introduction to Spatial Autocorrelation Analysis with GeoDa. Technical report, University of Illinois, Urbana-Champaign.

[17] Anselin, L. (2005). Exploring Spatial Data with GeoDa: A Workbook. Technical report, Spatial Analysis Laboratory, Department of Agricultural and Consumer Economics, University of Illinois, Urbana-Champaign; Center for Spatially Integrated Social Science.

[18] Anselin, L. (2006). *Spatial Econometrics*, chapter Spatial econometrics, pp. 901 - 969. Palgrave Macmillan, London.

[19] Anselin, L. (2010). Thirty years of spatial econometrics. *Regional Science*, 89 (1): 3 - 25.

[20] Anselin, L. and Bera, A. K. (1998). *Handbook of Applied Economic Statistics*, chapter Spatial dependence in linear regression models with an introduction to spatial econometrics, pp. 237 - 289. Marcel Dekker, New York.

[21] Anselin, L., Bera, A. K., Florax, R., and Yoon, M. J. (1996). Simple diagnostic tests for spatial dependence. *Regional Science and Urban Economics*, 26 (1): 77 - 104.

[22] Anselin, L. and Hudak, S. (1992). Spatial econometrics in practice: A review of software options. *Regional Science and Urban Economics*, 22 (3): 509 - 536.

[23] Anselin, L., Kim, Y. W., and Syabri, I. (2004). Web-based analytical tools for the exploration of spatial data. *Journal of Geographical Systems*, 6 (2): 197 - 218.

[24] Anselin, L., Le Gallo, J., and Jayet, H. (2008). *The Econometrics of Panel Data: Fundamentals and Recent Developments in Theory and Practice*, chapter Spatial panel econometrics, pp. 625 - 660. Springer, Berlin Heidelberg.

[25] Anselin, L. and Smirnov, O. (1996). Efficient algorithms for constructing proper higher order spatial lag operators. *Journal of Regional Science*, 36 (1): 67 - 89.

[26] Anselin, L., Syabri, I., and Kho, Y. (2006). GeoDa: An introduction to spatial data analysis. *Geographical Analysis*, 38 (1): 5 - 22.

[27] Arbia, G. (2006). *Spatial Econometrics: Statistical Foundations and Applications to Regional Convergence*. Springer, Berlin Heidelberg.

[28] Arbia, G. and Baltagi, B. (2009). *Spatial Econometrics: Methods and Applications*. Springer, Berlin Heidelberg.

[29] Arellano, M. and Bond, S. (1991). Some tests of specification for panel data: Monte Carlo evidence and an application to employment equations. *The Review of Economic Studies*, 58 (2): 277-297.

[30] Arellano, M. and Bover, O. (1995). Another look at the instrumental variable estimation of error-components models. *Journal of Econometrics*, 68 (1): 29-51.

[31] Arora, S. S. and Brown, M. (1977). Alternative approaches to spatial autocorrelation: An improvement over current practice. *International Regional Science Review*, 2 (1): 67-78.

[32] Assuncao, R. M. and Reis, E. A. (1999). A new proposal to adjust Moran's I for population density. *Statistics in Medicine*, 18 (16): 2147-2162.

[33] Badinger, H. and Egger, P. (2011). Estimation of higher-order spatial autoregressive cross-section models with heteroscedastic disturbances. *Papers in Regional Science*, 90 (1): 213-235.

[34] Bailey, T. C. and Gatrell, A. C. (1995). *Interactive Spatial Data Analysis*. Routledge, Abingdon.

[35] Baltagi, B. H. (2006). Random effects and spatial autocorrelation with equal weights. *Econometric Theory*, 22 (5): 973-984.

[36] Baltagi, B. H. (2013). *Econometric Analysis of Panel Data* (Fifth Edition). John Wiley & Sons, Hoboken, New Jersey.

[37] Baltagi, B. H., Song, S. H., Jung, B. C., and Koh, W. (2007). Testing for serial correlation, spatial autocorrelation and random effects using panel data. *Journal of Econometrics*, 140 (1): 5-51.

[38] Banerjee, S., Carlin, B., and Gelfand, A. (2014). *Hierarchical Modeling and Analysis for Spatial Data* (Second Edition). Chapman and Hall/CRC, Boca Raton London New York.

[39] Becker, R. A., Cleveland, W. S., and Shyu, M. J. (1996). The visual design and control of trellis display. *Journal of Computational and Graphical Statistics*, 5 (2): 123-155.

[40] Beenstock, M. and Felsenstein, D. (2007). Spatial vector autoregressions. *Spatial Economic Analysis*, 2 (2): 167-196.

[41] Berry, B. J., Marble, D. F., and Anderson, D. (1968). *Spatial Analysis: A Reader in Statistical Geography*. Prentice-Hall, Upper Saddle River, New Jersey.

[42] Bivand, R. S., Pebesma, E. J., Gómez-Rubio, V., and Pebesma, E. J. (2008). *Applied Spatial Data Analysis with R*. Springer, Berlin Heidelberg.

[43] Blommestein, H. and Nijkamp, P. (1986). Testing the spatial scale and the dynamic structure in regional models (A contribution to spatial econometric specification analysis). *Journal of Regional Science*, 26 (1): 1-17.

[44] Blundell, R. and Bond, S. (1998). Initial conditions and moment restrictions

in dynamic panel data models. *Journal of Econometrics*, 87 (1): 115 - 143.

[45] Bodson, P. and Peeters, D. (1975). Estimation of the coefficients of a linear regression in the presence of spatial autocorrelation. an application to a Belgian labour-demand function. *Environment and Planning A*, 7 (4): 455 - 72.

[46] Brandsma, A. S. and Ketellapper, R. H. (1979). A biparametric approach to spatial autocorrelation. *Environment and Planning A*, 11 (1): 51 - 58.

[47] Brown, L. A. and Jones, J. P. (1985). Spatial variation in migration processes and development: A Costa Rican example of conventional modeling augmented by the expansion method. *Demography*, 22 (3): 327 - 352.

[48] Brunsdon, C., Fotheringham, A. S., and Charlton, M. E. (1996). Geographically weighted regression: A method for exploring spatial nonstationarity. *Geographical Analysis*, 28 (4): 281 - 298.

[49] Burridge, P. and Fingleton, B. (2010). Bootstrap inference in spatial econometrics: The J-test. *Spatial Economic Analysis*, 5 (1): 93 - 119.

[50] Carr, D. B., Chen, J., Bell, B. S., Pickle, L., and Zhang, Y. (2002). Interactive linked micromap plots and dynamically conditioned choropleth maps. In Proceedings of the 2002 Annual National Conference on Digital Government Research, pp. 1 -7. Digital Government Society of North America.

[51] Carr, D. B., White, D., and MacEachren, A. M. (2005). Conditioned choropleth maps and hypothesis generation. *Annals of the Association of American Geographers*, 95 (1): 32 - 53.

[52] Case, A. C. (1991). Spatial patterns in household demand. *Econometrica*, 59 (4): 953 - 965.

[53] Casetti, E. (1972). Generating models by the expansion method: Applications to geographical research. *Geographical Analysis*, 4 (1): 81 - 91.

[54] Casetti, E. (1986). The dual expansion method: An application for evaluating the effects of population growth on development. *IEEE Transactions on Systems, Man, and Cybernetics*, 16 (1): 29 - 39.

[55] Casetti, E. (1997). The expansion method, mathematical modeling, and spatial econometrics. *International Regional Science Review*, 20 (1 - 2): 9 - 33.

[56] Clayton, D. and Kaldor, J. (1987). Empirical Bayes estimates of age-standardized relative risks for use in disease mapping. *Biometrics*, 43 (3): 671 - 681.

[57] Cliff, A. and Ord, J. (1973). *Spatial Autocorrelation*. Pion, London.

[58] Cliff, A. and Ord, J. (1981). *Spatial Processes: Models and Applications*. Pion, London.

[59] Cliff, A. and Ord, K. (1972). Testing for spatial autocorrelation among regression residuals. *Geographical Analysis*, 4 (3): 267 - 284.

[60] Conley, T. G. (1996). Econometric Modeling of Cross-Sectional Dependence. PhD thesis, University of Chicago.

[61] Conley, T. G. (1999). GMM estimation with cross sectional depend-

ence. *Journal of Econometrics*, 92 (1): 1 - 45.

[62] Corrado, L. and Fingleton, B. (2012). Where is the economics in spatial econometrics? . *Journal of Regional Science*, 52 (2): 210 - 239.

[63] Cressie, N. A. and Cassie, N. A. (1993). *Statistics for Spatial Data* (Revised Edition). John Wiley & Sons, Hoboken, New Jersey.

[64] Curry, L. (1970). Univariate spatial forecasting. *Economic Geography*, 46 (Supplement): 241 - 258.

[65] Debarsy, N. and Ertur, C. (2010). Testing for spatial autocorrelation in a fixed effects panel data model. *Regional Science and Urban Economics*, 40 (6): 453 - 470.

[66] Debarsy, N., Ertur, C., and LeSage, J. P. (2012). Interpreting dynamic space - time panel data models. *Statistical Methodology*, 9 (1): 158 - 171.

[67] Dorling, D. (1996). Area cartograms: Their use and creation. *In Concepts and Techniques in Modern Geography*. Citeseer.

[68] Durbin, J. (1960). Estimation of parameters in time-series regression models. *Journal of the Royal Statistical Society*. Series B (Methodological), 22 (1): 139 - 153.

[69] Eldridge, J. D. and Iii, J. P. J. (1991). Warped space: A geography of distance decay. *Professional Geographer*, 43 (4): 500 - 511.

[70] Elhorst, J. P. (2003). Specification and estimation of spatial panel data models. *International Regional Science Review*, 26 (3): 244 - 268.

[71] Elhorst, J. P. (2005). Unconditional maximum likelihood estimation of linear and log-linear dynamic models for spatial panels. *Geographical Analysis*, 37 (1): 85 - 106.

[72] Elhorst, J. P. (2008). A spatiotemporal analysis of aggregate labour force behaviour by sex and age across the European Union. *Journal of Geographical Systems*, 10 (2): 167 - 190.

[73] Elhorst, J. P. (2010a). Applied spatial econometrics: Raising the bar. *Spatial Economic Analysis*, 5 (1): 9 - 28.

[74] Elhorst, J. P. (2010b). Dynamic panels with endogenous interaction effects when T is small. *Regional Science and Urban Economics*, 40 (5): 272 - 282.

[75] Elhorst, J. P. (2010c). *Handbook of Applied Spatial Analysis*, chapter Spatial panel data models, pp. 1637 - 1652. Springer, Berlin Heidelberg.

[76] Elhorst, J. P. (2012a). Dynamic spatial panels: Models, methods, and inferences. *Journal of Geographical Systems*, 14 (1): 5 - 28.

[77] Elhorst, J. P. (2012b). Matlab software for spatial panels. *International Regional Science Review*, 37 (3): 1 - 17.

[78] Elhorst, J. P. (2014). *Spatial Econometrics: From Cross-Sectional Data to Spatial Panels*. Springer, Berlin Heidelberg.

[79] Elhorst, J. P. and Fréret, S. (2009). Evidence of political yardstick competi-

tion in France using a two-regime spatial Durbin model with fixed effects. *Journal of Regional Science*, 49 (5): 931 - 951.

[80] Elhorst, J. P. and Zeilstra, A. S. (2007). Labour force participation rates at the regional and national levels of the European Union: An integrated analysis. *Papers in Regional Science*, 86 (4): 525 - 549.

[81] Ertur, C. and Koch, W. (2007). Growth, technological interdependence and spatial externalities: Theory and evidence. *Journal of Applied Econometrics*, 22 (6): 1033 - 1062.

[82] Fingleton, B. (1999). Spurious spatial regression: Some Monte Carlo results with a spatial unit root and spatial cointegration. *Journal of Regional Science*, 39 (1): 1 - 19.

[83] Fingleton, B. (2008). A generalized method of moments estimator for a spatial model with moving average errors, with application to real estate prices. *Empirical Economics*, 34 (1): 35 - 57.

[84] Fingleton, B. and Le Gallo, J. (2008). Estimating spatial models with endogenous variables, a spatial lag and spatially dependent disturbances: Finite sample properties. *Papers in Regional Science*, 87 (3): 319 - 339.

[85] Fischer, M. M. (2012). In honor of James P. LeSage. *Journal of Geographical Systems*, 14 (1): 1 - 4.

[86] Fischer, M. M. and Wang, J. (2011). *Spatial Data Analysis: Models, Methods and Techniques*. Springer, Berlin Heidelberg.

[87] Florax, R. J., Folmer, H., and Rey, S. J. (2003). Specification searches in spatial econometrics: The relevance of Hendry's methodology. *Regional Science and Urban Economics*, 33 (5): 557 - 579.

[88] Folmer, H. and van der Knaap, G. A. (1981). A linear structural equation approach to cross-sectional models with lagged variables. *Environment and Planning A*, 13 (12): 1529 - 1537.

[89] Foster, S. A. and Gorr, W. L. (1986). An adaptive filter for estimating spatially-varying parameters: Application to modeling police hours spent in response to calls for service. *Management Science*, 32 (7): 878 - 889.

[90] Fotheringham, A., Charlton, M., and Brunsdon, C. (1998). Geographically weighted regression: A natural evolution of the expansion method for spatial data analysis. *Environment and Planning A*, 30 (11): 1905 - 1927.

[91] Fotheringham, A. S. (1997). Trends in quantitative methods I: Stressing the local. *Progress in Human Geography*, 21 (1): 88 - 96.

[92] Fotheringham, A. S. and Brunsdon, C. (1999). Local forms of spatial analysis. *Geographical Analysis*, 31 (4): 340 - 358.

[93] Fotheringham, A. S., Brunsdon, C., and Charlton, M. (2003). *Geographically Weighted Regression: The Analysis of Spatially Varying Relationships*. John Wiley & Sons, Hoboken, New Jersey.

[94] Geary, R. C. (1954). The contiguity ratio and statistical mapping. *The Incor-*

porated Statistician, 5 (3): 115 - 146.

[95] Getis, A. (1990). Screening for spatial dependence in regression analysis. *Papers in Regional Science*, 69 (1): 69 - 81.

[96] Getis, A. (2007). Reflections on spatial autocorrelation. *Regional Science and Urban Economics*, 37 (4): 491 - 496.

[97] Getis, A., Mur, J., and Zoller, H. (2004). *Spatial Econometrics and Spatial Statistics*. Palgrave Macmillan, London.

[98] Getis, A. and Ord, J. K. (1992). The analysis of spatial association by use of distance statistics. *Geographical Analysis*, 24 (3): 189 - 206.

[99] Gibbons, S. and Overman, H. G. (2012). Mostly pointless spatial econometrics? . *Journal of Regional Science*, 52 (2): 172 - 191.

[100] Goovaerts, P. (2006). Geostatistical analysis of disease data: Accounting for spatial support and population density in the isopleth mapping of cancer mortality risk using area-to-point Poisson kriging. *International Journal of Health Geographics*, 5 (1): 52.

[101] Gould, P. (1970). Is statistix inferens the geographical name for a wild goose? . *Economic Geography*, 46 (Supplement): 439 - 448.

[102] Greene, W. (2011). *Econometric Analysis*. Pearson Education, London.

[103] Greene, W. H. (2008). *Econometric Analysis*. Prentice Hall, Upper Saddle River, New Jersey.

[104] Griffith, D. A. (1988). *Advanced Spatial Statistics*. Kluwer Academic Publishers, Dordrecht.

[105] Griffith, D. A. and Lagona, F. (1998). On the quality of likelihood-based estimators in spatial autoregressive models when the data dependence structure is misspecified. *Journal of Statistical Planning and Inference*, 69 (1): 153 - 174.

[106] Haining, R. (1978). The moving average model for spatial interaction. *Transactions of the Institute of British Geographers*, 3 (2): 202 - 225.

[107] Haining, R. (1993). *Spatial Data Analysis in the Social and Environmental Sciences*. Cambridge University Press, Cambridge.

[108] Haining, R. (2003). *Spatial Data Analysis: Theory and Practice*. Cambridge University Press, Cambridge.

[109] Harris, R., Mofiat, J., and Kravtsova, V. (2011). In search of 'W'. *Spatial Economic Analysis*, 6 (3): 249 - 270.

[110] Hausman, J. A. (1978). Specification tests in econometrics. *Econometrica*, 46 (6): 1251 - 1271.

[111] Hepple, L. W. (1979). *Exploratory and Explanatory Statistical Analysis of Spatial Data*, chapter Bayesian analysis of the linear model with spatial dependence, pp. 179 - 199. Springer, Berlin Heidelberg.

[112] Hordijk, L. and Paelinck, J. (1976). Some principles and results in spatial econometrics. *Recherches Économiques de Louvain/Louvain Economic Review*, 42 (3):

175 - 198.

[113] Horton, N. J. and Kleinman, K. (2015). *Using R and Rstudio for Data Management, Statistical Analysis and Graphics*. Chapman and Hall/CRC, Boca Raton London New York.

[114] Hsiao, C. (2005). Why panel data? . *The Singapore Economic Review*, 50 (2): 143 - 154.

[115] Hsiao, C. (2014). *Analysis of Panel Data*. Cambridge University Press, Cambridge.

[116] Huang, J. S. (1984). The autoregressive moving average model for spatial analysis. *Australian & New Zealand Journal of Statistics*, 26 (2): 169 - 178.

[117] Inselberg, A. (1985). The plane with parallel coordinates. *The Visual Computer*, 1 (2): 69 - 91.

[118] Jenks, G. F. (1967). The data model concept in statistical mapping. *International Yearbook of Cartography*, 7: 186 - 190.

[119] Jiang, L., Folmer, H., and Ji, M. (2014). The drivers of energy intensity in China: A spatial panel data approach. *China Economic Review*, 31: 351 - 360.

[120] Kafadar, K. (1996). Smoothing geographical data, particularly rates of disease. *Statistics in Medicine*, 15 (23): 2539 - 2560.

[121] Kapoor, M., Kelejian, H. H., and Prucha, I. R. (2007). Panel data models with spatially correlated error components. *Journal of Econometrics*, 140 (1): 97 - 130.

[122] Kelejian, H. H. (2008). A spatial J-test for model specification against a single or a set of non-nested alternatives. *Letters in Spatial and Resource Sciences*, 1 (1): 3 - 11.

[123] Kelejian, H. H. and Prucha, I. R. (1999). A generalized moments estimator for the autoregressive parameter in a spatial model. *International Economic Review*, 40 (2): 509 - 533.

[124] Korniotis, G. M. (2010). Estimating panel models with internal and external habit formation. *Journal of Business & Economic Statistics*, 28 (1): 145 - 158.

[125] Lacombe, D. J. (2004). Does econometric methodology matter? An analysis of public policy using spatial econometric techniques. *Geographical Analysis*, 36 (2): 105 - 118.

[126] Lahiri, S. (2003). Central limit theorems for weighted sums of a spatial process under a class of stochastic and fixed designs. *The Indian Journal of Statistics*, 65 (2): 356 - 388.

[127] Lee, L. and Liu, X. (2010). Efficient GMM estimation of high order spatial autoregressive models with autoregressive disturbances. *Econometric Theory*, 26 (1): 187 - 230.

[128] Lee, L. and Yu, J. (2010a). Estimation of spatial autoregressive panel data models with fixed effects. *Journal of Econometrics*, 154 (2): 165 - 185.

[129] Lee, L. and Yu, J. (2010b). Some recent developments in spatial panel data models. *Regional Science and Urban Economics*, 40 (5): 255 – 271.

[130] Lee, L. and Yu, J. (2012a). QML estimation of spatial dynamic panel data models with time varying spatial weights matrices. *Spatial Economic Analysis*, 7 (7): 31 – 74.

[131] Lee, L. and Yu, J. (2012b). Spatial panels: Random components versus fixed effects. *International Economic Review*, 53 (4): 1369 – 1412.

[132] Leenders, R. T. A. (2002). Modeling social influence through network autocorrelation: Constructing the weight matrix. *Social Networks*, 24 (1): 21 – 47.

[133] LeSage, J. and Pace, R. K. (2009). *Introduction to Spatial Econometrics*. Chapman and Hall/CRC, Boca Raton London New York.

[134] LeSage, J. P. (1997). Bayesian estimation of spatial autoregressive models. *International Regional Science Review*, 20 (1 – 2): 113 – 129.

[135] LeSage, J. P. (1998). Spatial Econometrics. Technical report, University of Toledo.

[136] LeSage, J. P. (1999a). Applied Econometrics Using MATLAB. Technical report, University of Toledo.

[137] LeSage, J. P. (1999b). The Theory and Practice of Spatial Econometrics. Technical report, University of Toledo.

[138] LeSage J. P. (2004). *Advances in Spatial Econometrics*, chapter A family of geographically weighted regression models, pp. 241 – 264. Springer, Berlin Heidelberg.

[139] Manski, C. F. (1993). Identification of endogenous social effects: The reflection problem. *The Review of Economic Studies*, 60 (3): 531 – 542.

[140] Marshall, R. J. (1991). Mapping disease and mortality rates using empirical Bayes estimators. *Applied Statistics*, 40 (2): 283 – 294.

[141] Martin, R. L. (1974). On spatial dependence, bias and the use of first spatial differences in regression analysis. *Area*, 6 (3): 185 – 194.

[142] McMillen, D. P. (1992). Probit with spatial autocorrelation. *Journal of Regional Science*, 32 (3): 335 – 348.

[143] McMillen, D. P. (1996). One hundred fifty years of land values in Chicago: A nonparametric approach. *Journal of Urban Economics*, 40 (1): 100 – 124.

[144] McMillen, D. P. (2012). Perspectives on spatial econometrics: Linear smoothing with structured models. *Journal of Regional Science*, 52 (2): 192 – 209.

[145] McMillen, D. P. and McDonald, J. F. (2004). *Advances in Spatial Econometrics*, chapter Locally weighted maximum likelihood estimation: Monte Carlo evidence and an application, pp. 225 – 239. Springer, Berlin Heidelberg.

[146] McMillen, D. P., Singell, L. D., and Waddell, G. R. (2007). Spatial competition and the price of college. *Economic Inquiry*, 45 (4): 817 – 833.

[147] Millo, G. (2014). Maximum likelihood estimation of spatially and serially correlated panels with random effects. *Computational Statistics & Data Analysis*, 71:

914 - 933.

[148] Moran, P. A. (1950). Notes on continuous stochastic phenomena. *Biometrika*, 37 (1/2): 17 - 23.

[149] Mur, J. and Trivez, F. J. (2003). Unit roots and deterministic trends in spatial econometric models. *International Regional Science Review*, 26 (3): 289 - 312.

[150] Oberst, C. A. and Oelgemöller, J. (2013). Economic growth and regional labor market development in German regions: Okun's law in a spatial context. *SSRN Electronic Journal*, 2013.

[151] Ocagne, M. (1885). Coordonnées Parallèles et Axiales: Méthode de Transformation Géométrique et Procédé Nouveau de Calcul Graphique, Déduits de la Considération des Coordonnées Parallèles. *Nature*, 31: 551 - 552.

[152] Openshaw, S. and Taylor, P. J. (1979). A million or so correlation coefficients: Three experiments on the modifiable areal unit problem. *Statistical Applications in the Spatial Sciences*, 21: 127 - 144.

[153] Ord, J. K. and Getis, A. (1995). Local spatial autocorrelation statistics: Distributional issues and an application. *Geographical Analysis*, 27 (4): 286 - 306.

[154] Ord, K. (1975). Estimation methods for models of spatial interaction. *Journal of the American Statistical Association*, 70 (349): 120 - 126.

[155] Pace, R. K. and Barry, R. (1997). Quick computation of spatial autoregressive estimators. *Geographical Analysis*, 29 (3): 232 - 247.

[156] Paelinck, J. and Nijkamp, P. (1975). *Operational Theory and Method in Regional Economics*. Saxon House, Farnborough.

[157] Paelinck, J. H. P. and Klaassen, L. H. (1979). *Spatial Econometrics*. Saxon House, Farnborough.

[158] Parent, O. and LeSage, J. P. (2010). A spatial dynamic panel model with random effects applied to commuting times. *Transportation Research Part B: Methodological*, 44 (5): 633 - 645.

[159] Parent, O. and LeSage, J. P. (2011). A space-time filter for panel data models containing random effects. *Computational Statistics & Data Analysis*, 55 (1): 475 - 490.

[160] Partridge, M. D., Boarnet, M., Brakman, S., and Ottaviano, G. (2012). Introduction: Whither spatial econometrics? . *Journal of Regional Science*, 52 (2): 167 - 171.

[161] Paull, J. and Hennig, B. (2016). Atlas of Organics: Four maps of the world of organic agriculture. *Journal of Organics*, 3 (1): 25 - 32.

[162] Pfaffermayr, M. (2009). Maximum likelihood estimation of a general unbalanced spatial random effects model: A Monte Carlo study. *Spatial Economic Analysis*, 4 (4): 467 - 483.

[163] Pinkse, J. and Slade, M. E. (1998). Contracting in space: An application of spatial statistics to discrete-choice models. *Journal of Econometrics*, 85 (1): 125 - 154.

[164] Schwarz, G. (1978). Estimating the dimension of a model. *Annals of Statistics*, 6

(2): 15 - 18.

[165] Simpson, E. H. (1951). The interpretation of interaction in contingency tables. *Journal of the Royal Statistical Society*. Series B (Methodological), 13 (2): 238 - 241.

[166] Stakhovych, S. and Bijmolt, T. H. (2009). Specification of spatial models: A simulation study on weights matrices. *Papers in Regional Science*, 88 (2): 389 - 408.

[167] Su, L. and Yang, Z. (2015). QML estimation of dynamic panel data models with spatial errors. *Journal of Econometrics*, 185 (1): 230 - 258.

[168] Tiefelsdorf, M. and Griffith, D. A. (2007). Semiparametric filtering of spatial autocorrelation: The eigenvector approach. *Environment and Planning A*, 39 (5): 1193.

[169] Tobler, W. (2004). Thirty five years of computer cartograms. *Annals of the Association of American Geographers*, 94 (1): 58 - 73.

[170] Tobler, W. R. (1970). A computer movie simulating urban growth in the Detroit region. *Economic Geography*, 46 (Supplement): 234 - 240.

[171] Topa, G. (1996). Social Interactions, Local Spillovers and Unemployment. PhD thesis, University of Chicago.

[172] Tukey, J. W. (1978). Variations of box plots. *American Statistician*, 32 (1): 12 - 16.

[173] Vega, S. H. and Elhorst, J. P. (2015). The SLX model. *Journal of Regional Science*, 55 (3): 339 - 363.

[174] Verbeek, M. (2008). *A Guide to Modern Econometrics*. John Wiley & Sons, Hoboken, New Jersey.

[175] Wegman, E. J. (1990). Hyperdimensional data analysis using parallel coordinates. *Journal of the American Statistical Association*, 85 (411): 664 - 675.

[176] Wooldridge, J. M. (2010). *Econometric Analysis of Cross Section and Panel Data* (Second Edition). MIT Press, Cambridge, Massachusetts.

[177] Worboys, M. F. and Duckham, M. (2004). *GIS: A Computing Perspective*. Chapman and Hall/CRC, Boca Raton London New York.

[178] Yu, J., De Jong, R., and Lee, L. (2008). Quasi-maximum likelihood estimators for spatial dynamic panel data with fixed effects when both N and T are large. *Journal of Econometrics*, 146 (1): 118 - 134.

图书在版编目（CIP）数据

应用空间计量经济学/姜磊编著．—北京：中国人民大学出版社，2020.1
ISBN 978-7-300-27837-7

Ⅰ.①应… Ⅱ.①姜… Ⅲ.①区位经济学-计量经济学-研究 Ⅳ.①F224.0

中国版本图书馆 CIP 数据核字（2020）第 005828 号

应用空间计量经济学
姜　磊　编著
Yingyong Kongjian Jiliang Jingjixue

出版发行	中国人民大学出版社		
社　址	北京中关村大街 31 号	**邮政编码**	100080
电　话	010－62511242（总编室）		010－62511770（质管部）
	010－82501766（邮购部）		010－62514148（门市部）
	010－62515195（发行公司）		010－62515275（盗版举报）
网　址	http://www.crup.com.cn		
经　销	新华书店		
印　刷	北京宏伟双华印刷有限公司		
规　格	185 mm×260 mm　16 开本	**版　次**	2020 年 1 月第 1 版
印　张	22.75 插页 1	**印　次**	2020 年 1 月第 1 次印刷
字　数	547 000	**定　价**	68.00 元